JUSTIÇA INTERGERACIONAL E DIREITOS ADQUIRIDOS
OS DILEMAS PREVIDENCIÁRIOS DA DINÂMICA LABORAL-DEMOGRÁFICA

RAIMUNDO MÁRCIO RIBEIRO LIMA

JUSTIÇA INTERGERACIONAL E DIREITOS ADQUIRIDOS

OS DILEMAS PREVIDENCIÁRIOS DA DINÂMICA LABORAL-DEMOGRÁFICA

Belo Horizonte

FÓRUM
CONHECIMENTO JURÍDICO

2025

© 2025 Editora Fórum Ltda.

É proibida a reprodução total ou parcial desta obra, por qualquer meio eletrônico, inclusive por processos xerográficos, sem autorização expressa do Editor.

Conselho Editorial

Adilson Abreu Dallari
Alécia Paolucci Nogueira Bicalho
Alexandre Coutinho Pagliarini
André Ramos Tavares
Carlos Ayres Britto
Carlos Mário da Silva Velloso
Cármen Lúcia Antunes Rocha
Cesar Augusto Guimarães Pereira
Clovis Beznos
Cristiana Fortini
Dinorá Adelaide Musetti Grotti
Diogo de Figueiredo Moreira Neto (*in memoriam*)
Egon Bockmann Moreira
Emerson Gabardo
Fabrício Motta
Fernando Rossi
Flávio Henrique Unes Pereira

Floriano de Azevedo Marques Neto
Gustavo Justino de Oliveira
Inês Virgínia Prado Soares
Jorge Ulisses Jacoby Fernandes
Juarez Freitas
Luciano Ferraz
Lúcio Delfino
Marcia Carla Pereira Ribeiro
Márcio Cammarosano
Marcos Ehrhardt Jr.
Maria Sylvia Zanella Di Pietro
Ney José de Freitas
Oswaldo Othon de Pontes Saraiva Filho
Paulo Modesto
Romeu Felipe Bacellar Filho
Sérgio Guerra
Walber de Moura Agra

FÓRUM
CONHECIMENTO JURÍDICO

Luís Cláudio Rodrigues Ferreira
Presidente e Editor

Coordenação editorial: Leonardo Eustáquio Siqueira Araújo
Aline Sobreira de Oliveira

Rua Paulo Ribeiro Bastos, 211 – Jardim Atlântico – CEP 31710-430
Belo Horizonte – Minas Gerais – Tel.: (31) 99412.0131
www.editoraforum.com.br – editoraforum@editoraforum.com.br

Técnica. Empenho. Zelo. Esses foram alguns dos cuidados aplicados na edição desta obra. No entanto, podem ocorrer erros de impressão, digitação ou mesmo restar alguma dúvida conceitual. Caso se constate algo assim, solicitamos a gentileza de nos comunicar através do *e-mail* editorial@editoraforum.com.br para que possamos esclarecer, no que couber. A sua contribuição é muito importante para mantermos a excelência editorial. A Editora Fórum agradece a sua contribuição.

Dados Internacionais de Catalogação na Publicação (CIP) de acordo com ISBD

L732j   Lima, Raimundo Márcio Ribeiro

Justiça intergeracional e direitos adquiridos: os dilemas previdenciários da dinâmica laboral-demográfica / Raimundo Márcio Ribeiro Lima. Belo Horizonte: Fórum, 2025.

589p.; 14,5cm x 21,5cm.
ISBN: 978-65-5518-624-6.

1. Justiça intergeracional. 2. Direitos adquiridos. 3. Dignidade humana. 4. Previdência social. 5. Crise fiscal. 6. Atuação judicial. I. Título.

CDD 345.05
CDU 343.1

Ficha catalográfica elaborada por Lissandra Ruas Lima – CRB/6 – 2851

Informação bibliográfica deste livro, conforme a NBR 6023:2018 da Associação Brasileira de Normas Técnicas (ABNT):

LIMA, Raimundo Márcio Ribeiro. *Justiça intergeracional e direitos adquiridos*: os dilemas previdenciários da dinâmica laboral-demográfica. Belo Horizonte: Fórum, 2025. 589p. ISBN 978-65-5518-624-6.

À minha mãe, porque não haveria como ser (in)diferente diante de tanto amor.

AGRADECIMENTOS

Agradeço a Deus, porque *"Tu és o meu Deus, e eu te louvarei; Tu és o meu Deus, e eu te exaltarei"* (Salmo 118:28).

À minha *grande* família, em especial aos meus pais e irmãos.

À minha *pequena* família, Érika, Pedrinho e Marquinhos.

Ao meu orientador, Professor Doutor José Carlos Vieira de Andrade, profissional ímpar, inspirador e de humor cativante.

Aos professores do Programa de Doutoramento em Direito Público da Faculdade de Direito da Universidade de Coimbra, em particular à Professora Doutora Suzana Tavares da Silva, cujos conselhos, além de proveitosos, sempre denunciaram uma singular disposição em ajudar.

Aos componentes do Júri da Prova de Doutoramento [Presidência, Doutor Jorge Manuel Abreu Coutinho; Vogais, Doutora Catarina Isabel Tomaz Santos Botelho (arguente), Doutora Fernanda Paula Marques Oliveira, Doutor Fernando José Borges Correia de Araújo, Doutor João Carlos Simões dos Reis, Doutor João Carlos Simões Gonçalves Loureiro (arguente) e Doutor José Carlos Vieira de Andrade], especialmente aos arguentes pelas sugestões e pelas críticas destinadas ao aperfeiçoamento do objeto da investigação.

Aos meus amigos Bruno Félix de Almeida, Carlos André Studart Pereira, Giovanni Weine Paulino Chaves, Hudson Palhano de Oliveira Galvão, José Albenes Bezerra Júnior, Noel de Oliveira Bastos e Rodrigo de Almeida Leite, pelas boas conversas e, sobretudo, pelos bons conselhos.

À equipe da Procuradoria Federal na Universidade Federal Rural do Semiárido, pelo excelente ambiente de trabalho que possibilitou o desenvolvimento desta obra.

Por fim, e não menos importante, à Editora Fórum, por promover a publicação deste livro.

"Modernity's double punishment is to make us both age prematurely and live longer."

(Nassim Nicholas Taleb, *The Bed of Procrustes*, 2010)

"It is hard to imagine a more stupid or more dangerous way of making decisions than by putting those decisions in the hands of people who pay no price for being wrong."

(Thomas Sowell, *Wake Up, Parents*, 18 August 2000)

"*O direito é posto de lado, a justiça se mantém afastada, a boa-fé tropeça na praça pública e não pode ali entrar a retidão.*

Desaparecida a boa-fé, fica despojado aquele que se abstém do mal. O Senhor viu com indignação que não havia mais justiça."

(Isaías 59:14-15)

LISTA DE ABREVIATURAS E SIGLAS

ADCT   Ato das Disposições Constitucionais Transitórias
ADC   Ação Declaratória de Constitucionalidade
ADI   Ação(ões) Direta(s) de Inconstitucionalidade [Genérica]
ADO   Ação Direta de Inconstitucionalidade por Omissão
ADPF   Arguição de Descumprimento de Preceito Fundamental
AE   Análise Econômica (Porto Alegre)
AGU   Advocacia-Geral da União (Lei Complementar nº 73/1993)
AIR   Análise de Impacto Regulatório
AJIL   American Journal of International Law (Cambridge)
BEPS   Boletim Estatístico da Previdência Social
BCEFD   Boletim de Ciências Econômicas da Faculdade de Direito da Universidade de Coimbra
BFDUC   Boletim da Faculdade de Direito da Universidade de Coimbra
BL   Boletim Legislativo – Núcleo de Estudos e Pesquisas do Senado
BLR   Buffalo Law Review (Buffalo)
BMJ   British Medical Journal (London)
BPC   Benefício de Prestação Continuada
Brocar   Cuadernos de Investigación Histórica (La Rioja)
CALQ   Comparative Constitutional Law and Administrative Law Quarterly (Jodhpur)
CEDH   Corte Europeia de Direitos Humanos
CES   Contribuição Extraordinária de Solidariedade
CGA   Caixa Geral de Aposentações
CJEL   Columbia Journal of European Law (New York)
CJT   Cadernos de Justiça Tributária (Braga)
CLR   Católica Law Review (Porto)
CLRe   Columbia Law Review (New York)
CLT   Consolidação das Leis Trabalhistas (Decreto-Lei nº 5.452/1943)
CNJ   Conselho Nacional de Justiça
COFINS   Contribuição Social para Financiamento da Seguridade Social (Lei Complementar nº 70/1991)

CPC	Código de Processo Civil (Lei nº 13.105/2015)
CREMERS	Conselho Regional de Medicina do Estado do Rio Grande do Sul
CRFB	Constituição da República Federativa do Brasil de 1988
CRP	Constituição da República Portuguesa de 1976
CSLL	Contribuição Social sobre o Lucro Líquido (Lei nº 7.689/1988)
D&D	Direito & Desenvolvimento
Desacatos	Revista de Ciencias Sociales (Ciudad de México)
DPU	Defensoria Pública da União
DRU	Desvinculação de Receita da União
DyL	Derechos y Libertades - Revista del Instituto Bartolomé de las Casas (Madrid)
EC	Emenda Constitucional
ECI	Estado de Coisas Inconstitucional
EFPC	Entidade Fechada de Previdência Complementar
EJIL	European Journal of International Law (Oxford)
EJJL	Espaço Jurídico Journal of Law
EJS	European Journal of Sociology (Cambridge)
ELLJ	European Labour Law Journal (New York)
ELJ	European Law Journal (Oxford)
EP	Economics and Philosophy (Cambridge)
FGTS	Fundo de Garantia do Tempo de Serviço (Lei nº 8.036/1990)
FLR	Fordham Law Review (New York)
GLJ	German Law Journal (Frankfurt am Main)
GS	The Good Society (Philadelphia)
GWLR	The George Washington Law Review (Washington-DC)
HLR	Harvard Law Review (Cambridge)
IBGE	Instituto Brasileiro de Geografia e Estatística
IDSB	Institute of Development Studies Bulletin (Brighton)
IG	*Ius Gentium* (Curitiba)
IJCL	International Journal of Constitutional Law (Oxford)
ILR	International Labor Review (Geneva)
ILRe	Illinois Law Review (Champaign)
INSS	Instituto Nacional do Seguro Social
IP	Interesse Público – Revista Bimestral de Direito Público
Ipea	Instituto de Pesquisa Econômica Aplicada
IRPF	Imposto de Renda Pessoa Física
IetS	*Ius et Scientia* – Revista Electrónica de Derecho y Ciencia
JAPh	Journal of Applied Philosophy (Malden)

JC	Jurisprudência Constitucional (Coimbra)
Julgar	Revista da Associação Sindical dos Juízes Portugueses (Lisboa)
LBPS	Lei de Benefícios da Previdência Social (Lei nº 8.213/1991)
LFA	Lei Fundamental da Alemanha de 1949
LINDB	Lei de Introdução às Normas do Direito Brasileiro (Decreto-Lei nº 4.657/1942)
LLE	Lei de Liberdade Econômica (Lei nº 13.874/2019)
LOA	Lei Orçamentária Anual
LOAS	Lei Orgânica da Assistência Social (Lei nº 8.742/1993)
LOS	Lei Orgânica da Saúde (Lei nº 8.080/1990)
LRF	Lei de Responsabilidade Fiscal (Lei Complementar nº 101/2000)
MC	Medida Cautelar
MI	Mandado de Injunção
MJECL	Maastricht Journal of European & Comparative Law (Maastricht)
MLR	Montana Law Review (Georgetown)
MP	Medida Provisória
MPF	Ministério Público Federal (Lei Complementar nº 75/1993)
MS	Mandado de Segurança
NRF	Novo Regime Fiscal (Emenda Constitucional nº 95/20016)
NC	Nova Cidadania (Lisboa)
NE	Novos Estudos - CEBRAP
Nomos	Revista do Programa de Pós-Graduação em Direito da UFC
OHLJ	Osgoode Hall Law Journal (Toronto)
OIT	Organização Internacional do Trabalho
OSC	Organização(ões) da Sociedade Civil
PAEF	Programa de Ajustamento Econômico e Financeiro
PASEP	Programa de Formação do Patrimônio do Servidor Público (Lei Complementar nº 26/1975)
PAYG	*Pay As You Go* (Regime de Repartição)
PBF	Programa Bolsa Família (Lei nº 10.836/2004)
PD	Politica del Diritto (Torino)
PDT	Partido Democrático Trabalhista
PhPA	Philosophy & Public Affairs (Hoboken)
PEC	Proposta de Emenda Constitucional
PIA	População em Idade Ativa
PIB	Produto Interno Bruto

PIDESC	Pacto Internacional sobre Direitos Econômicos, Sociais e Culturais
PIS	Programa de Integração Social (Lei Complementar nº 26/1975)
Politics	Politics – Political Studies Association (London)
RAP	Revista de Administração Pública
RBDC	Revista Brasileira de Direito Comparado
RBDM	Revista Brasileira de Direito Municipal
RBDP	Revista Brasileira de Direito Público
RBEFP	Revista Brasileira de Estudos da Função Pública
RC	Revista Controle (TCE/CE)
RCCS	Revista Crítica de Ciências Sociais (Coimbra)
RCF	Revista Contabilidade & Finanças da USP
RCJ	Revista Culturas Jurídicas
RDA	Revista de Direito Administrativo
RDA&C	Revista de Direito Administrativo & Constitucional
RDB	Revista de Direito Brasileira
RDCI	Revista de Direito Constitucional e Internacional
RD&P	Revista Direito e Práxis
RDGV	Revista Direito GV
RDP	Revista de Derecho Político (Madrid)
RDPE	Revista de Direito Público da Economia
RDT	Revista de Direito do Trabalho
RDTSS	Revista do Departamento de Direito do Trabalho e Seguridade Social - USP
RE	Recurso Extraordinário
REDC	Revista Española de Derecho Constitucional (Madrid)
REFFC	Regime Extraordinário Fiscal, Financeiro e de Contratações (Emenda Constitucional nº 106/2020)
REI	Revista de Estudos Institucionais
Rejur	Revista Jurídica (Curitiba)
REsp	Recurso Especial
RF	Revista Forense
RFDFE	Revista Fórum de Direito Financeiro e Econômico
RFDUFC	Revista da Faculdade de Direito da Universidade Federal do Ceará
RFDUP	Revista da Faculdade de Direito da Universidade do Porto (Porto)
RFPDF	Revista de Finanças Públicas e Direito Fiscal

RGPS	Regime Geral de Previdência Social
RIC	Revista de Investigações Constitucionais
RIDB	Revista do Instituto do Direito Brasileiro (Lisboa)
RIHJ	Revista do Instituto de Hermenêutica Jurídica
RIL	Revista de Informação Legislativa
RJ	*Ratio Juris* (Hoboken)
RJP	Revista Jurídica Portucalense (Porto)
RJSU	Regime Jurídico dos Servidores Públicos Civis da União (Lei nº 8.112/1990)
RMTAS	Revista del Ministerio del Trabajo y Asuntos Sociales (Madrid)
ROA	Revista da Ordem dos Advogados (Lisboa)
RPh	Revue Philosophiques (Québec)
RPF	Revista Portuguesa de Filosofia (Braga)
RPPSU	Regime Próprio de Previdência Social da União
RSP	Revista do Serviço Público
SI	*Scientia Ivridica* – Revista de Direito Comparado (Braga)
SM	Salário-Mínimo
Society	Society (Cambridge)
SS	*Scientiae Studia* - Revista Latino-Americana de Filosofia e História da Ciência
SS&S	Serviço Social & Sociedade
STF	Supremo Tribunal Federal
STJ	Superior Tribunal de Justiça
SUS	Sistema Único de Saúde
Tékhne	Revista de Estudos Politécnicos (Barcelos)
TCE	Tribunal Constitucional da Espanha
TCFA	Tribunal Constitucional Federal da Alemanha
TCP	Tribunal Constitucional de Portugal
TP	*Teoria Politica (Firenze)*
TRC	Teoría y Realidad Constitucional (Madrid)
UCLR	The University of Chicago Law Review (Chicago)
Utilitas	Utilitas (Cambridge)
v.g.	*verbi gratia* (por exemplo)
vol.	volume
VLR	Virginia Law Review (Charlottesville)
YLJ	The Yale Law Journal (New Haven)

SUMÁRIO

INTRODUÇÃO 23

PARTE I
JUSTIÇA INTERGERACIONAL E RESPONSABILIDADE
SOLIDÁRIA 49

CAPÍTULO 1
DIGNIDADE HUMANA: O EXCESSO MALOGRA O SUCESSO 53

1.1   A dignidade humana não tem fundo, mas fundamento; nem medida, mas mensuramento 56
1.1.1   Perspectiva objetiva da dignidade humana 65
1.1.1.1   Igual dignidade: para todos 66
1.1.1.2   Dignidade igual: para ninguém 71
1.1.1.3   Toda a dignidade: o dilema dos direitos positivos 78
1.1.2   Perspectiva normativista da dignidade humana 82
1.1.2.1   A panfundamentalidade dos direitos fundamentais 83
1.1.2.2   Dignidade e ponderação: a imagem de tudo 89
1.1.2.3   Os custos institucionais e sociais da supremacia do existencial: a rivalidade dos direitos sociais 100
1.2   Dimensão intergeracional dos direitos fundamentais 109
1.2.1   O necessário equilíbrio entre mudança e permanência: o futuro dos direitos 111
1.2.1.1   A cadente reflexão entre os presentes: a dimensão que intriga ... 114
1.2.1.2   A emergente reflexão sobre os ausentes: a dimensão que inspira ... 119
1.2.2   Direitos fundamentais nas intercorrências da hipermodernidade 123
1.2.2.1   O suplício do legislador e a visão dos intérpretes: riscos e possibilidades 125
1.2.2.2   O discurso da proteção e o discurso da revisão: *no meio do caminho tinha uma pedra* 128
1.2.3   Direitos fundamentais na perspectiva intergeracional 130
1.2.3.1   Os vínculos político-normativos convergentes: a atemporalidade da proteção previdenciária 131
1.2.3.2   Os vínculos político-normativos divergentes: a contingencialidade dos direitos previdenciários 135
1.3   Conclusões preliminares 140
1.3.1   Jurisprudência selecionada 145
1.3.2   Proposições 156

CAPÍTULO 2
SOLIDARIEDADE ESTRUTURALMENTE ORDENADA NO ESTADO CONSTITUCIONAL 163

2.1	Justiça entre as gerações como inevitável conflito jurídico-político	174
2.1.1	Justiça intergeracional	176
2.1.1.1	Fundamento filosófico, político e jurídico: uma discórdia sem fim	181
2.1.1.2	Preservação humana: entre o abstrato e o concreto	185
2.1.1.3	Mito da poupança justa e outras teorias: o caminho inóspito na identificação de um *atalho*	191
2.1.2	Justiça intrageracional	196
2.1.2.1	O discurso do mérito: limites e possibilidades	197
2.1.2.2	Os encargos da socialidade: discursos abstratos e desafios concretos	201
2.1.2.3	Os opostos não se atraem: a difícil disposição dos extremos	204
2.1.3	Justiça transgeracional	206
2.1.3.1	Ações afirmativas e seus desafios ético-jurídicos	208
2.1.3.2	A questão das minorias: gerações despedaçadas?	212
2.1.3.3	Dívida pública: inarredáveis consequências	215
2.2	Rigidez constitucional e justiça intergeracional	219
2.2.1	Paradoxo da democracia: as normas e o tempo	221
2.2.1.1	Os mortos não representam ninguém: os direitos de hoje na perspectiva do passado	224
2.2.1.2	Ninguém representa as futuras gerações: os *direitos* no futuro na perspectiva de hoje	226
2.2.1.3	Todos são representados: a supremacia constitucional e o poder da última palavra	228
2.2.2	A constituição e os novos projetos sociais e econômicos	231
2.2.2.1	Os limites da reforma constitucional: os inevitáveis fluxos da ciranda econômica	232
2.2.2.2	A cadência transformadora dos direitos: da emergência ao declínio	235
2.2.2.3	Direito intergeracional: projeções econômicas condicionadas ou condicionadoras	237
2.3	Dever de solidariedade	240
2.3.1	Política	243
2.3.1.1	Responsabilidade solidária como responsabilidade participatória	246
2.3.1.2	A superação política: a genealogia da dependência	248
2.3.1.3	Política de direitos positivos: solidariedade não é caridade	250
2.3.2	Econômica	253
2.3.2.1	Responsabilidade solidária como responsabilidade regulatória ...	255
2.3.2.2.	Solidariedade econômica: para agentes ou usuários	258
2.3.2.3	O regime dos serviços: da modicidade de acesso à solidariedade no acesso	261
2.3.3	Social	264

2.3.3.1	Responsabilidade solidária como responsabilidade comunitária...	266
2.3.3.2	Deveres comunitários: a difícil questão da socialidade entre as gerações ...	268
2.3.3.3	Envelhecimento com responsabilidade: aposentadorias e pensões ...	270
2.4	Conclusões preliminares ...	273
2.4.1	Jurisprudência selecionada ...	274
2.4.2	Proposições ...	279

PARTE II
IDEOLOGIA DOS DIREITOS ADQUIRIDOS E TELEOLOGIA DA SUSTENTABILIDADE PREVIDENCIÁRIA ... 283

CAPÍTULO 3
DIREITOS ADQUIRIDOS E SUSTENTABILIDADE PREVIDENCIÁRIA ... 287

3.1	Legislação infraconstitucional e vínculos entre as gerações ...	292
3.1.1	Dilemas da *contratualidade* e conflito constitucional ...	293
3.1.1.1	Garantias e direitos: para todos e contra todos ...	296
3.1.1.2	De mãos atadas ou colonialismo temporal: a preocupação no passado, a aflição no presente e a sanção no futuro ...	298
3.1.1.3	Déficit previdenciário e reformas infraconstitucionais: uma inevitável questão intergeracional ...	300
3.1.2	A difícil questão da revisibilidade das aposentadorias e pensões ...	307
3.1.2.1	Projeções: muito além de uma questão atuarial ...	313
3.1.2.2	Objeções: impulsos normativos e existenciais ...	319
3.1.2.3	Tentações: impulsos político-econômicos ...	321
3.1.2.4	Imposições: o vislumbre da igualdade e seus diversos matizes...	325
3.1.3	Levando a sério o princípio da contributividade previdenciária...	327
3.1.3.1	Esforço contributivo global: parcela fixa ...	329
3.1.3.2	Esforço contributivo individual: parcela variável ...	336
3.1.3.3	Esforço contributivo conjuntural ou esforço contributivo estrutural ...	340
3.1.3.4	A dinâmica judicial: a extensibilidade das prestações na seguridade social ...	343
3.2	Conclusões preliminares ...	347
3.2.1	Jurisprudência selecionada ...	348
3.2.2	Proposições ...	356

CAPÍTULO 4
DIREITOS ADQUIRIDOS E DINÂMICA DEMOGRÁFICA ... 367
4.1	O peso da imunização jurídica e a questão demográfica ...	370

4.1.1	A gerontocracia como apelo do presente	372
4.1.1.1	O efeito impermeabilizador: política antirreformista	377
4.1.1.2	O efeito imobilizador: política conservacionista	379
4.1.1.3	O efeito arrebatador: política populista	382
4.1.2	A discutível parametricidade dos direitos adquiridos	383
4.1.2.1	A dinâmica contributiva e os modelos normativos generosos: equívocos no passado, perplexidade no presente e sacrifícios no futuro	385
4.1.2.2	Dinâmica protetiva dos direitos e justiça intergeracional: uma tensão essencial	387
4.1.2.3	A *grande muralha* da dogmática imunizante dos direitos: da garantia constitucional à sustentabilidade financeira e atuarial	390
4.1.3	Proteção da confiança legítima no campo de batalha	393
4.1.3.1	Modelos normativos e experimentalismo jurídico: entre mudanças e incompreensões	399
4.1.3.2	Velhos direitos, novas conquistas: da imunização à afetação jurídica	401
4.1.3.3	A segurança jurídica não é plana, nem plena: o duro prognóstico das garantias jurídicas	404
4.2	Conclusões preliminares	408
4.2.1	Jurisprudência selecionada	409
4.2.2	Proposições	416

PARTE III
ABERTURA POLÍTICA E ECONÔMICA NOS JULGADOS CONSTITUCIONAIS 423

CAPÍTULO 5
DIREITOS POSITIVOS COMO REALIDADE POLÍTICA E ECONÔMICA 427

5.1	Crises e diálogos institucionais: uma nova política	428
5.1.1	Uma nova confluência de esforços institucionais	432
5.1.1.1	A instrumentalidade dos diálogos institucionais: da opacidade à transparência	435
5.1.1.2	A permeabilidade dos diálogos institucionais: da mera informação à definição dos resultados	441
5.1.2	Crise econômico-financeira como realidade jurídica e política	445
5.1.2.1	Ajuste fiscal: entre a disciplina normativa e a indisciplina econômica	448
5.1.2.2	Ajuste fiscal e ciranda política: mudanças e resultados	454
5.1.2.3	Ajuste fiscal e convergência econômica: a imagem do desassossego	458
5.1.2.4	Ajuste fiscal e atuação judicial: dos males, sempre o menor	462

5.2	Conclusões preliminares	466
5.2.1	Jurisprudência selecionada	468
5.2.2	Proposições	479

CAPÍTULO 6
OS LIMITES DO DIREITO NA ATIVIDADE FINANCEIR1A DO ESTADO 485

6.1	Controle da gestão fiscal e da democracia do (des)conhecimento: para que serve a justiça	487
6.1.1	Gestão fiscal e mecanismos de controle	489
6.1.1.1	A justiciabilidade dos direitos positivos: termômetro da gestão fiscal	492
6.1.1.2	A inocuidade das meras projeções da normatividade: *as ideias estão no chão, você tropeça e acha a solução*	495
6.1.1.3	Controles político e jurídico: a irritante insuficiência do excesso	497
6.1.2	A democracia do conhecimento	501
6.1.2.1	A instabilidade da técnica e os direitos positivos: os limites da processualidade	503
6.1.2.2	A eficiência na transição: reformas e fórmulas dos direitos positivos	506
6.1.2.3	*Accountability* e *expertise*: um *ensaio sobre a lucidez*	512
6.2	Conclusões preliminares	515
6.2.1	Jurisprudência selecionada	517
6.2.2	Proposições	533

CONSIDERAÇÕES FINAIS 547

REFERÊNCIAS 557

INTRODUÇÃO

"The advance of science is not due to the fact that more and more perceptual experiences accumulate in the course of time. Nor is it due to the fact that we are making ever better use of our senses. Out of uninterpreted sense-experiences science cannot be distilled, no matter how industriously we gather and sort them. Bold ideas, unjustified anticipations, and speculative thought, are our only means for interpreting nature: our only organon, our only instrument, for grasping her. And we must hazard them to win our prize. Those among us who are unwilling to expose their ideas to the hazard of refutation do not take part in the scientific game."[1]

    Todo empreendimento acadêmico comporta muitas variáveis de análise e, nesse sentido, a necessidade de trilhar um caminho profícuo na conclusão de uma obra exige condicionamentos na apreciação das temáticas, sobretudo uma precisa delimitação do objeto de estudo por meio de problemática clara, precisa e coerente com o propósito da investigação. O encadeamento discursivo de qualquer problemática comporta, ainda assim, diversos caminhos, uns mais demorados e analíticos, outros mais objetivos e práticos; porém, em todo caso, o firmamento da pesquisa deve respaldar-se em um propósito útil não apenas ao meio acadêmico, mas também, e principalmente, à sociedade. Esta, para além de corporificar o laboratório das infindáveis reflexões sobre a *atividade coletiva de justiça*, também a todos possibilita dispor de instituições públicas ou privadas devotadas ao *florescimento humano*,[2] que é a tradução preferida, no mundo anglo-saxão, do termo

---

[1] POPPER, 2002, p. 280.
[2] RAWLS, 2009, p. 65.

grego *eudaimonia*[3] ou do latino *beatitudo*,[4] pois, ao fim e ao cabo, é o que melhor representa o objetivo fundamental de toda sociedade talhada em *valores humanísticos*.

Vale destacar que a perspectiva prática deste livro resta patente, porquanto poucas temáticas podem ser mais concretas, conflitivas e abrangentes que a questão da proteção social, mormente no que se refere às prestações previdenciárias, que se encontram no centro de universo mais amplo, compreendendo a velhice, a saúde e o trabalho, recaindo, mais adiante, na dinâmica da sustentabilidade financeira e atuarial dos regimes previdenciários. Para início, é preciso destacar que o desafio da sustentabilidade previdenciária não se resume aos aspectos financeiros e atuariais, vai mais além, há outras variáveis igualmente importantes, tais como a demografia, a dinâmica laboral e a correção material dos benefícios. Isso pois, mesmo que se suponha que determinado regime seja financeira e atuarialmente sustentável, é necessário considerar os aspectos socialmente relevantes de sua atuação no contexto geral dos mecanismos de proteção social, que se assentam mais na solidariedade nacional (via fiscal) do que na solidariedade profissional (via contributiva), compreendendo um amplo e heterogêneo universo de prestações pautadas pela diversidade, sem prejuízo de cuidados baseados na individualização.[5]

Dito de outro modo, a higidez financeira e atuarial do regime, como parâmetro pretensamente confiável quanto à necessária viabilidade material dos seus nobres propósitos, congrega, sem dúvida, um dos aspectos mais importantes da Previdência Social; contudo, ela não é capaz, por si só, de definir a correção do modelo normativo adotado na promoção da *justiça social*, incluindo-se, por certo, a pretendida *redistribuição positiva* da renda. A ideia de justiça social não é politicamente neutra, pois se assenta nitidamente em uma perspectiva coletivista dos meios de atuação política, pelo menos em seus aspectos mais gerais de encarar os dilemas humanos, e, com isso, sempre pode ensejar discutíveis arranjos econômicos no tecido da sociedade, daí que é preferível prestigiar a lógica dos bens sociais coletivos como uma ideia de gestão equânime da disponibilidade de recursos.

Essa investigação expõe uma dificuldade indisfarçável, a saber, a discussão sobre qualquer problema concreto comporta a possibilidade

---

[3] BRUNI, 2006, p. 19; NUSSBAUM, 2001, p. 6.
[4] FINNIS, 2011, p. 401.
[5] LOUREIRO, 2014, p. 81.

de abordagens pretensamente inovadoras, como que levantando uma leitura que vá além de outras visões sobre o mesmo problema, mas recai no inarredável limite das premissas discursivas já intensamente vistas e revisitadas, de forma que a perspectiva prática do estudo, por um lado, ajuda na ideia constitutiva de conhecimento útil à sociedade; mas, por outro, flerta com a intranquila sobriedade de seu discutível ineditismo.

Malgrado tal constatação, o fato é que sempre é possível trazer novas luzes (ou sombras) sobre determinadas realidades, e, nesse sentido, com a problemática do dever de solidariedade em contraposição à ideologia dos direitos adquiridos, pretende-se alcançar novo colorido discursivo a partir da relativização de algumas premissas teóricas vinculadas à implementação dos direitos positivos, notadamente o reconhecimento de que a defesa inconsequente dos direitos adquiridos seja um dos mais danosos fatores da inviabilidade material dos direitos positivos no Brasil, penalizando, sobretudo, as gerações futuras e, não raras vezes, eternizando privilégios odiosos ou incompreensíveis[6] no seio da sociedade. Com relação ao termo *direito positivo*, cumpre destacar o seguinte: como os direitos de liberdade também compreendem uma obrigação positiva do Estado, portanto, não se limitando aos direitos sociais; prefere-se a expressão *direito positivo*, pois melhor denuncia a abrangência de sentido que encerra a temática,[7] mas, claro, não há como negar, o termo *direito social* absorve a maior parte do largo sentido discursivo daquela expressão e também será empregado no texto, até mesmo em função de seu largo emprego na literatura jurídica. O fato é que todo direito pode comportar uma obrigação positiva ou negativa e, nesse sentido, do ponto de vista prestacional, não apresenta qualquer diferenciação qualitativa entre eles, mas sim quantitativa. Isto é, o *não fazer* também consagra a ideia de custos da atuação estatal, portanto, tudo exige prestação e, nessa qualidade, uma atuação positiva do Estado. Então, apregoar a expressão *direito positivo*, no sentido de atuação positiva do Estado, seria até mesmo redundante, porém, consagra a lógica que se deseja destacar: todo direito, por exigir uma dimensão positiva da atuação estatal, carece de recursos e, assim, tem custos.

Além disso, para além da perspectiva interna da previdência social, o dever de solidariedade, tal como discutida nesta obra, encontra arrimo nos inevitáveis prognósticos de crise da socialidade na hipermodernidade, exigindo-se a perfectibilização de instrumentais jurídicos

---

[6] LOUREIRO, 2012, p. 988.
[7] KLATT, 2015, p. 355.

adequados e, portanto, necessariamente factíveis, compreendendo-se por *instrumental jurídico* toda forma constitutivo-operativa dos direitos, sobretudo os institutos jurídicos. Por hipermodernidade, deseja-se apenas destacar o processo de intensificação das relações sociais relacionadas à ordinária compreensão da ideia de moderno.[8] Assim, a quimérica racionalização das forças políticas sem sacrifícios sociais, além de falaciosa, é ludibriante e prejudicial à sociedade, pois afasta o domínio das necessárias transformações na atividade financeira do Estado. Ademais, a despeito da sedutora imagem que se faz da luta social,[9] não é pertinente defender teses jurídicas que exijam uma verdadeira *conversão sentimental* dos cidadãos, como que ficassem submersos a uma onda político-transformadora, nitidamente fantasiosa, sinérgica e, como se fosse possível a partir da mera emocionalidade, convergente das atuais paixões e razões dos membros da comunidade política em um filtro único de esforços e conquistas sociais.

Por isso, uma obra propositiva, ainda que não negue a importância das reflexões filosóficas ou dos reluzentes ideais de justiça, deve prestigiar os mecanismos concretos que, contrapondo-se aos modelos vigentes, em uma perspectiva *lege ferenda*, alavanque soluções a partir das vias político-econômicas disponíveis ao Poder Público, afastando-se, assim, das teorias disfuncionalistas, que, abraçando uma compreensão diversa sobre determinado fenômeno, não apontam, no que expressa uma clara comodidade, qual o caminho a seguir.

Assim sendo, o universo reflexivo deste trabalho, sempre que possível, demonstrará o entendimento que melhor represente o resultado (provisório) da investigação – porque aprender com os outros é preciso – e, claro, não se esquivando de também apresentar proposições, não apenas pela pretensão de correção material delas, mas, sobretudo, pela necessidade de sair do cômodo floreio decorrente do sobrevoo abstrato sobre os dilemas ou os conflitos sociais de grande envergadura político-econômica. Por isso, o conflito de visões permeia todas as análises, ainda que uma delas se sobreponha às demais, notadamente no aspecto teórico-normativo, em função dos prognósticos defendidos. Além disso, o código de validade das proposições não decorre, evidentemente, da incolumidade teórico-discursiva da posição defendida, mas de sua pretendida viabilidade fático-normativa.

---

[8] LIPOVETSKY, 2004, p. 51 e seg.
[9] Como expressão desse fenômeno, por todos, *vide*: GÁNDARA CARBALLIDO, 2014, p. 88.

Nesse ponto, urge destacar que a obra se destina à investigação da problemática subjacente a esta temática: *Justiça intergeracional e direitos adquiridos: os dilemas previdenciários da dinâmica laboral-demográfica*, descortinando a relação conflitiva entre a velhice laboral e a juventude previdenciária na realidade brasileira. No que já denuncia a contraposição entre o bíblico *Matusalém* das necessidades previdenciárias e o wildiano *Dorian Gray* das possibilidades laborais. Pretende-se repensar o universo compreensivo sobre a exigibilidade dos direitos positivos, principalmente quando decantada apenas a partir dos *imperativos* da dignidade humana e da contratualidade (regulamento). Mira-se, assim, ir além dos *imobilizantes* parâmetros preponderantemente normativistas – leia-se, direitos adquiridos e sua pretensão de segurança nas decisões administrativas e judiciais, o que acarreta dificuldades para enfrentar os dilemas da dinâmica laboral-demográfica, porque simplifica excessivamente o tratamento dos problemas da hipermodernidade[10] – e, com isso, fincar novos fundamentos político-econômicos para permear os necessários diálogos institucionais na concretização dos direitos positivos, nos quais considerem as possibilidades políticas e econômicas de determinada sociedade em uma perspectiva intergeracional.

Aqui, tendo em vista o uso metafórico do termo *contratualidade*, cumpre esclarecer que se discute, em primeiro lugar, a perspectiva *política da contratualidade* (opção modelar da legislação) e, mais adiante, quando da necessária compreensão sobre os pontos nevrálgicos da sustentabilidade financeira e atuarial do RGPS/RPPSU, ventila-se a questão dos parâmetros legais concessórios em uma perspectiva prospectiva e retrospectiva (revisão), donde advém o ruidoso conflito jurídico-constitucional dos direitos adquiridos e, por certo, da própria revisão anual no valor das aposentadorias e das pensões (manutenção). Dessa forma, a questão não se limita à linear possibilidade da *revisão no valor dos benefícios* – o que é algo inerente a qualquer avença, sem falar que a relação jurídica de seguro público não tem natureza contratual –, mas sim a discussão, de inquestionável matiz político, sobre o modelo de garantia incidente nas relações previdenciárias em uma realidade que foge, e muito, da mera perspectiva contratual.

Admite-se, assim, como matriz central da teia reflexiva, os desafios da previdência social em função dos limites da contributividade, na árdua dinâmica demográfica brasileira, que tem destacado, nas últimas décadas, um aumento expressivo da razão de dependência dos

---

[10] INNERARITY, 2009, p. 109.

idosos em relação às pessoas potencialmente ativas,[11] no que denuncia uma problemática óbvia e premente: "[...] a população jovem nascida depois do declínio da fecundidade, e, por isso, menor, terá de sustentar em um futuro próximo um grande número de população aposentada, nascida antes do declínio da fecundidade".[12] Disso resulta uma indiscutível relação entre regimes previdenciários e justiça intergeracional e, mais que isso, a própria discussão político-administrativa do desafio da proteção social em uma sociedade complexa.

Trata-se, portanto, de questão importantíssima. Porém, diante da inegável negligência da agenda política, ainda se encontra sem tratamento minimamente consistente pelo Poder Público e mesmo, ressalvadas parcas exceções, sem séria discussão doutrinária centrada na realidade local, isto é, incidente sobre as particularidades do sistema previdenciário brasileiro, sem prejuízo, é claro, das experiências e das inquietações de outras nações, que, aliás, podem contribuir muito mais para identificar os caminhos a serem, *a priori*, evitados que entusiasticamente seguidos. Aliás, toda reflexividade exige cautela para compreender o *malogro* de outros eventos e, em seguida, pretender alcançar o *sucesso* em novos desafios, mormente em matéria de políticas públicas.

É preciso destacar que não há qualquer pretensão de romper com as premissas teóricas da normatividade, o que seria um desatado dislate, mas sim permear novas pontes entre o normativo e o fático que vá além dos imperativos da dignidade humana (mínimo social de existência[13]) e da *contratualidade* (direitos adquiridos), como via asseguratória de direitos, despontando a importância: (a) *da dinâmica política*, até por conta do seu inevitável contorno normativo, donde se insere a relevante questão das reformas nos sistemas previdenciários, desmistificando, assim, particulares entraves políticos na compreensão da sustentabilidade financeira e atuarial do sistema de proteção social no Brasil; (b) *do suporte econômico* na promoção da justiça intergeracional, pois, somente assim, é possível consagrar a sustentabilidade financeira dos direitos positivos, mormente os relacionados à previdência social, em particular o regime de aposentadorias e pensões; e (c) *da teoria jurídica* sobre os modelos normativos adotados na previdência social brasileira, que vem exigindo relevantes mudanças em função da dinâmica demográfica, aliás, nada favorável, da população brasileira,

---

[11] LIMA; MATIAS-PEREIRA, 2014, p. 852.
[12] LIMA; MATIAS-PEREIRA, 2014, p. 861.
[13] MIRANDA, 2016, p. 188.

isto é, o país não é apenas cada dia mais velho, em verdade, já é possível chamá-lo de velho, pois a Escandinávia é aqui.¹⁴ Lembrando-se que, no Brasil, a pessoa é considerada idosa com idade igual ou superior a 60 anos, conforme o artigo 1º da Lei nº 10.741/2013 (Estatuto do Idoso), portanto, revelando-se um parâmetro incompatível com os desafios vindouros decorrentes da composição etária da população brasileira.

Desse modo, o objeto de investigação contempla uma diretriz discursiva sobre os dilemas da previdência social brasileira, notadamente o RGPS, mas sem prejuízo do RPPSU, com particular destaque à contributividade e à revisibilidade das aposentadorias e das pensões em um mundo globalizado e, portanto, em constante transformação dos meios de atuação.

Aliás, como a sociedade hipermoderna apresenta enormes desafios na equalização dos conflitos de interesses entre diversos segmentos sociais¹⁵ – indo, inclusive, muito além dos dilemas (extra)ordinários e nodosos relacionados à população em geral, tais como velhice, pensão, saúde, educação, emprego e segurança, recaindo até mesmo em uma verdadeira espiral de problemas físico-ambientais, que vai praticamente entrecortando a vida em sociedade, notadamente os relacionados à água e ao saneamento¹⁶ –, os desafios da socialidade são imensamente majorados, porquanto toda perspectiva de análise não pode descurar da justiça intergeracional, isso porque os arranjos executivos de uma geração podem, em grande medida, sacrificar as vindouras.

A atuação do Estado, por sua vez, denuncia um misto de incerteza técnica e imprevidência organizacional, tendo em vista suas questionáveis possibilidades político-econômicas diante do expressivo avanço das demandas administrativas, particularmente no trato das relevantes questões sociais do século XXI, isto é, dilemas tão antigos quanto inadmissíveis, tais como fome, pobreza e exclusão social, esta, aliás, não decorre necessariamente de pobreza no sentido econômico do termo,¹⁷ haja vista a perspectiva relacional das carências humanas.

A tecnologia jurídica, por seu lado, quando presa à sua *teologia dogmática*¹⁸ – no sentido de construção *teórico-normativa* inabalável e

---

14 GIAMBIAGI; TAFNER, 2010, p. 102.
15 LIPOVETSKY, 2004, p. 51.
16 LANGFORD, 2013, p. 462 e seg.
17 LOUREIRO, 2014, p. 107.
18 Aliás, a expressão *dogmática jurídica* é totalmente equívoca, porque ela denuncia uma ideia de ausência de refutação, mas que tem resistido como expressão doutrinária, quiçá pela força da tradição, não representando, contudo, uma qualificação adequada para uma

pretensamente autossuficiente diante dos desafios da socialidade –, não tem alcançado, e já faz tempo, meios ou modos de superar os habituais mecanismos de resolução dos conflitos, ou seja, sua teleologia sucumbe diante dos desafios hipermodernos, tornando a atividade judicial uma conjuração de procedimentos que, a despeito dos inegáveis esforços, pouco tem contribuído para a efetividade dos direitos sociais.

A afirmação pode parecer exagerada, contudo, é preciso informar, desde já, que a efetividade dos direitos depende muito mais de fatores extrajurídicos do que propriamente jurídicos. Tal fato não reduz a importância do Direito, mas apenas esclarece que ele tem pouco a oferecer em uma contingência político-econômica desfavorável à ação pública, quando desconsidera sua capacidade de interação ou coordenação com outras áreas de conhecimento. Apesar do termo genérico *ação pública*, cumpre destaque a seguinte distinção: (a) compreende-se a *ação pública em sentido amplo* toda forma concreta de manifestação dos poderes constituídos, notadamente no atendimento de deveres, encargos ou tarefas constitucionalmente determinados; e (b) a *ação pública em sentido estrito*, por sua vez, compreende, entre as formas concretas de atuação, um complexo de políticas públicas no atendimento de determinada demanda da sociedade, tais como a ação pública na área da saúde, educação ou previdência, sendo o sentido adotado neste livro. Não se trata de redução político-econômica ou sociológica da senda consolidadora dos direitos positivos, mas sim o reconhecimento de que a contribuição do Direito mais se aproxima da condução dos processos e procedimentos do fluxo decisório da sociedade que da atuação de oráculo das medidas sociais relevantes.

No entanto, a senda jurídica ainda se rende, melhor dizer insiste, galhardamente aos meandros da fundamentação dos direitos, como forma ou expediente de estrita técnica jurídico-política, para alcançar a decidibilidade dos conflitos sociais, até porque a sentença não é uma peça sociológica, econômica ou política, e, nesse sentido, curva-se à

área do saber humano que tem a pretensão de ser uma ciência - ou mesmo uma técnica com algum grau de cientificidade. Além disso, mesmo que se diga que a dogmática jurídica possua o propósito de representar uma *camada operacional do direito*, o que impede o seu reconhecimento como expressão de ciência jurídica? Por certo, nada. Nesse ponto, cumpre destacar: "encastelados hoje no 'senso comum' de que o Direito seria dogmático, os que se ocupam da ciência jurídica sabem do erro (talvez grosseiro) em que incorrem, tanto que cogitam de 'dogmática crítica', ou dão mil justificativas e explicações para o uso da palavra 'dogmática'. Mas têm imensa dificuldade em romper com ele. Falta, ao que parece, humildade para retificar o uso da expressão, reconhecendo o enorme equívoco que é o seu emprego (MACHADO SEGUNDO, 2008, p. 59).

pretendida segurança da lógica jurídica, porém, tal linha de atuação não garante necessariamente exitosos resultados na dinâmica da socialidade, daí a importância dos diálogos institucionais, pois eles cadenciam outros meios e modos de implementação dos direitos.

Além disso, em uma ambiência de inegáveis dificuldades econômicas, no que vai desaguar na premente questão fiscal do Estado, a conjuntura do Estado social[19][20] se torna ainda mais tormentosa, especialmente com o envelhecimento da população e os inevitáveis custos da *seguridade social* no mundo, que é a terminologia adotada no Brasil, compreendendo a saúde, previdência e assistência social (artigo 194 da CRFB).

Nesse contexto, um dos mais claros dilemas na realizabilidade constitucional dos direitos positivos é a antagônica relação entre a perspectiva normativista e a perspectiva política na dinâmica concretizadora dos direitos. De um lado, tem-se o olhar da atuação judicial, dentro da sua lógica interna, calcada na correção material de suas decisões; do outro, o olhar da gestão pública, aliás, nem sempre afeita aos limites normativos e, muito menos, financeiros do Estado. Dessa destoante forma de compreender o fenômeno jurídico-político, exsurge o conflito dos extremos no desate de relevante questão social. Aqui, é pertinente a seguinte máxima: *o ponto cego de um somente é visto pelo outro*.[21] Não por outro motivo a teoria discursiva dos diálogos institucionais tem alcançado o merecido espaço na temática relativa à efetivação dos direitos positivos, sobretudo, em uma perspectiva da justiça intergeracional, pois o compartilhamento de conflitos e visões representa um modo de redimensionamento da forma de atuação de cada Poder.

Disso resultam inevitáveis indagações: considerando-se os enormes déficits estruturais da sociedade brasileira, como enfrentar a *economia das desigualdades*, notadamente a mobilidade em termos

---

[19] Que teve, nos seus primórdios, a suspeição das organizações de esquerda, haja vista a possibilidade de travar a revolução socialista, o que veio a acontecer (SANTOS, 2013. p. 38-39).

[20] Por Estado social, tendo em vista a objetividade e precisão dos seus termos, transcreve-se: "[...] é aquele em que, sem prejuízo do reconhecimento do papel essencial da economia de mercado, assume como tarefa garantir condições materiais para uma existência humana condigna, afirmando um conjunto de prestações produzidas ou não pelo Estado, com a marca da deverosidade jurídica, hoje especialmente, mas não exclusivamente, na veste de direitos fundamentais, que respondem, a partir de mecanismos de solidariedade, fraca ou forte, a necessidade que se conexionam com bens básicos ou fundamentais (*v.g.*, saúde, segurança social) cujo acesso não deve estar dependente da capacidade de poder pagar, ou não, um preço" (LOUREIRO, citado por AMARO; NUNES, 2013, p. 115).

[21] NEVES, 2009, p. 298, seguindo premissas doutrinárias de Heinz von Foerster.

de nível educacional ou faixa de renda,[22] a partir da responsabilidade solidária nas questões relacionadas à justiça intrageracional, intergeracional e transgeracional?[23] Como permear a responsabilidade político-econômica nos julgados constitucionais[24] sem que sucumbam as peias ético-normativas do texto constitucional (barreira protetiva)? Como se libertar dos grilhões retóricos da dignidade humana como substrato axiológico-argumentativo preponderante na defesa dos direitos sociais? Como permitir a relativização dos direitos adquiridos em uma contextura de crise, justamente quando eles são mais exigidos ou defendidos pela sociedade, especialmente em uma ambiência constitucional de inegável ranço dirigista[25] nas relações processuais, administrativas e previdenciárias?

Dessa forma, a problemática é potencializada em função dos necessários prognósticos da justiça intergeracional. Explica-se: a exigibilidade dos direitos, com todos os dilemas da geração atual, quase sempre assentada na dignidade humana,[26] vai desencadear, em uma ambiência de crise financeira, inevitáveis reflexos nas gerações vindouras, que, por imperiosa relação de pertinência, acabam incorporando encargos sociais potencialmente majorados das gerações anteriores, especialmente quando a dinâmica dos julgados constitucionais, com o fundado propósito de assegurar os direitos de hoje, venha a inviabilizar eventual gozo deles no futuro.

Aqui, sem sombra de dúvida, a reflexão sobre os direitos não pode prestigiar uma linha compreensiva de esforços estritamente individuais, por mais que isso acabe por rediscutir a questão dos direitos adquiridos, haja vista o permeio da responsabilidade solidária

---

[22] PIKETTY, 2015, p. 92.
[23] GOSSERIES, 2015, p. 31.
[24] Por julgados constitucionais, tendo em vista a equivocidade do termo, deseja-se apenas grafar, de modo breve, os julgamentos dos tribunais constitucionais, e demais órgãos equivalentes, que têm expressiva importância na dinâmica implementadora dos direitos fundamentais, notadamente os sociais.
[25] Nesse sentido, é o que se observar no artigo 5º, inciso XXXVI, da CRFB, nestes termos: "a lei não prejudicará o direito adquirido, o ato jurídico perfeito e a coisa julgada". Ademais, tem-se o artigo 6º, *caput*, § 2º, da LINDB, nestes moldes: "[a] Lei em vigor terá efeito imediato e geral, respeitados o ato jurídico perfeito, o direito adquirido e a coisa julgada. [...] Consideram-se adquiridos assim os direitos que o seu titular, ou alguém por ele, possa exercer, como aqueles cujo começo do exercício tenha termo pré-fixo, ou condição pré-estabelecida inalterável, a arbítrio de outrem".
[26] A expressão *dignidade da pessoa humana* não será adotada neste livro, muito embora possa ser encontrada em função de citações diretas, porque a expressão é redundante, pois não há dignidade em pessoas jurídicas (coletivas) ou animais (LOUREIRO, 2001, p. 194).

em função dos difíceis prognósticos da sustentabilidade financeira e atuarial do RGPS/RPPSU.

Dito de outro modo, a dinâmica dos direitos, com sua desejosa exigibilidade, longe de mero vislumbre imobilizador da contratualidade – aqui, compreendido como vínculo legal, institucional e obrigatório, entre o RGPS e o trabalhador brasileiro, que, evidentemente, destoa da habitual compreensão sobre a contratualidade, e sua ordinária revisibilidade, na seara privatística ou mesmo publicística – e da dignidade, vai centrar-se na séria questão da sustentabilidade financeira e atuarial dos regimes previdenciários, não apenas em função dos custos, que é algo patente, mas, sobretudo, no comprometimento dos direitos das gerações futuras, por isso, para exemplificar, a questão das aposentadorias e pensões é tão recorrente no rol das grandes decisões políticas do Estado.

Cumpre mencionar, desde logo, que a discussão sobre a inexistência de débito no RGPS parte de presunções grosseiras: que vão da fantasiosa defesa da efetiva possibilidade de cobrança dos créditos previdenciários ou de considerar como de efetiva arrecadação os valores decorrentes de renúncia fiscal, passando pela não inclusão do RPPSU nos gastos da seguridade social, até chegar na questionável prioridade ético-fiscal da arrecadação de determinados tributos à previdência social,[27] quando se sabe que esses recursos são destinados à seguridade social, que compreende a saúde, assistência e, claro, a previdência social.

Quanto à DRU, a temática perdeu importância em controvérsia jurídica com o artigo 2º da EC nº 103/2019, que incluiu o § 4º no artigo 76 no ADCT, de maneira que a DRU não mais se aplica às receitas das contribuições sociais destinadas ao custeio da seguridade social. Aliás, mesmo antes da EC nº 103/2019, ao contrário do que se tem defendido,[28] a questão não tinha importância prática, pois os valores da DRU, há mais de década, já eram menores que os [valores] transferidos do orçamento fiscal para o orçamento da seguridade social, em particular para conter o déficit previdenciário. Com a EC nº 103/2019, ganha-se *apenas* transparência.

A obra, em uma abordagem inovadora, destaca uma investigação que vai além dos parâmetros discursivos relacionados à dignidade humana (definição do substrato econômico da prestação) e aos direitos adquiridos (defesa da imunização da relação jurídica) na problemática

---

[27] Tais como: (a) COFINS; (b) CSLL; e (c) PIS/PASEP.
[28] LIMA, 2018, p. 14.

referente à contributividade e revisibilidade das aposentadorias e pensões no RGPS/RPPSU, destacando, a partir de parâmetros normativos, a construção de um dever de solidariedade para além da imposição tributária, mas que não se prenda ao paternalismo estatal.[29]

Nesse sentido, considerando o difícil prognóstico da dinâmica demográfica,[30] despontado a queda na taxa de fecundidade[31] e o aumento na taxa de expectativa de vida,[32] jungida aos desafios funcionais da dinâmica laboral na hipermodernidade, fazem com que sejam levantadas inúmeras e inquietantes críticas ao modelo preponderante de gestão das aposentadorias e pensões, que é baseado no regime de repartição (PAYG); sobretudo, por olvidar os parâmetros da justiça intergeracional, sem falar, ainda, na própria negativa da responsabilidade solidária na composição da higidez financeira e atuarial do regime previdenciário.

Vê-se, portanto, uma clara preocupação com os rumos da sustentabilidade financeira e atuarial do RGPS, porquanto os desafios não se limitam aos inevitáveis impactos da dinâmica demográfica, recaindo, também, aos equívocos perpetrados na legislação pátria, que consagram verdadeira injustiça intergeracional, porquanto os imperativos da contributividade são imensamente mais expressivos às gerações presentes se comparados com a dinâmica contributiva dos atuais beneficiários do RGPS, fazendo com que ocorra uma incompreensível inversão no sistema de aposentadorias e pensões, a saber: os segurados que menos contribuíram ao RGPS são justamente os mais aquinhoados com os valores dos benefícios previdenciários, aliás, isso também se observa com relação ao RPPSU. Portanto, uma eventual *asfixia contributiva* das gerações futuras não pode ser descartada, mormente se as reformas dos regimes previdenciários não forem empreendidas com caráter retrospectivo e não meramente prospectivo.

Daí que, exigindo-se séria reflexão sobre os dilemas da socialidade, não pode ser afastada a discussão relativa ao tratamento mais sistêmico sobre a questão da revisibilidade e contributividade dos benefícios previdenciários já concedidos, recaindo, portanto, na conflitiva

---

[29] CORTINA, 2005, p. 55.
[30] GIAMBIAGI; TAFNER, 2010. p. 27.
[31] A despeito da queda da taxa de mortalidade infantil, que, no grupo de 01 a 04 anos, em 2019, alcançou o número de 2,04 por 1.000 habitantes, representando, no período de 1940 até 2019, uma redução na ordem de 97,3%. Evidentemente, trata-se de um dado animador, mas, ainda assim, distante do ideal (BRASIL, 2020. p. 7).
[32] A expectativa de vida passou, no período de pouco menos de 80 anos (1940-2019), de 45,5 anos para 76,6 anos, portanto, representa uma diferença na ordem de 31,1 anos (BRASIL, 2020. p. 8).

questão dos direitos adquiridos, que, no Brasil, ostenta o *status* de garantia constitucional (artigo 60, § 4º, inciso IV, da CRFB), o mesmo se diga, mas já em uma perspectiva institucional, quanto à observância dos critérios que preservem o equilíbrio financeiro e atuarial dos regimes previdenciários (artigo 40, *caput*, e artigo 201, *caput*, todos da CRFB).

Aliás, a fascinante *ideologia* dos direitos adquiridos, é pertinente destacar, não foi objeto de análise, no que concerne à revisibilidade das aposentadorias e pensões, nas ADI nº 2.010, 3.105 e 3.128, que trataram especificamente sobre a questão da contribuição dos servidores *inativos*, temática afeita especificamente ao RPPSU, muito embora a questão dos direitos adquiridos tenha sido objeto de demoradas considerações. Portanto, a questão da revisibilidade das aposentadorias e pensões ainda remanesce de escrutínio da jurisdição constitucional em uma conjuntura de crise, que, infelizmente, não tardará em acontecer no atual cenário do RGPS, até mesmo em função das gravíssimas crises cíclicas da economia. Não se trata de pessimismo, mas de fatos que revelam, a cada dia, um estrondoso *déficit* no RGPS.

Evidentemente, é preciso afastar as insistentes incompreensões doutrinárias, geralmente por meio de presunções ou suposições,[33] sobre a efetiva existência desse déficit em função da exorbitante carga tributária brasileira. Um bom exemplo dessa perspectiva doutrinária pode ser observado nesta passagem: "[a] chamada situação deficitária da Previdência Social no Brasil envolve muitos aspectos igualmente ponderáveis, mas a sua análise vai alcançar uma conclusão surpreendente: inexiste *déficit* técnico do sistema previdenciário".[34] Sem adentrar na discussão sobre o que possa ser a noção de *déficit técnico*, mormente se ele deixaria de ser déficit, tendo em vista o disposto no artigo 195, *caput*, da CRFB, arvora-se de outro modo essa questão, e de maneira bem sucinta, é preciso identificar os pontos de irracionalidade da imposição tributária, bem como da gestão previdenciária e, claro, desmistificar o discurso dos direitos pautado, tão somente, a partir de sua idealidade, de maneira que isso basta para afastar a compreensão de que a previdência social seja superavitária.

Com efeito, o próprio índice de atualização dos benefícios previdenciários[35] – quase sempre aquém da valorização do SM – e o propósito

---

[33] BOTELHO; COSTA, 2021, p. 421.
[34] GARCIA, 2002, p. 120.
[35] Vide o artigo 1º, § 1º, c/c artigo 15, todos da Lei nº 10.887/2004 e a ADI nº 4.582/RS, bem como o artigo 41-A, *caput*, da LBPS; este, aliás, impõe ao RGPS a atualização pelo Índice Nacional de Preços ao Consumidor (INPC). Ademais, como prova da valorização do SM

específico do fator previdenciário (artigo 29, § 7º, da LBPS) já denunciam o expediente dissimulado e ineficiente de contenção dos gastos com a Previdência Social, pois, desde logo, seria mais pertinente – ou mesmo sincero – identificar as razões da imprudência da indexação do valor mínimo dos benefícios previdenciários ao SM, cujos efeitos não podem ser mais negados, diante da fragilidade da sustentabilidade financeira e atuarial do RGPS, sem falar que nem mesmo a adoção do fator previdenciário foi capaz de romper o ascendente déficit do RGPS,[36] mormente com a manutenção da teoria imunizadora dos direitos adquiridos.

Além disso, a própria consagração constitucional da previdência complementar dos servidores públicos, com seu conturbado processo de implementação, já denunciou uma concreta demonstração da difícil situação financeira do RPPSU. Nesse sentido, *vide* artigo 40, §§ 14, 15 e 16, da CRFB, bem como as Leis Complementares nº 108 e 109, todas de 2001, e, claro, a Lei nº 12.618/2012. Observa-se que a criação de uma Previdência Complementar dos servidores da União representa uma nova perspectiva de análise da atuação do Estado em matéria previdenciária. É dizer que o Estado sai da posição de protagonista da proteção social, assumindo, doravante, a posição de mero patrocinador de fundo previdenciário, que, por certo, resulta menos oneroso aos cofres públicos, fugindo, desse modo, *mutatis mutandis*, da lógica de Estado provedor para Estado garantidor e, com isso, um possível risco: "[d]e um Estado responsável pela prestação de serviços públicos indispensáveis à realização de grande número de direitos sociais passaríamos, à revelia da constituição, para um Estado tendencialmente subsidiário".[37] Não obstante a importância da advertência doutrinária, a constituição de Previdência Complementar para servidores públicos compreende mais um tratamento normativo, com custeio parcial do orçamento fiscal, não dispensado aos celetários, isto é, trabalhadores submetidos à CLT.

Por outro lado, com relação à problemática da contributividade, não há como negar o entendimento de que não há norma jurídica válida que *imunize os proventos e as pensões, de modo absoluto, à tributação de ordem constitucional, qualquer que seja a modalidade do tributo eleito*, donde

---

sobre os benefícios previdenciários, no período de 2003 a 2015, o SM teve um reajuste nominal de 294%, já o INPC alcançou apenas 110,05% (Fonte: Dieese. Disponível em: http://infonet.com.br/economia/ler.asp?id=167572. Acesso em: 8 mar. 2016).

[36] LIMA; WILBERT, 2012, p. 139.
[37] CANOTILHO, 2008, p. 575.

não haver, a respeito, direito adquirido com o aposentamento.[38] Contudo, a discussão da contributividade que se pretende discutir neste livro não se vincula à dinâmica da revisão constitucional, muito menos com o viés da imposição tributária, mas sim na alteração da legislação infraconstitucional sobre parâmetros concessórios dos benefícios previdenciários, inclusive, em excepcionalíssimas situações, os já concedidos, em função da sustentabilidade financeira e atuarial do RGPS/RPPSU em uma perspectiva intergeracional. Isto é, em uma perspectiva consequencialista da ação pública, admite-se a possibilidade de relativizar a imunidade dos direitos adquiridos em situações limites de sustentabilidade financeira e atuarial do RGPS/RPPSU.

Aqui, entra em cena a importância dos fundamentos da abertura econômica e política nos julgados constitucionais, de sorte a identificar os fundamentos da exigibilidade dos direitos sociais para além da ideologia dos direitos adquiridos e da discutível noção salvacionista da dignidade humana, sempre tão arbitrária e de nodosos contornos conceituais. Aliás, muito embora com menor preocupação em termos teórico-normativos, essa problemática também se observa na ideia de mínimo social ou de direito a um mínimo para uma existência condigna[39] – denotando mais que a mera existência física, pois também exige o desenvolvimento de relações sociais,[40] assumindo, portanto, inevitáveis contingências socioeconômicas e históricas[41] –, pois também exige uma compreensão de que a dinâmica concretizadora dos direitos depende de substratos econômicos e arranjos políticos, que, a despeito da necessária leitura jurídica, assumem uma importância capital, mormente em uma providencial diretriz de justiça intergeracional, na definição dos efetivos nortes de uma igualdade calcada na viabilidade material das prestações públicas,[42] até porque as instituições públicas, imersas em uma espiral de conflitos sociais, com o sacrifício dos limites funcionais

---

[38] BRASIL, 2004.
[39] ANDRADE, 2004, p. 29.
[40] LEITJEN, 2015, p. 30.
[41] WALDRON, 1993, p. 253.
[42] Nesse ponto, transcreve-se uma categórica passagem doutrinária: "[d]efende-se, deste modo, a superação do igualitarismo ideológico, enquanto imperativo de *gratuidade* da prestação *universal* de apoios, de cuidados e de serviços públicos, e do consequente dogma do financiamento total da socialidade por impostos – justificando-se, pelo contrário, a admissibilidade de contribuições, de propinas, de taxas moderadoras e de copagamentos por parte dos que podem contribuir ou pagar, sobretudo quando se trate da prestação institucionalizada de serviços que não sejam acessíveis a todos ou de que nem todos sejam, ou sejam igualmente, beneficiários" (ANDRADE, 2015, p. 35).

da ação pública, revelar-se-ão incapazes de contornar as prementes prestações relacionadas à previdência social, saúde ou assistência social.

Por isso, é pertinente gizar que: "[...] a *Constituição*, em si, é hoje incapaz, mas a rede jusnormativa é um apoio essencial à reconstrução sustentável de uma 'nova socialidade' devidamente ajustada ao paradigma econômico vigente".[43] Portanto, negar essa premissa, aferrando-se na trincheira axiológica da dignidade humana, como elemento imunizador das reformas previdenciárias, inclusive na excepcional possibilidade de redução dos valores das aposentadorias e pensões, que dificilmente se inseriria nos limites materiais do próprio fundamento do mínimo social, é comprometer uma diretriz viável da sustentabilidade financeira e atuarial do RGPS/RPPSU e, claro, sem que isso promova efetivo progresso na justiça intergeracional, pois os infrutíferos esforços para consagração dos direitos de hoje podem inviabilizar os direitos de amanhã, aliás, não muito distante.

Em rigor, nem mesmo os benefícios de valor mínimo, portanto, correspondente a 01 (um) SM – e que *jamais* se submeteriam a uma excepcional hipótese de redução do seu valor nominal –, expressariam um limite pecuniário do mínimo social, isso porque a noção de mínimo social, considerando o desenvolvimento social brasileiro, não se limita à ideia de renda mínima, pois, em verdade, exige-se uma compreensão de todo o universo das prestações sociais realizadas pela ação pública, muitas delas, inclusive, são impossíveis de serem mensuradas economicamente, quer dizer, como hipótese de prestação individualizada de serviço público.

Por outro lado, a concessão de benefícios comuns, considerados *menores*, porém mais abrangentes, isto é, que possam ser gozados inclusive por quem se encontra acima do controvertido parâmetro do mínimo social, tende a exigir uma rediscussão do papel das prestações sociais, especialmente quando isso possa onerar desmedidamente a gestão fiscal e, eventualmente, comprometer o largo universo dos investimentos considerados prioritários pela sociedade (bens sociais coletivos), notadamente os que acentuam os valores comunitários, daí que a prestação de mínimo social pode acarretar uma forma de máximo social para poucos em função da maior onerosidade do conjunto das prestações socais e, claro, da eventual restrição que isso possa representar no programa de desenvolvimento social do Estado.[44]

---

[43] SILVA, 2014, p. 231.
[44] WIDERQUIST, 2010, p. 480.

Não se trata, portanto, de fazer escolhas com o desejoso propósito expansionista de proteção social, mas o que fazer racionalmente em função da crise fiscal prolongada do Estado brasileiro. Lembrando-se que, em 2020, a previdência social sozinha foi responsável por 44,30% do orçamento executado da União destinado às áreas finalísticas, estas representaram 46% do total do orçamento executado, o restante, 54%, foi destinado aos encargos especiais e reserva de contingência, isto é, basicamente gastos com a dívida pública, aliás, nesse ano, em função da Covid-19 (Pandemia do coronavírus SARS-CoV-2), a Assistência Social foi responsável por 25,83% do orçamento executado da União destinado às áreas finalísticas,[45] muito acima dos 7,72% de 2019.[46]

Disso resulta que a evolução dos trabalhos normativos relacionados à socialidade, caso permaneça a relutância quixotesca do primado da normatividade imunizadora dos direitos, pode revelar-se, a cada dia, mais distante das possibilidades políticas e econômicas do Estado, isto é, dos inevitáveis condicionantes históricos das prestações sociais,[47] logo, deve-se trabalhar para permitir uma trajetória de convergência, isto é, que o *defender* normativamente não olvide o *realizar* econômica e politicamente.

Assim, fugindo da ordinária atenção dispensada aos áridos dilemas interpretativos decorrentes da decantação normativa da dignidade humana, que pouco esclarece sobre os caminhos a seguir no difícil relevo da concretização dos direitos sociais, muito embora seja verdadeiro canto da sereia para muitos juristas, porquanto muito confunde ou enrijece o universo dos julgados por meio de soluções pretensamente justas, geralmente pautadas na inventiva capacidade dos intérpretes em permear ponderações que incidem, em tese, sobre objetos ou dados nada afeitos à singular dinâmica das possibilidades meramente interpretativas, a pesquisa discute a pertinência, utilidade ou eficiência de técnica jurídica baseada na defesa da normatividade, mesmo quando isso repercuta, em longo prazo, no eventual sacrifício dos sistemas de prestações sociais e, por conseguinte, na promoção da justiça intergeracional.

---

[45] BRASIL. Controladoria-Geral da União. Portal da Transparência. *Despesa Pública 2020*. Disponível em: http://www.portaltransparencia.gov.br/despesas?ano=2020. Acesso em: 30 jun. 2021.

[46] BRASIL. Controladoria-Geral da União. Portal da Transparência. *Despesa Pública 2019*. Disponível em: http://www.portaltransparencia.gov.br/despesas?ano=2019. Acesso em: 30 jun. 2021.

[47] MONIZ, 2015, p. 71.

Vê-se que a questão, principalmente na perspectiva da justiça intergeracional, não pode limitar-se ao universo da fundamentação teórico-filosófica dos direitos, até porque praticamente todo direito social das *gerações vivas* pode ser fundamentado e exigido a partir da dignidade humana, especialmente nas prementes e onerosas situações das prestações materiais, mas também em uma abertura política e econômica no desenlace dos problemas relacionados aos direitos sociais, especialmente em uma conjuntura de forte crise financeira do Estado e, claro, dos sistemas previdenciários.[48]

Em face das premissas discursivas acima ventiladas, segue o ponto determinante da especulação desta obra, a saber: *como atender aos objetivos da justiça intergeracional, amparando-se no dever de solidariedade que viabilize o equilíbrio financeiro e atuarial do RGPS/RPPSU, tendo em vista o legítimo propósito protetivo da dignidade humana e da questionável garantia/ ideologia dos direitos adquiridos, nos quais estão assentados os principais valores/vetores da ponderação normativa, bem como são exigidos/destacados os deveres de prestação social, por meio da abertura política e econômica dos julgados na implementação dos direitos positivos?*

Observa-se que a problemática discute a importância da compreensão sistêmica dos efeitos atuação judicial, inserindo-a no universo das objetivas realidades político-econômicas da sociedade e, nesse sentido, mais conectado às diretrizes discursivas sobre os limites operacionais dos direitos, porquanto a: "[d]iversificação da situação do problema e situação da decisão impedem, assim, nos âmbitos de problemas sociais relevantes, que se forme uma jurisprudência constante e previsível que garanta, em sentido real, um desenvolvimento jurídico".[49] Portanto, a dinâmica decisória da jurisdição constitucional deve comportar as necessárias reformas estruturais da previdência social no Brasil. Naturalmente, em face do problema acima identificado, advém uma série de novos questionamentos, todos eles consentâneos com os desdobramentos desta obra, tais como:

> (a) quais seriam os fundamentos da abertura econômica e política, que, transcendendo os parâmetros discursivos da *contratualidade* (direitos adquiridos) e dignidade (definição do substrato econômico mínimo), seriam capazes de afetar positivamente a exigibilidade dos direitos?

---

[48] NERY, 2015.
[49] MAUS, 2009, p. 30.

(b) afastando-se do juízo de evidência e da casuística decantação normativa da dignidade humana, que fundamentos podem ser legitimamente sustentados, em uma perspectiva constitucional, na observância da justiça intergeracional, particularmente no campo da previdência social?

(c) como a crise financeira, que também tem inegáveis contornos constitucionais e legais relacionados à atividade financeira do Estado (*dogmática da escassez*), poderia justificar eventual restrição aos direitos fundamentais, isto é, a escassez seria uma fonte justificadora *da força normativa dos fatos*, notadamente a partir da aplicação do princípio da proporcionalidade?[50]

(d) como conceber a justiça intergeracional com a *rigidez* da Constituição, isto é, sem romper com o modelo constitucionalmente adequado ou reflexivo e a *programaticidade* – sem o sentido pejorativo que tomou conta da doutrina brasileira – do discurso constitucional?

(e) como admitir, para além das construções filosóficas, formas de responsabilidade solidária sem atingir o núcleo essencial dos direitos adquiridos?

(f) inadmitindo-se a dinâmica concretizadora de direitos como uma bomba-relógio, portanto, fora dos parâmetros da intergeracionalidade; então, como restringir, validamente, o gozo de direitos atuais para consagrar interesses ou direitos no futuro?

(g) como superar a preocupante dualidade da atuação judicial, mormente em uma ambiência de escassez, que age politicamente na definição dos fins públicos, mas, paradoxalmente, atua normativamente na definição dos meios?

(h) a *correção expertocrática* da jurisdição constitucional, que toma ares de pretenso salvacionismo iluminista, pode revelar-se um obstáculo à própria exigibilidade dos direitos, não pela negativa do princípio democrático em função de uma (re)definição dos valores substantivos resultantes do processo político,[51] mas, sobretudo, pela incompreensiva dinâmica dos desafios da sustentabilidade financeira das instituições públicas de prestação social?

---

[50] SILVA, 2014, p. 63, nota de rodapé n. 44.
[51] MAUS, 2009, p. 157-158.

(j) é possível um diálogo construtivo entre o Poder Judiciário e o Legislativo no Estado Constitucional, mediante uma revisão judicial fraca ou moderada,[52] de maneira a consagrar a ideia de revisibilidade dos direitos em uma confluência de esforços institucionais?

Percebe-se que a discussão sobre a abertura política e econômica nos julgados constitucionais prestigia a *weak-form judicial review* em determinados quadrantes da atuação judicial, porquanto é a que se revela capaz de absorver/conceber o intenso diálogo entre corte, legislador e executivo, especialmente nas matérias que extrapolam o ordinário prognóstico da normatividade (*Fiat justitia, et pereat mundus*),[53] resultando, assim, uma dinâmica decisória que, mesmo considerando a normatividade, incluindo, evidentemente o substrato da *contratualidade* e da dignidade, não despreza os limites normativo-financeiros na exigibilidade dos direitos sociais, fazendo com que seja possível desarmar a bomba-relógio dos direitos adquiridos,[54] mormente na previdência social, em um universo de grave crise financeira do Estado.

Dessa forma, cumpre mencionar que a obra tem como pano de fundo os desafios relacionados aos direitos fundamentais sociais em uma perspectiva intergeracional, assentada em um dever de solidariedade, com particular atenção à previdência social, mais precisamente sobre a importante questão da revisibilidade/reforma das aposentadorias e pensões do RGPS/RPPSU.

Aliás, essa área temática foi escolhida em função de três importantes aspectos: (a) trata-se de *problemática atual e concreta*, inclusive, de relevo global, haja vista o difícil prognóstico dos atuais sistemas previdenciários no mundo; (b) com uma *intensa atividade legislativa*, donde desponta uma destacada ingerência da jurisdição constitucional na regulamentação da previdência social, sobretudo, em tempos de reforma constitucional; e (c) reconhecida *abrangência*, pois a previdência social afeta todos os segmentos da sociedade, tendo em vista as

---

[52] TUSHNET, 2008, p. 66. Prefere-se o uso da palavra moderada/fraca, e mesmo suave, frágil ou atenuada, ao termo débil.

[53] A expressão, aliás, não resiste à lógica, pois não há justiça sem mundo, portanto, impor o direito até as últimas consequências é, desde logo, apenas uma forma de negar o próprio direito.

[54] Aliás, "[n]um contexto em que o quadro jurídico vigente é claramente injusto e insustentável a imunização dos montantes das pensões, a discussão passa, para além da análise da concreta proposta de recálculo numa perspectiva constitucional, por 'tentar encontrar critérios para uma alternativa que fosse *menos injusta* do que uma outra'. Menos injusta e, claro, capaz de sobreviver ao teste de constitucionalidade" (LOUREIRO, 2013, p. 180-181, grifo nosso).

consequências da dinâmica demográfica e do déficit previdenciário, bem como, em uma perspectiva sistêmica, os modos e meios de atuação dos Poderes da República no universo das prestações sociais.

Pontua-se que, tendo em vista as dinâmicas demográfica, legislativa e laboral na hipermodernidade, a sustentabilidade financeira e atuarial do RGPS/RPPSU, em uma perspectiva intergeracional, não será alcançada apenas com reformas legais meramente *prospectivas*, porquanto é também necessário discutir e, possivelmente, adentrar na dinâmica legal restritiva em uma perspectiva *retrospectiva*, senão os custos da contributividade serão extremamente ofensivos aos interesses das gerações futuras, especialmente no sistema previdenciário baseado no regime de repartição, desprestigiando a questionável tese da poupança justa, considerando-se o difícil universo da proteção social, no sentido de que ela é exigida como uma condição à realização plena de instituições justas e das liberdades iguais.[55]

Em uma palavra: é preciso relativizar a garantia dos direitos adquiridos, porque não se trata apenas de duas alternativas, a saber, *contribuir mais* ou *trabalhar mais*, há, também, outra variável *perceber menos*. O maior dilema prático dessa assertiva reside no seguinte fato: em um país que raramente oferece serviços públicos de qualidade, especialmente para as camadas sociais mais baixas, a possibilidade de redução dos proventos soa como um desatado *nonsense*. Desse modo, quando se discute apenas a ideia do hoje, nos estreitos limites dos dilemas existenciais concretos, obviamente, é pouco provável que outra reflexão prevaleça.

A obra perpassará pela tormentosa questão constitucional entre *petrificar* (artigo 5º, inciso XXXVI) ou *assegurar* (artigos 40 e 194) determinados direitos, em uma ambiência de graves obstáculos econômico-demográficos, sobretudo, em uma perspectiva intergeracional, mas sem recair nos *extremos* do neojoaquimismo constitucional, (neo)jusaquisitorialismo ou mercoconstitucionalismo,[56] admitindo-se, contudo, que o discurso sobre a constituição tem uma temporalidade à parte, haja vista o inevitável limite de adequação entre as formas tradicionais ou correntes da estrutura descritiva dos processos constitucionais e o efetivo desenvolvimento dessas premissas teórico-normativas.[57]

---

[55] RAWLS, 1999, p. 257.
[56] LOUREIRO, 2014, p. 239-244.
[57] ALBUQUERQUE, 2008, p. 221.

Tem-se, com isso, o difícil dilema gerado, em parte, pela negligência da gestão previdenciária brasileira, que exige a tentativa de resolução de intrincada questão jurídica que vai muito além da relativização dos direitos adquiridos, da revisibilidade dos direitos e da formulação de novos modelos normativos, impondo, sobretudo, uma nova forma de enxergar o princípio da responsabilidade solidária nos cânones da previdência social, isto é, *da superação da contratualidade geracional à consagração da responsabilidade solidária intergeracional*, divisando, assim, uma forma de responsabilidade sistêmica como fator/indutor de superação da estrita responsabilidade procedimental ou reguladora.[58]

Diante disso tudo, como que uma conclusão ainda pendente de amadurecimento teórico, encerra-se a compreensão de que os novos imperativos ético-previdenciários[59] assentam-se em uma constante reflexão sobre os modelos dos sistemas previdenciários, que deverão observar uma inarredável premissa: *não colocar em perigo as condições necessárias para a conservação atemporal da proteção social do trabalhador e seus dependentes*. O termo segurado seria reducionista, pois compreenderia um necessário vínculo protetivo em sistema previdenciário, mas, mesmo assim, também seria tecnicamente defensável, contudo, a proteção previdenciária pressupõe, em qualquer caso, atividade laboral do próprio segurado ou de terceiros, o que denuncia um modelo de viés laboralista, no sentido de que sem o trabalho não é possível destacar um vínculo previdenciário, mas de caráter assistencial (ajuda social).

Todavia, para isso, é preciso repensar os prognósticos de implementação dos direitos sociais candentes de outras épocas, cujas conquistas se alinhavam-se ao discutível progresso do crescimento econômico contínuo, no que daria azo à senda limitadora da revogabilidade dos direitos e, com isso, à própria intangibilidade para o futuro dos direitos adquiridos, como que firmada na perene capacidade do

---

[58] INNERARITY, 2009, p. 124. Aliás, esse autor, um pouco antes no livro, (p. 94), já esclarecia: "[n]o se pude actuar racionalmente sin asumir la complejidad de la realidad. El problema de determinadas concepciones de la política, decisiones jurídicas o planteamientos científicos es que tienen un modelo de decisión que no está a la altura de la complejidad, sino que la ignora o desconocen" (INNERARITY, 2009, p. 94). Tal afirmativa bem se insere na realidade previdenciária brasileira, porquanto até mesmo o déficit previdenciário, que é notório, ainda não é tratado com a devida importância ou simplesmente é negado em função de projeções abstratas de arrecadação ou da eficiência fantasiosa de sua cobrança na via administrativa e judicial.

[59] Em uma clara alusão aos imperativos decantados por Hans Jonas em uma ética para a civilização tecnológica, *vide* JONAS, 2006, p. 47-48, especialmente nesta formulação negativa: "Não ponha em perigo as condições necessárias para a conservação indefinida da humanidade sobre a Terra".

Estado, pretensamente verificada no passado, no atendimento das expectativas normativas.[60] Vive-se outro momento, mormente nos Estados periféricos, que, não tendo alcançado os períodos áureos do Estado social ou da sua versão patológica – o Estado-providência[61] –, têm pela frente o desafio dos encargos sociais inegavelmente majorados pela complexidade crescente das prestações sociais e, claro, pela má gestão dos recursos disponíveis em uma perspectiva intergeracional.

Agora, é preciso ventilar algumas premissas metodológicas em face das considerações destacadas no tópico anterior. Como não há um método especificamente destinado à investigação jurídica, pois o enfoque teórico-problemático e a natureza do objeto da pesquisa impõem uma escolha essencialmente variável,[62] a metodologia adotada consagra essa premissa, evitando-se juízos ou abordagens metodológicas que, em função de rigorismo estéril, limitem o objetivo do trabalho. Assim sendo, cumpre destacar o roteiro deste livro, que se divide em três partes, que objetiva contemplar os fundamentos do dever de solidariedade previdenciária, em uma perspectiva intergeracional, compreendendo:

(a) a primeira – a *Ordenação da justiça intergeracional e da responsabilidade solidária no Estado Constitucional*, que é constituída de dois capítulos, quais sejam, (1) o primeiro, dispondo sobre a *dignidade humana: o excesso malogra o sucesso*, na qual evidencia os limites desse relevante princípio constitucional em matéria de proteção social, já que a *dignidade humana não tem fundo, mas fundamento; nem medida, mas mensuramento*, bem como sobre *a dimensão intergeracional dos direitos fundamentais*, pontuando, assim, os desafios dos direitos fundamentais entre as gerações; e, no outro, (2) discorrendo sobre a *solidariedade estruturalmente ordenada no Estado Constitucional*, destacando as implicações da *justiça entre as gerações como inevitável conflito jurídico-político* e, em seguida, em uma ótica mais específica sobre a temática, desenvolvendo os contornos da *rigidez constitucional e justiça intergeracional*, findando na necessária reflexão sobre o *dever de solidariedade* na sociedade hipermoderna;

(b) a segunda, trata sobre a *Ideologia dos direitos adquiridos e teleologia da sustentabilidade previdenciária*, isto é, pontuando

---

[60] NABAIS, 2015, p. 114.
[61] LOUREIRO, 2013, p. 115.
[62] MARQUES NETO, 2001, p. 129.

sobre a contraposição entre ideologia dos direitos adquiridos e teleologia da sustentabilidade previdenciária, destacadamente na sua vertente financeira e atuarial. Aliás, no primeiro capítulo, discute-se sobre *direitos adquiridos e sustentabilidade previdenciária*, promovendo as necessárias reflexões relacionadas à *legislação infraconstitucional e vínculos entre as gerações*, que permitirá uma análise dos modelos vigentes. O segundo, por sua vez, retrata a ruidosa questão dos *direitos adquiridos e dinâmica demográfica*, ventilando *o peso da imunização jurídica e questão demográfica*, firmando, desse modo, as bases para uma compreensão do RGPS/RPPSU para além da perspectiva do indivíduo ou grupo;

(c) a terceira – dispõe sobre os *Fundamentos da abertura política e econômica nos julgados constitucionais* em uma clara referência aos diálogos institucionais, mas, sobretudo, ventilar a dinâmica operativa do dever de solidariedade previdenciária na jurisprudência constitucional, para tanto, no primeiro capítulo, aborda-se a questão dos *direitos positivos como realidade política e econômica*, pontuando a relação entre *crises e diálogos institucionais* nos desafios das prestações previdenciárias na hipermodernidade, isto é, pontuando a importância da *gestão fiscal e* dos *diálogos institucionais* para formação de *uma nova política* de concretização dos direitos sociais. Destacando, no segundo capítulo, *os limites do direito na atividade financeira do Estado*, pontuando a importância do *controle da gestão fiscal* na *democracia do (des)conhecimento* e qual o verdadeiro papel da justiça nessa intrigante questão. Na conclusão, são reportados os imperativos do *dever de solidariedade previdenciária na sociedade hipermoderna* e, claro, a síntese desta obra, evitando-se, assim, a reprodução das conclusões preliminares de cada capítulo.

Quanto aos parâmetros metodológicos adotados no livro, algumas importantes premissas foram adotadas, sobretudo, as seguintes:

(a) a utilidade dos *dados estatísticos* oficiais ou reconhecidamente confiáveis, mormente em uma perspectiva comparativa, a despeito dos necessários esforços de atualização, decorrerá mais da capacidade de demonstrar os contornos da diversidade entre os modelos discutidos que propriamente da identidade dos métodos empregados para sua formação ou atualização, já que as instituições podem partir de mecanismos bem diversos no processo de colheita de dados, a despeito, é claro, de eventuais esclarecimentos. Além disso, é preciso considerar que todo dado que retrata questões sociais se revela insuficiente: seja pela discutível atualidade; seja pelos critérios ou modos de sua formação; seja, ainda, pela questionável utilidade diante de questões que não são afeitas aos prognósticos dos números. Além disso, a capacidade humana de criar realidades institucionais, como bem exemplifica a constituição de "estruturas normativas capazes de disciplinar condutas em relações intersubjetivas",[63] expõe um aspecto prático relevante: a pertinência da argumentação com números decorre de sua capacidade de traduzir parâmetros que sejam aceitos pela correção de seus propósitos, senão ocorre apenas uma nova forma de ignorância;

(b) a análise jurisprudencial, sempre que possível, levará em consideração os posicionamentos de cortes constitucionais de países que têm uma realidade social menos distante da verificada na sociedade brasileira, justamente para evitar comparações (1) que não se ajustam aos parâmetros socioeconômicos de sociedades que ainda amargam profundos déficits histórico-culturais, mormente no campo da socialidade; ou (2) que não se encontrem no mesmo dilema relacionado à sustentabilidade financeira e atuarial dos regimes previdenciários;

(c) a revisão bibliográfica, no que desponta a relevante questão da intertextualidade na elaboração de uma obra, a despeito das diversas perspectivas de análises, tendo em vista os diferentes substratos jurídico-sociais e, por isso, será devidamente centrada em uma perspectiva relacional, pois, não existindo respostas objetivas sobre problemas complexos e muito menos salvaguardas doutrinárias infalíveis, apenas no conflitante relevo de teses e antíteses doutrinárias é possível aferir uma síntese teórico-prática sobre a problemática ventilada nesta investigação, que se revela conflitivo e, sobretudo, contemporâneo. Desse modo, a despeito de trabalhar os textos dos grandes autores, a obra fala em nome próprio, não se abrigando, assim, no argumento de autoridade dos pensadores luminares sobre a temática;[64] e

---

[63] MACHADO SEGUNDO, 2016, p. 31.
[64] GOSSERIES, 2015, p. 17.

(d) no que se refere às questões sociais ou à realidade em que se insere a reflexão jurídica, compreende-se que a discussão tem por pano de fundo a sociedade brasileira, exceto quando destacado algum lugar específico, porquanto a problemática da investigação envolve dilemas e proposições ancorados no sistema público de previdência brasileiro. Afinal, o fenômeno jurídico é sempre partejado dentro da tessitura social, onde se desenvolve por diferenciação, apresentando suas singularidades e, portanto, suas características específicas.[65]

Por fim, deve-se destacar que os engendros discursivos desta investigação, não raras vezes, envolvem autores com perspectivas teóricas diversas, alcançando até mesmo filiações doutrinárias totalmente contrárias; contudo, isso não representa o desconhecimento das particulares cosmovisões de cada autor, longe disso, procura-se, tão somente, destacar, sem que isso denuncie qualquer forma de *sincretismo teórico*, a força de análise de cada autor em função dos objetivos deste trabalho, evitando-se, desse modo, aprioristicamente, qualquer supressão reflexiva sobre determinados escritos em função da Escola de filiação política, sociológica, filosófica, econômica ou jurídica dos autores.

---

[65] MARQUES NETO, 2001, p. 129.

PARTE I

JUSTIÇA INTERGERACIONAL E RESPONSABILIDADE SOLIDÁRIA

A ordenação da justiça intergeracional e da responsabilidade solidária no Estado Constitucional, este como uma *"tecnologia política de equilíbrio político-social"*,[66] representa a razão fundante desta primeira parte da obra. Pretende-se deslocar a dinâmica da justiça intergeracional das abstratas considerações político-filosóficas para as concretas problemáticas dos direitos sociais, com particular destaque à problemática dos benefícios (artigo 18, incisos I e II, da LBPS), que têm caráter pecuniário, mas sem adentrar nos serviços[67] (artigo 18, inciso III, da LBPS), sem caráter pecuniário, pontuando a relevância de um dos pilares do sistema constitucional de seguridade social, que reafirma um dos fundamentos do Estado (artigo 1º, inciso III, da CRFB[68]), em uma perspectiva intergeracional.

De modo sucinto, compreende-se a justiça intergeracional como um conjunto de princípios jurídico-políticos que norteia os mecanismos, instrumentos ou institutos da atuação individual, social e institucional voltados ao tratamento *equitativo* entre as gerações. Discute-se a questão da responsabilidade solidária, notadamente em uma sociedade de risco em que os limites na avaliação dos perigos são cada vez maiores,[69] baseada na institucionalização de parâmetros objetivos da atuação estatal, diante das exigências normativas da socialidade, que atenda aos prognósticos da convivência comunitária, mas, claro, sem o sacrifício da liberdade de atuação dos cidadãos.

Portanto, não se trata de generalizada socialização dos riscos, o que seria uma miragem elementar da anomia governativa, mas a responsabilidade solidária a partir de nichos específicos de atuação dos membros da comunidade política, cujos reflexos são devidamente absorvidos em diversas realidades sociais e, ainda assim, apenas quando o dever de solidariedade beneficia a todos, o que é algo bem diverso da defesa romanesca do princípio da dignidade humana nos ordinários prognósticos da *microjustiça*, que prestigia o *individualismo patológico*, não tardando, na boa parte dos casos, em sacrificar os regulares processos sociais de exigibilidade dos direitos positivos. Dessa forma, na exigente dinâmica da proteção social, não há como apartar o substrato constitutivo-protetivo da dignidade humana do dever de solidariedade.

---

[66] CANOTILHO, 2003, p. 90.
[67] A questão dos serviços previdenciários (serviço social e reabilitação profissional), o patinho feio da proteção previdenciária, não tem sido, com raras exceções, abordada com profundidade na doutrina, porém, representa uma problemática digna de atenção, mormente por destacar os meios da ação pública destinada à capacitação profissional.
[68] GARCIA, 2011, p. 1.084.
[69] BECK, 2011, p. 65.

Dito, ainda, de outro modo: propugna-se o entendimento de que a defesa da dignidade humana não pode ser apartada dos necessários prognósticos da responsabilidade solidária em uma sociedade hipermoderna, porquanto o reflexo das medidas administrativas ou judiciais no campo das prestações sociais sempre exigiu esforços redobrados de toda a sociedade e, por isso, o universo das conquistas sociais depende mais da organização dos meios para efetivação do direito, conforme as especificidades no caso concreto, que propriamente da definição dos seus contornos teórico-normativos a partir da dignidade humana.

Observa-se, nesse caso, a mesma questão singela sobre a correção ou precisão de determinada prestação de serviço, como, por exemplo, a que pode resultar da contratação de um pintor. Com efeito, dizer que uma parede não se encontra [adequadamente] branca, como que assumindo ares de uma revelação técnica irretocável, não parece ser uma solução feliz, caso não se defina os meios ou os modos de pintá-la novamente e, sobretudo, se isso é ainda possível. Dito de outro modo, a reflexão jurídica pode até dizer o que deve ser feito, isto é, definir a noção de proteção social, mas ela não é capaz, por mais que se deseje, de prescrever como algo deve ser feito e nem por meio de que ele possa ser [satisfatoriamente] realizado. Assim sendo, a noção possibilitadora da proteção social, se exclusivamente jurídica, faz pouco sentido, porque seria inegavelmente arbitrária, porquanto restaria assentada sem quaisquer condicionantes fáticos, sobretudo, de ordem cultural, social e econômica. Portanto, o discurso de quem nada deve a não ser bradar imperiosas prescrições normativas, nas quais tudo pode ser exigido a partir da dignidade humana, não encontra amparo na atual conformação constitucional da socialidade, sem prejuízo da indispensável conexão entre dignidade e socialidade.[70]

Cuida-se, portanto, de defender a compreensão técnico-política da sustentabilidade financeira da proteção social, mormente das prestações previdenciárias, em uma lógica contributiva relacionada não apenas ao (a) *locus* ocupacional do trabalhador (cota patronal e contribuição do empregado), conforme a dinâmica de grupo, mas, também, (b) em relação aos benefícios concretos de sua atuação profissional no conjunto da riqueza tributável, conforme critérios compartilhados pelos interesses afetados ou poupados, no largo universo da socialidade, que não mais pode prender-se aos prognósticos estritamente normativos

---

[70] LOUREIRO, 2014, p. 636.

de realizabilidade dos direitos, pois, ainda que desejáveis em todo projeto constitucional, não se revelam factíveis quando alheios aos condicionantes econômicos e sociais de qualquer país.[71]

---

[71] LOUREIRO, 2013, p. 122.

CAPÍTULO 1

DIGNIDADE HUMANA:
O EXCESSO MALOGRA O SUCESSO

"Haverá paradeiro
Para o nosso desejo
Dentro ou fora de um vício?
Uns preferem dinheiro
Outros querem um passeio
Perto do precipício.
Haverá paraíso
sem perder o juízo e sem morrer?
Haverá pára-raios
Para o nosso desmaio
No momento preciso?
Uns vão de pára-quedas
Outros juntam moedas
antes do prejuízo
Num momento propício
Haverá paradeiro para isso?
Haverá paradeiro
Para o nosso desejo
Dentro ou fora de nós"?[72]

---

[72] Letra da música *Paradeiro*, uma composição de Arnaldo Antunes, Marisa Monte e Carlinhos Brown, lançada, com o álbum do mesmo nome, em 2001.

A vida em sociedade exige dignidade. Contudo, é preciso dizer que, após uma longa luta no tempo, cujos resultados atuais soam com naturalidade nos diálogos festivos ou técnicos da civilidade, não se pode retratar, sem duras lembranças, a imensa dificuldade no reconhecimento prático da dignidade humana no cotidiano das pessoas, inclusive na contemporaneidade. Trata-se de assertiva extremamente singela em face de tantos complicadores relacionados aos objetivos da socialidade a partir do Direito. Assim, impõe-se o seguinte questionamento: que dignidade, diante dos dilemas existenciais, seria possível exigir dos concidadãos e das instituições?

Qualquer resposta a esse questionamento passa pelo reconhecimento de que a dignidade não apresenta uma diretriz segura ou suficiente às questões fundamentais relacionadas à implementação dos direitos positivos. Aqui, não se deseja prescrever critérios mínimos ou pretensamente objetivos sobre a dignidade humana, muitos menos cotejar qualquer fundamento filosófico ou religioso sobre a matéria, a questão adentra outro caminho, a saber, refletir se a dignidade humana representa uma via razoável para dirimir conflitos relacionados aos direitos positivos, notadamente os que exigem uma atuação material do Estado, mas não apenas dele, também da sociedade civil, haja vista a larga teia de direitos sociais consagrados no texto constitucional. Daí que não há qualquer razão metodológica para promover uma demorada incursão na jurisprudência pátria ou estrangeira sobre a aplicação do princípio da dignidade humana, isso porque não se discute, aqui, a correção de qualquer julgado constitucional em si, como que perquirindo a ideia-força representativa de cada emanação jurisprudencial do termo, mas, quando muito, pretende-se apenas destacar os pontos que possam justificar as proposições desta obra e, para tanto, revela-se desnecessária uma análise jurisprudencial exaustiva, aliás, como se isso fosse possível em qualquer trabalho. A despeito disso, em momento oportuno neste e nos demais capítulos, discute-se um rol de jurisprudência selecionada que, para além dos julgados já mencionados no texto, possa corporificar determinado aspecto da investigação.

No Brasil, a visão extremamente abrangente das possibilidades normativas do princípio da dignidade humana é, em grande medida, responsável pelas limitadas projeções da atuação estatal em matéria de prestações sociais. Explanar essa assertiva, que não se revela autoexplicativa, parecendo até mesmo paradoxal, é um dos claros propósitos deste capítulo. Na cultura jurídica brasileira, a dignidade humana saiu da carência discursivo-operativa, que resultou de manifesto conceito-chave⁷³ das constituições do segundo pós-guerra,⁷⁴ para uma excrescência discursivo-aplicativa do termo, que malogra o sucesso das políticas públicas na regular cadência da exigibilidade dos direitos. Adentrando no contexto histórico do segundo pós-guerra, vale lembrar, desde logo, dois exemplos de constituição, quais sejam, o artigo 1º, nº 1, da LFA e o artigo 2º, nº 1, da Constituição de Porto Rico de 1951, inclusive como forte influência da DUDH de 1948. Desse modo, não é possível destacar uma relação direta de influência da LFA sobre a Constituição de Porto Rico, até porque a comunidade internacional, após a Segunda Guerra Mundial, como doloroso aprendizado da humanidade, reconhecia a centralidade da dignidade humana como um valor fundamental, portanto, tanto a LFA como a Constituição de Porto Rico foram reflexos de fenômeno mais abrangente, haja vista o dilema axiológico do segundo pós-guerra,⁷⁵ de total compromisso com os direitos humanos, que, evidentemente, repercutia no processo de elaboração das novas constituições.⁷⁶ Todavia, é preciso destacar que a dignidade humana na LFA representou um claro exemplo de consenso sobreposto,⁷⁷ pois decorreu de forças políticas religiosas e seculares convergentes, nas quais denunciaram, como participantes do debate público, a razão histórica do *salto normativo*.⁷⁸

Aliás, antes dessas constituições, e mesmo anterior à DUDH, tem-se a Constituição japonesa de 1946, que, no artigo 24, já abraçava a dignidade humana, no que foi seguida pela Constituição italiana de 1948, precisamente, nos seus artigos 3º, 27 e 41.⁷⁹ E, mesmo antes de todos esses precedentes, tem-se, a Constituição da Irlanda de 1937, que prestigiava a dignidade humana por meio do ensino social católico, portanto, por razão bem diferente dos precedentes mencionados.⁸⁰ Contudo, é preciso reconhecer que, mesmo no período do segundo pós-guerra e, portanto, contemporâneo à DUDH e LFA, nem todo documento concedia o mesmo significado à dignidade humana,⁸¹ pois, diante das Convenções de Genebra de 1949, precisamente no artigo 3º

---

73 STARCK, 2009, p. 211.
74 JACKSON, 2004, p. 25.
75 BOTELHO, 2017, p. 257.
76 JACKSON, 2004, p. 26. De todo modo, isso não retirava a influência crescente da LFA, a partir das decisões do Tribunal Constitucional Federal da Alemanha (TCFA), no mundo.
77 RAWLS, 1999, p. 340.
78 ROSEN, 2012, p. 80.
79 MCCRUDDEN, 2008, p. 664.
80 MCCRUDDEN, 2014, p. 7.
81 ROSEN, 2012, p. 59-60.

da Convenção III, que é relativa aos prisioneiros de guerra, resulta nítida a compreensão de que a ideia de dignidade repousa em tratar alguém com respeito.[82]

Desse modo, a criação judicial de direitos a partir da apoteótica carga axiológica da dignidade humana não surgiu por obra do acaso, porquanto representou um processo de *autonomização normativa* em face suas premissas teórico-discursivas, notadamente filosóficas e religiosas. Então, *haverá paradeiro, para o nosso desejo, dentro ou fora de nós?*

1.1 A dignidade humana não tem fundo, mas fundamento; nem medida, mas mensuramento

> *"Em termos institucionais, a ideia de dignidade humana expressa-se num Estado constitucional adjetivado: um Estado de direito, um Estado democrático e, no que ora nos importa, um Estado social."*[83]

Uma premissa discursiva, desde logo, deve ser destacada: a dignidade humana não é um direito fundamental.[84] Não há como conceder à dignidade humana qualquer autonomia *discursivo-normativa* sem a necessária intervenção *operativo-normativa* dos direitos positivos, notadamente os de envergadura constitucional, não se negando, contudo, a sua autonomia do *contexto de descoberta*, geralmente relacionado à visão religiosa, ao humanismo secular ou à aliança entre a crença da fé e a perspectiva argumentativa universalizante.[85] Por isso, não há um direito à dignidade como expressão de determinado direito subjetivo, pois seria um vexado despropósito, porquanto uma torrente infindável de prestações poderia ser arqueada, tão somente, baseando-se na sua autônoma e linear diretriz normativa, quase sempre subjetiva e, por isso, totalmente elástica. Com efeito, se o direito social à moradia,

---

[82] ROSEN, 2012, p. 61.
[83] LOUREIRO, 2014, p. 636.
[84] STARCK, 2009, p. 200. Em sentido contrário, *vide:* GARCIA, 2015, p. 1.718.
[85] LOUREIRO, 2001, p. 182.

devidamente estampado no artigo 6º da CRFB, não pode ser exigido em juízo, pelo menos em uma perspectiva individual, com grandes chances de êxito, o que dizer de direito *autônomo* à dignidade? Qual o seu conteúdo, senão o decorrente dos direitos que ela fundamenta.

Evidentemente, a teoria discursiva da dignidade humana não pode ostentar tão largo propósito, apesar de ser valor fundamental de grande parte das constituições e, por isso, inevitavelmente acarreta obrigações aos Estados e, claro, cidadãos.[86] Acredita-se que ela possua uma tarefa compreensivamente mais importante: servir de substrato axiológico aos direitos fundamentais, que, justamente em função da íntima relação com a dignidade e com o valor da pessoa humana, representam, desejosamente, um *patrimônio espiritual comum da humanidade*.[87]

Aliás, como fundamento da República, artigo 1º, inciso III, da CRFB, a dignidade humana lastreia seus propósitos fundamentadores na base constitutivo-protetiva dos direitos fundamentais, muito embora alguma doutrina reconheça a importância da ética discursiva nessa questão, pontuando a pertinência da racionalidade e historicidade na fundamentação dos direitos humanos.[88] Também é possível defender a dignidade humana como a base do Estado Constitucional, dando-lhe identidade ou tipificação, como que denotando suas premissas antropológico-culturais.[89]

Enfim, o terreno é fértil e bem explorado doutrinariamente. Portanto, a dignidade humana se espraia nos direitos fundamentais. Diante dessa constatação, a ideia fundamental da argumentação baseada na dignidade humana se ancora na providencial noção de que ela consagra uma dimensão objetiva e, nessa qualidade, persistindo no homem de modo ideal e concreto, independentemente de análises ou posições subjetivas do intérprete, no que espelha a ideia de que toda pessoa tem um valor intrínseco, acentuando uma afirmação ontológica,[90]

---

[86] RAO, 2008, p. 212.
[87] ANDRADE, 2019, p. 35.
[88] CORTINA, 1993, p. 44; CORTINA, 2007, p. 239-253.
[89] HÄBERLE, 2009, p. 101.
[90] MCCRUDDEN, 2008, p. 680. Destacando-se, ainda, na mesma página, uma *afirmação relacional*, que contesta as formas de tratamento incompatíveis com a dignidade humana, bem como uma *afirmação limitadora do Estado*, que compreende, tendo em vista as outras formas de afirmação, a atuação estatal diante dos cidadãos compaginável com a dignidade humana. Por mais que se defenda o contrário, a ideia de consenso sobre o conteúdo mínimo da dignidade é algo bastante discutível, e mesmo inútil, isso porque cada autor pode encabeçar uma concepção delimitadora, considerada mínima, da dignidade humana, sem que recaia em qualquer contradição conceitual.

cujo reconhecimento foi decantado, ao longo dos séculos, pela reflexão religiosa, filosófica e, mais recentemente, jurídica.

Destaca-se, nesse ponto, a importância de Cícero (106-43 a.c.) na construção teórica da dignidade, porquanto, não exigindo outro *status* que não fosse a própria existência humana, consagrou a dignidade do homem em face dos animais e, portanto, reconheceu uma nota distintiva da pessoa humana em função de sua natureza,[91] porém reconhecendo a dignidade como uma questão de *status* entre os seres humanos.[92] Alguns séculos depois, já no Renascimento, com o discurso[93] de Pico della Mirandola (1463-1494), a dignidade[94] assumiu o sentido que inspirou os documentos modernos de direitos humanos, porquanto, para além da superposição do homem diante dos animais e do reconhecimento de elevado *status* de poucas pessoas, restou consagrado que a dignidade é uma característica dos seres humanos em geral.[95] De todo modo, é preciso reconhecer que isso não passa de uma linha de desenvolvimento da ideia de dignidade e que, por isso, não envolve toda a complexidade histórica da questão. Além disso, por mais que a ideia de valor humano reflita a própria glória da existência humana, não há como extrair disso a imperiosa compreensão de que exista um valor intrínseco no homem.[96]

De fato, não há limite para a margem identificadora da humanidade no próprio homem, aliás, como ser em permanente evolução, inclusive por conta da herança cultural,[97] a dignidade, revelando-se nele, afasta qualquer ideia capaz de desumanizar o homem, porque, afinal, é um dado objetivo de toda existência humana: *ser digno de dignidade*. A redundância é intencional, repita-se, explicitando que a dignidade saiu do seu sentido tradicional,[98] honra pessoal, *status*

---

[91] MCCRUDDEN, 2008, p. 657.
[92] ROSEN, 2012, p. 41.
[93] PICO DELLA MIRANDOLA, 1989, p. 61.
[94] Vale destacar que apenas nas edições impressas, e somente após a sua morte, é que o termo *dignitas* foi acrescentado ao título do discurso [LOUREIRO, 2001, p. 164].
[95] ROSEN, 2012, p. 15.
[96] MCCRUDDEN, 2014, p. 29.
[97] A perspectiva cultural da dignidade humana é incontestável; contudo, ela não assume um caráter absoluto, destacando-se, também, feições tendencialmente universalizantes, no que desponta uma referência cultural relativa na dignidade humana, até porque o homem é universal (HÄBERLE, 2009, p. 80). Daí que resulta insustentável uma perspectiva preponderantemente religiosa no fundamento da dignidade humana, tal como faz, em uma evidente incursão bíblica: MORAES, 2006, p. 112-113; STARCK, 2009, p. 202-203.
[98] RAO, 2008, p. 207.

social[99] ou hierarquia social,[100] para assumir um matiz universal de toda pessoa humana,[101] cujo fundamento não se limita a qualquer doutrina abrangente.[102] A dignidade, portanto, não tem fundo, mas fundamento. E, por conta disso, pouco importa se tal fundamento encontra amparo nas reflexões antropológicas, religiosas,[103] filosóficas[104] ou sociológicas na dura arena dos eventos históricos, o fato é que, hoje, a bandeira da dignidade representa o lugar comum das experiências humanas, no que denuncia uma perspectiva relacional e comunicativa,[105] como uma feliz expressão de humanidade em face dos atos mais desumanos.

Trata-se de inegável avanço, pois a dura cronologia dos séculos exigia uma nova perspectiva de análise sobre a importância do homem diante dos homens, porém isso não garante necessariamente que a dignidade seja sempre capaz de mostrar um caminho a seguir, muito menos que, quando demonstrado, ele seja o melhor, e é justamente nessa

---

[99] ROSEN, 2012, p. 11.

[100] ROSEN, 2012, p. 49. Nesse sentido, dispondo sobre a família imperial e sua dotação, vê-se no artigo 107 da Constituição Política do Império do Brasil de 1824, nestes termos: "A Assembléa Geral, logo que o Imperador succeder no Imperio, lhe assignará, e à Imperatriz Sua Augusta Esposa uma Dotação correspondente ao decoro de Sua Alta Dignidade". Na mesma senda, tem-se o artigo 108 da Constituição Imperial, nestes moldes: "A Dotação assignada ao presente Imperador, e à Sua Augusta Esposa deverá ser augmentada, visto que as circumstancias actuaes não permittem, que se fixe desde já uma somma adequada ao decoro de Suas Augustas Pessoas, e Dignidade da Nação" (BRASIL. Constituição Política do Império do Brazil, de 25 de março de 1824. Rio de Janeiro. Disponível em: http://www.planalto.gov.br/ccivil_03/Constituicao/Constituicao24.htm. Acesso em: 23 out. 2016. Manteve-se, excepcionalmente, a grafia vigente à época da outorga do texto constitucional).

[101] BARROSO, 2013, p. 59.

[102] Mais próximo desse matiz, vê-se no artigo 115, *caput*, da Constituição da República dos Estados Unidos do Brasil de 1934, nestes termos: "A ordem econômica deve ser organizada conforme os princípios da Justiça e as necessidades da vida nacional, de modo que possibilite a todos existência digna. Dentro desses limites, é garantida a liberdade econômica" (Disponível em: http://www.planalto.gov.br/ccivil_03/constituicao/constituicao34.htm. Acesso em: 23 out. 2016).

[103] Como bem denota esta passagem: "[m]esmo que se partilhe da difundida concepção de que, na história das ideias, o princípio da dignidade humana, como princípio constitucional, não apenas encontra raízes na filosofia do Iluminismo, como também, da mesma forma, na tradição cristã, o conteúdo desse princípio há de ser definido sem a invocação de conteúdos de fé" (NEUMANN, 2009, p. 231). De modo igualmente irretocável, observa-se nesta passagem: "[a] *dignidade da pessoa humana* pode ser vivida em termos evangélico--cristocêntricos, mas, num mundo policêntrico e pluricultural, ela é mais do que uma vivência religiosa, é uma *mathesis* de experiências humanas" (CANOTILHO, 2008, p. 180).

[104] Nesse ponto, uma das indiscutíveis bases da doutrina kantiana sobre a dignidade humana se encontra reproduzida nesta passagem: "[a] humanidade ela mesma é uma dignidade, pois um ser humano não pode ser usado meramente como um meio por qualquer ser humano (quer por outros quer, inclusive, por si mesmo), mas deve sempre ser usado ao mesmo tempo como um fim" (KANT, 2003, p. 306).

[105] SARLET, 2009, p. 26.

ausência de orientação que mora a problemática da *defesa messiânica* do princípio da dignidade humana, porquanto a sua plurissignificação, a depender do Estado e sua respectiva corte constitucional ou tribunal equivalente, denunciando suas diferenças históricas e culturais, faz desvanecer a importância jurídica do termo,[106] haja vista seus plúrimos significados teórico-normativos.

Aliás, não raras vezes, situações semelhantes, baseadas no princípio da dignidade humana, resultam em posições totalmente contraditórias, isto é, uma reafirmando a autonomia pessoal; outra, restringindo a liberdade dos cidadãos, tal como se observa, por um lado, na permissão para que professores usem véu islâmico, em sala de aula, na Alemanha, reforçando, assim, a autonomia desses profissionais;[107] e, por outro lado, na proibição de uso de véu em escolas públicas primárias e secundárias na França e, de modo geral, nos espaços públicos,[108] limitando, desse modo, a liberdade de escolha dos cidadãos, tudo em defesa de *algum valor* considerado [mais] essencial à convivência comunitária.

Além disso, o aborto também é bem representativo dessa problemática:[109] por um lado, nos EUA,[110] a dignidade assume um significado que reforça a autonomia pessoal da mulher,[111] muito embora ele também tenha sido defendido a partir do direito à privacidade;[112] por outro lado, na Alemanha, conforme os casos Aborto I[113] e Aborto II[114] – aliás, fruto da evolução histórica divergente sobre o assunto

---

[106] RAO, 2008, p. 204.
[107] CAROZZA, 2011, p. 460.
[108] Essa questão, contudo, não se resume à dignidade, há outros valores em jogo, *vide*, sobretudo, o caso S. A. S *vs*. França (Disponível em: http://unirep.rewi.hu-berlin.de/doc/or/2014/0827/Rspr_EGMR_zu_Burqaverbot.pdf. Acesso em: 12 nov. 2016), em que a CEDH, em 1º de julho de 2014, considerou constitucional a Lei francesa nº 2010-1192, que proíbe a ocultação do rosto em espaço público (Disponível em: https://www.legifrance.gouv.fr/jo_pdf.do?id=JORFTEXT000022911670. Acesso em: 12 nov. 2016). O Conselho Constitucional francês, por sua vez, tratou da temática, sem qualquer referência à dignidade humana, na Decisão nº 2010-613, de 07 de outubro de 2010 (Disponível em: http://www.conseil-constitutionnel.fr/conseil-constitutionnel/francais/les-decisions/acces-par-date/decisions-depuis-1959/2010/2010-613-dc/decision-n-2010-613-dc-du-7-octobre-2010.49711.html. Acesso em: 12 nov. 2016).
[109] RAO, 2008, p. 210.
[110] Roe v. Wade, 410 U.S. 113 (1973).
[111] WATSON, 2018, p. 141; ROSEN, 2012, p. 126.
[112] LOUREIRO, 1998, p. 342.
[113] SCHWABE, 2005 (BVerfGE, 39, 1, de 25 de fevereiro de 1975).
[114] SCHWABE, 2005 (BVerfGE, 88, 203, de 28 de maio de 1993).

entre os lados Oeste e Leste da Alemanha[115] –, restou consagrado o direito à vida do nascituro[116] ou, na melhor hipótese, do próprio feto.[117] Contudo, o TCFA, apesar de considerar o aborto ilegal e, nesse sentido, representar uma forma de violação da dignidade humana, permitiu a realização de aborto sem punição – portanto, consentindo com a violação da própria dignidade –, desde que observadas determinadas circunstâncias, geralmente quando realizado nas 12 (doze) semanas iniciais de gestação, contanto que a gestante tenha participado de sessão de aconselhamento por profissional independente,[118] conforme o modelo de *aconselhamento orientado para a defesa da vida pré-natal*,[119] no qual "a mulher terá de participar num processo de diálogo, que é especificamente dirigido à proteção da vida embrionária e fetal",[120] sem falar que a legislação alemã ainda exige o prazo mínimo de 03 (três) dias entre o aconselhamento e a eventual intervenção.[121] O fato é que a disciplina de alguns abortos normativamente justificados, mas, ainda assim, juridicamente ilegais, acarreta uma verdadeira esquizofrenia moral,[122] cujo resultado, para além de dilemas pessoais ou institucionais, é a controvérsia sem fim da matéria na Alemanha. O curioso é que, em matéria ambiental, o princípio da precaução tem servido para proteger as mais singulares – para dizer o mínimo – formas de vidas; porém, a apoteótica decantação da inviolabilidade da dignidade humana não tem tido o condão de proteger a vida do ser humano nos seus primeiros estágios de vida, o que causa estranheza, pois, admitindo-se biologicamente a existência de vida unicelular, não há como negar a proteção jurídica de célula diploide no útero de uma mulher, contendo 02 (dois) conjuntos de cromossomos (zigoto).[123]

No Brasil, a defesa da autonomia pessoal da mulher, com arrimo na dignidade humana, diante da pretensão de aborto, ganhou destacada relevância no STF, que, por maioria, em decisão exarada no dia 29 de novembro de 2016, precisamente no Habeas Corpus nº 124.306/RJ,[124]

---

[115] COLLINGS, 2015, p. 248.
[116] BICKENBACH, 2016, p. 240.
[117] MCCRUDDEN, 2008, p. 708-709.
[118] ROSEN, 2012, p. 103.
[119] LOUREIRO, 1998, p. 368.
[120] LOUREIRO, 1998, p. 369.
[121] LOUREIRO, 1998, p. 389.
[122] COLLINGS, 2015, p. 251-252.
[123] Nesse ponto, sirvo-me da prestigiosa advertência de Alexandre de Paiva Targino.
[124] BRASIL, 2016.

afastou a prisão preventiva de réus pela suposta prática de crime de aborto, com o consentimento da gestante, e de formação de quadrilha.[125] Certamente, o mais emblemático caso de uso da dignidade humana contra a própria liberdade do cidadão aconteceu na cidade francesa de Morsang-sur-Orge, haja vista uma demorada discussão jurídica sobre a violação ou não da dignidade humana de um anão. Em 25 de outubro de 1991, o prefeito da cidade, alegando a manutenção da ordem pública e segurança, proibiu o Senhor Manuel Wackenheim, o anão, de atuar em atividade recreativa – mesmo diante das parcas possibilidades de emprego nas pequenas cidades –, que consistia no seu arremesso (*spectacle de lancer de nains*), tal como um projétil, pelos espectadores de uma espécie de *pub*, no que causava uma euforia nos clientes do estabelecimento.[126] Tal entendimento, portanto, desprezou a importância do consentimento na *relativização* do alcance protetivo da dignidade humana,[127] de maneira que o Senhor Manuel Wackenheim apelou ao Tribunal Administrativo de Recursos de Versailles, que, em fevereiro de 1992, anulou a decisão do prefeito.[128]

Contudo, o Conselho de Estado francês, em decisão de 27 de outubro de 1995,[129] considerou que a atividade pretendida pelo Senhor Manuel Wackenheim representava um atentado à dignidade humana, pois, na ótica do tribunal, ela é um dos componentes da *ordem pública*. Esta, aliás, é outra expressão extremamente engenhosa que, não raras vezes, tem servido para conformar posições ou situações jurídicas, para dizer o mínimo, totalmente controvertidas. Ademais, conforme a decisão do Conselho de Estado, a dignidade, com arrimo no poder de

---

[125] Aliás, o Ministro Luís Roberto Barroso, em voto-vista, afastou o tipo penal do aborto, precisamente no caso de interrupção voluntária da gestação no primeiro trimestre, indo, portanto, além dos ordinários questionamentos sobre a prisão preventiva, ponderou: "[a] criminalização viola, em primeiro lugar, a autonomia da mulher, que corresponde ao núcleo essencial da liberdade individual, protegida pelo princípio da dignidade humana (CF/1988, art. 1º, III). A autonomia expressa a autodeterminação das pessoas, isto é, o direito de fazerem suas escolhas existenciais básicas e de tomarem as próprias decisões morais a propósito do rumo de sua vida. Todo indivíduo – homem ou mulher – tem assegurado um espaço legítimo de privacidade dentro do qual lhe caberá viver seus valores, interesses e desejos. Neste espaço, o Estado e a sociedade não têm o direito de interferir" (Disponível em: http://www.stf.jus.br/arquivo/cms/noticiaNoticiaStf/anexo/HC124306LRB.pdf. Acesso em: 30 nov. 2016).

[126] ROSEN, 2012, p. 63.

[127] NOVAIS, 2016, p. 64-65.

[128] ROSEN, 2012, p. 63-64.

[129] A sucinta e, sobretudo, questionável decisão se encontra disponível em: http://arianeinternet.conseil-etat.fr/arianeinternet/ViewRoot.asp?View=Html&DMode=Html&PushDirectUrl=1&Item=9&fond=DCE&texte=commune+de+morsang-sur-orge&Page=3&querytype=simple&NbEltPerPages=4&Pluriels=True. Acesso em: 12 nov. 2016.

política, podia (a) representar uma limitação à liberdade individual, mais especificamente à liberdade de contratação, bem como (b) definir o sentido e alcance do que seja tratamento degradante.[130]

Tendo em vista a decisão do Conselho de Estado francês, o Senhor Manuel Wackenheim apelou à Comissão Europeia de Direitos Humanos que, em outubro de 1996, rejeitou o recurso, muito embora já tivesse sido feito uma apelação diretamente ao Comitê de Direitos Humanos da Nações Unidas, que, em julho de 2002, também rejeitou seu pedido.[131] A odisseia jurídica da dignidade humana pode destruir até mesmo os mais resilientes dos humanos, tudo por conta de sua clara ubiquidade,[132] cuja semântica pode agredir ou afagar os objetivos mais inconfessáveis da atividade decisória do Estado. Diante do caso relatado, exsurge o seguinte questionamento: a prostituição deveria ser proibida, pois não representaria uma *oportunidade* digna de trabalho? Afinal, que espécie de autonomia da mulher, exceto em casos bem particulares, pode ser defendida a partir da prostituição? Aliás, há exemplo mais concreto de instrumentalização do homem e, longe de uma *beatice puritana*, da sua própria *dessacralização*?[133] Qualquer resposta a esses questionamentos denunciaria [ainda mais] a discutível semântica da dignidade humana, cujo norte teórico-normativo tem sido cada vez mais impreciso ou, como no caso do anão, com resultado [bem] trágico.

Nesse ponto, é pertinente destacar que, a partir da retórica da dignidade humana, já foram empreendidas sérias restrições à liberdade dos cidadãos na guerra contra o terror, justamente porque, tendo em vista a vacuidade do termo, o Estado teria o dever de proteger a dignidade dos indivíduos afetados pelo terrorismo[134] – e, mais recentemente, na luta contra a Covid-19,[135] inclusive com agressões físicas a trabalhadores –, esquecendo-se, desse modo, desta imperiosa advertência: "[s]em dúvida que não é monopólio dos juristas a tarefa de salvar a liberdade do homem. Não se contestará, porém, que é a eles que cabe a maior parte do encargo de velar por que as tendências niveladoras

---

[130] NOBRE JÚNIOR, 2000, p. 245.
[131] ROSEN, 2012, p. 66.
[132] ROSEN, 2012, p. 67.
[133] SCRUTON, 2009, p. 164.
[134] MCCRUDDEN, 2008, p. 702.
[135] Aliás, essa pandemia gerou um júbilo político mórbido e passageiro em determinadas frentes do pensamento político-econômico, por todos, *vide*: ZIZEK, 2020. Aliás, especificamente em Portugal, *vide*: SANTOS, 2020. Para uma análise médica do fenômeno, notadamente sobre os dilemas decisórios relacionados ao seu enfrentamento, por todos, *vide*: LOIOLA, 2021.

e uniformizantes conheçam o limite da personalidade".[136] Por isso, deve ser sempre cercada de muita reserva a ideia [pretensamente] protetiva da dignidade humana que restrinja os direitos de liberdade ou da personalidade, aliás, qualquer direito.

Assim, resulta insustentável o entendimento de que as profundas divergências entre as cortes constitucionais, ou equivalentes, na aplicação do princípio da dignidade humana decorrem mais dos textos legais ou instrumentos jurídicos que propriamente da interpretação judicial,[137] isso porque a dinâmica dos valores, que bem encerra a relevância gozada pela dignidade humana, varia substancialmente entre as sociedades e, por isso, a interpretação não pode espelhar outra coisa que não seja o valor dominante em determinada sociedade ou, na pior hipótese, entre os membros de sua corte constitucional. Isso só reforça o caráter não absoluto da dignidade humana, porquanto, diante de conflitos de direitos fundamentais e não sendo possível estabelecer aprioristicamente uma posição prevalecente,[138] a dignidade humana assume, por meio da retórica inerente à sua aplicação, o véu sobre os valores prevalecentes dos decisores, uma vez que o significado legal da dignidade humana é extremamente contextualizado.[139]

Desse modo, a perspectiva universalista da dignidade humana só pode assumir um sentido: que ela é universalmente útil para impor os valores consagrados por determinada sociedade, claro que por meio de retórica humanística de proteção dos direitos dos cidadãos. Aqui, por evidente, não se confunde com a construção teórico-normativa do caráter universal decorrente do caráter intrínseco da dignidade no homem. Não por outro motivo que os esforços institucionais são amiúde confiados a quem possa reafirmar esses valores prevalecentes na sociedade. Por isso que a pretensa disputa entre a *dignidade como liberdade* e *a dignidade como restrição*, para além de uma disputa de significado do termo, mais expressa uma competição de dignidades entre diferentes pessoas ou grupos, cujos interesses podem colidir.[140] É nessa disputa que desponta as forças político-jurídicas do Estado. Assim, "a obrigação universal de respeito, garantia, protecção e promoção da dignidade humana"[141] não infirma essa dinâmica conflitiva, mas, pelo contrário, a

---

[136] SOARES, 2008, p. 163.
[137] MCCRUDDEN, 2008, p. 711.
[138] MCCRUDDEN, 2008, p. 51.
[139] MCCRUDDEN, 2014, p. 53.
[140] CAROZZA, 2011, p. 465.
[141] OTERO, 2017, p. 37.

reafirma diante das relações humanas cada vez mais complexas, pois os conflitos jurídicos se expandem na mesma proporção em que aumenta a complexidade da sociedade.

1.1.1 Perspectiva objetiva da dignidade humana

> "A dignidade, enquanto princípio normativo, consubstancia *o* fundamento axiológico-normativo e constitutivo do direito, fundamento esse que, em virtude da abertura que o predica, enuncia uma *intenção regulativa*, mas não oferece um critério imediato para a resolução de um problema."[142]

A solução não se encontra na objetividade – denotando aqui a dignidade como apanágio inarredável da pessoa humana –, mas sim na sistematicidade. A defesa ferrenha da objetividade na dignidade humana nada contribui para dirimir dilemas sociais, porquanto o desfecho deles não se limita à justificação de qualquer direito, muito menos à identidade do seu titular, pois a temática adentra no universo dos condicionantes político-econômicos, que, a toda evidência, não se prende precipuamente ao universo discursivo da dignidade, especialmente quando se considera a inexistência de definição universal de dignidade (parâmetro conteudístico), porquanto o seu conceito se vincula a um longo curso histórico na seara social, religiosa e jurídica, que, obviamente, conforma o seu uso em determinado lugar.[143] Enfim, os devidos cuidados para evitar a instrumentalização das pessoas ou a *descartabilidade do outro*,[144] como que resistindo à tentação das crises político-econômicas, não desconstituem uma importante premissa discursiva: a defesa da dignidade humana não faz gerar recursos financeiros. A pretensão de uma leitura moral da constituição ou uma *axiologia fundamentante metaconstitucional*,[145] alçada aos loiros de uma nova *norma*

---

[142] MONIZ, 2017, p. 75, itálico no original.
[143] RAO, 2008, p. 205.
[144] MONIZ, 2017, p. 85.
[145] MONIZ, 2017, p. 93.

hipotética fundamental, com centro de gravidade na dignidade humana, tende a reforçar os fundamentos teóricos que exasperam a importância dos dilemas existenciais e, com isso, reduzem os imperativos decisórios concretos sobre as possibilidades fáticas de implementação dos direitos. É dizer que o direito não pode, a partir do imperativo da dignidade humana, sair da ciranda desejosamente ordenadora da sociedade para cair no voo cego da ciranda determinadora das possibilidades econômicas e sociais do povo e, com isso, criar as místicas profecias da exigibilidade dos direitos, como se fossem dotadas de atemporalidade decisória de viés teológico (dogmática irrefutável), isto é, decorrentes de enunciados divinos. Desse modo, corre-se o sério risco de promover um discurso vazio e irresponsável, justamente porque o cumprimento das tarefas arqueadas por essa desmedida pretensão, a toda evidência, não cabe ao direito e, claro, nem aos seus intérpretes. A ordenação jurídica do Estado, aliás, como exigência do respeito recíproco entre os homens, a despeito de sua incontestável importância, não é capaz de fundar todas as bases da exigibilidade dos direitos.

1.1.1.1 Igual dignidade: para todos

> *"Human beings have dignity because the moral law, the unique intrinsically and unconditionally valuable thing that there is, is embodied in us and in us alone, and this 'inner transcendental kernel' is something that we all share equally."*[146]

No plano das realizações político-normativas, o artigo 1º da Declaração Universal dos Direitos Humanos (DUDH), de 1948, é categórico: "[t]odos os seres humanos nascem livres e iguais em dignidade e direitos. São dotados de razão e consciência e devem agir em relação uns aos outros com espírito de fraternidade".[147] A ideia de igual dignidade, portanto, tem um indisfarçável apelo normativo, até porque "[a] igualdade de todos os homens radica em sua natural e individual singularidade".[148] É dizer que a consagração normativa da

---

[146] ROSEN, 2012, p. 31.
[147] Disponível em: http://www.onu.org.br/img/2014/09/DUDH.pdf. Acesso em: 21 out. 2016.
[148] HÄBERLE, 2009, p. 97.

dignidade humana parte dessa evidente constatação: "[o] caráter único e insubstituível de cada ser humano, portador de um valor próprio, veio demonstrar que a dignidade da pessoa existe singularmente em todo indivíduo [...]",[149] no que denota que tal singularidade, nota distintiva de cada pessoa, representa o traço da própria dignidade humana.

Aqui, vale destacar que o caráter insubstituível do homem, que traduz sua singularidade em existência e valor, encontra-se definitivamente grafado nas imorredouras premissas filosóficas kantianas: "[n]o reino dos fins tudo tem ou um preço ou uma dignidade. Quando uma coisa tem um preço, pode-se pôr em vez dela qualquer outra como equivalente; mas quando uma coisa está acima de todo o preço e, portanto, não permite equivalente, então tem ela dignidade".[150] Assim, Immanuel Kant (1724-1804) condena o uso de outra pessoa *somente* como meio,[151] o que é algo bem diverso de que as pessoas não sejam necessárias ou úteis a determinados objetivos.

Nesse ponto, é preciso ter em conta a relação entre dignidade e autonomia no pensamento kantiano, isto é, no sentido de que a autonomia kantiana (autodeterminação) não se assemelha à autonomia pessoal exaltada pelos teóricos modernos da moral e da política, que se prende à capacidade de os cidadãos promoverem as escolhas sobre o curso de suas próprias vidas[152] – e, claro, de assumir as consequências que essas escolhas possam representar. Com efeito, ela expressa que a *lei moral*, a que todos devem ser vinculados, é autoconcedida,[153] bem como a autonomia atua como fundamento do valor incomparável e incondicional da natureza humana,[154] o que, supreendentemente, se assemelha ao conceito de dignidade de Tomás de Aquino (1225-1274): a bondade que alguma coisa tem por causa de si mesma.[155] Todavia, há nítida diferença entre eles, pois, em Tomás de Aquino, é possível conceber diferentes tipos de dignidade, porém, no caso de Kant, ela é restrita ao ser humano[156] e, diante de sua perspectiva secular, não depende de Deus.[157]

---

[149] COMPARATO, 2010, p. 43.
[150] KANT, 2007, p. 77.
[151] ROSEN, 2012, p. 83.
[152] WALDRON, 2013, p. 556; ROSEN, 2012, p. 25.
[153] ROSEN, 2012, p. 25.
[154] ROSEN, 2012, p. 22.
[155] ROSEN, 2012, p. 16-17.
[156] ROSEN, 2012, p. 23.
[157] ROSEN, 2012, p. 24.

Daí o grande mérito de Kant: retirar o caráter excepcional da dignidade nos seres humanos e, desse modo, firmar um conceito de dignidade profundamente igualitário, porquanto a dignidade é algo comum a todos os seres humanos.[158] Contudo, algo que pertence a todos, por certo, não poderia fazer diferença para ninguém, isso porque, em uma demanda judicial, a dignidade pode ser razoavelmente defendida, em boa parte dos casos, por qualquer litigante.[159] A assertiva, claro, merece reparos, pois a visão compartilhada da dignidade (igual dignidade) não implica o reconhecimento de que a concreção dos limites suportados pela ação humana seja igual para todos.

Só que uma pergunta se impõe: de que modo é reconhecida a dignidade prevalecente entre titulares igualmente detentores de dignidade? Uma resposta simples seria: não há um regime de prevalência, mas de exigência, isto é, em qualquer caso, a necessidade determinará a proteção jurídica adequada a partir da dignidade humana. Então, algo que pertença a todos pode fazer diferença nos prognósticos de aplicabilidade do direito, pois não apenas a dignidade atua assim, a liberdade, por exemplo, também pode ser defendida pelas partes diante de eventual conflito de interesse e, claro, ela não prevalece para todos de igual modo, só que a liberdade não é *a priori* inviolável, aliás, é da própria natureza da liberdade o reconhecimento de limites no seu exercício, justamente para que todos possam gozar dela. Essa constatação denuncia o quão frágil é a tese da inviolabilidade da dignidade humana, tornando-se difícil, ainda que veiculada em argumentação consistente e sedutora,[160] a defesa de uma concepção não mutilada da dignidade humana diante dos casos concretos.

De todo modo, a resposta vai adentrar nos parâmetros fáticos da situação e, por isso, já não mais encontra amparo propriamente na noção abstrata de dignidade, pretensamente objetiva, mas na verbalização dos parâmetros de dignidade em função dos fatos postos ou pretensamente verificados pelas instituições sociais no largo exercício da proteção social, denotando, assim, que a dimensão prestacional da dignidade tem uma relação direta com as dimensões natural (biológica) e cultural (relacional) da própria compreensão da dignidade humana,[161] até porque não há como afastá-la dos laços da mundividência dos atores

---

[158] ROSEN, 2012, p. 24.
[159] RAO, 2008, p. 208.
[160] LOUREIRO, 1998, p. 397.
[161] SARLET, 2009 p. 28.

sociais que, evidentemente, atuam nas instituições públicas relacionadas direta ou indiretamente aos sistemas de proteção social.

Vê-se, em um primeiro momento, que a dignidade é abstrata e, por isso, desejosamente objetiva; por outro lado, apenas os fatos revelam algo de concreto, que fazem desembocar toda uma torrente reflexiva de propósitos ético-políticos sobre os níveis de proteção ou mesmo de afetação[162] da dignidade, quando se revelam inevitáveis os vislumbres da subjetividade do intérprete, porquanto toda necessidade, alcançando o limiar da intervenção judicial, exige um juízo subjetivo, tal como é toda análise que revele o que é necessário ou excepcional no duro cenário das manifestações político-jurídicas.[163]

Por isso, a dinâmica reflexiva ou jurígena da dignidade não pode ser limitada, porém pode ser fundamentada na discórdia dos fatos, na qual residiria o único fator pretensamente objetivo de controle das decisões administrativas ou judiciais. Os fatos *estão* aí, mas o que deles são extraídos ou interpretados, infelizmente, não é possível circunscrever na geométrica figura do controle intersubjetivo e, nesse sentido, é possível afirmar que a dignidade humana não tem fundo, mas fundamento. É dizer que partindo das renhidas e legitimadoras confrontações decorrentes das diferentes perspectivas de análise, notadamente as religiosas, filosóficas ou políticas,[164] conforme o (ir) regular curso histórico das instituições humanas, a dignidade humana encontra sua justificação, para além da moral abstrata, em que residiria o risco de uma moral subjetiva sem respaldo público,[165] no conflituoso regaço das perspectivas culturais identificadas na sociedade. Porém, em uma análise mais atenta, ou simplesmente sincera, a dignidade humana, tal como é aplicada pelos tribunais, não passa de uma forma de determinação da moral através do direito positivo.[166]

Daí que a dignidade não parece ser o melhor caminho para declarar ou afirmar direitos que vão além dos parâmetros estritamente

---

[162] Aqui, revela-se pertinente a seguinte advertência: "Devido à inserção comunitária dos titulares de direitos fundamentais e devido à incorporação da dignidade da pessoa humana na Constituição, são concebíveis intervenções na dignidade da pessoa humana e estas são, também, passíveis de justificação para a salvaguarda de bens comunitários importantes" KLOEPFER, 2009, p. 168. Também negando, acertadamente, o caráter absoluto da dignidade humana, *vide*: KIRSTE, 2009, p. 183-184; NEUMANN, 2009, p. 231; e, em uma perspectiva mais restritiva, admitindo-se apenas na hipótese de proteção da dignidade humana *versus* proteção da dignidade humana, STARCK, 2009, p. 220.
[163] AGAMBEN, 2004, p. 46.
[164] MCCRUDDEN, 2014, p. 10.
[165] CANOTILHO, 2008, p. 177.
[166] CAROZZA, 2011, p. 465.

fático-existenciais ou ético-existenciais, porquanto, fora dessas hipóteses, finda a referencialidade identificadora da dignidade prevalecente, pelo menos em uma perspectiva pretensamente racional, como critério satisfatório para resolução do conflito. Não por outro motivo que os dilemas sistêmicos da socialidade, no que a previdência social é um bom exemplo, não podem ser resolvidos por meio da dignidade humana, especialmente quando os níveis de sua pretensa afetação, no quadro geral da atuação pública, não se revelam concreta e adequadamente aferíveis no cotidiano dos cidadãos. Dessa forma, e exemplificando, a questão da sustentabilidade da previdência social não é uma questão de dignidade, ainda que ela possa respaldar o crescimento excessivo das contas públicas, sobretudo, quando aplicada sem critério, como é o caso brasileiro.

Assim sendo, o campo de análise sobre a implementação dos direitos sociais é amplo demais e paira abaixo dos dilemas discursivos sobre a dignidade humana, mais precisamente sobre os substratos que fazem reduzir a sua eventual violação, logo, não é propriamente na dignidade humana que a questão deveria encontrar o seu verdadeiro cerne discursivo, mas sim por onde é necessário percorrer a análise das reflexões jurídicas para atenuar a tensão ou contraposição entre a justiciabilidade dos direitos positivos e os limites financeiros para a sua efetiva exigibilidade e implementação: a relação entre o ser e o ter. Não se trata de negar a ideia *de valor* ou *de direito* da dignidade humana,[167] mas reconhecer que a importância da primeira não torna a segunda uma força propulsora de fatores que exigem muito mais que uma defesa consistente de parâmetros axiológico-normativos na implementação dos direitos sociais.

De modo bem sucinto: o recurso à dignidade, aliás, sempre legítimo e mesmo necessário, tem representado uma baliza relativamente segura sobre *o que* deva ser feito em termos de proteção social, sobretudo, para estabelecer limites indeclináveis na proteção dos direitos fundamentais, mas pouco pode esclarecer sobre *como deva ser* feito o regime prestacional dos direitos sociais diante da escassez crônica de recursos. A dignidade, vista por esse aspecto, é apenas o início da caminhada, jamais o fim das preocupações jurídicas.

---

[167] LOUREIRO, 2019, p. 1.553.

1.1.1.2 Dignidade igual: para ninguém

"De boca em boca, inumeráveis sentinelas
repetem a mesma ordem, o mesmo grito passa
a cada caçador perdido atrás da caça
e um farol brilha aceso sobre mil cidadelas.

É o melhor testemunho da nossa dignidade,
Senhor, essa enxurrada ardente de soluços
que rola de era em era até cair de bruços
e morrer junto à orla da Tua eternidade"![168]

A face mais objetável dos conceitos abstratos é a sua singular capacidade de tornar indolores as infelizes experiências humanas, como se o traço da abstratividade fosse capaz de reunir em uma única representação mental todos os gemidos do tempo, suavizando, assim, os suplícios do homem.[169] A humanidade não sente a dor do homem, quando muito, apenas *concebe* conceitualmente a dimensão dos flagelos dos homens ao longo dos séculos. O fato é que a vida do homem tem sido uma verdadeira história da *desigualdade*, até mesmo na sua forma mais *simples* de resolução, a saber, a jurídica. E curioso é saber que outro conceito [bem mais] abstrato[170] e, por isso, também *a priori* vago,

---

[168] TOLENTINO, 2002, p. 103. Versos últimos da lírica *Os Faróis*.
[169] Nesse ponto, categórica é a seguinte passagem: "[...] não é só amando a humanidade que se ama o homem, porém, reciprocamente, é amando o homem que se ama a humanidade. Até porque é muito fácil, muito cômodo, muito conveniente dizer que se ama o sujeito universal que é a humanidade inteira. Difícil, ou melhor, desafiador é amar o sujeito individual que é cada um de nós *encarnado* e *insculpido*. Aqui, um ser humano concreto, visível a olho nu, ao alcance da nossa mão estendida ou do nosso ombro solidário. Ali, não. Ali o que se tem é um abstrato sujeito coletivo" (BRITTO, 2012, p. 52-53).
[170] Evidentemente, isso não quer dizer que a dignidade humana seja apenas um conceito abstrato – menos ainda a igualdade –, não mesmo, defende-se apenas que a vacuidade dos seus termos só pode ser reduzida a partir da controvérsia jurídica identificada no caso concreto, no que se insere a importância da atuação judicial, ainda que se possa fazer uso, *a priori*, de importantes premissas discursivas sobre a dignidade humana. Disso resulta, por certo, que tal vacuidade não representa uma inoperante paralisia quanto aos fundados propósitos da dignidade humana (LOUREIRO, 2016, p. 165), mas isso, por si só, não traz qualquer tranquilidade à temática, porque é justamente na dinâmica

tem sido guindado à matriz discursiva de verdadeira panaceia sobre os grandes conflitos [concretos] da sociedade, a saber, a *dignidade humana*. É bom lembrar que não se trata propriamente de uma reflexão sobre a sua delimitação conceitual – no que seria verdadeiramente improvável na larga semântica depositada na ideia de dignidade, sem falar que "[...] encerrar a dignidade em uma definição é negar o irredutível humano"[171] –, muito embora tal fato não negue a importância de parâmetros teórico-normativos minimamente previsíveis ou confiáveis. Inobstante, a dignidade tem sido tratada como conceito-chave diante dos erros do passado, mormente após a segunda guerra mundial, como se fosse a condensação gráfica de uma resposta abrangente sobre os dilemas terrenos, notadamente sobre a desigualdade entre os homens, pelo menos em uma dimensão jurídica, encetando "[...] algo de radicalmente novo, sem prejuízo das inevitáveis influências de um legado *ocidental* com múltiplas origens no domínio da religião, da filosofia e das ideias políticas".[172]

Todavia, a dignidade não pode ser compreendida nos lindes da mera abstração ou idealidade,[173] ao revés, sua perspectiva jurídica, na conformação dos direitos positivos, tende a imprimir os necessários meios para decantação dos seus substratos axiológicos nas relações político-jurídicas. Contudo, tal prognóstico, nem de longe, representa uma diretriz segura sobre a decantação judicial dos direitos a partir da dignidade humana. Aqui, reside um grande dilema: se, por um lado, é aconselhável uma disciplina ampla sobre a atuação da dignidade humana na atividade judicativo-decisória; por outro, o excesso decorrente da amplitude semântica do termo pode fulminar grande parte de todo o progresso conquistado com a teoria discursiva da dignidade, caindo, portanto, no temido mundo da banalidade jurídica.

Contudo, a dinâmica da dignidade vai revelar que tal assertiva não compreende uma via tão fácil de ser empreendida, isto é, o tratamento isonômico é uma questão jurídica que comporta muitos dilemas. A dignidade é de todos, mas sempre existem homens mais *dignos* que outros na sociedade, pelo menos na perspectiva da ação pública,

---

operativo-concretizadora do princípio da dignidade que pode residir os mais evidentes contrassensos da jurisprudência das cortes constitucionais. Na miríade das controvérsias jurídicas, a dignidade humana não pode expressar qualquer orientação específica, isto é, uma diretriz normativa pretensamente segura, uma vez que há diferentes e conflitantes concepções de dignidade decantadas nas demandas judiciais (RAO, 2008, p. 208).

[171] MAURER, 2009, p. 132.
[172] NOVAIS, 2016, p. 55.
[173] ANDRADE, 2019, p. 46.

como se eles fossem merecedores ou detentores de uma atuação mais diligente do Estado. Afinal, não há nada mais cômodo que fazer uso de *instrumentais interpretativos*[174] vagos[175] ou abrangentes para fazer imperar as posições dominantes meramente subjetivas do intérprete. Aliás, sem medo de errar, um dos fatores da impressionante expansão do uso discursivo da dignidade humana é a sua enorme capacidade de transformar posições pessoais do intérprete em uma engenhosa corporificação de decisões judiciais pretensa e imperiosamente humanísticas, mas que não passam de mera cortesia com o chapéu alheio, afinal os julgadores não respondem pelos seus erros não intencionais. Portanto, trata-se de ferramenta útil à criatividade do intérprete e, por meio dela, capaz de imprimir soluções que não seriam ventiladas, senão com severas críticas, no ordinário prognóstico das prestações públicas.

É dizer que o amparo fático que revela uma ofensa à dignidade humana é sempre mais fácil de ser identificado em face de determinados nichos sociais. A definição do valor do dano moral, entre outros casos, bem denuncia isso, como se a condição econômica das partes representasse um fator identificador da maior ou menor violação da dignidade e, consequentemente, exigisse maior ou menor valor na reparação econômica.[176] Dito de outro modo, a perspectiva da igualdade de tratamento na lei, como mero vislumbre formal de determinada projeção jurídica, nem de longe, consagra uma igualdade de tratamento na aplicação da lei, não apenas por conta das particularidades dos dilemas existenciais, mas, sobretudo, em cada caso, pela extensão da ofensa à dignidade humana reconhecida pelo intérprete em função das partes envolvidas na demanda judicial.

Cumpre mencionar que a afirmação histórica dos direitos fundamentais, conforme os cânones da fraternidade e dos proeminentes ideais universalistas,[177] para além de sua ordinária e desejada concepção,

---

[174] Entende-se por instrumental interpretativo qualquer categoria principiológica, mesmo fora dos meandros da Ciência do Direito, que norteia a hermenêutica jurídica, não se confundindo, portanto, com os ordinários métodos de interpretação.

[175] Nesse ponto, eis uma ligeira advertência: "[a] ideia de dignidade da pessoa humana é muito inspiradora. Mas o princípio, tão vago e plástico, já foi usado até para fundamentar o Ato Institucional nº 5 – o mais autoritário instrumento jurídico da ditadura militar" (SARMENTO, 2016, p. 320). Ora, o problema é justamente a capacidade inspiradora que ela tem no universo das decisões judiciais. Se a dignidade não encontra limites na moral, o que dizer no direito.

[176] BRASIL, 2019.

[177] MARRAFON, 2008, p. 435. Nesse sentido, é preciso "[...] superar a hipertrofia de uma compreensão *individualista* dos *direitos do homem*... e de combater a 'força desagregadora' a que as práticas destes direitos nos submetem – enquanto sobrevivem às crises do *homo*

pode, longe de firmar a igualdade, apenas reafirmar as diferenças entre os cidadãos, quando, por exemplo, pontua desmedidamente o direito fundamental de propriedade e, além disso, quando reforça excessivamente a exigibilidade das prestações individuais, aliás, para esse propósito, no qual se observa uma perspectiva notadamente egoística de cidadania, muito tem contribuído as categorias e os institutos jurídicos.[178]

Portanto, quando a dinâmica da racionalidade das instâncias decisórias político-administrativas é negada, porque o círculo das prioridades da atuação estatal pode ser rompido pela ingerência judicial, é compreensível aceitar um duro golpe à sistematicidade da proteção social em função da defesa da caprichosa dignidade humana? A pergunta é um pouco capciosa. Em sentido inverso, seria possível admitir uma racionalidade ou sistematicidade da atuação estatal, ainda não sindicada pela intervenção judicial, que contemplasse uma ofensa à dignidade humana? A negativa se impõe para as duas indagações. Aqui, reside, de fato, o cerne da temática: quando há o fortalecimento das perspectivas decisórias abstratas em defesa da dignidade humana, a despeito do difícil prognóstico dos dilemas existenciais, não se trata apenas de uma tentativa de correção material dos parâmetros político--administrativos de proteção social, em verdade, vai bem mais além, cria-se uma inevitável instabilidade na alocação dos recursos, e, com isso, obstaculiza eventual expansão nos programas de proteção social, que exigem deveres de proteção em uma perspectiva abrangente, nos quais compreendem redobrados esforços de ordem material, procedimental e institucional,[179] enfim, traduzindo-se no efetivo comprometimento fiscal do Estado.

Em outros termos, a compreensão da dignidade humana como limite e tarefa dos poderes estatais,[180] ainda que possua uma destacada força argumentativa, cria uma ambiência de instabilidade na projeção das prestações sociais, isso porque a ideia abstrata de dignidade humana pouco ou nada esclarece sobre a viabilidade das prestações sociais e, por outro lado, os arrimos fáticos da dignidade se submetem ao jugo semântico das interpretações judiciais, muitas vezes, carregadas de enorme apelo emocional, pois, diante de marcos normativos tão

---

juridicus e do *homo socialis*... mas também enquanto nos empurram para *periferias* perigosas" (LINHARES, 2008, p. 429, nota de rodapé nº 131).
[178] MARRAFON, 2008, p. 437.
[179] LOUREIRO, 2014, p. 76.
[180] SARLET, 2009, p. 32.

acolhedores (artigos 5º, §§ 1º e 2º, 6º, da CRFB), a ausência de algum fundamento jurídico é praticamente improvável, mesmo diante de dilemas existenciais de difícil prestação jurisdicional. Isso, evidentemente, tende a gerar uma diversidade de tratamento entre cidadãos, a despeito da identidade de posições ou situações fático-jurídicas, tão somente em função da atividade processual exercida ou conquistada em juízo. É preciso compreender que a capacidade prestacional de cada sociedade não decorre dos permeios jurisprudenciais decantados a partir da dignidade humana, uma vez que o grau de responsabilização estatal na promoção das prestações de proteção social depende dos níveis globais de desenvolvimento social, extraindo-se, assim, *standards* da ação pública.[181] Aliás, tão díspares no mundo ocidental, porquanto dependem dos avanços sociais abrangentes alcançados por determinadas sociedades.

Nesse ponto, basta observar os *standards* da ação pública empreendido pela sociedade alemã em comparação com as demais sociedades dos países do leste europeu, portanto, ainda dentro do continente. O mesmo entendimento, guardadas as devidas proporções, pode ser destacado em relação à atuação pública não estatal (terceiro setor) nessas sociedades. Então, a intensificação da reflexão jurídica sobre a dignidade humana, ainda que pertinente, sobretudo, em uma perspectiva acadêmica,[182] e, portanto, útil em diversos aspectos no conflitivo ambiente da vida social, não representa maiores avanços na inóspita seara da escassez de recursos. Trata-se de códigos diferentes: no primeiro, a sofisticação da reflexão jurídica, denunciando uma pretensa quintessência dos oráculos do saber; no segundo, a crueza dos dados, ainda que ela não seja indiferente aos grandiloquentes parâmetros da juridicidade, conspira justificadamente contra a mistificação da realidade e, para tanto, faz prova dos limites da ação pública.

Aqui, vale mencionar que autonomia do discurso jurídico sobre a dignidade humana, notadamente quanto à sua justificação normativa, não tem sido capaz de afastar a idealidade do pano de fundo filosófico

---

[181] KLOEPFER, 2009, p. 161.
[182] Por isso, resulta acertada esta advertência: "[i]nterpretação constitucional não é Filosofia. Da mesma forma que não é admissível a rápida referência a uma construção filosófica como ponto de partida para a interpretação constitucional, tampouco é admissível a resignação cética em relação à multiplicidade das imagens filosóficas do homem" (STARCK, 2009, p. 201). O dilema não reside na consideração das premissas filosóficas, porém em uma insistente vinculação metodológica a tais premissas, que, por serem tão díspares, praticamente inviabiliza qualquer identificação de matrizes discursivas preponderantemente jurídicas e, desse modo, equacionáveis com os conflitos e as demandas da sociedade.

ou teológico na imperiosa tarefa de firmar as imposições normativas a partir da dignidade humana, o que só reforça a tese de que ela, em uma perspectiva estritamente jurídica, ainda vai demandar um demorado curso de decantação científica. Em uma palavra: mais ali (idealidade com juridicidade) não implica mais aqui (procedimentalidade com materialidade). No Brasil, sem qualquer surpresa, é comum encontrar decisões que, a ferro e fogo, procuram impor determinadas prestações apenas a partir da coerência ou consistência da tese jurídica defendida,[183] a despeito dos evidentes obstáculos no campo da materialidade, que resta açoitada pela estrita normatividade – o que é menos grave – ou pela estrita subjetividade do intérprete.[184]

Tratando-se de proteção social lastreada nos sistemas previdenciários, cumpre destacar um fato recorrente: a intensidade nos prognósticos judiciais sobre a situação fática dos segurados, não apenas em função da vulnerabilidade econômica, acaba por inviabilizar a manutenção dos parâmetros concessivos nos benefícios por incapacidade, haja vista a elasticidade judicial no reconhecimento desses parâmetros, sem falar, ainda, na excessiva majoração nos custos relativos à manutenção de benefício dessa natureza, porquanto o lastro fático de sua concessão é geralmente superdimensionado em função do substrato principiológico da dignidade humana, por conta da amplitude temporal diante da inexistência de emprego formal. Aliás, não se trata apenas de problema nos benefícios por incapacidade, mas sim ainda que em menor medida, de toda a cadeia de benefícios previdenciários e assistenciais.

Não se trata de cômodo e condenável cálculo de utilidade social em uma perspectiva pragmático-utilitarista,[185] mas o reconhecimento de que uma açodada compreensão dos direitos como trunfos,[186] no que pode evidenciar uma compreensão extremamente individualista da realidade social, corporificada no isolamento do homem liberal no universo dos prognósticos constitucionais,[187] sacrifica a perspectiva

---

[183] Aqui, tem-se o que o Prof. José Joaquim Gomes Canotilho chama de *aproximação absolutista*, que é assentada na paradoxia de direitos ou interpretação razoável, na qual o fator de concretização dos direitos fundamentais exsurge "[...] mediante um procedimento metódico de atribuição de um significado aos enunciados linguísticos, deduz-se a própria efetivação de direitos fundamentais" (CANOTILHO, 2008, p. 127).

[184] Ora, "[n]egar a existência na realidade daquilo de que não se gosta é certamente um comportamento comum a muitos cientistas, mas nem por isso deixa de ser um péssimo comportamento" (CANOTILHO, 2005, p. 88).

[185] SAVARIS, 2011, p. 25.
[186] DWORKIN, 1977, p. xi.
[187] ANDRADE, 2019, p. 57.

coletiva da ação pública, pelo menos no que concerne à abrangência de seus propósitos de proteção social, especialmente quando se parte da premissa de que as necessidades humanas são ilimitadas, mesmo quando se arvora uma pretensão diversa da maioria.[188] É dizer que a excessiva afirmação dos direitos em uma perspectiva individual ou liberal e, portanto, baseada na autonomia pessoal e reafirmada pela dignidade humana,[189] com larga aceitação na doutrina e jurisprudência, o que é um fato merecedor de nota, produz, por vezes, o incontornável inconveniente de as políticas gerais ou comunitárias serem consideradas autoritárias ou contrárias à própria liberdade dos cidadãos[190] ou aos grupos minoritários, muito embora elas possuam justamente o fundado propósito de salvaguardar os direitos potencialmente lesados com a individualização exacerbada da ação pública, tal como se observa na excessiva judicialização dos direitos sociais. O que fazer, se a atuação judicial individual pode ser prejudicial e a atuação judicial coletiva também? O caminho exige parcimônia nessas duas formas de atuação.

Cria-se, assim, uma insólita tensão: condena-se eventual redução, especialmente no âmbito conjuntural, do sistema de proteção social, até mesmo como forma de constante exercício reflexivo sobre a efetivação dos direitos sociais; mas, contraditoriamente, cria-se uma forma de correção material, via demanda judicial, que pode penalizar os regulares processos de expansão do sistema de proteção social até então existente. Vê-se que o lastro axiológico da dignidade humana pode traduzir uma forma de desequilíbrio na sustentabilidade financeira e atuarial do sistema previdenciário,[191] contudo, isso não encerra o

---

[188] Em sentido contrário, vide: SARMENTO, 2016, p. 132.

[189] Aliás, a relação entre dignidade humana e o individualismo dos direitos humanos exige redobrados questionamentos e, consequentemente, esclarecimentos na atual quadra evolutiva dos direitos fundamentais, especialmente em uma conjuntura político-econômica que exija o fortalecimento dos valores comunitários e, em uma razão aproximativa, a discutível ideia da dignidade de grupos poderia comportar uma noção de deveres cívico-jurídicos mais facilmente compagináveis com os desideratos da solidariedade social. Cf. WALDRON, 1999, p. 67.

[190] RAO, 2008, p. 215. Neste trabalho, a preocupação da autora é considerada do ponto de vista totalmente oposto, isto é, que a afirmação excessiva da dignidade da pessoa humana, em uma perspectiva individualista, infelizmente, é que faz infirmar os valores relacionados à solidariedade política e social.

[191] A afirmação pode parecer meramente intuitiva, mas a assombrosa quantidade de benefício de auxílio-doença concedido/mantido judicialmente, inclusive por períodos superiores a 02 (dois) anos, dá conta do enorme apelo emocional das judiciais baseadas ou arrimadas no princípio da dignidade humana. Aliás, estima-se que, a partir de 2019, ocorra economia fiscal anual na ordem de R$ 12 bilhões no enfrentamento de fraudes ou irregularidade nos benefícios de auxílio-doença, aposentadoria por invalidez, BPC (idosos e deficientes) e Bolsa Família. Nesse sentido, em 2016, foi criado o Programa de Revisão dos Benefícios

grande problema da questão, pois a *fragmentariedade decisória* também denuncia a ineficiência da atuação do Poder Público, sobretudo, em uma perspectiva sistêmica da atuação estatal.

Aqui, cumpre esclarecer: entende-se por fragmentariedade decisória, em uma perspectiva estrita do termo, a ausência de parâmetros minimamente objetivos na aplicação das normas jurídicas, isto é, saindo da compreensiva criação normativa através da atividade judicativo-decisória para uma verdadeira balbúrdia no desfecho das demandas judiciais no caso concreto, de maneira que o *radical* legislativo das diretrizes normativas é simplesmente superado, exsurgindo, assim, uma nova *morfologia* jurídica a cada caso concreto. Portanto, despontando uma multiplicidade de parâmetros decisórios em função de substratos fático-normativos semelhantes no universo das demandas administrativas.

Todavia, o nó górdio mesmo reside no fato de que a consagração da dignidade humana, como diretriz decisória na concessão dos benefícios previdenciários, pode imobilizar qualquer forma de controle sobre os limites subjetivos, titulares dos direitos demandados, e objetivos, o rol de prestação social, exigidos do sistema público de previdência. Portanto, nesse contexto, a referencialidade abstrata dos planejamentos político-legislativos, como diretriz decisória na concessão dos benefícios previdenciários, perde qualquer importância, caindo na noite dos tempos da racionalidade da atividade legislativa, mas acordando atônita no desafio diário decorrente da luta ingloriosa pela sistematicidade dos regimes previdenciários.

1.1.1.3 Toda a dignidade: o dilema dos direitos positivos

> *"Realmente, o princípio da dignidade da pessoa humana (individual) está na base de todos os direitos constitucionalmente consagrados, quer dos direitos e liberdades tradicionais, quer dos direitos de participação política, quer dos direitos dos trabalhadores e dos direitos a prestações sociais.*

---

por Incapacidade (PRBI), que constatou a existência de mais de 552 mil auxílios-doença, com mais de 02 (dois) anos. Até março de 2018, foram revisados 279.195 benefícios de auxílios-doença, nos quais 228.375 auxílios-doença foram cancelados, ou seja, 82% dos benefícios revisados, não se olvidando que praticamente todos esses benefícios tinham sido negados pela via administrativa, mas concedidos pela via judicial (BRASIL, 2018.).

É dizer que a dignidade humana se projecta no indivíduo enquanto ser autónomo, em si e como membro da comunidade – são direitos das pessoas e dos cidadãos."[192]

    Um dos aspectos interessantes da dignidade humana é a capacidade de trabalhar, sem maiores pudores, a depender da cultura local, a precípua defesa da autonomia pessoal ou dos valores comunitários. Nas democracias ocidentais, particularmente assentadas nos valores político-liberais, resta curioso associar a dignidade humana com os possíveis deveres decorrentes de valores comunitários, quando, em grande medida, ela apenas serve para reafirmar a autonomia pessoal dos cidadãos em face do Estado e, também, dos próprios concidadãos. Por esse motivo, revela-se muito particular a posição de Neomi Rao, especialmente quando acentua o risco da superposição dos valores comunitários sobre a autonomia pessoal, mormente na sociedade norte-americana[193]. A toda evidência, a defesa da perspectiva comunitária da dignidade humana mais se ajusta aos propósitos deste trabalho. Isto é, propugnar os valores comunitários é uma forma bem elementar de promover a ideia de justiça intergeracional e responsabilidade solidária.

    Nesse ponto, o reconhecimento dos limites da dignidade humana, pelo menos em uma ótica jurídica, exige a compreensão de que a defesa da perspectiva comunitária expressa, tão somente, *uma* diretriz axiológica sobre qualquer problemática posta na conflitiva conjuntura da socialidade na hipermodernidade. Todavia, esse entendimento não denuncia, nem de longe, qualquer ideário pretensamente corretivo da autonomia pessoal, até porque, por mais que se possa desejar o contrário, a dignidade humana tem muitas faces e, claro, nem todas são compagináveis com a dinâmica dos deveres inerentes à ambiência de múltiplos interesses – potencialmente conflitivos – em uma sociedade complexa. Em uma palavra: nem toda a dignidade, na sua inatingível compreensão semântica, é capaz de sanar o dilema dos direitos positivos galhardamente estampados, nos textos constitucionais e infraconstitucionais, a partir da ideia contrapositiva entre deveres comunitários e autonomia pessoal.

---

[192] ANDRADE, 2019, p. 94.
[193] RAO, 2008, p. 221, 226 e 231.

Explica-se: a justificação dos substratos mínimos da socialidade, que se encontra no núcleo essencial dos direitos sociais e econômicos,[194] padece de irremediável dilema: a definição desse mínimo social – compreensivamente exigível – diante das possibilidades normativo-financeiras do aparelho orgânico-funcional da Administração Pública. A dificuldade do *como fazer* não se insere no horizonte compreensivo das decisões judiciais, pois o óbice do conflito jurídico se limita à dinâmica interpretativa e não aos desafios realísticos (chão da vida[195]) de cada caso concreto, isto é, o decorrente do plano material de realização dos direitos positivos. Seria, evidentemente, uma desmedida grosseria assinalar que a atividade interpretativa não teria importância, até porque, mormente na jurisdição constitucional, ela pode ser relevante instrumento para romper com as pré-compreensões hierarquizantes ou excludentes de todas as épocas,[196] consolidando ou reafirmando a semântica dos direitos fundamentais; contudo, sem que isso represente um exagero, observa-se um *fetiche* da decantação judicial dos textos legais a partir da dignidade humana,[197] quando, na grande maioria dos casos, o verdadeiro pano de fundo da questão se assenta em outros quadrantes, justamente os que representam o efetivo obstáculo ao gozo dos direitos positivos. Por exemplo, parece pouco útil assinalar os fundamentos do direito à saúde a partir da dignidade humana, porque,

---

[194] BARROSO, 2013, p. 85.
[195] Como bem retrata o refrão da música de mesmo nome: "Dos falsos mestres que segui, Limpo a poeira, Sigo as pegadas que encontrei, No chão da vida" (Felipe Valente, álbum *Reversos* de 2017).
[196] SARMENTO, 2016, p. 72.
[197] Nesse sentido, *vide*: BRASIL, 2011. Na oportunidade, o Ministro Cesar Peluso, defendendo a inconstitucionalidade de lei que permitia a briga de galos (Lei fluminense nº 2.895/1998), disparou a seguinte assertiva: "[...] acho que a lei ofende também a dignidade da pessoa humana, porque, na verdade, implica, de certo modo, um estímulo às pulsões mais primitivas e irracionais do ser humano. [...] Noutras palavras, a proibição também deita raiz nas proibições de todas as práticas que promovem, estimulam e incentivam ações e reações que diminuem o ser humano como tal e ofendem, portanto, a proteção constitucional à dignidade da pessoa humana, que é fundamento da República". Mais adiante, o Ministro Ricardo Lewandowski, seguindo a despicienda senda discursiva, assevera: "[p]roibiram-se agora as touradas em Barcelona. A Europa está preocupada com o tratamento desumano, cruel e degradante que se dá aos animais domésticos, sobretudo nos abatedouros e também nos criadouros. Por quê? Porque está em jogo exatamente esse princípio básico da dignidade da pessoa humana. Quando se trata cruelmente ou de forma degradante um animal, na verdade está se ofendendo o próprio cerne da dignidade humana". Ora, Europa preocupada com os animais? Na França, alguém poderia explicar a situação dos patos com o *foie gras*? Voltando ao julgado, na ocasião, a mera dor física desnecessária dos animais já faria ruir a constitucionalidade da lei, no que encontraria um obstáculo direto no artigo 225 da CRFB, sem falar, ainda, nos arrimos argumentativos da própria Lei de Crimes Ambientais (Lei nº 9.605/1998).

e isso resulta claro, o universo realmente relevante à questão é saber como o Estado poderá promover, da forma mais abrangente possível, as formas ordinárias e extraordinárias de prestação do serviço público de saúde, tendo em vista os limites materiais da ação pública. Não se questiona, no caso, que a vida com saúde é mais digna.

Além disso, a hipertrofia semântica da dignidade humana, como expressão autônoma de direito, reduz a importância de todos os demais.[198] Ademais, quanto mais se aproxima dos procedimentos relacionados à concretização dos direitos positivos menos importância assumem as questões estritamente jurídicas, uma vez que o universo das projeções teórico-discursivas se reduz consideravelmente; porém, quanto menor se revelar a influência da teoria jurídica na efetivação dos direitos positivos, paradoxalmente, maior é a necessidade de refletir sobre a sua atuação, pois dela se espera a capacidade de emitir critérios para aperfeiçoamentos das instituições e dos institutos que pairam além da ciranda jurídica.

Desse modo, apenas a partir do imperativo da dignidade humana não é possível imprimir uma atuação racional da gestão pública e, menos ainda, da atividade judicial, porquanto a miríade de situações fáticas, com as correspondentes delimitações dos direitos, decantada no dever de proteção social do Estado, na concepção dos deveres fundamentais no plano da justiça distributiva,[199] revela-se incompatível com o necessário tratamento sistêmico a ser dispensado às prestações sociais de grande envergadura, como é o caso da saúde, previdência ou assistência.

Aliás, a velhice é particularmente conflitiva nos dilemas intergeracionais, porquanto representa o *status* final de longo percurso, porém, na boa parte dos casos, esse *status* se desenrola sem a convicção do efetivo potencial aquisitivo (autossuficiência pecuniária) de aposentadoria conquistada, no que demonstra a discutível viabilidade do regime previdenciário outrora defendido ou imposto, sem falar, ainda, no limite da atividade laboral, que, mais que uma questão físico-mental, insere-se na ampla discussão sobre a proteção dos novos postos de trabalho, o que pode parecer um fator de discriminação *positiva* em relação aos jovens trabalhadores, pondo, assim, a política de aposentadoria compulsória no fio da navalha.[200] O consentimento com relação à incomensurável dinâmica existencial dos direitos positivos apresenta efeitos deletérios

---

[198] CANOTILHO, 2007, p. 76.
[199] LOUREIRO, 2006, p. 32.
[200] DEWHURST, 2013, p. 537.

nos planos sistêmicos de atuação do Poder Público, especialmente nos países com parcas possibilidades de mobilização social diante dos grandes problemas estruturais na sociedade, representando, assim, um verdadeiro sumidouro de recursos públicos.

Defende-se que toda dignidade, como expressão de qualquer prestação social, tem seu preço. Porém, não é menos verdadeiro o reconhecimento de que a dignidade humana, em uma perspectiva jurídica, não pode tornar-se refém dos números, mas, por outro lado, não pode ser a senhora deles. Não obstante essa constatação, a tônica do equilíbrio se encontra mais distante a cada dia, justamente porque as teorizações jurídicas, como que seguindo um irresistível, melhor dizer inebriante, bolero de Ravel,[201] destacam a dignidade humana como inabalável lastro teórico-normativo na realizabilidade dos direitos, olvidando-se que a concreção dos direitos positivos, notadamente os sociais, exige mais dos parâmetros operacionais da atuação do Estado – e da sociedade – que propriamente do fundamento axiológico-normativo da larga teia dos direitos positivos, até porque o Estado prestacional é, por tudo, uma realidade orgânico-funcional que demanda recursos. Por isso, o Estado prestacional, como Estado (de fruição) de direitos fundamentais,[202] compreende uma inevitável ordem de exigências materiais da sociedade.

1.1.2 Perspectiva normativista da dignidade humana

> *"[...] a necessidade de chegar a um conceito secular, aberto e inclusivo, de dignidade da pessoa humana que seja susceptível de sustentar uma pretensão de validade consensual e que, simultaneamente, não perca densidade e lhe permita desenvolver efeitos normativos próprios e consentâneos com a importância abstractamente atribuída a um princípio jurídico sobre o qual se supõe poder fazer assentar toda a estrutura do edifício constitucional de Estado de Direito."*[203]

---

[201] O apreciado *Boléro* de Maurice de Ravel, de 1928, tanto encanta quanto cansa, mas um cansaço que inebria.
[202] HÄBERLE, 2019, p. 72.
[203] NOVAIS, 2016, p. 25-26.

A dificuldade da transcrição acima é patente: a criação normativa, como toda ficção, tem uma dimensão concreta, senão ela seria totalmente despicienda, já que padeceria de qualquer utilidade prática. Todavia, os vislumbres da normatividade não são capazes de transformar realidades apenas partir da dimensão concreta dessa ficcional perspectiva de atuação. Trata-se de assertiva elementar, mas que parece desconhecer limites na teoria jurídica hodierna, mormente a brasileira. A defesa da fundamentalidade dos direitos, sem maior reflexão sobre o que isso encerra no plano material da vida social, vai revisitando todas as searas jurídicas, como que mensageira de uma surpreendente realidade jurídica *redencionista* a partir da identificação de uma ficção que seja capaz de construir pontes em uma ambiência de escassez e, assim, viabilizar novas expectativas normativas, olvidando-se, contudo, que ela pode causar graves rupturas com a própria realidade e, desse modo, não se limitando a tentar transformá-la, vai mais adiante, por vezes, simplesmente a despreza, como se fosse centrado em um idealismo jurídico sem limites ou em uma visão *fundamentalista* do direito e, sobretudo, da dignidade humana.

Tranquilamente, também poderia ser tachada de realidade jurídica *reducionista*, porquanto se apresenta unilateral, parcial ou simplesmente desconsidera a complexidade que envolve a dinâmica jurídica com a realidade que a encerra; portanto, com a incomensurabilidade ou contingencialidade dos fatos ou, quando muito, considera apenas o que interessa à configuração dos efeitos de determinado direito decantado a partir das premissas jurídico-sociais da dignidade humana, aliás, tão habilidosamente arvoradas pelos intérpretes. Em uma palavra: da *força normativa*,[204] como importante reconhecimento político-jurídico, passa-se para uma inebriante *força mistificadora* do Direito, o que revela a incontestável lógica de que o excesso malogra o sucesso.

1.1.2.1 A panfundamentalidade dos direitos fundamentais

> "*O aumento do número de direitos e a opção por um discurso marcadamente jusfundamental também importa o perigo da hipertrofia (e, por consequência, da desvalorização) dos direitos fundamentais.*"[205]

---

[204] HESSE, 1991, p. 15.
[205] MONIZ, 2017, p. 45.

A questão da panfundamentalidade dos direitos, portanto, para além dos considerados fundamentais, se encontra muito próximo da noção de *exasperação normativa do texto constitucional*, isto é, o reconhecimento das consequências últimas das expectativas normativas – com as consequentes frustrações – como forma concreta de efetividade dos direitos;[206] portanto, tem-se uma questionável tentativa de afirmação normativa diante da realidade por meio de extenuante tentativa de empregar fundamentalidade aos direitos, o que assume ares de verdadeira *panjusfundamentalização*,[207] o que denuncia uma verdadeira *era do discurso quantitativo dos direitos*.[208]

Por isso, adverte-se: "[o] problema central do constitucionalismo moderno é, porém, o de se poder transformar em uma aporia científica e em uma ilusão político-constitucional, pelo fato de assentarem – e viverem de – pressupostos estatais que o Estado não pode garantir".[209] É dizer que as expectativas normativas têm limites e possibilidades, aliás, de diversas ordens, em função do avanço econômico-social de cada Estado; porém, os modelos constitucionais aderidos, consentidos ou simplesmente *impostos*, por parecerem melhores, partem de estruturas econômico-sociais mais exigentes ou abrangentes; frustrando, assim, os regimes sociais mais fragilizados pela assincronia existente entre os possíveis meios fático-institucionais e as imperiosas determinantes jurídicas. Tal fato, evidentemente, tem algumas consequências no tratamento dos direitos sociais, em particular as seguintes:

(a) *vulgariza* a norma constitucional, independentemente dos parâmetros formais, porquanto atrai para a sede constitucional matérias já veiculadas na legislação infraconstitucional, gerando, assim, uma replicação normativa sem qualquer utilidade prática, no que corporifica o discurso da consagração normativa dos direitos como a única ou necessária via para efetiva implementação dos direitos sociais. Aqui, corre-se o risco de a identidade do sistema jurídico

---

[206] Essa terminologia não se confunde com o elegante termo empregado pelo professor José Carlos Vieira de Andrade, nestes moldes: "[e]ste processo de alargamento, intensivo e extensivo, natural num ambiente de socialização, corre o risco de exceder-se e de se tornar num 'jusfundamentalismo', quando é dominado por uma preocupação maximalista de enquadramento e de proteção – mas pode e deve ser contido dentro dos limites do razoável, para que não provoque o amolecimento e a descaracterização do conceito de direito fundamental" (ANDRADE, 2019, p. 76).

[207] NABAIS, 2008, p. 62.

[208] NABAIS, 2008, p. 78, nota de rodapé nº 45.

[209] CANOTILHO, 2008, p. 28.

ser determinada justamente pelo desígnio valorativo do princípio da dignidade humana, denunciando uma forma, aliás, bem controversa, de limitação dos evidentes perigos da inflação jusfundamentalista.[210] Assim, mesmo não negando que a dignidade humana possa exercer algum limite compreensivo sobre a ideia de fundamentalidade e, nesse sentido, não há como negar tal perspectiva de análise, tem-se que tal critério ainda representa uma fórmula bastante elástica, para não dizer subjetiva, para decantar a noção dos direitos fundamentais;

(b) *fragiliza* os prognósticos da regulamentação infraconstitucional, seja porque sempre poderá será hermeneuticamente contestada em face da constituição, que passa a ser considerada como a única expressão legislativa legitimadora dos ideais políticos do direito, ainda que em uma noção-quadro; seja porque torna a vinculação do Poder Legislativo aos direitos fundamentais sociais uma tarefa ingloriosa, uma vez que os grandiosos prognósticos constitucionais e, portanto, ainda incompatíveis com os condicionantes econômico-sociais devidamente considerados pela atuação legislativa, fazem avultar o largo emprego idealístico da normatividade constitucional;

(c) *pontua* uma falsa perspectiva de que a efetividade dos direitos decorre mais da excessiva regulamentação no texto constitucional que propriamente de suas garantias infraconstitucionais, notadamente de caráter procedimental e organizacional, recaindo na condenável noção de que a constitucionalidade absorve toda a juridicidade, além disso, não se trata apenas do reconhecimento constitucional do direito, mas, também, da fria compreensão de que as fórmulas genéricas, os programas políticos ou enunciados abstratos teriam o condão de viabilizar a concretização de direitos, como se fosse amparada exclusivamente na força cogente do artigo 5º, § 1º, da CRFB, isto é, na fórmula jurídica da aplicabilidade imediata dos direitos fundamentais;

(d) *consolida*, paradoxalmente, o ideário político da inflação legislativa, que assume expressão meramente simbólica e,

---

[210] ANDRADE, 2006, p. 1.055.

portanto, simplificadora dos direitos,[211] no que consagra um círculo vicioso da atividade legislativa, que varia entre a tautologia e a omissão, mas sempre aquém dos permeios fundamentais do texto constitucional; e

(e) *aumentam-se* os custos operacionais na efetivação dos direitos, que vão da demorada disciplina interpretativa, haja vista a intensificação dos conflitos jurídicos, chegando até a atividade executiva, com os inevitáveis conflitos decisórios político-administrativos na concretização dos direitos diante dos procedimentos administrativos, em sentido amplo, a serem tomados pelo Poder Público. Esse ordinário itinerário é sensivelmente mais espinhoso com a intensificação da atividade normativa, sobretudo, quando descompassada com os aspectos prático-procedimentais na implementação dos direitos.

A cultura da panfundamentalidade, que ganha ares de trunfo político-jurídico por meio de fórmulas jurídicas genéricas, cumpre apenas uma pomposa ornamentação dos direitos positivos, nestes termos: "[n]o direito interno, o princípio internacional *pro homine* compõe-se de dois conhecidos princípios jurídicos de proteção de direitos: o da *dignidade humana* e o da *prevalência dos direitos humanos*".[212] Trata-se de construção doutrinária nada esclarecedora, pois, ainda que se arvore a prevalência dos direitos humanos e, claro, da própria dignidade humana, isso, nem de longe, pode sustentar que qualquer norma seja reconhecida como fundamental por expressar um imaginário de defesa dos direitos humanos ou da dignidade humana, porquanto seria ceder à *tentação panjusfundamentalista*.[213] Corre-se o sério risco de escolha estritamente política, portanto, baseada no apelo retórico-normativo da dignidade humana.[214] [215]

---

[211] NEVES, 2007, p. 26-27.
[212] MAZZUOLI, 2011, p. 127.
[213] LOUREIRO, 2013, p. 369.
[214] RAO, 2013, p. 34-35.
[215] Um bom exemplo disso se encontra no caso *United States v. Windsor*, em que a Suprema Corte dos Estados Unidos invalidou, por 5 a 4, a Seção 3 da Lei de Defesa do Matrimônio ou *Defense of Marriage Act*, também conhecida pela sigla DOMA (Disponível em: https://www.supremecourt.gov/opinions/12pdf/12-307_6j37.pdf. Acesso em: 9 nov. 2016). A seção 3 dispõe sobre a definição legal de matrimônio, todavia, excluindo expressamente dos seus termos o matrimonio de pessoas do mesmo sexo (Disponível em: https://www.gpo.gov/fdsys/pkg/BILLS-104hr3396enr/pdf/BILLS-104hr3396enr.pdf. Acesso em: 9 nov. 2016). No Brasil, a problemática foi dirimida pelo Poder Judiciário, em dois momentos, um pela via jurisdicional e outro pela via administrativa, nestes termos: (a) BRASIL. STF.

Trata-se de extensão perniciosa à própria ideia de fundamentalidade formal, pois ela se aproxima indevidamente, tendo em vista os mesmos fins, da ideia de fundamentalidade interpretativa, isto é, a que decorre das premissas teóricas do intérprete, mitigando, conforme os permeios fático-jurídicos da demanda, a importância da normatividade formal. Ou seja, a fundamentalidade material é sempre um grande círculo de incertezas e, com isso, de insegurança na concretização dos direitos, pois a perquirição da fundamentalidade do direito, baseada nos parâmetros morais do seu conteúdo, a toda evidência, fragiliza a força formal de qualquer construção jurídica.[216]

Assim, um dos claros exemplos da panfundamentalidade dos direitos, como que extraindo do desígnio meramente textual da eficácia jurídica[217] o fio condutor dos efeitos materiais pretendidos pelos textos legais,[218] revelando uma dinâmica excessivamente elástica aos instrumentais interpretativos, é a transmutação da natureza da dignidade humana, isto é, cambiando da qualidade de valor para assumir a de pretenso direito ou garantia e, com isso, empreender uma via, processual, administrativa ou judicial, capaz de superar exigências de cunho probatório e até mesmo contributivo, servindo como um verdadeiro bálsamo para as pretensões baseadas na controvertida

---

ADI nº 4.277/DF. Órgão Julgador: Plenário. Ministro Relator: Ayres Britto. Brasília/DF, julgamento em 5 nov. 2011. Disponível em: http://redir.stf.jus.br/paginadorpub/paginador.jsp?docTP=AC&docID=628635. Acesso em: 9 nov. 2016. Vale dizer que o STF, por unanimidade, reconheceu apenas que não poderia existir diferença de tratamento entre união estável heteroafetiva e união estável homoafetiva, não apregoando, portanto, sobre o direito ao casamento entre pessoas do mesmo sexo; e (b) BRASIL. CNJ. Resolução nº 175, de 14 de maio de 2013. Dispõe sobre a habilitação, celebração de casamento civil, ou de conversão de união estável em casamento, entre pessoas de mesmo sexo. Brasília/DF, publicado em 15 maio 2013. Disponível em: http://www.cnj.jus.br/images/imprensa/resolu%C3%A7%C3%A3o_n_175.pdf. Acesso em: 09 nov. 2016. Cumpre lembrar que a Resolução do CNJ expressa apenas uma regulamentação administrativa e, nestes termos, restou consagrado o direito ao *casamento* de pessoas do mesmo sexo, isto é, sem qualquer intervenção do Poder Legislativo. Portanto, a sanha político-regulatória do Poder Judiciário brasileiro foi bem mais incisiva, para dizer o mínimo, que do Poder Judiciário norte-americano. Acredita-se que a opinião pública brasileira seja amplamente favorável ao *casamento* entre pessoas do mesmo sexo; contudo, trata-se de matéria que deveria ter sido regulamentada pelo Poder Legislativo.

[216] DIMOULIS, 2009, p. 47.

[217] Especialmente, na hipótese do artigo 5º, § 1º, da CRFB, pois, a partir da eficácia imediata dos direitos fundamentais, existiria inquebrantável fator de concretização dos direitos positivos, inclusive até mesmo prescindindo da intervenção legislativa. "Todavia, a expressa afirmação da vinculatividade não significa, nem pode significar, que as normas consagradoras de direitos fundamentais excluam a necessidade de uma maior densificação operada sobretudo através da lei" (CANOTILHO, 2008, p. 117).

[218] BARCELLOS, 2002, p. 202.

ideia de mínimo social, especialmente nos benefícios por incapacidade, resultando, assim, na fórmula ou fábula de que a dignidade humana corporificaria a imperiosa função de *coringa hermenêutico*[219] no desfecho dos conflitos jurídicos.

Como já mencionado, não se admite a ideia da dignidade como um direito fundamental, mas sim como um valor fundamental, no que vai imprimir os necessários substratos axiológicos aos direitos fundamentais e, a partir dessa premissa, é possível conceber a ideia de dignidade como prestação,[220] mas, claro, através dos devidos permeios dos direitos fundamentais, resultando, desse modo, uma perspectiva positiva da dignidade humana. Contudo, a problemática não reside apenas nos possíveis riscos da excessiva instrumentalização na interpretação dos direitos a partir dignidade humana, conforme a dinâmica dos experimentos mentais monológicos,[221] a questão vai mais longe, e mesmo alcançando ares mais preocupantes, qual seja, na própria *constitucionalização da sociedade* em função do dirigismo programático do texto constitucional,[222] de maneira que, para além da excessiva fundamentalidade dos direitos, ocorre também uma impulsiva compreensão de que toda dinâmica das relações sociais exige atuação do Estado, como que, a partir disso, tentando suprimir as inquietudes dos prognósticos constitucionais.

---

[219] A feliz expressão é de Daniel Sarmento (2016, p. 308).

[220] Evidentemente, tal compreensão não se confunde com a teorização filosófica da dignidade como prestação, isto é, sem qualquer referência a um atributo natural do homem e nem mesmo a um valor, mas sim como uma tarefa que o homem pode realizar e, claro, também perder, evidenciando, assim, uma conquista ou, conforme o caso, um ônus pessoal (HÄBERLE, 2009, p. 73). Aliás, a *teoria da prestação* compõe uma conhecida tríade sobre a justificação da dignidade humana, que ainda é composta pela *teoria da dádiva* e pela *teoria do reconhecimento* (LOUREIRO, 2016, p. 167; SEELMAN, 2009, p. 115-116). Além disso, a *teoria da dignidade humana como prestação*, em per si, é totalmente incapaz, especialmente em uma perspectiva constitucional, para promover a tutela das pessoas com (severas) deficiências, porquanto eles não seriam plenamente capazes de articulação ou atuação na sociedade, exigindo, portanto, outro critério inclusivo, minimamente aceitável, que rompa com as patentes limitações dessa teorização (KIRSTE, 2009, p. 187). Dessa forma, "[a] inclusão dos indivíduos incapazes há de ser efetivada nos moldes de um modelo metafísico de dignidade humana" (NEUMANN, 2009, p. 237); contudo, mais adiante, adverte o autor: "[o] que é problemático é a capacidade do princípio metafísico de contribuir para uma fundamentação de uma proteção normativa da dignidade humana [...]. Isso porque a dignidade humana, compreendida na condição de qualidade metafísica, não pode ser lesada por ações relacionadas a um sujeito empírico. Se a dignidade humana, como qualidade metafísica, é inviolável no sentido efetivo do termo, então a exigência da proteção dessa dignidade mostra-se necessariamente como vazia" (NEUMANN, 2009, p. 238).

[221] CORTINA, 1988, p. 176.

[222] CANOTILHO, 2008, p. 131-162. p. 151.

Em uma perspectiva mais radical, mas sem perder as raias da razão, é possível afirmar que a *constitucionalização jusfundamental* da sociedade não deixa de ser uma forma de *constitucionalização totalitária*, no que seria uma persistente variante da falecida *constituição metanarrativa*.²²³ Eis, portanto, a receita do fracasso de qualquer projeto abrangente: o sacrifício das forças institucionais no cumprimento dos extenuantes imperativos normativos. Portanto, impõe-se o reconhecimento dos limites materiais da ação estatal, senão advém o risco de prestigiar a utopia de um Estado de prestação total,²²⁴ que, se maior demora, torna-se também um Estado total. Além de tudo, remete-se à preocupação de que a dignidade humana não possa encontrar limites interpretativos, por maiores que sejam os esforços de decantação normativa do Parlamento (lei) e do Poder Executivo (regulamentos), e, nesse sentido, ela vai assumindo a imagem de tudo a partir de parâmetros considerados razoáveis de exigibilidade das prestações sociais, algo que é objeto de análise a seguir.

1.1.2.2 Dignidade e ponderação: a imagem de tudo

> "[...] *no processo decisório deve-se conceder preferência aos prognósticos de desastre em face dos prognósticos de felicidade. O princípio ético-fundamental, do qual o preceito extrai sua validade, é o seguinte: a existência ou a essência do homem, em sua totalidade, nunca podem ser transformadas em apostas do agir.*"²²⁵

A dinâmica interpretativa dos direitos fundamentais a partir dos vislumbres axiológicos da dignidade humana concebe uma insólita constatação: a imagem no espelho é que a se deseja ter, aliás, nem *Dorian Gray* seria mais feliz, porque vai além da *permanência* no belo ou justo, recaindo na fantástica e incessante capacidade de redefinição da *aparência* do que seja belo ou justo. Por meio dela, e isso não pode

---

²²³ CANOTILHO, 2008, p. 156.
²²⁴ HÄBERLE, 2019, p. 86.
²²⁵ JONAS, 2006, p. 84.

ser negado, os julgados avançam no oceano das concessões jurídicas, cujas águas profundas das jurisconsultas reflexões raramente revelam, precisamente, as razões filosófico-metodológicas das decisões de grande impacto político-social. Nesse ponto, é possível dizer que: "[m]ergulos hermenêuticos abissais tendem a atrair o intérprete para os espaços obscuros e insondáveis da especulação metafísica ou teológica".[226]

Dito de outro modo, por meio da dignidade humana e da ponderação, qualquer intérprete pode ser escultor de uma *teoria da justiça* para qualquer demanda judicial ou administrativa, como bem demonstra a questão do mínimo social (*direito a um mínimo para uma existência condigna*), porquanto, a partir da dignidade humana, é possível tecer boas razões sobre os substratos mínimos das prestações sociais, seja como expressão de política social, seja como ideia de correção material das políticas públicas, só que, nesse contexto, o mínimo social não expressa, pelo menos para as premissas teóricas rawlsianas, um princípio de justiça, tal como se observa no princípio da diferença.[227]

Desse modo, até mesmo a técnica processual, conforme a dinâmica do *status activus processualis,* como posição subjetiva do homem no processo, pode ser sustentada a partir da dignidade humana,[228] de maneira que, para além do complexo objeto controverso na demanda, a própria complexidade da técnica processual pode ser fundamentada na dignidade humana. Nessa lógica, é possível consagrar praticamente tudo como expressão direta da dignidade humana, pois não é possível ventilar qualquer relação social sem que a posição subjetiva do homem esteja presente. Tem-se, aqui, a condenável noção da dignidade como *panaceia normativa* e, portanto, sem qualquer fronteira nas raias da reflexão jurídica.[229]

Claro, pode-se cogitar a existência de toda uma torrente de reflexões doutrinárias destinadas à hercúlea tentativa de romper o

---

[226] SARMENTO, 2016, p. 317. E, em seguida, na mesma página, com acerto, continua o autor: "[e] não surpreenderia se ele retornasse desse mergulho exatamente com a mesma resposta dada pela *sua* religião ou pela *sua* cosmovisão particular" (itálico no original).

[227] WALDRON, 1993, p. 257.

[228] HÄBERLE, 2009, p. 58.

[229] Nessa mesma toada, *vide*: SARMENTO, 2016, p. 77-89. Ela serve para qualquer fim na ambiência dos dilemas normativos, tais como: "[...] fator de legitimação do Estado e do Direito, norte para a hermenêutica jurídica, diretriz para a ponderação entre interesses colidentes, fator de limitação de direitos fundamentais, parâmetro para o controle de validade de atos estatais e particulares, critério para identificação de direitos fundamentais e fonte de direitos não enumerados" (SARMENTO, 2016, p. 77). Seguindo a lógica do autor, não haveria qualquer problema em assinalar que a dignidade humana também tem a invulgar serventia de *humanizar* alguns enredos de escola de samba ou *civilizar* certas letras das músicas de funk carioca ou forró.

dique do empreendedorismo jurídico-axiológico das decisões judiciais; contudo, tal tarefa se afigura nada profícua, pois pouco importa o vasto universo das teorizações jurídicas, uma vez que, em qualquer caso, não há uma forma concreta de romper com as premissas discursivas do julgador, por maiores que sejam os controles intersubjetivos, inclusive porque, muitas delas, são fomentadas pela disciplina teórica pretensamente limitadora da liberdade decisória dos magistrados. Aqui, seria o mesmo que tentar impedir que um pássaro voe alegando que o céu se encontra no chão. De qualquer sorte, é sempre bom afirmar que nenhum sistema jurídico pode ser feliz se depender, necessariamente, apenas das qualidades pessoais dos magistrados, tal como parece defender boa parte da doutrina brasileira.[230]

De todo modo, esta investigação não tem a pretensão de limitar qualquer atividade judicial, que, como já foi afirmado, seria discursar no deserto, mas, reconhecendo que os limites existentes não são capazes de imprimir os necessários tapumes ao *empreendedorismo judicial*, revela-se cada vez mais necessário denunciar a *esclerose institucional* que pode representar o desmedido uso dos instrumentais interpretativos amparados no princípio da dignidade humana. Considerando-se que a ofensa a outros princípios, tais como igualdade, proporcionalidade ou proteção da confiança, também pode representar uma ofensa à dignidade humana,[231] cria-se a curiosa ideia de que a dignidade humana pode assumir, por elementar dedução lógica, a *imagem e semelhança* de qualquer pretensão normativa a partir dos princípios que norteiam qualquer relação jurídica.

Todavia, é nesse contexto que assoma em importância a compreensão dos riscos que os instrumentais teórico-interpretativos possam representar à dinâmica concretizadora dos direitos, especialmente quando, a partir da dignidade humana, o específico significado dos direitos varia substancialmente não apenas entre as demandas, mas também entre países,[232] denunciado que, em uma ambiência de intensa *fragmentariedade decisória*, invariavelmente o excesso malogra o sucesso dos direitos fundamentais.

Essa questão é particularmente preocupante, pois há doutrina que, mesmo com a tentativa de construir um conceito jurídico da dignidade humana, inclusive destacando alguns parâmetros de conteúdo

---

[230] Por todos, *vide:* BRITTO, 2012, p. 116-117.
[231] MARTINS, 2016, p. 353.
[232] RAO, 2008, p. 224.

mínimo,²³³ defende esta preciosidade: uma "[...] noção de dignidade humana aberta, plástica e plural".²³⁴ O que seria isso? *Uma massa de modelar jurídica?* Aqui, pode ter vez uma clara tentativa de imprimir a validade universal do termo a partir de horizontes estritamente particulares.²³⁵ Dito de outro modo: o conceito se impõe como validade universal, ou melhor, sob a égide da universalidade, imperdibilidade e exclusividade,²³⁶ porém o conteúdo decorre da disputa de interesses locais²³⁷ ou particulares, permitindo, assim, diferentes conceitos de dignidade.²³⁸

Logo, diante das circunstâncias particulares e conflitivas de cada caso concreto, a dignidade pode ser objeto de ponderação, isto é, alguma de relativização, ainda que se defenda, com largo esforço verborrágico, a sua inviolabilidade.²³⁹ Assim, diante da mística da inviolabilidade, cumpre destacar esta advertência: "[...] a dignidade da pessoa humana, mesmo ocupando o mais alto posto na constelação dos princípios e direitos fundamentais, não opera – pelo menos na esfera do Direito – como um absoluto no sentido de imune a qualquer tipo de delimitação e, portanto, restrição".²⁴⁰

Por isso, por mais que se diga o contrário,²⁴¹ o respeito à dignidade humana não pode ser absoluto, pois, mesmo considerando que tal obrigação se imponha sobre "outros princípios, valores, interesses ou bens constitucionais,²⁴² o próprio reconhecimento de "situação concorrente ou conflitual",²⁴³ que recai entre pessoas detentoras de *igual* dignidade, já afasta a pretendida noção de sua inviolabilidade, bem como a possibilidade de surgimento de "critério seguro de resolução

---

[233] BARROSO, 2013, p. 72-98. O autor pontua esses parâmetros nestes termos (p. 72): "Grosso modo, esta é a minha concepção minimalista: a dignidade humana identifica 1. O valor intrínseco de todos os seres humanos, assim como 2. A autonomia de cada indivíduo; e 3. Limitada por algumas restrições legítimas impostas a ela em nome de valores sociais ou interesses estatais (valor comunitário)".

[234] BARROSO, 2013, p. 72.

[235] DOUZINAS, 2007, p. 196.

[236] LOUREIRO, 2013, p. 363.

[237] Aliás, tal fato restou evidente no famoso caso *Omega* (C-36/02), com julgamento em 14 out. 2004. Disponível em: https://eur-lex.europa.eu/legal-content/PT/TXT/PDF/?uri=CELEX:62002CJ0036&from=PT. Acesso em: 16 jul. 2020.

[238] ROSEN, 2012, p. 77.

[239] ROSEN, 2012, p. 108.

[240] SARLET, 2019, p. 176-177.

[241] OTERO, 2017, p. 39.

[242] OTERO, 2017, p. 39.

[243] OTERO, 2017, p. 39.

de quaisquer antinomias ou colisões normativas",[244] porquanto a defesa rigorosa da prevalência da dignidade pouco pode dizer sobre a intepretação diante de *conflito de dignidades*, de modo que o resultado dessa interpretação deságua no vasto terreno do psicologismo, no qual a transposição da reflexão normativa ao fato é levada a cabo pela mera adequação semântica do problema, sem que isso represente qualquer garantia de que a dignidade humana seja, de fato, inviolável.

Urge dizer, ainda, o seguinte: mesmo que se defenda que nos direitos fundamentais há um *conteúdo de dignidade humana*, representando um *núcleo essencial em termos absolutos* de proteção da dignidade,[245] portanto, mesmo diante de outras dignidades,[246] o fato é que eventual *proteção (nano)normativa* da dignidade humana também não deixa de ser uma forma de núcleo protetivo pretensamente absoluto, porém, nessa qualidade, a defesa da inviolabilidade assume ares de mera abstração matemática, cujas inferências fáticas podem ser particularmente perturbadoras.

Por um lado, se o núcleo protetivo varia e, portanto, não pode se predefinido, então, a questão da violação pode ser superada pela mundividência do caso concreto, tornando a dignidade humana apenas uma forma de variação semântico-interpretativa dos direitos fundamentais e, dessa forma, de discutível inviolabilidade. Por outro, se o núcleo protetivo é invariável, então, não há qualquer possibilidade de juízos ponderativos sobre a controvérsia jurídica, recaindo na discutível questão da sua prévia cognoscibilidade no caso concreto.

Daí a importância em identificar, no caso concreto, se a hipótese representa uma restrição ao âmbito de proteção de um direito fundamental e, nessa qualidade, também não compreende qualquer violação ao conteúdo [pretensamente] inviolável da dignidade humana.[247] Desse modo, admitindo-se uma expansão do conteúdo da garantia da dignidade humana, o resultado poderia ser particularmente desastroso à funcionalidade dos direitos fundamentais, porquanto eles restariam esvaziados, o que poderia comprometer, de algum modo, a própria dignidade humana,[248] pelo menos do ponto axiológico-normativo, pois a noção de dignidade humana absorveria espaços já reservados às restrições e às harmonizações dos direitos fundamentais.

---

[244] OTERO, 2017, p. 39.
[245] LOUREIRO, 2001, p. 192.
[246] SARLET, 2019, p. 172.
[247] SARLET, 2019, p. 173.
[248] SARLET, 2019, p. 174.

Adentrando em uma perspectiva conceitual, a despeito da inarredável dificuldade e imprecisão dessa tarefa ingloriosa e desnecessária, destaca-se uma tentativa pretensamente esclarecedora: "[a]ssim, entendemos por dignidade humana o valor intrínseco, originalmente reconhecido a cada ser humano, baseado na sua autonomia ética e que funda uma obrigação geral de respeito da pessoa, expressa num conjunto de deveres e direitos correlativos".[249] Desse modo, diante da *obrigação geral de respeito da pessoa*, na qual desponta toda uma torrente de deveres e direitos relacionados a esse insuspeito propósito, mesmo que se admita que a dignidade seja inviolável e, nessa qualidade, não seja passível de ponderação o seu pretenso núcleo irredutível, não há como negar que os direitos derivados dela são passíveis de ponderação,[250] pois: (a) os conflitos jurídicos, não raras vezes, convocam direitos da mesma envergadura normativa ou, de modo mais retórico, detentores da mesma dignidade constitucional; e (b) a própria dinâmica decisória, a pesar de eventual concordância prática, impõe restrições às partes, que não são igualmente gravosas. E, assim, através da dignidade é possível criar engenhosamente a imagem de tudo, de maneira que o rigor analítico dos tribunais constitucionais é que tem evitado os arroubos decisórios a partir da dignidade, mas não tem evitado a sua ponderação.[251]

Portanto, como a dignidade não tem conteúdo definido, ou definitivo, os direitos derivados dela evidenciam ainda mais a dinâmica ponderativa que encerra a própria dignidade. No entanto, a problemática não esbarra nessa evidente constatação, pois, mesmo admitindo a dificuldade de a dignidade apontar o norte decisório de cada caso,[252] há quem insista, paradoxalmente, na ideia de que a dignidade humana possa representar um fator de redução de riscos da ponderação que possa levar ao enfraquecimento dos direitos fundamentais,[253] fazendo com que o núcleo [pretensamente] irredutível da dignidade seja maior que a própria construção teórico-normativa dos direitos fundamentais.

Aqui, soa particularmente intrigante o fato de a violação da dignidade humana resultar justamente da sua defesa, isto é, em situações especialmente contingentes e conflitivas, como na vedação da tortura (artigo 5º, inciso III, da CRFB), nos quais acarretem danos irremediáveis

---

[249] LOUREIRO, 2016, p. 166.
[250] ROSEN, 2012, p. 109.
[251] ROSEN, 2012, p. 110.
[252] SARMENTO, 2016, p. 81.
[253] SARMENTO, 2016, p. 81.

a terceiros inocentes, isto é, a ofensa à dignidade deles, conforme o conteúdo que se faz dela, é nitidamente manifestada pelo resultado da medida adotada para evitar a inviolabilidade da dignidade humana.[254] Explica-se: a pessoa se torna meio – e não fim – não apenas quando o Estado atue com esse propósito instrumental, mas também quando assegure que outrem aja desse modo.

Não há, portanto, como negar que a inviolabilidade da dignidade humana nos textos constitucionais não passa de engenhosa construção normativa diante da grandiloquência histórico-filosófica da temática. Por mais que sejam defensáveis os cânones teórico-axiológicos fundamentadores da dignidade humana, como a contribuição dos valores judaico-cristãos, a compreensão renascentista de Pico della Mirandola, a força do pensamento filosófico kantiano de que toda pessoa é um fim em si mesma, e o impulso do movimento existencialista que prestigia o referencial humano vivo e concreto,[255] o fato é que a ideia de dignidade não transmite uma clara compreensão conteudística em uma perspectiva normativa, o que é que algo bem diverso da aceitação da perspectiva filosófico-religiosa, porquanto, a partir da dignidade humana, a delimitação de deveres ou direitos não tem sequer a delimitação dos ordinários prognósticos axiológico-normativos vinculados à ideia de respeito ou proteção, que, aliás, já não são uns primores de refinamento semântico. Aqui, não se trata de exigir a expressão matemática do seu conteúdo, o que seria um verdadeiro dislate, mas simplesmente a definição de parâmetros que denuncie a sua noção de inviolabilidade e, sobretudo, o que isso tem representado em termos práticos.

A natureza principiológica da dignidade humana seria o refúgio adequado para superar essas inquietações, isto é, a dispensaria da definição de parâmetros de inviolabilidade? Nesse ponto, vale destacar que o caso mais patente de sua violação é, ainda, o que decorre das consequências punitivas de condutas ilícitas, pois a condição de culpado ou inocente repercute diretamente no grau de dignidade das pessoas, especificamente no gozo do seu direito de liberdade, o que destoa nitidamente da ideia de dignidade como valor intrínseco inviolável dos seres humanos,[256] por mais que se defenda que apenas a impossibilidade de reaver a liberdade atinja o núcleo da dignidade humana.[257]

---

[254] ROSEN, 2012, p. 111.
[255] OTERO, 2017, p. 35-36.
[256] ROSEN, 2012, p. 114.
[257] SCHWABE, 2005, p. 184, caso BVerfGE 45, 187.

Daí a dificuldade em compreender o modo como esse valor essencial – a dignidade humana – *funciona* como fundamento de direitos e, principalmente, quais direitos ele *fundamenta* diante dos conflitos jurídicos,[258] sobretudo, quando se considera a dignidade como valor supremo do ordenamento jurídico e como fonte de todos os direitos.[259] A razão é simples para essa preocupação: o convencionalismo sobre a proteção dos direitos a partir da ideia de dignidade humana retira a própria utilidade da dignidade humana, porquanto, em determinados conflitos jurídicos, é possível questionar o porquê de a dignidade de um cadáver, representar muito mais que a identidade corpórea de uma pessoa, mas, paradoxalmente, não dispensar o mesmo tratamento a um feto, que representa a condição de possibilidade da própria vida?

Não há como responder, portanto, com objetividade ao questionamento acima, pois sempre recai no subjetivismo de análise do intérprete, notadamente em função de suas ideologias, que definem sua forma de enxergar o conteúdo de dignidade no caso concreto. Aqui, cumpre lembrar que a própria estrutura do direito à vida humana não comporta qualquer possibilidade de uso do princípio da concordância prática, porquanto é amparada na lógica do tudo ou nada.[260] "Uma sociedade, com efeito, que pune um olhar de desejo e dá proteção policial ao assassinato de bebês nos ventres das mães é, de fato, a mais requintada monstruosidade moral que a humanidade já conheceu."[261] De todo modo, deve-se reconhecer que o respeito à vida humana, pelo menos nas sociedades ocidentais, a despeito de sua matriz histórica arrimada nos valores do Cristianismo, alçou autonomia argumentativa diante da *matriz civilizacional cristã*[262] e, dessa forma, a sua defesa não compreende uma *disposição teológica* sobre a realidade desse direito fundamental.

Indaga-se: abstraindo-se das dificuldades interpretativas diante das liberdades públicas, muito embora represente o *locus* mais adequado de sua aplicação, como a dignidade humana poderia cumprir tão hercúlea tarefa no universo das prestações sociais, ou seja, se não se sabe para onde ela aponta, então, como dizer que ela possa servir para definir algum caminho a seguir? Como não há qualquer segurança quanto ao conteúdo da dignidade humana diante dos dilemas existenciais, não se

---

[258] ROSEN, 2012, p. 126.
[259] FERNÁNDEZ SEGADO, 2006, p. 117; LOUREIRO, 1998, p. 387.
[260] LOUREIRO, 1998, p. 381.
[261] CARVALHO, 2015, p. 233.
[262] LOUREIRO, 1998, p. 341.

trata de redução de riscos da ponderação, mas sim de maximização ponderativa do sentido e alcance dos direitos fundamentais, pois a dignidade humana acabaria por ensejar os mesmos *recursos de ponderação* já destinados às cláusulas gerais e aos conceitos jurídicos indeterminados,[263] portanto, não passaria de mais um objeto da "[...] *técnica jurídica de solução de conflitos normativos que envolvem valores ou opções políticas em tensão, insuperáveis pelas formas hermenêuticas tradicionais*".[264]

Nesse ponto, ainda que seja um discurso corrente, e mesmo pretensamente uníssono no círculo acadêmico, vale mencionar que a premissa discursiva de que a dignidade representa um valor intrínseco de cada pessoa humana, e isso não deveria ser qualquer novidade, nada esclarece sobre o conteúdo da própria dignidade. Tal assertiva tem a mesma *perspicácia* da afirmação de que todo homem tem alguma forma de emotividade, no que seria a emoção um valor intrínseco do homem, ou seja, como inarredável manifestação da existência humana. Se o valor é intrínseco, mas nada é esclarecido sobre o seu conteúdo, pouco pode ajudar na formulação de uma diretriz normativa.

Por isso, dizer que a dignidade é intrínseca ao homem, inclusive, como singularidade da pessoa humana, só revela algo realmente importante se isso representar um significado *a priori* específico, mas, claro, passível de ampliação semântica e, além disso, também diverso do sentido que se atribui ao dever cívico-jurídico de respeito pelas pessoas ou pela sua autonomia, caso contrário, não passa de *slogan*, quiçá meramente apelativo; enfim, um conceito inútil em qualquer área do saber.[265] [266] A assertiva pode soar exagerada, contudo, a dignidade humana tem servido muito mais para arvorar o *virtuosismo retórico*[267] de acadêmicos ou magistrados que propriamente para delimitar as bases teórico-normativas necessárias à adequada implementação dos direitos sociais.

Não se trata de desmedido ceticismo,[268] não mesmo, o problema é que se exige demais da dignidade humana. O curioso é que o *modismo*

---

[263] BARCELLOS, 2005, p. 13.
[264] BARCELLOS, 2005, p. 23.
[265] MACKLIN, 2003, p. 1.419.
[266] Em sentido diverso, por todos: LOUREIRO, 2018, p. 689.
[267] SOWELL, Thomas. *Os intelectuais e a sociedade*. Tradução de Maurício G. Righi. São Paulo: É Realizações, 2011. p. 133.
[268] Afinal, "[...] o ceticismo duvida, mas porque realmente não compreende ou não crê; porém em sua dúvida, é no amor da verdade que se inspira" (BRITO, 2012, p. 181, publicada originalmente em 1905).

da excessiva invocação do princípio da dignidade humana, que nada contribui para a efetiva resolução dos dilemas político-econômicos na concretização dos direitos fundamentais, encontra tenaz amparo na doutrinária pátria.[269] Enfim, a dignidade seduz os intérpretes, porque os *empodera* no jogo político entre os Poderes, até porque é mais fácil utilizá-la em benefício das pautas sociais, gerando bons dividendos políticos, do que na afirmação dos perímetros de controle da atividade financeira do Estado, o que não representa qualquer reducionismo da reflexão jurídica aos parâmetros econômicos, mas sim uma forma de ceder aos imperativos da realidade, que são, em muitos planos, simplesmente incontornáveis.

Portanto, os limites compreensivos dos direitos não se encontram apenas na semântica dos enunciados legais e nem mesmo apenas nos fatos identificados na demanda, exigindo-se o sobrevoo sobre outras searas de inevitável contágio discursivo, que, sendo inobservadas, podem negar a amplitude dos direitos e, sobretudo, a institucionalização deles no meio social. Essas variáveis, geralmente negligenciada pela perspectiva *fundamentalista* da dignidade, têm raízes na difícil tarefa de equalização das políticas públicas, que exige demorado processo decisório político-administrativo na constituição dos arranjos governamentais.

Isto é, a plenitude dos direitos depende da necessária compreensão de que eles comportam limites não apenas interpretativos, mas também de ordem material, de forma que a liberdade de ponderar dos magistrados não pode negar o poder de o Parlamento: (a) definir objetivos no quadro geral da proteção social; ou (b) escolher os meios na execução das políticas públicas; aliás, como comezinha consequência do exercício da discricionariedade decorrente da própria estrutura dos deveres positivos.[270]

Vale destacar que o peso das decisões judiciais com arrimo em questões estritamente existenciais, por vezes insuportável, representa um difícil ônus interpretativo à maioria dos julgadores, pois se sentem impulsionados à realização da ideia de justiça do caso concreto (artigo 5º da LINDB), por meio de fórmulas abstratas de justiça, ainda que em detrimento de induvidosos parâmetros legais. Explica-se: os limites materiais podem ser olvidados pela perspectiva estritamente normativista do julgado; já que os limites interpretativos nem sempre são considerados pela técnica processual ou pela desejosa ascensão justificadora do

---

[269] SARMENTO, 2016, p. 299.
[270] ALEXY, Robert, 2008, p. 586.

intérprete; porém, e isso parece fora de dúvida, se o legislador apontar um caminho a seguir, por certo, não é dado ao intérprete seguir um atalho, baseando-se, para tanto, em razões de filosofia moral ou de puro *reducionismo sociológico*.

Cumpre lembrar que o peso das decisões judiciais, evidentemente, tem diversos pontos de análise: (a) *do jurisdicionado*, tendo em vista a sofrível situação suportada pelos infortúnios da vida, que encontra amparo na justiciabilidade dos direitos sociais; afinal, os infortúnios de outrora, tendo em vista os avanços tecnológicos nas mais diversas áreas da socialidade, representam os direitos de hoje; (b) *do magistrado*, pois não é possível, para qualquer lado que aponte a decisão, ficar indiferente ao resultado da demanda judicial, porque não se trata apenas de correção material mediante o uso da técnica processual, porquanto envolve dilemas existenciais e que, nessa qualidade, interfere diretamente nos juízos analíticos que sustentam a decisão; (c) *da gestão pública*, que, em uma projeção ou economia de escala, tende a reformular prematuramente os prognósticos da ação pública, porquanto inviabilizados pelos limites materiais impostos pela excessiva carga das decisões judiciais; e (d) *da sociedade*, que custeia toda a atuação estatal, independentemente de seu acerto ou de sua erronia. O apelo emocional resta patente nas alíneas *a* e *b*; no entanto, o imperativo da razão, prestigiada nas alíneas *c* e *d*, aliás, tão castigada pelas incertezas da hipermodernidade, é tanto difícil quanto necessária. Nesse ponto, é pertinente destacar que: "[a] garantia da dignidade humana não é, portanto, uma exortação ao Estado no sentido de tornar tudo agradável aos homens, libertá-los da dor ou do medo e de livrá-los das consequências de suas próprias decisões equivocadas".[271]

O discurso da universalidade dos direitos fundamentais, com sua pretensiosa onipresença protetiva, por aquinhoar alguns jurisdicionados, acaba por inviabilizar, paradoxalmente, a própria ideia de gozo universal desses direitos. Com efeito, as decisões judiciais raramente promovem uma transposição da capacidade prático-operativa da seara processual – quer dizer, no sentido de encontrar soluções lineares no campo executivo das prestações sociais com a mesma leveza com que encontra no campo da técnica processual – à árdua tarefa de concretização do sistema de proteção social; mas, por outro lado, intensifica a fragmentação da capacidade financeira do Estado, podendo inviabilizar projetos sociais mais abrangentes e, por isso, extremamente onerosos.

---

[271] STARCK, 2009, p. 209-210.

Aqui, recorre-se à inevitável problemática da justiciabilidade dos direitos positivos, mormente em uma ambiência de escassez, qual seja, se os *direitos não justiciáveis* são implementados pela sociedade civil mediante os nodosos fluxos da mobilização política, então, por que motivo com relação aos *direitos declarados* isso seria diferente?[272] É que a declaração judicial da violação dos direitos pode gerar mais confiança na sociedade civil sobre a necessidade de implementá-los,[273] mas, mesmo assim, o mobilizador político ainda é o verdadeiro motor na conquista dos direitos positivos, o que se mantém em aberto é o *tamanho* da atuação judicial nesse propósito.[274]

1.1.2.3 Os custos institucionais e sociais da supremacia do existencial: a rivalidade dos direitos sociais

> "[...] os direitos, todos os direitos, porque não são dádiva divina nem frutos da natureza, porque não são autorrealizáveis nem podem ser realisticamente protegidos num estado falido ou incapacitado, implicam a cooperação social e a responsabilidade individual."[275]

A perspectiva conflitiva dos direitos positivos associada ao gozo das prestações sociais, sem sombra de dúvida, assenta-se na inevitável rivalidade dos direitos sociais.[276] A mera relação entre imprescindibilidade (concessão) e excepcionalidade (justificação) na análise dessa problemática padece de dilema insolúvel: o universo das prestações sociais financeiramente inviáveis faz desvanecer a força normativa dos direitos sociais. Nesse contexto, até mesmo a dignidade humana pode representar um risco concreto à expansão dos direitos fundamentais, porquanto os limites operacionais dos direitos sociais podem encontrar – tendo em vista a ambiência de escassez e os parâmetros

---

[272] TUSHNET, 2008, p. 241.
[273] TUSHNET, 2008, p. 241.
[274] TUSHNET, 2008, p. 233.
[275] NABAIS, 2010, p. 112-113.
[276] NABAIS, 2008, p. 89.

mínimos de socialidade – em um volátil parâmetro identificador de ofensa à dignidade humana, por força de diretrizes jurisprudenciais de autocontenção, o respaldo teórico-discursivo necessário para firmar interpretações reducionistas dos substratos da socialidade.[277]

Em outro giro, apesar da advertência acima, ainda que de inegável importância, cumpre destacar que eventual sacrifício da ação pública, identificada na contenção das prestações de proteção social, decorre de convergentes imperativos político-econômicos desfavoráveis à expansão ou manutenção dos atuais substratos da socialidade e que, por isso, deve-se considerar que a *proibição de retrocesso social*, como forma de *manutenção dos níveis gerais de proteção social*[278] ou *padrão mínimo de continuidade do ordenamento jurídico*,[279] se existente, deita suas raízes para além dos prognósticos institucionais, isto é, do limite de atuação do Poder Público. Dito de outro modo: não é uma escolha política e, muito menos, jurídica. Por mais que se pense diferentemente,[280] a proibição de retrocesso social nada contribui para a resolução do problema, sem falar que o escrutínio das inovações legislativas ou administrativas, a partir dos princípios da proporcionalidade, proteção da confiança, igualdade e dignidade humana, entre outros condicionantes teórico-normativos, já dispõe de meios adequados na defesa da proteção social, notadamente previdenciária, dos cidadãos.

Trata-se de lição comezinha da liturgia política: nenhuma medida impopular é tomada quando ela puder ser evitada ou contornada por meio de outra mais palatável, considerada *melhor* ou simplesmente mais *amena*. E, justamente por ela ser seguida na ciranda política, alcançando, portanto, notoriedade, é que, não raras vezes, a sensação de retrocesso social é subitamente verificada ou alardeada na sociedade, quando, em verdade, ela já era claramente denunciada nos círculos governamentais e acadêmicos, nestes, possivelmente, com maiores aparos ou amparos ideológico-normativos. Aliás, o dilema de qualquer advertência cassândrica denunciando a chegada de dias ruins é que ela carrega consigo, quase sempre, a pecha dos exageros escatológicos e, desse modo, é sistematicamente negada pelos destinatários da má sorte, até que um dia, como no caso do Estado social, o céu cai sobre as cabeças dos cidadãos. Como a sociedade não se culpa pelos seus próprios flagelos,

---

[277] CANOTILHO, 2008, p. 247.
[278] SARLET, 2009, p. 101.
[279] SARLET, 2009, p. 127.
[280] SARLET, 2009, p. 127.

muito embora endosse projetos políticos nitidamente equivocados; por evidência, uma entidade por ela criada e mantida *assume* a titularidade da imprevidência: o Estado.

É uma temática bem complexa. Não se trata propriamente de uma questão de reserva orçamentária, porquanto isso representaria um reducionismo desmedido da problemática, vai mais além, recai mesmo na questão, aliás, pouco discutida, da própria necessidade de atuação decisória estritamente individualista sobre problemas que, na sua substância, não adentra no universo das compreensões egoísticas de realizabilidade dos direitos. Ora, mesmo nas situações de inevitável ingerência judicial, isto é, nas demandas declaradamente trágicas, não se justifica qualquer dinâmica decisória de superposição política entre magistrados e mandatários do povo. É dizer que a *convencionalidade judicial* em nada difere da *convencionalidade político-administrativa*, exceto no fato de a atividade decisória político-administrativa decorrer de elementos de análise mais amplos, todos igualmente impeditivos, a despeito da gincana das regras[281] ou por conta dela, de uma estrita compreensão axiológico-normativa sobre determinada situação fática, pretensamente ancorada em uma *cadente* perspectiva meramente processual, que prestigie a supremacia do existencial e do direito *ad hoc*.[282]

Aliás, chega mesmo a ser paradoxal que democracias fortes e, portanto, consolidadas, baseadas na soberania do Parlamento, concebam sem maiores dilemas a superposição dos pronunciamentos judiciais sobre direitos e valores constitucionais diante das manifestações legislativas, isto é, que faça ruir a contextualização política pela contextualização judicial.[283] Por outro lado, se havia algum desejo de levantar uma alta ordem moral nas constituições do segundo pós-guerra, em vez de *apenas* uma ordem legal,[284] é compreensível a defesa de uma filosofia moral como instrumento propulsor desse desiderato, sobretudo, a partir do ideário da dignidade humana.

Todavia, o que se podia e se pode [ainda mais] questionar é a utilidade dessa alta ordem moral como mecanismo para resolver os atuais dilemas da socialidade, que exige mais o contemplar dos providenciais fluxos político-econômicos que os demorados pruridos discursivos da filosofia moral. Evidentemente, pode-se questionar que a ausência

---

[281] RODRIGUEZ, 2013, p. 210.
[282] LAPORTA, 2007, p. 110.
[283] RAO, 2008, p. 218.
[284] RAO, 2008, p. 222.

de peias morais é que fez exsurgir o atual estado de coisas, mas, aqui, cumpre mencionar que a dinâmica abstrata desse contraponto vai muito além do que é razoavelmente exigível das realizações das instituições públicas ou privadas. Vê-se que a realidade das decisões político--administrativas comporta uma excessiva diversidade de demandas que são: *assincrônicas, contínuas* e *concorrentes*, mas igualmente exigíveis diante dos prognósticos normativos de realizabilidade dos direitos positivos. Portanto, a disciplina de uma atuação prioritária vai além da mera faculdade, recaindo em um verdadeiro dever do gestor público.

A mesma perspectiva de análise não se observa na dimensão reflexiva das decisões judiciais, porquanto são consideradas preponderantemente duas vertentes discursivas: (a) o que é *ofertado* como pretensão de proteção social; e (b) o que se pede, em uma perspectiva processual e normativamente exigível, como proteção social. Disso resulta, que na análise judicial, ainda que se dedique a uma dimensão bastante conflitiva sobre os direitos sociais, a tarefa se revela imensamente mais *tranquila*, uma vez que não trabalha uma concepção de justiça para todo o corpo social, mas sim para as partes e, mesmo assim, no diminuto círculo do dilema existencial discutido em juízo, porquanto seu universo decisório comporta demandas *sincrônicas, descontínuas* e *não concorrentes*, isto é, o dilema pensado apenas na dimensão temporal da demanda, sem relação de continuidade e sem qualquer impeditivo em face de outras demandas, isso porque não há limite quantitativo no direito à tutela jurisdicional (artigo 5º, inciso XXXV, da CRFB).

Tem-se, aqui, a *teoria do problema único*, que é um apanágio das decisões judiciais nos conflitos relacionados aos direitos sociais. Soma-se, ainda, a *irresponsabilidade política* do decisor; portanto, em um cenário completamente diferente do gestor público, como, aliás, deve ser em uma sociedade democrática, isso porque a atuação judicial, exceto nos casos mais específicos da jurisdição constitucional, não deveria promover qualquer gestão política direta sobre os conflitos sociais de grande envergadura.

Nesse contexto, é fora de dúvida a contraposição de análise da gestão pública e da autoridade judicial. Só que a rivalidade dos direitos sociais não se prende apenas à clara questão da concorrência de recursos. Não mesmo. Há um lado pouco discutido, mas imperiosamente insistente, ou melhor, intrigante, na alocação dos recursos públicos: *a retração da função alocativa do orçamento público*. Explica-se: a rivalidade se bifurca em duas grandes vertentes: (a) *em abstrato*, decorrente da alocação *distributiva* do orçamento estatal, no que tem sede, ou deveria ter, a definição das áreas prioritárias da atuação do Poder Público, não descurando, evidentemente, do largo leque de proteção social, inclusive, em boa parte dos casos, com receitas vinculadas; (b) *em concreto*, decorrente das inevitáveis contingências da gestão pública, que se dividem em duas vertentes, quais sejam, (1) dos regulares processos decisórios político-administrativos diante de despesas ordinárias, calamidades, emergências *etc.*, e (2) das decisões judiciais sobre questões estritamente existenciais dos cidadãos. Quanto maior os custos das decisões judiciais menor é a função alocativa do orçamento anual, de maneira que há clara expansão do poder político dos magistrados e a patente retração dos prognósticos dos mandatários do povo, que têm o dever de promover a gestão dos recursos da sociedade, senão resulta desprestigiada a principal função do orçamento moderno: servir de instrumento da administração.[285]

Como desdobramento do parágrafo anterior, e em uma perquirição que mais interessa à discussão deste livro, tem-se justamente o comprometimento do poder de alocação dos recursos, em uma perspectiva abstrata, em função da excessiva majoração dos encargos orçamentários advindos das decisões judiciais, no que vai recair na premente questão da prevalência da proteção social do *cidadão jurisdicionado* em detrimento do *cidadão não jurisdicionado*, de maneira que o raio de proteção social vai depender mais das possibilidades fáticas de o cidadão promover uma contenda processual que propriamente da gravidade de sua carência de proteção social. Não se trata apenas de uma questão de *furar fila*[286] no largo processo das prestações sociais, mas também o risco de o tornar irracional em face das demandas da sociedade, porquanto o recrudescimento das demandas judiciais, extremamente onerosas e com estreitíssimo raio de atuação, implica na retração das prestações sociais em uma perspectiva sistêmica e, portanto, mais abrangente. Enfim, tais demandas evidenciam políticas globais incoerentes,[287] a despeito de seus eventuais resultados específicos a partir da perspectiva de cada jurisdicionado.

Nesse ponto, como o Estado não sente dor, ou melhor, não goza de dignidade humana, a análise judicial costumeiramente não se prende

---

[285] GIACOMONI, 2021, p. 52.

[286] A expressão, notoriamente coloquial, não comporta totalmente a singularidade que envolve a intervenção judicial no caso concreto, pois, nem sempre, trata-se de forma de antecipação da prestação social em detrimento de outrem, mas sim de demanda simultânea e, portanto, igualmente legítima no aspecto temporal e, claro, no universo das prestações sociais.

[287] TUSHNET, 2013, p. 2.258.

aos custos ou desafios da dinâmica da rivalidade dos direitos sociais, pois a questão é compreendida a partir do embate processual entre o Estado e o cidadão, quando, em verdade, a rivalidade se centra decididamente entre cidadãos e, consequentemente, nos custos razoavelmente exigíveis da sociedade. A imagem que repercute é a que satisfaz o interesse imediato do jurisdicionado que, induvidosamente, se encontra em uma situação premente e, para tanto, o princípio da dignidade humana cumpre o papel *insuspeito* de fazer exigir a prestação social.

Em uma análise linear, a metodologia é aceitável, mas, considerando-se os efeitos em um regime de escala, isto é, no amplo universo das demandas judiciais, é inquestionável o transtorno que isso representa para a gestão pública. O que resta bem claro é que a dignidade humana tem um nicho operativo mais útil para reforçar a autonomia pessoal dos cidadãos, porém, na dinâmica dos direitos sociais sua utilidade discursivo-argumentativa não passa de *expediente retórico* ou *símbolo linguístico* que contempla diversas visões particulares,[288] mas, claro, sem trazer luzes sobre as questões relacionadas à escassez, pois a definição de *mínimos sociais*, além de ter inquietante semântica, não comporta qualquer parâmetro, minimamente seguro, sobre os limites indeclináveis da ação pública, de forma que sua configuração vai adentrar, invariavelmente, no fluxo político-administrativo corporificado no esforço institucional destinado a promover o universo de prestações sociais suportado pela sociedade. A própria ideia de mínimo social já traz subjacente a ideia de núcleo intocável de direitos, mas qual seria esse núcleo e a partir de que critério seria possível o identificar em cada demanda judicial ou administrativa. Não se trata de tarefa fácil, por maiores que sejam os engendros teórico-doutrinários sobre a temática.

Aqui, vale destacar o seguinte: o problema é que, por um lado, a configuração de *mínimos sociais*, mesmo amparado substancialmente em números (*verdades financeiras*) e, com isso, atraindo a desconfiança da senda humanística dos direitos fundamentais, não retira a imprescindibilidade de tratamento sistêmico e, por conseguinte, sustentável, das prestações sociais; todavia, por outro lado, esse tratamento objetivo da ação pública não goza de prestígio na ideia de justiça (*verdades normativas*) que anima a proteção social na hipermodernidade. Geralmente, a crueza dos dados não atende aos espíritos ainda ideologicamente comprometidos com as glamorosas promessas do Estado social, que segue representando diversas formas de expressão e modelos, como

---

[288] CMCCRUDDEN, 2008, p. 678.

que um processo contínuo, cuja dimensão processual evidencia a temporalidade de suas configurações,[289] de maneira que mirar em uma forma definitiva de Estado social, mais que o desate de propensões saudosistas, compreende uma miopia sobre a dinâmica processual do seu fenômeno.

Soma-se, ainda, uma consequência de fácil percepção: a perspectiva individualista dos direitos fundamentais, no que comporta uma série de obrigações impostas ao Estado, é incapaz de fornecer parâmetros processuais adequados para tratamento de temáticas que se inserem no círculo das grandes organizações não estatais, que, dispondo de fluxo comunicativo-operacional próprio, não promovem uma necessária integração com as regulares formas de exercício de poder destinadas à concretização dos direitos sociais, resultando, assim, que a judicialização dos direitos sociais tem um nicho operativo reduzindo, mas sem perder sua inegável onerosidade, porque alcança apenas uma parte da esfera de interesses relacionados às prestações sociais.[290] Aqui, tem-se a máxima de que o código da prestação da tutela jurisdicional não se ajusta aos códigos das práticas sociais decantados nas grandes organizações nacionais, internacionais ou supranacionais.

Aliás, a relação entre a teoria do direito e a produção legislativa denuncia, há bastante tempo, o divórcio da disciplina jurídica com as práticas sociais, tendo em vista fatores de exclusão social e incongruência política, no sofrível *matrimônio* entre as forças institucionais e o instrumental teórico-jurídico na desmedida tarefa de levar a cabo a exigibilidade dos direitos positivos, porquanto os obstáculos extrapolam os limites compreensivos da atuação estatal.[291]

Tem-se, ainda, outro grande dilema: a vã compreensão de que os direitos sociais só possam ser prestados, ou devidamente prestados, pela via da intervenção judicial, assoberbando ainda mais as exasperantes estatísticas do Poder Judiciário brasileiro, tornando-o ainda mais oneroso e serodioso. Cumpre lembrar que, em 2019, as despesas totais do Poder Judiciário somaram 100,2 bilhões, correspondendo a R$ 479,16 por habitante, o que representou 1,5% do PIB,[292] algo sem paralelo no mundo. Tal fato, que ocorre, em grande medida, pelo número excomunal de processos,[293] ainda tem o inconveniente de acentuar o

---

[289] LOUREIRO, 2010, p. 73.
[290] CANOTILHO, 2008, p. 121.
[291] ALBUQUERQUE, 2008, p. 215.
[292] BRASIL, 2020, p. 74.
[293] A litigiosidade é simplesmente assustadora: em 2009, eram 119 casos novos por 1.000

desmedido crescimento do *empoderamento político* dos juízes, sem que isso repercuta necessariamente na qualidade da prestação dos serviços públicos, incluindo, evidentemente, os serviços relacionados à prestação da tutela jurisdicional.

Além disso, se antes era possível afirmar que não se questionava sobre a existência dos direitos fundamentais, e mesmo de direito ao procedimento ou processo, mas sim sobre a forma como deveria configurar-se a própria ordenação da dimensão processual dos direitos fundamentais;[294] hoje, a questão adentra em outro universo discursivo, a despeito dos constantes e necessários aperfeiçoamentos da técnica procedimental ou processual, porquanto a providencial ordenação da dimensão processual dos direitos fundamentais já se encontra suficientemente configurada, de maneira que o questionamento atual reside na forma como se dará a configuração material dos direitos fundamentais, notadamente os sociais, diante da premente escassez de recursos do Estado e, nesse contexto, a atuação do magistrado tende a ganhar uma intervenção, por vezes, totalmente indevida, na seara exoprocessual da controvérsia ventilada na demanda.

E, por conta disso, *superadas* as fases dos direitos e dos procedimentos ou processos, a fase da ordenação material dos direitos fundamentais exige uma nova dimensão discursiva sobre a atuação judicial, que já não pode arvorar galhardamente, como, aliás, jamais pôde, a exigibilidade dos direitos apenas a partir da técnica procedimental ou processual e, portanto, descompassada dos substratos econômico-financeiros do Estado. No entanto, isso não quer dizer que a estrita confluência de fatores econômico-financeiros deva nortear as tarefas hermenêuticas de controle da gestão pública, mas sim que não é mais possível desconsiderar esses fatores,[295] sem que isso represente a retirada da pretendida *autonomia normativamente material* do Direito.[296]

A despeito dessas tergiversações, observa-se que a problemática da atuação judicial imperiosa revela um horizonte com poucos nichos de análise totalmente *incompletos*, isto é, no sentido de que não seja possível satisfazer judicialmente quaisquer demandas – no que faria exigir maior atenção jurídica –, mas, mesmo assim, não é menos incapaz, quando comodamente centrada na perspectiva normativa, de superar

---

habitantes, alcançando 133 em 2012, mas *recuando* para 122 em 2019 (BRASIL, 2020, p. 99).
[294] CANOTILHO 2008, p. 79.
[295] SILVA, 2015, p. 214.
[296] NEVES, 2012, p. 16.

os meios exoprocessuais da ação pública, isto é, os relacionados à gestão pública dos recursos disponíveis do Estado. A rivalidade não é apenas entre cidadãos ou jurisdicionados na dura senda dos direitos sociais, mas, também, de atores da ação pública, que, desse modo, devem ser constitucionalmente conformados e institucionalizados em uma convergência operativa de esforços intergeracionais.

Desse modo, é preciso firmar o entendimento de que os efeitos da decantação normativa dos textos legais, a partir dos imperativos axiológicos da dignidade humana, com a necessária incursão no campo fático, onde dormitam os condicionantes sociais, culturais e históricos de cada sociedade,[297] não podem ficar alheios à responsabilidade institucional do Estado, mais precisamente na figura do Poder Judiciário, pois essa tormentosa temática também se insere no universo da função jurisdicional, caso contrário não haveria razão para a intervenção judicial.

Além disso, os fatos não podem ser considerados ou destacados apenas no que interessa ao discurso estritamente normativo, isto é, os que prestigiam os parâmetros *desejosamente objetivos* para aplicação do direito. Por lógico, a decantação normativa não pode ir além dos fatos ou desconsiderá-los, mesmo que parcialmente, porquanto é providencial enxergar a conjuntura fática e não apenas a estrutura do fato, se social, econômico ou político, pois, nessa hipótese, não é nada incomum olvidar o que se revela como obstáculo à decisão judicial, ou seja, que levante sérias objeções à ascensão justificadora empreendida pelo intérprete, levando-o a promover determinados recortes da conjuntura fática que melhor atenda aos subjetivismo de suas análises.

Dito de outra forma, a providencial necessidade de observar, conjunturalmente, as consequências de qualquer pronunciamento judicial,[298] tal como exige uma atuação judicial responsável, não pode ser um honroso pretexto para criar, por meio de leitura particular do texto constitucional, mecanismos supralegais, pretensamente mais eficazes, para firmar a concretização dos direitos positivos, porquanto isso representaria o condenável poder de refazer o próprio direito constitucional e, consequentemente, de dissolver o perfil da constituição.[299] Por isso, é preciso afastar a seguinte contradição: arvorar uma recorrente defesa dos imperativos da legitimidade democrática e, concomitantemente,

---

[297] RAO, 2008, p. 211.
[298] OLIVEIRA NETO, 2008, p. 376.
[299] SOARES, 2008, p. 160.

prestigiar o sentido normativo dos textos legais, tão somente, quando decorrente de estritos juízos analíticos dos magistrados diante dos dilemas existenciais da sociedade hipermoderna. Essa questão, portanto, exige redobrados cuidados em termos de representação política, justamente para evitar uma excessiva vulneração do governo das leis.

1.2 Dimensão intergeracional dos direitos fundamentais

> "Constitutional problems arise when some people think that the Constitution permits one course of action and other people think that the Constitution prohibits it. As constitutional theory was reconstructed, it had to provide rational arguments that would bring together those who initially disagree."[300]

É possível criar uma dinâmica compreensiva da intergeracionalidade nos direitos fundamentais, cujos efeitos sejam capazes de perenizar as conquistas sociais em uma perspectiva atemporal? Se for observada a lógica ordenadora de que toda constituição aponta para o futuro e para as futuras gerações,[301] não há como negar o caráter intergeracional de todo texto constitucional e, de modo mais acentuado, dos direitos fundamentais.

Considerando-se que a dignidade humana corporifica os substratos axiológico-normativos dos direitos fundamentais; então, "[a] dignidade humana também exige a atenção às gerações futuras, uma vez que o homem, devido à possibilidade de sua procriação, vive em uma comunidade de gerações".[302] Dessa forma, a dimensão intergeracional dos direitos fundamentais congrega uma importante teia discursiva na compreensão, definição e execução das políticas públicas, uma vez que ela consubstancializa as premissas da ação pública para além das gerações atuais, no que afasta uma visão inconsequente na condução dos fins orgânico-funcionais do Estado. É

---

[300] TUSHNET, 2008, p. 187.
[301] CANOTILHO, 2005, p. 53.
[302] STARCK, 2009, p. 207.

dizer que a dinâmica dos direitos fundamentais deve necessariamente comportar uma perspectiva intergeracional, que, evidentemente, faz recrudescer muitas inquietações e significações no complexo processo de implementação dos direitos positivos.

Assim, a dimensão intergeracional dos direitos fundamentais extrapola o limite reflexivo do modelo de sustentabilidade das instituições públicas destinado ao *futuro próximo* e aos seus consectários fático-jurídicos, adentrando mesmo, ainda no presente e em vista do objetivo perseguido, na imperiosa tarefa de reconfigurar não apenas todo o arcabouço orgânico-funcional do Estado destinado ao *futuro distante*, mas também da própria sociedade hipermoderna, que superou, faz tempo, a centralidade estatal nos prognósticos evolutivos da socialidade. Aqui, entra em cena a questão da *autonomia material do direito*,[303] que conjura uma necessária dialogicidade e reflexividade com o passado, na circularidade prático-operativa na constituição do próprio direito, na reconhecida ou assumida experiência de *continuidade*.[304] Em verdade, em uma perspectiva mais abrangente, isso representa um refazer sobre a estrutura (im)posta pelo poder político-econômico, objetivando novas matrizes discursivas sobre: (a) a gestão pública no regular fluxo dos direitos na sociedade e, claro, (b) a gestão privada de interesses notoriamente comunitários, até porque a relação entre elas é de inarredável interdependência.

Notadamente, toda discussão que exija novo norte no (ir) regular fluxo decisório da sociedade, por certo, tem que repensar premissas teóricas aportadas pelos valores dominantes, que, em última instância, são principalmente os ventilados pelos detentores do poder político-econômico, só que isso não representa, e nem poderia representar, sem grande risco à própria estrutura da sociedade, uma proposta de reflexão que tenha por objetivo a superação do sistema de produção (capitalista) ou do sistema político (democrático), o que seria uma pretensão, além de radical, ruidosa e desnecessária, o rumo é outro: uma releitura sobre a dinâmica constitutiva e executiva dos direitos positivos, a partir da perspectiva intergeracional e do dever

---

[303] Que nada se confunde com a já vetusta noção da *autonomia formal do direito*, que, evidentemente, não revela os prognósticos de continuidade do próprio direito. Também não se confunde com a pavorosa noção de *autonomia artificial do direito*, identificada no voo cego sobre os condicionantes da realidade, aliás, da dura realidade de todo projeto humano. Por certo, essa última forma autonômica, assaz condenada, ganha maior apelo retórico e, por isso, tem inegável aspecto sedutor, porém se esfacela na crueza dos eventos sociais.

[304] LINHARES, 2008, p. 428.

de solidariedade, capaz de firmar novos fundamentos a determinados institutos, reafirmando valores comunitários e, com isso, imprimir fins devidamente compagináveis com o atual cenário da socialidade. Alguns desses pontos serão ainda discutidos neste tópico, outros, em função do necessário aprofundamento da matéria, serão ventilados no próximo capítulo.

1.2.1 O necessário equilíbrio entre mudança e permanência: o futuro dos direitos

> *"Constitutions in general consist of institutional arrangements designed to provide a framework for the resolution of political issues over the long term. The outlines of those long-term issues may be only dimly discerned when the constitution is adopted, and constitution makers do their best to put in place institutions that will do the best that can be done with whatever problems arise. Simultaneously, however, constitution makers face ordinary political problems in the present day, and frequently they may have to address those problems as a condition for securing the constitution's adoption."*[305]

Em uma clara reflexão sobre o futuro dos direitos guarda necessária relação com a disciplina das ações ou omissões das gerações atuais em face das gerações futuras, justamente porque as escolhas de uma geração podem influenciar profundamente, para melhor ou pior, a vida dos membros de outra,[306] por mais longínqua que ela se afigure no quadro evolutivo de qualquer sociedade. O vínculo entre elas, portanto, é inextricável. E, assim, o regime da disponibilidade de recursos entre as gerações vai muito além das premissas político-jurídicas de abstrato

---

[305] TUSHNET, 2008, p. 60.
[306] WOLF, 2003, p. 280.

contrato social de uma geração em face das outras, é preciso mais: verdadeiros acordos concretos sobre a dinâmica regulativa entre as gerações, exigindo, portanto, na esfera compreensivo-operativa do Estado Constitucional, o cotejo de novas realidades na desafiante conjuntura da sociedade hipermoderna.[307] Nessa ordem de ideias, é compreensível o teor do artigo 28 da antiga Constituição da França de 1793, que consagrava o direito de cada geração de revisar, reformar e mudar a sua Constituição,[308] muito embora, e isso parece recorrente na história, o tempo tem mostrado que a estabilidade dos textos constitucionais labora a favor das gerações futuras, exigindo, contudo, alterações em função de novos desafios impostos pela própria dinâmica do tempo, que não poupa alguns prognósticos das gerações passadas.

Disso resulta, por exemplo, e apenas para destacar uma das relevantes áreas da proteção social, a necessidade de constante reflexão e alteração nos modelos de sistemas previdenciários, porquanto eles foram partejados a partir de realidade social fincada no passado, aliás, nem sempre recente, e, por isso, incapaz de enxergar, entre outras searas, as profundas transformações no campo econômico-laboral, populacional ou tecnológico. Aliás, a vinculação do Direito ao passado corporifica, muitas vezes, uma pesada âncora que neutraliza os efeitos dos lemes da gestão pública, justamente nos momentos mais revoltos da conflitualidade social, como bem exemplifica a teoria discursiva dos direitos adquiridos (teoria imunizadora dos direitos).

Por isso, não é qualquer novidade afirmar que a dinâmica do direito se encontra reticente quanto ao seu futuro, em particular quanto à sua capacidade de gerir conflitos, de direcionar os segmentos sociais e de pavimentar caminhos no terreno da socialidade; enfim, de servir aos melhores propósitos da sociedade, de firmar uma *autonomia* capaz de encampar transformações significativas no universo das práticas sociais. Além do mais, o crescimento da incerteza parece ganhar ares de verdadeira alucinação jurídica, negando, em parte, os fundamentos teóricos que permitiu a chegada do direito até onde se encontra. E, em função disso, toda forma de *silogismo jurídico* representa um pecado, mais que isso, tem um quê de *conservador*,[309] autoritário ou anacrônico,

---

[307] HÄBERLE, 2006, p. 224.
[308] FRANCE. Conseil Constitutionnel. Constitution du 24 juin 1793. Disponível em: https://www.conseil-constitutionnel.fr/les-constitutions-dans-l-histoire/constitution-du-24-juin-1793. Acesso em: 24 ago. 2019.
[309] Aqui, no sentido pejorativo do termo, que nada explica sobre o pensamento político conservador, notadamente o inglês (*liberal conservative*).

aliás, defender o parlamento, a legalidade ou a importância das regras se tornou praticamente um atestado de incompreensão doutrinária. Assim, o fato de não ser possível afirmar *categoricamente* sobre mais nada – aliás, nunca foi, só que isso não era tão evidente – faz com que seja ainda mais potencializada a incerteza dos projetos políticos diante dos desafios da hipermodernidade. Portanto, o cenário não é nada animador e, claro, poucas não são as análises apocalípticas sobre o direito na atualidade, como que descortinando uma crise sem fim ou mesmo o próprio fim. De todo modo, permanece sempre constante a responsabilidade pelo devir e que todo esforço, no acerto ou no erro, não é capaz de eximir o homem de tal encargo.[310]

Nada, porém, convence: isso porque sempre foi assim. As mudanças, certamente menos intensas, sempre deram o tom sobre as reflexões jurídicas, ou melhor, sobre as incertezas jurídicas, pois, em cada época, diante dos dilemas vividos ou prospectados, os autores se debruçaram sobre suas aflições e seus limites de atuação. Atualmente, o que se diferencia é, particularmente, a rapidez e intensificação das incertezas. Logo, o cenário atual não é diferente; contudo, é preciso admitir que, a cada lustro, as variáveis de análises se multiplicam assustadoramente, em um verdadeiro turbilhão de considerações recíprocas, fazendo com que o necessário equilíbrio entre mudança e permanência no direito pareça uma tarefa fadada ao fracasso. Isso explica, portanto, a grande constatação da experiência jurídica na atualidade, a saber, ela não se encontra apenas a reboque da realidade, mas também cada vez mais contestada pela própria realidade.

Contraditoriamente, quanto mais a realidade dista dos parâmetros jurídicos, como que carreando um vácuo de intensos conflitos, mais se exige a disciplina normativa diante dela, pois se torna mais difícil exigir consensos morais intersubjetivos que sejam capazes de moldar a convivência comunitária e, assim, traçar todos os prolongamentos da vida em sociedade. Como a humanidade não é constituída de anjos; então, a racionalidade abstrata e imperfeita dos parâmetros legais ainda tem sua importância no difícil quadro dos conflitos sociais.

---

[310] Como bem denuncia, em outra época e, ainda assim, com pessimismo, F. Nietzsche: "[p]ara poder dispor de tal modo o futuro, o quanto não precisou o homem aprender a distinguir o acontecimento casual do necessário, a pensar de maneira causal, a ver e antecipar a coisa distante como sendo presente, a estabelecer com segurança o fim e os meios para o fim, a calcular, contar, confiar – para isso, quanto não precisou antes tornar-se ele próprio *confiável, constante, necessário*, também para si, na sua própria representação, para poder enfim, como faz quem promete, responder por si *como porvir!*" (NIETZSCHE, 2009, p. 44).

O fim da racionalidade só pode interessar às *doutrinas disfuncionalistas*, que, apregoando os vícios das *correias sociais* na curta miragem da razão, aliás, inegavelmente existentes, pugnam pela retirada delas, sem, contudo, apresentarem uma solução factível[311] para o necessário movimento da sociedade.

Dito de outro modo, entende-se por doutrina disfuncional todo conjunto de teorias, crenças ou ideologias que se limita ao exercício da *crítica diagnóstica*, porém desprezando miseravelmente o exercício da *crítica terapêutica*, apostando em um devir sem justificação e, claro, sem *manual de instrução*. Assim, nesse quadro de crise, assoma em importância a discussão dos direitos fundamentais em uma perspectiva intergeracional, porquanto o que mais preocupa não é apenas o limite dos direitos, mas sim os limites dos recursos,[312] em sentido amplo, que encerra a vida em sociedade.

1.2.1.1 A cadente reflexão entre os presentes: a dimensão que intriga

> *"It seems to be a deeply rooted part of human nature that human beings are able to engage more easily in the most horrifying behavior toward one another if at the same time they expressively deny the humanity of their victims."*[313]

A reflexão sobre os direitos fundamentais, notadamente os sociais, ressalvando-se eventuais pontos de consenso quanto aos seus

---

[311] Claro que proposições fantasiosas, por vezes, são levantadas, como se a humanidade, abraçada no ideal comum e irmanados num único propósito, acabasse com, entre outros suplícios, as guerras, a fome e as doenças.

[312] Acentuando que, nos termos do artigo 1º, 1, da LFA, a garantia do mínimo existencial, por expressar uma pretensão financeira eficaz, aliás, decorrente diretamente da Constituição, deve ser examinada e assegurada independentemente da situação financeira do Estado, *vide*: STARCK, 2009, p. 223. É uma assertiva extremamente comprometedora, não na Alemanha, que tem regular superávit fiscal, porquanto a noção de *mínimo existencial*, que não tem uma semântica de fácil compreensão, pode levantar situações, por assim dizer, *constrangedoras* ao planejamento da gestão pública.

[313] ROSEN, 2012, p. 158.

fundamentos,[314] é marcada pela incerteza quanto à sua efetiva implementação, mesmo depois dos largos passos [iniciais] dados com o reconhecimento de sua justiciabilidade;[315] logo, isso tende a imprimir certa *frivolidade doutrinária* na compreensão dos prognósticos de realizabilidade dos direitos, muito embora seja do conhecimento de todos que tal propósito não se alcança a não ser com muita demora. É dizer que a frivolidade decorre da inútil perspectiva em que a consagração normativa dos direitos sociais, ancorada em um discurso apaixonado e constante, mas ardorosamente impulsionado pela teorização jurídica, tendo em vista os seus nobres propósitos, seria capaz de romper os obstáculos da realidade. O desafio da implementação dos direitos exige mais que a senda teórico-discursiva de sua justiciabilidade ou exigibilidade, porque a *conhecida* dimensão normativa dos direitos sociais é apenas a ponta do *iceberg* da *(des)conhecida* dimensão material relacionada ao gozo desses direitos, cujos condicionantes vão muito além dos parâmetros jurídicos, recaindo, notadamente, nos parâmetros de ordem administrativa e econômico-financeira.

Não se discute a importância do apuro teórico-discursivo no processo decisório judicial ou administrativo, afinal ele expressa a própria importância da *dogmática jurídica* – considerada aqui como camada operacional do direito –, porém esse rigor tem uma relação direta com a correção da decisão e não com a condição de possibilidade do seu resultado prático. Um carro moderno, mas sem combustível, não é mais veloz entre dois pontos que uma carroça, cujo cavalo se alimentou na noite anterior. Aqui, resulta pertinente a advertência de Gomes Canotilho sobre o positivismo normativista que ainda açoita, em uma atuação de extremos, o direito constitucional, nestes termos: "[o]s juristas, ou não sabem aplicar as normas constitucionais, preferindo remeter o direito constitucional para o âmbito do político, ou tentam invocar alguns artigos da Constituição utilizando a velha metodologia subsuntiva".[316] A lógica impositiva dos direitos dos códigos não se

---

[314] Defende-se que os fundamentos *meramente* religiosos ou filosóficos, assentados em uma perspectiva idealística dos direitos, foram até capazes de açoitar os rígidos parâmetros jurídicos de antanho, transformando-os e, em seguida, revelando-os com novas vertentes discursivas, não somente político-ideológicas, na defesa dos direitos fundamentais; contudo, esses direitos não são capazes de ruir os obstáculos da realidade, estes, aliás, teimam em negar, no deambular do tempo, os prognósticos otimistas ou, simplesmente, inescrupulosos.
[315] ABRAMOVICH; COURTIS, 2004, p. 38.
[316] CANOTILHO, 2008, p. 164.

afeiçoa aos desígnios constitucionais repletos de objetivos grandiosos ou mesmo idealistas.

Nesse sentido, a reflexão dos direitos fundamentais se torna capenga e, portanto, um discurso cadente no cenário das conquistas sociais de qualquer povo. A dificuldade no desate do nó da implementação dos direitos fundamentais, ainda na conjuntura de um Estado social clássico e, portanto, perdido na escassez crônica da atualidade, intriga a reflexão jurídica por dois claros aspectos: (a) *o que houve de errado*; se existia o furor pela dimensão jurídica do problema, se a política deveria seguir o caminho dos meios e a sociedade era rendida aos novos prognósticos, qual o sentido, agora, de as conquistas sociais apontarem uma sonora saturação? (b) *um erro não conserta outro*; negar seguimento aos prognósticos da detida fundamentação filosófico-jurídica dos direitos não representaria qualquer laivo de real avanço científico, daí que a insistência na perspectiva estritamente normativista dos direitos não seria uma faculdade, mas a única via compaginável com os imperativos da constituição.

Claro, não há como negar que os planos de realizabilidade dos direitos variam de país para país, no entanto, sem que isso constitua qualquer novidade, a dinâmica fundamentadora dos direitos praticamente não diverge entre a Alemanha e o Zimbábue, especialmente quando se considera a influência das construções doutrinárias germânicas no mundo, a despeito da inexistência de um catálogo de direitos sociais na LFA,[317] tanto que um mínimo de subsistência decorre de dever do Estado (princípio do Estado social) e não propriamente de direito constitucional individual.[318] Contudo, esse entendimento foi superado em dois casos: The Hartz IV Judgment (2010) e The Asylum Seekers Benefit Judgment[319] (2012). De todo modo, por melhores que se revelem os parâmetros filosófico-jurídicos da realizabilidade dos direitos, é preciso ter em conta os limites da normatividade, isto é, levar a sério o *húmus* em que se deseja dormitar a semente e fazer *crescer* as conquistas sociais. Dito de outro modo, nas áreas sensíveis das políticas sociais e das escolhas orçamentárias, longe da senda *jurisprudencial iluminista*, impõe-se o adequado tratamento do difícil concurso entre a proteção das garantias e a liberdade da intervenção legislativa.[320]

---

[317] LEITJEN, 2015, p. 27.
[318] LEITJEN, 2015, p. 29.
[319] LEITJEN, 2015, p. 30-35.
[320] LEITJEN, 2015, p. 39.

Por isso que conclusões doutrinárias alemãs, encetadas em uma realidade social diversa, geram uma indisfarçável peripécia jurídica no Brasil, mas que é ardilosamente velada pela argumentação, pretensamente consistente, de que a má vontade política ou, simplesmente, a irresponsabilidade da gestão pública, devidamente corporificada na noção de (in)eficiência das políticas públicas, é que representa o principal obstáculo à implementação dos direitos positivos. É dizer que não há como atribuir à gestão pública, ainda que declarada como corrupta e ineficiente, aliás, realidade não exclusivamente brasileira, todo o descrédito da realizabilidade dos direitos. Se as dificuldades, por certo, não se limitam aos difíceis processos da gestão pública, é compreensível que a senda discursiva vá além dos regulares questionamentos sobre os meios da ação política, acenando, então, aos revoltos processos econômico-sociais, cujos círculos de influência não se rendem facilmente aos prognósticos normativos, especialmente quando eles decorrem de uma excessiva constitucionalização da economia e da política, gerando, para além das notórias perplexidades na gestão pública, uma consequência deveras condenável: "[...] a instabilidade e a mutabilidade das trocas econômicas e das políticas públicas".[321]

A adversidade em equacionar a efetivação dos direitos positivos na hipermodernidade, que exige reflexões e proposições sobre os desafios evidenciados pelas discussões político-jurídicas relativas ao dever de proteção social, conforme a pretensão do [ainda] paquidérmico Estado social do século XXI, faz com que todo esforço de compreensão sobre a intergeracionalidade dos direitos fundamentais assuma ares de inglorioso desafio político, pois a ideia de um Estado social de ativação e de garantia,[322] por mais que assuma novas vestes, seja pela capacitação e autorresponsabilização, seja pela devolução dos serviços à iniciativa privada, não traduz a dinâmica de custos adequada da proteção social, uma vez que, ao fim e ao cabo, ainda se pretende manter os aspectos práticos dos benefícios de outrora, mediante a ideia de engajamento pessoal, mas com custos coletivos das debilidades pessoais ou institucionais. Desse modo, o Estado social de ativação e de garantia abre um novo caminho e processo, que ainda não carrega no seu seio uma solução, mas apenas uma *necessária* mudança de rota. Trata-se, portanto, de vertente de Estado social sem respostas, mas, paradoxalmente, com muitas perguntas mal respondidas.

---

[321] CANOTILHO, 2008, p. 254.
[322] LOUREIRO, 2010, p. 95.

Nesse sentido, a desventura do Estado social tem uma relação direta, não apenas com o seu tamanho, no que exige uma dieta adequada, conforme os regulares prognósticos de toda obesidade mórbida, mas, também, na dificuldade de reconhecer que o aspecto mítico ou mistificante dos seus nobres propósitos, há muito tempo, não é mais capaz de salvá-lo de sua ineficiência, corporificada na canhestra prestação dos serviços públicos[323] e, assim, como que extenuado pela vagarosa mobilidade decorrente do seu próprio peso, vai prospectando, a partir dos lídimos parâmetros constitucionais, que contemplam largos substratos da socialidade, a quimérica redenção dos feitiços normativos: *"[e] esse caminho, que eu mesmo escolhi, é tão fácil seguir, por não ter onde ir"*.[324] Assim, nas dificuldades econômicas dos períodos de crise, paradoxalmente, agigantam os textos constitucionais, pelo menos em uma perspectiva discursiva, como que tentando superar, na perspectiva político-jurídica, a ruidosa conjuntura das possibilidades econômicas, donde resta evidenciado o fetichismo da normatividade constitucional a *cima do bem e do mal*. Um novo tempo dos direitos positivos não permite mais isso. "Com efeito, a fundamentação e justificação das regras diretivas, tal como ela é desenvolvida pela economia político-constitucional, parece apontar para a superação quer da 'mistificação do Estado' quer da 'sacralização da Constituição".[325] Aqui, um necessário recado aos presentes: o futuro dos direitos não comporta a permanência dos mesmos prognósticos constitucionais de outrora, simplesmente porque os atuais obstáculos da ciranda econômico-social são diversos e diversos também devem ser os mecanismos legais destinados a tentar superá-los.

Por mais que se revele aconselhável seguir os ordinários prognósticos constitucionais de realizabilidade dos direitos, pois ainda há algumas boas razões para isso, uma vez que os regimes de bem-estar social fazem diferença quanto ao nível de pobreza dos países,[326] não menos aconselhável é enxergar os limites desses prognósticos,

---

[323] CANOTILHO, 2008, p. 143.
[324] Excerto da música *Maluco Beleza*, de Raul Seixas, lançado, em 1977, no álbum *O Dia em que a Terra Parou*.
[325] CANOTILHO, 2008, p. 145.
[326] KOHLI, 2010, p. 169-185, p. 176. Para evidenciar tal fato, o autor destaca o percentual de pobreza relativa de dois países com regimes diversos, a saber, Estados Unidos e Suécia. Este com 5%, aquele com 17%. Porém, a estatística desconsidera um fator importante: países que não têm um histórico semelhante de formação populacional - com seus particularizantes dilemas socioeconômicos, sobretudo, a escravidão e o racismo no caso norte-americano - não podem despontar as mesmas premissas teóricas em função dos benefícios do modelo de Estado adotado. Tal fato, contudo, e isso precisa ficar claro, não afasta a pertinência do Estado social.

mormente quando vinculados à miragem do Estado social de outrora, pois, pensando ser ele volúpia e possibilidade de ação, olvidou-se inadvertidamente da constante transformação político-econômica da sociedade hipermoderna, que congrega um conjunto complexo de incertezas que não se mostra afeito aos pretensamente evidentes pergaminhos das desnudadas ideologias socialistas.

Dessa forma, é preciso entender que defender ou perseguir os direitos sociais, com o fundado propósito de promover a tão prestigiada *justiça social*, não é seguir irrefletidamente o caminho da normatividade constitucional, no que corporifica uma *"[p]aradoxia da autossuficiência constitucional* das normas jurídico-constitucionais, sobretudo o *superdiscurso social* em torno dos direitos fundamentais".[327] Aliás, não parece nada sensato ou perspicaz buscar nas premissas teóricas malogradas do passado, mesmo diante das evidências verificadas na contemporaneidade, uma via indeclinável e, portanto, heroica, de promoção de uma sociedade mais justa, baseando-se, tão somente, na persistente ideia de que os objetivos são nobres ou simplesmente legítimos.

Enfim, olhando apenas para o que passou e, nessa lógica, manter-se preso às conquistas do passado, pode até permitir a definição de qual caminho não seguir, mas isso não é capaz de dizer qual o caminho a seguir, isto é, a melhor forma de resolver os dilemas atuais sem sacrificar as gerações futuras, pois elas são os *ausentes* mais *presentes* da especulação jurídica destinada à proteção social previdenciária.

1.2.1.2 A emergente reflexão sobre os ausentes: a dimensão que inspira

> *"Philosophical considerations can rarely provide clear answers to practical policy issues, so that most philosophers do not attempt to provide them."*[328]

A consciência jurídica relacionada às gerações futuras representa um dilema das gerações atuais sobre o futuro do próprio direito, isto é, sobre a sua condição de possibilidade a partir de dilemas concretos

---

[327] CANOTILHO, 2008, p. 245.
[328] BECKERMAN, 2001, p. 12.

inerentes aos arranjos políticos da atualidade. A discussão sobre o exercício dos direitos fundamentais no futuro tem inspirado grandes questionamentos jurídicos e políticos, mas, não raras vezes, assentada com largo fundamento filosófico, aliás, seguindo, entre tantos autores, as premissas teóricas de John Rawls[329] ou Hans Jonas.[330] Como toda forma de inspiração veicula uma torrente de esforços para concretizar o objeto inspirado, então, quando se discute a concretização dos direitos sociais, tais esforços são necessariamente intergeracionais, pois o dilema da escassez é permanente, o que se discute é apenas a sua intensidade, logo, a vigília sobre a manutenção dos meios de ação da sociedade também deve ser permanente, portanto, assumindo notas definitivas de intergeracionalidade.

Nesse ponto, não há como negar que a previdência social é uma área extremamente sensível à perspectiva intergeracional dos direitos. Aliás, uma relação não pode ser mais direta e concreta no tratamento dos esforços intergeracionais que a decorrente dos regimes previdenciários. Dito de outro modo, de todas as áreas da proteção social, nada pode ser mais sensível aos esforços intergeracionais que a previdência social, porquanto, para além dos exigentes propósitos universalizantes de todo seguro público, que rompe a lógica do Estado beneficência para o Estado-previdência,[331] a dinâmica da contributividade repercute na própria existência do modelo de regime previdenciário, de maneira que não se trata, tão somente, de premente problemática atuarial, pretensamente equacionável, mas, sobretudo, dos limites da contributividade no regime previdenciário, conforme o modelo de financiamento que o sistema normativo ainda possa exigir da sociedade no quadro atual da socialidade. É dizer que qual deve ser o limite de comprometimento do orçamento público com a questão previdenciária? A razão fundante de toda contributividade previdenciária, mormente em um regime de repartição, é a perspectiva solidária dos eventos contributivos e isso, por si só, já consagra o tamanho da importância da proteção social, na era da intergeracionalidade, por meio da dinâmica contributiva que, desprendendo dos prognósticos estritamente individualistas, seja capaz de reinventar sua higidez financeira sem sacrificar os mais jovens e nem prejudicar os velhos.

---

[329] RAWLS, 1999, p. 251-258.
[330] JONAS, 2006, p. 47-56.
[331] LOUREIRO, 2011, p. 166.

Tem-se, assim, uma verdadeira problemática equivalente à quadratura do círculo. Trata-se de clássico problema de matemática que consiste em construir, com régua e compasso, a área de um quadrado a partir da área de um círculo. Apesar de plúrimas tentativas de resolução desse problema, aliás, realizadas deste a Antiguidade, o fato é que, hoje, sabe-se que, com régua e compasso, não é possível criar a área de um quadrado a partir da área de um círculo, pois as soluções geométricas já apresentadas, incluindo as de René Descartes (1596-1650) e Pappus de Alexandria (290-350), não satisfazem as exigências matemáticas de exatidão e aceitabilidade, o que é até compreensível, pois "[a] solução de um problema e sua aceitação no interior de uma comunidade matemática não dependem apenas da ausência de erros no cálculo ou da ausência de argumentos falaciosos na estrutura lógico-argumentativa".[332] Aliás, trata-se de obstáculo digno de nota sobre a problematicidade na objetividade matemática, isto é, "[f]requentemente, o emprego de procedimentos de resolução depende de sua aceitabilidade em relação a padrões extramatemáticos".[333] Enfim, nem mesmo a matemática, nomeadamente em uma perspectiva interdisciplinar, escapa dos necessários controles intersubjetivos. O que dizer, então, do próprio direito, sempre afeito aos desígnios ou imperativos dos intérpretes.

Dessa forma, a tentativa de resolução do dilema relacionado ao financiamento da previdência social exige a superação da cômoda e envolvente, porque pretensamente justa, defesa dos direitos adquiridos e adentrar na pragmática questão dos direitos em uma perspectiva intergeracional: *desejam-se direitos para todos, mas para todas as gerações*. Desse modo, para além das teorizações um tanto quanto estéreis sobre o *justo* e *injusto*, porque abstrata demais para uma casa em chamas, revela-se necessária uma forte discussão sobre o *possível* e *impossível* no universo das prestações sociais, seja com o atual modelo de disciplina normativa, seja com os modelos prospectados em face dos dilemas estruturais da *sociedade de risco*.

Prendendo-se aos fatores estruturais que contribuem para a pobreza das pessoas – que são geralmente os ausentes da atenção política –, ou simplesmente a manutenção de situação de vulnerabilidade, inclusive por várias gerações, destacam-se os seguintes: (a) violações de direitos humanos, (b) polarização social e desigualdade; (c) insegurança

---

[332] CRIPPA, 2010, p. 605.
[333] CRIPPA, 2010, p. 605.

e sobressaltos; (d) exclusão; (e) vulnerabilidade de mercado; (f) ausência de participação política.[334] Tais fatores, à evidência, devem inspirar a proposição de novas opções de financiamento para novas realidades desafiadoras da socialidade, sobretudo, porque o sonho da tributação já se tornou uma realidade bem sofrível, inclusive no quadro da estabilidade financeira na União [monetária] europeia.[335] Aqui, observa-se uma imagem muito clara da perturbação financeira causada pelos direitos sociais.

Explica-se: a evolução dos direitos, sempre elástica no campo da proteção social, não decorre propriamente da multiplicação das bases normativas das prestações sociais, mas, sobretudo, na multiplicação das vias concretas de promoção dessas prestações, justamente porque os avanços tecnológicos são traduzidos, em termos financeiros, em novas realidades conflitivas de direitos, porquanto são intensificadas as discussões sobre os meios ou modos, ainda que mais onerosos, de promover novas prestações sociais, tendo em vista a funcionalidade delas no tempo.

Dito de outro modo, o desenvolvimento científico, técnico e industrial, o aumento da população, a especialização e a divisão do trabalho, entre tantos outros fatores, acarretaram profundas transformações nas condições de vida e, com isso, aumentaram e alteraram – e continuam a aumentar e alterar –, as tarefas do Estado.[336] É, nesse contexto, que se inserem os limites e as possibilidade de enfrentamento dos dilemas intergeracionais, isto é, reconhecendo os aspectos práticos que os avanços tecnológicos permitem em termos de benefícios ou comodidades, mas sem desconsiderar os desafios que esses mesmos avanços acarretam para o universo das prestações públicas, notadamente em uma perspectiva intergeracional.

---

[334] THOMSON, 2007, p. 59.
[335] MERUSI, 2013, p. 19.
[336] HESSE, 1998, p. 31-32.

1.2.2 Direitos fundamentais nas intercorrências da hipermodernidade

> "Mas nada converte as normas jurídico-positivas, por si, em imperativos incondicionalmente cogentes, a não ser da perspectiva de quem as formula ou impõe ou de quem lhes adere. Falta *razão suficiente* para mais."[337]

Na hipermodernidade, no redemoinho dos conflitos sociais, com a precarização das relações de emprego, no que avulta o dilema do desemprego estrutural na consolidação de nova pobreza,[338] recrudescem os sentimentos de vulnerabilidade socioeconômica ou de sensação de insegurança profissional e, consequentemente, material, despontando no receio da iminente degradação da vida social.[339] Enfim, a incerteza na dinâmica da vida hipermoderna acaba por apresentar o sentido e a extensão da proteção social.

Nesse contexto, o horizonte dos direitos fundamentais nunca esteve tão rico, isto é, tão repleto de modelos e desafios locais, regionais e internacionais; contudo, após uma ascendente e incontestável primazia no círculo das doutrinas jurídicas, como se fosse uma apoteótica redenção na intrincada relação entre o cidadão e o Estado, não há como negar que, hoje, o cenário discursivo dos direitos fundamentais oscila entre a desesperança da exigibilidade do direito positivo e a ameaça do seu regular exercício na hipermodernidade.

Dito de outro modo, quando a dinâmica evolutiva do direito parece alcançar novo patamar de implementação, surgem também, na mesma medida, novos desafios, mas que, paradoxalmente, fazem retornar a lugares já conhecidos e, por isso, sem necessidade de revisitá-los, senão para reconhecê-los como inadequadamente contemplados pela ação pública. Os modelos normativos, ainda presos ao cordão umbilical do [velado] idealismo jurídico, mormente os que arvoram

---

[337] TELES, 2000, p. 52.
[338] LOUREIRO, 2014, p. 87.
[339] LIPOVETSKY, 2004, p. 71.

os grandes projetos constitucionais, não conseguem acompanhar as conjunturas nada favoráveis da atualidade, prenhe de tantos conflitos sociais. Explica-se: a dinâmica compreensiva do direito não adentra no centro operativo das possibilidades fáticas, muito embora o considere em uma perspectiva meramente regulamentadora, porquanto tal incursão deve ser objeto de outras áreas do saber, como a política, economia ou gestão pública; todavia, a dinâmica regulamentadora não pode implicar um alheamento aos condicionantes político-econômicos da sociedade, baseando-se, aliás, no questionável argumento político de que a *necessária* transformação social[340] exige desdobramentos normativos que, indo além das ordinárias aspirações manejadas pelos membros da comunidade política, avancem continuamente no cenário dos direitos positivos.

Aliás, foi justamente o desejo de mudanças ou avanços, sobretudo, na área da proteção social, que, em grande medida, representou a asfixia do Estado social, bem na lógica de que o excesso malogra o sucesso. Nesse ponto, cumpre lembrar o seguinte: quando os direitos aumentam, o Estado sempre muda de tamanho, no sentido de que seja necessário atendê-los; porém, isso não quer dizer ele distribua, na mesma proporção do seu crescimento, os recursos decorrente da expansão da arrecadação, fazendo com que a política de redistribuição, no que bem se insere a questão da proteção previdenciária, mais atenda à manutenção do poder do Estado paquidérmico, isto é, dos que dele se servem, que ao avanço das conquistas sociais das classes de baixa renda.[341]

É dizer que no mesmo momento em que se apregoa, inclusive de modo bem voraz, que uma extenuante lista de deveres estatais decorrente de analítica teorização dos direitos fundamentais, sem maiores inquietações, denuncia-se uma verdadeira crise do Estado, que vai minando a sua importância no círculo decisório das questões fundamentais da sociedade e, com isso, diminuindo sua capacidade para arvorar soluções sobre os dilemas da hipermodernidade, no que revela, concomitantemente, uma extensão dos seus deveres no largo universo da normatividade constitucional e também uma considerável redução de sua capacidade de mobilização na difícil seara dos conflitos sociais.

---

[340] Neste livro, a expressão *transformação social* não tem qualquer relação com eventual luta político-ideológica para implantação de determinado modelo de sociedade, mas, tão-somente, destacar os nodosos processos econômicos, sociais e culturais que consagram o desenvolvimento de qualquer nação.
[341] JOUVENEL, 2012, p. 74.

Logo, por ser uma ilação que alcança o limiar da obviedade, tudo isso faz com que os direitos fundamentais se encontrem em uma verdadeira encruzilhada: por um lado, há os limites decorrentes de sua exasperação normativa; por outro, as parcas possibilidades de seu efetivo cumprimento pela atuação estatal. A diretriz constitucional da sociedade, por meio da implementação dos direitos fundamentais, não pode negar esta máxima: a constituição não é um seguro de vida político.[342] Com efeito, o hiato entre a perspectiva normativa e a realidade, cedo ou tarde, por meio da desventura socioeconômica causada pelas conquistas tardias ou pela inexistência delas, costuma cobrar consequências políticas.

O discurso dos direitos fundamentais, claro, jamais será vazio ou inócuo, mas, e isso é certo, a redundante perspectiva dos direitos fundamentais, baseada na sua excelsa conformidade constitucional, não expressa o melhor caminho a seguir na atual quadra evolutiva da sociedade hipermoderna. Por isso, na desafiante conjuntura do processo constituinte reformador, as decisões constitucionais em matéria de organização econômica, social e política, incluindo-se, evidentemente, o modelo de proteção social, são tão importantes na dinâmica concretizadora dos direitos positivos, porquanto representam verdadeiras garantias gerais de realização de qualquer projeto constitucional e, de certo modo, das próprias condições de consolidação dos direitos fundamentais.[343]

1.2.2.1 O suplício do legislador e a visão dos intérpretes: riscos e possibilidades

> *"Por uma inevitável e trágica compensação, quanto menos um homem é apto a enxergar o mundo, mais assanhado fica de transformá-lo, de transformá-lo à imagem e semelhança da sua própria escuridão interior."*[344]

---

[342] HÄBERLE, 2019, p. 118.
[343] ANDRADE, 2019, p. 88.
[344] CARVALHO, 2014, p. 68.

Todo empreendimento legislativo denuncia incertezas de diversas ordens sobre a disciplina normativa e, também, traz uma tormentosa confissão: não há como controlar os efeitos da lei editada. Aliás, o famigerado decisionismo judicial kelseniano bem explica esse estado de coisas.[345] Não há, portanto, qualquer prognóstico fácil na atividade legislativa, pois não passa de semente – e raramente a melhor – em terreno nem sempre fértil. A despeito disso, não é nada incomum tentar figurar a redenção dos dilemas humanos por meio das declarações internacionais, inclusive, como via factível de implementação dos direitos sociais, claro que sem o necessário sopesamento sobre a viabilidade prática do pomposo rol de direitos consagrados nas convenções ou tratados sobre direitos humanos. Além disso, como patentes limites formais ou materiais, a projeção dos direitos humanos no direito interno deverá cumprir os ordinários cânones constitucionais, determinados por cada Estado, para fins de exigibilidade de direitos.

Aqui, o antes tímido e constrangido *soft law* ganha ares de soberba normativa e, assim, surge o suplício do legislador a partir da visão de cada intérprete. Da discutível capacidade de norteamento normativo – tão alardeada pelos arautos da atuação judicial – passa-se à balbúrdia normativa através dos autorizados intérpretes do sistema. Nesse contexto, o *hard law* é apenas o horizonte menos distante de um horizonte ainda mais distante – e não menos prestigiado – chamado *soft law*. Não se discute que seja sempre desejável que os prognósticos da atividade legislativa avancem no tempo, e avançar não quer dizer necessariamente criar direitos. O problema é que nem sempre isso se torna plenamente possível, fazendo com que a confiança nos direitos fundamentais reflita uma perspectiva normativa fragilizada,[346] isto é, o reforço da normatividade não torna necessariamente o direito mais forte, quando, em verdade, o dilema se encontra mesmo na aceitação irrefletida de extensa teia de direitos, evidentemente, decantada nos tratados ou convenções internacionais, que se revela totalmente incompatível com os limites materiais dos Estados, especialmente naqueles que ainda não superaram os graves obstáculos estruturais da sociedade. Assim, um complexo sistema de direitos positivos, pretensamente protetivo, pode criar embaraços financeiros em função do abismo que separa o arcabouço normativo da socialidade e a capacidade institucional do Estado para implementá-lo.

---

[345] KELSEN, 2009, p. 396.
[346] CANOTILHO, 2008, p. 135.

Atualmente, o emprego da expressão *vontade do legislador* soa como uma reminiscência do passado, uma esquisitice dos antigos manuais ou uma defesa anacrônica de doutrinador mal-intencionado; enfim, o apelo ao intérprete faz duvidar, muitas vezes, que a atividade legislativa tinha algum propósito, quando da elaboração da lei, para ser seguido pelas instâncias executivas e julgadoras. O intérprete, especialmente os mais *autorizados*, anuncia, com inegável reluzência, a autonomia dos enunciados legais. Só a *lei do intérprete* importa na compreensão dos conflitos jurídicos, tudo mais não passa de mero pressuposto operacional, retirando, galhardamente, o sentido originário de qualquer texto legal. Nesse cenário, a jurisprudência constitucional goza ares de verdadeiro oráculo no cume da consciência jurídica e mais: todo magistrado se julga autorizado a dizer o que a *lei do intérprete* revela para o mundo, de forma que até mesmo os modais deônticos são, primeiro, flexibilizados e, depois, simplesmente dilacerados, tudo, por óbvio, a partir do grandiloquente motivo de salvaguardar o texto constitucional.

A possível temeridade da *lei do intérprete* sempre pareceu preocupar menos os juristas que a pretendida racionalidade do legislador; afinal de contas, a ideia de correção material sempre campeou um nobre propósito: aplicar, na medida do possível, leis mais justas, de maneira que a suspeita científica tem recaído mais na falibilidade do Parlamento que na eventual subjetividade do intérprete. Todavia, essa tranquila afirmação tem merecido reparos, e não são poucos os motivos, destacando-se os seguintes: (a) a atividade judicativo-decisória não é necessariamente mais racional que os prognósticos encetados nos enunciados legais, justamente porque a *microjustiça* costuma ser míope, isto é, destituída de visão sistêmica; (b) a correção material, na confluência do caso concreto, pode simplesmente alterar a *teleologia da lei*[347] em função de *particularismos*, nitidamente existenciais, dos jurisdicionados, especialmente em benefícios por incapacidade; (c) o governo das leis sucumbe aos governos dos homens,[348] só que, agora, os de toga, com seus titubeios e dificuldades em detrimento do princípio democrático; (d) a justiça do caso concreto inviabiliza qualquer prognóstico abrangente sobre as políticas públicas, o que convém uma releitura sobre os meios e modos das prestações de alta atenção pessoal;

---

[347] A *teologia da lei*, essa divindade de outros tempos, não é sequer digna de atenção com a nova hermenêutica, isto é, a hermenêutica da autonomia compreensiva diante da lei e, sobretudo, da própria atividade decisória do intérprete.
[348] BOBBIO, 2009, p. 168.

e (e) o princípio fundante da dignidade humana (artigo 1º, inciso III, da CRFB) passa da *senda protetora* para a *senda instabilizadora* da relação entre o cidadão e o Estado, porquanto a fragmentariedade decisória gerada pelas autoridades competentes, notadamente a judicial, além de provocar possíveis antagonismos em função da miríade de casos concretos, acarreta uma intensa complexidade no regular processo de implementação dos direitos fundamentais.

Desse modo, é preciso enxergar as consequências de uma atividade decisória que negue o propósito da legislação, pois não é apenas a salutar questão de ir além da lei – porém através dela – mas, simplesmente, prescindir da lei, o que pode tornar qualquer objetivo da legislação, incluindo-se o de natureza intergeracional, refém do subjetivismo do intérprete.

1.2.2.2 O discurso da proteção e o discurso da revisão: no meio do caminho tinha uma pedra[349]

> "*A crise é boa*. Nada melhor que uma crise para nos dar a sensação de que a vida muda, que a história anda, que a barra pesa. A crise nos tira do sono e nos faz alertas. [...]. A crise nos inclui na política. Aliás, crise no Brasil é quando a política fica visível para a população."[350]

É compreensível que o homem, por meio da disciplina normativa, procure determinar, tendo em vista os horrores que a humanidade foi capaz de fazer e suportar, parâmetros mínimos ou auspiciosas pretensões de valores civilizatórios[351] no árido terreno das questões econômicas, sociais e culturais. Aliás, foram justamente os horrores dos intensos conflitos bélicos do século passado, e ainda no ardor da

---

[349] Excerto do poema *No meio do caminho*, de Carlos Drummond de Andrade, inicialmente publicado na *Revista Antropofagia*, em 1928 e, posteriormente, incluído no livro *Alguma Poesia* de 1930.
[350] JABOR, 2006, p. 59.
[351] CÁRCOVA, 2008, p. 86.

história recente, que a retórica da dignidade humana ganhou fôlego nas constituições ocidentais, pontuando como verdadeira resposta aos atos indescritíveis do regime nazista[352] – e não apenas dele –, mas não mais horripilantes que as atrocidades do leste europeu, mesmo depois do segundo pós-guerra. Disso resulta que, tal como já destacado neste capítulo, a consagração da dignidade humana nos textos constitucionais foi, antes de tudo, um grito de repúdio às atrocidades da Segunda Guerra Mundial, bem na lógica dos valores prevalecentes ou abrangentes, que propriamente uma construção jurídica, que, por certo, ainda se encontra em formação, a despeito do largo emprego do princípio da dignidade humana na seara judicial ou administrativa.

Vê-se, assim, que o *discurso da proteção* caminha na mesma proporção dos flagelos da agressão entre os homens ou, na melhor hipótese, trilha uma séria advertência sobre os atos inconsequentes do passado. O *discurso da revisão*, por sua vez, reflete sobre a teia dos direitos a partir de sua funcionalidade. Dessa forma, as regulamentações decorrem de invariável intervenção no curso dos direitos, só que tal intervenção admite duas claras perspectivas de análise: (a) a que imprime o impulso dos novos direitos, portanto, seguindo o discurso da proteção; e (b) a que reconsidera a pertinência do sentido e da extensão de direitos já consagrados no seio da sociedade, no que assenta o discurso da revisão. Logo, não é preciso dizer que a última hipótese de intervenção sempre tende a comportar grandes questionamentos: primeiro, porque rompe o fluxo pretensamente contínuo dos direitos; segundo, porque discute o próprio gozo dos direitos.

No entanto, é falsa a ideia de que o primeiro discurso protege os direitos e o segundo, os nega; pois, em qualquer hipótese, há tanto proteção quanto revisão de direitos. É preciso firmar o entendimento de que a proteção de direitos não decorre apenas de acréscimo de pretensões jurídicas, mas, também, quando há corrigendas para guardar a utilidade delas no largo curso dos problemas sociais. Dito de outro modo: a revisibilidade sob o signo da sustentabilidade dos direitos é também, para todo efeito, uma medida importante de proteção social. Assim, *a pedra no meio do caminho* resulta, em grande medida, do "enorme" peso que a ideologia socializante – o que é bem diferente de defender o social[353] – ainda exerce, tendo em vista a contraposição entre a intervenção que protege direito (imunizadora e expansiva) e a

---

[352] RAO, 2008, p. 207.
[353] TORRES, 2016, p. 96.

intervenção que revisa direito (conservadora e reflexiva), na dinâmica dos direitos sociais em uma *constituição pós-heroica* ou *pós-utópica*.

1.2.3 Direitos fundamentais na perspectiva intergeracional

> "Le pouvoir est exercé dans les faits exclusivement par la génération *antérieure* alors qu'il devrait être exercé non pas également mais *inégalement*, avec un poids *plus* important pour la génération *postérieure* lorsque des décisions ayant un impact intergénérationnel sont en cause. Cela éclaire d'une lumière nouvelle la nature de l'asymétrie de pouvoir dans les processus de décision intergénérationnels, en montrant que la situation est pire qu'on ne le pense généralement au regard des exigences d'une théorie de la démocratie."[354]

Os direitos fundamentais têm inarredável vínculo com a intergeracionalidade no exercício dos direitos positivos, haja vista a superposição temporal entre as gerações. A ideia parece bem clara: a manutenção dos direitos fundamentais exige a sua compatibilidade com a própria intergeracionalidade dos direitos, senão a dinâmica de sua fundamentalidade perde espaço em função do tempo, uma vez que nada pode ser fundamental por ser prejudicial à sociedade.

A questão ainda pode ser compreendida em outros termos: de que modo a dinâmica dos direitos fundamentais, a partir dos desafios da socialidade, contribui para a intergeracionalidade dos direitos positivos? A afirmação histórica dos direitos sempre exigiu um avançar das perspectivas normativas, como que um alento no vasto universo dos flagelos humanos; todavia, nos nodosos dilemas da atualidade, defende-se que o desprendimento de forças deve atentar-se para outro

---

[354] GOSSERIES, 2015, p. 173.

norte, a saber, saindo da *normatividade dos fins* para a *funcionalidade dos meios*, isto é, para uma visão *prático-operativa* no tratamento dos problemas sociais, que, evidentemente, não se revela destituída dos valores da normatividade, mas que centra os esforços na identificação de meios para romper a diretriz tranquila e inócua dos direitos declarados, e fantasiosamente defendidos pelas instituições, mas gozados inexpressivamente pela sociedade.

1.2.3.1 Os vínculos político-normativos convergentes: a atemporalidade da proteção previdenciária

> "[...] lo característico de la ciencia, de la moral y del arte es que sus contenidos no son patrimonio individual. Dos y dos son cuatro, no para mí sólo sino para toda criatura inteligente. Cada uno de nosotros tiene sus caprichos, sus amores y odios personales, sus apetitos propios. Mas a la vera de ese mundo sólo nuestro, ese *yo* individual y caprichoso, hay otro *yo* que piensa la verdad común a todos, la bondad general, la universal belleza."[355]

A necessidade de pensar o dilema previdenciário como um problema comum e, consequentemente, para além da imagem egoística de cada segurado ou beneficiário, é uma clara demonstração de sua pretensão universalista e, sobretudo, a comprovação de que a importância da proteção previdenciária transcende às ordinárias questões da socialidade de viés prestacional, ela se encontra no centro de toda inquietação social pela simples e elementar razão de que seus propósitos atendem, direta ou indiretamente, aos reclames de todos os membros da sociedade atemporalmente.

---

[355] ORTEGA Y GASSET, 1966, p. 512.

Por isso, a proteção previdenciária sempre vai despertar renhidas discussões, no duro cenário da proteção social, em qualquer época. O que é bem natural, pois a sua senda protetiva depende da confluência de diversos fatores, iniciando-se pela indômita dinâmica do fluxo econômico nas exigentes demandas da socialidade, passando pelos prementes recortes demográficos ou laborais e findando no modelo de contribuição adotado. É, sem dúvida, uma agenda expressiva demais para ser contornada por meio de decisões judiciais ou estritamente políticas, convocando o necessário diálogo entre as instituições públicas e privadas.

Assim, considerando o enorme desafio que a proteção social representa para a humanidade, o artigo 22 da Declaração Universal dos Direitos Humanos (DUDH) consagra, prontamente, que a segurança social representa um direito de todo membro da sociedade.[356] Além disso, o artigo 23, nº 3, da DUDH, com um viés ainda mais protetivo, porque delimita parâmetros de satisfação, prescreve que: "[t]odo ser humano que trabalha tem direito a uma remuneração justa e satisfatória, que lhe assegure, assim como à sua família, uma existência compatível com a dignidade humana e a que se acrescentarão, se necessário, outros meios de proteção social". Aliás, trata-se de *agenda* com inegável diretriz normativa, uma vez que o artigo 9º do PIDESC é categórico: toda pessoa tem direito à previdência social, inclusive ao seguro social.[357] Aliás, desse artigo são deduzidas as seguintes obrigações domésticas:[358] (a) respeitar o direito à previdência social, promovendo os arranjos institucionais e regulatórios para seu regular exercício; (b) proteger o regramento da previdência social de interferências dos particulares e, inclusive, do próprio Estado; (c) cumprir o direito à previdência social: (1) revisando a legislação previdenciária, tornando-a, assim, mais consistente aos seus propósitos; (2) implementando adequadamente toda a legislação, inclusive com a participação dos seus destinatários; (3) promovendo uma progressiva efetivação do direito à previdência social, contudo, nos limites das possibilidades fiscais do Estado; (4) observando, de forma imediata, o nível mínimo essencial do direito à previdência social; (5)

---

[356] Disponível em: http://www.onu.org.br/img/2014/09/DUDH.pdf. Acesso em: 23 out. 2016.
[357] Disponível em: http://www.planalto.gov.br/ccivil_03/decreto/1990-1994/d0591.htm. Acesso em: 14 set. 2016. O Brasil aprovou o PIDESC através do Decreto Legislativo nº 226, de 12 de dezembro de 1991, posteriormente ratificado pelo Presidente da República e, para fins de efeitos internos, foi devidamente promulgado por meio do Decreto nº 591, de 6 de julho de 1992.
[358] LANGFORD, 2007, p. 36.

evitando retrocessos em matéria previdenciária, exceto quando possam ser devidamente justificadas; e (6) monitorando a realização do direito à previdência social, sobretudo, aplicando os mecanismos adequados para prevenir ou reprimir eventuais violações.

Observa-se, diante da disciplina normativa básica internacional apresentada, uma pretensão jurídica de fôlego. Aliás, como todo *evento convencional* de declaração de direitos, tende a arvorar um amplo projeto de realizações ou, de maneira mais modesta, uma forma pretensamente eficiente de firmar interesses compatíveis com os valores de qualquer sociedade. A CRFB, por sua vez, não foi menos *generosa*, inclusive destacando, precisamente no artigo 6º, que a previdência social é um direito fundamental [social], somando-se, ainda, uma demorada regulamentação do regime previdenciário do setor público (artigo 40) e do regime previdenciário do setor privado (artigos 201 e 202), sem falar no rol extenso de alterações constitucionais sobre a matéria: (a) EC nº 03/1993; (b) EC nº 20/1998; (c) EC nº 41/2003; (d) EC nº 47/2007; (e) EC nº 70/2012; e, por fim, (f) EC nº 103/2019. Nessa convergente diretriz constitucional, consagrada na pretendida atemporalidade dos parâmetros de proteção previdenciária, uma pergunta se revela providencial: quem paga a conta? É uma pergunta ríspida demais, desse modo, é aconselhável mais temperamento nesse propósito indagativo: como equilibrar a dinâmica dos direitos com a dinâmica das possibilidades contributivas das relações econômico-laborais? Em uma conjuntura de desemprego estrutural, inclusive acentuado pela globalização, sem adentrar em outros pormenores, que seria o caso da transição demográfica, como aquilatar os imperativos da socialidade, que tanto dependem do substrato econômico das relações laborais?

Não há como negar que a globalização tende a promover uma atuação negativa nas sociedades que não ostentam uma boa capacitação profissional, portanto, ainda distante do canal comunicativo-laboral das novas frentes de trabalho, acarretando verdadeira luta entre *desempregados* e *desempregadores*, porquanto as forças produtivas são vitimadas pelo fluxo especulativo do capital, especialmente nos Estados com baixa ou inexpressiva capacidade de poupança interna, que tendem a capitanear a defesa de juros mais atrativos aos capitais voláteis dos países centrais, de maneira que a livre circulação de pessoas e ideias, em grande medida, apenas representa o engodo para o *regular* trânsito de *capitais sanguessugas* alheio à disciplina normativa dos Estados.[359] Nesse

---

[359] BRITTO, 2012, p. 45.

contexto, a ideia protetiva do contrato de trabalho tem perdido força no mercado, porque a relação de emprego representa mais um instrumento de troca ou demanda das empresas que propriamente um mecanismo de proteção social do trabalhador, notadamente quanto à sua estabilidade econômica e, por conseguinte, de sua família,[360] contrariando a ideia de que trabalho não é mercadoria,[361] haja vista seus fundados propósitos relacionados à dignidade do homem na convivência comunitária. Contudo, e isso precisa ficar claro, a demanda por capacitação somente pode existir em uma ambiência competitiva, o que não se vislumbra possível em uma política protetiva da ineficiência do mercado nacional. Essa é uma questão que demanda o reconhecimento de riscos no mercado, mas há necessidade de enfrentá-los pela correção dos custos da cadeia produtiva, que, evidentemente, deve respeitar à *dinâmica* de direitos dos trabalhadores.

Então, o questionamento acima não deve prender-se apenas em saber *quem* paga a conta, pois é de fácil resposta, principalmente em uma perspectiva abstrata, mas sim *como* se paga a conta da proteção previdenciária. Traçar as diretrizes de uma *justiça previdenciária* – como todo jugo abstrato da desejosa ou pretendida racionalidade humana, por mais que demande hercúleos esforços intelectivos – é sempre mais fácil ou atrativa que convencer os segmentos sociais sobre a necessidade de atendimento de pauta mínima de proteção social, mas sem perder de vista que se deseja mais que isso. A questão de como se paga a conta da proteção social, sem dúvida, adentra no universo prático, conflitivo e concreto de convolar a sociedade em um projeto factível de proteção social e, sobretudo, em uma perspectiva intergeracional.

Todavia, não se trata de tarefa fácil de empreender e a razão é simples: o sacrifício pessoal nas pautas factíveis é sempre mais sofrível nas camadas sociais que não se prepararam adequadamente às convergências desfavoráveis da socialidade. Logo, toda mudança assume ares de *injustiça social* e, por certo, ela é apoteoticamente explorada pelos políticos populistas. Para tanto, basta mirar a idealidade da justiça previdenciária, convocando a normatividade constitucional e, assim, propugnando a defesa da constituição, tentam obter a legitimidade de sua política eleitoreira.

Todavia, afigura-se mais importante identificar os meios factíveis de sustentabilidade financeira do sistema público de previdência,

---

[360] CARVALHO, 2017, p. 423.
[361] SUPIOT, 2019, p. 25.

de forma que o sacrifício da revisibilidade dos direitos possibilite a segurança de sua intergeracionalidade. Afinal de contas, todo excesso, ainda que nos limites temporais das gerações anteriores, não tarda em apontar um devir de maior escassez ou, na melhor hipótese, menor superávit de recursos, sobretudo, porque as possibilidades fáticas de atuação do Estado, no que a previdência seria uma das maiores preocupações, não são compatíveis com a contínua expansão das prestações sociais.[362]

A assertiva acima merece uma obtemperação, porquanto uma predisposição para enfrentar cenários mais difíceis – ou simplesmente esforços para manter os mesmos níveis de proteção social – não quer dizer necessariamente que eles venham a ocorrer, inclusive a própria ideia de excesso pode ser compreendida – e, assim, justificada – em função das exigências decorrentes de circunstâncias adversas de temporalidades específicas, o que não se admite, e isso parece claro, é a possibilidade de viver a crédito, fazendo recrudescer desmedidamente a dívida pública, sacrificando, desse modo, qualquer propósito de tratamento adequado da intergeracionalidade da previdência social. Aliás, esse cautela é extensível a qualquer seara da justiça entre as gerações.

1.2.3.2 Os vínculos político-normativos divergentes: a contingencialidade dos direitos previdenciários

> "[...] só colocando a *reserva do possível* no centro de uma teoria da despesa justa se leva o tema da escassez a sério, uma vez que só esta ideia de escassez conduz à interiorização de preocupações de racionalização da despesa, numa perspectiva de garantir que o caminho que propomos atende aos esforços de sustentabilidade financeira, nevrálgicos para a subsistência duradoura de um sistema público com preocupações sociais."[363]

---

[362] LOUREIRO, 2013, p. 121.
[363] MARTINS, 2016, p. 347.

Como não há como fugir das contingencialidades da vida, o que faz qualquer pessoa tomar uma atitude previdente é a desejosa garantia de segurança que a sua previdência possa gerar. É, induvidosamente, uma característica conservadora, própria da imperiosa e constitutiva racionalização dos recursos disponíveis, seja na simplória imagem de um orçamento familiar, seja na vastidão dos grandes empreendimentos públicos e, portanto, de todos. A previdência pública, certamente, capitaneia um dos mais conhecidos exemplos dessa preocupação humana: evitar ou atenuar os efeitos nocivos das contingencialidades.

Não por outro motivo que toda atitude previdente tem algum elo com posições conservadoras na disciplina dos recursos, só que, quando arvoradas na cômoda ideia dos direitos adquiridos, sobrepondo-se o individual diante do institucional, como que atemporalmente legitimadas pelas decisões político-jurídicas do passado, elas adquirem uma sonoridade diversa – que, aliás, nada se assemelham aos injustamente criticados pensamentos políticos conservadores, tidos como precipuamente ruins à sociedade –, qual seja, ganhando um ar triunfante de *autonomia financeira* como salvaguarda social, revelando-se, no entanto, um misto de ignorância e oportunismo jurídico com efeitos econômicos.

Para os arautos da vertente política populista, notadamente ligada às corporações públicas, não é uma atitude conservadora defender direitos adquiridos, pois isso assume o *status* de verdadeira forma de resistência vanguardista na proteção dos direitos sociais; porém, de modo paradoxal, é conservador ou retrógrado defender a revisibilidade de direitos para justamente consagrar a viabilidade deles em função do tempo. Em termos mais claros, para eles, não há nada de conservador, na acepção negativa do termo, a defesa aguerrida de privilégios corporativistas, particularmente no setor público, que é a seara das agonias anunciadas, mas soa insuportavelmente conservador a defesa de relevantes reformas estruturais, como a previdenciária, trabalhista, tributária ou política. A pior forma de cegueira é a ideológica, porquanto ludibria o agente na mais reluzente evidência. No Brasil, isso é visível sobre diversos aspectos, inclusive, alguns até mesmo inusitados, como é o caso, por exemplo, de culpar o liberalismo pela desventura, para dizer o mínimo, do Partido Nacional Socialista dos Trabalhadores Alemães, mais conhecido como Partido Nazista.[364]

Nesse contexto, é preciso destacar que "[a] lógica pós-moderna da conquista pessoal foi substituída por uma lógica corporativista de

---

[364] SARMENTO, 2016, p. 48.

defesa de prerrogativas sociais".[365] Evidentemente, com os necessários temperamentos, a depender do nível de proteção social ou paternalismo político encampado na sociedade, a incômoda *segurança* gerada pelos direitos adquiridos representa um verdadeiro elemento de obstrução às reformas necessárias nos mais diversos setores da sociedade, sobretudo, nos político-econômicos. Deve-se reconhecer que a assertiva não é nada esclarecedora, a despeito de sua patente correção, pois no largo universo dos problemas político-econômicos se inserem inumeráveis questões de grande relevo, que vão, entre tantos outros aspectos, da reforma do processo político-eleitoral até a definição de parâmetros nos regimes de concessão dos serviços públicos.

Daí que a luta entre grupos, na típica fragmentação de poder de Estado *salamizado*,[366] ou mesmo a superposição imunizadora de direitos de certos grupos, longe de representar uma disputa democraticamente insuspeita, pode expressar o sacrifício de possíveis canais de transformação nos arranjos político-institucionais da sociedade, justamente por tentar consagrar um regime de gestão pública de absoluta submissão aos imutáveis interesses dos *donos do poder* (estamento burocrático[367]), que, por meio de uma performática capacidade mimética diante dos séculos, ainda mantêm institucionalizada uma particular forma de domínio na estrutura orgânico-funcional do Estado: o patrimonialismo.[368] "O governo, o efetivo comando da sociedade, não se determina pela maioria, mas pela minoria que, a pretexto de representar o povo, o controla, deturpa e sufoca".[369] A luta dos direitos a partir do Estado é sempre o meio mais tranquilo de manter redutos intocáveis de bem-estar social, a despeito dos flagelos de grande parte da sociedade que custeia a Administração Pública, como bem comprova, nos capítulos vindouros, a questão previdenciária brasileira.

Em uma perspectiva abrangente e, portanto, sistemática, destaca-se esta vetusta advertência: "[a] solução sectorial, ainda quando justa, ou, ao menos, conveniente para o conflito entre dois parceiros sociais, é susceptível de comprometer o equilíbrio em um domínio mais vasto ou no complexo do agregado nacional".[370] Enfim, o discurso da proteção dos

---

[365] CHARLES, 2004, p. 27.
[366] NABAIS, 2008, p. 68.
[367] FAORO, 2001, p. 102. Aliás, a advertência é de 1958.
[368] FAORO, 2001, p. 819.
[369] FAORO, 2001, p. 109.
[370] SOARES, 2008, p. 101.

direitos sociais, na maioria das vezes, no cenário das discussões político-jurídicas, encontra ressonância em um apuro ideológico socializante que, arvorando a tese de que todo mal reside na desumana capacidade de o Estado não fazer a coisa certa, porque governado por adversários políticos, pretende tornar vítima do sistema os beneficiários da proteção social que não contribuíram, minimamente, para a manutenção da higidez financeira do regime previdenciário. O caso brasileiro bem explica isso. O fracasso das conquistas sociais é atribuído aos outros, em particular ao Estado; todavia, a lógica do sacrifício pessoal é substituída pela socialização dos riscos, penalizando, de fato, os que efetivamente contribuíram para alcançar o atual e difícil nível de proteção social. A solidariedade é necessária, mas, em qualquer contexto, sem prejuízo da imprescindibilidade da contributividade individual.

A contraposição dos prognósticos legais, como que encerrando uma ausência de unidade lógica da diretriz normativa, é facilmente identificada na legislação brasileira, no que denota uma característica dos regimes instáveis ou pouco afeitos à cadência impositiva dos direitos em uma perspectiva sistêmica, isso porque as reformas, meramente pontuais, prendem-se à restrita pretensão de aperfeiçoamento normativo dos benefícios previdenciários, muitas vezes, em detrimento de outras vias prestacionais, mas com o fundado propósito de conter os picos de déficits nas contas do RGPS ou RPPSU. O núcleo do problema jamais é encarado, senão vestigialmente, pois permanece o desarranjo estrutural do sistema público de previdência, independentemente dos raros períodos de superávit ou recorrentes déficits.[371]

À evidência, essa não é a melhor forma de promover uma corrigenda nos regimes previdenciários. Em uma perspectiva mais abrangente sobre a temática, é preciso lembrar que o orçamento da União se encontra estrangulado,[372] isto é, com parcas possibilidades de alterações no cronograma de alocação de recursos das políticas públicas e, claro, com uma excessiva sobrecarga de despesas vinculadas e não vinculadas, notadamente no campo da socialidade, fazendo com que eventuais convergências econômicas desfavoráveis praticamente inviabilizem uma adequada pauta de investimentos destinada à resolução dos problemas estruturais na sociedade.

Vê-se, por exemplo, a difícil relação entre a Previdência Social e o PIB, revelando que as despesas previdenciárias saíram de 8% do

---

[371] LEAL; PORTELA, 2018, p. 139.
[372] MARTINS, 2011, p. 825.

PIB, no ano de 2002, para 9,3% do PIB no ano de 2015.[373] Além disso, os gastos sociais do Governo saíram de 12,6% do PIB, no ano de 2002, para 15,7% do PIB, no ano de 2015,[374] o que demonstra uma forte evolução na área social, contudo, o que se pode questionar é o nível de responsabilidade fiscal compreendido nesses *investimentos*, pois, em uma convergência econômica desfavorável, a higidez financeira do Estado resulta totalmente comprometida, inclusive, com sérias repercussões no fluxo econômico do país.

Não se discute que o gasto na área social é bem maior na Zona do Euro ou nos Países Nórdicos, por razões diversas, que vai da maior racionalidade na questão tributária ao próprio modelo de investimento social adotado, sobretudo, na segunda metade do século passado. Todavia, o que se questiona é a permissividade do crescimento desse percentual, com o vertiginoso aumento da dívida pública, sem considerar as variáveis político-econômicas do Estado brasileiro, aliás, bem adversas. Em uma palavra: a expansão dos gastos sociais não pode ser promovida a partir do endividamento público vertiginoso, que apenas aprofunda as contingencialidades das questões sociais, mormente da proteção previdenciária.

Aqui, ainda no universo de reflexão da atividade financeira do Estado, cumpre destacar a importância dos limites compreensivos da autonomia financeira dos Poderes e órgãos independentes, isto é, os designíos constitucionais da autonomia financeira não podem sacrificar o orçamento de qualquer Poder, notadamente o Executivo, porquanto a previsão de receita, quando não verificada, deve ensejar, com as devidas justificativas, a redução nos valores do repasse dos duodécimos constitucionais.[375] Evidentemente, com relação às transferências

---

[373] Secretaria do Tesouro Nacional (STN). Gasto Social do Governo Central de 2002 a 2015. 2016, p. 10 (Disponível em: http://www.tesouro.fazenda.gov.br/documents/10180/318974/Gasto+Social+Governo+Central/c4c3d5b6-8791-46fb-b5e9-57a016db24ec. Acesso em: 23 nov. 2016).

[374] Secretaria do Tesouro Nacional (STN). Gasto Social do Governo Central de 2002 a 2015. 2016, p. 09 (Disponível em: http://www.tesouro.fazenda.gov.br/documents/10180/318974/Gasto+Social+Governo+Central/c4c3d5b6-8791-46fb-b5e9-57a016db24ec. Acesso em: 23 nov. 2016).

[375] Esse entendimento, inclusive, restou consagrado pela Segunda Turma do STF, no dia 22 de novembro de 2016, no julgamento do MS nº 34.483/RJ, porquanto, excepcionalmente, restou permitido ao Poder Executivo local promover uma glosa nos duodécimos do Tribunal de Justiça do Rio de Janeiro, bem como do Poder Legislativo e demais órgãos dotados de autonomia financeira, no percentual de 19,6%, tendo em vista uma diminuição da arrecadação estadual na ordem de quase 20%, sem prejuízo de eventual e futura compensação em função de crescimento das receitas (Fonte: *Notícias STF*, terça-feira, 22 de novembro de 2016. Disponível em: http://www.stf.jus.br/portal/cms/verNoticiaDetalhe.

obrigatórias, que já são aferidas a partir das receitas correntes, não se aplica esse entendimento.

1.3 Conclusões preliminares

> "É hoje pacífica a compreensão dos direitos fundamentais como garantias jurídicas que, apesar de *fortes*, vinculativas, asseguradas pelos tribunais e impostas à observância dos poderes públicos, são também garantias protegidas por normas constitucionais que remetem a juízos de ponderação posteriores a efetuar pelo legislador, pela administração e pelos juízes. E, obviamente, nesses juízos de ponderação, em que têm necessariamente de ser tidos em conta as justificações e os interesses de sentido oposto que apontam para limitação desses direitos, vão ser necessariamente consideradas as imposições e vinculações objectivas que emergem, no caso, da situação de crise financeira."[376]

---

asp?idConteudo=330135&tip=UN. Acesso em: 23 nov. 2016). De modo menos gravoso, no dia 26 de dezembro de 2016, na Suspensão de Segurança nº 5.157, a presidente do STF, Ministra Cármen Lúcia, deferiu MC em desfavor de medida liminar em MS concedida pelo Tribunal de Justiça do Rio Grande do Norte, que obrigava o repasse integral dos duodécimos, até o dia 20 dos meses de outubro a dezembro de 2016, destinados ao Ministério Público estadual, a apesar da redução das receitas do Estado. Na ocasião, restou assentado que o Poder Executivo poderia fracionar o repasse desses valores, de forma a equacionar a ausência temporária de recursos disponíveis no orçamento do Estado. Vê-se que o sacrifício do Ministério Público estadual era mínimo e, nem por isso, em uma situação de grave crise financeira, revelou-se capaz de promover *um esforço comum e coordenado* para superação das transitórias, mas efetivas, limitações financeiras do Estado (Fonte: *Notícias STF*, segunda-feira, 26 de dezembro de 2016. Disponível em: http://www.stf.jus.br/portal/cms/verNoticiaDetalhe.asp?idConteudo=332940. Acesso em: 26 dez. 2016).

[376] NOVAIS, 2014, p. 61.

O dilema dos imperiosos juízos de ponderação é que a realidade das prestações sociais não pode ancorar-se apenas na senda interpretativa decorrente da dignidade humana, simplesmente porque ela não revela os meios executivos, que são os maiores dilemas dos direitos positivos, mas, quando muito, e não se pode negar a importância disso, identifica o grau de necessidade de proteção social em função dos valores de determinada sociedade. Contudo, isso parece ser suficiente para muitos intérpretes, isto é, basta apresentar uma solução interpretativa para os dilemas normativos – pouco importando a existência ou não dos meios necessários à sua implementação – e, com isso, encerra-se a tarefa dos juristas no universo das prestações sociais na hipermodernidade.

No entanto, a dignidade é objetiva no sentido de que ela é inerente à pessoa humana, isto é, ela sempre estará lá, mas ela não é nada objetiva no sentido de aferir os extremos do seu conteúdo na árida ambiência dos conflitos sociais, portanto, longe das soluções abstratas, inclusive pela sua natureza de princípio jurídico, isto é, como mandado de otimização.[377] Por isso, antes do nascimento, e até mesmo após a morte, compreende-se a reflexão incessante sobre a dinâmica protetiva da dignidade humana, dispensando-se a titularidade subjetiva nessas circunstâncias,[378] porém isso nada esclarece sobre os meios e modos de sua proteção na sociedade, recaindo na voluntariosa, ou mesmo arbitrária, criação jurídica de mecanismos ou instrumentos de sua *imposição* no caso concreto. Não há, portanto, qualquer primor de previsibilidade ou mesmo racionalidade.

Além disso, a dignidade, como valor, não tarda em apresentar a sua face autoritária, isto é, ela se impõe na visão do intérprete, inclusive com o conteúdo que lhe pareça mais adequado aos propósitos da proteção social ou outro objetivo menos nobre, sem que, muitas vezes, seja considerada a esfera de liberdade das pessoas. Ademais, é praticamente improvável a possibilidade de consenso sobre a dignidade no enfrentamento dos dilemas existenciais, justamente porque o peso ou *status* que ela tem depende de fatores sociais, culturais e históricos territorialmente localizados, por isso que o valor normativo da dignidade humana não pode ser o mesmo na Alemanha ou África do Sul,[379] por mais que se diga que ela seja inerente a toda pessoa humana, tal fato não desperta qualquer parâmetro objetivo na sua aplicação pelas

---

[377] ALEXY, 2008, p. 588.
[378] NOVAIS, 2016, p. 64.
[379] MCCRUDDEN, 2008, p. 699.

cortes constitucionais ou instâncias decisórias inferiores, sobretudo, no que concerne aos seus efeitos materiais.

Aliás, em uma análise mais cética, dada a imprecisão do termo, chega a ser discutível que a dignidade possa ser objeto de obrigações positivas.[380] Afirmar que toda pessoa tem direito a uma vida digna, por mais que se diga o contrário, é uma frase que se esvazia de sentido, porque simplesmente ela nada esclarece sobre a forma de exercício dessa dignidade e, muito menos, apresenta os instrumentais necessários para conquistá-la, é, assim, uma frase sempre incompleta, a despeito, e certamente por isso, de sua forte vinculação à própria filosofia moral, que pode cogitar pretensas soluções, desde as primevas reflexões sobre a dignidade do homem, nos difíceis cenários da humanidade.[381]

Essa assertiva pode até soar como um vexado retrocesso, mas, em verdade, apenas coloca a questão no universo preciso dos limites compreensivos da problemática dos direitos. A ideia da intangibilidade da dignidade humana, com a sonoridade que a teoria constitucional tedesca revelou aos juristas, não foi capaz de transformar realidades adversas em outras paragens do mundo, denotando que a problemática da injustiça social, que intensifica as violações à dignidade humana, exige muito mais que uma noção religiosa, filosófica, ou mesmo jurídica, de dignidade humana.

A normatividade da dignidade humana, já embebida dos substratos da religião ou filosofia, como que uma novidade do século XX, mormente do segundo pós-guerra,[382] exige contínua reflexão sobre o seu verdadeiro propósito, isso porque a conformação normativa de um princípio pouco esclarece sobre a forma e extensão de sua juridicidade, isto é, não transmite segurança sobre os prognósticos de sua efetiva observância, seja por conta de sua elástica semântica, seja pela impossibilidade fática de sua aplicação de forma não *mutilada*.

Desse modo, toda construção jurídica sobre a exigibilidade dos direitos deseja fazer transparecer uma inequívoca culminância normativa sobre a coisa criada – no caso, a prestação material –, quando, em grande medida, apenas revela novas formas, parciais e inacabadas, de empregar os instrumentais jurídicos diante dos conflitos sociais em face dos mutáveis condicionantes político-econômicos de cada época. A questão relevante e ruidosa dos princípios jurídicos bem explica isso.

---

[380] MAURER, 2009, p. 120, porém, e isso a própria autora reconhece: "Respeitar a dignidade do homem exige obrigações positivas" (p. 142).
[381] PICO DELLA MIRANDOLA, 1989, p. 61 e 63.
[382] SARMENTO, 2016, p. 52.

Vê-se, sem maiores dificuldades, no caso do princípio da eficiência, o que há de jurídico nesse princípio? Evidentemente, a alegativa de que determinada medida não atende ao princípio da eficiência só tem alguma importância concreta em função de análises que partam de referenciais teórico-operacionais padronizados – portanto, quando se observa que algo se encontra fora da curva reconhecidamente exigível ou aceitável-, só que, para isso, basta o regular cumprimento dos procedimentos já disciplinados ou decantados pela gestão pública, ainda que de forma direta ou indireta, por meio de intervenções de diversas instituições públicas. Além disso, as fraudes não são coibidas a partir da eficiência, mas, tão somente, da clara demonstração do desvio de finalidade da medida adotada pela gestão pública, denunciando que a legalidade pode até ser um verdadeiro obstáculo à eficiência, no sentido estritamente econômico do termo.

A eficiência reside na observância da procedimentalidade determinada pelo sistema legal ou no alcance dos resultados efetivamente satisfatórios na gestão dos recursos públicos? "O jurista do Estado de Direito não é um economista da eficiência. O jurista da *rule of law* densifica princípios explicitados na constituição."[383] Contudo, é fato que, em uma perspectiva abrangente de implementação dos direitos positivos, a densificação da ação pública, apenas nos estreitos limites da técnica jurídica, tem uma discutível valia diante de obstáculos estruturais da sociedade, daí a importância de encontrar mais espaço para o princípio da eficiência, dotando-o de "conteúdo pré-definido e uma metódica própria de aplicação e de controlo",[384] inclusive, com a importante funcionalidade de conviver harmoniosamente com o princípio da legalidade no universo da ação pública.

Todavia, mesmo assim, ela não deixa de ter enorme importância, pois tenta estabelecer os nortes institucionais e os pretensos aperfeiçoamentos procedimentais. A questão, porém, é que toda densificação normativa, cedo ou tarde, submete-se à crueza dos fatos e, portanto, não pode aprioristicamente negá-los ou aprisioná-los. Assim, a dignidade, na clara perspectiva da proteção social, reside: (a) ou no reconhecimento de que é necessária uma vida digna; ou (b) na definição e concretização dos parâmetros necessários ao gozo de uma vida considerada digna. Como princípio jurídico, a primeira hipótese é totalmente despicienda, porque ela é tão óbvia quanto a afirmação de que o homem necessita

---

[383] CANOTILHO, 2008, p. 10.
[384] SILVA, 2010, p. 521.

de ar limpo. Por evidente, dispor de uma vida digna é melhor do que não a ter. A questão, assim, recai no âmbito material de realização do direito social.

Portanto, o princípio da dignidade, no alto de sua incontestável importância e pretendida inviolabilidade,[385] não pode revelar os meios da ação pública, pode, quando muito, elencar os parâmetros da proteção social em sentido amplo, mas, claro, não define os meios da atuação do Estado e da sociedade para promover esses parâmetros objetivos e pretensamente providenciais. Tal linha de compreensão resta demonstrada, em uma perspectiva prática e para além dos casos já declinados neste capítulo, na análise jurisprudencial condensada nas páginas vindouras.

Todavia, uma pergunta não quer calar, por que falar de dignidade humana, ou melhor, por negar sua utilidade, pelo menos para a maioria dos casos relacionados aos direitos sociais, e, mesmo assim, ainda discorrer vorazmente sobre a sua relação com os direitos sociais? Simples: como base fundadora, fundamentadora ou referente das normas de direitos fundamentais,[386] no que contém forte substancialização dos valores comunitários, a dignidade humana também representa fator de ordenação da solidariedade no Estado Constitucional. Não obstante, o reconhecimento do apelo retórico da solidariedade humana não represente, apenas em função da essencialidade humana, uma matriz decisiva da solidariedade entre os homens.[387] Eis, portanto, uma razão suficiente para enxergá-la em outro aspecto, sem o viés apelativo do mínimo social, isto é, capaz de congregar um repensar da perspectiva liberal-individualista dos direitos e, assim, firmar os prognósticos da socialidade por meio dos deveres cívicos, conforme exposição apresentada nos próximos capítulos.

Em verdade, a questão até poderia ser empreendida em outra perspectiva, a saber, dos direitos dos cidadãos diante dos poderes públicos. De fato, se os direitos fundamentais carreiam valores comunitários – seguidos dos seus respectivos deveres –, então, a partir deles, passaria a existir o direito de todo cidadão exigir do Estado, na seara legislativa, administrativa ou judicial, a afirmação desses valores, exemplificativamente, nas relações de trabalho, prestação de serviços

---

[385] HESSE, 1998, p. 110.
[386] MONIZ, 2017, p. 157.
[387] RORTY, 1989, p. 192.

públicos ou contrato de adesão.³⁸⁸ Contudo, a ideia de deveres comunitários, ainda que não negue a intervenção estatal, prescinde do impulso da obrigatoriedade, justamente por prestigiar a voluntariedade, já que concebe e mantém uma dimensão não estatal de prestações sociais.

Aqui, impõe-se uma prudente advertência: é preciso conter a *emocionalidade jurídica* e afastar a desmedida expansão da dimensão subjetiva dos direitos, senão isso poderá representar uma subordinação de todo o universo da atividade pública à lógica dos direitos fundamentais.³⁸⁹ É aconselhável, nesse ponto, tratar a questão em uma relação discursiva com os deveres cívicos apoiados na responsabilidade solidária, portanto, afirmando a ideia de deveres e não de direitos.

1.3.1 Jurisprudência selecionada

> "É que a promoção da dignidade humana constitui, por si só, um fator de desenvolvimento: o crescimento econômico de um Estado e o aumento das respectivas receitas públicas têm de ser *responsavelmente* mobilizador para, em consonância com o imperativo da justiça distributiva, permitir a adoção das medidas (sociais) que garantam algum equilíbrio na distribuição da riqueza – equilíbrio esse que hoje não compara apenas grupos distintos de pessoas, mas que também confronta gerações, grupos etários em diferentes estágios da vida."³⁹⁰

E quando não há crescimento econômico e, ainda assim, acompanhado de crescente endividamento público, qual o papel da dignidade humana? Nada faz acreditar que ela possua uma relação direta com o

---
³⁸⁸ ANDRADE, 2006, p. 1.057.
³⁸⁹ ANDRADE, 2006, p. 1.057.
³⁹⁰ MONIZ, 2017, p. 253.

aumento das receitas públicas – o que é algo bem diverso com relação ao aumento das despesas –, mas, e é isso que precisa ficar claro, a correção material das despesas depende muito da sua observância pelos poderes constituídos. Nesse sentido, é sempre relevante questionar a pertinência dos gastos públicos a partir da disciplina fundamentadora da dignidade humana, sem que isso traduza uma razão abrangente que traga maior suporte econômico à sociedade. A reflexão jurisprudencial bem sinaliza esse tipo de inquietação teórico-prática.

Pois bem. A escolha de um julgado comporta alguns questionamentos, o mais elementar deles é sua temporalidade, o que é algo bem diverso de sua exigibilidade, porquanto adentra na rara capacidade de atravessar os anos sem perder a força dos seus ensinamentos. O necessário questionamento, de viés notoriamente político-social, sobre a pertinência de determinada jurisprudência no quadro das relações sociais, no que, quase sempre, denuncia que o direito vive a reboque das vicissitudes da sociedade, bem explica os limites da normatividade. O que não é, nem de longe, algo inesperado, mas que faz sempre exigir forte reflexão sobre os modelos normativos, justamente para que se possa identificar sua utilidade no percurso da história.

A jurisprudência deveria cumprir este importante papel: promover a dinâmica reflexiva do direito na controvertida ambiência do caso concreto, mas sem perder a pretensão de objetividade, que é devidamente corporificada na uniformização de entendimentos. Só que, muitas vezes, reflexividade e concretude parecem desconhecer os largos caminhos dos palcos judiciais, especialmente quando a grandeza do conflito encerra uma decisão política, fato que vem demonstrando uma verdadeira transmutação da sede decisória das grandes questões do Estado, qual seja, saindo da *sede do conflito* para adentrar na *sede da definição política, legislativa* ou *executiva* por meio da atuação judicial; consagrando, portanto, modelo que, para o bem ou para mal, esvazia o horizonte compreensivo das demais sedes decisórias, sobretudo, as que se debruçam diretamente sobre o problema.

Nesse ponto, a questão da sustentabilidade financeira da previdência social parece ocupar lugar de destaque, porquanto as alterações legislativas nessa relevante área da socialidade são coroadas com intensas discussões judiciais nas altas cortes brasileiras. É importante destacar que o STF, que foi criado originalmente pelo Decreto nº 510/1890, não é propriamente uma Corte Constitucional, mas sim tribunal de superposição em matéria constitucional, o que faz recrudescer um complexo rol de competências decisórias, inclusive de caráter penal, que vai muito além do universo compreensivo dos dilemas próprios da jurisdição constitucional, não se encaixando, assim, nas ordinárias funções de uma suprema corte do país, isto é, de órgão de cúpula do Poder Judiciário. De todo modo, é relevante reconhecer que o STF tem sido bastante parcimonioso com as *reformas* previdenciárias, inclusive assumindo um tom de clara deferência ou autolimitação,[391] tendo em vista os difíceis prognósticos da previdência social brasileira.

---

[391] Nesse sentido, *vide* os seguintes julgados:
(a) BRASIL. STF. RE nº 587.365/DF. Órgão Julgador: Plenário. Ministro Relator: Ricardo Lewandowski. Brasília/DF, julgamento em 25 mar. 2009. Disponível em: http://redir.stf. jus.br/paginadorpub/paginador.jsp?docTP=AC&docID=591563. Acesso em: 12 out. 2016. Decidiu-se que, para fins de concessão de auxílio-reclusão, deve ser considerada a renda do segurado [de baixa renda] preso. No mesmo sentido: BRASIL. STF. RE nº 486.413/SP. Órgão Julgador: Plenário. Ministro Relator: Ricardo Lewandowski. Brasília/DF, julgamento em 25 mar. 2009. Disponível em: http://redir.stf.jus.br/paginadorpub/paginador. jsp?docTP=AC&docID=591437. Acesso em: 12 out. 2016;
(b) BRASIL. STF. RE nº 575.089/RS. Órgão Julgador: Plenário. Ministro Relator: Ricardo Lewandowski. Brasília/DF, julgamento em 10 set. 2008. Disponível em: http://redir.stf. jus.br/paginadorpub/paginador.jsp?docTP=AC&docID=557577. Acesso em: 12 out. 2016. Firmou-se o entendimento de que não existe direito adquirido a determinado regime jurídico previdenciário;
(c) BRASIL. STF. Repercussão Geral na Questão de Ordem no RE nº 597.389 QO-RG/SP. Órgão Julgador: Plenário. Ministro Relator: Gilmar Mendes. Brasília/DF, julgamento em 22 abr. 2009. Disponível em: http://redir.stf.jus.br/paginadorpub/paginador. jsp?docTP=AC&docID=601347. Acesso em: 12 out. 2016. Decidiu-se que não é possível a majoração da renda mensal de pensão por morte em função da superveniência de parâmetros legais mais vantajosos aos segurados;
(d) BRASIL. STF. RE nº 437.640/RS. Órgão Julgador: Plenário. Ministro Relator: Sepúlveda Pertence. Brasília/DF, julgamento em 05 set. 2006. Disponível em: http://redir.stf. jus.br/paginadorpub/paginador.jsp?docTP=AC&docID=408942. Acesso em: 12 out. 2016. Pugnou-se pela constitucionalidade da imposição de contribuição previdenciária ao aposentado que retorna à atividade remunerada;
(e) BRASIL. STF. ADI nº 3.105/DF. Órgão Julgador: Plenário. Ministro Relator: Cezar Peluzo. Brasília/DF, julgamento em 18 ago. 2004. Disponível em: http://redir.stf.jus.br/paginadorpub/paginador.jsp?docTP=AC&docID=363310. Acesso em: 19 set. 2016. Pugnou-se pela constitucionalidade da contribuição previdenciária dos servidores inativos e pensionistas dos Regimes Próprios de Previdência Social (RPPS). No mesmo sentido: BRASIL. STF. ADI nº 3.128-7/DF. Órgão Julgador: Plenário. Ministro Relator: Cezar Peluzo. Brasília/DF, julgamento em 18 ago. 2004. Disponível em: http://redir.stf.jus.br/paginadorpub/paginador.jsp?docTP=AC&docID=363314. Acesso em: 12 out. 2016;
(f) BRASIL. STF. Agravo Regimental no RE nº 695.309/SP. Órgão Julgador: Primeira Turma. Ministro Relator: Luiz Fux. Brasília/DF, julgamento em 05 ago. 2014. Disponível em: http://redir.stf.jus.br/paginadorpub/paginador.jsp?docTP=TP&docID=6631205. Acesso em: 12 out. 2016. Reafirma-se a constitucionalidade do famigerado e temido fator previdenciário;
(g) BRASIL. STF. RE nº 656.860/MT. Órgão Julgador: Plenário. Ministro Relator: Teori Zavascki. Brasília/DF, julgamento em 21 ago. 2014. Disponível em: http://redir.stf.jus.br/paginadorpub/paginador.jsp?docTP=TP&docID=6761542. Acesso em: 12 out. 2016. Reconheceu-se que é taxativo o rol de doenças, definido por lei, que permite o recebimento de aposentadoria por invalidez, com vencimentos integrais, no Regime Próprio de Previdência Social (RPPS);
(h) BRASIL. STF. RE nº 631.240/MG. Órgão Julgador: Plenário. Ministro Relator: Roberto Barroso. Brasília/DF, julgamento em 03 set. 2014. Disponível em: http://redir.stf.jus. br/paginadorpub/paginador.jsp?docTP=TP&docID=7168938. Acesso em: 12 out. 2016.

Por outro lado, a relação entre dignidade humana e previdência social, especialmente nas instâncias judiciais inferiores, causa enorme espanto em função do excessivo paternalismo judicial, porquanto poucos não são os julgados que simplesmente afastam os imperativos legais em função de pretendida ofensa ao princípio da dignidade humana, criando, assim, situações totalmente incompreensíveis na regular conformação da atividade legislativa, sejam porque elas ferem a isonomia entre os segurados, sejam porque, oneram desmedidamente o regime previdenciário.

Vê-se, para fim meramente exemplificativo, que o STJ, instância máxima relativa à legislação infraconstitucional, não poupa esforços para consagrar a dignidade humana como expediente supralegal para concessão de benesses previdenciárias e tal assertiva pode ser confirmada, entre tantos outros, no REsp nº 1.448.664/RS,[392] uma vez que, nessa demanda, foi *concedido* o percebimento de adicional de 25% no benefício de auxílio-doença, muito embora tal benesse somente seja concedida ao benefício de aposentadoria por invalidez, nos termos do artigo 45 da LBPS.

Aliás, na oportunidade, a decisão foi baseada no fundamento de que, inicialmente, o Instituto Nacional do Seguro Social (INSS)[393] teria concedido o benefício errado, a saber, auxílio-doença, quando, na visão da maioria dos julgadores, era caso de aposentadoria por invalidez. A tese não se sustenta: mesmo que se considere eventual equívoco da autarquia previdenciária, melhor dizendo, dos experientes peritos ou médicos que atuaram na instância administrativa, pois seria caso de concessão originária de aposentadoria por invalidez, mas, de modo

---

Firmou-se o entendimento de que é necessário o prévio requerimento administrativo para ingressar em juízo contra o INSS, muito embora não se exija o esgotamento dos recursos administrativos; e

(i) BRASIL.. STF. Repercussão Geral no RE com Agravo nº 703.550 RG/PR. Órgão Julgador: Plenário. Ministro Relator: Gilmar Mendes. Brasília/DF, julgamento em 02 out. 2014. Disponível em: http://redir.stf.jus.br/paginadorpub/paginador.jsp?docTP=TP&docID=6990613. Acesso em: 12 out. 2016. Reafirmou-se o entendimento de que não é possível, após a EC 18/1981, a conversão de tempo especial de exercício de magistério em tempo comum.

[392] É pertinente destacar que não se trata de julgado isolado, segue sua referência: BRASIL. STJ. REsp nº 1.448.664/RS. Órgão Julgador: Primeira Turma. Ministro Relator: Sérgio Kukina. Relatora para o Acórdão: Regina Helena Costa. Brasília/DF, julgamento em 28 abr. 2015. Disponível em: https://ww2.stj.jus.br/processo/revista/documento/mediado/?componente=ITA&sequencial=1402684&num_registro=201400849569&data=20150602&formato=PDF. Acesso em: 28 out. 2016.

[393] O Instituto Nacional do Seguro Social é a autarquia federal responsável pela concessão e manutenção dos benefícios previdenciários do RGPS e dos benefícios assistenciais da União. Vale lembrar que sua criação foi autorizada pelo artigo 17 da Lei nº 8.029/1990 e, atualmente, encontra-se estruturado pelo Decreto nº 9.104/2017.

algum, de auxílio-doença com acréscimo de 25%. É, no mínimo, digna de contestação esta assertiva da ministra Regina Helena Costa: "[...] a incapacidade não está adstrita tão somente ao enfoque médico, estando também relacionada à vida do indivíduo, sua rotina e relações sociais, o que atrai a aplicação do princípio da dignidade da pessoa humana [...] na concessão dos benefícios previdenciários".[394]

No REsp nº 1.648.305/RS,[395] ainda discutindo o adicional de 25%, só que, agora, para estender a todas as formas de aposentadorias do RGPS, eventualmente, majorando-as, restou firmada a seguinte tese: "Comprovada a invalidez e a necessidade de assistência permanente de terceiro, é devido o acréscimo de 25% (vinte e cinco por cento), previsto no art. 45 da LBPS, a todos os aposentados pelo RGPS, independentemente da modalidade de aposentadoria". Aqui, para além da discussão sobre o custeio dessa nova despesa da seguridade social, na qual foi dado o *status* de benefício assistencial, e da tomentosa questão do recém-criado *auxílio-acompanhante* pela jurisprudência do STJ, prescindindo-se de lei parlamentar sobre a matéria, deve-se questionar também a forma totalmente evasiva, e meramente enunciativa, do princípio da dignidade humana para justificar o entendimento do tribunal.

Aliás, excetuando-se as transcrições de outros julgados nos votos dos ministros, tal princípio foi citado no corpo do acórdão em 06 (seis) oportunidades, porém, curiosamente, não há qualquer explicitação sobre o conteúdo da dignidade e sua patente ofensa na questão jurídica controvertida. Portanto, o julgado faz uso meramente retórico da dignidade humana, gerando impacto financeiro inesperado e expressivo à seguridade social; aliás, com a quixotesca tese de que, por se tratar de benefício assistencial (auxílio-acompanhante), não dependeria da definição da fonte de custeio, como se a despesa da assistência social não devesse respeitar, tal qual a previdenciária, os limites ponderáveis do endividamento público.

---

[394] Conforme voto-vencedor no acórdão acima indicado, que foi seguido pelos Ministros Napoleão Nunes Maia Filho, Benedito Gonçalves e Marga Tessler (Juíza convocada do Tribunal Regional Federal da 4ª Região), na ocasião, restou vencido Ministro Sérgio Kukina, relator originário da demanda.

[395] Tratou-se de REsp de Recurso Repetitivo, eis a referência: BRASIL. STJ. REsp nº 1.648.305/RS. Órgão Julgador: Primeira Seção. Ministra Relatora: Assusete Magalhães. Relatora para o Acórdão: Regina Helena Costa. Brasília/DF, julgamento em 22 ago. 2018. Disponível em: https://ww2.stj.jus.br/processo/revista/documento/mediado/?componente=ITA&sequencial=1705832&num_registro=201700090055&data=20180926&formato=PDF. Acesso em: 1º nov. 2018.

No julgamento da ADI nº 3.105/DF,[396] que discutia a constitucionalidade da *cobrança dos inativos*, o ministro Marco Aurélio defendeu que a contribuição previdenciária de aposentados "[...] é algo que conflita frontalmente com a nossa Constituição Federal e implica, até mesmo, ofensa à dignidade da pessoa humana".[397] Todavia, o ministro não fez qualquer esclarecimento sobre a forma de ofensa à dignidade humana com a cobrança de contribuição previdenciária, limitando-se a arvorar uma abstrata e incompreensível ideia de que a redução do valor dos proventos, por si só, representa uma forma de violação da dignidade humana, portanto, uma *gravidade qualificada e irremissível* em um Estado Constitucional.[398]

Desse modo, considerando os riscos que a retórica da dignidade humana pode representar, em uma ampla conjuntura, à sustentabilidade financeira e atuarial dos regimes previdenciários, promove-se a análise de importantíssimo julgado favorável ao INSS, que, independentemente do resultado final da demanda, bem denuncia, tendo em vista o teor de alguns votos vencidos, o dilema que o auspicioso apelo humanístico do intérprete, decantado na dignidade humana, pode estabelecer na compreensão dos limites concessórios do RGPS. Além disso, é pertinente destacar que, e agora considerando o aspecto prático do resultado do julgamento, o STF acenou claramente com uma atuação judicial pautada na importância dos diálogos institucionais. Ademais, esse julgado tem uma relação direta com o substrato discursivo desta tese, porquanto pontua aspectos relevantes sobre o princípio da solidariedade previdenciária e, claro, da sustentabilidade financeira e atuarial do regime previdenciário. Em capítulo específico, conforme o regular decurso da tese, esses princípios serão devidamente abordados. Aqui, importa considerar, precipuamente, os efeitos da excessiva compreensão dos permeios normativos do princípio da dignidade humana.

Trata-se de julgamento sobre o *recálculo de aposentadoria* dos aposentados que retornaram ao trabalho formal e, portanto, ainda contribuem para o RGPS. A tese dos segurados restou conhecida como *direito à desaposentação*; portanto, não há como negar, nesse caso,

---

[396] BRASIL. STF. ADI nº 3.105/DF. Órgão Julgador: Plenário. Ministro Relator: Cezar Peluzo. Brasília/DF, julgamento em 18 ago. 2004. Disponível em: http://redir.stf.jus.br/paginadorpub/paginador.jsp?docTP=AC&docID=363310. Acesso em: 9 jan. 2020. Mais adiante, neste livro, o acórdão é analisado à luz da solidariedade previdenciária, precisamente no item 2.4.1 (Capítulo 2).
[397] ADI nº 3.105/DF, p. 341.
[398] NOVAIS, 2016, p. 20.

a criatividade do povo brasileiro, danosa criatividade, diga-se de passagem. Em verdade, houve o julgamento, em conjunto, de 03 (três) Recursos Extraordinários, quais sejam, (a) nº 381.367/RS, (b) nº 661.256/SC, com Repercussão Geral, e (c) nº 827.833/SC.

O primeiro RE foi da relatoria do ministro Marco Aurélio, vencido, e os demais da relatoria do ministro Luís Roberto Barroso, também vencido. Estimava-se que uma votação favorável à tese dos segurados resultaria no impacto de 01 (um) bilhão de reais, por mês, aos cofres do RGPS.[399] É dizer que os ordinários prognósticos da solidariedade previdenciária, corporificada na contribuição dos aposentados, seriam totalmente comprometidos, melhor dizer: dizimados.

Vale lembrar que o artigo 18, § 2º, da LBPS,[400] prescreve, há longa data,[401] que o aposentado, caso retorne ao trabalho formal sujeito ao RGPS, portanto, na qualidade de segurado obrigatório, não faz jus a qualquer benesse previdenciária, exceto, quando empegado, o benefício de salário-família e o serviço de reabilitação profissional, denunciado a existência de parâmetro legal específico. Portanto, a questão da desaposentação não poderia causar tanta guarida ou alarde na jurisprudência brasileira; contudo, o STJ, no REsp nº 1.334.488/SC,[402] conforme os procedimentos relativos aos Recursos Repetitivos, já havia firmado o Tema nº 563, que consagrava a tese do direito à desaposentação.[403] Além disso, o mesmo tribunal, no

---

[399] Fonte: *Notícias STF*, quarta-feira, 26 de outubro de 2016. Disponível em: http://www.stf.jus.br/portal/cms/verNoticiaDetalhe.asp?idConteudo=328199. Acesso em: 27 out. 2016. É preciso destacar que ainda não há uma identificação do número de aposentados beneficiados nas instâncias inferiores que, até a data do julgamento, oneravam mensalmente os cofres do RGPS. A previsão estampada acima partia apenas dos efeitos financeiros decorrentes dos mais de 68.000 (sessenta e oito mil) processos sobrestados no Poder Judiciário e, portanto, não considerava as demandas já transitadas em julgado.

[400] Eis o dispositivo: "[o] aposentado pelo Regime Geral de Previdência Social–RGPS que permanecer em atividade sujeita a este Regime, ou a ele retornar, não fará jus a prestação alguma da Previdência Social em decorrência do exercício dessa atividade, exceto ao salário-família e à reabilitação profissional, quando empregado".

[401] A atual redação do parágrafo foi determinada pela Lei nº 9.528/1997, de 10 de dezembro de 1997.

[402] BRASIL. STJ. REsp nº 1.334.488/SC. Órgão Julgador: Primeira Seção. Ministro Relator: Herman Benjamin. Brasília/DF, julgamento em 08 ago. 2013. Disponível em: https://ww2.stj.jus.br/processo/revista/documento/mediado/?componente=ITA&sequencial=1186178&num_registro=201201463871&data=20130514&formato=PDF. Acesso em: 28 out. 2016.

[403] O Tema 563 possui a seguinte redação: "[a] pretensão do segurado consiste em renunciar à aposentadoria concedida para computar período contributivo utilizado, conjuntamente com os salários de contribuição da atividade em que permaneceu trabalhando, para a concessão de posterior e nova aposentação. Os benefícios previdenciários são direitos patrimoniais disponíveis e, portanto, suscetíveis de desistência pelos seus titulares, prescindindo-se da devolução dos valores recebidos da aposentadoria a que o segurado

REsp nº 1.348.301/SC,[404] conforme os procedimentos relativos aos Recursos Repetitivos, também firmou o Tema nº 645, no sentido de que o prazo decadencial para revisão do ato de concessão de benefício não se aplicaria ao famigerado instituto da desaposentação.[405] Nada pode demonstrar melhor a perspectiva individualista da previdência pública brasileira que o malogrado instituto da desaposentação. Como a aposentadoria é financiada, na sua maior parte, por receitas totalmente externas à contribuição do trabalhador, a nova aposentadoria não passaria de *estratégia individual de maximização* de benesses pecuniárias da relação jurídico-previdenciária.[406]

Felizmente, após longos anos de uma insólita e renhida disputa jurisprudencial, o STF aprovou, por maioria de 7 a 4, no dia 26 de outubro de 2016, a seguinte tese de repercussão geral: "[n]o âmbito do Regime Geral de Previdência Social (RGPS), somente lei pode criar benefícios e vantagens previdenciárias, não havendo, por ora, previsão legal do direito à 'desaposentação', sendo constitucional a regra do artigo 18, parágrafo 2º, da Lei nº 8.213/1991".[407]

Posteriormente, em 06 de fevereiro de 2020, em função de julgamento de embargos de declaração, o STF teve que se pronunciar

---

deseja preterir para a concessão de novo e posterior jubilamento. A nova aposentadoria, a ser concedida a contar do ajuizamento da ação, há de computar os salários de contribuição subsequentes à aposentadoria a que se renunciou" (Disponível em: http://www.stj.jus.br/repetitivos/temas_repetitivos/pesquisa.jsp?novaConsulta=true&sg_classe=REsp&num_processo_classe=1334488. Acesso em: 28 out. 2016). Posteriormente, com a posição definitiva do STF, ocorreu a revisão do Tema 563, em 27 de março de 2019, que assumiu a seguinte redação: "[n]o âmbito do Regime Geral de Previdência Social – RGPS, somente lei pode criar benefícios e vantagens previdenciárias, não havendo, por ora, previsão legal do direito à 'desaposentação', sendo constitucional a regra do artigo 18, parágrafo 2º, da Lei 8.213/1991" (Fonte: STJ Notícias, de 30 de maio de 2019. Disponível em: https://scon.stj.jus.br/SCON/jurisprudencia/toc.jsp?livre=1334488&repetitivos=REPETITIVOS&b=AC OR&thesaurus=JURIDICO&p=true. Acesso em: 14 set. 2019.

[404] BRASIL. STJ. REsp nº 1.348.301/SC. Órgão Julgador: Primeira Seção. Ministro Relator: Arnaldo Esteve Lima. Brasília/DF, julgamento em 27 nov. 2013. Disponível em: https://ww2.stj.jus.br/processo/revista/documento/mediado/?componente=ITA&sequencial=1286 123&num_registro=201202157634&data=20140324&formato=PDF. Acesso em: 28 out. 2016.

[405] O Tema 645 tem a seguinte redação: "[a] norma extraída do *caput* do art. 103 da Lei 8.213/91 não se aplica às causas que buscam o reconhecimento do direito de renúncia à aposentadoria, mas estabelece prazo decadencial para o segurado ou seu beneficiário postular a revisão do ato de concessão do benefício, o qual, se modificado, importará em pagamento retroativo, diferente do que se dá na desaposentação" (Disponível em: http://www.stj.jus.br/repetitivos/temas_repetitivos/pesquisa.jsp?novaConsulta=true&sg_classe=REsp&num_processo_classe=1348301. Acesso em: 28 out. 2016).

[406] COIMBRA, 2018, p. 29.

[407] Fonte: *Notícias STF*, de quinta-feira, 27 de outubro de 2016. Disponível em: http://www.stf.jus.br/portal/cms/verNoticiaDetalhe.asp?idConteudo=328278. Acesso em: 28 out. 2016.

novamente sobre a temática, mas, nesta ocasião, para afastar a *reaposentação*, que é a constituição, de forma autônoma, com renúncia do benefício atual, de nova aposentadoria, firmando uma nova redação à tese de repercussão geral, nesses termos: "[n]o âmbito do Regime Geral de Previdência Social – RGPS, somente lei pode criar benefícios e vantagens previdenciárias, não havendo, por ora, previsão legal do direito à 'desaposentação' ou à 'reaposentação', sendo constitucional a regra do art. 18, § 2º, da Lei nº 8.213/1991".[408]

Prendendo-se à análise dos votos do julgamento de 2016,[409] é possível destacar que, em uma dinâmica discursiva sobre a pretensa (in)constitucionalidade ou (i)legalidade da desaposentação, é inegável que o voto do ministro Marco Aurélio, em grande medida, considerou a dignidade humana como mecanismo supralegal para consagrar uma revisão, para maior, da renda mensal das aposentadorias dos segurados, o que bem reforça a tese de que dignidade humana atua como uma *massa de modelar jurídica* e, nesse sentido, assume os contornos subjetivos do intérprete diante de qualquer conflito jurídico em análise. Ora, a ideia de *ócio com dignidade*[410] não pode representar substrato jurídico adequado para permitir uma contínua revisão dos benefícios previdenciários, pois representaria um contínuo revisional da relação jurídico-previdenciária, gerando custos orgânico-funcionais incomensuráveis, sem falar na própria inviabilidade financeira do RGPS.

A ministra Cármen Lucia, por sua vez, defende perspectiva diversa, porém sem perder o viés romântico da relação entre dignidade e solidariedade.[411] Cumpre dizer o seguinte: a solidariedade, como expressão de dignidade humana, pelo menos em uma perspectiva previdenciária, não se compatibiliza com qualquer esforço orgânico decorrente da redistribuição fiscal, até porque não existe propriamente dignidade em submeter-se à imposição tributária. A lógica tem um contorno diverso: não é a solidariedade que reforça a dignidade humana, mas esta que reforça, ou mesmo justifica, os fundamentos da solidariedade no meio social. Pagar tributo é, por natureza, uma

---

[408] Fonte: *Notícias STF*, de quinta-feira, 06 de fevereiro de 2020. Disponível em: http://www.stf.jus.br/portal/cms/verNoticiaDetalhe.asp?idConteudo=436392. Acesso em: 2 mar. 2020.
[409] BRASIL, 2016.
[410] RE nº 381.367/RS, p. 410 e 411.
[411] Nestes termos: "[...] O princípio da solidariedade eleva a dignidade da pessoa humana à tutela coletiva, ao patamar social, implementando-se com política concreta de Estado, consagrada pelo esforço coletivo de todos em favor de todos, e instrumentalizada para além da exclusiva lógica financeira da capitalização que, fechada em si, não demonstra compromisso com a justiça social e a distribuição de renda" (RE nº 381.367/RS, p. 561).

expressão de solidariedade e não de dignidade. Ninguém se torna mais ou menos digno por pagar mais ou menos tributo, observando-se, em qualquer caso, o limite da tributação, isto é, quando atingir o direito a um *mínimo para uma existência condigna*, hipótese em que a própria imposição tributária colide com a dignidade humana. Por mais que se defenda que a dignidade possa reforçar os propósitos da solidariedade, o que não é nada fora de propósito, o fato é que a solidariedade previdenciária tem clara autonomia operativa diante da fluidez semântica da dignidade humana.

Disso resulta a seguinte constatação: se a pertinência argumentativa dos tribunais se encontra nesses termos para temáticas consideradas mais técnicas e objetivas, pois a legislação veda expressamente a desaposentação ou reaposentação, o que dizer diante dos benefícios por incapacidade? Infelizmente, sem maiores cuidados metodológicos, a dignidade, antes mesmo das perícias e dos demais requisitos concessórios, tem dado o tom e dom dos processos decisórios judiciais. Diante do conjunto de considerações ventiladas neste capítulo, sumariam-se estas preliminares assertivas:

(a) a defesa intransigente da normatividade social, com consequente sacrifício da universalidade dos sistemas de proteção social, é incompatível com os substratos normativos da justiça intergeracional;

(b) a acentuada perspectiva individualista da dignidade humana na concessão dos direitos sociais compromete a expansão dos programas abrangentes de proteção social; aliás, essa óbvia constatação é sistematicamente negada pela mística compreensão de que a justiciabilidade dos direitos atenderá adequadamente às demandas sociais;

(c) a tímida perspectiva comunitária da dignidade humana nos desígnios da solidariedade social, além de fragilizar o sistema de proteção social, compromete a promoção de reformas estruturais destinadas a promover a sustentabilidade financeira e atuarial dos regimes previdenciários;

(d) a fragmentariedade decisória nas demandas relacionadas aos direitos sociais, sobretudo, nos benefícios previdenciários e assistenciais por incapacidade, decorre da desmedida compreensão dos parâmetros normativos do princípio da dignidade humana, pois, a partir dela, os parâmetros abstratos da legislação previdenciária, pretensamente objetivos, são praticamente fulminados, porque são absorvidos pela moral subjetiva do intérprete, que decanta as premissas fáticas e

normativas – consideradas justas a partir de determinado filtro político – para a concessão dos benefícios, olvidando-se, por completo, o poder de conformação legislativa e os limites materiais de atuação da Administração Pública;
(e) no contexto em que a dignidade humana promove a decantação jurídica das prestações sociais, não há como negar o estrondoso reflexo que isso resulta nas políticas públicas, estas serão sempre repensadas não em função de sua abrangência ou qualidade, mas, simplesmente, para atendimento da contingência dos julgados, ocasionando sérias repercussões nos prognósticos anuais de execução orçamentária;
(f) a exasperadora aplicação do princípio da dignidade humana, longe de sério ideário de reflexão jurídica, torna-o em uma verdadeira *massa de modelar jurídica*, pois através dele é possível criar qualquer imagem ou escultura de qualquer direito, sobretudo, quando não há qualquer responsabilização processual, funcional ou política em função disso. Nesse sentido, a dignidade representa um expediente que reforça a incolumidade funcional do julgador e, ainda, acentua o seu virtuosismo retórico; e
(g) a dimensão intergeracional dos direitos fundamentais exige cautela nos parâmetros de exigibilidade dos direitos fundamentais, sobretudo, pela inviável disponibilidade dos bens sociais em uma perspectiva estritamente individualista, no que desprestigiaria o devido respeito aos interesses das futuras gerações. Aqui, não se trata apenas da disponibilidade de recursos naturais ou financeiros, recaindo, inclusive, na disponibilidade dos meios e modos de atuação em uma dinâmica social cada vez mais complexa e conflitiva, ou melhor, que não mais encontra assento em uma perspectiva modelar pretensamente uniformizadora da sociedade de massas, porquanto ela reflete um "[...] processo de complexificação crescente, de diferenciação e de fragmentariedade",[412] que intensifica a proteção jurídica das individualidades, mas, também, reconhece seus limites diante da ação pública.

---

[412] LOUREIRO, 2001, p. 815.

1.3.2 Proposições

> *"É que, havendo sempre alternativas num contexto complexo e 'policêntrico', um controlo que vá além da evidência facilmente resvala para um activismo judicial, em que o Tribunal passa a agir como um contra-poder do decisor político democrático – estamos perante o poder de uma elite profissional, que pode correr o risco de transformar-se numa oligarquia, actuando sem bússola, subjetivamente ou em função de ideologias ou de rasgos emocionais, em casos de restrição, muitas vezes, com tendências populistas."*[413]

Considerando os posicionamentos ventiladas acima, nos quais não desprezam a importância da dignidade humana, porém não a consideram uma via adequada à solução de problemas que exigem mobilizadores político-administrativos em uma sociedade hipermoderna, destacam-se as seguintes proposições:

(a) o *argumento da universalidade dos direitos fundamentais*, acompanhado dos permeios da dignidade humana, ainda que represente um forte arrimo argumentativo, decantado mediante sólidas manifestações filosóficas, não representa a via mais adequada para implementação dos direitos em face dos dilemas financeiros da socialidade. É dizer que o discurso não traz recurso e, muito menos, racionaliza a gestão do gasto público em face das fortes crises financeiras dos regimes previdenciários no mundo. Desse modo, a delimitação dos graus de proteção social através das possibilidades financeiras do Estado, ainda que assentado no questionável critério do mínimo social, a despeito das análises abstratas, processuais ou legislativas,[414] melhor se afeiçoa aos prognósticos de realizabilidade dos direitos em uma perspectiva

---

[413] ANDRADE, 2015, p. 40.
[414] LEITJEN, 2015, p. 47-48.

sistêmica. Afinal, as prestações materiais são realizadas em uma ambiência de total rivalidade entre os destinatários da ação pública, que, não raras vezes, diante da escassez de recursos, encontram-se em um processo decisório de *escolhas trágicas*, geralmente baseadas na racionalização do gasto público ou nos fundamentos morais da sociedade.[415] Assim, a preferência do *cidadão jurisdicionado* em face do *cidadão não jurisdicionado* consagra uma lógica perversa de exclusão social indevidamente institucionalizada e, dessa forma, de total desigualdade na promoção da proteção social no seio da sociedade;

(b) a *teoria do problema único*, na intensa conflituosidade dos dilemas existenciais, típico das demandas judiciais, faz negar a imensa complexidade das prestações sociais em uma sociedade hipermoderna e, além disso, cria a falsa imagem de uma pomposa resolução constitucional dos conflitos fático-jurídicos relacionados à concretização dos direitos positivos, quando, em verdade, apenas levantam códigos incompreensíveis à dinâmica realizadora deles na procedimentalidade das prestações sociais, seja pela dificuldade financeira do Estado, seja pelo esvaziamento da decisão política do gestor.

O caso das prestações sociais onerosas, mormente na área de saúde, bem denuncia esse estado de coisas. Nesse contexto, a dificuldade da decisão judicial, que não pode ser negada, revela-se, por um lado, no reconhecimento da premente necessidade do jurisdicionado; por outro, em uma perspectiva estritamente processual, na identificação da provisoriedade dos efeitos práticos da demanda, a apesar da onerosidade da prestação concedida.[416] Como nenhuma via é passível de quantificação

---

[415] CALABRESI, 1978, p. 18-19.
[416] Uma sensível parcela da problemática mencionada esteve pendente de julgamento no STF, aliás, por mais de uma década, pois a temática *assistência e medicamento de alto custo* teve a Repercussão Geral reconhecida no RE nº 566.471-6, precisamente no dia 24 de outubro de 2007 (Disponível em: http://redir.stf.jus.br/paginadorpub/paginador.jsp?docTP=AC&docID=499864. Acesso em: 07 ago. 2020). Vale destacar que, no ano de 2016, foi iniciado o julgamento da demanda, cuja conclusão ocorreu apenas no dia 11 de março de 2020. Na oportunidade, por maioria, o STF negou provimento ao RE, mas, curiosamente, decidiu fixar a tese da repercussão geral em data posterior, porém, ainda indefinida (Disponível em: http://portal.stf.jus.br/processos/detalhe. asp?incidente=2565078. Acesso em: 07 ago. 2020). Nesse ponto, é pertinente destacar que no Agravo Regimental na Suspensão de Tutela Antecipada nº 175, com julgamento em 17 de março de 2010, o STF já havia firmado o entendimento de que o alto custo de medica-

monetária, a partir dos regulares prognósticos da dignidade humana, é comum a afirmação de que toda expressão de valor possa ser justificada, por mais improváveis que sejam os prognósticos apontados pela técnica, no sentido de contemplar os permeios da dignidade humana.

Trata-se, portanto, de perspectiva que corporifica um misto de esperança e insensatez na condução da ação pública. Em face dessa problemática, afigura-se mais compreensível, sem a pieguice dos esforços concentrados, o discurso dos limites da atuação judicial, porquanto sozinha não é capaz de romper os limites estruturais da sociedade, senão quando, nessa qualidade, atuar de forma mediadora e não gestora das propostas de superação das situações graves ou críticas do sistema de proteção social do Estado;

(c) a assumida importância da *reflexão jurídica da dignidade humana*, que tem particular posição na resolução de diversos conflitos jurídicos,[417] mormente os relacionados à proteção da privacidade, personalidade, liberdade e, sobretudo, da autonomia pessoal,[418] infelizmente, não tem a mesma contribuição na resolução dos dilemas relacionados à igualdade (artigo 6º da CRFB), pois, por geralmente exigirem maior fluxo de recursos, inclusive em uma perspectiva concorrencial, a decisão judicial se encontra mais claramente circunscrita ao universo dos condicionantes político-econômicos da sociedade que das complexas reflexões hermenêuticas, de maneira que, no árido terreno da escassez, mais importante que a delimitação jurídica de *determinado direito*, pretensamente categorizado a partir da dignidade humana, é a concreta

---

mento registrado na ANVISA não representaria razão suficiente para impedir o seu fornecimento pelo Estado (Disponível em: http://redir.stf.jus.br/paginadorpub/paginador.jsp?docTP=AC&docID=610255. Acesso em: 29 set. 2016).

[417] É possível enumerar alguns conjuntos de áreas em que a interpretação jurídica tem recorrido intensamente ao princípio da dignidade humana, quais sejam, (a) proibição de tratamento desumano, humilhação ou degradação de uma pessoa por outra; (b) escolha individual, autonomia e autorrealização; (c) proteção da cultura e identidade de grupos; e (d) criação de condições necessárias para que os cidadãos tenham necessidades mínimas satisfeitas (Christopher MCCRUDDEN, "*Human Dignity and Judicial Interpretation of Human Rights*", 2008, p. 686-694). Com relação ao último conjunto, ainda que não se negue a recorrente disposição no uso argumentativo da dignidade humana, o fato é que ela nada contribui para resolução dos dilemas envolvidos, porquanto, na maioria dos casos, não há qualquer dúvida sobre a particular situação dos cidadãos, mas sim sobre a definição do grau de comprometimento da gestão fiscal do Estado no atendimento das prestações sociais e, como se sabe, isso não revela propriamente uma questão jurídica, mas político-administrativa.

[418] CAROZZA, 2011, p. 460.

satisfação de *qualquer direito* em uma perspectiva sistêmica, pois, na maioria dos casos, não há qualquer dúvida sobre a situação de fragilidade humana ou vulnerabilidade social suportada pelo cidadão, no que exigiria uma atuação premente do Poder Público, porquanto o que realmente se questiona é saber como poderá ser concretizado *qualquer direito* sem o sacrifício de outras formas de proteção social respaldadas pela ação pública.

Tal constatação, evidentemente, não quer dizer que demandas que não sejam diretamente relacionadas aos direitos sociais não exijam esforços da gestão financeira do Estado, como, por exemplo, segurança pública; contudo, as prestações sociais, na grande maioria dos casos, são mais onerosas em função de sua concomitante perspectiva universalista e individualista, isto é, contempla universalmente determinado segmento da sociedade e, em seguida, toda prestação é individualizada em função de benefícios concretos, inclusive, muitas vezes, com prestações de alta atenção pessoal, tal como se observa na educação, saúde, assistência social ou previdência social. Por isso, é compreensível que a CEDH possua alguma hesitação na implementação dos direitos que exija acentuada ação positiva do Estado, não como atitude omissiva da Corte de Estrasburgo, mas por considerar, corretamente, os limites fiscais dos Estados na proteção dos direitos sociais.[419]

Vale destacar que, no caso *The Government of the Republic of South Africa & Others vs Grootboom & Others*,[420] julgado em 4 outubro de 2000, restou notório o reconhecimento das possibilidades fiscais do Estado, tanto que a dinâmica decisória foi assentada em uma perspectiva dialógica com os demais poderes da República sul-africana, pois não havia dúvida de que existiria ofensa à dignidade humana na ausência de comida, roupa ou abrigo. Ademais, a medida adotada, diante da situação de premente necessidade socioeconômica, poderia ser defendida, aliás, com o mesmo grau de convencimento, mediante a tese de que os fatos narrados consagrariam uma ofensa ao direito de igual respeito e consideração de todos os membros da comunidade política, conforme as premissas teóricas dworkinianas,[421] que, tal qual a ofensa à dignidade, nada explicaria como superar os desafios materiais do caso concreto. Daí as críticas à atuação da corte sul-africana, no sentido

---

[419] LEITJEN, 2015, p. 26.
[420] Disponível em: http://www.saflii.org/za/cases/ZACC/2000/19.pdf. Acesso em: 11 nov. 2016.
[421] DWORKIN, 1977, p. 181.

que ela não seria capaz de determinar as garantias socioeconômicas no âmago da Constituição da África do Sul.[422] Disso resulta que é mais aconselhável, diante de árduo juízo político-administrativo, inclusive, com a possibilidade de intervenção judicial, estabelecer as vias ordinárias ou extraordinárias de prestação social, que respaldar o universo da *microjustiça* a partir da dignidade humana, uma vez que isso tende a fragilizar os prognósticos da ação pública e, claro, sem substituto equivalente no largo universo da prestação social;

(d) as *categorias jurídicas*, de um lado, direitos civis e políticos, e, de outro, direitos econômicos, sociais e culturais, não expressam parâmetros de estrutura normativa propriamente diversos, a variação é apenas de grau quanto aos níveis de atuação da ação pública, de maneira que as instituições, notadamente o complexo orgânico-funcional do Estado, é que empreendem procedimentos e institutos diversos na tarefa de implementação dos direitos positivos, porquanto essas categorias jurídicas têm técnicas diversas de exigibilidade ou efetividade, haja vista a especificidade delas no contexto da socialidade. Disso advém a importante questão da capacidade transformadora (continuidade) do Direito, isto é, reconhecendo seus limites no universo das grandes questões políticas, não aceita passivamente uma perspectiva formal do Estado de Direito,[423] exercendo uma combativa frente discursivo-interventiva capaz de servir de instrumento para o aperfeiçoamento das instituições e dos procedimentos na promoção da socialidade; e

(e) a *prevalência da dignidade humana*, em uma conexão instrumental e discursiva com a segurança jurídica, não pode desconsiderar os sérios prognósticos da justiça intergeracional, exigindo-se, assim, necessários reparos no substrato jurídico dos direitos adquiridos, especialmente quando eles são considerados a última expressão de proteção social dos segurados, trabalhadores ou cidadãos. Aliás, o tratamento absoluto dispensado aos direitos adquiridos apenas tem servido para mistificar o entendimento de que são desnecessárias as reformas previdenciárias no Brasil, sacrificando desmedidamente as gerações futuras. Ou em termos mais

---

[422] LEITJEN, 2015, p. 38.
[423] SOARES, 2008, p. 162.

práticos: quanto mais absolutos forem os direitos adquiridos menores serão as chances de efetiva proteção social das gerações futuras. Isto é, quanto mais inflexível for o sistema de proteção social maiores serão as dificuldades das gerações futuras de sustentar o sistema delineado a partir do juízo de análise do passado.

De modo bem claro: a passagem para um sistema de proteção social mais flexível (*flexicurity*),[424] cuja política trabalhista ativa é pautada na empregabilidade, sobretudo, na proteção do trabalhador, e não na estabilidade,[425] no qual comporte as providenciais mudanças na dinâmica dos regimes previdenciários, pode exigir a relativização dos direitos adquiridos. Aqui, tem-se praticamente a lógica do caminho da dependência (*path dependence*[426]), no sentido de que as escolhas do passado afetam o futuro e, sobretudo, a importância causal das *condições iniciais*[427] e dos *eventos intermediários*.[428] Assim, por considerar ruidosa qualquer alteração de rota, isto é, mudança do modelo adotado, há como um irrefreável estímulo para o manter, ainda que ele seja superado diante dos conflitos ou dilemas da atualidade; o problema, contudo, é que, na invulgar celeridade das más notícias, não tardará em inexistir qualquer caminho a seguir. O custo de transição dos atuais regimes explica esse estado de coisas e, em tópico específico, será analisado nesta obra.

---

[424] GIUBBONI, 2012, p. 551.
[425] GIAMBIAGI, 2018, p. 231.
[426] MAHONEY; SCHENSUL, 2006, p. 458.
[427] MAHONEY; SCHENSUL, 2006, p. 459.
[428] MAHONEY; SCHENSUL, 2006, p. 460.

CAPÍTULO 2

SOLIDARIEDADE ESTRUTURALMENTE ORDENADA NO ESTADO CONSTITUCIONAL

"Será que eu falei o que ninguém ouvia?
Será que eu escutei o que ninguém dizia?
Eu não vou me adaptar, me adaptar.
Eu não vou me adaptar, me adaptar."[429]

Etimologicamente, "solidariedade" remonta ao adjetivo latino *solidus*, no sentido de sólido ou firme, e ao substantivo neolatino *solidaritas*, empregado pelo Direito Romano, cujo significado jurídico compreende a ideia de responsabilidade mútua, só ganhando significado mais social no século XIX.[430] Aliás, a solidariedade, como conceito propriamente moderno,[431] representa uma evolução da ideia revolucionária da fraternidade, denotando clara origem na Revolução Francesa,[432] isto é, pontuando uma *justiça reparativa* como exigência da fraternidade,[433] o que denuncia estreita ligação com a ideia de igualdade. Aqui, vale dizer que a fraternidade não teve o mesmo impulso jusfilosófico da igualdade

---

[429] Refrão da música *Não vou me adaptar*, uma composição de Arnaldo Antunes, do álbum *Ao vivo no estúdio*, lançado no ano de 2007.
[430] TINGA; VERBRAAK, 2000, p. 254.
[431] NABAIS, 1999, p. 146.
[432] GIUBBONI, 2012, p. 529.
[433] BLAIS, 2007, p. 31, convocando Alfred Fouillée.

– não apenas em função da riqueza semântica deste último termo, que se revela indiscutível nos prognósticos das ciências humanas, mas, sobretudo, pelos claros propósitos que a igualdade consagra no meio social –, o que também se observa com relação à liberdade, no contexto do período pós-revolucionário, de forma que a fraternidade, desde o início, não podia gozar da mesma atenção dos juristas. Ademais, a fraternidade só foi grafada em *documento solene* a partir da Constituição francesa de 1791 e, mesmo assim, não como princípio jurídico, mas como virtude cívica,[434] que, como se sabe, não é desgastada, mas sim intensificada, pelo exercício pleno da cidadania.[435] A fraternidade, de qualquer sorte, arrimando-se em uma igualdade de nascimento (isogonia) e, por conseguinte, em uma igualdade de natureza, acaba por determinar uma igualdade segundo a lei[436] (isonomia).

Atualmente, o substrato jurídico-axiológico do termo tem um colorido bem diverso de suas origens, aliás, nada se assemelhando à perspectiva sinérgica da palavra fraternidade no pretensiosamente glorificante movimento revolucionário francês,[437] denunciando, contudo, a importância dos velhos compromissos a partir da fraternidade, que tanto caracteriza a *solidariedade dos antigos*,[438] mas, claro, através de novos e diversificados mecanismos, só que, agora, sob a égide da auspiciosa e dominante ideia de *solidariedade dos modernos* de claro matiz normativo.[439] Nessa ordem de ideia, a fraternidade corporifica a perspectiva política de ponte entre o individualismo liberal e a justiça social, porém, a solidariedade convola ideais políticos mais abrangentes, isto é, além da perspectiva individual ou grupal, tendo em vista a dinâmica dos problemas atuais da sociedade, cujos entraves não se encerram nos limites territoriais de qualquer Estado.[440]

Todavia, há quem afirme que, hoje, a noção de fraternidade tenha sido revalorizada, seja pela deficiência do princípio da solidariedade, seja pela própria agonia do Estado-Providência, porquanto expressa

---

[434] COMPARATO, 2010, p. 241.
[435] SANDEL, 2013, p. 127.
[436] DUSSEL, 2003, p. 199.
[437] No que concerne à *guilhotina da igualdade*, a questão, contudo, não se limita a declarar os evidentes benefícios da fraternidade, mas sim determinar quais são os mecanismos sociais necessários para alcançá-la em face de uma legislação que, ao longo dos séculos, tem contribuído cada vez mais para a promoção dos direitos individuais, portanto, estritamente egoísticos, no terreno da socialidade.
[438] IBRAHIM, 2011, p. 22.
[439] IBRAHIM, 2011, p. 22.
[440] GIUBBONI, 2012, p. 533.

uma dimensão mais humanizante que a solidariedade, esta, aliás, alicerçando-se em direitos e deveres sociais, não se preocupou com outros valores, como intolerância ou rejeição.[441] Assim, a fraternidade se encontra intrinsecamente relacionada à dinâmica dos valores, como elemento característico do sentido atual de democracia, mormente na reconstrução da democracia social.[442]

Não obstante essas considerações, em uma perspectiva jurídica, a fraternidade foi, progressivamente, *secularizada* na ideia de solidariedade,[443] de maneira que, entre o fim do século XIX e as primeiras décadas do século passado, o solidarismo fez da solidariedade um conceito-chave, inclusive com expresso reconhecimento nos textos constitucionais,[444] aliás, o termo é largamente empregado em sentido normativo, geralmente vinculado aos movimentos sociais.[445]

Nesse ponto, cumpre lembrar que a fraternidade foi contemplada no preâmbulo da CRFB, haja vista o particular destaque dado aos valores de uma *sociedade fraterna*, entre eles, a igualdade. Dessa forma, a fraternidade, como ideia de igualdade, foi consagrada na solidariedade, só que como ideia de alteridade, o que bem evidencia a própria dinâmica de grupos, na qual se costuma assentar os projetos políticos do Estado.[446] Aliás, de modo mais amplo, é possível afirmar que a solidariedade se espraia pelos domínios das relações econômicas e sociais, nos quais projetam obrigações em diversas ordens de interesses e direitos potencialmente conflitivos, que vai da economia ao ambiente.[447]

Nesse ponto, pode-se afirmar que a solidariedade não deve ser imposta aos cidadãos pelo Estado, tendo em vista os riscos que a sua institucionalização ocasionaria no meio social, isto é, acarretaria invariavelmente uma intervenção perniciosa no círculo das relações sociais e, claro, um malfadado paternalismo, o que acabaria por solapar as próprias bases do Estado democrático.[448] A advertência encerra uma preocupação legítima, pois afasta a ideia original de solidariedade como dever moral, assumindo ares de puro eufemismo,[449] sobretudo, diante

---

[441] MONIZ, 2015, p. 74.
[442] MONIZ, 2017, p. 205.
[443] LOUREIRO, 2014, p. 1.866.
[444] LOUREIRO, 2012, p. 190.
[445] TINGA; VERBRAAK, 2000, p. 254.
[446] DUSSEL, 2003, p. 214.
[447] LOUREIRO, 2006, p. 294.
[448] CORTINA, 2005, p. 55.
[449] IBRAHIM, 2011, p. 15.

de governos autoritários; contudo, trata-se de risco que a sociedade *livre* possa assumir, inclusive como resposta política na tentativa de redistribuição de bens,[450] porquanto é pouco provável que o recrudescimento dos valores liberais, tal como foi observado em outras épocas no Ocidente, vá sucumbir-se diante dos providenciais valores da solidariedade no conflitivo cenário da hipermodernidade. Ademais, o equilíbrio entre direitos e obrigações, seja entre cidadãos ou entre estes e a coletividade, representa a espinha dorsal da coesão social[451] e, desse modo, a solidariedade também compreende uma antítese da exclusão social.[452]

Além disso, é preciso dizer que a defesa da liberdade individual não é incompatível a *solidariedade cívica* e, claro, com a ética da *responsabilidade comunitária*, porquanto elas não negam a importância da liberdade no regular prospecto da vida em sociedade.[453] A solidariedade, como expressão de interdependência das pessoas e como uma base da coesão social, ainda pode ser compreendida a partir de quatro níveis, quais sejam: (a) *nacional*, que repercute na paridade sobre a base da cidadania; (b) *ocupacional*, representando a igualdade sobre a base da profissão compartilhada, incluindo, evidentemente, o compartilhamento de experiência decorrentes das relações de trabalho; (c) *histórico*; pontuando a conexão, por meio da memória, o passado, o presente e o futuro; e (d) *filosófico*, referenciando uma questão mais abstrata como a igualdade do gênero humano.[454]

Em uma perspectiva mais restrita, no universo das relações familiares, a solidariedade intergeracional pode ser mensurada a partir das seguintes dimensões: (a) *solidariedade afetiva*, que expressa os sentimentos recíprocos entres os seus membros; (b) *solidariedade associativa*, que decorre dos tipos e frequências de contatos intergeracionais dos membros da família; (c) *solidariedade consensual*, compreendendo o acordo de valores, opiniões ou orientações entre as gerações; (d) *solidariedade funcional*, que mais interessa aos objetivos da obra, pois denuncia o suporte familiar (oferta e ganho) entre as gerações; (e) *solidariedade normativa*, expressando as expectativas das obrigações legais decorrentes das relações parentais; (f) *solidariedade estrutural*, evidenciando a estrutura de oportunidade na interação entre as gerações,

---

[450] MARTINS, 2016, p. 336.
[451] TINGA; VERBRAAK, 2000, p. 255.
[452] TINGA; VERBRAAK, 2000, p. 257.
[453] ANDRADE, 2006, p. 1.080.
[454] TINGA; VERBRAAK, 2000, p. 255-256.

notadamente proximidade geográfica entre os membros da família.[455] Além disso, a família representa a estrutura base de ordenação da produção e reprodução da sociedade, bem como sua cultura, de uma geração para outra.[456] Diante dessas ligeiras formas de solidariedade familiar, e sobre os deveres de solidariedade em geral, é pertinente destacar o seguinte: não são exigidos dos cidadãos deveres morais, mas sim deveres, fundamentais ou não, relacionados aos mecanismos de conformação jurídica da solidariedade na ambiência social, o que é algo bem diverso da perspectiva paternalista dos deveres dos cidadãos. Além disso, a dinâmica da individualização, que bem explica o desaparecimento das identidades coletivas,[457] não representa o melhor meio para acentuar os prognósticos da solidariedade social. Assim, adaptar-se a essa realidade vai muito além de mera conveniência política dos cidadãos ou dos segmentos sociais (des)organizados, porquanto se revela mesmo um dever do cidadão diante das prementes exigências da socialidade.

Na mesma linha de reflexão, a intensificação do Direito no cotidiano das pessoas não pode limitar-se às tentativas de efetivação das benesses do Estado social, tal como exigida pela dignidade humana,[458] que constitui a face mais visível da questão, é preciso adentrar no universo dos deveres, sempre tão cercado de reservas pela sociedade, mormente pelos juristas, até mesmo em função das duras experiências do passado, mas que não pode retirar a sua importância em uma diretriz discursiva sobre os encargos da socialidade. Em uma palavra: é preciso superar a ideia de *solidariedade sem riscos*, enfim, sem compromissos com a transformação dos atuais modelos de proteção social, cuja exasperação do *funcionalismo de socializada instrumentalização*[459] do direito desaguou no flagelo dos múltiplos tentáculos da ação pública. De todo modo, na adversidade que o horizonte espelha, na dura contenda da proteção social, a solidariedade, saindo dos prelúdios da reflexão filosófica, somente encarnou as auspiciosas vestes dos textos constitucionais por uma razão absolutamente justificável: promover uma nova ordenação das relações sociais, isto é, saindo dos limites da perspectiva grupal ou segmentária, cujos interesses são mais restritos, para abraçar os esforços

---

[455] BENGTSON; OYAMA, 2010, p. 42-43.
[456] RAWLS, 2005, p. 467.
[457] MOUFFE, 2015, p. 47.
[458] LOUREIRO, 2016, p. 174.
[459] NEVES, 2008, p. 28.

de toda a ordem social, sem que isso implique dizer o necessário ordenamento e cumprimento de determinada visão de mundo. É dizer que se impõe uma solidariedade de caráter universal e, portanto, avesso "[...] ao individualismo fechado, à independência total e às 'morais de estábulo', ou seja, às endogamias, aos nepotismos e aos comunitarismo excludentes".[460] Aqui, cumpre mencionar que Adela Cortina parte de uma perspectiva moral da solidariedade e, nesse sentido, universal. Este livro, por razões óbvias, endossa uma perspectiva diversa do fenômeno da solidariedade, a saber, jurídica; contudo, quanto ao caráter universal da solidariedade, há clara convergência, pois não há como defender a noção de solidariedade arrimada apenas na defesa interna dos interesses particulares de grupo ou segmento social. Daí que a dinâmica da contributividade previdenciária convola claramente, conforme o indeclinável princípio da diversidade das fontes (bases) de financiamento (artigo 195 da CRFB), a noção de solidariedade em uma perspectiva universal, especialmente por considerar que todos, de direta ou indiretamente, contribuem para a previdência social. Por isso, o dever de solidariedade exige, antes de tudo, sua compreensão em uma perspectiva abrangente, para, só depois, identificar os aspectos específicos de sua aplicação prática.

No Brasil, a solidariedade tem inegável *status* constitucional, isso porque o objetivo fundamental de construir uma *sociedade livre, justa e solidária*, tal como preceitua o artigo 3º, inciso I, da CRFB, exige o imperativo da responsabilidade solidária na dinâmica compreensiva dos desafios da socialidade na hipermodernidade, inclusive, no que concerne ao RPPSU, a solidariedade é externada expressamente no artigo 40, *caput*, da CRFB. Ademais, entre as constituições anteriores, apenas as constituições de 1824 e 1891 não realizaram qualquer referência à temática, diferentemente das constituições de 1934 (artigo 149), 1937 (artigo 130) e 1946 (artigo 166), porém elas se limitavam ao âmbito educacional. Desse modo, apenas na constituição de 1967 (artigo 157, inciso IV) a solidariedade social ganhou fôlego, porque, mantido o enforque com a questão educacional, também promoveu vínculos com a ordem econômica.[461]

A conformação do Estado aos designíos constitucionais, na clara acepção de Estado juridicamente conformado,[462] isto é, conforme e

---

[460] CORTINA, 2005, p. 192.
[461] SEVEGNANI, 2014, p. 217-218.
[462] CANOTILHO, 2008, p. 168.

abaixo da constituição,⁴⁶³ exige o reconhecimento de que é necessário estabelecer parâmetros da atuação estatal e, mais que isso, compromisso no atendimento dos objetivos fundamentais da República, a despeito de crises recorrentes no quadro da ação pública. Por isso, a dinâmica da solidariedade corporifica, verdadeiramente, a linha discursiva de todos os direitos positivos, sendo, portanto, mais que um instrumental teórico-jurídico, conforme os diversos planos de sua operacionalidade. Afinal, "[é] o princípio da solidariedade que constitui o fecho de abóbada de todo o sistema de direitos humanos".⁴⁶⁴ Aliás, a solidariedade intergeracional tem permitido às pessoas, notadamente as mais velhas, superar seus desafios, haja vista o compartilhamento de valores, bens e serviços, que contribui para o bem-estar financeiro, emocional e educacional de toda a sociedade.⁴⁶⁵ Aqui, é bem nítida a lógica dos efeitos relacionais (políticos e sociais) e distributivos (econômicos) da solidariedade intergeracional,⁴⁶⁶ despontado, evidentemente, as fundamentais inferências desses efeitos no conceito de exclusão social, haja vista a importância das práticas político-sociais e das benesses econômicas no processo de emancipação dos grupos ou segmentos vulneráveis da sociedade.⁴⁶⁷

Os arrimos da solidariedade, sem sombra de dúvida, representam a primeira frente propositiva da sociedade diante dos flagelos decorrente da excessiva desigualdade entre os homens, sem esquecer que o verdadeiro problema a ser enfrentado é a pobreza e, claro, não há uma relação direta entre uma e outra. É fato que o Estado não pode obrigar a ninguém ser solidário, mas não é menos verdadeiro afirmar que ele pode criar mecanismos de consolidação dos deveres de solidariedade em uma perspectiva normativa e, nessa qualidade, para além dos vislumbres da imposição tributária, destacar a importância dos compromissos comunitários como forma de salvaguarda da própria liberdade, igualdade ou mesmo democracia e, com isso, da própria realização dos direitos positivos, pois a universalização dos direitos do homem exige a universalidade dos *direitos do outro homem*,⁴⁶⁸ o que bem evidencia a ideia de convivência comunitária em uma sociedade plural.

---

[463] HÄBERLE, 2003, p. 2.
[464] COMPARATO, 2010, p. 350.
[465] CRUZ-SACO, 2010, p. 9-34, p. 17.
[466] CRUZ-SACO, 2010, p. 18.
[467] BHALLA; LAPEYRE, 2004, p. 34.
[468] CARDUCCI, 2003, p. 50.

O discurso da solidariedade parece simples demais e pouco convence aos que suportam o descomunal peso da exclusão social, algo que nem sempre se vincula à pobreza humana e, por outro lado, também não tem relação direta com a desigualdade social. O problema é que nenhuma solução virá sem sacrifícios de todos os envolvidos na promoção da ação pública e que a corrente, cômoda e hipócrita, da mera defesa retórica da socialidade, mas sem o compromisso com as mudanças em uma perspectiva individual, apenas faz soar os privilégios que adornam a desigualdade no mundo.[469] É dizer que o discurso da socialidade deve sair da margem *segura* da defesa inconsequente de direitos, porque conflitiva e autofágica, e iniciar a difícil travessia para a margem responsável da sustentabilidade dos direitos, só que, para isso, é preciso definir com razoável clareza o universo dos grupos mais afetados e, portanto, legitimados à atuação prioritária do Estado, o que não se observa com eventuais projeções que apenas apontem os sacrifícios suportados por determinados grupos para, assim, tentar manter privilégios de outros, tudo a partir da fórmula comum de imunização jurídica.

Desse modo, fazer enxergar essa constatação, com as inclináveis consequências no universo compreensivo dos direitos e deveres dos cidadãos, é uma das mais importantes proposições deste trabalho. É necessário firmar uma nova lógica compreensiva dos direitos, que, gozando de uma possível estabilidade, não inviabilize as providenciais intervenções nos parâmetros legais e, com isso, não *perenize* a desigualdade

---

[469] Cuja forma mais concreta, e também mais perniciosa, é ausência de cidadania econômica, no que repercute na acentuação de outras formas ou situações de fragilidade ou vulnerabilidade no meio social e, assim, afetando duramente qualquer tentativa de atenuar a desigualdade, não obstante o amplo reconhecimento dos direitos positivos na atualidade, pois "[a]preciar o valor da igualdade, independentemente da condição social, da idade, do sexo ou da etnia, é algo que começa na infância. E começa pela condição social porque, embora as Nações Unidas apontem o racismo e a xenofobia como obstáculos para a consciência da igualdade, o maior obstáculo continua a ser a *aporofobia*, o desprezo pelo pobre e pelo fraco, pelo idoso e pelo portador de deficiência" (CORTINA, 2005, p. 187). Por outro lado, admitir a existência desses dilemas, por mais que a autora possa indicar o contrário, não quer dizer, nem de longe, que a solução seja alcançada com a ideia linear da igualdade como valor ou fim da ação pública, porque presume a falsa noção de que a pobreza é decorrência da desigualdade, quando, sem qualquer esforço, ela – a pobreza – pode ser identificada pela ausência de riqueza, aliás, nos seus múltiplos aspectos. Um exemplo banal explica isso. Qual sociedade é mais desigual, a cubana ou a norte-americana? Então, o qual sentido de a *igualdade* de Cuba *estimular* os nacionais a se lançarem ao mar, inclusive, com risco iminente de vida, para chegar na Flórida? Aqui, ainda se impõe outra objeção, possivelmente paradoxal: tendo em vista que apenas um pequeno núcleo político dispõe de recursos e direitos de liberdade no *balneário da justiça social*, de maneira que a quase totalidade da população vive na miséria [absoluta] de bens e direitos, é questionável afirmar que a sociedade norte-americana seja mais desigual.

da atenção estatal por meio dos direitos adquiridos, nem negue os permeios da solidariedade por meio da lógica egoística dos direitos, daí que, como providencial advertência, "[a] interdependência e a solidariedade, o intervencionismo e a socialização vão, como é natural, alterar profundamente o sistema dos direitos fundamentais – trazendo novas concepções, outros pontos de partida e um equilíbrio diferente".[470] Não se trata, portanto, de uma gincana supressora de direitos, mas de concebê-los a partir de novos matizes e tudo em função de sua viabilidade no atual estágio da socialidade.

Por isso, o dever de solidariedade, como valor moral, não é possível de ser imposto pelo Estado; contudo, como valor jurídico, ainda que com visíveis dificuldades, ele não só pode ser imposto como deve ser imposto, no domínio estrito dos deveres positivos,[471] exigindo-se, nesse caso, os adequados instrumentais jurídicos, sendo o mais conhecido deles a imposição tributária (redistribuição fiscal), porém a perfectibilização de outros, notadamente no campo da proteção social, é necessária para que a solidariedade se corporifique na sociedade. É preciso, portanto, encontrar mecanismos que desenvolvam ou mesmo transcendam à ordinária noção de redistribuição intersubjetiva institucionalizada na figura do Estado,[472] porquanto os limites da imposição tributária, isto é, do sistema fiscal, são inegáveis na hipermodernidade.[473] Aliás, não apenas em função da insuperável dificuldade na contenção da erosão da base tributária, no que exigiriam contínuos e redobrados esforços de ordem global, mas, também, em uma perspectiva mais interna, na própria constituição performática de sistema tributário capaz de promover a distribuição de renda sem o sacrifício das frentes produtivas (confisco e desestímulo), que, evidentemente, não são todas formadas pelo famigerado 1% das pessoas mais ricas de cada país ou do mundo. Logo, é relevante destacar a existência de um dever de solidariedade política, econômica e social, que se espraia por todo o tecido social e, com isso, afasta a lógica da solidariedade em uma perspectiva grupal ou segmentária na sociedade.

Daí que a solidariedade assume inarredavelmente o *status* de verdadeiro bastião da justiça intergeracional e, por conta disso, endossa inegável caráter sistêmico às problemáticas político-intergeracionais,

---

[470] ANDRADE, 2019, p. 56.
[471] LOUREIRO, 2010, p. 196.
[472] GIUBBONI, 2012, p. 536.
[473] NABAIS, 2010, p. 133.

porquanto a dinâmica da solidariedade entre as gerações, que assume clara conexão tanto com a cidadania global como com a parentalidade,[474] contempla a necessidade de contornar 03 (três) dilemas abrangentes, quais sejam, (a) a questão da *irreversibilidade* de determinadas alterações nos ecossistemas terrestres; (b) o desafio da *esgotabilidade* de determinado recursos; e (c) o impasse da *durabilidade* de determinados riscos na sociedade hipermoderna.[475] Logo, o tratamento dessas questões, que não se limita evidentemente a uma preocupação ecológica, repercute em toda a sociedade e, por isso, é capaz de expressar preocupações ou alívio aos cidadãos, conforme o descortinar das ações públicas, em função da transferência ou não de odiosos encargos de uma geração para outra.

Nessa ordem de ideias, em um universo mais específico, é de inegável importância a discussão sobre a sustentabilidade financeira e atuarial nos regimes previdenciários, aliás, não apenas em função da posição egoística de cada segurado ou beneficiário, o também se aplica a determinado grupo social, tal como se revela na lógica relacional entre a contributividade e os direitos adquiridos, tão largamente defendida na sociedade brasileira; mas sim cotejando o amplo universo de dados que encerra a higidez financeira e atuarial do regime, em particular a dinâmica demográfica, que absorve um longo leque de considerações no universo dos problemas sociais, nas quais se inserem as de natureza previdenciária. Por evidente, trabalho e previdência são os pontos nodais dessa intrincada questão, haja vista a inegável relação que eles têm com a ordenação etária da sociedade. Por isso, mais que uma questão previdenciária, a questão demográfica encontra redobrado relevo na própria constituição do corpo social e, assim, na configuração das possibilidades de transformação dos modelos vigentes.

Nesse ponto, arrimando em uma ligeira perspectiva funcionalizadora da dignidade humana, não há como descurar que ela tem uma clara relação com a solidariedade, afinal, o reconhecimento da singularidade de cada pessoa, dotado de um valor intrínseco inarredável, transforma cada membro da comunidade política em um verdadeiro vetor da solidariedade, como que responsável por essa singular particularidade em todos os demais, exigindo-se, assim, um rol de ações pautadas nos valores comunitários. É do reconhecimento desse compromisso que exsurgem os substratos materiais da solidariedade no Estado Constitucional, pois a conformação constitucional dessa

---

[474] BUTTS, 2010, p. 84.
[475] CANOTILHO, 2010, p. 15.

ideia de pouco, ou nada vale, se não existir qualquer reconhecimento desse valor no seio da comunidade política, porquanto seus membros, em última instância, adornam e imprimem os instrumentais jurídicos necessários à operacionalidade do dever de solidariedade.

Vê-se, assim, um limite à atuação estritamente jurídica da ideia de solidariedade; mas, por outro lado, deve-se reconhecer a capacidade transformadora dos valores na sociedade, sobretudo, quando compartilhados em uma ambiência jurídica que a favoreça. Aqui, vale mencionar que as críticas pontuadas no capítulo anterior sobre o uso e abuso da dignidade humana, na estrita compreensão de suas debilidades, não torna incompatível ou contraditória qualquer relação entre dignidade e solidariedade, porquanto, como valor fundante da ordem constitucional, a dignidade norteia os substratos axiológicos dos princípios constitucionais.

É dizer que, ainda que se possa afirmar que a dignidade humana tenha dois importantes corolários, a saber, responsabilidade e solidariedade:[476] o primeiro, como dever de superar as necessidades básicas, próprias e familiares, em uma sociedade; o segundo, como resposta comunitária aos infortúnios da socialidade,[477] é preciso ter uma compreensão parcimoniosa sobre as possibilidades jurídicas desses corolários, mormente quando a própria construção jurisprudencial da dignidade humana ainda não se revelou capaz de encampar soluções práticas para dilemas sociais complexos, como é o caso da proteção social previdenciária. De todo modo, a correspondência entre responsabilidade e solidariedade é incontestável, porquanto a própria dinâmica da solidariedade, como mecanismos de superação dos desafios da socialidade, compreende uma disciplina normativa que afaste os domínios de irresponsabilidade ou dependência dos beneficiários das políticas públicas.[478] Porém, antes de adentrar nas reflexões sobre os instrumentais jurídicos da solidariedade no Estado Constitucional, afigura-se uma necessária discussão sobre a justiça entre as gerações e, com isso, coligir os fundamentos justificadores do dever de solidariedade política, econômica e social na sociedade hipermoderna.

---

[476] LOUREIRO, 2014, p. 91.
[477] LOUREIRO, 2014, p. 91.
[478] LOUREIRO, 2014, p. 92.

2.1 Justiça entre as gerações como inevitável conflito jurídico-político

> *"It is a natural fact that generations are spread out in time and actual economic benefits flow only in one direction. This situation is unalterable, and so the question of justice does not arise. What is just or unjust is how institutions deal with natural limitations and the way they are set up to take advantage of historical possibilities".*[479]

Para além de eventual otimismo que encerra uma teoria da justiça, cumpre lembrar que não apenas os benefícios econômicos têm curso prospectivo, portanto, destinado às comodidades terrenas, pois, não raras vezes, a pujança econômica também encapsula verdadeiras tragédias financeiras às gerações vindouras. Como o conflito intergeracional é inevitável,[480] a justiça intergeracional é uma velha preocupação político-filosófica, inclusive, em uma perspectiva constitucional, ela remonta ao período revolucionário francês, como bem demonstra o artigo 28 da Constituição de 1793, o que denota o pioneirismo do constitucionalismo francês sobre a matéria.[481] O que há de pretensamente novo nessa questão é o cáustico enfoque jurídico-constitucional empregado, a partir da perspectiva intergeracional, na resolução dos dilemas econômico-sociais diante das possibilidades de atuação do Estado e da própria sociedade civil. É dizer que, como a ciranda jurídica vai comportando uma teia de relações capazes de empreender uma justiça entre as gerações, distanciando-se dos abstratos conclaves políticos sobre a organização da sociedade – muitas vezes, simplesmente inviáveis, como no conceito normativo de vontade geral[482] –, em uma perspectiva atemporal, para fincar os pés no

---

[479] RAWLS, 1999, p. 254.
[480] BUTTS, 2010, p. 84.
[481] HÄBERLE, 2006, p. 219.
[482] ROUSSEAU, 1796, p. 32.

terreno inóspito dos graves dilemas intertemporais diante da própria atemporalidade dos conflitos intergeracionais, com suas abrangentes e inevitáveis demandas. Antes de maiores reflexões, é preciso arvorar uma importante premissa, qual seja, a de que toda discussão relativa à proteção das gerações, ou da justiça entre elas, ancora-se na proteção da natureza e da cultura, situando-as nos próprios pressupostos da existência da raça humana.[483] Afinal, a lógica que corporifica qualquer ideia de justiça intergeracional não pode prescindir da preservação do resultado concreto das conquistas culturais e, por certo, tudo isso ocorre em uma relação interativa com a natureza.

Nesse sentido, a partir desse universo de inquietações, vários outros pontos podem ser ventilados, tais como: o meio ambiente,[484] no que também se inserem as demandas por recursos naturais não renováveis, acarretando ou não sérias transformações nos ecossistemas, a dívida pública interna ou externa, sobretudo, o custo na sua rolagem, e o núcleo básico da proteção social: a saúde, a velhice, o trabalho, a educação, previdência social ou assistência social. No entanto, é possível destacar três principais problemáticas que unem os esforços intergeracionais, a saber, saúde, educação e meio ambiente,[485] mas, claro, sempre em conexão com as demais temáticas. Evidentemente, nos capítulos vindouros, tendo em vista o universo discursivo da obra, é necessário se prender à solidariedade intergeracional, quer dizer, à intencional conexão entre pessoas de diferentes grupos etários,[486] mormente quando relacionada às pensões e aposentadorias do RGPS e RPPSU. Aqui, mais que nunca, pelo menos na realidade constitucional-previdenciária brasileira, a interação do regramento contributivo entre as gerações tem destacada importância na manutenção do atual quadro de possibilidades protetivas do sistema público de previdência.

---

[483] HÄBERLE, 2006, p. 221.
[484] Para uma discussão do direito ambiental a partir da perspectiva da justiça intergeracional, por todos, *vide*: HISKES, 2008, especialmente os capítulos 1, 3 e 6.
[485] BUTTS, 2010, p. 87-89.
[486] CRUZ-SACO, 2010, p. 9.

2.1.1 Justiça intergeracional

> "Notre dépendance envers les générations intermédiaires futures pour le transfert des biens et la transmission de notre patrimoine technologique et culturel aux générations plus éloignées requiert ainsi la définition d'obligations des générations de transit, dont nous faisons tous partie. Mais cette dépendance peut donner lieu à une seconde stratégie, dite de *rigidification*, qui vise à réduire la marge de manœuvre des générations intermédiaires et à tenter de garantir un peu mieux le respect de certains principes ou de certains biens."[487]

A luta incessante pela promoção da *justiça social*,[488] em todos os tempos, encerrou infindáveis conflitos político-econômicos, geralmente assentados nos arranjos das forças produtivas da sociedade, como se o centro gravitacional das tensões sociais estivessem apenas na melhor configuração social sobre o uso dos recursos disponíveis, e, como se sabe, não foram poucas as teses malogradas a partir dessa perspectiva, notadamente no campo empírico, no qual as ideias têm consequências concretas – por vezes, fatais – no círculo das reflexões sociais.[489]

Além disso, como que apontando novos cenários de dor, a *revelação* dos séculos tem firmado uma incômoda questão, no já problemático conjunto das preocupações constitucionais, qual seja: como promover a justiça entre as gerações? Em um cenário de irresponsabilidade política, como bem denuncia o processo eleitoral de parte das democracias ocidentais, restam sacrificadas as medidas protetivas da socialidade que

---

[487] GOSSERIES, 2015, p. 167.
[488] A justiça qualificada é sempre digna de atenção, mesmo a justiça social, pois, em nome dela, poucos não foram os horrores realizados no campo da socialidade, que vão da liberdade cerceada à propriedade sitiada, mas tudo, curiosamente, sem prejuízo da imagem ou reputação da causa defendida.
[489] WEAVER, 1984, p. 70.

possam ir além da temporalidade da ação pública vinculada à captação periódica de dividendos políticos, portanto, restringindo-as, e mesmo assim de modo canhestro, aos desafios da geração atual, revelando, ainda, uma temporalidade da ação política pré-moderna.[490]

Então, o que dizer das gerações futuras? Soma-se, ainda, outro fato importante: as gerações futuras não terão meios, melhor dizer oportunidade, de promover a responsabilização política dos governantes das gerações pretéritas, o que estimula comportamentos negligentes ou açodados dos gestores públicos e fatalmente lesivos às gerações vindouras.[491] A própria dinâmica da democracia permite esse estado de coisas, porque a representação política irresponsável, intitulada de populista, conquista dividendos eleitorais em função de excessos que não serão cobrados dela no futuro.

Desse modo, a dimensão do tempo é, sem qualquer surpresa, a dimensão das dores e, algumas poucas vezes, das alegrias, porém é nela que se encerra o devir da humanidade e, por isso, o castigo de todas as incertezas da sociedade hipermoderna. "Os tempos são de reflexividade e humildade constitucionais".[492] Desse modo, o tratamento constitucional da justiça intergeracional comporta necessária compreensão sobre os limites dos direitos na sociedade hipermoderna, mormente porque, na (ir)regular cadência da diversidade e conflitualidade cultural, há questões que passam ao largo da disciplina normativa, mas, mesmo assim, a institucionalização da justiça intergeracional representa a via mais elementar de consagração dos esforços do Estado Constitucional na proteção das gerações futuras.[493]

Explica-se: como as questões relacionadas à cultura sempre encerram um problema geracional,[494] já que contemplam variáveis que movem o substrato social no tempo e no espaço – até porque a *geracionalidade*, assim como a *nacionalidade*, é definida para sempre no instante de nascimento[495] –, gerando conflitos que transcendem ao círculo dos interesses diretamente envolvidos, apontando para o futuro das relações sociais, e essa é a razão determinante dos limites das diretrizes normativas no tempo, afigura-se imprescindível o adequado tratamento da justiça intergeracional, sobretudo, em uma perspectiva reflexiva das

---

[490] JONAS, 2006, p. 54.
[491] MORENO, 2015, p. 14.
[492] LOUREIRO, 2006, p. 31.
[493] TREMMEL, 2006, p. 189.
[494] HÄBERLE, 2006, p. 225.
[495] GOSSERIES, 2015, p. 155.

responsabilidades institucionais, funcionais e pessoais no permear das conquistas de determinado Estado; aliás, a questão da justiça intergeracional não se limita aos pórticos das fronteiras nacionais, é, por tudo, um problema de escala global, como bem explica a questão ambiental. Desse modo, a igualdade de oportunidades[496] ou o legado de oportunidades abertas em uma perspectiva intergeracional,[497] ainda que isso possa ser defendido no que concerne à preservação da disponibilidade de recursos naturais, independentemente da compreensão maximalista ou minimalista do fenômeno,[498] o que exige o concurso da eficiência na realização de projetos particulares,[499] a despeito da paradoxal ausência de oportunidade que ainda atinge muitas pessoas,[500] não são viáveis a partir da perspectiva estritamente cultural, pois a cultura das gerações vindouras reflete a cultura das gerações passadas e, por isso, não tem um *cenário aberto* de oportunidades, mas um cenário *qualificado* de oportunidades, o que também decorre da própria assimetria informacional entre as gerações[501] e, a partir disso, torna-se imprevisível a intensidade no uso dos recursos disponíveis. Ademais, a ideia de desenvolvimento sustentável também não representa qualquer garantia de tratamento intergeracionalmente igualitário, porque em função do tempo, entre outras variáveis, a *maximização* do bem-estar social labora contra a restrição dos recursos disponíveis, não orientando, adequadamente, quais seriam as efetivas obrigações com as gerações futuras.[502]

Assim, a ideia é assegurar princípios[503] ou valores intergeracionais, nos quais a solidariedade tenha particular destaque, a despeito de seu caráter precipuamente relacional[504] ou justamente por isso, e não a poupança dos ganhos sociais ou a preservação dos recursos naturais – apesar da indiscutível importância delas –, e, com isso, permitir o uso racional dos recursos disponíveis, evitando-se, no entanto, uma desmedida superposição do amor à natureza em detrimento da própria existência humana.[505] Promover valores adequados entre as gerações

---

[496] BARRY, 1989, p. 202.
[497] MORENO, 2013, p. 61-62.
[498] BIRNBACHER, 2006, p. 32-34.
[499] KAPLOW, 2007, p. 88.
[500] WELBURN, 2013, p. 63.
[501] MORENO, 2015, p. 20.
[502] BECKERMAN, 1999, p. 79.
[503] RIBEIRO, 2017, p. 157.
[504] BECKERMAN, 1999, p. 82.
[505] BECKERMAN, 1999, p. 87.

presentes, tendo em vista a justiça intergeracional, fará com que eles também sejam preservados nas gerações futuras, pois, se não é possível uma perspectiva relacional de valores entre gerações vivas e gerações não nascidas, não se discute que seja possível a manutenção e transposição dos valores entre todas as gerações. A questão, contudo, é que a *dinâmica dos valores* exige a *dinâmica dos deveres* e, com isso, a dúvida sobre a melhor forma de preservar *a imagem e semelhança*,[506] notadamente, a conformação jurídica da vinculação entre as gerações,[507] fazendo com que ocorram infindáveis questionamentos sobre os meios de ação.

Daí a importância de proposições que não se limitem a pontuar deveres abstratos ou preponderantemente generalistas: proteger recursos naturais ou realizar poupança de ganhos sociais. Nesse sentido, para além do *princípio da equivalência*,[508] que coteja o uso equivalente de recursos entre as gerações, é possível arvorar importantes deveres intergeracionais: (a) observância do *princípio da precaução*, não apena em questões ambientais, mas na própria dinâmica das relações sociais, mormente no processo decisório político; (b) *proibição de despoupança* ou, na melhor hipótese, *saldo positivo de poupança*, assegurando uma clara ideia de bem-estar social; (c) *mínimo dano irreversível*, no que compreende a possibilidade de indesejáveis danos irreversíveis; (d) a *indisponibilidade do futuro dos outros*, o que reforça o apelo à proteção das gerações vindouras; e (e) o respeito ao *princípio processual da imparcialidade intergeracional*, de maneira que o processo decisório deva comportar o efeito das medidas tomadas diante dos interesses e direitos de todas as gerações.[509]

De todo modo, a eficiência na gestão de recursos representa benefícios concretos a todas as gerações, ainda que isso só possa ser aferido depois de muito tempo, porquanto se coaduna com a racionalização e preservação da disponibilidade dos recursos às gerações futuras, porém, isso somente é possível por meio de reformas coerentes com a ideia de justiça intergeracional,[510] inclusive em uma perspectiva global, haja vista que a assimetria entre as nações não é meramente tecnológica, interferindo de modo muito mais intenso o tipo de relação entre os valores sociais e o meio ambiente disponível.

---

[506] JONAS, 2006, p. 353.
[507] SILVA, 2010, p. 462.
[508] SILVA, 2017, p. 131.
[509] SILVA, 2010, p. 500.
[510] KAPLOW, 2007, p. 91.

Convém mencionar, no entanto, outro ponto relevante: questões climáticas, surgimento de doenças letais, eventos globais de grande impacto social, entre outros dilemas, ainda que possam ter uma vinculação direta ou indireta com o uso dos recursos disponíveis, e afetem o custo, a distribuição e a experiência dos projetos políticos, não podem ser prospectados e mensurados a partir da racionalidade humana, denunciando que toda geração herda o desconforto, apenas em parte, do processo decisório das gerações anteriores. De qualquer sorte, uma teoria da justiça que não vá além da determinação de obrigações de não fazer, por certo, terá dificuldades em ventilar uma proposição de teoria da justiça intergeracional,[511] daí que, a despeito da falibilidade dos prognósticos humanos, há sempre uma exigência de ações *positivas* das gerações anteriores.

Em matéria previdenciária, a questão compreende diversos fatores pretensamente *objetivos e quantificáveis*, como demografia, trabalho, velhice *etc.*, mas, ainda assim, a problemática é muito complexa, porque a manutenção da capacidade funcional de um sistema de previdência depende precipuamente de recurso financeiro, porém as variáveis que pairam sobre a sua constituição são extremamente dinâmicas, logo, os juízos analíticos sobre essa realidade são comprometidos pelos prognósticos imprecisos entre o que a sociedade exige no universo da proteção social e o que ela pode suportar agora e, claro, amanhã. Aqui, não se discute a importância da redução de poupança para investimentos em pesquisa e desenvolvimento, cujos benefícios são intergeracionais,[512] o norte é outro, a elementar sustentabilidade financeira do regime de previdência diante das crescentes demandas da proteção social na hipermodernidade.

---

[511] GOSSERIES, 2015, p. 167.
[512] KAPLOW, 2007, p. 104.

2.1.1.1 Fundamento filosófico, político e jurídico: uma discórdia sem fim

> "[...] ainda que se reconheça uma possível diferença de extensão entre a responsabilidade ética e a responsabilidade jurídica para com as gerações futuras, e as diferentes intencionalidades envolvidas, é perfeitamente sustentável uma inclusão da intergeracionalidade vindoura na condição do direito."[513]

No círculo das discussões filosóficas, políticas e jurídicas, a questão da justiça intergeracional desponta uma teia infindável de fundamentos, de maneira que: *para onde a reflexão demorar, uma razão há de encontrar*. O problema, desde logo é preciso afirmar, não é identificar fundamentos para a justiça intergeracional, mas sim harmonizá-los em função de diversas perspectivas defendidas, evitando-se, assim, uma prejudicial sobreposição delas em função dos objetivos perseguidos pela justiça entre as gerações. É dizer que a lógica interna da política sobre a temática não se afeiçoa aos prognósticos jurídicos da causa; os políticos, por sua vez, não se rendem aos filosóficos. E por aí vai. O cerne discursivo da temática pode desaguar em outros horizontes de compreensão e, com isso, novas formas de afirmação ou reprovação de premissas anteriormente defendidas, dificultando uma uniformização sobre a definição mínima dos contornos da justiça intergeracional.[514] Daí o surgimento de dois claros dilemas da justiça entre as gerações: o primeiro, é de natureza constitutiva; o segundo, de natureza conteudística. No primeiro caso, destaca-se o afastar da questão da abstração intertemporal, recaindo no contorno multigeracional da política em uma sociedade democrática; no segundo, pugna-se pelo tratamento jurídico das responsabilidades com as gerações futuras, conforme os parâmetros de juridicidade exigidos por um governo democrático.[515]

---

[513] LOUREIRO, 2010, p. 30.
[514] CAMPOS, 2017, p. 66.
[515] CAMPOS, 2015, p. 120-121.

Vale mencionar que a multiplicidade de abordagens faz com que surja uma verdadeira babel de pretensões tutelares e, consequentemente, de constituição de deveres a partir da justiça intergeracional e, com isso, resulta uma dificuldade na densificação normativa da responsabilidade intergeracional.[516] Como o conceito de geração não é unívoco, variando em termos relacionais e temporais,[517] é possível compreendê-la a partir de diferentes vias conceituais, tais como: (a) *geração em sentido demográfico*, no que evidencia dados objetivos sobre o grupo de pessoas nascidas em determinado intervalo de anos; (b) *geração em sentido histórico*, isto é, como expressão de grupo etário, no qual define uma coorte (*cohort*) para pessoas de determinado grupo social; (c) *geração como unidade geracional*, quer dizer, um grupo de idade que cria e compartilha movimentos sociais e culturais; e (d) *geração em sentido sociológico*, isto é, pessoas que compartilham uma posição em função da descendência, conforme a sucessão biológica ou cultural, enfim, relações mediadas pela sociedade.[518]

Além disso, em uma perspectiva filosófica, não há como retirar o caráter relacional entre as gerações, pois uma comunidade representa uma estrutura relacional de experiências não apenas em função do seu passado ou das projeções do seu futuro, mas, também, por força das relações com outras comunidades, inclusive de outras nações,[519] de maneira que o tratamento da justiça intergeracional, ainda que comporte soluções para dilemas locais, exige, em uma compreensão mais abrangente, o tratamento adequado de pautas que afetem todas as gerações independentemente de parâmetros territoriais ou históricos, como desenvolvimento econômico ou meio ambiente.

Aqui, diante das possibilidades que encerram os recursos da humanidade, adentra a importante questão da *conservação das opções, da qualidade e do acesso* entre as gerações,[520] o que não é algo fácil, tendo em vista a própria dinâmica interacional do homem com o meio ambiente, que tem projetado comodidades na mesma proporção em que tem gerado desigualdades entre nações, sociedades e pessoas. Desse modo, uma perspectiva utilitarista de justiça intergeracional, que exige a maximização de ganhos sociais e inevitável consumo dos

---

[516] BOTELHO, 2015, p. 363.
[517] BOTELHO, 2017, p. 199.
[518] DONATI, 1999, p. 34.
[519] AGIUS, 2006, p. 327.
[520] AGIUS, 2006, p. 330-331.

recursos disponíveis, é incompatível com a tentativa de conservação das opções, da qualidade e do acesso entre as gerações.[521]

Por outro lado, a já clássica ideia de poupança justa entre as gerações,[522] que pressupõe uma atuação altruísta excessivamente otimista, não convence diante das particulares dificuldades das demandas crescentes do *(des)conforto tecnológico*, que impulsiona a expansão do consumo e modifica a dinâmica comportamental dos cidadãos, sobretudo, com relação às obrigações das gerações vindouras, sem falar nas inevitáveis contingências da sociedade hipermoderna, que interferem na igualdade de oportunidade entre as gerações, como convergências econômicas desfavoráveis com a redução de recursos disponíveis, crescimento populacional ou mesmo envelhecimento populacional e majoração de encargos sociais.[523] Nem mesmo o princípio da diferença contempla uma adequada ideia de justiça intergeracional, pois as gerações vindouras (últimas) não podem dispensar quaisquer benefícios às gerações mais antigas (primeiras), haja vista o fluxo unidirecional do tempo[524] e seus dilemas na aplicação das teorias da justiça intergeracional.[525] É dizer que, quanto maior for o intervalo intertemporal entre as gerações menor é a possibilidade de implicações relacionais diretas ou indiretas entre elas, restando mesmo impossíveis implicações relacionais das gerações futuras (não nascidas) com as gerações passadas (mortas), inviabilizando a utilidade teórico-prática do princípio da diferença. Contudo, a inexistência de implicações relacionais não afasta o fluxo relacional inerente à própria natureza dos legados intergeracionais.

Em uma perspectiva política,[526] a justiça intergeracional exige profundas reflexões sobre a dinâmica relacional entre o processo democrático – notadamente quanto à participação política, responsabilização política, aplicação da regra da maioria e divisão de poderes[527] – e o excessivo endividamento público na manutenção do bem-estar social,[528]

---

[521] WALLACK, 2006, p. 88.
[522] A temática é enfrentada, mais adiante, em tópico específico.
[523] WALLACK, 2006, p. 92.
[524] DIERKSMEIER, 2006, p. 75.
[525] CAMPOS, 2017, p. 52-66.
[526] Discute-se a temática demoradamente, mais adiante, em tópico específico.
[527] SILVA, 2010, p. 478.
[528] SILVA, 2010, p. 475. Evidentemente, é possível cotejar outras áreas de intenso interesse na dinâmica relacional entre processo democrático e justiça intergeracional, como segurança social, meio ambiente, energia, mercado de trabalho, demografia e parcerias público-privadas, pois não há como tratá-las de forma estanque, portanto, dissociada da interdependência operativa e da correlativa dinâmica de efeitos intergeracionais.

especialmente no campo da proteção previdenciária, denunciando que a promoção de uma política virtuosa representa o maior desafio na implementação dos direitos fundamentais à luz da justiça intergeracional. Portanto, a justiça intergeracional guarda uma dinâmica reflexiva com o princípio democrático e a governança política, afinal, projetos políticos fracassados têm efeitos intergeracionais, alguns, inclusive, são até mesmo irreversíveis.

Quanto ao aspecto jurídico, a disciplina normativa revela que as gerações presentes têm alguma forma de responsabilidade sobre as gerações futuras, aliás, isso soa categórico no artigo 1º da Declaração sobre as Responsabilidades das Gerações Presentes para com as Gerações Futuras, de 12 de novembro de 1997,[529] o que se discute é a operacionalização dessa responsabilidade diante das demandas prementes da sociedade hipermoderna, isto é, como atender, ainda que parcialmente, às imprevisíveis e incomensuráveis demandas das gerações futuras diante da miríade de desafios das gerações presentes. Em uma perspectiva interna, o artigo 225, *caput*, da CRFB, consagra nitidamente a justiça intergeracional, precisamente na sua dimensão ecológica, nestes termos: "[t]odos têm direito ao meio ambiente ecologicamente equilibrado, bem de uso comum do povo e essencial à sadia qualidade de vida, impondo-se ao Poder Público e à coletividade o dever de defendê-lo e preservá-lo para as presentes e futuras gerações".

No além-mar, o artigo 66, nº 2, alínea d, da Constituição da República Portuguesa (CRP), de modo mais analítico, assim consagra a justiça intergeracional: "[p]romover o aproveitamento racional dos recursos naturais, salvaguardando a sua capacidade de renovação e a estabilidade ecológica, com respeito pelo princípio da solidariedade entre gerações". A própria Carta de Direitos Fundamentais da União Europeia,[530] já no seu preâmbulo, também consagra a justiça intergeracional, nestes termos: "[o] gozo destes direitos implica responsabilidades e deveres, tanto para com as outras pessoas individualmente consideradas, como para com a comunidade humana e as gerações futuras". Evidentemente, poucas não foram as constituições, e dos modos mais diversos, geralmente por meio de cláusulas gerais,

---

[529] ONU. United Nations Educational, Scientific and Cultural Organization. *Declaration on the Responsibilities of the Present Generations Towards Future Generations.* Disponível em: https://unesdoc.unesco.org/ark:/48223/pf0000110827. Acesso em: 20 jan. 2020.

[530] EUROPA. Parlamento Europeu. Carta dos Direitos Fundamentais da União Europeia. Disponível em: https://www.europarl.europa.eu/charter/pdf/text_pt.pdf. Acesso em: 31 jan. 2020.

ecológicas ou financeiras,⁵³¹ a consagrar a justiça intergeracional, porém, consagrando *direitos* às gerações futuras, de forma expressa, cumpre destacar o artigo 11 da Constituição japonesa de 1946, o artigo 110b da Constituição norueguesa bem como o artigo 108, nº 15, da Constituição boliviana;⁵³² contudo, é bom lembrar que o dever de proteção dos direitos fundamentais das gerações futuras prescinde de qualquer disposição textual,⁵³³ menos ainda que ela seja expressa.

Diante do propósito do livro, as reflexões sobre as gerações futuras são escrutinadas, precipuamente, em função das implicações demográficas e financeiras no universo da proteção previdenciária, pontuando, objetivamente, os desafios que a composição populacional da sociedade reserva à política, economia e, sobretudo, ao direito, porém, sem descurar do caráter relacional comum entre as gerações,⁵³⁴ pois a interação entre as gerações importa mais que a estrita identificação de dilemas demográficos e financeiros em determinado curso de tempo, porquanto ela, diante da história e suas contingências,⁵³⁵ é que circunstancia os meios de ação possíveis em face dos desafios da justiça intergeracional.⁵³⁶ Portanto, discussão passa pela demografia e pelo financeiro, mas, claro, vai muito além deles, pois compreende um expressivo leque de inquietações doutrinárias.

2.1.1.2 Preservação humana: entre o abstrato e o concreto

> *"Societies that have confidence in the ability of their own institutions to resolve fairly their own internal conflicts in a peaceful and democratic manner do not have to conjure up melodramatic apocalyptic environmental scenarios involving artificial conflicts between generations in order to escape from their problems."*⁵³⁷

---

⁵³¹ TREMMEL, 2006, p. 191.
⁵³² BOTELHO. 2017, p. 192.
⁵³³ SILVA, 2017, p. 126-127.
⁵³⁴ AGIUS, 2006, p. 326.
⁵³⁵ PALOMBELLA, 2007, p. 1.
⁵³⁶ SÁNCHEZ; SÁEZ; PINAZO, 2010, p. 132.
⁵³⁷ BECKERMAN, 1999, p. 92.

É curiosa a importância depositada na forma de *solução* dos grandes dilemas humanos: quanto mais abstrata, maior o número de defensores; quanto mais concreta, maior é o número de opositores. O eventual conforto gerado, com o sacrifício [parcial ou total] das gerações vindouras, será sempre causa de renhidas discussões, porquanto comporta a revisão de falíveis projetos humanos, notadamente quando eles são encabeçados pelo Poder Público, porém, na visão distante dos resultados indesejáveis, segue curso a solução que espelha a ideia mais abstrata de responsabilidade política. E, naturalmente, isso não se limita à questão ambiental, já bastante comprovada pela contraposição entre ambientalistas e agentes econômicos, sobretudo, diante das imprecisões teórico-discursivas na dinâmica compreensiva do princípio da precaução, o que potencializa o manejo arbitrário, ou mesmo imprevisível, do seu nobre propósito: refletir sobre a emergência do risco tecnológico.[538] A questão ganha ares de indissolúvel controvérsia, porque recai nos encargos correntes, qualquer proposta reformista que atente contra os direitos das gerações vivas. Afinal, a *posse do tempo* determina os meios da ação pública e, com eles, os interesses mais imediatos da sociedade.

Disso resulta uma constatação simples, mas com grandes consequências práticas no universo da ação pública: revela-se inócua a discussão sobre a *titularidade* de direitos das gerações futuras, pois a própria abstração sobre a *identidade* deles já encerra uma questão insolúvel, logo, mais que a ideia de direitos abstratos, impõe-se a constituição de deveres concretos das gerações presentes em benefício das gerações futuras, no sentido de tentar possibilitar a distribuição equânime de oportunidades,[539] tal fato, portanto, deixa indene a ideia de deveres morais para com as pessoas não nascidas,[540] ainda que se considere a deficiência de direitos baseada na moralidade.[541]

Afinal, o cidadão não tem determinados direitos em função de ser este ou aquele indivíduo em particular, mas porque ser uma pessoa.[542] Desse modo, não convence a tese de que nenhuma teoria da justiça pode proteger os interesses das gerações futuras, pois pessoas não nascidas não podem ter qualquer coisa, portanto, não podem ser titulares de direitos,[543] porquanto essa alegativa arvora uma vaga reminiscência

---

[538] GOMES, 2017, p. 347.
[539] MORENO, 2015, p. 22.
[540] WALLACK, 2006, p. 101.
[541] BECKERMAN, 2006, p. 58.
[542] DIERKSMEIER, 2006, p. 83.
[543] BECKERMAN, 2006, p. 54.

de reciprocidade sinalagmática incompatível com a ideia de deveres intergeracionais.[544] Mesmo que se diga que, atualmente, as gerações futuras não possam ser titulares de direitos, tendo em vista aspectos relacionados à constituição de seus objetos,[545] ou mais precisamente as dificuldades relacionadas ao objeto da tutela,[546] e à assincronia entre a constituição originária desses direitos e a data da aquisição deles,[547] não prospera a tese de que não seja possível direito sem sujeito, como bem denuncia, a despeito dos inevitáveis questionamentos, as hipóteses da (a) herança jacente; (b) da doação ou sucessão de nascituros ou concepturos, e (c) dos títulos ao portador abandonados.[548] Assim, é defensável a viabilidade de direitos acéfalos.[549] Portanto, tal tese desconsidera que a *direção temporal da causalidade* não exige uma correlação entre direitos e deveres atuais, haja vista que a violação de deveres atuais repercute, necessária ou potencialmente, na violação de direitos futuros.[550]

Dessa forma, defende-se que a regra da proteção social, sobretudo, a partir da ideia de solidariedade, não decorre da lógica das relações jurídicas, públicas ou privadas, assentadas em uma perspectiva individual dos direitos, mas do reconhecimento de que instituições, garantias e institutos, amparados em valores sociais relevantes, são incorporados nos modelos protetivos, justamente para mantê-los com capacidade funcional ao longo do tempo. E, a toda evidência, isso não requer qualquer sincronia entre deveres e direitos, sem falar que há deveres autônomos, isto é, independentemente de direitos, de maneira que uma teoria da justiça intergeracional não se encontra vinculada à perspectiva individual dos direitos.

Por isso, por mais que faça sentido uma correlação entre deveres e direitos no tempo,[551] não há como negar a possibilidade de uma justiça intergeracional, pois as obrigações com as gerações futuras não dependem dessa correlação temporal, pois elas são merecedoras de proteção constitucional pelo simples de fato de representarem, desde logo, "[...] realidades inscritas na dimensão jurídico-objetiva dos direitos

---

[544] SILVA, 2010, p. 470.
[545] SEQUEIRA, 2017, p. 35.
[546] BOTELHO. 2017, p. 200.
[547] SEQUEIRA, 2017, p. 33.
[548] SEQUEIRA, 2017, p. 26-27.
[549] SEQUEIRA, 2017, p. 28.
[550] GOSSERIES, 2015, p. 71.
[551] BECKERMAN, 2006, p. 57.

fundamentais".⁵⁵² Em uma palavra: não há como confundir o nível geracional com a dimensão pessoal,⁵⁵³ de maneira que a problemática não se insere na discussão sobre as pessoas futuras (que existirão) ou pessoas futuras contingentes (que poderão existir), mas na própria pertinência dos deveres diante das gerações futuras, sem adentrar em qualquer afetação pessoal,⁵⁵⁴ tratando-se, portanto, de deveres não correlativos a direitos,⁵⁵⁵ seguindo uma cadeia intergeracional, na qual a vida e a dignidade das pessoas dependem da dinâmica de deveres da geração anterior sobre a posterior.⁵⁵⁶ Assim, a solução não se encontra no reconhecimento de [novos] direitos subjetivos, mas sim no aperfeiçoamento dos mecanismos de efetivação dos deveres de proteção em uma perspectiva intergeracional.⁵⁵⁷

Vale lembrar que a responsabilidade solidária é baseada na compreensão sistêmica dos desafios sociais, prescindindo de qualquer *relação direta de causalidade*, reciprocidade ou identidade fundada no indivíduo, isto é, não se considera a pessoa em particular – em uma dimensão prestacional – como titular de direitos no futuro,⁵⁵⁸ justamente porque a justiça intergeracional rompe com o processo individualista de garantia de direitos, tal como concebido pelas gerações vivas. Aliás, a concepção individualizada de direitos presta um desserviço à construção teórica da justiça intergeracional,⁵⁵⁹ pois sua importância deita razão em uma perspectiva coletiva dos direitos, portanto, incompatível com a pretensiosa ideia de direitos especificados e titularizados no futuro, porém a partir de parâmetros identificadores determinados no presente. Portanto, a justiça intergeracional prescinde de concepções teóricas individualistas, baseadas em direitos ou análise de custo-benefício, porquanto ela deve ser refletida em termos de benefícios sociais coletivos.⁵⁶⁰

De igual modo, a ideia de deveres intergeracionais é compreendida a partir de norma de proteção destinada aos grupos e, portanto, não

---

⁵⁵² SILVA, 2017, p. 127.
⁵⁵³ LOUREIRO, 2016, p. 6.
⁵⁵⁴ PERSSON, 1997, p. 45.
⁵⁵⁵ LOUREIRO, 2010, p. 38.
⁵⁵⁶ NABAIS, 2016, p. 27.
⁵⁵⁷ SILVA, 2016, p. 45.
⁵⁵⁸ BOBERTZ, 1987, p. 170.
⁵⁵⁹ BOBERTZ, 1987, p. 176.
⁵⁶⁰ BOBERTZ, 1987, p. 186.

necessariamente circunscrita por parâmetros de tempo ou identidade.[561] Soma-se, ainda, o fato de que as obrigações das gerações atuais não podem atender às gerações passadas, fazendo com esse fato seja providencial (transmissão de legados), não apenas em relação às gerações presentes, mas, sobretudo, às gerações futuras, no que consagraria uma *eterna* cadeia intergeracional de obrigações por meio de uma reciprocidade indireta,[562] que bem se alinha à lógica de um sistema público de previdência[563] (PAYG), nestes termos:

QUADRO 1
Justiça Intergeracional e reciprocidade indireta

Gerações	Mortas	Nascidas	Não Nascidas
Bens Sociais	Credoras	Devedoras	Credoras

Fonte: Elaborado pelo autor.

Aqui, cumpre esclarecer o seguinte: como as gerações nascidas (devedoras) não podem retribuir os benefícios recebidos das gerações mortas (credoras), então, a dinâmica retributiva só pode destinar-se às gerações não nascidas (credoras[564]), todavia, o encadeamento *monodirecional* das transferências entre as gerações vivas (nascidas) pode assumir uma relação descendente (G1 → G2 → G3) ou ascendente (G1 ← G2 ← G3), porém o PAYG tem uma clara relação ascendente, pois as gerações ativas (as últimas) estão sempre contribuindo para as gerações com idade de aposentadoria (as primeiras).[565] Evidentemente, na hipótese de o contribuidor inicial também ser o beneficiário final da contribuição, conforme uma perspectiva *bidirecional* das transferências, ocorre uma forma de reciprocidade direta.[566] Por isso, a preocupação

---

[561] BOBERTZ, 1987, p. 191.
[562] GOSSERIES, 2015, p. 117. Evidentemente, outras teorias da justiça intergeracional poderiam ter sido ventiladas, porém a que melhor reporta ao conjunto reflexivo da obra é a teoria da reciprocidade indireta. Nesse ponto, cumpre promover uma ligeira transcrição: "Ora, as teorias neste domínio – *v.g.*, a teoria da reciprocidade indireta, as teorias neolockeanas, as teorias de matriz utilitaristas, as teorias de inspiração rawlsiana, as teorias igualitaristas –, divergentes nos seus princípios e implicações, são numerosas, razoáveis e incipientes, contribuindo para ampliar o dissenso no debate público sobre a matéria" (RIBEIRO, 2017, p. 150).
[563] CAMPOS, 2017, p. 54.
[564] CAMPOS, 2017, p. 55.
[565] GOSSERIES, 2009, p. 123.
[566] GOSSERIES, 2009, p. 124.

com a *retribuição dos benefícios* é particularmente observada na cronologia dos fatos que encerra qualquer proposta legislativa, haja vista a necessidade de definir parâmetros adequados de contribuição no regime previdenciário.

Assim, é bem compreensível que a pretensão de estabilidade das relações jurídicas represente uma verdadeira trincheira contra a alteração das pensões e aposentadorias. Afinal, toda a apoteose das grandes conquistas jurídicas, notadamente no campo da proteção previdenciária, gira em torno da pretensa previsibilidade gerada pelos juízos analíticos sobre determinada relação estatutária ou contratual, fazendo com que sejam discutidas intensamente as regras para, não raras vezes, mudá-las minimamente. Com efeito, a estabilidade é um verdadeiro bálsamo para as relações jurídicas. E mais que isso: crê-se, ao arrepio das premissas estruturais de cada regime de proteção social, na imanente justiça da imodificabilidade do regime previdenciário com a mesma certeza de que *sol se põe ao fim do dia*.[567] Portanto, não se admite que possa ser injusta a estabilidade das relações jurídicas, mas, paradoxalmente, acredita-se que seja importante assegurar um sistema previdenciário melhor às futuras gerações, ainda que negue, quando possível, por meio de reformas estruturais, a possibilidade de manutenção da capacidade funcional do sistema previdência, mesmo que não seja igualmente protetivo e, portanto, já com sacrifício das gerações vindouras e, claro, de alguns segmentos das gerações vivas, notadamente das corporações públicas.

Enfim, para projetos longos, e sem reflexos imediatos na vida das pessoas, toda ideia de justiça, com arrimo em demoradas discussões de ordem político-filosófica, é defendida como expressão de defesa racional da sociedade e até mesmo da humanidade; porém quando, a partir desse juízo, há possibilidade de afetar planos concretos ou existenciais de interesses do homem, não há constrangimento nas vozes que bradam a insanidade de qualquer perspectiva abstrata de valores ou interesses comunitários, por mais nobres e humanísticos que eles sejam.

O valor vida, por exemplo, tem perdido espaço diante da autonomia da mulher e do arrefecer da responsabilidade pessoal, mesmo diante de textos constitucionais tão expressivos na sua defesa, como é o caso da Constituição portuguesa (artigo 24, nº 1), por conta de dilemas concretos inerentes à própria condição humana,[568] ainda

---

[567] Eclesiastes 1:5.
[568] MIRANDA, 2016, p. 167.

que isso implique consequências graves, inclusive, absolutamente irreversíveis, despontando verdadeiro défice de proteção e, com isso, inconstitucionalidade por omissão.⁵⁶⁹ Se o valor vida é passível dessa *sorte*, o que dizer de questões menores que dependem dela. Ademais, mesmo quando a vida é protegida, em nome da liberdade de escolha de pais projetistas, observa-se uma nova eugenia, a de livre mercado, a partir da ideia de melhoramento genético e, com isso, o comércio de óvulos e espermatozoides de humanos com características especiais.⁵⁷⁰

Disso resulta a clara percepção de que a preservação humana, para além das ordinárias compreensões sobre a defesa da vida da espécie humana – sim, o homem também representa uma espécie *ambientalmente* protegida –, no que bem tangencia as inquietantes questões sobre o aborto,⁵⁷¹ exige uma proteção previdenciária eficiente e, sobretudo, sustentável financeiramente, o que somente é possível diante das constantes revisões dos meios em função dos fins perseguidos, justamente porque a dinâmica demográfica, o que também se aplica a outros fatores socioeconômicos, é cambiante no tempo e, claro, nem sempre desfavorável às pretensões previdenciárias ou laborais.

2.1.1.3 Mito da poupança justa e outras teorias: o caminho inóspito na identificação de um *atalho*

> *"Justice does not require that early generations save so that later ones are simply more wealthy. Saving is demanded as a condition of bringing about the full realization of just institutions and the equal liberties."*⁵⁷²

---

⁵⁶⁹ MIRANDA, 2016, p. 168.
⁵⁷⁰ SANDEL, 2015, p. 85.
⁵⁷¹ Defende-se que a expressão *suspensão [interrupção] voluntária da gravidez* não passa de vexado eufemismo, pois a vida, no caso, não se suspende [interrompe], rompe-se. Gravidez não é *projeto* que se admite a suspensão [interrupção], tendo em vista obstáculos momentâneos, com posterior retorno às atividades gestativas se, e somente se, surgirem contextos pessoais mais favoráveis.
⁵⁷² RAWLS, 1999, p. 257.

O mito da poupança justa reside na compreensão de que ela é necessária para salvaguardar os interesses das gerações futuras, de maneira que cada geração, abdicando-se dos seus interesses imediatos, não distribua os recursos apenas no seu próprio benefício,[573] porquanto é necessário promover a plena consolidação de instituições justas e a consagração de liberdades iguais,[574] de maneira que não haveria evidente suspeita de sua prejudicialidade no longo curso histórico da evolução humana. Desse modo, o grande desafio dos teóricos políticos é demonstrar que o acúmulo, não necessariamente patrimonial ou baseada na filosofia utilitarista,[575] se revela desejável ou, pelo menos, permissível diante dos desafios da justiça intergeracional.[576] Nesse sentido, a aplicação do princípio da diferença, mesmo não contemplando os menos afortunados das gerações anteriores,[577] tem a expectativa de gerar condições mais adequadas aos menos favorecidos de todas as gerações posteriores,[578] criando, portanto, meios para a realização da poupança justa, lembrando-se que essa poupança, como dever natural,[579] não se limita ao acúmulo de capital, contemplando bens sociais coletivos, notadamente a educação e os mais diversos meios de produção.[580]

Aqui, desde logo, impõe-se uma dificuldade: não é possível estabelecer, com precisão, o princípio justo de poupança, mormente entre gerações,[581] especialmente diante das dificuldades operacionais em estabelecer um princípio de poupança, isto é, a disciplina normativa de um plano de taxas para cada nível de desenvolvimento de determinada sociedade,[582] aliás, isso também vale para a proibição de despoupança[583] ou distribuição dos excedentes entre os membros mais desfavorecidos da geração atual.[584] Ademais, o custo de oportunidade decorrente da disponibilidade de recursos pode indeferir diretamente nos benefícios futuros,[585] fazendo com que a ideia de poupança justa padeça de

---

[573] MARTINS, 2016, p. 126.
[574] RAWLS, 1999, p. 257.
[575] BOBERTZ, 1987, p. 178.
[576] MULGAN, 2002, p. 12.
[577] RAWLS, 1999, p. 254.
[578] RAWLS, 1999, p. 252.
[579] RAWLS, 1999, p. 257.
[580] RAWLS, 1999, p. 252 e 256.
[581] RAWLS, 1999, p. 253.
[582] RAWLS, p. 255.
[583] GOSSERIES, 2015, p. 145.
[584] GOSSERIES, 2015, p. 167.
[585] BOBERTZ, 1987, p. 180.

questionável utilidade, sobretudo, criando obstáculos à expansão tecnológica ou até mesmo uma nova forma de uso racional dos recursos disponíveis. Soma-se, ainda, que não é aconselhável separar questões de eficiência intergeracional e de distribuição diante de qualquer projeto político,[586] porquanto os efeitos distributivos, em longo prazo, depende mais do processo de compensação dos custos e benefícios dos projetos realizados que propriamente do regime de disponibilidade dos recursos, até porque limites no uso dos recursos disponíveis podem afetar duramente os povos menos desenvolvidos, justamente onde campeiam os maiores dilemas relacionados à distribuição de recursos que geram comodidades ou, simplesmente, uma vida digna.

De todo modo, não se pode negar que o mito da poupança justa atende ao critério convencional de operacionalidade das forças produtivas capitalistas, muito embora com a deterioração do meio ambiente e a escassez de recursos naturais.[587] A questão, todavia, não se limita apenas em consagrar possíveis modelos (a) de manutenção do mesmo nível de bem-estar total ou (b) de estabilidade na média de bem-estar,[588] pois há uma cogente e reflexiva exigência de ponderar os padrões irreparáveis ou irreversíveis de bem-estar já desperdiçados pela humanidade, independentemente do nível socioeconômico alcançado por determinada sociedade e, tal fato, por certo, não se limita à flora ou fauna já extinta na Terra. Há mesmo quem defenda que o maior dilema do homem no futuro, e eventos históricos podem confirmar essa suspeita, não é a sua relação conflitiva com o ambiente, mas sim com o próprio homem,[589] muito embora o meio ambiente possa interferir diretamente na intensificação desse conflito.

Nesse ponto, é possível afirmar que, tendencialmente, as gerações anteriores poderiam ter disposto de maiores benesses naturais, no sentido de terem gozado de maior disponibilidade material para suas necessidades,[590] que seriam, em tese, consideravelmente menores; contudo, não é possível ter convicção sobre isso, pois, no conjunto das benesses do processo evolutivo-acumulativo das conquistas científicas, não há como afirmar que a ausência de disponibilidade material possua o mesmo efeito para todas as gerações futuras ou que a plena

---

[586] KAPLOW, 2007, p. 115.
[587] AGIUS, 2006, p. 324.
[588] WOLF, 2003, p. 290.
[589] BECKERMAN, 2006, p. 68.
[590] WOLF, 2003, p. 292.

disponibilidade material represente, no mesmo sentido, o maior gozo de benefícios concretos nas gerações anteriores. Além disso, é preciso ter em conta que não há como determinar uma taxa ótima de (des)investimento de longo prazo capaz de eliminar questionamentos sobre o bem-estar transgeracional,[591] de maneira que a ideia de poupança justa padece de sérios obstáculos operacionais, a começar pelo custo de oportunidade de eventuais descontos, porquanto o resultado útil deles só pode ser aferido no futuro, reduzindo, assim, o valor presente dos investimentos de longo prazo.[592]

Todavia, a questão da poupança justa ganhou novo fôlego em obra mais recente de Rawls, que destaca um sistema de cooperação equitativo entre as gerações ao longo do tempo, decorrendo de acordo entre cidadãos contemporâneos, portanto, em uma relação direta e sincrônica dos membros de determinada sociedade,[593] que firma o compromisso contínuo de poupança como expressão de dever com as outras gerações.[594] Por mais que não se discuta o benefício de um sistema de cooperação social entre todas as gerações,[595] o que compreende a manutenção de suas instituições e de sua cultura por todas as gerações,[596] Rawls nada ventila sobre as ferramentas conceituais necessárias ao convencimento ético da poupança justa em função das necessidades contemporâneas da humanidade.[597] Trata-se, portanto, de teorização sem qualquer amparo na experiência ou na própria noção de identidades e diferenças entre pessoas, sociedades ou nações, sobretudo, sobre os fundamentos do processo decisório relativo ao emprego da disponibilidade de recursos.

Qual o caminho a seguir, se a certeza sobre a preservação não traz qualquer convicção sobre a utilidade de determinada poupança de recursos? Explica-se: se as sociedades não dispõem do mesmo nível de desenvolvimento socioeconômico, por certo, a preservação de recursos naturais pode representar um fator de subdesenvolvimento ou de manutenção de um *gap* evolutivo entre as nações, porquanto as mais pobres não teriam à disposição os recursos já exauridos pelas sociedades

---

[591] WALLACK, 2006, p. 98.
[592] WALLACK, 2006, p. 98.
[593] RAWLS, 2001, p. 160.
[594] RAWLS, 2001, p. 160.
[595] RAWLS, 2005, p. 446.
[596] RAWLS, 2005, p. 457.
[597] DIERKSMEIER, 2006, p. 80.

desenvolvidas e o pior: as sociedades subdesenvolvidas não poderiam dispor livremente dos recursos naturais ainda disponíveis (obstáculos ambientais), sem falar nas dificuldades em promover a substituição de suas matrizes de recursos.[598] Por isso, a despeito de sérios obstáculos de ordem legal, procedimental e fiscal,[599] é possível defender que o melhor caminho para contribuir com a justiça intergeracional é realizar investimento no desenvolvimento do Terceiro Mundo;[600] contudo, a dinâmica operacional dessa medida vai muito além de interesses intergeracionais, exigindo-se, sobretudo, um ambiente adequado de investimento. Desse modo, a ideia de preservação dos recursos naturais comporta questionamentos de ordem social, econômica e política de grande relevo, sendo, portanto, uma tolice tratar essa questão apenas pelo viés alarmista da proteção ambiental.

Para seguir qualquer caminho, todo atalho é apenas um novo *caminho* e, por isso, toda alternativa é sempre uma fonte de novas dificuldades, só que ainda mais desconhecidas, caso contrário, não seria atalho. Por isso, análises conservadoras não guardam qualquer simpatia com expedientes ventilados a partir de atalhos, pois elas não compreendem a esperança como estratégia, sobretudo, diante de falsas esperanças.[601] Assim, uma adequada poupança justa, a despeito da notória dificuldade da tarefa, é a que permite o usufruto de recursos por todas as sociedades,[602] prestigiando, claro, as possibilidades do nível evolutivo de cada uma delas. Por isso, a eventual simpatia pelas perspectivas preservacionistas, ainda que não se admita isso, tende a consagrar formas concretas de desigualdades no fluxo evolutivo entre as sociedades, pois a noção de utilidade dos recursos naturais é cambiante e, portanto, merecedora de interesses diversos em uma perspectiva intergeracional.

---

[598] LUMER, 2006, p. 46.
[599] MARTINS, 2016, p. 140-141.
[600] LUMER, 2006, p. 49.
[601] SCRUTON, 2015, p. 168.
[602] AGIUS, 2006, p. 325.

2.1.2 Justiça intrageracional

> *"Em rigor, não há uma fronteira exata demarcando as gerações, um limiar quantitativo a partir do qual se possa dizer que uma termina para se iniciar uma outra. Mas há um facto que diferencia irremediavelmente em função do tempo: a simultaneidade. E nesse sentido é fácil discriminar entre quem viveu antes, vive durante ou viverá depois de um determinado tempo."*[603]

Em uma perspectiva intrageracional, o adequado tratamento dos dilemas sociais exige a identificação de justificáveis queixumes de diversos segmentos da sociedade, no que comporta a premissa básica de ponderar as reivindicações que salta das análises de qualquer problema social relevante. Porém, enxergar o *locus* na sociedade que prestigia diferenças insuportáveis ou intoleráveis em determinada geração, por mais que isso pareça pretensioso, não é tarefa das mais difíceis, porquanto as feridas abertas da sociedade não podem passar despercebidas, logo, a própria evidência dessas feridas indica uma linha prioritária de atuação.

A dificuldade, contudo, resulta de outra perspectiva: identificadas algumas dessas diferenças, portanto, o *locus* que exige um adequado tratamento intrageracional, o que fazer para amenizá-las? Aliás, bem antes, é preciso mesmo discutir se tais diferenças, consideradas intoleráveis ou insuportáveis, teriam o condão de alavancar projetos abrangentes, que exigiriam sacrifícios pessoais ou institucionais de grande monta, pois o desafio intrageracional não poderia amparar-se em meras subjetividades de grupos.

Portanto, na tentativa de equilíbrio intrageracional, a questão dos meios se revela tão importante quanto os fins, justamente porque eles se encontram rodeados de intrincados limites ético-jurídicos que, não raras vezes, põem justificadamente em xeque a implementação de diversos fins, a despeito dos apelos emotivos que eles possam ostentar na arena pública.

---

[603] CAMPOS, 2017, p. 42.

2.1.2.1 O discurso do mérito: limites e possibilidades

"This is why the *myth* of meritocracy is harmful: it provides an incomplete explanation for success and failure, mistakenly exalting the rich and unjustly condemning the poor. We may always have the rich and the poor among us, but we need neither exalt the former nor condemn the latter."[604]

Em termos intergeracionais, é possível infirmar a ideia de meritocracia, que reafirma a importância do esforço pessoal, em função da desigualdade que ela possa gerar, aprofundar ou legitimar em determinada sociedade? O que faz as pessoas ou gerações serem merecedoras de relevantes conquistas das gerações anteriores? A mera descendência? E de gozar as conquistas disponibilizadas ou projetadas por outros povos, ainda que esses povos já não mais possuam meios de usufruí-las? Seria a melhor gestão dos recursos disponíveis?

Em uma perspectiva mais restrita, o que fazem as sociedades merecedoras das benesses que têm: são verdadeiramente os méritos do seu passado ou elas decorrem de flagelos da dominação, isto é, no sentido da intolerável exploração? Trata-se de indagações recorrentes diante da desigualdade que campeia entre nações, sociedades ou pessoas, geralmente associadas à controvertida discussão sobre o fluxo contributivo do discurso do mérito, melhor dizendo, da *meritocracia hereditária*, no reino das conquistas pessoais ou institucionais, fazendo com que a ideia de mérito perca espaço no conjunto de realizações e conquistas no universo das relações sociais, porque amparada na condição de nascimento ou localização. Parece fora de dúvida que a retórica da meritocracia, que celebra um individualismo meritocrático, camufla muitos fatores alheios ao esforço pessoal na obtenção determinados resultados, notadamente os aspectos associados ao capital humano,[605] contudo, negar a importância do esforço pessoal, aliás, como fator imprescindível às conquistas socioeconômicas, é simplesmente anestesiar o ímpeto humano como causa de diferenças entre as pessoas.

---

[604] MCNAMEE; MILLER, 2014, p. 240.
[605] FRANK, 2016, p. 40.

Em termos intrageracionais, a discussão do mérito vai muito além da ideia de talentos ou competências, pois compreende uma dinâmica de *status*, legados e benefícios, de modo que o fluxo unidirecional do tempo acaba por consagrar uma *vantagem competitiva* entre membros da mesma geração, o que reforça a possibilidade de sucesso dos cidadãos em função do [acidente de] nascimento, que propriamente da dinâmica de esforço pessoal, conforme a lógica de uma *sorte constitutiva*, isto é, um conjunto de fatores, notadamente familiares, que se revela na formação do agente como ser moral, portanto, na qualidade *beneficiário passivo*.[606] Aqui, desde logo, é preciso afastar a perspectiva integralmente passiva do agente, isto é, como se ele não fosse também responsável pelos benefícios concretos advindos de sua interação no meio em que vive, de maneira que a sorte constitutiva não define necessariamente a dinâmica de sucesso de ninguém, mas que, sem dúvida, contribui diretamente para quem dela possa dispor.

Diante dessa constatação, impõe-se outro questionamento: a justiça intergeracional compreenderia alguma forma de tratamento adequado à temática? Dito de outro modo: os benefícios legados no meio social, porém mais bem incorporados ou aproveitados por determinados segmentos sociais ou grupos familiares, encerrariam alguma forma de vantagem competitiva digna de reprovação social ou tais benesses não seriam apenas elementares consequências da própria dinâmica de direitos e deveres de todas as gerações em função do tempo?

De certo modo, toda a discussão sobre o mérito acaba por revelar uma desconfiança sobre a justificação das diferenças ou uma inconfessável inveja nos quadros da existência humana; logo, eventual vantagem competitiva de qualquer pessoa não põe em xeque apenas os seus esforços individuais, mas, também, os esforços das gerações anteriores, que, a muito custo, possibilitaram outro patamar de benefícios às gerações vindouras. Aliás, deve-se reconhecer que a aristocracia e a família, mesmo que se reconheçam como duas fontes de imobilidade social, não conseguiram romper o fluxo do progresso social,[607] sem falar que a meritocracia não se confunde com os estreitos limites de qualquer parâmetro aristocrático de sociedade. Por mais que se diga que não existe igualdade de oportunidade – aliás, uma obviedade –, o que traduziria a possibilidade de *meritocracia plena*, algo tão abstrato quanto irreal, tal fato não retira o entendimento de que o esforço do

---

[606] ARAÚJO, 2011, p. 172.
[607] YOUNG, 1958, p. 31.

maior número possível de pessoas destinadas a conseguir alguma mobilidade social, por certo, confere resultados mais positivos para toda a sociedade.[608]

Dessa forma, a discussão sobre as causas que catapultaram eventuais benefícios individualmente apropriados, a toda evidência, não expressa tão somente uma reflexão sobre a importância do mérito no meio social, mas, também, sobre o que pode resultar dos esforços intergeracionais em termos sociais, familiares e pessoais, notadamente no campo educacional, que, aliás, será mais decisivo na dinâmica laboral, a cada dia, em função do avanço da robótica e da inteligência artificial. Em grande medida, essa discussão se revela como uma pura tautologia: se o mérito não é bem visto a partir de benefício alcançado com as gerações anteriores, o que pode ser discutido sobre a geração atual também se aplica às gerações passadas ou vindouras sobre a ideia de mobilidade intergeracional, criando, assim, um elo sem fim de desconfiança sobre as realizações das sociedades, instituições, famílias ou pessoas em função, tão somente, do sucesso delas, já que o fracasso tem a *benevolência* da aceitação, isto é, não se desconfia do *mérito* no insucesso, mas, no máximo, os motivos que levaram a isso.

Desse modo, mais importante que discutir as *posições meritocráticas*, por esforço, talento ou herança, é formular meios para que o resultado útil delas, mormente no campo da patrimonialidade, se espraie por toda a sociedade,[609] pois não há como censurar, por exemplo, o legado familiar na melhor formação possível dos seus membros, ainda que isso possa representar, em boa parte dos casos, uma estrutura de privilégios em face dos demais membros da sociedade. A questão é que do ponto de vista prático, e mesmo eticamente, uma educação meritocrática sustenta uma sociedade meritocrática,[610] mas isso não omite ou nega outros fatores que possam interferir no fim útil da qualificação ou capacitação profissional, de maneira que, em função disso, se reconheceria uma eventual violação à justiça intrageracional.

Cumpre advertir que, por meio do sistema escolar, as ilusões igualitaristas pouco podem contribuir para impedir a transmissão intergeracional de vantagens,[611] a *meritocracia hereditária* e, menos ainda, o *mérito propriamente dito*, que pode desaguar, conforme o fluxo do

---

[608] GIAMBIAGI, 2018, p. 243.
[609] YOUNG, 1994, p. 89.
[610] YOUNG, 1994, p. 88.
[611] SWIFT, 2003, p. 119.

tempo e das comodidades geradas pelos legados de outras gerações, nos benefícios decorrentes da posição de nascimento e, com isso, na própria meritocracia hereditária. Fora disso, há os processos revolucionários, que, por adotar expediente confiscatório ou outras formas de violência igualmente reprováveis, não goza de legitimidade como meio de atuação, especialmente nas democracias ocidentais.

Dito de outro modo, a dificuldade que encerra a mobilidade social, sobretudo, em países socialmente desiguais, não tem o condão de transformar, por um lado, o mérito em um mito[612] e, muito menos, por outro, em uma razão suficiente para todas as conquistas pessoais, familiares, institucionais ou sociais dos cidadãos. Além disso, a posição de topo, independentemente do segmento social observado, não contempla a todos, de maneira que a insurgência de condicionantes quantitativos, entre outros obstáculos, não põe em xeque a ideia de meritocracia, apenas expõe os seus limites.

Aqui, uma pergunta se impõe: como explicar para os membros da sociedade, diante dos desafios da dinâmica laboral, notadamente diante de exigente processo de capacitação e com intensa competitividade profissional,[613] que a ocupação de qualquer cidadão no mercado de trabalho, a despeito de qualquer esforço pessoal, apenas representa uma questão de sorte? Ou que o *acidente* de nascimento é decisivo, prescindindo, assim, de qualquer compromisso pessoal com as conquistas obtidas no mercado? É o tipo de tese que anestesia o ímpeto humano, fazendo prevalecer uma retórica de obstáculos socioeconômicos, que prestigia a inércia profissional dos cidadãos diante dos inevitáveis desafios da vida em sociedade.

E, nesse ponto, na tentativa de negar a importância do mérito, não convence a tese de que nenhuma conquista pessoal na sociedade decorre, tão somente, de esforço do agente e, desse modo, ninguém deve ser recompensado por fatores favoráveis que não podem ser controlados pelo agente,[614] porquanto essa objeção, apesar de correta, se aplica a tudo, tudo mesmo (obstáculo da irrefutabilidade), isto é, por essa lógica, um agricultor não teria mérito algum na criação e adoção de métodos ou procedimentos inovadores, aliás, com largo êxito na produção, porque ele não foi capaz de *simplesmente* criar a luz do sol ou fazer chover, quando necessário, pelas suas próprias forças. O que dizer,

---

[612] MCNAMEE; MILLER JR, 2014, p. 19.
[613] LOUREIRO, 2010, p. 61.
[614] SANDEL, 2020, p. 37.

então, dos grandes homens da Ciência e suas maravilhosas descobertas ou invenções? A tese, portanto, é impraticável, porque reduz tudo a um absoluto de impossibilidades pessoais.

2.1.2.2 Os encargos da socialidade: discursos abstratos e desafios concretos

> "[...] a presença de *direitos a prestações de nível constitucional* pode levar a que uma crise económica conduza a uma crise constitucional."[615]

A imagem dos direitos sociais depende do suporte estrutural da atividade econômica da sociedade, porque, a despeito de alguns dilemas ético-sociais relacionados à expansão do consumo,[616] ainda não há outro meio factível para atender às demandas econômico-financeiras do Estado. Entre as cláusulas que permeiam a justiça intergeracional, a cláusula da justiça intergeracional financeira é a que mais denuncia os nortes da responsabilidade concreta da gestão pública, mesmo que ela esteja em menor número de constituições, pois geralmente é *ocultada* nos textos constitucionais.[617] O que parece clara é a predisposição constitucional de revelar demorados encargos com a socialidade, todavia, sem cogitar dos meios necessários à implementação dos direitos positivos. Tal fato já denuncia que a imperiosa cadência dos acontecimentos sociais não nasce dos textos legais, por mais que eles pretendam estabelecer um plano executivo dos avanços da socialidade, de maneira que o rigor dos desafios concretos de cada sociedade é que faz recrudescer as conquistas ou malogros na seara da proteção social. Para além dessa fácil constatação, tem-se, ainda, o difícil equacionamento da distribuição dos custos e benefícios entre as gerações como elementar aspecto do desenvolvimento sustentável e, por conseguinte, do bem-estar das pessoas.[618]

Nesse ponto, cumpre pontuar a vetusta Convenção nº 102/1952 da OIT,[619] que estabelece normas *mínimas* de seguridade social, tais como:

---

[615] ALEXANDRINO, 2006, p. 44.
[616] LIPOVETSKY, 2007, p. 340-341.
[617] TREMMEL, 2006, p. 190.
[618] MUDACUMURA, 2006, p. 140.
[619] A convenção entrou em vigor no plano internacional em 27 abr. 1955 (Fonte: OIT.

(a) serviços médicos; (b) benefício de auxílio-doença; (c) prestações decorrentes da situação de desemprego; (d) aposentadoria por idade; (e) prestações decorrentes de acidentes do trabalho ou de doenças profissionais; (f) prestações de proteção da família; (g) prestações de maternidade; (h) aposentadoria por invalidez; e (i) pensão por morte. Aqui, a ideia de normas mínimas não faz muito sentido, porquanto há um largo catálogo de direitos sociais, aliás, verdadeiros desafios aos países mais desenvolvidos, pois, quanto aos demais, não passam de imperiosas coberturas de riscos, ou contingências, com duvidosa possibilidade material de concretização. Por isso, a constituição de novos direitos, ainda que possa ser defendida,[620] como proteção contra os riscos decorrentes de desastres naturais e quaisquer outras situações emergenciais, apenas aprofunda o abismo que separa a exigibilidade judicial dos direitos e as possibilidades materiais de sua implementação, fazendo com que, tão somente, a maioria dos Estados seja considerada descumpridora de normas internacionais de direitos humanos. Com efeito, a estrita normatividade decorre de discursos abstratos; a implementação dos direitos compreende desafios concretos que, para o bem ou para o mal, nenhum texto normativo, por si só, é capaz de superá-los. Além disso, não se discute que obrigações decorrentes de tratados internacionais também pode ser fonte de endividamento público tanto quanto as normas nacionais.

  Vale dizer que a expansão dos encargos sociais inflaciona as funções administrativas (custo orgânico-funcional) e causa a fragmentação das possibilidades fiscais dos Estados (ausência de focalização), sem falar na frustrante expectativa normativa dos cidadãos. Os encargos da socialidade não podem decorrer de fantasioso jogo de palavras, com o consequente constrangimento das nações menos desenvolvidas, mas uma conquista maturada pelo tempo e pavimentada pelo desenvolvimento socioeconômico, não é, portanto, resultado de convenções, por mais dignos que sejam os seus propósitos. Contudo, isso não quer dizer que a atuação estatal não deva promover a atuação mais protetiva possível aos cidadãos, mormente diante de dilemas sociais concretos, porém, o bem-estar social das pessoas é, sobretudo, uma conquista pessoal e não direito do cidadão e dever do Estado, quer dizer, da própria sociedade.

  Disponível em: https://www.ilo.org/brasilia/convencoes/WCMS_235192/lang--pt/index.htm. Acesso em: 15 dez. 2019).
[620] LANGFORD, 2007, p. 34.

Nesse sentido, o cumprimento de um *nível essencial mínimo*[621] de cada direito do PIDESC corrobora uma lógica *equívoca* de implementação dos direitos sociais. Explica-se: (a) não se sabe qual seja o nível essencial mínimo de cada direito,[622] até porque não se trata de parâmetro objetivo, mas uma compreensão talhada a partir do desenvolvimento social de cada país; (b) se o nível essencial mínimo é dinâmico, então, não é mínimo, é acumulativo e progressivo; (c) sendo progressivo, por certo, não há limite a partir de parâmetro normativo que almeja o bem-estar social dos cidadãos; (d) se o nível essencial mínimo é ponto de partida, então, não há ponto de chegada, portanto, limite para a exigibilidade dos direitos. Todavia, não haveria como desconsiderar o fato de que o PIDESC, como objetivo *atemporal* de proteção social, haveria de alçar voo bem alto nos prognósticos da socialidade, que, evidentemente, não são uma miragem, mas se encontram bem distantes de implementação.

Então, a consequência lógica disso é elementar: o duro prognóstico de financiamento da seguridade social e, em particular, da previdência social, pois o atual nível de proteção social, mormente de benefícios, pode não ser financiado no futuro (bomba relógio), gerando relevantes debates sobre as reformas da previdência social.[623] Aliás, o avanço da privatização da previdência social é, em grande medida, decorrente da inconsequente expansão de algumas coberturas previdenciárias, fragilizando a previdência pública, que, pela própria natureza de seguro público, melhor acolhe os segmentos mais vulneráveis da sociedade. Dito de outro modo, o esgarçamento da proteção previdenciária, com inequívoca majoração dos encargos, não traduz necessariamente conquistas para os grupos sociais mais vulneráveis, pois, na hipótese, a expansão dos gastos é mais dedicada na melhoria do padrão remuneratório (aumento do teto) dos segurados mais aquinhoados de recursos. Logo, a expansão de investimento na área de serviço social e reabilitação social, sem dúvida, teria uma melhor focalização de recursos.

Por mais que o Comitê sobre os Direitos Econômicos, Sociais e Culturais mencione que a *ingerência* do setor privado é contrária ao PIDESC,[624] não há como negar a pertinência da concorrência entre os segmentos, seja pela inevitável necessidade de controle fiscal, seja pela

---

[621] LANGFORD, 2007, p. 40.
[622] LANGFORD, 2007, p. 41.
[623] LANGFORD, 2007, p. 49.
[624] LANGFORD, 2007, p. 50.

alternativa funcional aos modelos já existentes, observados determinados limites quanto às reduções ou restrições dos benefícios, sobretudo, para evitar injustificáveis situações discriminatórias e respeitar o nível essencial mínimo dos direitos.[625]

2.1.2.3 Os opostos não se atraem: a difícil disposição dos extremos

> *"The most important reason for group polarization, and a key to extremism in all its forms, involves the exchange of new information. Group polarization often occurs because people are telling one another what they know, and what they know is skewed in a predictable direction. When they listen to each other, they move."*[626]

Para além da indiscutível importância do fluxo informativo entre os segmentos sociais na composição dos projetos políticos e, sobretudo, na disciplina argumentativa que possa levá-los adiante, observa-se que a ligação (in)comum entre os membros da mesma geração, conforme as demandas do cotidiano, se desenvolve pela necessidade e raramente pela simpatia ou amizade. Não se trata de insensibilidade, mas, tão somente, de clara constatação diante dos difíceis prognósticos da hipermodernidade. "Os opostos se distraem, os dispostos se atraem."[627] Não se admira que os extremos das posições político-econômicas não construam pontes no largo substrato da socialidade. Afinal, falta a compreensão de que as preocupações comuns – porém, com discursos diversos – só geram esforços compartilhados, aliás, desejosamente úteis em termos intertemporais, quando há disposição para superar os desafios de hoje sem comprometer o amanhã. Portanto, falta a ideia de que a necessidade *de amanhã* pode ser antecedida de razoável constatação *de hoje*. De modo geral, o imediatismo que anima a política

---

[625] LANGFORD, 2007, p. 52-53.
[626] SUNSTEIN, 2009, p. 21.
[627] Ligeiro verso extraído da música Realejo, do *O Teatro Mágico*, no álbum *Entrada para raros*, lançado no ano de 2003.

não mantém qualquer disposição para incorporar as demandas das gerações futuras, até porque ela é cobrada por dilemas atuais, fazendo com que surja *natural* oposição entre os objetivos da ação pública, a depender dos limites temporais de sua realização, mesmo diante da justiça entre as gerações vivas, portanto, de eleitores.

Nesse sentido, é pouco aceitável a noção de que a saída para os conflitos sociais abrangentes decorra de natural consenso entre os membros da comunidade política, resultando mais aceitável a tese de que a evidenciação de necessidades comuns convola esforços também comuns. Disso resulta um problema praticamente insolúvel: a impossibilidade de representação política equânime entre os membros das gerações vivas, de maneira que a superposição política entre grupos etários tende a revelar uma superposição de interesses, nos quais reforçam os antagonismos em termos intrageracionais, o que será discutido mais adiante neste livro. A discussão sobre a justiça intrageracional representa, por definição, um conflito de interesses entre presentes – e não entre presentes e ausentes –, logo, qualquer disputa de interesses assume ares verdadeiramente existenciais, cujas incompreensões reforçam o imaginário político dos extremos: os suprarrepresentados e os sub-representados. Aqui, deve-se admitir que a ideia de sub-representação é equívoca, pois não encerra necessariamente uma minoria de votos, sem falar na inegável *simpatia* da jurisdição constitucional, amparada na premissa dworkiniana de direito como trunfo,[628] com relação aos direitos das minorias.

Há, naturalmente, segmentos intermediários que fazem (im) posturas na defesa dos seus interesses, porém em uma relação de eventual proximidade entre os extremos, mas sem propriamente ocupá-los. Assim, de modo geral, a suprarrepresentação, consagrada na noção de tirania das maiorias, e a sub-representação, corporificada na ideia de tentação às minorias, compreendem os extremos que, entre vitórias e derrotas, dificultam a devida compreensão dos deveres intergeracionais na definição das políticas públicas e, com isso, complica os meios da ação pública na promoção da justiça intrageracional. A miopia dos extremos acena com o imediatismo das gestões populistas e, desse modo, aceleram os processos decisórios em detrimento tanto das gerações atuais quanto das gerações futuras.

---

[628] DWORKIN, 1977, p. xi.

2.1.3 Justiça transgeracional

> *"It is not very just to chastise men for the offences of their natural ancestors: but to take the fiction of ancestry in a corporate succession, as a ground for punishing men who have no relation to guilty acts, except in names and general descriptions, is a sort of refinement in injustice belonging to the philosophy of this enlightened age."*[629]

A lógica da justiça transgeracional se assenta na ideia de *resgate social*, ainda que não se vincule diretamente à (i)lógica perspectiva da dívida histórica, esta, aliás, assume uma dinâmica discursiva totalmente discutível. Quer dizer, como imprimir relações creditícias diante do fluxo evolutivo da humanidade, ainda que decorrente de vergonhosos conflitos sociais, quando, para o bem ou para mal, se estendem a todos, a despeito dos níveis diversos de fruição, as benesses das conquistas científicas ou culturais? "Por outras palavras, trata-se de saber sob que condições as injustiças intrageracionais podem gerar dívidas transmissíveis a certos membros da geração seguinte."[630] A questão, portanto, foca uma dinâmica de responsabilidade sem culpa e, possivelmente, sem benefícios concretos decorrentes da pretensa causa anterior que enseja a reparação transgeracional. Aqui, já surge o evidente dilema: como exigir algo de terceiro em função de determinada posição étnica, social ou econômica, se esse estado de coisa não se alteraria se esse terceiro não tivesse existido, isto é, quando ele não tem qualquer relação com o fundamento do queixume transgeracional? Por evidente, é pouco provável uma teoria da responsabilidade intergeracional *per saltum*.

Nesse sentido, transformar o nascimento um fato digno de reparação, mais que a difícil compreensão da própria aceitação da existência,[631] destaca uma ideia de compromissos sociais abrangentes – notadamente em função dos avanços tecnológicos conquistados pela

---

[629] BURKE, 2003, p. 118.
[630] GOSSERIES, 2015, p. 31.
[631] SCRUTON, 2001, p. 161-162.

hipermodernidade – destinados a evitar qualquer forma de infortúnio e, com isso, o tratamento de pesarosos dilemas existenciais acarretaria insuperáveis deveres de atuação estatal, portanto, iria muito além do espaço reservado à solidariedade nas relações sociais. Os erros do passado têm consequências, mas não há como aceitar o (in)feliz imaginário de que eles sejam sempre reparáveis e, concomitantemente, imunes a justificáveis questionamentos políticos, jurídicos ou éticos. Ao nascer, independentemente da fortuna que advém desse evento, toda pessoa recebe uma herança pela qual nada contribuiu e, por maiores que sejam os seus esforços contributivos, morrerá forçosamente insolvente,[632] então, como aceitar passivamente a tese da dívida histórica? Se a própria existência não pode ser uma escolha individual, como confiar ao seu desenvolvimento uma senda de desejos egoísticos diante do justo ou injusto social?

Contudo, mesmo nos casos limites, nos quais se possam cogitar que a *não existência* seria menos danosa que a própria *existência*, a questão padece de significo prático, pois a não existência não pode representar um estado de uma pessoa.[633] Portanto, *não ter nascido* não pode ser melhor que *ter nascido com deficiência*, porque não ter nascido não admite qualificações. Desse modo, não há nem como ventilar a ideia de que a existência possa ser pior que a não existência e, muito menos, que a própria existência seja uma questão privada em todos os seus termos. "Com efeito, a questão de saber quem é membro de uma comunidade, quem deve ser respeitado, é uma *questão pública.*"[634]

Logo, não é razoável que se defenda a seguinte assertiva:[635] toda vez que a *existência* não seja pior que a *não existência* se deduz que não há dano. A dinâmica responsabilizadora, como foi no caso Perruche,[636] não advém do maior ou menor dano em função do nascimento – porque a deficiência, por mais terrível que seja, decorre da própria condição de ser uma pessoa –, mas sim de conduta juridicamente censurável, anterior ao nascimento, dos profissionais de saúde.

---

[632] OAKESHOTT, 2016, p. 117.
[633] GOSSERIES, 2015, p. 41.
[634] LOUREIRO, 1998, p. 343.
[635] GOSSERIES, 2015, p. 41.
[636] GOSSERIES, 2015, p. 34. Na hipótese, uma criança com deficiência (Nicolas Perruche), representado pelos seus pais, conseguiu indenização, tendo em vista decisão da Corte de Cassação francesa, em função de erro de diagnóstico por profissionais de saúde, durante o pré-natal, sobre as *sequelas* advindas de sua gestação (síndrome de Gregg ou rubéola congênita) e, posteriormente, confirmadas no nascimento, resultando na discutível tese do *direito de não nascer*, que só pode ser exercido, evidentemente, se alguém tiver nascido.

Dessa forma, a justiça transgeracional não convoca uma razão linear ou autossuficiente diante dos conflitos intertemporais, pois, admitindo-se a ideia de bem comum transgeracional e universal,[637] pretensamente impulsionador da lógica da reparação transgeracional e, por conseguinte, da exigência de tratamento equânime entre as gerações, especialmente quando encerra obrigações de natureza pecuniária, com ou sem sérias implicações financeiras, não há como justificar uma cobrança de caráter pecuniário e, muito menos, uma retração no bem-estar social de eventual *devedor*, cuja *particular* posição jurídica tenha decorrido exclusivamente do seu nascimento.

A defesa da reparação transgeracional, para além dos ressentimentos e da crueza fatalista de um passado remoto, anima uma compreensão binária das relações sociais, típica da mentalidade revolucionária em que o mundo se divide entre exploradores e explorados, ricos e pobres, isso e aquilo, mas sem que isso represente qualquer benefício concreto à sociedade em geral, muito embora possibilite o amparo oportunista de forças políticas histriônicas no curso da vida social.

2.1.3.1 Ações afirmativas e seus desafios ético-jurídicos

> *"Um programa 'temporário' para eliminar uma condição que existe há séculos é quase uma contradição em termos. A igualdade de oportunidades pode ser obtida dentro de um período plausível de tempo, mas isso é totalmente diferente da eliminação da desigualdade de resultados."*[638]

A despeito do seu emprego, há muito tempo, na Índia, Malásia, Nigéria e nos Estados Unidos e, mais recentemente, no Brasil e em outros países, as ações afirmativas representam, de fato, o mecanismo mais adequado para superar os dilemas da justiça transgeracional? O reconhecimento de grupos vulneráveis, e, por isso, pretensamente sem representatividade na sociedade, pode justificar a manutenção de ações afirmativas independentemente dos seus resultados? Elas,

---

[637] INNERARITY, 2009, p. 33.
[638] SOWELL, 2016, p. 19.

diferentemente do que se poderia supor, não poderiam ensejar uma forma de tratamento privilegiado aos cidadãos mais bem posicionados de cada grupo preferencial?[639] Aliás, é o que se observa na reserva de vagas para *cota regional* para o acesso às universidades públicas, pois a região de nascimento nada diz sobre a vulnerabilidade social ou a falta de representatividade político-econômica dos cidadãos. Como a universidade é custeada por toda a sociedade brasileira, então, a alocação dos recursos públicos contempla dois pontos discriminatórios: (a) a definição do local da universidade pública; e (b) a reserva de vaga em função da discriminação anterior. A primeira discriminação é arbitrária, mas tolerável diante das escolhas políticas, mas a segunda, é simplesmente inaceitável.

Desde logo, urge mencionar que é bem discutível o papel das ações afirmativas em uma sociedade desigual,[640] porquanto a questão sai da realização das políticas públicas abrangentes para adentrar no terreno das políticas públicas identitárias e, por conseguinte, assumindo um caráter estratificante do corpo social, fazendo com que a ação pública represente, indevidamente, um catalisador de conflitos entre grupos sociais. Para além dessa questão, o uso político das ações afirmativas faz desnudar seu verdadeiro objetivo: proselitismo para determinado projeto de poder político, isto é, enfileirar *soldados* para determinada causa, porquanto os agraciados pelas ações afirmativas dificilmente identificam ou admitem, no longo curso da vida, os malefícios que elas promovem na sociedade, porquanto as políticas preferenciais, além de transferir benefícios de um grupo para outro, gerando uma discórdia trans(intra)geracional, também podem resultar em menor contribuição desses grupos à sociedade como um todo, fazendo com que, no conjunto das realizações empreendidas em nome da diminuição das desigualdades, ocorra uma redução nos benefícios sociais totais das políticas públicas promovidas, por mais nobres que tenham sido os objetivos pretendidos pela ação pública.[641] Então, qual seria o melhor caminho para superar as injustiças sociais que afligiram, e ainda teimam em afligir, as minorias na sociedade brasileira?

---

[639] SOWELL, 2016, p. 28.
[640] Aqui, cumpre uma ligeira advertência, admitindo-se a existência de diversos tipos de ações afirmativas, por certo, não se pode dizer que todas elas estejam submetidas à mesma crítica – ou mesmo ser objeto de crítica nesta obra. Na hipótese, questiona-se a instrumentalização delas em função, tão somente, de razões identitárias.
[641] SOWELL, 2016, p. 31.

Antes de tudo, é preciso afastar o mito político da realidade econômica[642] e, com isso, identificar suas implicações na sociedade, o que exige o desapego às teorias salvacionistas das políticas preferenciais, inserindo-as, portanto, no universo dos resultados alcançados no conjunto das políticas públicas adotadas pelo Estado, pois, somente assim, é possível separar a evidência do fato do discurso fantasioso das ações afirmativas, que não pode ser uma questão de fé, mas sim de comprovada capacidade de gerar resultados. Vale lembrar que nem os ricos e nem os pobres são grandemente afetados pelas ações afirmativas,[643] os primeiros, entre outros fatores, pela disponibilidade de recursos destinados à formação educacional ou capacitação profissional; os segundos, ainda que sejam o alvo das políticas preferenciais, não são efetivamente contemplados pelo tratamento diferenciado, porque as ações afirmativas atendem, basicamente, às pessoas mais bem posicionadas dos grupos preferenciais,[644] fazendo com que ocorra uma distribuição desproporcional de benefícios dentro de cada grupo.[645] Desse modo, as políticas preferenciais atingem efetivamente os grupos que se encontram no intervalo entre ricos e pobres, no qual se concentram as maiores perdas, e os possíveis ganhos, em nome da redução da desigualdade social ou do aumento da representatividade social de determinados grupos, fazendo com que ocorra uma crescente hostilidade entre os diversos grupos do corpo social, acarretando violências e, em muitos lugares, também mortes.[646]

Em termos transgeracionais, as políticas preferenciais aprofundam ressentimentos entre grupos da sociedade, sem que elas garantam benefícios concretos às pessoas mais vulneráveis, daí que a elevação do nível de proteção social, por meio de *bens sociais coletivos*, representa o mecanismo mais adequado para superar o flagelo de relações humanas errantes em determinados contextos da história, pois não exige a traumática discussão entre culpados e vítimas, com a extenuante politização das diferenças,[647] isto é, entre: (a) os membros das *gerações vivas devedoras*, que não mais representem posições ou *status* inaceitáveis de outras épocas, e nem mesmo, em boa parte dos casos, são herdeiros de benefícios intertemporais de grande monta; e (b) os

---

[642] SOWELL, 2016, p. 39.
[643] SOWELL, 2016, p. 72.
[644] SOWELL, 2016, p. 160.
[645] SOWELL, 2016, p. 74.
[646] SOWELL, 2016, p. 72.
[647] SOWELL, 2016, p. 126.

membros das *gerações vivas credoras*, que, não mais suportam relações sociais excludentes ou totalmente intoleráveis do passado, arvoram, no mais das vezes, benefícios pessoais ou institucionais baseados, tão somente, no sacrífico pessoal dos seus antepassados, olvidando-se que os processos históricos, no quadro evolutivo da humanidade, costumam apresentar momentos de superposição de poder ou domínio entre os povos, de modo que a ideia relacional entre exploradores e explorados não tem sido linear e, muito menos, imutável em função do tempo.

Destaca-se, ainda, uma questão pouco discutida, e mesmo temida na arena pública, a saber: *o direito racial é racismo*, evidentemente, isso se aplica a países em que existem universos compreensivos de *diversidade étnica abrangente*. Curiosamente, a partir dos indiscutíveis sofrimentos históricos do passado, em alguns países, os negros arvoram o direito de fazer apologia da própria raça, sem que isso possa ser alegado como uma forma de racismo, porém qualquer crítica contra os direitos especiais deles no universo das prestações públicas, a despeito da inocuidade das políticas públicas com o falseamento estatístico da realidade, sobretudo, diante dos custos pessoais e institucionais envolvidos, acarreta a implacável alegação de que essa análise carreia uma manifestação racista.[648] Reforçando esse entendimento, urge destacar que a Suprema Corte dos Estados acolheu, recentemente, essa preocupação de ordem político-jurídica, porquanto, além de não admitir cotas raciais nas universidades desde o caso *Regents of the University of California v. Bakke (1978)*, ainda afastou qualquer possibilidade de levar em consideração a raça de candidato para fins de provimento de vagas.[649] Afinal, *extinguir a discriminação, seja de que ordem for, é extingui-la totalmente.*[650] Trata-se, paradoxalmente, de manifesta superposição racial pretensamente reparadora de dilema também racial.

---

[648] CARVALHO, 2018, p. 345.

[649] O que destoa da jurisprudência do STF, *vide*: BRASIL.. Supremo Tribunal Federal. *Arguição de Descumprimento de Preceito Fundamental n. 186/DF.* Órgão Julgador: Plenário. Relator: Ministro Ricardo Lewandowski. Brasília/DF, julgamento em 26 abr. 2012. Disponível em: https://redir.stf.jus.br/paginadorpub/paginador.jsp?docTP=TP&docID=6984693. Acesso em: 19 out. 2023.

[650] Destacando-se, dessa forma, esta manifestação do juiz Jonh Roberts: "eliminating racial discrimination means eliminating all of it" (UNITED STATES OF AMERICA. Supreme Court. *Students for Fair Admissions, Inc. v. President and Fellows of Harvard College*. Washington-DF. 29 jun. 2023. Disponível em: https://www.supremecourt.gov/opinions/22pdf/20-1199_l6gn.pdf. Acesso em: 19 out. 2023).

A despeito desta providencial advertência, o STF, inclusive, por unanimidade, na ADC nº 41/DF,[651] reconheceu a constitucionalidade da Lei nº 12.990/2014, que reserva a pessoas negras 20% das vagas oferecidas nos concursos públicos para provimento de cargos efetivos e empregos públicos no âmbito da Administração Pública federal. Causando, em muitos concursos públicos, diante do número total de vagas, haja vista o disposto no artigo 1º, § 1º, da Lei nº 12.990/2014 e no artigo 5º, § 2º, do RJSU, uma insólita situação: a existência de vagas para negros, mas não para pessoas com deficiência, pois, no caso de 03 (três) vagas, uma necessariamente será destinada a negros, mas, na hipótese, não haveria como contemplar 01 (uma) vaga para pessoa com deficiência, porque exigiria, na melhor hipótese, 05 (cinco) vagas disponíveis no certame. O que faz pensar que uma pessoa, só pelo fato de ser negro, mereça uma atenção preferencial do Estado, inclusive em detrimento do direito de uma pessoa com deficiência, independentemente de sua condição socioeconômica? A situação é, de fato, insustentável, coroando uma odiosa discriminação com o beneplácito do STF.

2.1.3.2 A questão das minorias: gerações despedaçadas?

> *"A noção de que se pode ler as injustiças do passado nas disparidades do presente se torna ridícula à luz de todas as minorias em numerosos países que prosperaram mais que as respectivas populações majoritárias desses países, sem qualquer possibilidade de discriminar contra essas maiorias e, muitas vezes, a despeito da persistente discriminação dessas maiorias contra elas."*[652]

A despeito dos inconvenientes das ações afirmativas, o fato é que algumas minorias, gerações após gerações, têm sofrido alguma forma de descaso da ação governamental. A despeito disso, a ideia de minorias também tem fomentado distorções na distribuição dos recursos públicos e, sobretudo, das forças orgânico-funcionais do Estado. E a questão

---

[651] BRASIL. , 2017.
[652] SOWELL, 2016, p. 241.

previdenciária também tem seu *mea culpa*. O regime previdenciário brasileiro é flagrantemente regressivo, isto é, distribui mais riquezas aos membros das camadas sociais mais afortunadas, que, por meio do trabalho e da gestão de recursos, poderiam manter ou expandir o nível de proteção social sem levar consideráveis somas do orçamento público. Tal fato, por si só, já exigiria uma reforma previdenciária,[653] porém, o ponto fundamental da questão ainda consegue ser mais excludente: em 2012, 28,2% da população ocupada (16 a 59 anos) não possuía proteção previdenciária, a despeito de categórico mandamento constitucional (artigo 201, § 12, da CRFB), lembrando-se que, em 1992, era bem pior, pois atingia 33,6% da população ocupada,[654] mas, em 2013, seguindo uma convergência de queda, esse número caiu para 27,5%.[655]

Em outro giro, é preciso ter em conta que a intensa politização das causas minoritárias, longe de galgar conquistas relevantes, pode representar uma forma de aprisionamento político, no qual as justificativas e os objetivos que se destinam à proteção das minorias se tornam mais relevantes que as consequências reais delas,[656] fazendo com que a disputa por espaço nas políticas públicas se limite à evidência social da causa e não propriamente ao resultado delas. Logo, a tentação às minorias, garantindo pomposos dividendos políticos, representa um caminho *seguro* para projetos pessoais de poder, sem que isso constitua qualquer benefício concreto e efetivo aos grupos vulneráveis. O hiato entre justificativas e consequências reais das políticas públicas minoritárias mantém o engajamento político, no que interessa à ciranda eleitoreira, porém denuncia que a resolução dos dilemas das minorias passa pela atuação geral da ação pública, sem que isso represente qualquer desprezo à eventual atuação preferencial em função de demandas específicas, mas sem vinculação ao discurso das minorias (política identitária), pois o que se deseja é o resultado da ação pública.

A justiça transgeracional não pode compreender a proteção social das minorias como uma realidade de créditos e débitos entre as gerações, porque representaria uma disputa de interesses baseada em revanchismos e ressentimentos, nem pode transformar a ação pública o lugar de domínio dessas disputas, sobretudo, diante do perigoso e

---

[653] Lembrando-se que a EC 103/2019, a despeito dos esforços governamentais – mas agindo parcimoniosamente em alguns casos, apenas reduziu a regressividade do sistema público de previdência, porém deixou inalterado o sistema de previdência complementar, que prestigia, de modo nitidamente regressivo, os servidores públicos.

[654] ANSILIERO, 2013, p. 157.

[655] STRAPAZZON, 2017, p. 211.

[656] SOWELL, 2016, p. 174.

conflitivo convívio entre democracia identitária e democracia representativa,[657] o que pode aprofundar os prognósticos de crises pela inviabilidade de proposições viáveis no universo da política.

Desse modo, para evitar a desigualdade prejudicial entre as gerações, exige-se o foco na redução da desigualdade entre as gerações[658] e não a disseminação de ressentimento ou disputas internas entre membros das gerações atuais, isto é, em uma relação pessoal, aliás, com o *insuspeito* pretexto de prestigiar a igualdade *intra*geracional ou *trans*geracional. Para que fique mais claro: a mera possibilidade de que membros das gerações atuais, eventualmente consideradas devedoras de reparações transgeracionais, fiquem em condições piores do que as dos seus ascendentes ou descendentes, põe em xeque qualquer aspiração igualitária de colocar a igualdade como critério determinante da justiça intergeracional,[659] pois a igualdade não pode ser invocada para permitir o nivelamento por baixo de todos os membros de uma comunidade, o que contraria a lógica da universalização dos benefícios sociais decorrentes da observância de valores intergeracionais.[660]

Dessa forma, admitir a possibilidade da justiça transgeracional é, antes de tudo, aceitar que os *encargos intertemporais* são transmissíveis entre as gerações como expressão de solidariedade social e não como relação pessoal, voluntária ou obrigatória, decorrente de descendência ou legados de gerações passadas. Como o passado é mais bem *iluminado* que o futuro, decorrendo daí a sua maior nitidez,[661] é sempre mais compreensível que as diferenças sofridas ou toleradas em outras épocas – nas quais se amparam os ressentimentos remotos de relações sociais injustas, e eventualmente reanimados por perspectivas *teóricas justiceiras* – se revelem com maior vigor depois de considerável tempo, porque a denunciação dos fatos tem um curso completo, no qual é possível identificar elementos concretos de posições ou *status* atuais que poderiam ser diferentes.

Contudo, é no presente das atuais injustiças que a ação pública deve preocupar-se, notadamente na entrega de bens sociais coletivos, não por desprezar a consciência dos erros do passado, mas porque no presente se corrige algo com os olhos no futuro e não mirando as questões do passado, de maneira que insistir nas consequências jurídicas de eventuais injustiças que reinavam em outros contextos,

---

[657] BRITO, 2017, p. 182.
[658] CAMPOS, 2017, p. 50.
[659] CAMPOS, 2017, p. 51.
[660] CAMPOS, 2017, p. 51.
[661] JUDT, 2012, p. 207.

além de remoer sensações indesejáveis no tempo, pode retirar o foco no essencial: a constituição de meios materiais para que todos possam dispor de instituições capazes de promover o florescimento humano. Dessa forma, mirar no presente é, sobretudo, enxergar as diferenças atuais – sobretudo, em função do legado das gerações anteriores – diante das possibilidades da ação pública no fluxo unidirecional do tempo[662] e, com isso, promover meios para que elas possam ser reduzidas pela ação coletiva e não pela apropriação sectária de interesses específicos no próprio seio da sociedade ou, de modo mais intenso, dentro da própria estrutura do Estado, porquanto isso seria uma forma de reprodução, mas com outro enfoque, dos erros do passado, estigmatizando grupos a pretexto de proteger outros. Aqui, deve-se admitir que o fluxo unidirecional do tempo determina o caráter assimétrico da vulnerabilidade mútua das gerações,[663] de maneira que as gerações vivas mais contribuem para arrefecer os revanchismos históricos, apaziguando os conflitos sociais, que para rememorar as raízes das dores do passado a pretexto de condená-las.

2.1.3.3 Dívida pública: inarredáveis consequências

> "Everybody's young days are a dream, a delightful insanity, a sweet solipsism. Nothing in them has a fixed shape, nothing a fixed price; everything is a possibility, and we live happily on credit. There are no obligations to be observed; there are no accounts to be kept. Nothing is specified in advance; everything is what can be made of it. The world is a mirror in which we seek the reflection of our own desires. The allure of violent emotions is irresistible. When we are young we are not disposed to make concessions to the world; we never feel the balance of a thing in our hands – unless it be a cricket bat."[664]

---

[662] GOSSERIES, 2015, p. 170.
[663] GOSSERIES, 2015, p. 174.
[664] OAKESHOTT, 1962, p. 195.

O ímpeto da juventude tem uma clara conexão com o populismo, pois ambos são capazes de arvorar conclusões apressadas sobre a sociedade e não se prendem aos condicionantes econômico-financeiros, pois é sempre mais fácil ceder à tentação de transferir os encargos das aventuras financeiras aos próximos mandatários, olvidando-se, portanto, de qualquer medida de austeridade e, claro, dificultando bastante a possibilidade de responsabilização política.[665] Os jovens, contudo, envelhecem, mas o populismo é sempre vigoroso, fazendo com que a velhice, inclusive a dos antigos jovens, alavanque os custos das prestações sociais, como que os transformando em uma espiral intertemporal de estrondosos desafios fiscais.

Por outro lado, a política virtuosa é a maior inimiga da dívida pública, que é a maior amiga dos desejos imediatos do populismo e, sobretudo, do seu discurso sedutor, porque prenhe de possibilidades da atuação estatal. Na hipótese de *necessário* endividamento público, haja vista a existência de sérios déficits estruturais na sociedade brasileira, o crescimento da dívida pública deveria ser uma consequência natural dos investimentos em bens sociais coletivos, cujos benefícios compartilhados gerariam, em um futuro pretensamente próximo, disponibilidade financeira para quitá-la.

Todavia, a questão não é tão linear assim. Primeiro, a qualidade do investimento não é revelada pelo seu vulto. Segundo, há investimentos que não geram frutos imediatamente, como é o caso da educação, sem falar que o resultado deles pode ser incerto, ou mesmo ruim, tal como se observou com a expansão de matrículas no ensino superior brasileiro[666] – olvidando-se que a qualidade não é uma opção, mas uma necessidade no ensino [pretensamente] superior –, seja pelo superdimensionamento dos seus benefícios, seja pelos próprios limites operacionais inerentes ao *capital humano* (saúde, educação, habilidades e conhecimento[667]). Para além dessas objeções, como admitir o crescimento da dívida pública em um país que, sacrificando a pauta de investimento, tornou-se tomador compulsivo de empréstimo no mercado, justamente por não conseguir amortizar suas dívidas ou, simplesmente, pagar seus juros sem comprometer o orçamento?

A dívida pública representa o maior gargalo ao regular desenvolvimento econômico-social brasileiro. Discuti-la e, sobretudo,

---

[665] SILVA, 2017, p. 96.
[666] GIAMBIAGI; ZEIDAN, 2018, p. 280.
[667] TREMMEL, 2006, p. 12.

contê-la, não é uma preocupação apenas de gestores, economistas ou profissionais do orçamento público, pois exige a atenção de toda a sociedade, mormente dos profissionais da área jurídica. Por mais que a dívida pública revele um desafio de inegável disciplina jurídica, pois não se pode exigir a noção de direitos apenas a partir dos prognósticos estritamente financeiros, a pretensão de implementá-los, contudo, submete-se à lógica dos limites fiscais do Estado, impondo, assim, a compreensão de que determinados modelos jurídicos podem ser dissonantes, ou simplesmente contrários, com o dever de responsabilidade fiscal do Estado.

Aqui, reside um fato comum: por um lado, quanto maior a dívida pública menor é a possibilidade de investimento público e, por outro lado, maiores são as disputas sobre a disciplina alocativa dos recursos do orçamento, fazendo com que a dinâmica legitimadora do discurso político recaia não sobre as demandas prementes da sociedade, conforme as possibilidades financeiras do Estado, mas sobre os propósitos eleitoreiros da agenda política. Nesse contexto, cada segmento social se julga o legítimo merecedor de [maiores] investimentos, recaindo em um juízo de possibilidades financeiras incompatíveis com os estreitos limites da gestão fiscal. A dívida pública não gera apenas escassez, ou mesmo conflitos intergeracionais, mas, sobretudo, miopia sobre a focalização dos recursos públicos, enfim, sobre o norte da ação pública.

Afinal, a *armadilha da escassez* não decorre propriamente da falta de recursos, mas, sobretudo, do mau uso deles diante das possibilidades atendidas pela sua gestão.[668] Por exemplo, em 2017, o orçamento da União com educação foi menor que o gasto com aposentadoria rural.[669] No mesmo ano, o gasto orçamentário apenas com o RPPSU foi 80 vezes maior que o investimento em saneamento básico.[670] "Apenas uma interpretação muito perversa do texto da Constituição pode considerar este gasto intocável, sob pretextos questionáveis de direito adquirido ou outras teses menos legítimas."[671] Ademais, como a dívida pública é uma realidade intertemporal, a (des)razão do seu (des)controle encerra conflitos de diversas ordens: (a) *a transmissibilidade de dívidas*, pois não há como romper o fluxo unidirecional do tempo e, por conseguinte, das obrigações contraídas pela nação; (b) *a utilidade das dívidas*, já que

---
[668] MULLAINATHAN; SHAFIR, 2016, p. 179.
[669] TAFNER, NERY, 2019, p. 4.
[670] TAFNER; NERY, 2019, p. 5.
[671] TAFNER; NERY, 2019, p. 5.

o seu legado repercute na sua aceitação, pois a obrigação de quitá-las sempre se impõe; (c) *a comodidade ou onerosidade das dívidas*, porque, além de útil e transmissível, elas podem comprometer projetos das gerações atuais ou simplesmente viabilizá-los, portanto, vai depender da qualidade da obrigação, se cômoda ou onerosa.

Nesse ponto, a questão toma ares de inegável controvérsia se a dívida pública suportada se destina à manutenção de privilégios ou benefícios, portanto, quando os recursos não são gozados proporcionalmente sequer pelas gerações atuais. É o caso típico do PAYG, pois as gerações que menos contribuíram, aproveitando-se de legislações anacrônicas e das dinâmicas demográfica e laboral favoráveis, são justamente as mais abonadas nos valores dos benefícios previdenciários, sem que isso represente uma quebra das regras do jogo, denunciando, contudo, o quão injusto elas podem ser.

Por isso, é tão importante trabalhar a dívida pública em uma perspectiva consequencialista – mas não apenas com esse viés –, evitando-se uma racionalidade imediatista, como que baseada precipuamente nas garantias das demandas dos titulares da competência decisória: como não há dificuldades em denunciar os arroubos juvenis, seja pela falsa percepção dos direitos, seja pela incompreensão sobre os seus custos, é mais fácil conter a expansão dos direitos positivos baseada na proteção social da juventude; porém, como a dívida pública é criada e gestada pelos grisalhos, que podem justificar sem dificuldades *qualquer* necessidade de benefícios e serviços, eles acabam por transferir desproporcionalmente os custos da manutenção do sistema de proteção social às gerações futuras, isto é, à juventude de todas as gerações, que alardeia gastos sociais, mas que costuma arcar, posteriormente, as dívidas que não contraiu.

Essa transmissibilidade das dívidas, mas sem o cotejo da justiça intergeracional, conforme a lógica keynesiana que, a longo prazo, todos estarão mortos,[672] representa uma dúplice contingência: (a) salvar a circunstância não autoriza a realização de qualquer gasto público; (b) a regularidade do gasto público, nos limites do processo democrático, não costuma traduzir a melhor escolha pública. Portanto, é preciso muita cautela no tratamento da dívida pública.

---

[672] KEYNES, 1923, p. 80.

2.2 Rigidez constitucional e justiça intergeracional

> "A tese da proteção constitucional das gerações futuras repousa na premissa de que o processo político ordinário padece de uma patologia deliberativa que se pode designar por *imediatismo*. Trata-se da incapacidade da geração presente, que exerce controlo absoluto sobre o processo político, de atender aos interesses ou respeitar os direitos das gerações futuras, tanto mais quanto mais distantes estas estejam."[673]

Uma constituição do tipo democrática adota valores norteadores de toda a sociedade, denotando, assim, o elemento *constituição como contrato*,[674] no qual expressa, conjuntamente com outros elementos constitutivos ideais e reais, como dignidade humana, soberania popular, divisão dos poderes, garantia dos direitos fundamentais *etc.*, uma conquista cultural da civilização ocidental.[675] A consequência disso é que os processos culturais tendem a firmar alguma forma de captura político-jurídica,[676] na qual tem a pretensão de desenhar uma fórmula de segurança, que, na complexa teia da existência humana, vai denunciando sua fraqueza no desvelar do tempo, como que resultando, diante do esforço operativo dessa fórmula, a identificação da sua incapacidade para resolver os dilemas atuais, sobretudo, porque foi projetada mediante os horizontes compreensivos de outrora. Nesse sentido, a fórmula dos direitos, cuja projeção no tempo é um bom exemplo dessa constatação, vai cadenciando novas fissuras na cimentada estrutura dos textos constitucionais, daí as revisões, por vezes enfadonhas e repletas de desconfiança, que teimam em anunciar o novo caminho ou apenas uma nova forma de andar entre atalhos.

Nessa ordem de ideias, não há dúvida de que toda resistência contra o tempo é uma luta ingloriosa, fadada a recuos e entrincheiramentos,

---

[673] RIBEIRO, 2017, p. 140.
[674] HÄBERLE, 2003, p. 1.
[675] HÄBERLE, 2003, p. 2.
[676] HÄBERLE, 2003, p. 2.

até que, não mais resistindo aos impulsos das mudanças, rende-se com a singela descortesia dos *derrotados*: que façam algo melhor. A questão é que a ideia de melhor não nasce de demorados processos da *consensualidade argumentativa*, mas sim das exigências das relações sociais, nas quais os conflitos se revelam como verdadeiros veículos para alcançar outros lugares, enfim, novas respostas para velhas perguntas que a fórmula anterior teimava em não responder, desperdiçando fôlego nos reproches de eventuais sugestões, vivendo, assim, da paralisia da construção teórica pretensamente inabalável: a força dirigente do texto constitucional. Aqui, é preciso ter em mente que a discussão sobre a importância de uma constituição nada diz sobre as razões para que ela seja tão rígida.[677]

Desse modo, a reflexão sobre a justiça intergeracional tende a *desnudar* os fundamentos que consagram determinados direitos fundamentais, sobretudo, aqueles que possam fragilizar a justiça da ação pública, denunciando que a rigidez constitucional apresenta tantos riscos quantos os que deseja evitar.[678] Afinal, as escolhas políticas anteriores interferem diretamente na vida dos mais jovens, enquanto as escolhas políticas posteriores afetam apenas marginalmente a vida dos mais velhos.[679] Essa assincronia de efeitos gera desconfiança sobre os projetos políticos que amparam os nortes da sociedade, mormente no conflitivo universo da proteção social, contudo, isso não pode significar a inconsequente defesa de uma constituição não rígida, pois acarretaria uma desmedida complexidade no tratamento legal de matérias de longo curso[680] – como, por exemplo, a previdência social –, fazendo com que, em uma perspectiva intrageracional, a rigidez constitucional assuma destacada importância procedimental na implementação dos direitos, porém, tal premissa não quer dizer que, em uma perspectiva intergeracional, a despeito da difícil plausibilidade, deva impor-se necessariamente uma rigidez constitucional.[681]

Todavia, diante do indefinido número de gerações, é sempre aconselhável que os termos da rigidez constitucional se imponham sobre todas, porquanto os benefícios da igualdade de tratamento dispensada pela rigidez constitucional são maiores que as benesses

---

[677] GOSSERIES, 2008, p. 34.
[678] GOSSERIES; HUNGERBÜHLER, 2006, p. 106.
[679] GOSSERIES, 2014, p. 531.
[680] GOSSERIES, 2014, p. 534.
[681] GOSSERIES, 2014, p. 535.

transitórias das constantes mudanças,⁶⁸² enfim, não havia mesmo como resistir a pretensão de uma *nova* constituição a cada dezenove anos, conforme preconizava Thomas Jefferson (1743-1826), pois ele acreditava ser, à época, o curso médio de uma geração.⁶⁸³

O *nó górdio*, portanto, não se encontra na defesa da rigidez constitucional, pois a exigência de uma *temporalidade ininterrupta* tem indiscutíveis benefícios na pretensão de uma justiça intergeracional,⁶⁸⁴ mas sim na identificação de parâmetros adequados para justificar eventual alteração de rota, por menor que ela se afigure, no quadro das possibilidades constitucionais de implementação dos direitos fundamentais sociais. É dizer que, como a rigidez de determinado parâmetro constitucional possa representar uma intolerável forma de tratamento entre as gerações? Uma resposta adequada a esse questionamento exige mais que a mera alegação oportunista de tratamento desigual: compreende a evidenciação de que a rota seguida levará gerações inteiras a prejuízos irreparáveis, sem que isso represente, no plano global da ação pública, benefícios concretos à sociedade em curto, médio ou longo prazo.

2.2.1 Paradoxo da democracia: as normas e o tempo

> *"La democracia moderna es un juego complejo*
> *de equilibrios entre la velocidad y la lentitud; el*
> *pluralismo político también se refleja como un*
> *pluralismo de la temporalidad: el tiempo lento de la*
> *constitución, el tiempo medio de las legislaturas, el*
> *tiempo corto de la opinión pública."*⁶⁸⁵

A indiscutível heterossincronia da política democrática traduz bem a importância da discussão teórica sobre as normas e o tempo, até porque o tempo dos avanços tecnológicos, que exerce forte pressão nos custos da socialidade, não coincide com o tempo do direito, da economia

---

⁶⁸² GOSSERIES, 2014, p. 537.
⁶⁸³ MELO, 2013, p. 190.
⁶⁸⁴ BRITO, 2017, p. 176.
⁶⁸⁵ INNERARITY, 2011, p. 219.

ou da política,[686] fazendo com que a pretensão de estabilidade não encontre reflexo na evidência dos fatos. Observa-se uma verdadeira *aporia geracional*,[687] pois os que pretendem libertar-se dos regramentos do passado desejam, no entanto, às vezes até com maior ímpeto, perpetuar novas amarras às gerações futuras. Tudo bem que, no trato das relações sociais, a estabilidade seja um valor importante e que a mudança possa trazer seus males, mas o que interessa mesmo é saber como as coisas se estabilizam e, claro, mudam em função dos seus propósitos. Aqui, reside a questão realmente importante: como comportar a estabilidade na mudança, pois é certo que nada é tão estável quanto maleável, em função do tempo, como próprio *tempo*.

Em grande medida, isso resulta de duas teses relativamente simples: (a) a *tese das circunstâncias desiguais*, pois a qualidade de vida das gerações futuras sofre interferência direta das decisões das gerações anteriores, sem, contudo, dizer que tais decisões determinem a qualidade de vida das gerações vindouras, há, portanto, interdependência e não determinismo; (b) *a tese da não identidade*, porquanto, para além da interferência anterior, as decisões das gerações anteriores definem que pessoas existirão no futuro.[688] Vale dizer: "[a] indeterminação da identidade das pessoas futuras faz com que não lhes sejam aplicáveis os mecanismos habituais da justiça distributiva (interesses ou direitos ponderáveis) e da justiça comutativa (lesões e compensações)".[689] Não se observa qualquer dificuldade nessa assertiva, pois as decisões tomadas no presente devem levar em consideração as gerações futuras como uma *realidade geracional*, e não como uma *realidade pessoal*, trata-se, portanto, de falso dilema, pois todas as gerações futuras existirão se, e somente se, as gerações anteriores assim permitirem. Ademais, as decisões também compreendem dois tipos de escolha moral: (a) as que afetam no futuro pessoas já existentes (*same people choice*); e (b) as que afetam no futuro pessoas que ainda não existem (*different people choice*), portanto, implicando a tese da não identidade.[690]

Não há dúvida de que, em uma perspectiva intergeracional, o último tipo de escolha moral encerra [bem] mais conflito de interesses na dinâmica frenética das relações sociais, mormente porque a tese da não identidade pode flertar com a irresponsabilidade – sobretudo,

---

[686] INNERARITY, 2009, p. 141-142.
[687] BOTELHO, 2015, p. 375-376.
[688] MULGAN, 2002, p. 4.
[689] CAMPOS, 2015, p. 130.
[690] MULGAN, 2002, p. 4.

político-econômica – de segmentos relevantes das sociedades hipermodernas, porquanto há uma clara assimetria de poderes entre gerações presentes e gerações futuras.[691] Diante dessa premissa, é compreensível a dificuldade da democracia em se adaptar aos dilemas intergeracionais e, com isso, à assunção de responsabilidades de longo prazo,[692] pois a própria complexidade que encerra as questões intertemporais assume ares de inapelável escusa no enfrentamento dos conflitos da justiça intergeracional. "Os parlamentos têm vistas curtas, os governos fogem de prognoses a longo prazo, os plebiscitos populares pecam pelo seu localismo e interesses imediatos."[693] A regra, portanto, é empreender o imediatismo da ação pública como reforço político às deficiências do Estado social, que, não comportando as benesses de outrora, acena com novas expectativas, aumentando a pressão política por novas operações de crédito e, consequentemente, a expansão do endividamento público.[694]

Nesse contexto, a sementeira da discórdia se encontra no *modus operandi* da ação pública na *era do populismo*,[695] pois a invariável convicção de que o discurso propositivo, a partir do gasto público, conquista mais dividendos políticos que a nada simpatizante ideia de controle fiscal do Estado, acaba por estimular práticas eleitoreiras que sacrificam tanto a disciplina normativa sobre a execução orçamentária quanto o próprio substrato econômico da imposição tributária. As normas e o tempo têm, em uma sociedade democrática, muitos pontos de contatos e conflitos, mas a interseção delas com a política e a dívida pública é cercada de muitas tentativas e pouco progresso, porque a disciplina normativa dificilmente controla a indisciplina do *tempo político*. O domínio político populista, diante de desafios de grande envergadura, flerta com soluções rápidas, geralmente simples, mas insustentáveis intergeracionalmente, o que exige um forte apoio sobre falsas ideias ou esperanças.

---

[691] CAMPOS, 2015, p. 136.
[692] CANOTILHO, 2012, p. 9.
[693] CANOTILHO, 2012, p. 9.
[694] CANOTILHO, 2012, p. 11.
[695] RICCI, 2020, p. 6.

2.2.1.1 Os mortos não representam ninguém: os direitos de hoje na perspectiva do passado

> "Respect for the dead is the foundation of the attitude of trusteeship upon which future generations depend for their inheritance. Remove the dead from the equation, and you remove the unborn. And that, not to put too fine a point on it, is the real danger of unmoderated democracy.
>
> Procedural limitations on democracy must therefore be designed to ensure that the voices of the dead and the unborn are heard in the political process."[696]

A *democracia dos mortos* é exercida através da tradição,[697] de maneira que a representação dos mortos desafia o discernimento dos conflitos contemporâneos, persistindo a defesa de uma lógica decisória do ontem. A tradição dos mortos é uma construção atemporal baseada na experiência, isto é, uma razão que resistiu ao teste do tempo, portanto, uma ideia que permanece incólume diante das mais diversas transformações políticas.

Com efeito, a própria dinâmica estabilizadora das relações sociais, tal como pretendida pelas construções jurídicas, leva a esta conclusão: a disciplina que permanece é que a melhor consagra o intervalo que medeia o passado e o futuro. O problema, contudo, é que o tempo vivo dos homens não tem sido muito paciente com a pretendida estabilidade das convenções e, mais que isso: a pretexto de partejar soluções para inquietações antigas, tem criado problemas novos com a excessiva alteração dos modelos prático-teóricos do passado.

E há fortes razões para isso, porém, a mais evidente se revela na intensidade e velocidade das transformações na hipermodernidade, aliás, de todas as ordens, notadamente, econômicas, políticas, sociais e culturais. Tal estado de coisas traz uma desconfiança nos mecanismos do passado para resolver os problemas do presente, que antes eram

---

[696] SCRUTON, 2001, p. 48
[697] CHESTERTON, 1909, p. 83.

destinados ao futuro. A espiral do tempo sempre remove esta questão: há boas razões para manter o que se tem? E mais: seria possível ter o que se tem, se, a todo instante, tudo tivesse sido alterado pelas gerações anteriores? A primeira pergunta requer obtemperações de diversas ordens, nomeadamente de ordem política e econômica; na segunda, a negativa se impõe. O dilema da mudança é a comprovação, pelo menos do ponto de vista teórico, de que eventuais proposições compreendem um caminho mais seguro para superar os desafios pretensamente insolúveis da hipermodernidade, porém poucas são as frentes políticas que assumem esse ônus, transformando as tentativas de mudanças em verdadeiros saltos no escuro. Por isso, a democracia, que não representa apenas uma forma específica de organização política inspirada pela separação dos poderes,[698] vai sempre ensejar reivindicações de mudanças, fatalmente amparadas nas exigências da contemporaneidade, que possam colidir com as ideias do passado.

Todavia, defender que o passado não representa ninguém é uma lógica suicida de enfrentar os problemas contemporâneos, justamente porque despreza a herança histórica das nações sobre os problemas da própria existência humana, notadamente a organização jurídico-política do Estado, e isso resta particularmente paradoxal para quem sustenta o caráter absoluto da teoria imunizadora dos direitos adquiridos, que não passa de trava normativa diante da alteração legislativa no tempo.

Por isso, as mudanças exigem redobrados cuidados, traduzidos em demorados juízos analíticos quanto à aplicabilidade delas nos eventos concretos da vida social, que costumam ser muito mais complexos e imprevisíveis que as proposições talhadas apenas a partir da pretendida racionalidade humana. Desse modo, toda preposição de aperfeiçoamento, mormente sobre a legislação previdenciária, deve assumir um tom consequencialista, mas sem perder os limites das peias axiológico--normativas, senão os resultados serão simplesmente desastrosos. Desse modo, é necessário defender valores normativamente exigíveis, mas também antecipar – justamente para evitá-los – resultados financeiros que possam ser insustentáveis diante da ortodoxia normativista.

---

[698] URBANO, 2007, p. 517.

2.2.1.2 Ninguém representa as futuras gerações: os *direitos* no futuro na perspectiva de hoje

> *"There is, however, a deeper reason for conservative suspicion of the democratic process, which is that, however fair and free, it will always give precedence to the needs and desires of those who are choosing now, regardless of the needs and desires of those who are not yet with us or those who are already dead. The very same theoretical weakness which afflicts the social contract, afflicts democratic choice - namely, that it privileges the living and their immediate interests over past and future generations."*[699]

A convencional noção de que as gerações futuras não podem exercer qualquer pressão na arena pública, consubstanciada na lógica da ausência de representação política[700] e, por conseguinte, não podem comprometer ou interromper os voluntarismos da geração atual, arrimando-se na compreensão de que não há possíveis obrigações de justiça entre as gerações, merece uma reflexão mais detida dos membros da comunidade política e, consequentemente, dos mecanismos institucionalizados da ação pública.[701] Ainda que se diga que as gerações futuras estão em uma de posição desvantagem,[702] trata-se de assertiva relativa, pois a projeção dos esforços de todas as sociedades, com suas perdas e seus ganhos sociais, independentemente de qualquer representação política, se materializa no futuro e, com isso, se insere na dinâmica reflexiva das gerações futuras, tanto para o bem quanto para o mal, a despeito de não existir um legado comum da humanidade, muito embora alguns eventuais flagelos não poupem ninguém, mormente os de ordem ambiental.

---

[699] SCRUTON, 2001, p. 47.
[700] BECKERMAN, 2006, p. 60.
[701] WOLF, 2003, p. 281.
[702] AGIUS, 2006, p. 319.

A política de conservação ou preservação, em uma tentativa de estabelecer uma herança comum da humanidade,[703] tão necessária quanto temida no círculo da descomunal capacidade de consumo das sociedades hipermodernas, representa a primeira via protetiva dos interesses das gerações futuras, e mesmo atuais, uma vez que a dinâmica operativa do consumo tende a demonstrar formas relativas, mas também concretas, da escassez. Claro, como primeira via, ela é incompleta e mesmo nada racional em alguns contextos. Porém, no que importa à discussão deste tópico, é a providencial reflexão de que a garantia dos interesses das gerações futuras passa necessariamente pela tentativa de conservar a disponibilidade de recursos, em sentido amplo, a todos os cidadãos e em todas as épocas. Não se trata, evidentemente, de tarefa fácil e, com certeza, também não é indene de críticas. Ainda que se revele mais factível defender a lógica da reversibilidade das decisões,[704] contudo, isso seria igualmente improvável: se a reparabilidade delas nem sempre é possível ou mesmo satisfatória, o que dizer da própria reversibilidade de questões sociais abrangentes, cujos efeitos se prologam por décadas ou séculos?

Nesse ponto, é preciso reconhecer que há deveres para com as gerações futuras, contudo, isso não quer dizer que existam direitos correlativos,[705] de maneira que as imposições de hoje, para além dos ordinários prognósticos da legislação, apenas encabeçam as possibilidades jurídicas das futuras gerações, isso porque elas disporão de direitos, até mesmo como reflexo de sua historicidade, só que sem relação identificativa com os deveres das gerações anteriores. Por isso, a indagação sobre a existência de direitos nos futuros, além de inútil, parece pouco racional, ora, o sol não vai brilhar no futuro ou a criação artificial ou convencional do direito deixará de existir?

Desse modo, são os deveres suportados por uma geração que permitem o gozo de direitos nas gerações futuras: não se trata de uma relação de correlatividade entre deveres e direitos, mas de responsabilidade solidária pelo devir das gerações futuras. Além do mais, como medida pretensamente sagaz de encerrar a questão, substituir a palavra *direito* por *interesse* em nada contribui para tornar menos fútil essa discussão, porquanto as futuras gerações terão *interesses* apenas se,

---

[703] AGIUS, 2006, p. 321.
[704] MORENO, 2015, p. 42.
[705] LOUREIRO, 2006, p. 35.

e somente se, tiverem *direitos*.[706] Nesse ponto, negar a existência de direitos no futuro, mas, contraditoriamente, assentar-se no discurso dos direitos, é, por tudo, um desatado equívoco, porque *o dever* de hoje é responsável por *um direito* de amanhã, daí que a autonomia dos direitos no futuro é sempre relativa em função das permissividades do passado.

Em outras palavras, não se trata de dizer como será o direito das gerações vindouras, o que seria uma clara expressão de paternalismo ético,[707] ou mesmo a forma de seu regular exercício, mas, sobretudo, o que ainda pode ser expresso como garantia das condições de possibilidades das gerações futuras em face das disponibilidades protegidas ou preservadas pelas gerações anteriores.

Então, a questão dos direitos futuros não é marcada pelo que possa ser o direito no futuro (perspectiva conteudística), mas pelo que deve ser feito hoje em termos normativos para que exista o direito no futuro (perspectiva garantística), portanto, trata-se de reunião das condições de possibilidade do próprio direito, que, evidentemente, representa uma tarefa que se encontra no horizonte de análise das gerações vivas.

2.2.1.3 Todos são representados: a supremacia constitucional e o poder da última palavra

> *"The past as understood by the citizen is the past directed to the future. Continuity is a selective aim; it looks both backwards and forwards with a measure of distrust. But we must remember the distinctive place of the past in our practical understanding: unlike the future, the past is known."*[708]

O Estado Constitucional representa uma conquista *definitiva* dos povos civilizados e, nessa qualidade, a proteção do texto constitucional, para além do simbolismo que se espraia no controle das forças conflitantes que atuam na sociedade, compreende a certeza de que o

---

[706] TREMMEL, 2006, p. 201.
[707] MIRANDA, 2016, p. 197.
[708] SCRUTON, 2001, p. 30.

processo decisório constitucional traz à tona a *última (provisória) palavra* sobre os desafios que compreendem a normatividade constitucional, mormente na induvidosa complexidade das relações jurídicas intergeracionais. Assim, na complexa teia da evolução política do homem, cumpre mencionar que a constituição não expressa apenas o que o seu texto diz expressamente, mas, sobretudo, o que ele não diz, porque tal fato se encontra na própria ideia constitutiva dos valores de cada povo.

Por isso, a compreensão dos conflitos constitucionais apenas a partir dos dispositivos legais encerra um elemento tranquilizador, mas apresenta duas evidentes inquietações. Tranquiliza no que representa a *certeza* de que valores fundamentais da sociedade serão preservados, mas inquieta (a) diante da habitual dificuldade de decantá-los nos inumeráveis conflitos sociais e, sobretudo, (b) quando a própria defesa de determinado valor contenha, ao longo do tempo, uma ideia expansiva de desvalor. Explica-se: se é relativamente fácil de promover *uma* defesa generalista de valores fundamentais do Estado, não se revela igualmente fácil de defender *a* forma como esses valores foram declinados no texto constitucional – e, principalmente, na legislação infraconstitucional –, tornando, por vezes, a atividade interpretativa um cipoal semântico infindável, a despeito da técnica e sinceridade discursiva dos intérpretes. Enfim, a constituição tem o mérito de *proteger* os direitos fundamentais, mas, em grande medida, não diz como isso possa ser feito através dos tribunais, que, pelo simples fato de ter que decidir sobre alguma coisa, não elimina os conflitos ou desacordos sobre o significado dos direitos fundamentais, que é justamente o que a constituição tem a pretensão de proteger.[709] Por isso, a sucessão das gerações no tempo é, para o bem ou para o mal, uma inevitável forma de contínua erupção de conflitos interpretativos quanto ao significado da normatividade constitucional. Nesse contexto, a ditadura do tempo real costuma dominar as instituições, o que pode causar uma expropriação temporal das gerações futuras[710] ou mesmo determinar um horizonte temporal curto das políticas públicas.[711]

Dessa forma, a defesa do texto constitucional pode assumir apenas uma forma de assegurar o domínio de determinadas visões sobre a organização do Estado, ainda que elas não mais representem a

---

[709] TUSHNET, 2010, p. 2.
[710] INNERARITY, 2009, p. 55.
[711] CAMPOS, 2015, p. 139.

compreensão social sobre o fenômeno da atuação estatal, consagrando privilégios odiosos no seio da República. Em matéria previdenciária, tendo em vista a singularidade da relação jurídica de seguro social, a estabilidade das relações jurídicas tem capital importância, pois encerra, em um primeiro momento, uma legítima expectativa normativa dos cidadãos e, mais adiante, as objetivas implicações da imunização jurídica dos direitos (artigo 5º, inciso XXXVI, CRFB). Aqui, reside o ponto de discórdia: como admitir a existência de direitos positivos, pretensamente absolutos no tempo e no espaço, ainda que em detrimento da capacidade funcional do sistema de previdência, com arrimo na teoria imunizadora dos direitos adquiridos?[712] Vê-se que a proteção dos direitos fundamentais compreende zonas de intensos conflitos axiológico-normativos, porque é da própria natureza da dinâmica protetiva da normatividade constitucional a concorrência de interesses – por vezes, insolúveis – entre diversos segmentos da sociedade.

Desse modo, a corte constitucional ou entidade equivalente, inclusive por decorrência da supremacia constitucional, assume particular importância no tratamento dos conflitos intergeracionais, que evidenciam profundas controvérsias sobre os direitos fundamentais em termos intertemporais, fazendo com que o norte da última palavra recaia no horizonte de compreensão dos princípios da justiça intergeracional e, portanto, na ideia constitutiva dos interesses ou direitos de todas as gerações, reduzindo, assim, os efeitos negativos da assimetria nas relações de poder entre as gerações,[713] cujos reflexos vão muito além dos diagnósticos difíceis da empregabilidade, do crescimento da dívida pública ou da expansão de dilemas ecológicos, pois também encerram, por exemplo, escolhas de ordem bioética que desafiam a própria forma de compreender a existência humana na Terra, tal como já se observa na disputa entre bioconservadores e transumanistas.[714]

---

[712] Na segunda parte desta investigação, entre outros pontos, discute-se uma possível resposta a esse questionamento.
[713] CAMPOS, 2017, p. 46.
[714] LILLEY, 2013, p. 48.

2.2.2 A constituição e os novos projetos sociais e econômicos

"Todas as Constituições, sobretudo enquanto sede dos direitos fundamentais, incluem o futuro no seu programa normativo."[715]

Toda constituição retrata, em grande medida, as preocupações do seu tempo e, por conseguinte, ela incorpora as propostas decorrentes da compreensão dos dilemas até então identificados pela sociedade, por isso que, em uma perspectiva intergeracional, uma constituição representa um necessário juízo prospectivo, tendo em vista o conhecimento dos dilemas pretéritos e atuais, sobre as demandas vindouras, contemplando, desse modo, tanto as gerações passadas e presentes quanto as gerações futuras.[716]

O grande dilema, todavia, é canalizar a viabilidade atemporal desse juízo prospectivo, mas de maneira que a normatividade constitucional não represente um obstáculo maior do que o que ela se propôs a evitar. Por isso, pensar a justiça intergeracional em termos constitucionais é, sobretudo, refletir sobre a força normativa desse princípio e, especialmente, a sua capacidade para promover a revisibilidade das leis e, claro, da própria constituição.[717]

Tratando-se do texto constitucional, tendo em vista seus limites materiais e formais de reforma, cujo descumprimento compreenderia um ato "inválido, inconstitucional, imoral e antidemocrático",[718] portanto, uma *transgressão dogmática* digna de aflitivos dissabores *teológicos* decorrentes de ataque a uma *divindade secular*, o princípio da justiça intergeracional não poderia, por si só, fazer ruir uma estrutura constitucional incompatível com os seus propósitos revisionistas, haja vista o disposto nos artigos 5º, inciso XXXVI, 60, § 4º, inciso IV, da CRFB, porém, de modo mais acertado e plenamente possível, poderia firmar novas notas compreensivas sobre o sentido e o alcance dos direitos fundamentais, pontuando a importância de revisitar o norte interpretativo da teoria imunizadora dos direitos adquiridos.

---

[715] SILVA, 2010, p. 492.
[716] HÄBERLE, 2006, p. 223-224.
[717] MAGALHÃES, 2016, p. 72.
[718] ROCHA, 1993, p. 185.

Aliás, isso não seria algo destituído de sentido, pois a própria relativização da coisa julgada [inconstitucional], a despeito de eventuais titubeios doutrinário-jurisprudenciais,[719] tem, agora, previsão expressa nos artigos 525, § 12, 535, § 5º, do CPC, o que bem demonstra que os termos do artigo 60, § 4º, inciso IV, da CRFB, não afastam a possibilidade de ponderação legislativa ou judicial sobre a extensibilidade dos seus efeitos diante de situações fático-normativas possivelmente violadoras do princípio da justiça intergeracional, sobretudo, diante de valores constitucionais igualmente importantes na proteção dos direitos fundamentais dos cidadãos, o que pode exigir uma re(visão) sobre a temática.

2.2.2.1 Os limites da reforma constitucional: os inevitáveis fluxos da ciranda econômica

> "[...] o atraso educacional, o excesso de despesa pública, a fragilidade das agências reguladoras, o fechamento da economia ao comércio internacional, os juros elevados, os impostos altos, o desequilíbrio da Previdência Social, a lentidão da justiça, o subsídio creditício do governo a grandes empresas, a informalidade dos empreendimentos, a insuficiência de infraestrutura, as longas greves no serviço público. Todas essas características são sintomas do *modelo de baixo crescimento com redistribuição dissipativa*."[720]

O desprezo aos desafios econômicos e o fascínio às fórmulas jurídicas de proteção social, entre outros fatores, tornam as propostas legislativas um infindável meio de postergar o enfrentamento dos dilemas concretos da sociedade. Ademais, a observância dos direitos

---

[719] Para uma crítica demorada sobre a temática, por todos, *vide*: MARINONI, 2022, p. 237-250; MARINONI, 2016, p. 71-80; 106-108; 145-166.
[720] MENDES, 2014, p. 5.

adquiridos, inclusive, em uma exegese literal, por força de imperativo constitucional e legal (artigo 5º, inciso XXXVI, da CRFB; artigo 6º da LINDB), tem sido uma exigência elementar de toda PEC, notadamente em matéria previdenciária.

Assim, com o reconhecimento do caráter absoluto da teoria imunizadora dos direitos adquiridos, toda reforma constitucional traz um passivo imenso de normas de transição ou, de modo mais preciso, de transições múltiplas potencialmente conflitantes, fazendo com que toda reforma constitucional possua, do ponto de vista da sustentabilidade financeira, um limite imanente: o custo das transições. Não que a transição não seja necessária, o dilema é outro: o direito adquirido esvazia qualquer propósito imediato dos efeitos financeiros das reformas, de maneira que, antes de seus resultados serem alcançados, outra reforma constitucional é imposta pela emergência financeira e, novamente, afetando minimamente os benefícios já concedidos.

Aqui, cumpre lembrar que os limites da economia reforçam a importância das alterações legislativas que não foram programadas e realizadas, de modo oportuno, pela classe política da sociedade, esta, aliás, anestesiada pelo populismo inebriante das jovens democracias, teima em defender a manutenção de modelos e institutos jurídicos como prova de defesa de seus interesses, porém, apenas empreende, ainda que mediante ludíbrio político, o objetivo indisfarçável dos verdadeiros beneficiários do atual *status quo*: o corporativismo público.

Desse modo, a pretensão de reforma, a bem da verdade, é apenas uma tentativa de evitar a *deforma* no tempo dos prognósticos legislativos, nas quais se inserem os privilégios odiosos, mas que pode também ser chamada, pomposamente, de aperfeiçoamento da legislação. A arrogância da constituição dirigente, que ainda se diz[721] viver as *intermitências da morte*, revelada na insistente e inabalável defesa de institutos pétreos, é incompatível com a humildade constitucional[722] exigida pela sociedade hipermoderna.

---

[721] OLIVEIRA, 2005, p. 225. Nesse ponto, é evidente a desilusão: "[a] teoria da constituição dirigente é uma teoria da constituição autocentrada em si mesma, uma teoria 'autossuficiente' da constituição. Ou seja, criou-se uma teoria da constituição tão poderosa, que a constituição, por si só, resolve todos os problemas. O instrumentalismo constitucional é, desta forma, favorecido: acredita-se que é possível mudar a sociedade, transformar a realidade apenas com os dispositivos constitucionais. Consequentemente, o Estado e a política são ignorados, deixados de lado. A teoria da constituição dirigente, portanto, é uma teoria da constituição sem teoria do Estado e sem política. E o paradoxal é que a constituição só pode ser concretizada por meio da política e do Estado" (BELLO; BERCOVICI; LIMA, 2019, p. 1.773).
[722] LOUREIRO, 2014, p. 648.

Além disso, como o direito e a política, a despeito da atitude cognitiva, da atuação flexível e da enorme capacidade de aprendizagem da economia,[723] não reconhecem os sinais da agenda econômico-financeira da sociedade – mesmo diante de cenário com graves consequências microeconômicas ou macroeconômicas –, então, toda reforma legislativa não passa de meros atalhos diante de caminho notoriamente inviável, a despeito da crença de que ele levará a um bom lugar, justamente por defender a cômoda solução de apresentar ordens em cenário em que deveriam aprender.[724]

A despeito da conflitiva natureza multidimensional do desenvolvimento sustentável de qualquer nação[725] e sua inexorável correlação com a questão ecológica, na qual a questão econômica ocupa inegável destaque – mas, claro, sem descurar de outros bens intangíveis relacionados à natureza sem necessária expressão econômica, como valores recreativos, simbólicos, estéticos, espirituais, religiosos ou educacionais[726] –, observa-se que a tônica da realidade político-econômica brasileira tem sido criar atalhos para um caminho que não é mais capaz de ser seguido sem frequentes e imperiosas contestações, evitando-se, inadvertidamente, o curso de novo caminho que seja capaz de alcançar os objetivos fundamentais da República.

Assim, toda mudança sobre os rumos da ação pública tem sido uma forma de flagelo para evitar flagelo ainda maior, porém é sempre vista como o maior dos flagelos até o reconhecimento do verdadeiro sacrifício – os persistentes resultados negativos da rota até então seguida –, no qual todos culpam a incúria estatal. O Estado, portanto, é a caixa de ressonância do fracasso da organização de toda sociedade, mas, mesmo assim, é guindado a senhor de todos os benefícios sociais, quer dizer, serve-se da sociedade na qualidade de maior *cliente* da ação pública. Enfim, uma dúbia compreensão sobre os limites de sua atuação, mas somente possível em uma sociedade que respira o ideal estatista de bem-estar social.

Vê-se, desse modo, um Estado social percorrendo a largos passos para seu indesejado colapso, desprezando a importância de nova dinâmica prestacional da socialidade diante das crises financeiras – e mesmo independentemente delas[727] –, que solapam os castelos fantasiosos

---

[723] INNERARITY, 2011, p. 142.
[724] INNERARITY, 2011, p. 142.
[725] MUDACUMURA, 2006, p. 147.
[726] PINTO, 2017, p. 294.
[727] LOUREIRO, 2014, p. 650.

da normatividade constitucional, exigindo séria reflexão sobre a validade jurídica da ação pública na era do *pós-direitos adquiridos*.[728] Aliás, o direito adquirido não prestigia apenas a estabilidade da relação jurídica, porquanto também estabelece uma preferência temporal em detrimento das gerações vindouras.

Nesse contexto, e tendo em vista os direitos adquiridos, para além da intrincada questão dos limites materiais de reforma constitucional, o que também se aplica à própria interpretação constitucional, exsurge a tormentosa adversidade decorrente da excomunal força política das corporações públicas na defesa de modelo de socialidade que não mais existe, pelo menos da forma que elas desejam diante das possibilidades financeiras do Estado.

2.2.2.2 A cadência transformadora dos direitos: da emergência ao declínio

> *"A ideia de direitos fundamentais das gerações futuras não é apenas um artifício retórico sem qualquer tradução jurídica, antes possuindo a consistência dogmática que deriva do facto de aqueles poderem já hoje produzir (pré)efeitos jurídicos delimitadores dos direitos actualmente titulados pela geração presente."*[729]

No Brasil, há um mito que ainda persiste na cultura jurídica, mesmo que largamente superada em outras paragens: a fé cega, por vezes dissimulada, do poder transformador do direito a partir da dinâmica racionalizadora da atividade legislativa. Um problema, uma lei. A questão, contudo, é que a importância da lei decai em função do tamanho dos desafios extrajurídicos, pois não demora que o impulso dos desígnios normativos se renda aos obstáculos que ele pretendeu remover, não sem antes demonstrar uma completa indiferença aos motivos que o levou a esse *abatimento* jurídico.

---

[728] SILVA, 2014, p. 209.
[729] SILVA, 2010, p. 491.

Em matéria de direitos sociais isso é visível em diversos aspectos: (a) leis que desprotegem, *protegendo*, é o caso clássico do direito do trabalho brasileiro, inclusive pela própria asfixia da livre iniciativa;[730] (b) leis que criam direitos, mas que *inviabilizam* outros direitos, no que bem evidencia as políticas públicas destinadas às causas identitárias.

No campo previdenciário, a discussão estritamente jurídica sobre dilemas complexos tende a desaguar em desastrosos movimentos legislativos: é que o nível proteção social jurídico deve ser compatível com o nível desenvolvimento econômico-social de cada país, senão eventual assincronia representa uma fonte insuperável de conflitos jurídico-políticos. Enfim, não é a racionalidade do modelo de Estado social em si que protege a sociedade, por mais dinâmico e protetivo que ele possa parecer, porém o modelo de Estado social que a sociedade permite suportar e aperfeiçoar em função dos desafios enfrentados no curso histórico da ação pública.

Por isso, a emergência de avançados modelos de Estado social não tarda em cair em declínio diante da inóspita realidade dos desafios concretos da ciranda econômica, social e política. Passado o entusiasmo constituinte, tal como se observou na realidade brasileira, a crueza dos limites socioeconômicos denuncia o nefasto hiato entre a *dimensão normativa do direito positivo*, que é o trunfo dos jogos simbólicos de poder, e a *dimensão material do direito positivo*, que é açoitada pelo populismo e, com isso, resta rendida a estrutura orgânico-funcional do Estado com a má focalização dos recursos públicos. A dramaticidade, no caso brasileiro, é ampliada por dois claros motivos: (a) a miragem de um modelo de proteção social que, embora jamais efetivamente gozado, já se encontra em crise; e (b) a desvantagem de romper com um modelo que ainda rende expectativas e, por conta disso, anestesia o poder de reforma do Estado, que tem a difícil tarefa de recuperar a confiança perdida no sistema público de previdência, que seja capaz, portanto, de assegurar uma lógica de estabilidade e previsibilidade no modelo de proteção social previdenciária.[731] "Um mínimo de previsibilidade no campo dos direitos sociais é indispensável e se ainda algum papel resta para o Estado, ele se encontra aí."[732] Todavia, não há confundir previsibilidade com imunização jurídica, esta vai muito além daquela, porque petrifica específicas relações jurídicas com indiscutíveis impactos sociais, a despeito da injustiça que possa consagrar o conteúdo delas.

---

[730] LUCENA FILHO, 2017, p. 169.
[731] COIMBRA, 2016, p. 468.
[732] SAMPAIO, 2005, p. 91.

De todo modo, a recente EC nº 103/2019 representa um bom exemplo do drama suportado pela sociedade brasileira, pois ela mantém o modelo anterior – inclusive com a preservação de Previdência Complementar, que tem nítido caráter regressivo –, com sensíveis perdas no campo da proteção previdenciária, mas não oferece qualquer solução, em longo prazo, para a manutenção da capacidade funcional do sistema público de previdência, que será exigida nos próximos anos, fazendo com que novas reformas sejam realizadas com os olhos no modelo de proteção social do passado, que, além não de ter sido vivido plenamente, não mais será possível viver.

Por isso, nos países que viveram efetivamente o Estado de bem-estar social, e mesmo sua forma de *metamorfose pervertida*[733] chamada de Estado-providência, é até compreensível reverberar uma perspectiva saudosista do modelo em crise, porém esse não pode ser o caso brasileiro, que exige lucidez para superar a miragem das *soluções* fáceis, mas inviáveis.

2.2.2.3 Direito intergeracional: projeções econômicas condicionadas ou condicionadoras

> *"The fact is that the relation of wealth to social and political well-being is a mystery, and to cast all politics in economic terms is to surrender the known facts of human life to the flimsiest speculation."*[734]

A intenção de resguardar direitos positivos entre as gerações atuais, como propósito de sua garantia entre as gerações descendentes, deixa subjacente outro fato igualmente relevante, a saber, a providencial constituição dos custos – no que pressupõe a prestigiosa contribuição de fluxos econômicos positivos – seria um fator condicionado ou condicionante da diretriz decisória legislativa na socialidade, mormente no campo da proteção previdenciária? A preocupação com a suficiência financeira do Estado, por ser decorrente da atuação da economia nacional, muito embora se submetendo às vicissitudes da economia

---

[733] MONIZ, 2017, p. 26.
[734] SCRUTON, 2001, p. 89.

global, não pode fazer com que a atuação parlamentar, a partir dos prognósticos normativos, seja sempre submissa aos estritos termos das projeções financeiras de cada momento histórico da sociedade, porém, com o necessário tom de equilíbrio, ela também não pode viver o sonho da falsa esperança da transformação *social*, tendo em vista o círculo conflitivo das relações humanas, apenas a partir da defesa quixotesca da disciplina normativa de projetos sociais abrangentes. "Assim, a concretização legislativa dos direitos sociais é levada a cabo pelo legislador em função dos recursos disponíveis em cada momento histórico",[735] porém isso decorre da indeclinável aderência à realidade das nações, mas não como uma forma de ruptura dos parâmetros protetivos da normatividade constitucional.

Desse modo, o *direito intergeracional*, independentemente da controvertida discussão sobre o seu conteúdo, compreende um desafio que transcende a dimensão jurídica, mas nela repousa sua própria condição de possibilidade: sem os condicionantes econômicos não há como gozar os benefícios da tecnologia jurídica; todavia, sem o engendro das ferramentas jurídicas a ciranda econômica padece de trânsito e controle adequados no universo das relações sociais. Por exemplo, a dispersão dos cidadãos na lógica competitiva de mercado, entre outras consequências socialmente relevantes, vai estimular a criação de produtos financeiros e o aperfeiçoamento de sistema complementar de previdência, sobretudo nas economias pujantes, possivelmente mais forte e atrativo que o sistema público de previdência, que deverá conviver com uma nova perspectiva de proteção social, baseada no sucesso econômico do contribuinte, que não mais enxerga no Estado a figura central da proteção social previdenciária.

Com efeito, a janela de oportunidade que encerra esse movimento de financeirização da previdência,[736] cujo público alvo destoa do segurado habitual do sistema público de previdência, vai exigir muito mais que a expansão da atividade econômica, porquanto requer uma imperiosa disciplina jurídica que retrate, com estabilidade e segurança, o projeto econômico de novas vias de financiamento da previdência privada, prestigiando aspectos típicos do sistema previdenciário, mas sem perder os benefícios econômicos dos investimentos financeiros. Trata-se, portanto, de realidades materialmente novas, nas quais combinam a pretensão de estabilidade e segurança do seguro previdenciário com

---

[735] PORTUGAL, 2013.
[736] COIMBRA, 2016, p. 218.

a dinâmica de investimento dos produtos financeiros,[737] denunciando, desde logo, a necessidade de conter a flexibilização no acesso dos ativos, justamente por assumir uma finalidade previdenciária.[738]

A questão de fundo, contudo, não refere à particular capacidade de adaptação do fluxo econômico na sociedade, mas sim se a financeirização do sistema de previdência é compatível com a envergadura do empreendimento e sua função social.[739] Nesse ponto, assoma em importância a regulação econômica, isto é, a capacidade de fomentar o fluxo econômico, mas sem perder o controle sobre a atividade regulada. É quando o direito tem algo a dizer sobre a economia, sobretudo, em defesa dos valores da socialidade.

Do ponto de vista intergeracional, e mais precisamente quanto à gestão fiscal do sistema público de previdência, isso vai representar a expansão de interessante alternativa previdenciária, uma vez que é destituída de pacto de solidariedade entre as gerações e, dessa forma, tende a contribuir na redução da alternância ou variação dos encargos suportados pelas gerações vindouras, sem falar na capacidade de alavancar a poupança interna e, com isso, fomentar o investimento no setor produtivo, cujas benesses se espraiam por todos os segmentos da proteção previdenciária, pouco importando na natureza o sistema de previdência (público ou privado).

De todo modo, a compreensão de que a economia representa um meio, entre tantos outros, e mesmo que se considere o mais importante, já traduz a noção de que ela não pode ser condicionadora de todas as conquistas legadas ou divididas entre as gerações, pois elas são resultado de um complexo de fatores, notadamente político, econômicos, sociais e culturais, que se entrelaçam indefinidamente na realização de empreendimentos relevantes da vida em sociedade, no que bem exemplifica sistema público ou privado de previdência, sem que isso infira, portanto, uma necessária superposição da dinâmica econômica sobre a política ou mesmo sobre o direito.

Assim sendo, as projeções econômicas tanto são condicionadas pelo tratamento equitativo entre as gerações, já que a dinâmica da atividade econômica se submete aos reflexos das escolhas públicas em termos intertemporais, como bem denuncia a diferença de desenvolvimento social e econômico entre as nações, quanto são

---

[737] COIMBRA, 2016, p. 234.
[738] COIMBRA, 2016, p. 247.
[739] COIMBRA, 2016, p. 253.

condicionadoras das possibilidades de uma justiça intergeracional, uma vez que cadenciam os instrumentos capazes de promover as correções de rota no atendimento das demandas entre as gerações.

2.3 Dever de solidariedade

> "Os impostos, quando ajustados à capacidade contributiva, permitem que os cidadãos cumpram, perante a comunidade, seus deveres de solidariedade política, econômica e social."[740]

Com relação aos deveres no quadro das possibilidades teórico--discursivas da socialidade, não há como negar que os deveres fundamentais não gozam do mesmo *status* político-jurídico dos direitos fundamentais, o que pode ser explicado pelas experiências históricas, nas quais o uso abusivo deles, notadamente nas ditaduras, despertou um trauma que não mais se justifica, sobretudo, diante do atual quadro evolutivo das relações entre o Estado e a sociedade.[741]

Nesse ponto, vale destacar que uma contínua vigilância sobre os limites dos deveres fundamentais é algo totalmente compreensível, mas negar a importância teórico-prática deles na sociedade hipermoderna, além de parecer insensato, faz recrudescer a ilógica perspectiva de uma sociedade de direitos e, portanto, de reivindicação, em detrimento da solidariedade entre as gerações, que, desejando ou não, tende a crescer em função dos seguintes aspectos: (a) *a hipótese da defasagem cultural ou estrutural*, pois a dinâmica dos valores culturais e das estruturas sociais reflete na mudança na composição da idade e, consequentemente, nos grupos etários, fazendo com que exsurjam novos mecanismos de interação entre as pessoas mais velhas; (b) *normas de solidariedade e suporte*, uma vez que a compreensão dos desafios comuns, sobretudo meio familiar, faz recrudescer a solidariedade por meio de reciprocidade, piedade ou altruísmo na sociedade; (c) *normas de reciprocidade*, porquanto, cada vez mais, se tornam mais evidentes os eventos cíclicos de auxílios ou ajudas entre as pessoas durante a vida;

---

[740] CARRAZZA, 2009, p. 94.
[741] LOUREIRO, 2014, p. 92.

(d) *novas formas de atuação dos mais velhos,* haja vista a necessidade de contribuir no mercado de trabalho, promovendo novas pontes entre as gerações.[742]

Por outro lado, outros fatores podem interferir negativamente nessa projeção, como (a) *o crescimento da relação de dependência,* pois a redução da fertilidade representa menos trabalhadores para suportar os custos das aposentadorias; (b) *o crescimento da percepção da desigualdade entre as gerações,* fazendo com que grupos etários diversos discutam a alocação dos recursos, notadamente os públicos; (c) *o crescimento do velhismo,* isto é, um estereótipo negativo sobre as pessoas mais velhas, não apenas em função dos custos sociais, mas também diante dos valores que ostenta ou defende diante de outras gerações.[743]

De todo modo, implicações jurídicas do dever de solidariedade assumem diversas feições no texto constitucional brasileiro, saindo dos imperativos tributários, passando pelas obrigações familiares, findando pelas imposições sociais, despontando, por vezes, em uma perspectiva de deveres fundamentais sem qualquer correlatividade com os direitos fundamentais;[744] exigindo-se, de todo modo, a compreensão de que são deveres de concretização legal,[745] porém, desde logo, é preciso assentar uma importante premissa: "[a] ênfase na categoria dos deveres fundamentais não pretende ser uma inversão de um paradigma centrado nos direitos fundamentais, mas um retirar da sombra o operador dos deveres".[746]

Não se trata de nova preocupação nos arcos da socialidade, mas simplesmente um fato inadiável: a dinâmica dos direitos exige uma dinâmica dos deveres, senão toda solidariedade é proximal, e jamais distal,[747] recaindo nos estritos limites da atuação familiar ou grupal, perdendo, assim, força e espaço no seio do corpo social. Todavia, é na dinâmica dos empreendimentos abrangentes, no que a previdência é um típico exemplo, que surgem os verdadeiros prognósticos da solidariedade social.

Por isso, os deveres de responsabilidade solidária se revelam tão importantes na sociedade hipermoderna, de maneira que há

---

[742] BENGTSON; OYAMA, 2010, p. 46-47.
[743] BENGTSON; OYAMA, 2010, p. 47.
[744] LOUREIRO, 2006, p. 33.
[745] NABAIS, 2007, p. 166.
[746] LOUREIRO, 2006, p. 33.
[747] RORTY, 1989, p. 191.

uma verdadeira torrente de *solidariedades de solidariedade*,[748] tais como solidariedade profissional, solidariedade nacional, solidariedade fraca ou forte, solidariedade intrageracional, intergeracional ou transgeracional. A liberdade nos direitos ou a liberdade de direitos, na legítima pretensão da autonomia pessoal e na afirmação dos interesses individuais, não podem sacrificar a solidariedade cívica e nem a ética da responsabilidade comunitária, porque o regime, evidentemente, é outro, a saber, uma concórdia compatibilizadora entre o progresso das conquistas liberais e os inevitáveis encargos dos triunfos comunitários.[749]

Nessa ordem de ideias, exsurge a importância de uma nova economia social de bem-estar, que pontua uma paradigmática inferência de responsabilidades na sociedade hipermoderna: (a) das empresas (organizacional), que devem atuar com responsabilidade social, sem que isso inviabilize a dinâmica de lucro; (b) dos usuários (individual), que assumem o compromisso da autorresponsabilização no trato das questões sociais; (c) da Administração Pública (institucional), por meio da atuação reguladora em geral, que deve agir com responsividade e responsabilidade civil, haja vista a reconhecida ineficácia da responsabilidade política.[750]

Evidentemente, no caso das empresas, trata-se de *responsabilidade social juridicamente imposta ou induzida*, contanto que a disciplina jurídica não recaia em uma forma de *paternalismo regulatório* e, desse modo, reste consagrada uma nova forma de enxergar o exercício da atividade econômica a partir da solidariedade comunitária.[751] A liberdade econômica exige responsabilidade, não apenas porque isso representa mais liberdade, pelo menos no universo competitivo e, por isso, conflitivo, da atividade econômica, mas porque ela não é um valor estanque na sociedade, comportando fundamentos que não se vinculem aos estritos termos das razões econômicas.

Assim, a governança societária, livrando-se da *concepção claramente instantaneísta do tempo social*[752] e para além das ordinárias preocupações de ordem social e ambiental, inclusive como *componente fundamental da estratégia empresarial*[753] e mesmo mecanismo de sobrevivência econômica,

---

[748] LOUREIRO, 2011, p. 151.
[749] ANDRADE, 2019, p. 68.
[750] SILVA, 2012, p. 136.
[751] SILVA, 2012, p. 137.
[752] OST, 2001, p. 274.
[753] MENDES, 2017, p. 481.

deve resguardar valores em uma perspectiva intergeracional, muito embora tal propósito ainda não esteja entre as [imediatas] preocupações corporativas,[754] seja no fluxo interno das conquistas econômicas, com particular destaque às operações de crédito para novos projetos, seja no aspecto externo de suas realizações em bens e serviços.

Portanto, o enlace da liberdade econômica com a justiça intergeracional ainda é um desafio por começar no universo da governança societária,[755] inclusive por força da emergência de novos modelos produtivos com engajamento de valores intergeracionais, o que faz exsurgir uma providencial reflexão sobre o modelo econômico adotado e a disponibilidade de recursos entre as gerações, sobretudo, quando o bem-estar da sociedade esteja diretamente relacionado com a expansão do consumo.

2.3.1 Política

> "A dimensão previdencial do sistema (mas também a ajuda social) foi vista como peça essencial para ganhar eleições, contrariando-se boas práticas atuariais."[756]

A política virtuosa é a melhor forma de expressão de solidariedade social na política, justamente porque supera o imediatismo das soluções simplistas e, sobretudo, porque reconhece a importância da cautela na adoção [ou no *desenho*] das políticas públicas pelo Estado, justamente porque procura responder a questões temporais, ontológicas e práticas relevantes na responsabilidade intergeracional, notadamente as seguintes: (a) qual o período de tempo; (b) a quem ela se destina; (c) qual seu conteúdo; (d) qual seu significado para o futuro e o presente; (e) qual a motivação em promovê-la.[757] Por certo, respostas analíticas a essas indagações, que decorrem de propostas específicas do Poder Público, torna o fluxo político das proposições menos tormentoso, porque tem um itinerário mais responsivo, pois é cercado de critérios

---

[754] MENDES, 2017, p. 520.
[755] MENDES, 2017, p. 533.
[756] LOUREIRO, 2014, p. 656.
[757] BIRNBACHER, 2006, p. 29.

objetivos e pretensamente confiáveis. Todavia, no campo da proteção previdenciária, uma resposta concreta aos questionamentos demanda, muitas vezes, mais sensibilidade popular, revelada no apoio à reforma, tal como ocorreu na aprovação da EC nº 103/2019,[758] que propriamente argumentos técnico-jurídicos demonstrativos da imprescindibilidade da medida, muito embora uma coisa ajude a outra. De todo modo, isso deixa claro que, na política, a questão da empatia é decisiva na assunção de encargos, mormente quando a política exige níveis diversos de solidariedade diante da Federação.

Explica-se: no âmbito local, cujas relações são diretas e intensas, o dever de solidariedade política é retratado com maior objetividade, pois dilemas concretos do cotidiano das pessoas despertam visões que podem ser compartilhadas e, cedo ou tarde, elas denunciam a necessidade de assunção de encargos pelos munícipes. No âmbito municipal, portanto, o dever de solidariedade política comporta o *provincialismo das ideias*, tendo em vista os *estreitos* limites da ação pública ou privada, mas, de qualquer sorte, não há como afastar os encargos comuns diante dos deveres comunitários, que, em grande medida, evidencia a dimensão grupal da própria condição humana.[759]

Passando aos Estados-membros, no que pontua a questão regional, o dever de solidariedade política compreende uma lógica mais ampla de análise em função dos objetivos perseguidos, que já não se prendem ao universo das questões estritamente comunitárias, porquanto retrata dilemas mais amplos e complexos, cuja expressão de dever toma ares menos concretos, distante, pois, da habitual sintonia reflexiva sobre as questões cotidianas da dimensão política local.

A questão nacional, por sua vez, mais que diagnósticos impressivos dos dilemas concretos dos cidadãos, haja vista a extensão dos interesses envolvidos e o poder de interferência no processo decisório local ou regional, expressa uma *terapia de exclusão*, pois a natureza dos *inumeráveis* objetivos perseguidos pela gestão pública, abrangentes e extremamente complexos, encerra um regime de atendimento que varia entre o universal e o particular, porém, em qualquer caso, impõe-se o racional domínio de critérios de elegibilidade, fazendo com que o dever de solidariedade política irrompa processos decisórios mais abstratos e pragmáticos, portanto, sem relação direta com as demandas particulares, vinculando-se, assim, às demandas fundamentais da

---

[758] LEAL, 2020, p. 7.
[759] LOUREIRO, 2013, p. 374.

sociedade; mas, por outro lado, diante da solidariedade nacional, há maior capacidade de concreção das demandas elegidas, tendo em vista o sistema de repartição de receitas tributárias (artigos 157 a 162 da CRFB), que possibilita a repartição em grande escala dos benefícios da ação pública, tal como se observa no sistema público de previdência.

Vale lembrar que, impendentemente dos arranjos compositivos da organização política do Estado, a solidariedade política sempre se conecta com a solidariedade econômica e, a partir disso, exsurge a relevantíssima questão do federalismo fiscal, que, no Brasil, assume caráter pretensamente cooperativo[760] e com expressiva caracterização política e jurídica na autonomia municipal,[761] notadamente em função das transferências obrigatórias da União (artigo 159 da CRFB), alavancando, assim, o suporte financeiro dos demais entes federados para a implementação dos direitos positivos, sem prejuízo, mediante disciplina normativa específica, de eventuais *socorros fiscais* promovidos pela União, como bem exemplifica a suspensão de cobrança de dívidas estaduais durante a pandemia da Covid-19. Aliás, isso representa, em grande medida, uma disfunção do federalismo brasileiro, pois, assumindo as vestes formais inerentes ao Estado Federal, ele tem sido herdeiro material do Estado unitário do período imperial, denunciando uma superposição de poderes da União sobre os demais entes políticos, mormente em matéria tributária. Aliás, sem qualquer surpresa, isso decorre das forças políticas que, com o frêmito de um golpe, *partejaram* a República brasileira, afinal o federalismo assume particular importância no esquema constitucional da separação de poderes, que remonta à conhecida contraposição de interesses entre *federalistas* e *antifederalistas* na história constitucional norte-americana.[762]

---

[760] HORTA, 2011, p. 694.
[761] BONAVIDES, 2013, p. 359.
[762] CANOTILHO, 2003, p. 587. Aliás, sobre a temática, *vide*: HAMILTON, 2020, p. 53-58; JOHNSON; MADISON, 2003, p. 66-69.

2.3.1.1 Responsabilidade solidária como responsabilidade participatória

> *"La tarea principal de la política democrática es la de establecer la mediación entre la herencia del pasado, las prioridades del presente y los desafíos del futuro. No es ninguna casualidad que la crisis de la democracia tenga lugar en un momento en que su capacidad para llevar a cabo esta mediación sea más cuestionable."*[763]

A crescente imprevisibilidade do futuro, que acentua a crise política,[764] é também um convite à reflexão sobre o papel da sociedade civil na definição das políticas públicas, portanto, compreendo essa questão para além das tarefas do Estado. O intrigante complexo decisório sobre as questões políticas fundamentais da sociedade sempre gera uma nota reflexiva sobre a influência dos grupos sociais na realização do seu resultado, até porque esses grupos ora rivalizam com o poder do Estado, ora são meios de atuação do poder estatal.[765] As gerações vivas discutem entre si os reflexos, melhor dizer, consequências, das decisões do passado no presente e as decisões do presente no futuro. Trata-se de trabalho espinhoso e tanto prenhe de incertezas quanto de convicções inúteis.

De qualquer sorte, apenas as gerações vivas têm a responsabilidade participatória no processo político que encerram essas questões, daí que toda representação política ser um foco de atenção sobre o que passou e virá, porém, e nisso reside a grande responsabilidade das gerações vivas, em função do atendimento de interesses ou demandas urgidas no presente. Nesse contexto, a forma de exercício da participação política dos grupos de interesses ganha ares reveladores sobre os resultados das escolhas públicas. Por isso, o juízo analítico-existencial das pautas sectárias ou egoístas não pode sequestrar o processo decisório da ação pública, mas, para isso, mesmo reconhecendo a apatia cívica da maior parte da população, urge repensar os canais de intermediação

---

[763] INNERARITY, 2009, p. 13-14.
[764] INNERARITY, 2009, p. 13.
[765] JOUVENEL, 1972, p. 261.

política, de maneira que, não obstante os ordinários movimentos ou mecanismos de pressão de grupos sociais organizados, a própria dinâmica procedimental legislativa e executiva – e mesmo judicial – deve contemplar algumas vias institucionais de aperfeiçoamento das escolhas do Poder Público. Quais seriam essas vias?

Não se trata de replicar audiências públicas, e outros instrumentos equivalentes de participação política, mas de promover, sempre que possível, a institucionalização da participação orgânica nos processos político-administrativos ou político-legislativos, nos quais a defesa dos projetos políticos esteja vinculada à defesa de valores intergeracionais, seja nas comissões técnicas, notadamente de natureza orçamentária, seja nos demais espaços de reflexão sobre as políticas públicas a partir da participação popular. "Em suma, o princípio da soberania popular é a carta de navegação da cidadania rumo às conquistas democráticas, tanto para esta como para as futuras gerações."[766] Notadamente, o processo de incorporação de mecanismos de participação orgânica, precisamente nas vias político-administrativas das entidades federativas (artigo 18 da CRFB), destinados à defesa de valores intergeracionais, conforme o regular fluxo deliberativo dessas entidades, compreende a necessidade de esforços de natureza legislativa, que não podem ser promovidos sem anterior envolvimento dos membros da comunidade política, o que reforça a tese de que a responsabilidade comunitária antecede à responsabilidade participatória.

Aliás, isso é de fácil constatação, pois a adversidade dos dilemas comuns reforçam os propósitos integrativos destinados a resolvê-los, de modo que o reconhecimento dos valores intergeracionais, sobretudo, a partir da consciência jurídica de sua aplicação nas questões cotidianas, já particularmente cultuada ou observada na questão ambiental, vai desencadear, da forma mais natural possível, novas formas propositivas de sua aplicação em outras searas da socialidade, em particular, nos espaços reservados aos fluxos decisórios sobre o modo e o tempo das prestações públicas, cuja prospecção de interesse será tão evidente quanto mais discutida nos regulares processos deliberativos da comunidade.

De todo modo, acredita-se que isso possa apresentar novos nortes sobre o processo decisório da ação pública, mesmo diante das demandas prementes ou imediatistas da sociedade hipermoderna, pois inseriria de vez o discurso da *intertemporalidade geracional* no universo das prestações

---

[766] BONAVIDES, 2003, p. 11.

públicas, isto é, reconhecendo, a assincronia de contexto temporal entre as gerações e suas implicações nas relações sociais.[767] Todavia, cumpre deixar claro, a responsabilidade participatória não pretende encadear uma nova forma de *paternalismo ético* a partir dos princípios da justiça intergeracional, mas firmar, tão somente, o compromisso político de que os movimentos da ação pública devem ser precedidos de demoradas análises dos seus efeitos sobre as gerações presentes e futuras.

2.3.1.2 A superação política: a genealogia da dependência

> *"Parece até que a democracia deliberativa se tem por desejável só porque ela maximiza a deliberação, a qual, por seu turno, traz a vantagem de manter os cidadãos atarefados no seu envolvimento deliberativo."*[768]

O recorte das reformas estruturais da sociedade tem um capítulo especial e decisivo na forma de atuação política do Estado. Afinal, "[o]s regimes políticos são modalidades de autointerpretação coletiva".[769] E, por isso, as reformas são, na maioria das vezes, tardias e, não raro, desastrosas. Vale dizer, a irresponsabilidade política sempre comporta o adiamento de medidas legislativas difíceis, sobretudo, as impopulares, pois o progresso dos propósitos político-eleitorais não flerta com a racionalidade da ação pública, mormente dos instrumentais prognósticos econômicos. Assim, o desarranjo das forças políticas gera uma indiscutível dependência da ocorrência de fatores externos abrangentes ou implacáveis, como é o caso do colapso fiscal do Estado. É nesse cenário que a medida de consenso já não representa uma alternativa eficaz, pois a gravidade gerada pela evidência do problema mais demonstra a inevitabilidade do seu desfecho pavoroso que propriamente a adoção de via adequada para superar os seus danosos efeitos.

Portanto, uma política reativa é, por definição, uma política que vive a reboque dos circunstancialismos e, nesse sentido, incapaz de antecipar resultados que são tão evidentes quanto indesejáveis, mesmo

---

[767] CAMPOS, 2017, p. 46.
[768] KEANE, 2009, p. 854.
[769] MORGADO, 2017, p. 72.

quando denunciados por outras áreas de conhecimento, tais como a economia, ciência política ou mesmo o direito. Com efeito, diante de situação irremediável, pelo menos em curto ou médio prazo, uma proposta política salvacionista tende a ser legitimada, ainda que com grande sacrifício de toda a sociedade, para contornar uma *conjuntura adversa*.

Nesse cenário, o sacrifício decorrente de eventual proposta de *reforma estrutural* costuma ser esquecido ou abandonado, até porque não foi suportado, mas apenas cogitado, pois as exigências da emergência financeira teriam a *inobjetável* justificativa política de que propostas sistêmicas seriam inviáveis em função da profundidade das mudanças no meio social, admitindo-se, portanto, a alternativa mais prática da *reforma conjuntural*, fazendo com que qualquer reforma estrutural, ainda que desejada, seja superada pela comodidade da gestão política, porém com sérios dilemas à solidariedade política, uma vez que os custos das medidas legislativas não são adequadamente equacionados a partir do dever de solidariedade, já que uns cidadãos serão mais sacrificados que outros. Daí o dilema técnico-comparativo entre uma medida *permanente*, pretensamente estrutural, e as opções transitórias ou conjunturais, portanto, sem modelações, mas que contemplam respostas financeiras imediatas.[770]

Enfim, tendo em vista os limites da solidariedade profissional e sem os prognósticos das reformas estruturais, os membros da comunidade política não responderão solidária e equitativamente aos indeclináveis encargos relacionados à proteção social das pessoas e das famílias.[771] A solidariedade política congrega uma lógica fácil de ser apreendida: o custo político das propostas legislativas não pode ser assumido apenas em função da emergência financeira, ou evento equivalente, mas precipuamente antecipado e compartilhado pela gestão virtuosa da atividade financeira do Estado, que não pode ser a agenda de determinado governo ou partido, mas resultante da atitude cívica responsável dos membros da comunidade política.

Dito outro modo, a superação da dependência do resultado inevitável – sobretudo, porque a tomada de decisão parte de conhecimento parcial ou limitado da realidade, aliás, como evidente apanágio da tragédia da condição humana[772] –, no que faz mobilizar as forças

---

[770] MONIZ, 2015, p. 99.
[771] LOUREIRO, 2014, p. 108.
[772] SOWELL, 2011, p. 42.

políticas na tentativa de suplantar um desafio comum, passa pelo reconhecimento de que a política virtuosa melhor enfrenta os desafios da gestão pública – e, mais que isso, convoca os meios necessários à promoção da justiça intergeracional –, porque é capaz de criar alternativas factíveis e responsáveis.

2.3.1.3 Política de direitos positivos: solidariedade não é caridade

> *"For the constitution to say what our rights are is one thing. For it to specify what kind of resources a state can be expected to use so as to fulfil its constitutional obligations to help the needy is another."*[773]

Não se faz, aqui, qualquer crítica ao exercício da caridade cristã e, muito menos, ao papel da Igreja Católica na sua instituição, promoção e defesa.[774] Todavia, com a justiça distributiva moderna, que exige uma atuação estatal, ocorre um deslocamento da *dinâmica da benevolência*, baseada na virtude dos particulares, para a *dinâmica da tributação* e, desse modo, a ajuda aos mais necessitados se transforma em dever jurídico público.[775] A caridade, por não assumir aspecto contratual ou familiar, compreende uma dádiva, na qual o seu beneficiário não assume o *status* de detentor de direito, de maneira que o doador não se encontra subordinado a qualquer obrigação jurídica.[776] Por isso, a caridade não se insere, muito menos substitui, em qualquer projeto de justiça estatal,[777] sem falar que, apesar de representar uma expressão de virtude pessoal para muitas religiões,[778] tem inevitáveis limitações no meio social, notadamente, por comportar uma discrição privada no universo da ação moral.[779] Aliás, no espaço das ideias que não traduzam

---

[773] FABRE, 2000, p. 166.
[774] Nesse sentido, *vide*: WOODS JR., 2019, p. 207-229.
[775] MARTINS, 2016, p. 53.
[776] FRASER; GORDON, 1995, p. 42.
[777] LOUREIRO, 2014, p. 1.856.
[778] RAVALLION, 2016, p. 19.
[779] RAVALLION, 2016, p. 59.

a oposição dicotômica entre contrato e caridade, a exsurge a importância da ideia de solidariedade,[780] no sentido de que ela seja capaz de revelar uma nova linguagem pública diante dos desafios concretos da proteção social na sociedade hipermoderna. Isto é, como linguagem pública capaz de gerar maior efetividade no tratamento da vulnerabilidade, aliás, não apenas econômica.

Desse modo, coteja-se a sustentabilidade como linguagem pública da solidariedade, pois não há como há como defender qualquer dinâmica de proteção social minimamente sustentável sem a consagração do dever de solidariedade. Esta, aliás, retrata uma qualidade óbvia de qualquer ordenamento estatal, pois sem ela não seria possível qualquer ideia de sociedade.[781] Assim, a solidariedade representa uma base de articulação e mediação da sustentabilidade no Estado social, pois projeta os meios, não apenas econômicos, para consecução das prestações do sistema de proteção social.[782] Ademais, a compreensão política dos desafios da socialidade vai muito além do reconhecimento da difícil situação da proteção previdenciária em um regime de repartição, na qual a lógica do pacto intergeracional é da própria natureza do sistema, impondo-se uma luta constante, e desejosamente racional, na implementação dos direitos positivos, notadamente, diante da *pobreza humana* e não apenas da *pobreza de rendimento*,[783] que, superando as disputas ideológicas, econômicas e religiosas nas construções teórico-científicas a partir do Direito,[784] seja capaz de vislumbrar no dever de solidariedade a chave de compreensão para novos mecanismos de atuação pública no terreno da justiça intergeracional.

A pobreza como privação de capacidade vai além dos ordinários prognósticos sobre a pobreza de rendimentos,[785] de maneira que ela encerra uma discussão sobre a pobreza humana, cuja superação deve levar em conta importantes variações na conversão de renda em função das particularidades da vida das pessoas, mormente os seguintes tipos de contingências: (a) *heterogeneidades pessoais*, tais como idade, deficiência etc.; (b) *diversidade no ambiente físico*, o que denuncia a variação das condições ambientais e suas adversidades; (c) *variações no clima social*, pontuando a importância do meio social e suas condições e possibilidades;

---

[780] FRASER; GORDON, 1995, p. 49.
[781] FERNÁNDEZ SEGADO, 2012, p. 148.
[782] FERNÁNDEZ SEGADO, 2012, p. 153.
[783] LOUREIRO, 2012, p. 402.
[784] CANOTILHO, 2010, p. 33.
[785] SEN, 2009, p. 256.

(d) *diferentes perspectivas relacionais,* revelando diferentes exigências para fazer parte na vida de determinada comunidade.[786]

De qualquer maneira, a *pobreza de rendimento,* como critério de análise, compreende uma demanda operacional de fácil atendimento mediante o levantamento de informações úteis, muito embora com relativa precisão, sobre realidades diversas em escala local, regional ou nacional. Por isso, é pouco provável que a *pobreza humana,* baseada na privação de capacidade, de indiscutível superioridade analítica, consiga apresentar análises rápidas para universos abrangentes, sem falar nos expressivos custos operacionais que isso representaria ao Poder Público. Por evidente, a comparação de renda não é o critério mais prático para identificar diferenças interpessoais consideradas vantajosas,[787] mas, tão somente, destacar que o critério de análise se revela mais demorado e difícil a partir do momento em que a ação pública foca nas contingências ventiladas acima. Assim, trata-se de critérios complementares na mensuração ou compreensão da pobreza para fins de adoção de políticas públicas.

Desse modo, em uma perspectiva política, o dever de solidariedade não representa uma lógica caritativa, mas uma forma de instrumentalização de direitos para superação da pobreza humana, daí a importância de manter um sistema de proteção social abrangente, isto é, que não se limite aos parâmetros concessivos vinculados à dinâmica contributiva, porquanto em um Estado social os bens sociais básicos não podem ser prospectados a partir da capacidade econômica ou do mérito das pessoas, mas sim em função da necessidade.[788] Nesse sentido, o dever de solidariedade existe para superar insuficiências ou impossibilidades advindas da própria responsabilidade dos cidadãos, representando uma via para superar as carências da responsabilidade pessoal,[789] do dever moral de qualquer pessoa de prover sua existência digna, contanto que isso seja possível diante das possibilidades concretas da autonomia de cada cidadão a partir das políticas públicas destinadas ao florescimento humano.[790] De modo totalmente contrário, é criar uma defesa da solidariedade para assegurar benefícios odiosos em detrimento da própria sociedade, porque compreende uma acepção egoística da ideia de solidariedade, portanto, uma contradição em

---

[786] SEN, 2009, p. 255-256.
[787] SEN, 2000, p. 88-89.
[788] LOUREIRO, 2012, p. 405-406.
[789] LOUREIRO, 2012, p. 408.
[790] LOUREIRO, 2012, p. 411.

termos. É dizer que, exigindo o compromisso da solidariedade para manutenção de privilégios, como se o esforço da atitude solidária, ainda que corporificada na imposição tributária, tivesse apenas o fundado propósito de tranquilizar a manutenção de injusta transferência de renda no seio da sociedade. Trata-se de nítida forma de *solidariedade inversa*, pois promove a transferência de rendimento dos mais pobres aos mais ricos[791] e, além disso, quando das proposições reformistas, tem o condão de ventilar a fragilidade dos mais pobres para tentar preservar o privilégio da transferência de renda.

Em matéria previdenciária, se a solidariedade não entrar em rota de colisão – e, por conseguinte, ser merecedor de juízos analíticos de ponderação – com a teoria imunizadora dos direitos adquiridos, por mais que se pense o contrário, ela apenas representa um eficiente mecanismo para aprofundar as desigualdades sociais em nome da segurança jurídica, seja porque transforma o regime de previdência em uma pirâmide financeira, haja vista a contínua redução de benefícios e serviços prospectados aos novos segurados; seja porque concebe um fluxo contínuo de recursos do orçamento fiscal para conter o déficit financeiro do orçamento da seguridade social (artigo 195 da CRFB), acarretando sérias consequências para a Assistência Social, cuja ajuda social tem singular importância para os mais vulneráveis da sociedade.

2.3.2 Econômica

> *"O Direito Previdenciário no Brasil é estudado exclusivamente com fundamento nas necessidades que devem ser cobertas pelo sistema, e das regras aplicáveis para sua gestão. Praticamente não há estudos correlacionando o Direito Previdenciário e a Economia na literatura nacional, não obstante toda a lógica previdenciária estar alicerçada em conceitos econômicos."*[792]

---

[791] LOUREIRO, 2018, p. 691.
[792] LEAL; PORTELA, 2018, p. 73.

Em termos instrumentais, a solidariedade econômica representa o substrato material que possibilita o sucesso da solidariedade política. Isto é, a política virtuosa interfere diretamente na higidez econômica de qualquer Estado, fazendo com os prognósticos da solidariedade econômica sejam factíveis, que, por sua vez, vai representar a condição de possibilidade de uma ação política exitosa, transformando positivamente o pleno desenvolvimento da sociedade. Não é uma equação fácil, porque cercada de turbulências internas ou externas, mas resolvê-la denuncia a chave de compreensão da prosperidade das nações.

Em termos contributivos, a solidariedade econômica representa os planos de ação que possibilita a higidez fiscal do Estado, no que, mais adiante, vai representar a condição de possibilidade da estabilidade financeira do sistema público de previdência, de maneira que a relação entre economia e contribuição se revela óbvia. As bases contributivas do Estado têm uma relação direta com a atividade econômica da sociedade. Por isso, a discussão sobre a forma de financiamento da socialidade passa pela identificação do melhor modelo contributivo possível, portanto, sem prejuízo da manutenção ou expansão da atividade econômica.

Nesse ponto, pode-se cotejar a dinâmica contributiva por meio de 03 (três) importantes vias, a saber, (a) horizontal, (b) vertical; e (c) angular. A solidariedade econômica na *via horizontal* é decorrente da solidariedade de grupo e compreende a internalização da proteção social na dinâmica laboral, portanto, na ideia de empregabilidade,[793] repercutindo nos custos do setor produtivo e, desse modo, transfere encargos à própria cadeia econômica da imposição tributária. Expressa, assim, uma compreensão mais comum, ou mesmo rudimentar, de incorporação de riscos no meio social, potencialmente fragilizada pelas rupturas econômicas ou pelos dilemas laborais prolongados (desemprego estrutural), porquanto sacrifica a dinâmica contributiva e, por conseguinte, protetiva de direitos.

Destaque-se, ainda, a solidariedade econômica na *via vertical* destaca a institucionalização da proteção social por meio da atuação estatal, na qual a dinâmica protetiva não decorre da ideia de pertencimento a qualquer grupo, mas no atendimento de critério de elegibilidade definido pela legislação, de maneira que os custos da dinâmica protetiva são suportados pela via fiscal, isto é, pelo orçamento do Estado, que decorre da arrecadação parametrizada pela imposição tributária,

---

[793] ZACHER, 1988, p. 23-24.

incidindo precipuamente sobre os resultados da atividade econômica, de maneira que o custo do setor produtivo seja menos afetado. Aqui, importa mais o resultado global da atividade econômica que o desafio concreto, com eventuais êxitos, de segmentos específicos da sociedade, de maneira que, além de enxergar os limites objetivos da imposição tributária, também prestigia a atividade econômica por reduzir os custos do setor produtivo.

Por sua vez, a solidariedade econômica pela *via angular* compreende o reconhecimento de que a dinâmica protetiva dos cidadãos, antes de uma responsabilidade estatal, grupal ou pessoal, também compreende uma dimensão comunitária, que incorpora os deveres de solidariedade a partir da convivência em comunidade, reforçando os planos de atuação estatal ou agindo de forma autônoma e criadora no universo da socialidade, tendo em vista o compromisso de cada cidadão com os demais e, mesmo assim, nos limites das possibilidades econômicas de cada sociedade.

Por evidente, essa via não substitui a atuação estatal, mas, apenas, promove uma atuação complementar, precipuamente inorgânica, mas abrangente na atenção aos cidadãos. É a solidariedade precípua dos pequenos núcleos sociais, mas sem qualquer relação com a clássica distinção entre solidariedade mecânica e solidariedade orgânica, que tem nítida conexão com a divisão do trabalho social, respectivamente, nas fases pré-capitalista e capitalista.[794]

2.3.2.1 Responsabilidade solidária como responsabilidade regulatória

> *"A subsidiariedade deve [...] estar intimamente ligada com a ideia de solidariedade: a subsidiariedade sem solidariedade decai no particularismo social e a solidariedade sem subsidiariedade decai no assistencialismo que humilha o sujeito necessitado."*[795]

Os limites do Estado regulador são verificados não apenas em função dos dilemas correntes, mas, sobretudo, diante dos desafios a

---

[794] DURKHEIM, 2010, p. 39 e seg.
[795] MARTINS, 2016, p. 160.

serem suportados pelas gerações futuras. Afinal, a atividade regulatória é eminentemente prospectiva. Desse modo, a rota regulatória do Estado não pode desconsiderar os possíveis efeitos de suas regulamentações diante das futuras gerações, notadamente, sobre o custo de oportunidade, inclusive pela necessidade de AIR, nos termos do artigo 5º da LLE, que tem, entre outras, a pretensão de equacionar os desafios da atuação institucional no resultado dos custos de transação,[796] que tanto sacrifica a competitividade do setor produtivo brasileiro, mormente na área de serviços.

Dito de outra forma, a imposição de deveres ou limites no trato das relações econômicas, mormente na seara dos serviços de interesse geral, não pode mirar apenas as consequências imediatas ou diretas das gerações presentes, é preciso admitir formas de responsabilidade solidária diante da *inevitável* sucessão de gerações no tempo, cujas previsões a sobre disponibilidade de recursos nem sempre são favoráveis à expansão da atividade econômica, até mesmo em função da caducidade ou obsolescência de eventuais matrizes produtivas.

Por isso, é possível conceber restrições ou atenuantes na dinâmica de consumo dos recursos disponíveis em função dos riscos gerados pelos avanços tecnológicos, corporificados no seu dano possível e a probabilidade ou verossimilitude de sua ocorrência,[797] porém a responsabilidade regulatória não pode conceber severas restrições no uso de recursos disponíveis para garantir benesses que só possam ser gozadas por determinada geração, próxima ou remota.

Em outro giro, diante dos *naturais* ou inevitáveis problemas sociais, tais como doença, invalidez, idade avançada ou morte (artigo 201, inciso I, da CRFB), a disciplina jurídica deve ter o particular cuidado de evitar uma excessiva *internalização das soluções*[798] na relação de trabalho, retratando característico modelo laborista em que a previdência deva apresentar resposta à eventual redução de rendimento ou ao aumento de encargos,[799] porquanto isso tende a sacrificar o fluxo econômico que mantém a própria pretensão de *segurança social*.

Desse modo, a segurança social tende a prestigiar a *externalização das soluções*,[800] no sentido de buscar a superação de dilemas dos diversos grupos ou segmentos sociais no largo universo das possibilidades

---

[796] ARAÚJO, 2007, p. 198.
[797] DOMÉNECH PASCUAL, 2006, p. 251.
[798] ZACHER, 1988, p. 23.
[799] LOUREIRO, 2015, p. 693.
[800] ZACHER, 1988, p. 24.

político-econômicas, geralmente por meio de programas custeados pela via fiscal, não fazendo, portanto, muito sentido insistir em uma disciplina regulatória que castiga o curso da empregabilidade por meio de alta tributação na cadeia produtiva, seja pelas contribuições sociais, seja pelas demais formas de imposição tributária.

Com efeito, o fluxo interno dos custos da proteção social na relação de emprego, no que bem evidencia a internalização das soluções e caracteriza o modelo adotado pelos países de matiz socialista,[801] acaba por comprometer a lógica da solidariedade como resultado de esforços contributivos de toda a sociedade, que é denunciada na externalização das soluções e adotada pelos países de economia de mercado, nos quais há uma variedade de meios e formas de levar a cabo a proteção social.[802] Enfim, o que se prestigia é a prevalência da solidariedade mais ampla da via fiscal (externalização dos soluções) sobre a solidariedade mais restrita da via contributiva (internalização das soluções).

Tal fato corrobora a lógica de que a segurança social, mormente em tempos hipermodernos, melhor recepciona a solidariedade, na sua expressão econômica, a partir da externalização das soluções, superando a solidariedade arcaica, que é típica das sociedades antigas, na qual o tratamento dos problemas sociais se limitava à internalização das soluções, seja na família, no clã ou mesmo nos grupos.[803]

Aliás, isso fica ainda mais claro quando se considera os efeitos sistêmicos e globalizantes dos problemas sociais em uma sociedade de risco, com bem evidencia a solidariedade global em matéria ambiental,[804] porquanto representa um desafio intergeracional sem fronteiras. Contudo, a internalização das soluções representa a primeira trincheira de resistência ou superação aos *difíceis eventos* decorrentes da própria existência humana,[805] ou seja, é nela que o cidadão deve encontrar o seu primeiro nível de proteção social.

Para além dessa constatação, são inegáveis os limites da técnica da internalização das soluções, justamente porque o regime contributivo, baseada na difícil dinâmica da empregabilidade, especialmente entre os mais jovens,[806] tende a sacrificar a proteção social dos cidadãos

---

[801] ZACHER, 1988, p. 26.
[802] ZACHER, 1988, p. 26.
[803] ZACHER, 1988, p. 28.
[804] MUDACUMURA, 2006, p. 157.
[805] ZACHER, 1988, p. 33.
[806] CRUZ-SACO, 2010, p. 30.

mais pobres ou vulneráveis,[807] haja vista a uniformidade de tratamento dispensada a grupos ou segmentos que não dispõem da mesma capacidade econômica ou simplesmente não se insiram nos parâmetros de proteção social.

Não por outro motivo que a segurança social na hipermodernidade, inclusive, como estratégia de atuação política, deve assumir uma técnica plural e, nesse sentido, alcançar múltiplas possibilidades de cobertura em função das singulares posições ou situações jurídicas dos cidadãos.[808] Não se trata de tarefa fácil, por dois evidentes motivos: (a) se o ajuste normativo parte da ação pública, pode compreender uma expansão da dimensão orgânico-funcional do Estado, logo, exige-se mais imposição tributária, o que pode sacrificar o setor produtivo; (b) se parte da dinâmica de mercado, pode representar um declínio na dinâmica de proteção social, haja vista a projeção da liberdade econômica em detrimento da contratualidade de cunho social.

2.3.2.2. Solidariedade econômica: para agentes ou usuários

> *"Auxiliar alguém, meu amigo, é tomar alguém por incapaz; se alguém não é incapaz, é ou fuzê-lo tal, ou supô-lo tal, e isto é, no primeiro caso uma tirania, e no segundo um desprezo. Num caso cerceia-se a liberdade de outrem; no outro caso parte-se, pelo menos inconscientemente, do princípio de que outrem é desprezível e indigno ou incapaz de liberdade."*[809]

Para além da controvertida ideia da *tirania do auxílio*[810] – ou dos riscos do Estado de prestação de serviços mediante taxas ou contribuições fiscais[811] – no universo da gestão fiscal Estado, a lógica do dever de solidariedade, a partir da perspectiva econômica, não pode tornar o processo produtivo em uma extenuante cadeia de limites operativos

---

[807] ZACHER, 1988, p. 32.
[808] ZACHER, 1988, p. 32.
[809] PESSOA, 2018, p. 30.
[810] PESSOA, 2018, p. 29.
[811] CANOTILHO, 2017, p. 41.

que afaste a competitividade e, enfim, a própria ideia de desempenho econômico. É dizer que a solidariedade econômica se impõe mais aos usuários que aos agentes econômicos. Nesse sentido, revela-se um vexado equívoco projetar a solidariedade econômica mediante a expansão dos custos do setor produtivo. Aqui, para além dos *fugitivos fiscais*,[812] deve-se considerar a natural dificuldade de competição, em escala regional ou global, quando o setor produtivo carrega as promessas de realização dos projetos sociais, isto é, quando suporta, em detrimento das possibilidades concretas de empregabilidade, faturamento e lucro, as vias da imposição tributária que canalizam os meios de sustentação do Estado social.

A solução, portanto, deve mirar outro horizonte: firmar as bases da organização da solidariedade de maneira que elas causem a menor interferência possível no trânsito da atividade econômica, coligindo, a partir disso, o resultado útil da forma de intervenção no processo econômico, notadamente a imposição tributária. Nesse sentido, sobretudo, no campo da proteção previdenciária, cumpre defender a migração da organização da solidariedade horizontal, cujo risco é amparado na mutualidade, para a organização da solidariedade vertical, que prospera a responsabilidade do Estado, mormente em observar os direitos dos cidadãos.[813] Vale destacar que as expressões *solidariedade horizontal* e *solidariedade vertical*, como forma típica da solidariedade dos modernos, que se destaca como princípio jurídico-político,[814] podem assumir outros significados, a saber, a primeira, como uma solidariedade dos deveres ou solidariedade fraterna; a segunda, como uma solidariedade dos direitos ou solidariedade paterna,[815] o que revelam expressões equívocas, porque a solidariedade sempre compreende uma conjunção de deveres e direitos, o que muda é a dinâmica operacional de sua atuação.

Ademais, no balanceamento dos direitos e obrigações na previdência social, vê-se uma clara tendência de transposição da *disciplina mutual* para a *disciplina institucional*,[816] reforçado, portanto, a ideia de solidariedade para além das possibilidades práticas da solidariedade de grupo. O tratamento institucional dos riscos tem o grande mérito de salvaguardar o fim útil da solidariedade econômica aos agentes e usuários. Explica-se: a dinâmica regulatória do Estado beneficia tanto

---

[812] NABAIS, 2010, p. 133.
[813] TINGA; VERBRAAK, 2000, p. 259.
[814] NABAIS, 1999, p. 149.
[815] NABAIS, 1999, p. 150.
[816] TINGA; VERBRAAK, 2000, p. 259.

o agente econômico quanto o usuário, porque os benefícios concretos da proteção social (artigo 201 da CRFB), com o largo lastro da atuação institucional do Poder Público, reduzem os conflitos decorrentes da dinâmica laboral e, também, possibilita um fluxo contínuo, a despeito da rotatividade no emprego, de força de trabalho no mercado. A proteção social do trabalhador, contanto que não assuma uma perspectiva meramente assistencial, porque não seria produtivo, é a forma mais eficiente de preservar a capacitação profissional e, com isso, estimular o fluxo econômico, porquanto mantém a disponibilidade de profissionais qualificados.

Nesse contexto, os cidadãos que não podem trabalhar – cujas razões não precisam ser discutidas aqui – são os maiores beneficiários da projeção econômica da solidariedade, pois a ideia de mínimo social, representando dilema básico da solidariedade,[817] somente se revela possível diante das possibilidades financeiras do Estado, que advêm da atividade econômica de toda a sociedade, porém, e isso precisa ficar claro, o Estado social não pode ser compreendido apenas a partir da ideia de custos ou juízos ponderativos da economia ou do Estado, mas, sobretudo, como mecanismo fundamental para alcançar a produtividade econômica e estabilidade política, promovendo, desse modo, a desejada paz social e, assim, fundando a integração e legitimação de uma sociedade, bem como limitando os custos sociais destinados à (re)estruturação da economia, sem falar no melhoramento da qualificação profissional da força de trabalho, mediante as plúrimas formas de prestações sociais.[818]

Diante disso, exsurge uma legítima preocupação: a possibilidade de acentuada diferença de proteção social em função da empregabilidade.[819] Trata-se de questão abrangente, que não pode ser solucionada apenas a partir da solidariedade econômica, pois: (a) o sistema público de proteção social, por mais que não se limite aos cidadãos que se inserem na dinâmica contributiva, não tem como assegurar a mesma disponibilidade de benefícios e serviços entre contribuintes e não contribuintes; (b) a redução das desigualdades sociais, inclusive por consagrar um imperativo constitucional (artigo 3º, inciso III, da CRFB), vai além da disponibilidade de renda, pois compreende um complexo de realidades executivas de bens sociais coletivos; e (c) a autonomia

---

[817] TINGA; VERBRAAK, 2000, p. 260.
[818] RITTER, 2003, p. 209-210.
[819] TINGA; VERBRAAK, 2000, p. 260.

pessoal, no sentido de contribuição para o bem-estar da comunidade,[820] não pode ser desconsiderada para fins de proteção social do cidadão. Desse modo, a posição assumida no mercado, se agente econômico ou usuário, não pode determinar a compreensão da atuação estatal no universo da proteção social. Assim, mesmo um discurso pretensamente consistente em defesa da justiça *social*, mas em detrimento das possibilidades econômicas do mercado, não representa a melhor maneira de promover uma sociedade mais justa, porque esse propósito exige uma compreensão mais realista sobre o que pode, de fato, levar a conquistas sociais, notadamente na previdência social. Em uma economia globalizada, que é baseada no consumo, portanto, na expansão dos mercados, a defesa das construções jurídicas ideais, mas extremamente onerosas à atividade econômica, pode representar um ambiente de mercado capaz de afugentar não apenas investimentos internacionais, mas a própria capacidade da atividade econômica local de superar desafios externos no atendimento das demandas internas.

2.3.2.3 O regime dos serviços: da modicidade de acesso à solidariedade no acesso

> *"La economía es una más entre las ciencias sociales, y el largo período en el que se ha separado de ellas, reivindicando su plena autonomía, no ha sido satisfactorio ni para ella ni para el resto de las ciencias sociales. La complejidad creciente de los asuntos económicos justifica la especialización técnica, tanto en la economía como en cualquier otra ciencia, pero esto no se debe hacer al precio de perder de vista el lugar de la economía en el conjunto de los instrumentos de explicación de las realidades humanas, especialmente das relaciones entre la economía y la política."*[821]

---

[820] AGIUS, 2006, p. 329.
[821] INNERARITY, 2011, p. 173.

A noção de modicidade abarca a lógica de acessibilidade aos serviços, todavia ela não tem sido capaz de contemplar adequadamente os grupos sociais economicamente vulneráveis. Por outro lado, a prestação de serviços quando extremamente módica, para além dos limites compreensivos da competência ou eficiência profissional, acarreta inferências negativas ao setor produtivo, justamente porque prestigia uma fantasiosa percepção econômica dos preços, que não demora em alavancar (a) pretensos direitos a subsídios fiscais ou (b) uma manifesta ruptura do custo que envolve qualquer serviço prestado, especialmente os de interesse econômico geral.

Desse modo, defende-se que a solidariedade no acesso, que não se limite aos aspectos impositivos da via fiscal, melhor se coaduna com a pretensão de universalização dos serviços públicos, porquanto se baseia na *solidariedade comunitária*, que congrega esforços da atividade econômica, por meio da eficiência das empresas, bem como o compromisso individual dos contribuintes, sem falar na indispensável predisposição dos beneficiários à reabilitação social.[822]

Explica-se: a modicidade de acesso é a imposição de preços acessíveis, quebrando a liberdade das trocas econômicas; a solidariedade no acesso é a extensão do serviço prestado a grupos vulneráveis, que melhor compreendem a dinâmica de custos que envolve os benefícios da ação pública. No primeiro, subsidiado ou não, é a expressão de política de precificação que destoa da dinâmica econômica; no segundo, é a compreensão da importância da solidariedade no acesso, tendo em vista a específica situação de alguns usuários, e não de eventual intervenção estatal de caráter universal e salvacionista. Por isso, a solidariedade no acesso compreende uma medida de proteção social, com a devida focalização dos recursos, que não compromete a dinâmica econômica de livre mercado. A consequência prática disso é a liberdade na escolha dos bens ou serviços prestados, sem sacrifício da transparência na definição dos preços.

E como seria essa solidariedade no acesso, sobretudo, diante da dinâmica realística dos custos dos direitos? Primeiro, urge uma precisa identificação dos grupos vulneráveis, pois a solidariedade econômica não pode ser utilizada sem focalização do gasto público, portanto, para romper ou atenuar *status* de vulnerabilidade e não para afirmar *status* de superposição social. Segundo, levantar os limites financeiros da medida adotada e, a partir disso, mover a lógica do incrementalismo da política

---

[822] SILVA, 2012, p. 134.

pública, cuja expansão não vai decorrer apenas da disponibilidade de recursos financeiros, mas, sobretudo, da utilidade da medida adotada em função dos resultados alcançados. Terceiro, a análise do regime de escala que encerra o universo da prestação de serviços, de maneira que a política pública não sirva de muleta operacional ao agente econômico, isto é, que as benesses da ação pública não representem mais benefícios para o agente econômico, estoque de receita, que propriamente um benefício aos destinatários da solidariedade de acesso.

Toda forma de benefício econômico traz consequências no universo das relações sociais, mesmo aquele considerado de pequena monta, porquanto o fluxo econômico não parte das demandas particulares ou existenciais, e dos seus mais diversos níveis de consumo, mas do resultado global dos recursos envolvidos, de maneira que é sempre necessário refletir sobre a questão do custo de oportunidade, pois "[...] não existe política pública que não signifique grande investimento social. Escolhas importam. O que fazer, e o que não fazer, são custos para todos",[823] sem falar que a focalização dos recursos é uma questão dinâmica e, portanto, varia em função do tempo, seja o tempo *pequeno* das gerações vivas, seja o tempo *longo* das gerações não nascidas.

Em outro norte, mas ainda na clara lógica de que as escolhas públicas importam tanto por aquilo que elas fazem quanto por aquilo que elas deixam de fazer, assim, quando se menciona que a previdência social é o maior mecanismo de transferência de renda do país, não há dúvida de que isso reflete a sua grandeza, mas nada esclarece sobre a focalização dos recursos transferidos.[824] A mesma advertência pode ser dita para qualquer política pública de natureza econômica relacionada ao acesso de bens sociais coletivos, tais como o fornecimento de energia elétrica, iluminação pública, água potável ou, e não menos importante, saneamento básico. Por isso, em termos de acessibilidade aos serviços públicos, o nó górdio não se encontra na identificação de público-alvo para eventuais tarifas sociais, mas sim na universalização do acesso a partir de formas de financiamento para investimentos públicos ou privados em áreas abrangentes da socialidade, portanto, que sejam capazes de superar os déficits estruturais da sociedade brasileira.

---

[823] GIAMBIAGI; ZEIDAN, 2018, p. 55.
[824] TAFNER; NERY, 2019, p. 35.

2.3.3 Social

> *"Se a justiça fiscal não encontrar do lado da despesa um conceito norteado pelos mesmos valores, corremos o risco de receitas e despesas serem utilizadas de formas distintas. Cai-se assim no risco de o Estado destruir com a 'mão da despesa' aquilo que faz com a 'mão do imposto'."*[825]

A solidariedade social decorre das relações cotidianas e compreende a manifestação mais clara e direta da responsabilidade cívica dos membros da comunidade política com o bem-estar social dos concidadãos. É, antes de tudo, um compromisso com os objetivos da socialidade, assumindo uma posição prática: agir concretamente em benefício de outras pessoas,[826] saindo, portanto, da vaga, autônoma e homogênea consideração das pessoas, e suas relações, sobre o imaginário abstrato das ações sociais realizadas por outras pessoas.

Todavia, a dinâmica da responsabilidade social reconhece as possibilidades de ação de cada pessoa, uma vez que os poderes disponíveis, no mais das vezes, são distantes da convicta predisposição do agente.[827] Além disso, não há como cotejar qualquer responsabilidade diante do imprevisível, ou seja, a reduzida capacidade de previsão humana estreita as possibilidades de ação, sobretudo, em uma perspectiva individual.[828]

Aliás, qualquer forma de responsabilidade compreende uma atuação compromissada, praticável e previsível, portanto, cercada de limites. A solidariedade social tem uma relação direta com a dinâmica protetiva das pessoas na sociedade. A solidariedade e a proteção se destinam a capitanear, em uma interativa relação de meio e fim, formas concretas de implementação dos direitos positivos, mormente em benefícios dos mais vulneráveis. Dessa forma, é possível ventilar 03 (três)

---

[825] MARTINS, 2016, p. 413.
[826] BIRNBACHER, 2006, p. 24.
[827] BIRNBACHER, 2006, p. 25.
[828] BIRNBACHER, 2006, p. 25.

vias de manifestação da solidariedade social, a saber, (a) individual; (b) grupal; e (c) institucional.

Explica-se: o esforço individual, seja pela imposição tributária, seja por ato de disposição de vontade, representa o núcleo da solidariedade social, afinal, não há como compreender qualquer forma de solidariedade sem a intervenção direta dos indivíduos nas relações sociais decorrentes da convivência comunitária, sobretudo, com a emergência de conflitos de imigração, o que reforça a solidariedade social no âmbito nacional.[829] Em uma perspectiva grupal, a solidariedade social se espraia pelas infindáveis formas de solidariedade de grupo, geralmente associada à identidade profissional, ainda que não se resuma a uma única formação técnica, de nível médio ou superior, mas que, necessariamente, deva contribuir para a absorção dos encargos decorrentes da defesa de interesses ou direitos comuns. Tratando-se da atuação institucional, por evidente, recobra-se a atuação do Estado, que deverá promover os meios básicos de proteção social, porquanto, dispondo de meios decorrentes das condições de possibilidade da sua atividade financeira, tendo em vista os institutos e as garantias consagrados pela legislação e observados pela sua estrutura orgânico-funcional, deve ser capaz de viabilizar os prognósticos de implementação dos direitos positivos, notadamente os direitos sociais.

De qualquer sorte, a solidariedade social é, por definição, o reconhecimento do compromisso das pessoas sobre o próprio destino delas e, claro, de outras pessoas no largo universo das relações sociais, não consentindo, portanto, com a indiferença diante dos flagelos alheios, sem que isso represente qualquer legitimação da atuação estatal que se revele descompassada com a forma liberal de exigibilidade dos direitos positivos, seja interferindo desmedidamente na vida social das pessoas, pouco importando se para ajudar ou para restringir comportamentos, seja na delegação de encargos, portanto, em uma perspectiva individual, que torne inviável o livre exercício da solidariedade social.

---

[829] FERRERA, 2005, p. 235.

2.3.3.1 Responsabilidade solidária como responsabilidade comunitária

> "[...] os novos *apports* da ideia de solidariedade social e comunitária não podem servir para o estado transferir as suas tarefas ou incumbências para a sociedade civil, alijando assim as suas responsabilidades sociais."[830]

Uma razão muito clara denuncia a importância dos deveres comunitários: por maiores que sejam os tentáculos do Estado, a vida em sociedade exige um núcleo de atuação privada e o desenvolvimento de relações sociais que transmitam segurança na convivência diária. Ademais, os limites da ação pública, que não podem transformar investimentos em valores comunitários, sem que isso constitua qualquer desvio de suas tarefas constitucionais, recobra a ideia de que nenhuma responsabilidade é propriamente individual, pois o reflexo dos comportamentos individuais, nestes se incluindo o dever de agir responsavelmente no quadro das relações sociais, vai além das pretensões meramente egoístas, incorporando-se na desejosa liturgia dos procedimentos multiplicadores da confiança no meio social, aliás, isso representa o verdadeiro cimento do capital social de um povo, que expressa a solidariedade dentro da sociedade, bem como a estabilidade das relações entre indivíduos e grupos, enfim o compartilhamento consciente de valores.[831]

Assim, para além da dimensão individual, mais visível e exigível, a responsabilidade traz consigo uma dimensão comunitária, dela se extraindo, sem prejuízo do devido aporte da ação pública, um adequado nível de implementação dos direitos fundamentais sociais.[832] A própria noção de vida em sociedade, que exige o compartilhamento de riscos e benefícios, vantagens e desvantagens, compreende o reconhecimento de corpo comum, de matiz político-comunitária, baseada na solidariedade

---

[830] NABAIS, 1999, p. 173.
[831] TREMMEL, 2006, p. 12.
[832] NABAIS, 1999, p. 151.

de direitos e deveres,[833] inclusive, denunciada pela *sociologia da virtude* do iluminismo britânico como uma característica da natureza humana.[834]
  Dessa forma, a responsabilidade solidária é também uma forma de responsabilidade comunitária. E o que isso importa ao dever de solidariedade? Vale mencionar o seguinte: para além das imposições decorrentes da ação pública, notadamente de ordem comportamental e tributária, a dinâmica da vida em sociedade compreende deveres comunitários que vão além da mera beneficência, porquanto seria um vexado reducionismo imaginar que a caridade represente o *locus* operativo da solidariedade em determinada comunidade, pois adentra o próprio universo da organização social que interfere nos laços das relações interpessoais, bem como no trato das questões institucionais, de maneira que ela tem capacidade de interferir na vida social das pessoas independentemente da pujança ou debilidade do Estado social, porém a sua importância seja mais facilmente identificada nos momentos de crise econômica e, consequentemente, de parcas forças do Estado social. A força contrapositiva aos deveres comunitários não advém do Estado social, mas sim do crescente egoísmo nas sociedades hipermodernas.
  Desse modo, não é o Estado social que arrefece os deveres comunitários, pelo contrário, a dinâmica entre a ação pública e os deveres comunitários é convergente e retroalimentadora, pontuando, assim, uma nova dimensão dos deveres cívicos, a saber, a responsabilidade comunitária, lembrando-se que os deveres jamais poderão afetar o conteúdo essencial dos direitos.[835] Aqui, ressoa o protagonismo dos cidadãos na assunção dos encargos da vida pública, que não pode limitar-se aos ordinários parâmetros da imposição tributária e do controle dos exercícios dos poderes,[836] assumindo, de forma definitiva, uma dimensão solidária no seio da comunidade.[837]
  Por isso, uma perspectiva comunitarista da justiça intergeracional não pode prescindir da ideia de que homens compartilham interesses dentro da comunidade que vão muito além da sua existência, pontuando benefícios e cuidados que são divididos em função de esforços imemoriais de todas as gerações, tais como o futuro dos descendentes, a proteção das reputações póstumas, o necessário respeito pelos

---

[833] LOUREIRO, 2013, p. 366-367.
[834] HIMMELFARB, 2011, p. 52.
[835] ANDRADE, 2019, p. 154.
[836] NABAIS, 1999, p. 163.
[837] NABAIS, 1999, p. 165.

antepassados e, claro, a preocupação com a continuidade de projetos pendentes, portanto, para além da existência de sua idealizadores.[838] Daí a compreensão de que a justiça intergeracional não representa apenas uma exigência de ordem moral ou política, pois também comporta a exigência de componente discursivo de ordem comunitária, retratando um apanágio da interação social ou coesão cultural em uma determinada comunidade,[839] sem falar que nada expressa melhor a ideia de solidariedade, sem qualquer idealismo, que a convivência social em uma perspectiva comunitária, que, claro, também tem os seus dilemas, sobretudo, os relativos aos perímetros discursivos de inclusão ou inserção comunitária.

2.3.3.2 Deveres comunitários: a difícil questão da socialidade entre as gerações

> *"O direito fundamental da geração vindoura é futuro, mas a norma que o prevê é presente, tal como o valor nela consagrado. O que significa que a norma, pelo simples facto de vigorar e de possuir conteúdo axiológico tido por intemporal, impõe à geração atual o dever de se abster de praticar qualquer tipo de conduta que possa obstar ao seu futuro preenchimento e concretização."*[840]

Desde logo, é preciso compreender a conexão entre valores comunitários e deveres fundamentais e, a partir disso, recolher a própria ideia de deveres comunitários. Assim, como categoria constitucional autônoma posta ao lado dos direitos fundamentais,[841] os deveres fundamentais são "[...] expressão imediata ou direta de valores e interesses comunitários diferentes e contrapostos aos valores e interesses individuais consubstanciados na figura dos direitos fundamentais".[842]

---

[838] CAMPOS, 2015, p. 126.
[839] CAMPOS, 2015, p. 126.
[840] SEQUEIRA, 2017, p. 37.
[841] NABAIS, 2012, p. 36.
[842] NABAIS, 2012, p. 37-38.

A questão dos deveres comunitários, portanto, guarda conexão com os valores comunitários em que se assenta a ideia de deveres fundamentais. Desse modo, não se protege as gerações futuras a partir do futuro, mas sim por meio dos deveres comunitários no presente, isso porque as pessoas investidas em direitos também são chamadas a responder em termos de deveres comunitários.[843] Ou seja, deveres que assumem aspectos jurídicos, e notadamente morais, diante do desafio de promover uma efetiva justiça intergeracional. Por isso, a dimensão dos deveres jurídicos, mais que qualquer lógica de direitos, melhor se assenta aos prognósticos protetivos das gerações futuras, guardando, assim, maior autonomia compreensiva.

Contudo, é preciso indagar: a superposição dos deveres não seria uma nova frente de arbítrios da atividade legislativa em face da sociedade civil? Não seria uma nova forma de oneração da vida social por força de projeções, quiçá, não factíveis? As indagações sugerem a compreensível desconfiança decorrente da dinâmica impositiva dos deveres no século XX, sobretudo, nos regimes autoritários que, apesar dos flagelos e vexames históricos, persistem até hoje. Todavia, o direito das gerações futuras implica deveres das gerações atuais, porquanto todas as gerações compartilham de direito *prima facie* (domínio de tutela), porém o direito definitivo (domínio de garantia) é uma realidade apenas das gerações atuais e, diante das implicações concretas ou vivenciais dessa particular posição jurídico-temporal, impõe-se, desde logo, o devido cuidado com o direito *prima facie* das gerações vindouras, isto é, o desenho abstrato de uma situação jurídica, no sentido de promover limites extrínsecos ou restrições aos direitos definitivos das gerações atuais, justamente para evitar danos irreparáveis ao gozo dos direitos das gerações futuras.[844]

Desse modo, exsurgem duas importantes funções dos direitos das gerações vindouras: (a) exigem um dever geral de respeito pelas gerações atuais; e, com isso, (b) balizam a extensão dos direitos definitivos dessas gerações.[845] Todavia, esse entendimento acarreta outro nível de consideração, a saber, como os deveres das gerações atuais são concretos e imediatos, pois, nessa qualidade, destinam-se a viabilizar direitos abstratos e mediatos das gerações futuras, exsurgem a dificuldade operacional para identificar os parâmetros jurídicos que

---

[843] NEVES, 2008, p. 62.
[844] SEQUEIRA, 2017, p. 37-38.
[845] SEQUEIRA, 2017, p. 38.

deem concretude a esses deveres, sobretudo, diante da imprecisão dos direitos definitivos [e desconhecidos] das gerações futuras. Essa adversidade é típica da justiça intergeracional, seja pela incerteza que encerra a proteção dos direitos futuros, a despeito dos esforços comunitários que possam ser empreendidos pelas gerações atuais, seja pela relativa compreensão dos meios adequados para o efetivo atendimento dos deveres intergeracionais. "A justiça intergeracional não é apenas uma dimensão axiológica entre as gerações – é sobretudo, neste contexto comunistarista, uma característica da coesão cultural de uma comunidade".[846] Ela exige, assim, uma dimensão comunitária dos direitos fundamentais, que objetive as tarefas da vida comunitária, portanto, indo mais além das pretensões egoísticas.[847]

Por isso, os esforços devem mirar as demandas perenes de todas as gerações, porque não há uma primazia no tempo histórico da comunidade,[848] daí a inevitável relação entre justiça intergeracional e direitos fundamentais, porque é até possível cogitar a variabilidade de conteúdo dos direitos fundamentais ao longo do tempo, porém não há como defender, sem sério prejuízo à natureza desses direitos, a própria variação desconstitutiva de sua fundamentalidade e, por conta disso, não há como abrir mão de deveres comunitários que possibilitem não apenas a convivência, mas também a permanência desses direitos, o que evidencia a lógica de que a responsabilidade decorrente desses direitos vem antes da liberdade exercida a partir deles.[849]

2.3.3.3 Envelhecimento com responsabilidade: aposentadorias e pensões

> *"Tarea ardua ésta de ligar individualismo y presunta solidaridad, tarea pareja a la de cuadrar un círculo."*[850]

A trajetória das medidas de proteção social tem uma relação direta com a questão social da longevidade, despontando, assim, redobradas

---

[846] CAMPOS, 2017, p. 59.
[847] ANDRADE, 2019, p. 75.
[848] CAMPOS, 2017, p. 59.
[849] CARDUCCI, 2003, p. 51.
[850] CORTINA, 2005, p. 87.

preocupações nos sistemas de proteção previdenciárias na sociedade hipermoderna, cuja população envelhecida não para de crescer e, diante do dilema demográfico, vai aumentando exponencialmente as dificuldades na gestão dos seguros públicos no mundo.[851] Para além da imperiosa questão do déficit do RGPS e RPPSU, a dinâmica da responsabilidade social, corporificada no dever de solidariedade, exige uma precisa compreensão sobre os fundamentos sociais que permeiam a concessão dos benefícios previdenciários, notadamente aposentadorias e pensões. Em uma sociedade dotada de extrema desigualdade social, por certo, é pouco provável que a complexidade técnico-operacional que encerra a questão previdenciária seja passível de precisas análises e projeções dos trabalhadores brasileiros, grande parte, aliás, ainda entregue à informalidade, portanto, à própria sorte. Contudo, para todos os trabalhadores que dispõem de meios materiais e, sobretudo, conhecimento, é imperiosa a responsabilidade pelo seu projeto de previdência, seja pública ou particular. E o mais evidente: são justamente os trabalhadores que menos se preparam, portanto, que não *antecipam* cenários na velhice, que mais dependem do sistema público de previdência. E, por outro lado, os que se preparam, gozando da regressividade do sistema, são os que alcançam os resultados mais positivos com a previdência social, gozando das vantagens da perspectiva individualista, por meio de técnica de investimento, no sistema público de previdência.

A educação previdenciária é o melhor caminho para tentar evitar os percalços da velhice laboral, mas, para tanto, é preciso compreender todo o fluxo da dinâmica laboral, isto é, o itinerário de riscos na transição:[852] (a) da escola em sentido amplo para o mercado de trabalho; (b) de emprego para emprego, independentemente da ascensão ou declínio da remuneração; (c) entre emprego e família, dilema geralmente associada à atuação das mulheres; (d) entre emprego e desemprego, recaindo nos braços pretensamente protetivos da ação pública; e (e) entre emprego e aposentadoria, que é a dura travessia entre os limites etários e os requisitos normativos para alcançar determinada prestação previdenciária, normalmente de ordem contributiva. A compreensão desse longo percurso faz exsurgir uma preocupação legítima com a programação financeira na velhice, mesmo sabendo que os avanços biogerontológicos, além de permitir maior longevidade, torna menos

---

[851] NASSAR, 2014, p. 50.
[852] LOUREIRO, 2014, p. 91-92.

necessária a capacidade física para desempenho de atividade profissional.[853] De certo modo, o Brasil ainda é uma nação à espera do Estado, em que os círculos privados da sociedade civil gravitam em torno do Erário e suas benesses; logo, a ideia de programação previdenciária é compreendida como encargo exclusivo da ação pública e não como atitude diligente dos cidadãos, mormente no setor público, para assegurar benefícios além do sistema de proteção social público.

Por outro lado, a ausência de programação previdenciária não quer dizer falta de sucessor profissional ou, na pior hipótese, ausência de capacidade contributiva. Não há, portanto, relação direta entre *imprevidência* social e ausência de sucesso profissional, muito embora aquela renda maior ensejo à ocorrência deste. Assim, a ausência de previdenciária privada, dentro outros fatores, decorre da ausência de educação previdenciária, fazendo com que a proteção social decorra de uma única fonte: seguro público. Nesse contexto, a discussão sobre o sistema de previdência público é decisiva para parametrização do nível de proteção social global do Estado, haja vista a reduzida participação dos brasileiros no sistema de seguro privado. Por fim, diante da exposição da questão previdenciária a partir da perspectiva social, política e econômica, propõe-se uma classificação da solidariedade estruturalmente ordenada no Estado Constitucional, mas não adentrando nos pormenores do federalismo financeiro, isto é, na determinação da despesa (*expenditure assignment*) e na determinação da receita (*tax assignment*),[854] nestes termos:

QUADRO 2
Solidariedade estruturalmente ordenada no Estado Constitucional

POLÍTICA	SOCIAL	ECONÔMICA
Local	Individual	Horizontal
Regional	Grupal	Vertical
Nacional	Institucional	Angular
FEDERAÇÃO	**PROTEÇÃO**	**CONTRIBUIÇÃO**

Fonte: Elaborado pelo autor.

---

[853] SEN, 2000, p. 121.
[854] CABRAL, 2018, p. 23-24.

Observa-se, sem maiores esforços, uma ideia de solidariedade totalmente relacional, capitaneando um entrelaçamento entre: (a) solidariedade política e federação, destacando os níveis de atuação federativa da solidariedade política; (b) solidariedade social e proteção, pontuando a dinâmica de interesses da solidariedade política em função da amplitude da organização da proteção previdenciária; (c) solidariedade econômica e contribuição, arvorando a dinâmica contributiva diante do modo de financiamento da proteção previdenciária.

2.4 Conclusões preliminares

> *"Solidarity presuppose a balance between mutuality and private capitalization, between freedom of choice and coercive solidarity, and between the responsibilities of all parties involved in social security."*[855]

Em matéria previdenciária, os vínculos discursivos entre solidariedade, sustentabilidade e justiça intergeracional fornecem a ideia-chave de que a previdência social deva (a) romper com as amarras jurídico-operacionais do *paternalismo legislativo* que sacrifica qualquer tratamento minimamente equitativo entre as gerações, (b) demover a força destruidora do *corporativismo público*, que ainda domina grande parte dos meios políticos da ação pública, mormente no campo legislativo, e (c) sanar os riscos do *individualismo estratégico*, que corporifica uma visão oportunista a partir da dinâmica contributiva. É dizer que, diante de temática tão importante no campo da socialidade, impõe-se a defesa da solidariedade, da sustentabilidade e da justiça intergeracional e, claro, das instituições comprometidas com a proteção social, porquanto o dilema fiscal da previdência social não decorre de circunstancialismos de momentânea convergência econômica desfavorável, o que seria algo fácil de resolver, mas sim da difícil contenção dos seus custos diante das demandas crescentes do desejado Estado social. Não é uma lógica difícil de entender, para além do necessário escrutínio do gasto público, notadamente nos setores de salvaguarda econômica de

---

[855] TINGA; VERBRAAK, 2000, p. 267.

segmentos específicos da sociedade, também é preciso refletir sobre a dinâmica de custos do Estado social e, com isso, definir os parâmetros de sua sustentabilidade, pois se a socialidade não pode ser apenas um desejo, também não deve ser uma aventura financeira.

Dessa forma, impõe-se uma *dinâmica relacional cooperativa* entre as gerações, desfiando novas vias reflexivas sobre o papel da previdência social em uma sociedade hipermoderna. Assim, depois de demoradas considerações sobre a justiça intergeracional e solidariedade previdenciária, deve-se, agora, sair da cômoda perspectiva da *crítica-diagnóstica* e, consequentemente, adentrar no universo da *crítica terapêutica*, firmando relevantes proposições sobre a temática, tendo a jurisprudência pátria como diretriz discursiva da atuação judicial na difícil tarefa de contornar os deveres de solidariedade em uma ambiência de escassez crônica, não apenas de recurso, mas, também, de valores, institutos e instrumentos jurídicos que acentuem a importância da justiça intergeracional, como bem tem denunciado, em parte, a jurisprudência do STF no tratamento das reformas previdenciárias, assimilando as mudanças de rotas do sistema público de previdência.

2.4.1 Jurisprudência selecionada

> *"Just as the moral law can't rest on the interests or desires of individuals, principles of justice can't rest on the interests or desires of a community. The mere fact that a group of people in the past agreed to a constitution is not enough to make that constitution just."*[856]

Como prova da assertiva do parágrafo anterior, discute-se, no que realmente interessa ao livro, o demorado julgado na ADI nº 3.105/DF.[857] Desde logo, cumpre destacar que um julgado com centenas de páginas denota, entre outras coisas, a *mera técnica* de reunião de votos dos ministros, o que bem comprova que o STF, por meio das *onze*

---

[856] SANDEL, 2009, p. 139.
[857] BRASIL, 2004. Disponível em: http://redir.stf.jus.br/paginadorpub/paginador.jsp?docTP=AC&docID=363310. Acesso em: 19 set. 2016.

ilhas ou *tribunal descolegiado*,[858] foi incapaz de revelar um documento coeso e harmônico sobre as discussões debatidas no julgamento. Dito de outro modo, não é possível, diante de votos tão diversos e com fundamentações tão díspares, extrair um denominador comum do julgado, dificultando uma cultura de respeito aos precedentes.[859] Portanto, a ausência de integridade do julgado, corporificada na existência de um único corpo argumentativo coerente e consistente, faz com que a reflexão jurisprudencial recaia sobre a individualidade dos votos, sacrificando a noção de colegialidade.[860] Colocadas essas preliminares advertências, que se aplicam *a priori* a todos os acórdãos do STF, cumpre destacar os seguintes pontos do julgado:

(a) a consagração jurisprudencial dos direitos adquiridos é antiga na ordem constitucional brasileira. Nesse sentido, o RE nº 72.509, ainda em 1973, de maneira que a reunião dos requisitos concessórios da aposentadoria, em determinada data e independentemente de requerimento, não seria afetada por lei nova. Como o julgado se prendia à análise da constitucionalidade da *contribuição dos inativos*, o seu desfecho não altera qualquer compreensão jurisprudencial sobre a matéria;

(b) a discussão sobre a constitucionalidade da *cobrança de inativos* é precedida de duas ADIs que circundam a temática, quais sejam, (1) nº 1.441, que destaca vencimento e proventos de servidores não são imunes à imposição tributária; e (2) nº 2.010, que se pronunciou, bem antes da EC nº 41/2003, que não existia, à época, uma indispensável base legal para cobrança de inativos e pensionistas. Percebe-se, portanto, que já se encontrava pavimentada a constitucionalidade da cobrança de inativos, de maneira que a EC nº 41/2003 apenas imprimiu o necessário colorido normativo à questão. Então, o que surpreende mesmo é a existência de demorados votos em defesa da teoria imunizadora dos direitos adquiridos, porém, sem adentrar nos aspectos prático-normativos da questão, isto é, sem precisar se a norma atacada encapsula uma ofensa direta ao artigo 5º, inciso XVI, da CRFB;

---

[858] MENDES, 2010.
[859] VALE, 2013, p. 336.
[860] VALE, 2013, p. 343.

(c) no voto da ministra Ellen Gracie, relatora inicial da ADI, destaca que a cobrança dos inativos "quebra o sinalagma da relação jurídica previdenciária",[861] portanto, desconsidera o pacto de solidariedade intergeracional – que é apanágio de qualquer regime de repartição – como mecanismo de transferência de recursos de caráter não comutativo,[862] pontuando que aposentados e pensionistas fariam uma verdadeira *doação* – sem contraprestação –, de parcela de seus proventos "em nome do princípio da solidariedade intergeracional que, embora respeitável, nem por isso faz tábula rasa de outros princípios de igual dignidade constitucional, como a garantia contra a bi-tributação (CF, art. 154, I) e o princípio do não confisco (CF, art. 150, IV)".[863] A assertiva chega a ser contraditória, pois os aposentados e pensionistas do RPPSU não respondem, mesmo após a contribuição dos inativos, e tendo por base o ano de 2016, nem mesmo por 20% dos valores de seus respectivos benefícios,[864] então, como eles poderiam ser confiscados e, mais, como poderiam doar para a manutenção do sistema de previdência, quando eles são os maiores causadores do seu desequilíbrio financeiro? Vê-se que a perspectiva contratual do sistema de previdência, portanto, como técnica de investimento, dominou todo o voto da relatora, demonstrando uma compreensão equivocada da ideia de seguro público, o que também se observou no voto do ministro Carlos Ayres Britto, aliás, ambos foram rechaçados pelos votos dos ministros Cesar Peluso[865] e Eros Grau.[866] Recentemente, ainda há quem[867] defenda a cobrança dos inativos em uma perspectiva estritamente individual, amparada em uma relação sinalagmática entre tributação e contraprestação, esvaziando, em uma relutância quixotesca, o sentido da solidariedade previdenciária;

---

[861] ADI nº 3.105/DF, p. 148.
[862] SILVA, 2013, p. 5.
[863] ADI nº 3.105/DF, p. 148.
[864] TAFNER; NERY, 2019, p. 188.
[865] ADI nº 3.105/DF, p. 227.
[866] ADI nº 3.105/DF, p. 270.
[867] GABARDO; VALIATI. 2015, p. 260-263.

(d) a ideia de solidariedade, com efetivo reproche à teoria imunizadora dos direitos adquiridos, foi destacada pelo ministro Joaquim Barbosa, nestes termos:[868]

> A tese da exacerbação do direito adquirido protegido por cláusulas pétreas, no presente caso, é também absolutamente desarrazoada e antijurídica. Em primeiro lugar, porque não faz sentido sustentar, em um estado de direito democrático e social, que alguém possa adquirir o direito de não pagar tributos. Essa tese corrói as próprias bases da organização político-social à luz da qual o Estado moderno se ergueu nos últimos séculos. Por outro lado, trata-se de uma concepção não razoável porque não faz sentido querer isentar de contribuição previdenciária solidária os milhares de pessoas que se aproveitaram de um sistema iníquo de privilégios, de normas frouxas e excessivamente generosas que permitiram a jubilação precoce de pessoas no ápice da sua capacidade produtiva, muitas delas mal entradas nos quarenta anos de vida.

(e) cumpre lembrar, ainda, que a CRFB, na sua origem, contemplava um regime previdenciário não contributivo aos servidores, o que consagrava interesses meramente corporativos em detrimento de toda a sociedade, notadamente do setor produtivo que custeia, ao fim e ao cabo, toda a estrutura orgânico-funcional do Estado. Tal estado de coisas perdurou até a EC nº 03, de 17 de março de 1993, que autorizou a contribuição de servidores, na forma da lei. À época do julgamento, e isso precisa ficar claro, não era incomum existir aposentado que jamais tenha contribuído ao RPPSU;

(f) a síntese da tese vencedora do julgamento foi da lavra do ministro Cezar Peluso, relator para o acórdão, nestes termos:[869]

> [...] não há, em nosso ordenamento, nenhuma norma jurídica válida que, com efeito específico do fato jurídico da aposentadoria, lhe imunize os proventos, de modo absoluto, à tributação de ordem constitucional, qualquer que seja a modalidade do tributo eleito. Donde, tampouco poderia encontrar-se, com esse alcance, *direito subjetivo* que, *adquirido* no ato de aposentamento do servidor público, o alforriasse à exigência constitucional de contribuição social incidente sobre os proventos da inatividade.

---

[868] ADI nº 3.105/DF, p. 167.
[869] ADI nº 3.105/DF, p. 203.

(g) o entendimento encontra amparo em antigo entendimento do STF[870] no sentido de que não há direito adquirido a regime jurídico. Contudo, desprezando a advertência do ministro Joaquim Barbosa sobre a síndrome da torre de marfim (*ivory tower syndrome*), o ministro Celso de Melo defendeu que a *cobrança dos inativos* não é compatível com "[...] os valores delineados e as limitações impostas no texto da Constituição da República",[871] despontando que argumentos de necessidade e razões de Estado não podem legitimar o desrespeito aos princípios e valores essenciais do sistema constitucional brasileiro. É a típica retórica de chavões empolados em total descompasso com a matéria discutida, portanto, "[...] ignorando completamente a realidade social à qual o texto constitucional se aplica",[872] como bem preceituou o ministro Joaquim Barbosa;

(h) tendo em vista a insistente tentativa de alguns ministros tratarem a questão a partir da problemática dos direitos adquiridos, o ministro Sepúlveda Pertence adverte que a problemática é de natureza tributária,[873] porém, promove uma importante reflexão sobre a teoria imunizadora dos direitos, nestes termos:[874]

> [...] sigo convencido [...] de que uma interpretação radical e expansiva das normas de intangibilidade da Constituição, antes de assegurar a estabilidade institucional, é a que arrisca legitimar rupturas revolucionárias ou dar pretexto fácil à tentação dos golpes de Estado.
> A confusão entre qualquer dado de *status quo* e o direito adquirido será talvez o maior risco dessa hermenêutica temerária das cláusulas pétreas.

Observa-se que a ADI, a despeito de consagrar a constitucionalidade da contribuição previdenciária dos aposentados e pensionistas, prestigiando, assim, o princípio da solidariedade previdenciária,

---

[870] BRASIL, 1983. Disponível em: http://redir.stf.jus.br/paginadorpub/paginador.jsp?docTP=AC&docID=191960. Acesso em: 9 jan. 2020.
[871] ADI nº 3.105/DF, p. 366.
[872] ADI nº 3.105/DF, p. 185.
[873] ADI nº 3.105/DF, p. 426.
[874] ADI nº 3.105/DF, p. 438.

discutiu o artigo 4º da EC nº 41/2003 em uma perspectiva excessivamente individualista, de maneira que a teoria imunizadora, como expressão de defesa de pretensos direitos individuais, dominou, inadvertidamente, a discussão que deveria prestigiar os limites da imposição tributária no universo da solidariedade intergeracional, tendo em vista, sobretudo, o equilíbrio atuarial do RPPSU (artigo 40 da CRFB).

2.4.2 Proposições

> *"[...] a segurança social é uma solução possível, historicamente condicionada, para um problema necessário, visando responder a riscos sociais através de um conjunto de prestações sociais."*[875]

O próprio reconhecimento dos condicionantes históricos da segurança social já denuncia a quão ilógica é a teoria imunizadora dos direitos adquiridos, seja em função do resultado útil da solidariedade previdenciária, seja pela própria pretensão de justiça intergeracional. Diante das colocações apresentadas neste capítulo, que ventila uma extensa teia de conflitos e prognósticos relacionados à solidariedade intergeracional, cumpre destacar 07 (setes) proposições mediante os seguintes parâmetros teórico-instrumentais da justiça intergeracional:

(a) *parâmetro normativo* – a disputa pelo direito é sempre alguma forma de disputa política, pois nela são decantados os dissensos consentidos,[876] que, pela própria natureza dos conflitos políticos, tende a refirmar os grupos sociais [mais bem] organizados. É nessa lógica que se insere a solidariedade previdenciária, impondo limites às perspectivas egoísticas dos interesses das corporações, que, não raras vezes, canaliza uma solidariedade às avessas, por meio de alterações legislativas que aprofundam a diferença de regime previdenciário entre categorias profissionais e, especialmente, entre as públicas e privadas;

---

[875] LOUREIRO, 2014, p. 46.
[876] NEVES, 2008, p. 147.

(b) *parâmetro interpretativo* – a solidariedade intergeracional é uma realidade eminentemente prospectiva. Então, reconhecendo-se que as gerações futuras (não nascidas) não interferem no bem-estar social das gerações passadas (já mortas) ou presentes (ainda vivas), cumpre destacar os inevitáveis limites compreensivos da solidariedade, pois ela não vai além das possibilidades dos governos dos vivos e, portanto, daqueles que tentam alcançar conquistas ou, simplesmente, manter privilégios. Nesse cenário, a importância dos princípios da justiça intergeracional na condução dos projetos políticos do Estado é indiscutível, seja porque carreia decisões mais responsáveis (parâmetros ético-morais), seja porque denuncia os custos do bem-estar social (parâmetros econômico-financeiros). Dessa forma, a interpretação constitucional deve incorporar os princípios da justiça intergeracional no universo discursivo dos valores constitucionais, servido, assim, de filtro para a análise constitucional das alterações legislativas, prestigiando a *igualdade como universalidade* (tratamento de modo igual) e a *igualdade como diferença fundamentada* (tratamento como iguais),[877] o que pode permitir juízos analíticos que abonem diferenciações de tratamento em função de encargos (contribuições) ou benesses (benefícios e serviços);

(c) *parâmetro contributivo (prospectivo-retrospectivo)* – a solidariedade previdenciária, por focar na capacidade funcional dos regimes previdenciários, e isso também se observa quanto à sustentabilidade previdenciária, deve levar em conta que o esforço contributivo dos beneficiários de sistema de previdência e, portanto, devidamente resguardados pela proteção social, vai além do estrito cumprimento da disciplina normativa pretérita, conforme a tese imunizadora dos direitos adquiridos. Assim, não soa estranho defender a tese da solidariedade previdenciária em uma perspectiva retrospectiva, ainda que com sacrifícios prospectivos, isto é, durante o gozo dos benefícios ou serviços, não atingindo, dessa forma, apenas os segurados que ainda estão com direitos em formação.[878] Sabe-se que a lei não alcançar efeitos

---

[877] AMARAL, 2004, p. 38.
[878] LOUREIRO, 2013, p. 124.

já produzidos no passado (direito ao benefício), contudo, ela pode alcançar determinados efeitos no presente e no futuro (revisibilidade do benefício),[879] sem que isso represente uma ablação da dimensão protetiva das relações jurídicas pretéritas. Assim, as benesses do passado podem justificar alguma forma de sacrifício no presente e, claro, no futuro;

(d) *parâmetro distributivo* – a solidariedade previdenciária compreende o compartilhamento de esforços entre as gerações e, desse modo, ela não pode ser um propulsor da desigualdade por meio da concentração de renda. Dito de outro modo, a solidariedade previdenciária não se coaduna com a manutenção de parâmetros normativos que asseguram a transferência de renda dos trabalhadores mais pobres aos trabalhadores mais ricos, senão toda a lógica do pacto intergeracional, que é baseada na ideia de solidariedade, não passaria de mecanismo para superposição de interesses entre corporações ou segmentos econômicos, fugindo, assim, do seu principal propósito, que é garantir a capacidade funcional do sistema de previdência pública;

(e) *parâmetro histórico-econômico* – um dos maiores dilemas na compreensão prático-operacional da solidariedade previdenciária decorre da restrita dimensão temporal dos seus propósitos diante dos desafios financeiros do Estado. Explica-se: a maior ou menor importância do dever de solidariedade não pode ser deduzida em função de convergências econômicas desfavoráveis em uma determinada extensão espaciotemporal, mas sim diante da evolução histórica da atividade financeira do Estado e, sobretudo, da compreensão econômica dessa evolução, de maneira a pavimentar diretrizes normativas capazes de suportar as crises cíclicas, não apenas do capital, mas dos diversos fatores que afetam direta ou indiretamente na composição dos interesses socialmente relevantes à questão previdenciária, notadamente, a demografia, o desemprego e a dívida;

(f) *parâmetro de equilíbrio orçamentário-financeiro* – tendo em vista a função social e econômica da despesa pública,[880] o tratamento da atividade financeira do Estado não pode

---

[879] SAMPAIO, 2009, p. 292.
[880] MARTINS, 2016, p. 163.

prescindir da solidariedade – como diretriz normativa ou moral – no tratamento das demandas prementes da sociedade, pontuando as bases reflexivas sobre o comprometimento das possibilidades financeiras do Estado diante das decisões orçamentárias, sobretudo, em face das transferências fiscais intergeracionais[881] sem representatividade política,[882] o que faz reforçar a importância do equilíbrio orçamentário em função da contínua – e preocupante – expansão da dívida pública na promoção da proteção social previdenciária; e

(g) *parâmetro judicativo-decisório* – a imperiosa tensão entre despesa pública e solidariedade intergeracional, para além dos ordinários prognósticos relacionados à correção da execução orçamentária, que tem criado excessivas obrigações ao Poder Público, exige-se uma nova perspectiva reflexiva no tratamento do gasto público: a tutela jurídica do controle da dívida pública, isto é, ir além da correção e exigência da despesa pública, pontuando, e de modo igualmente importante, o controle da sua cobertura diante da atividade financeira do Estado, evitando, assim, aventuras financeiras mediante apelos emotivos de justiça social.

Diante dessas considerações, é possível concluir o seguinte: se a dignidade humana representa a primeira trincheira contra a revisibilidade dos direitos positivos, notadamente os relacionados à proteção social; a solidariedade, por sua vez, compreende a melhor plataforma de *ataque* às tentativas de vedação de revisão dos direitos positivos, especialmente os concernentes à proteção previdenciária, haja vista a necessidade de manter a capacidade funcional do sistema público de previdência, e, por conseguinte, ela também representa um forte indutor de relativização da teoria imunizadora dos direitos positivos, o que é objeto da segunda parte da obra.

---

[881] YARROW, 2008, p. 69.
[882] CANOTILHO, 2012, p. 11.

PARTE II

IDEOLOGIA DOS DIREITOS ADQUIRIDOS E TELEOLOGIA DA SUSTENTABILIDADE PREVIDENCIÁRIA

Entre a ideologia da segurança jurídica e a teleologia da capacidade funcional do sistema público de previdência, por certo, há diversas questões importantes a serem consideradas, mas, sem dúvida, tem particular destaque o reconhecimento dos efeitos práticos da teoria imunizadora dos direitos. Quer dizer, da constituição de fato idôneo, conforme a legislação aplicável, ainda que não mais vigente, em determinado lugar e tempo, mas que seja capaz de produzir consequências jurídicas, mesmo que pendentes, com o advento de nova lei,[883] retrata o núcleo compreensivo dos direitos adquiridos,[884] fazendo com que, por meio de uma relação jurídica, o titular deles goze de singular imunidade jurídica, a despeito de seus efeitos na órbita dos direitos de terceiros e, em casos mais extremos, interferindo diretamente na manutenção dos efeitos práticos dessa imunidade.

Um dos claros propósitos desta obra consiste em destronar o inebriante poder imunizador dos direitos adquiridos, desmistificando-o como fator de proteção social. Dito de outro modo, que a ideologia dos direitos adquiridos, como uma boa fábula: mais encanta que ensina; menos esclarece que confunde sobre a realidade dos direitos, mormente em uma perspectiva intergeracional. "A ideologia, com efeito, nega e dissimula as contradições do mundo sob a aparente coerência das doutrinas; ela se libera da realidade ao pôr em cena uma ordem fantasmagórica e deixar patente o artifício de sua instauração".[885] Qualquer transformação social relevante exige o largo esforço da mudança que, por comportar alguns sacrifícios, atrai a resistência de diversos segmentos da sociedade, daí que não é possível defender avanços sociais, logo cunhados de retrocessos, a partir do discurso da imobilidade protetiva dos direitos, porquanto apenas uma trava ideológica que castiga impiedosamente as futuras gerações.

Nesse contexto, um discurso impopular sobre a proteção social, no que será qualquer um que se manifeste contrário à rigidez dos direitos adquiridos, é sempre cercado de reservas, as suspeições são ventiladas por qualquer motivo, de forma que os prognósticos são negados antes mesmo de qualquer análise percuciente e, claro, sempre são tachados de inviáveis ou sem qualquer possibilidade de real avanço científico ou social. Portanto, nessa situação bem adversa, pretende-se destacar a erronia das teses jurídicas imobilizantes, quando exasperadas na lógica

---

[883] SAMPAIO, 2005, p. 43.
[884] GABBA, 1868, p. 190-191.
[885] ROSANVALLON, 2010, p. 92.

da imutabilidade dos parâmetros jurídicos, porquanto desconsideram os condicionantes político-econômicos de cada sociedade.

O propósito central deste capítulo reside na compreensão de que a defesa inconsequente da ideologia dos direitos adquiridos vem achatando, invariavelmente, o valor dos benefícios previdenciários, porquanto é seguida a lógica de que a imunização dos benefícios, cujos titulares ainda não tinham sido submetido plenamente a um regime de efetiva contributividade, justificaria uma torrente de medidas legislativas destinadas a romper o déficit previdenciário, consagrando, assim, evidente prejuízo às gerações futuras, que, sem dúvida, estariam submetidas a parâmetros contributivos cada vez mais exigentes, haja vista o disposto no artigo 11 da EC nº 103/2019, inclusive há quem defenda que o dispositivo representa uma verdadeira violação ao princípio constitucional da vedação de confisco (artigo 150, inciso IV, da CRFB), porquanto a somatória do imposto de renda com a contribuição previdenciária, em determinados casos, pode alcançar quase 50% (cinquenta por certo) da remuneração do servidor.[886] Além disso, a justificativa do déficit previdenciário, por sua vez, quando não devidamente explicitada no cenário da ação pública, fomentaria uma forte política geral de imposição tributária do Estado, mas sem efetiva conversão dos valores arrecadados para a sustentabilidade financeira e atuarial da Previdência Social.

Portanto, defende-se um debate sincero sobre as medidas adotadas para tentar romper o fluxo deficitário do regime previdenciário, no que exige uma relativização da teoria dos direitos adquiridos, o que é algo bem diverso de manobras legislativas relacionadas à imposição tributária ou ao achatamento do valor dos benefícios, como bem denuncia o mecanismo do fator previdenciário (artigo 29, *caput*, inciso I, §§ 7º a 9º, da LBPS). Além disso, e como consequência da relativização dos direitos adquiridos, é necessário discutir e promover uma disciplina mais precisa dos requisitos necessários à concessão dos benefícios previdenciários, cujos efeitos não sejam meramente prospectivos, pois muitos segurados conseguiram benefícios generosos, a despeito de longos períodos sem efetiva contribuição.

---

[886] HORVATH JÚNIOR, 2020, p. 182.

CAPÍTULO 3

DIREITOS ADQUIRIDOS E SUSTENTABILIDADE PREVIDENCIÁRIA

"Meus heróis morreram de overdose
Meus inimigos estão no poder
Ideologia
Eu quero uma pra viver
Ideologia
Eu quero uma pra viver."[887]

      Para além da noção do *Estado pós-heroico*,[888] aliás, da própria teoria pós-heroica da política,[889] que vive no fio da navalha da ação pública, ou do *Estado pós-social*,[890] que agoniza na bacia das almas das prestações sociais, sem falar, ainda, no *Estado garantidor*, com os riscos da cômoda subsidiariedade,[891] é possível afirmar que o limite da atuação estatal e a *overdose* de direitos sociais representam a matriz de um cenário nada animador na concretização dos direitos positivos.

      Nesse ponto, tendo em vista os escólios de Gomes Canotilho, quão curioso é defender, em um primeiro momento, o entendimento

---

[887] Refrão da música *Ideologia*, de 1988, da composição de Cazuza e Roberto Frejat.
[888] SCHWARTZ, 2008, p. 212.
[889] INNERARITY, 2009, p. 179.
[890] LOUREIRO, 2010, p. 85-98.
[891] CANOTILHO, 2008, p. 575.

de que a proibição de retrocesso social seja inócua em face das recessões e das crises econômicas, conforme a lógica da reversibilidade fática,[892] porém, em um segundo instante, afirmar que, a despeito dessa inocuidade, ela seja capaz de limitar a reversibilidade dos direitos adquiridos,[893] como se o primeiro entendimento não tivesse qualquer reflexo na compreensão sobre a amplitude do segundo, restando patente, portanto, uma forçosa transposição da visão flexível para uma concepção rígida do princípio da proibição de retrocesso social,[894] que é, inclusive, desnecessária diante de maior adequação aplicativa do princípio da proteção da confiança.[895]

Além disso, é preciso reconhecer que o princípio da proibição de retrocesso social compreende uma verdadeira fossilização dos juízos de oportunidade e dos juízos de disponibilidade de recursos em uma sociedade plural e complexa,[896] desprestigiando, inclusive, o princípio da alternância democrática e, portanto, impossibilitando o regular exercício do poder político na sociedade, porque suprime as escolhas públicas em função do tempo, notadamente as opções políticas do legislador.[897]

Por certo, o entendimento de Gomes Canotilho não resistiria à força implacável do tempo, especialmente em função das recentes reformas legislativas empreendidas no substrato dos direitos sociais em Portugal, que foram extremamente gravosas à socialidade portuguesa, mas sem adentrar, evidentemente, no núcleo essencial dos direitos sociais de proteção previdenciária ou laboral. Por isso, em publicação mais recente, no que sugere uma clara evolução no seu pensamento, afirma: "[...] a chamada tese da 'irreversibilidade de direitos sociais adquiridos' se deve entender com razoabilidade e com racionalidade, pois poderá ser necessário, adequado e proporcional baixar os níveis de prestações essenciais para manter o núcleo essencial do próprio direito social".[898]

Aqui, porém, reside o dilema: qual seria o critério adequado para definir o núcleo essencial do direito social? Em trabalho relativamente recente, a mudança de entendimento resulta bem mais evidente: "[o] rígido princípio da 'não reversibilidade' ou, em formulação

---

[892] CANOTILHO, 2003, p. 339.
[893] CANOTILHO, 2003, p. 339.
[894] LOUREIRO, 2014, p. 641.
[895] LOUREIRO, 2014, p. 642-643.
[896] MARTINS, 2016, p. 420.
[897] MARTINS, 2016, p. 423.
[898] CANOTILHO, 2008, p. 266.

marcadamente ideológica, o 'princípio da proibição da evolução reaccionária', pressupunha um progresso, uma direcção e uma meta emancipatória, unilateralmente definidas: aumento contínuo de prestações sociais".[899]

Desse modo, admite-se o dilema das contingências econômicas assombrosamente desfavoráveis ou se insiste no substrato normativo pautado em cláusulas genéricas sobre os direitos de prestação social? A resposta, evidentemente, não pode contemplar soluções estanques.

Nem mesmo o habitual recurso ao princípio da proporcionalidade parece consagrar uma alternativa indene de críticas, porquanto, na controvérsia que encerra todo caso difícil, e a questão do núcleo essencial das prestações sociais é induvidosamente um deles, a proporcionalidade também exige uma forte invasão de elementos valorativos no julgamento, pelo menos na definição da legitimidade do objetivo pretendido pela medida adotada ou na execução da tarefa de balanceamento final.[900]

De fato, a força dos impeditivos fáticos exige a possibilidade da reversibilidade dos imperativos jurídicos, senão, e isso não pode ser olvidado, vive-se a tentação, deveras preocupante, de prestigiar uma noção excessivamente normativa sobre a realidade. Enfim, faz negar os indeclináveis parâmetros da socialidade concretamente compaginável com os limites políticos, econômicos e sociais da sociedade, no que pode acarretar sérios prejuízos às gerações futuras, considerando que: ou a *bomba relógio* não foi desarmada, quando ainda era possível tal intento; ou ela não pode ainda ser desarmada, pois será tarefa de autoridades de outras gerações.

De qualquer modo, não parece razoável acreditar que tudo possa ser feito, aqui e agora, em matéria de direitos ou simplesmente cruzar os braços à espera de outras gerações.[901] Afinal, "[c]onfiar numa hipotética solução futura para justificar a perpetuação de um problema presente seria, aliás, a antítese do princípio da precaução".[902] Os defensores da teoria imunizadora dos direitos, que assumem ares de luminares da legalidade constitucional, bem denunciam essa antítese.

---

[899] CANOTILHO, 2008, p. 110. Em seguida, com particular precisão, conclui: "[d]eve relativizar-se este discurso que nós próprios enfatizámos noutros trabalhos. A dramática aceitação de 'menos trabalho e menos salário, mas trabalho e salário para todos', o desafio da bancarrota da previdência social, o desemprego duradouro, parecem apontar para a insustentabilidade do princípio da não reversibilidade social" (CANOTILHO, 2008, p. 110-111).

[900] MCCRUDDEN, 2008, p. 715-176.

[901] SILVA, 2010, p. 484.

[902] SILVA, 2010, p. 484.

Nesse ponto, segue-se a compreensão doutrinária de que o princípio da proibição do retrocesso é simplesmente supérfluo.[903] Explica-se: seu pretenso raio de atuação já é devidamente atendido pelos parâmetros doutrinários clássicos, pelo menos que se refere à garantia da *condignidade existencial*, notadamente a partir do princípio da dignidade humana.[904] Portanto, não promover qualquer reforço na dimensão normativo-axiológica da proteção social, notadamente em matéria previdenciária, reduzindo-se a um mero destaque retórico em função das vulnerabilidades ou possibilidades materiais da sociedade.

Além disso, o princípio é política e constitucionalmente inadequado, porquanto compromete os planos da socialidade no futuro, isto é, a resistência às providenciais mudanças no trato das questões sociais, cedo ou tarde, acaba por sacrificar os futuros membros da comunidade política.[905] Ademais, no campo da proteção social, em contraposição aos limites compreensivos dos direitos adquiridos, resulta mais adequado o princípio da proteção da confiança.[906]

Para além dessa constatação, urge gizar que a imunização dos direitos adquiridos representa uma forma de estrangulamento normativo do sistema de proteção previdenciária, pois a manutenção dos parâmetros concessórios indiferentes às projeções financeiras e atuariais do RGPS, majestosamente respaldada perspectiva imunizadora dos direitos adquiridos, vai inviabilizar os meios e modos de proteção previdenciária dos segurados atuais, quer dizer, dos financiadores das benesses dos direitos adquiridos.

Aliás, o dilema vai mais além: até mesmo a manutenção dos atuais níveis de proteção previdenciária dos beneficiários pode ser colocada em xeque, justamente porque a base de financiamento do RGPS, apesar de ampla, tende a sobrecarregar as forças financeiras da seguridade social, sobretudo, na via fiscal, já que a via contributiva, há tempo, encontra-se inviável. E o pior: tudo em isso em detrimento da expansão dos serviços básicos de saúde e assistência social, que, na atual quadra evolutiva da atuação estatal, melhor seria designar como *ajuda social*.[907]

A sustentabilidade previdenciária compreende um amplo leque de considerações, não se limitando à dimensão econômico-financeira e, por conseguinte, à sustentabilidade financeira e atuarial dos regimes

---

[903] LOUREIRO, 2014, p. 642.
[904] LOUREIRO, 2014, p. 642.
[905] LOUREIRO, 2014, p. 642.
[906] LOUREIRO, 2014, p. 644.
[907] LOUREIRO, 2018, p. 669.

previdenciários, isto é, não endossa o parâmetro reducionista do *sustentabilismo*,[908] vai mais além, encerra um conjunto de perspectivas ou ações destinadas ao aperfeiçoamento do sistema de proteção social relacionado à Previdência Social, fato que não se observa no cômodo reducionismo aos aspectos financeiros e atuariais, muito embora não se possa olvidar a destacada importância deles na consolidação de um sistema de proteção social mais eficiente e, sobretudo, capaz de atender às demandas de benefícios dos segurados, ou melhor, dos cidadãos. Por isso, a sustentabilidade financeira é elementar, pois resulta de parâmetros meramente operacionais e, em tese, apolítico, destacando, exigências básicas que não podem ser desprezadas por imposições normativas, a despeito de elevado grau político-jurídico, pretensamente absolutas e atemporais, da teoria imunizadora dos direitos adquiridos.

Nesse ponto, vale destacar o seguinte: a despeito da *excelência* do modo de financiamento dos sistemas de pensões, sem que isso desconsidere a racionalidade ou eficiência de algum modelo, o fato é que a realidade tem demonstrado que, em algum momento, tais sistemas podem ser simplesmente econômica e financeiramente insustentáveis, aliás, em função de diversos fatores, notoriamente cambiantes na sociedade hipermoderna, tais como: (a) transformações tecnológicas com suas comodidades e seus custos operacionais; (b) alterações consideráveis na estrutura demográfica da população (dinâmica demográfica); (c) modificações nos perfis ou percursos profissionais no mercado de trabalho e suas implicações na dinâmica contributiva dos trabalhadores; (c) processo de integração comunitária em blocos econômicos; (d) alterações na estrutura familiar e social, com consequente reflexo na dinâmica protetiva da socialidade; e (e) eventuais incentivos, notadamente político-eleitoreiras, para promoção de uma gestão oportunista de tais sistemas, tendo em vista os níveis de contribuições e benefícios ou serviços.[909]

Portanto, tudo isso modifica o *contrato intergeracional*, fazendo com que as *promessas* padeçam de concretude, justamente porque os sistemas de pensões dependem de fatores que são alheios aos controles das entidades gestoras e, claro, de suas respectivas disciplinas normativas.[910] Nesse contexto, a impermeabilidade das relações jurídicas toma ares de verdadeira negligência reflexiva.

---

[908] LOUREIRO, 2010, p. 40.
[909] BRAVO, 2017, p. 63.
[910] BRAVO, 2017, p. 63.

3.1 Legislação infraconstitucional e vínculos entre as gerações

> "Society is indeed a contract. [...]. As the ends of such a partnership cannot be obtained in many generations, it becomes a partnership not only between those who are living, but between those who are living, those who are dead, and those who are to be born. Each contract of each particular state is but a clause in the great primeval contract of eternal society, linking the lower with the higher natures, connecting the visible and invisible world, according to a fixed compact sanctioned by the inviolable oath which holds all physical and all moral natures, each in their appointed place."[911]

A intensificação das mudanças é um traço comum nas dinâmicas econômica, laboral, demográfica, política, entre outras áreas; então, qual seria a lógica na pretensão de firmar uma disciplina jurídica indene às transformações? A resposta parece ser óbvia: a sociedade carece de estabilidade para pavimentar seus projetos, senão ela perderá toda a confiança nela mesma e, com isso, restaria inviabilizada toda a possibilidade de alavancar as conquistas pessoais, familiares ou institucionais, enfim, o desenvolvimento social seria seriamente comprometido. Desse modo, a segurança jurídica representa uma forma de manifestação de vínculo entre as gerações, pois compreende o compromisso de observar as relações jurídicas, notadamente previdenciárias, nas quais foi depositada a confiança dos projetos sociais, sobretudo, os decorrentes da ação pública.

Tal perspectiva, contudo, pode conter novas reflexões, pois, para além das ordinárias decrepitudes dos fatores reais de poder,[912] é possível cotejar vários outros fatores que abalam a própria pretensão

---

[911] BURKE, 2003, p. 82.
[912] LASSALLE, 1999, p. 29.

de segurança na segurança jurídica, inclusive a partir da própria ideia de estabilidade que se faz na correção das relações jurídicas, haja vista o incremento de novos parâmetros de ponderação, sobretudo, diante das crises financeiras recorrentes, com a abertura político-econômica na jurisdição constitucional.

Aqui, entre outros pontos, assoma em importância a ideia de estabilidade entre as gerações e não propriamente em função de perspectivas temporais específicas, isto é, das gerações anteriores em detrimento das posteriores. É dizer que, se há alguma pretensão de estabilidade, por certo, ela deve ser considerada em função de todas as gerações e não apenas em defesa da estabilidade de uma geração, na qual acarrete instabilidade para outras. É disso que se ocupa a dinâmica reflexiva abaixo.

3.1.1 Dilemas da *contratualidade* e conflito constitucional

> "Um misto de panaceia e paixão. Assim é vista a *constitucionalite* dos nossos dias [...]. Fabricaríamos uma nova Constituição apenas para descumpri-la, senão para ignorá-la, tratamento que a história habitualmente destina aos reservatórios de utopias."[913]

Por contratualidade, e isso precisa ficar claro desde logo, não se quer fazer referência a qualquer perspectiva político-jurídica da sociedade – até porque nenhuma sociedade decorre de acordo de vontades, isto é, como reunião contratual e, portanto, jurídica, pois ela é anterior a tudo isso[914] –, muito menos reconhecer qualquer relação de natureza contratual entre o sistema de previdência e os seus segurados, mas, tão somente, pontuar os liames teórico-jurídicos que desencadeiam a lógica dos deveres e dos direitos de determinada legislação previdenciária e, mesmo assim, apenas nos estreitos limites das imposições normativas entre as gerações vivas. Assim, para os

---

[913] CAMPOS, 2018, p. 79, 81. Cumpre lembrar que a advertência do autor data de 06 de janeiro de 1985.
[914] ORTEGA Y GASSET, 2002, p. 14.

objetivos desta obra, a *contratualidade* compreende os inumeráveis parâmetros normativos que impõem os regimes contributivos e concessivos da legislação previdenciária brasileira, notadamente os parâmetros normativos que corporificam as questionáveis benesses decorrentes dos direitos adquiridos. Lembrando-se que o texto constitucional representa a matriz dos parâmetros imunizadores da legislação previdenciária, inclusive, assumindo *status* de verdadeira cláusula pétrea (artigo 5º, inciso XXXVI, c/c artigo 60, § 4º, inciso IV, da CRFB).

Para além disso, o artigo 201, § 4º, da CRFB, ainda assegura o reajustamento dos benefícios com o propósito, aliás, bem idealístico, de preservar-lhes, em caráter permanente, o valor real, conforme parâmetros definidos em lei. Assim, no RGPS, o reajuste é disciplinado pelo artigo 41-A, da LBPS, cujo índice de atualização é o INPC, mas que também serve de parâmetro, a partir de janeiro de 2008, para o RPPSU, haja vista o disposto no artigo 15 da Lei nº 10.887/2004. Portanto, a indenidade nos valores dos benefícios tem amplo respaldo normativo, o que se questiona é se esse respaldo legal tem a capacidade de remar atemporalmente contra a realidade.

Todavia, como a solidariedade intergeracional compreende o compartilhamento de expectativas e obrigações entre as pessoas, conforme a regular cadência sucessória das gerações, não se pode negar a existência de certa *dinâmica contratual* entre as gerações em uma perspectiva microssocial (individual e familiar) e macrossocial (grupal e societal[915]). Nesse sentido, é possível cotejar 03 (três) tipos de expectativas e obrigações normativas, a saber, (a) *normas de socialização e geração biossocial*, nas quais se descortinam precipuamente o envolvimento familiar e a educação pública na socialização de cada geração; (b) *normas de sucessão geronto-social*, quer dizer, que comportam a disciplina dos recursos disponíveis pelas gerações mais jovens em função da atuação das gerações mais velhas; (c) *normas de dependência geriátrica*, nas quais projetam as expectativas dos cuidados familiares, bem como do suporte dos programas públicos, dedicados às pessoas mais velhas.[916] Assim, resulta evidente os limites da contratualidade em função dos invitáveis conflitos intertemporais, que, não raras vezes, são intoleráveis para determinados grupos sociais, sobretudo, para as gerações mais jovens. Aliás, vale mencionar 04 (quatro) tendências globais que denunciam

---

[915] BENGTSON; OYAMA, 2010, p. 36.
[916] BENGTSON; OYAMA, 2010, p. 38.

profundas vicissitudes no contrato entre as gerações ao redor do mundo: (a) o prolongamento do curso da vida (avanços sociais); (b) mudança na estrutura etária dos países (questão demográfica); (c) mudança na estrutura familiar e relacionamentos (questão cultural); e (d) mudança na responsabilidade governamental (*accountability*[917]).

Tudo isso faz exsurgir uma razoável compreensão de que não é mais possível aceitar passivamente as desastrosas, ou mesmo sutis, consequências de projetos ou modelos normativos que, apartando-se das desejosas miragens de sucesso, assumem ares de intoleráveis desvios de funcionalidade ou utilidade, portanto, sem um *mínimo de denominador de juridicidade*[918] diante das complexas variáveis que encerram a proteção previdenciária, como se fosse possível, a partir da lógica da estabilização jurídica, conter os nefastos efeitos da dinâmica econômica, laboral ou demográfica. Desse modo, sem que ocorram mudanças de curso no plano jurídico, resulta uma provável *competição* entre a intensificação dos grandes conflitos intergeracionais ou o recrudescimento da solidariedade no âmbito familiar (microssocial) ou nos grupos etários (macrossocial) da sociedade.[919]

De qualquer sorte, no universo familiar, a *relação direta* entre os descendentes (gerações proximais) demonstra com maior facilidade o juízo das consequências – e, portanto, das preferências – da atuação atual sobre a atuação futura, o mesmo não ocorrendo na *relação indireta* entre descendentes (gerações distais), pois a dinâmica da solidariedade tende a perder fôlego diante da menor intensidade dos afetos e, com isso, de proteção social.[920] É dizer que a responsabilidade familiar horizontal, mesmo entre irmãos, é mais débil e menos incondicional que a responsabilidade familiar vertical, que é a típica entre pais e filhos.[921] Aliás, de modo mais amplo, é possível defender que as gerações presentes têm menores responsabilidades com as gerações futuras em função da maior distância temporal em entre elas, como que prestigiando, em matéria de responsabilidade, uma ideia de *desconto temporal decrescente*.[922]

Em termos constitucionais, a manutenção dos parâmetros normativos compreende uma desejosa interferência da normatividade constitucional na dinâmica das relações sociais, seja porque isso representa

---

[917] BENGTSON; OYAMA, 2010, p. 39.
[918] SILVA, 2015, p. 212.
[919] BENGTSON; OYAMA, 2010, p. 39.
[920] BOBERTZ, 1987, p. 180.
[921] JONAS, 2006, p. 170.
[922] BOTELHO, 2017, p. 202.

algum benefício concreto aos cidadãos, seja porque a alteração desses parâmetros não denuncia o modelo de direitos positivos prospectados pelo projeto constitucional. Em qualquer caso, há sempre a discórdia gerada pela dinâmica normativa que encerra a vida entre as nações e, sobretudo, a vida nas nações, no jogo *duro* da vida social.

3.1.1.1 Garantias e direitos: para todos e contra todos

> *"[...] o discurso dos direitos adquiridos tem sido utilizado no espaço público como salvaguarda de posições obtidas por via do poder político e em prejuízo de (quase) todos, para imunizar posições contratuais concedidas e possíveis no quadro de um Estado ocupado em termos de interesses."*[923]

A vertente protetiva dos direitos amparada na segurança jurídica, quando empreendida a ferro e fogo pela ortodoxia dos textos constitucionais, torna-se bem curiosa: por um lado, a proteção dos direitos de todos, fazendo com que obrigações ou limites sejam observados pelos particulares e, sobretudo, pelo Estado; por outro, cria situações jurídicas insustentáveis em função do tempo, justamente porque a linear noção de estabilidade jurídica é, não raras vezes, incompatível com a inevitável dinâmica das relações sociais, sobretudo, no campo da proteção previdenciária.

A utilidade prática da segurança jurídica é de indiscutível importância no universo das relações sociais, pois permite razoável projeção temporal dos domínios normativos no atendimento de projetos individuais ou coletivos, porém pode desencadear uma forte torrente contrapositiva entre garantias atuais e direitos futuros no trato das relações intergeracionais. Desse modo, a depender da superposição temporal entre as gerações, a garantia de direito *para todos* (geração antiga) pode representar a garantia de direito *contra todos* (geração nova).

Na seara previdenciária, quando se defende a teoria imunizadora dos direitos adquiridos, sobretudo, se adotada pelo segurado como

---

[923] LOUREIRO, 2014, p. 245.

técnica ou estratégia de investimento[924] – sendo o exemplo mais claro a aposentadoria por tempo de contribuição,[925] portanto, fora dos riscos cobertos pelo artigo 201 da CRFB, resultando no pagamento de aposentadoria para trabalhadores que se encontram no auge do seu desempenho profissional[926] –, faz com que a garantia de direito de uma geração suprima, pelo menos com mesmo nível protetivo, a garantia de direito da geração vindoura. Aliás, como recorte histórico, deve-se destacar que apenas com a EC nº 20/1998 foi extinta a aposentadoria por tempo de serviço, portanto, hipótese ainda mais onerosa que a própria aposentadoria por tempo de contribuição, haja vista a possibilidade de longos períodos fictícios de contribuição, mas, claro, cujos efeitos financeiros perduram até hoje.

De todo modo, com relação à EC nº 103/2019, a questão da aposentadoria por tempo de contribuição foi parcialmente solucionada, perdurando apenas como regra de transição (artigo 4º), mas que ainda vai gerar muito custo ao sistema de previdência. É dizer que a extinção da aposentadoria por tempo de contribuição para os futuros ingressos nos sistemas de previdência – e para os segurados atuais que não se insiram no regramento de transição –, por certo, não acarreta efeito imediato na dinâmica concessiva dos benefícios, o que vai ocorrer com o decurso do período destinado à regra de transição.

Para exemplificar essa problemática, em 2014, observou-se que 86,3% das aposentadorias por tempo de contribuição foram concedidas a segurados com menos de 60 anos de idade.[927] Desse modo, a defesa irrestrita de direitos de uma geração pode desaguar na debilitada constituição de direitos de outra. Eis, portanto, o mais claro dilema de uma compreensão normativa absoluta dos direitos adquiridos: a iníqua superposição normativa entre as gerações em função do tempo. No mês abril de 2021, do total de 12.876 aposentadorias por tempo de contribuição concedidas aos homens (RGPS), 85,07% delas foram concedidas para segurados com até 60 anos de idade, no caso das mulheres, no total de 6.752 aposentadorias por tempo de contribuição concedidas, esse parâmetro aumenta para 98,10%.[928] Portanto, observa-se, ainda, um regime de previdência incompatível com a dinâmica demográfica.

---

[924] COIMBRA, 2018, p. 27.
[925] TAFNER, 2019, p. 2 e 51.
[926] ANSILIERO; COSTANZI, 2017, p. 36.
[927] ANSILIERO; COSTANZI, 2017, p. 39.
[928] BRASIL, 2021, p. 12.

3.1.1.2 De mãos atadas ou colonialismo temporal: a preocupação no passado, a aflição no presente e a sanção no futuro

> *"Uma ordem política moderna não pode aspirar a enfrentar o seu futuro apenas querendo reproduzir nele o que já é no presente – ou o que herdou do passado. É a natureza da realidade mutável que não o consente."*[929]

A dinâmica laboral no passado não contempla os desafios nos tempos hipermodernos, muito embora a legislação previdenciária insista nesse prognóstico, inclusive, mirando na estabilidade na relação de emprego, ainda que decorrentes de vínculos diversos, e, por conseguinte, confiando no fluxo contínuo de contribuição dos trabalhadores ao sistema previdenciário. Todavia, diante da dinâmica laboral, observa-se o esvaziamento semântico do conceito de subordinação na relação juslaboral, sobretudo, no que se concerne à tutela protetiva do trabalhador,[930] aprofundando, assim, a crise da sindicalização em função da excessiva individualização na disciplina jurídica dos trabalhadores, contrariando, assim, a lógica estatutária ou coletiva, que é considerada, há muito tempo, inerente à ideia de direito do trabalho.[931] Aliás, a função de proteção do direito do trabalho, com particular destaque à tutela do contraente mais fraco, representa uma característica do seu desprendimento do direito civil, de onde é originário,[932] de forma que a fragilização das normas de proteção trabalhista também representa vulneração da própria disciplina juslaboral.

Soma-se, ainda, com maior ou menor intensidade, e até mesmo independentemente de qualquer ordem comunitária, uma crescente internacionalização das relações de trabalho e, com ela, suas regulamentações, inclusive, decorrentes de migrações internacionais de trabalhadores, sem falar na própria internacionalização das atividades das

---

[929] MORGADO, 2017, p. 81.
[930] CARVALHO, 2017, p. 432.
[931] CARVALHO, 2017, p. 436.
[932] REIS, 2016, p. 29.

empresas em espaços econômicos integrados, reduzindo, desse modo, a convencional dinâmica protetiva dos Estados na seara laboral[933] ou, de modo mais preciso, resultando na *secundarização das fontes normativas internas*.[934] E, por certo, tudo isso interfere no fluxo contributivo dos trabalhadores.

Vive-se o *início* de novo horizonte compreensivo sobre a temática: mais importante que proteger empregos é se dedicar à proteção dos trabalhadores,[935] seja porque a velhice é uma realidade que cobra grandes esforços pessoais e institucionais, seja porque a dinâmica laboral não mais comporta a lógica inalcançável do *pleno emprego*, sobretudo, quando a questão laboral discute um horizonte de inegável turbulência, no qual a precariedade, a incerteza e o desemprego dão o norte das discussões,[936] notadamente econômicas e jurídicas. Desse modo, não se compreende que parâmetros normativos, que foram pensados e adotados para outro nível de complexidade social, sejam ainda defendidos como exuberantes alternativas no universo da proteção social. Se a base econômica da contributividade previdenciária não é a mesma, porque exigirá altíssima capacitação para menos empregos disponíveis,[937] como aceitar que tal fato não tenha qualquer reflexo na forma de compreender a relação jurídico-previdenciária? Além disso, ninguém sabe concretamente o impacto que as máquinas e a automação terão no futuro da sociedade, especialmente quanto à dinâmica laboral e, consequentemente, à própria empregabilidade humana.[938] Nesse cenário, parece muito claro que as soluções do passado estão superadas e, portanto, é preciso romper com o *colonialismo temporal*.

Com efeito, a teoria imunizadora dos direitos adquiridos, assentando com vivas notas o ideário de compromisso político-jurídico dos direitos individuais, vai dando o tom do processo *evolutivo* dos direitos, mas representando, como efeito colateral, mormente no universo das prestações pecuniárias, uma forma de colonialismo temporal, quiçá, uma manifesta expressão de determinismo sobre os limites da proteção social na sociedade hipermoderna, que vem ocupando-se, cada vez mais, com a escassez de recursos e, principalmente, de valores. Assim, a preocupação no passado, vem com o peso das suas escolhas, gerando

---

[933] RAMOS, 2013, p. 145.
[934] RAMOS, 2013, p. 150.
[935] HARARI, 2018, p. 46.
[936] LOUREIRO, 2018, p. 679.
[937] HARARI, 2018, p. 52.
[938] HARARI, 2018, p. 57.

uma ambiência aflitiva no presente, haja vista as crises financeiras recorrentes nos sistemas de pensões, e, diante da oneração excessiva do modelo defendido, impõe-se uma sanção no futuro, isto é, um devir de impossibilidades.

Dito de outro modo, a cadência pretensamente evolutiva dos direitos tem revelado uma versão temporal do privilégio, isto é, uma forma de colonialismo temporal,[939] porquanto as conquistas ou benesses petrificadas temporalmente, ainda que justificadas pela segurança jurídica, levantam pavorosas barreiras sobre a efetividade dos direitos no futuro, pois o dever de manutenção de determinado *status quo*, com arrimo nos direitos adquiridos, pressiona financeiramente todo o sistema de previdência, que encolhe o nível protetivo ano após ano, para tentar manter sua capacidade funcional diante da escassez de recursos. Assim, a função instrumental e derivada da garantia jurídica,[940] corporificada no direito adquirido, assume o espantoso poder de tornar absoluto qualquer relação jurídica previdenciária, ainda que ela não esteja respaldada por meio de direito fundamental, aliás, como direito em face do Estado, nem mesmo um direito fundamental tem caráter absoluto.[941]

3.1.1.3 Déficit previdenciário e reformas infraconstitucionais: uma inevitável questão intergeracional

> *"Se há um déficit no sistema e se nem sempre houve um nível adequado de contribuições, o que se mostra mais justo e razoável: cobrar a contribuição do grupo específico beneficiado ou de toda a sociedade, já que o Estado não cria riqueza, mas a retira dos cidadãos?"*[942]

Incontestavelmente, uma das questões que tira o sono de qualquer gestão pública democrática, inclusive arrastando multidões

---

[939] INNERARITY, 2009, p. 29.
[940] MIRANDA, 2012, p. 130.
[941] MIRANDA, 2012, p. 134.
[942] DIAS, 2012, p. 766.

em fervorosas manifestações políticas, é a que retrata a pretensão de reforma previdenciária, notadamente no sistema de aposentadoria e pensão, e, claro, o prolongamento do período de contribuição previdenciária, demonstrando que o futuro – qual futuro – se encontra no centro das inquietações da hipermodernidade.[943] A dívida pública e os queixumes pessoais tornam quaisquer propostas legislativas de contenção de gastos em pavorosas manifestações de insensibilidade social, com forte efeito na ciranda política, gerando uma verdadeira espiral de descontrole nos limites financeiros do Estado. Nesse ponto, é bom que se diga, por mais que se pense o contrário,[944] que a justiça intergeracional, no campo da proteção previdenciária, não se encerra na sustentabilidade financeira, pois, além da consagração das possibilidades financeiras do sistema de previdência, também se impõe a própria justiça do esforço contributivo entre as gerações, de maneira que a sua inobservância, por si só, não representa, a depender do nível de regressividade na transferência as rendas, um fator determinante de não sustentabilidade financeira do sistema de previdência. Dito de outro modo, é possível cogitar um sistema de previdência que seja injusto em uma perspectiva contributiva, mas, mesmo assim, seja sustentável, justamente por contemplar uma dinâmica de privilégios para setores restritíssimos da sociedade, ainda que isso implique um verdadeiro flagelo de proteção social para os demais setores.

Prendendo-se à realidade brasileira, a despesa do RGPS saltou de 2,5% do PIB, em 1988, ano da *Constituição cidadã*, para atingir, nos 30 anos seguintes, o expressivo resultado de 8,5% do PIB, basicamente em função de três importantes fatores: (a) baixo crescimento econômico; (b) elevação do SM; e (c) regras generosas na concessão de benefícios.[945] Soma-se, ainda, um importante fator: regras injustas ou pouco restritivas na concessão dos benefícios previdenciários ou assistenciais, mesmo após a EC nº 103/2019, a despeito das mudanças demográficas,[946] como bem denuncia a aposentadoria rural de segurado especial e o BPC, prevista na LOAS, seja por estímulo à fraude, seja pela ausência de focalização no gasto público.

Aqui, é preciso um ligeiro esclarecimento: (a) as regras generosas não se estendem a todos os segurados, pois contemplam, basicamente,

---

[943] LIPOVETSKY, 2004, p. 72.
[944] CABRAL, 2017, p. 354, 356.
[945] GIAMBIAGI; ZEIDAN, 2018, p. 132.
[946] LEAL; PORTELA, 2018, p. 94.

os aposentados e pensionistas do RGPS até a EC nº 103/2019, mas, mesmo entre eles, alcançam apenas os beneficiários mais antigos, que detêm baixo fluxo contributivo, contudo, com valores dos benefícios acima da média do RGPS. No RPPSU, essa questão é ainda mais evidente, haja vista o tratamento remuneratório diferenciado concedido aos servidores públicos da União; e (b) a vulnerabilidade dos segurados especiais (artigo 11, inciso VII, § 1º, da LBPS), que exige indiscutíveis cuidados de proteção social, não justifica a permanência de regime concessivo sem parametrização adequada de combate à fraude. Nesse sentido, em 2017, a *previdência rural* foi responsável por quase 61% do déficit nominal do RGPS, aliás, entre 2003 e 2017, portanto, pouco mais de uma década, o *déficit rural* cresceu a uma taxa de 3,3% ao ano.[947]

Notadamente, essa expansão nos gastos tem graves efeitos na higidez orçamentário-financeira do RGPS, especialmente quando se considere a dinâmica demográfica, de maneira que o problema não é propriamente contábil, mas físico ou demográfico:[948] "haverá cada vez mais idosos para serem sustentados pela geração que trabalha e que começará a encolher".[949] Portanto, a superação do déficit dos regimes previdenciários, na efervescência dos dilemas sociais, consolida uma inevitável questão intergeracional.

No Brasil, o déficit previdenciário, notadamente na perspectiva atuarial, representa o maior dilema fiscal do governo brasileiro,[950] porém a temática é tratada com desprezo pela sociedade, como se os erros da gestão fiscal do Estado, quando isoladamente considerados, fossem capazes de justificar a perpetuação de regramentos inaceitáveis dos regimes previdenciários. É dizer que, como se cada geração, desconsiderando os erros de trajetória das gerações anteriores, tentasse justificar a imobilidade dos sistemas previdenciários com o (in)fundado propósito de que também goza de legitimidade para preservar as mesmas benesses do passado, todavia, diante de condicionantes socioeconômicos totalmente diversos.

Aliás, não se trata apenas da ausência de altas taxas de crescimento, também não há uma renovação geracional e nem elevados níveis de emprego,[951] Não obstante essa constatação, a legitimidade na manutenção dos atuais parâmetros contributivos e protetivos decorre

---

[947] MARANHÃO; VIEIRA FILHO, 2018, p. 8.
[948] TAFNER; NERY, 2019, p. 201.
[949] GIAMBIAGI; ZEIDAN, 2018, p. 139.
[950] NÓBREGA, 2011, p. 716.
[951] SILVA, 2017, p. 103.

da consagração normativa de direitos sociais, que rende uma demorada regulamentação infraconstitucional, reforçada pela *eficácia imediata* dos direitos e garantias fundamentais (artigo 5º, § 1º, da CRFB), inclusive em uma perspectiva imunizadora (artigo 5º, inciso XXXVI, da CRFB), fazendo com que a compreensão normativa dos direitos rompa com a realidade econômico-financeira gozada ou suportada por cada geração. Aqui, por mais que se diga que não há diferença de grau ou de valor entre direitos sociais e direitos individuais,[952] essa assertiva não tem qualquer serventia no universo procedimental destinado ao efetivo gozo dos direitos positivos, porquanto a dinâmica prestacional desses direitos divergem profundamente, sobretudo, diante da intensa rivalidade entre os recursos disponíveis. Vale lembrar que, em 2019, o déficit do RGPS foi aproximadamente de R$ 213,18 bilhões[953] e, em 2020, por sua vez, ficou em torno de R$ 259,14 bilhões.[954] Desse modo, até por conta da Covid-19 (redução na arrecadação), o histórico deficitário do RGPS segue constante e indomável.

Nesse cenário, a alternativa convencional para reduzir o déficit do PAYG seria adotar um regime de capitalização, porém os custos da transição, considerados expressivos,[955] costumam gerar alguma desconfiança em função de eventual realização de novos débitos públicos, sobretudo, porque pode inviabilizar o aporte de recursos para investimentos privados,[956] comprovando a noção de que um governo ineficiente, seja no controle do gasto público ou na redução da corrupção na gestão dos fundos, põe em risco qualquer modelo de regime de previdência, ou seja, público ou privado.[957] Além disso, os dois sistemas também dependem do fluxo econômico das gerações vindouras, isto é, da dinâmica contributiva do devir.[958] Todavia, como não há pacto intergeracional na capitalização, porque cada geração arca com os seus benefícios, não se discute que esse modelo evita a transferência de dívidas entre as gerações.

De qualquer sorte, a EC nº 103/2019 objetiva uma correção de rumo no déficit previdenciário, reduzindo as disparidades entre o RPPSU e o RGPS, a despeito de malogro na tentativa de criar, com

---

[952] BONAVIDES, 2013, p. 680.
[953] BRASIL, 2020, p. 26.
[954] BRASIL, 2021, p. 52.
[955] CAETANO, 2011, p. 200.
[956] MÜLLER, 2007, p. 64.
[957] MÜLLER, 2007, p. 66.
[958] GOSSERIES, 2015, p. 201.

adesão facultativa, um sistema de capitalização, muito embora distinto do modelo chileno de 1981, que foi primeiro país a privatizar o sistema de pensão, pois determinava a compulsoriedade do regime substitutivo do PAYG,[959] precisamente a partir de 1º de janeiro de 1983.[960] Aliás, é preciso ressaltar que o modelo chileno não totalmente privado, pois os militares são excluídos do sistema privado geral, violando a exigência de tratamento isonômico.[961] De todo modo, ainda na década de 90, mais da metade dos países da América Latina legislou ou implementou algumas variações do modelo chileno.[962]

Assim, para além dos dilemas gerados pela crise fiscal, o PAYG latino-americano ainda padece de baixa contributividade dos segurados, com generosas concessões de direitos, sem prejuízo de alta taxa de reposição nos benefícios, fazendo com que esforços intergeracionais para mantê-lo sejam cada vez maiores.[963] No Brasil, a vinculação do piso do RGPS ao SM faz com a taxa de reposição dos segurados mais pobres seja alta, sobretudo, diante da política de expansão no valor do SM.[964] Aliás, a política de reajuste do SM, diferentemente do que se poderia esperar, é uma política mais previdenciária que laboral, pois há mais pessoas recebendo SM do RGPS que do mercado.[965]

Por isso, a lógica da intergeracionalidade, no que reporta à noção de solidariedade previdenciária, não pode ser apenas prospectiva, quer dizer, alcançando os mais jovens e ativos, impõe-se mais: arvorar o caráter retrospectivo, portanto, também chamar à conta, porque mais se beneficiam da sustentabilidade financeira e atuarial do sistema, os inativos, a saber, os aposentados e pensionistas, senão a ideia de sacrifício de qualquer reforma previdenciária não passa de mecanismo legal para manutenção de desigualdades nos parâmetros concessivos dos benefícios e, por conseguinte, tratamento previdenciário incompatível com a dinâmica de custos a serem suportadas pelas gerações vindouras, que são justamente as mais atingidas pelas reformas político-previdenciárias. Eis, portanto, o dilema: revisar é preciso, mas respeitar os direitos [adquiridos] também. Por mais que se defenda o contrário, nenhuma reforma previdenciária carreia uma

---

[959] MÜLLER, 2007, p. 56.
[960] WEINTRAUB, 2007, p. 77.
[961] WEINTRAUB, 2007, p. 83.
[962] MÜLLER, 2007, p. 58.
[963] MÜLLER, 2007, p. 56.
[964] TAFNER; NERY, 2019, p. 109.
[965] TAFNER; NERY, 2019, p. 122.

"reincidência monocórdia da inefável *perspectiva utilitarista*"[966] do sistema de previdência, mas o implacável reconhecimento de que outras vias de atuação não foram realizadas ou, se realizadas, não restaram exitosas, mas que, tanto em um caso como em outro, a solução não se encontra no terreno das reformas infraconstitucionais, até porque seriam mais viáveis que o caminho de uma EC, porém elas ainda são, curiosamente, limitadas na competência para regulamentar algumas matérias, mesmo depois da EC nº 103/2019.

Aliás, esse nó górdio, tendo em vista a míope ciranda política brasileira, pode ser traduzido nestes termos: se a revisão é necessária, é excludente; se é excludente, não é necessária. No reino do *proselitismo social falacioso*, uma vez que não propõe soluções para problemas concretos da sociedade, a defesa da inércia diante dos flagelos representa uma fonte inesgotável de votos, porque isso soa como defesa de direitos. Por isso, diante de iminente colapso no sistema PAYG, as reformas previdenciárias insistem na conjunção de dois objetivos importantes: ajuste fiscal e *redução* do reconhecimento dos direitos adquiridos.[967]

Para além de tudo, é preciso reconhecer a previdência pública como *previdência social* e não como *previdência individual*, de maneira que qualquer reforma deve reafirmar esta importante premissa: a previdência social (PAYG) não compreende uma técnica de investimento,[968] na qual os riscos são socialmente suportados, mas os benefícios são individualmente gozados. A própria ausência de equivalência econômica denuncia que a previdência social é um regime que faz projeção de cobertura de risco entre as gerações, porém isso não poderia implicar qualquer regime de garantia absoluta sobre o resultado financeiro dos benefícios concedidos. Não se trata de irresponsável defesa de reforma previdenciária que promova a precarização da proteção social, mas o reconhecimento de que fórmulas absolutas, sobretudo, diante de substratos econômicos, laborais, demográficos *etc.* extremamente dinâmicos, tendem a sacrificar as gerações vindouras, pois, na ausência de refúgio pautado na revisibilidade dos prêmios (serviços e benefícios), os custos na manutenção da capacidade funcional do regime de previdência recaem diretamente sobre os novos segurados.

Tem-se, então, o melhor dos mundos: a técnica de investimento sem risco. Se fosse possível uma contínua expansão qualitativo--quantitativa do sistema de proteção social, seria razoável aceitar que

---

[966] MOREIRA NETO, 2005, p. 76.
[967] MÜLLER, 2007, p. 67.
[968] COIMBRA, 2018, p. 31.

a sorte das gerações se encontraria vinculada a determinado momento histórico, no qual os substratos econômicos se revelem cada vez mais expressivos, de maneira que não há como cotejar dilemas intergeracionais, sobretudo, porque as gerações vivas sempre gozariam o melhor sistema de proteção social possível, sem que isso acarretasse quaisquer ônus às gerações vindouras, já que as gerações anteriores não teriam tido benefícios ou serviços mais generosos. Todavia, trata-se de projeção impossível, por isso, a consciência da transferência de custos (aumento dos déficits) exige um constante redimensionamento das possibilidades concretas do sistema de previdência, senão tudo não passa de engenhoso mecanismo de irresponsável hipoteca do futuro.

Nesse ponto, tendo em vista a relação entre déficit previdenciário e reformas infraconstitucionais, vale pontuar o seguinte: não se trata somente de crise financeira, esta é apenas um inevitável reflexo do estado de coisas, mas de esgotamento de modelo assimetricamente oneroso diante dos desafios da hipermodernidade, que conjuga, em uma tormentosa dinâmica operacional, velhice laboral e juventude previdenciária, desnudando que os prognósticos da divergência de perspectivas vão além da empregabilidade ou contributividade, adentrando mesmo na natalidade. Ademais, as reformas infraconstitucionais[969] estão sendo empreendidas de modo totalmente equivocado, a saber, para manter a teoria imunizadora dos direitos adquiridos, observa-se uma restrição cada vez maior no número de benefícios – ou seus valores – e serviços do RGPS, portanto, em vez de corrigir as distorções, acentua-os em detrimento dos beneficiários menos afortunados. Por isso, o reconhecimento do déficit previdenciário e, mais adiante, a reflexão séria sobre a relativização da teoria imunizadora dos direitos adquiridos não laboram contra os mais pobres, que são mais prejudicados pelas reformas constantes destinadas à redução da proteção previdência com (in)fundado propósito de diminuir os custos do RGPS, justamente para poder fazer frente aos efeitos financeiros dos direitos adquiridos.

---

[969] Só nos últimos 10 (dez) anos, a LBPS foi alterada pelas seguintes Leis Ordinárias: (a) 12.470/2011; (b) 12.873/2013; (c) 13.063/2014; (d) 13.202/2015; (e) 13.134/2015; (f) 13.135/2015; (g) 13.183/2015; (h) 13.146/2015; (i) 13.457/2017; (j) 13.846/2019; (k) 14.020/2020; e (l) 14.131/2021. Ela também foi alterada pela Lei Complementar nº 150/2015.

3.1.2 A difícil questão da revisibilidade das aposentadorias e pensões

> *"The need for reforms of social insurance varies from country to country, according to their institutional structure and specific circumstances. It is, nonetheless, not sufficient to remain at the level of generalities: concrete proposals are necessary."*[970]

A revisibilidade dos benefícios previdenciários, com propósito retrospectivo, devidamente amparado na solidariedade previdenciária, encontra obstáculo, primeiro, nos direitos adquiridos (artigo 5º, inciso XXXVI; artigo 60, § 4º, inciso IV, da CRFB) e, segundo, no reajustamento no valor dos benefícios (artigo 201, § 4º, da CRFB; artigo 41-A, da LBPS e artigo 15 da Lei nº 10.887/2004), o que tem sido a espinha dorsal de toda construção teórica em desfavor de qualquer pretensão reformista, que leve a sério a sustentabilidade financeira e atuarial do sistema de previdência. Além disso, o artigo 194, inciso IV, da CRFB, também garante a irredutibilidade do valor dos benefícios do RGPS,[971] inclusive, representa um princípio da Previdência Social, haja vista o disposto no artigo 2º, inciso V, da LBPS. Contudo, é o direito adquirido que empresta um lastro de *fundamentalidade* a essas disposições normativas.

Esses obstáculos, de envergadura constitucional – e infraconstitucional –, demonstram aspectos particulares do texto constitucional brasileiro – aliás, sem paralelo na CRP, como destacado pela jurisprudência da crise[972] –, denotando uma nítida inconveniência com a *impossibilidade* de flexibilizar o seu conteúdo diante de determinadas temáticas,[973] nas quais o efeito imunizador gera odiosos privilégios na sociedade. Tudo isso, evidentemente, tem consequências nitidamente

---

[970] ATKINSON, 2015, p. 224.
[971] Com relação aos servidores públicos, cumpre transcrever esta profética advertência: "[a] Constituição de 1988 criou um hexágono de ferro, que dificulta a modernização administrativa. Os lados do hexágono de ferro são: a estabilidade do funcionalismo, a irredutibilidade dos vencimentos, a isonomia de remunerações, a autonomia dos Poderes para fixação de seus vencimentos, o direito quase irrestrito à greve nos serviços públicos e o regime único dos servidores" (CAMPOS, 2018, p. 5).
[972] QUEIROZ, 2014, p. 71.
[973] SAMPAIO, 2009, p. 282.

antagônicas: (a) uma compreensão triunfante da normatividade constitucional em defesa da proteção previdenciária e, por conseguinte, dos segurados; e (b) uma decepção constante com o sistema de previdência, sobretudo, quanto à sua capacidade de promover uma adequada proteção previdenciária.

Por isso, a defesa dos direitos adquiridos representa um catalisador das crises financeiras dos sistemas de previdência, que vão se agravando em função da dinâmica laboral e, em especial, da dinâmica demográfica. Nesse ponto, a relativização dos direitos adquiridos é até mais justificável que a perspectiva – possivelmente egoística – da relativização da coisa julgada. Explica-se: a relativização dos direitos adquiridos prestigia objetivos sociais abrangentes, divergindo, assim, dos propósitos dos direitos adquiridos, que estão umbilicalmente relacionados ao direito de propriedade e às transações dele decorrentes,[974] logo, esses direitos não são minimamente compatíveis com a dinâmica de interesses que envolve um sistema público de previdência, pois não é possível compreender a concessão de benefícios, ou a prestação de serviços previdenciários, como expressão do direito de propriedade. Aqui, o tratamento jurídico deveria ser o mesmo dispensado à questão ambiental, seja pela lógica do perigo (prevenção) ou do risco (precaução), tendo em vista o fato de que não há um direito fundamental à poluição em função da correção da relação jurídico-ambiental empreendida pelo agente econômico.[975]

De igual modo, não deveria existir um direito constitucionalmente assegurado em promover um tratamento jurídico desigual entre cidadãos e, sobretudo, capaz de comprometer a higidez financeira do sistema de previdência. Contudo, a aplicação imediata e irrestrita de novas regras previdenciárias teria dois efeitos bem evidentes: (a) maior possibilidade de controle dos custos do sistema de previdência; e (b) maior dificuldade de aprovação de reformas, porquanto atingiriam a todos e, portanto, sofreria forte resistência política, que, de resto, se observa em qualquer alteração em matéria previdenciária.

De qualquer sorte, o nó górdio da revisibilidade das aposentadorias e pensões se centra no custo político de sua instituição e, sobretudo, na dificuldade de identificar objetivamente os parâmetros justos (contributivos) e adequados (funcionais) de proteção social ao longo do tempo, sem que seja preciso adentrar em evidentes circunstancialismos

---

[974] SAMPAIO, 2005, p. 127.
[975] SAMPAIO, 2005, p. 101.

ou dilemas existenciais. É nesse contexto que se insere a contraposição discursiva entre a velhice laboral e a juventude previdenciária, corporificada no antagonismo entre os limites mercadológicos relacionados à idade e a necessidade de prolongamento da idade de aposentadoria dos cidadãos – ainda que com alguma contestação[976] –, fazendo com que a revisibilidade das aposentadorias e pensões assuma o caráter prospectivo – que é menos traumático – em detrimento do caráter retrospectivo, no que desponta o pesaroso obstáculo normativo dos direitos adquiridos.

No primeiro caso, discute-se a viabilidade de alteração das regras atuais, gerando maior sacrifício às gerações futuras, porquanto os requisitos para concessão de benefícios e serviços serão mais exigentes, sem que isso repercuta em maiores benesses pecuniárias ou funcionais aos segurados dos regimes previdenciários. Trata-se de uma forma de prolongamento da agonia do sistema de previdência, porque encapsula a teoria imunizadora dos direitos adquiridos. No segundo, tem-se a difícil compreensão da importância do efetivo esforço contributivo dos atuais pensionistas e aposentados e, com isso, a possibilidade (a) de maior contribuição na manutenção dos regimes previdenciários ou (b) de redução dos valores dos benefícios previdenciários concedidos, não se admitindo, contudo, que esse propósito possa ser realizado de todos os modos, mas apenas os constitucionalmente legítimos.[977]

Nesta hipótese, que prestigia a possibilidade de *recálculo redutor*, defende-se a ideia de gradualidade na implementação dos direitos, observando-se a seguinte tríade de considerações: (a) vedação de *grau zero* de efetivação; (b) não afetação da garantia do direito a um *mínimo para uma existência condigna*; e (c) negação da impossibilidade de diminuição no grau de realização dos direitos, sobretudo, quanto ao valor dos benefícios.[978] Por certo, essa relativização não será possível sem criteriosa ponderação dos interesses contrapostos a partir, entre outros, do princípio da proteção da confiança, da igualdade, da proporcionalidade e da razoabilidade.

Nesse ponto, cumpre destacar os seguintes parâmetros discursivos: (a) a revisibilidade deve ser respalda por valores ou bens constitucionais[979] e, nesse sentido, o equilíbrio financeiro e atuarial

---

[976] IBRAHIM, 2011, p. 53.
[977] LOUREIRO, 2013, p. 607.
[978] LOUREIRO, 2013, p. 122.
[979] LOUREIRO, 2010, p. 136.

do RGPS encontra expressa previsão constitucional (artigo 40, *caput;* artigo 201, *caput,* todos da CRFB); (b) a alteração legislativa, a título de corrigendas no sistema de previdenciária, não pode ser desmedida, isto é, se revele desproporcional, devendo guardar, portanto, clara sintonia com a proibição do excesso[980]; e (c) observar a exigência civilizacional do direito a um *mínimo para uma existência condigna*[981] [982] Tendo em vista esses pressupostos, é possível cogitar uma releitura da arquitetura do sistema público de previdência.[983]

Cumpre gizar que o caráter retrospectivo das reformas legislativas atende a uma elementar compreensão da justiça intergeracional, afinal não há como concebê-la apenas por meio da direta interação entre duas gerações em uma perspectiva prospectiva, vai mais além, recaindo em um contínuo ciclo existencial de indivíduos, grupos, comunidades e sociedades,[984] portanto, não podendo conformar-se à preservação de posições ou situações jurídicas flagrantemente injustas, sobretudo, no campo da solidariedade previdenciária.

Nesse ponto, cumpre ventilar que a adversidade social da juventude decorrente da informalidade (exclusão previdenciária) ou do subemprego (renda mínima), que tem forte relação com a baixa qualificação profissional,[985] representa maior sacrifício que o suportado pela revisibilidade dos benefícios previdenciários. Ainda que essa afirmação possa parecer linear, resulta evidente que as gerações que se encontram aposentadas, ou se preparando para a aposentadoria, impactam consideravelmente no orçamento do Estado brasileiro, fato, aliás, que também se aplica à crise global dos fundos de pensão de 2008.[986] Além disso, os cidadãos que não são pensionistas ou aposentados, a depender da idade, padecem de duplo dilema: ou são velhos demais para se inserir ou continuar no mercado de trabalho; ou, simplesmente, são jovens demais para alcançar o requisito etário dos benefícios previdenciários ou assistenciais. Portanto, *velho* demais para a realidade laboral ou *jovem* demais para a legalidade previdenciária.

Desse modo, além do problema relacionado à exclusão previdenciária, a manutenção do modelo tende a gerar gradativo estrangulamento

---

[980] LOUREIRO, 2010, p. 137.
[981] LOUREIRO, 2010, p. 137.
[982] ANDRADE, 2004, p. 29.
[983] LOUREIRO, 2010, p. 138.
[984] SÁNCHEZ; SÁEZ; PINAZO, 2010, p. 137.
[985] MAZZA, 2010, p. 171.
[986] CRUZ-SACO; ZELENEV, 2010, p. 212.

das forças financeiras do regime, justamente porque desconsidera os efeitos de uma sociedade mais velha (ônus demográfico), bem como os reflexos das transformações no ambiente de trabalho, não apenas em função de idade, mas, sobretudo, de obsolescência na capacitação (ônus laboral). Assim, a reforma deve contemplar tais aspectos, sem prejuízo de promover uma mudança estrutural no sistema de previdência, mas com efeito gradual, para que seja garantida a sustentabilidade social das mudanças, evitando-se a expansão da pobreza ou exclusão social.[987]

O custo da transição não pode ser a eterna desculpa para aceitar passivamente o flagelo do sistema de previdência, que dá claros sinais com a lenta inclusão previdenciária, muito embora ocorra a expansão dos custos financeiros, a despeito da redução qualitativo-quantitativa dos benefícios e serviços do RGPS e RPPSU. Admitindo-se que a equivalência econômica não é possível no sistema de repartição, o que é um apanágio do regime de capitalização,[988] como aceitar que a assimetria entre contribuição e benefício somente possa ocorrer a favor dos segurados das gerações mais velhas? É dizer: por que a ausência de equivalência econômica só pode gerar benesses e não ônus aos aposentados e pensionistas?

Esse estado de coisas, arrimada na teoria imunizadora dos direitos adquiridos, permite, por meio de cândida constitucionalidade (artigo 5º, inciso XXXVI, da CRFB), um processo agonizante de transferência de encargos do sistema público de previdência às gerações futuras, fazendo com que, a cada geração, a manutenção da capacidade funcional do regime diminua na mesma proporção dos encargos transferidos. Afinal, como admitir essa solidariedade às avessas ou invertida,[989] se a lógica da dinâmica contributiva labora contra os segurados que mais se esforçam financeiramente para manutenção do sistema de previdência? Ademais, desejar o aumento constante das alíquotas é um expediente infrutífero,[990] pois o problema já se encontra na taxa de reposição dos benefícios, especialmente nos mais antigos. Enfim, a elevação das alíquotas não passa de malogrado mecanismo para tentar superar a teoria imunizadora dos direitos adquiridos.

Assim, para além da progressividade das alíquotas, que deve ser promovida com muita obtemperação, é preciso pontuar a importância

---

[987] LOUREIRO, 2016, p. 736.
[988] LOUREIRO, 2017, p. 62.
[989] LOUREIRO, 2017, p. 70.
[990] LEAL; PORTELA, 2018, p. 136.

do esforço contributivo dos segurados, sem que isso represente qualquer tentativa de consagrar a *equivalência econômica* no RGPS ou RPPSU, mas consagrar possíveis meios de *equivalência global* no sistema de previdência, o que pode exigir, inclusive, novos aportes contributivos tanto de inativos quanto de ativos. Aliás, entre esses regimes, o esforço dos servidores não é reconhecido nem em termos remuneratórios, nem em termos contributivos, haja vista o disposto no artigo 247 da RJSU. Não se trata apenas de uma discussão teórica sobre a regressividade do sistema de previdência, no sentido de que ele concentra riquezas, mas especialmente na sua incapacidade de transformar os esforços contributivos de cada segurado em efetivas benesses de proteção social.

De todo modo, nenhuma pretensão reformista, que objetiva reparar situações regressivas de renda, pode esvaziar a carga valorativa que encerra as prestações sociais do Estado, uma vez que o propósito de torná-las sustentáveis não autoriza uma excessiva redução no nível de proteção social,[991] tal como é exigido pelo direito a um mínimo para uma existência condigna,[992] contudo, isso não quer dizer que o Estado deva manter os alguns cidadãos em um *banho amniótico de bem-estar social*,[993] porquanto seria uma inadvertida forma de expansão do conceito de dignidade humana, notadamente no campo da proteção social, com propósito de firmar um elevado patamar de prestações materiais *mínimas* vinculadas à noção de existência condigna.[994]

Como a realidade brasileira é muito distante de tal *preocupação*, assoma em importância modificar o mínimo possível o sistema de garantias previdenciárias, logo, a revisibilidade pode até atingir alguns aspectos importantes, tais como (a) aumento [moderado] da taxa de contribuição; (b) aumentar a base de financiamento ou, na melhor hipótese, reestruturar o modelo adotado; (c) aumentar a idade de aposentação, seguindo os parâmetros *impostos* pela dinâmica demográfica; (d) penalidade atuarial – aliás, já largamente aplicada com o fator previdenciário –, sobretudo, em função de aposentadoria antecipada.[995] Todavia, essas alterações não podem representar uma medida sustentável, pois ainda preserva, por meio dos direitos adquiridos, as flagrantes distorções de outras épocas, ainda assentada na modernidade, bem diferente, portanto, dos desafios da modernidade reflexiva.[996]

---

[991] SILVA, 2012, p. 57.
[992] ANDRADE, 2004, p. 29.
[993] SCRUTON, 2017, p. 220-221.
[994] SILVA, 2012, p. 841.
[995] CABRAL, 2017, p. 390.
[996] LOUREIRO, 2010, p. 65.

3.1.2.1 Projeções: muito além de uma questão atuarial

> "A visão que prepondera no equilíbrio atuarial não é a individual, ou seja, o direito individual de receber aquilo que pagou, mas a do sistema como um todo e a sua necessidade de ser autossuficiente, de ser viável financeiramente."[997]

Com a teoria imunizadora dos direitos adquiridos, o maior problema da revisibilidade das aposentadorias e pensões resulta da falta de reconhecimento da necessidade da maior igualdade contributiva possível nos encargos dos sistemas previdenciários, fazendo com que as gerações vindouras, diante de recorrentes ou insuperáveis crises financeiras, suportem desproporcionalmente os encargos dos benefícios das gerações passadas. A questão assume ares de inegável problematicidade quando se considera os limites operacionais na quantificação dos encargos contributivos a partir da *accounting* intergeracional.[998] Todavia, não se sustenta a tese de que o encargo conjuntural não teria repercussão sobre os encargos a serem suportados pelas gerações futuras.[999]

Explica-se: os gastos atuais interferem nos cálculos futuros – até porque todo gasto é, por expressão de tempo, um fato atual –, pois é mais fácil que a realização de gastos imediatos acarrete benefícios atuais com efeitos financeiros diferidos que benefícios diferidos com financeiros atuais. Contudo, não afasta a possibilidade de realização de gastos imediatos com benefícios e efeitos financeiros atuais, porém, a própria dinâmica do processo político *poupa* a necessidade de perspectivas altruístas ou excessivamente solidárias dos contribuintes. Logo, a discussão sobre o gasto público baseada na sua dimensão estrutural ou conjuntural é, por certo aspecto, inócua, porque o que se discute propriamente não é efeito do gasto no futuro, porque é certo que existirá, mas a correção dele em função das relações jurídicas até então existentes. É dizer que a qualidade do gasto tem indiscutíveis efeitos intergeracionais, seja para quem paga a conta, seja para quem usufrui os benefícios do investimento realizado.

---

[997] Ministro Nelson Jobim no Acórdão da ADI nº 3.105/DF, p. 441, *vide*: BRASIL, 2004.
[998] BONIN, 2001, p. 23.
[999] MIRANDA, 2016, p. 184.

Em matéria previdenciária, trata-se, precipuamente, de uma questão de reconhecer que a igualdade e a proporção nos encargos da proteção social se encontram em rota de colisão com a ideologia imunizadora dos direitos adquiridos, isto é, a inevitável discussão sobre a justiça deles, como se fossem inquestionáveis e, portanto, dignos de absoluta proteção pela ordem constitucional (artigo 5º, inciso XXXVI, da CRFB). Aqui, observa-se que a questionável opção pela autovinculação mecânica, isto é, amparada na pretendida impossibilidade de ponderação sobre uma decisão política fundamental[1000] ou na inderrogabilidade da decisão em circunstâncias acráticas[1001] ou patológicas,[1002] afastando, portanto, a dinâmica da autovinculação fiduciária,[1003] isto é, a que compreende a possibilidade de uma atuação ponderativa sobre os meios de exercício de uma decisão fundamental,[1004] gera um impasse de graves consequências: nega a realidade dos cambiantes fatores socioeconômicos, virtualizando uma inquebrantável estabilidade de determinadas relações jurídicas, mas que desestabiliza as demais relações jurídicas do mesmo sistema de proteção previdenciária, chegando, em casos limites, a romper tanto a utilidade prática da teoria imunizadora quanto a capacidade funcional do próprio sistema.

Nesse ponto, há denúncia clara de que problemas sociais abrangentes, tal como se observa na questão previdenciária, não comportam soluções definitivas, isto é, apartadas de ponderações no processo político democrático, ainda que lastreada no entrincheiramento das cláusulas pétreas (artigo 60, § 4º, inciso IV, da CRFB). Dito de outro modo, a teoria imunizadora dos direitos adquiridos reforça a estabilidade da legislação ordinária previdenciária, constitucionalizando matérias que não necessitam de uma opção de nível constitucional,[1005] sobretudo, à luz da justiça intergeracional. Explica-se: o dilema das cláusulas pétreas não é a sua constituição em si mesma, mas a extensão delas diante da panfundamentalidade que encerra a petrificação das relações jurídicas em geral ou mesmo, de modo mais analítico, a sua interferência na compreensão dos efeitos da garantia dos direitos fundamentais, pois se algo é intangível por ser uma relação jurídica, e como o dever de

---

[1000] WALDRON, 1999, p. 261.
[1001] RIBEIRO, 2017, p. 142.
[1002] WALDRON, 1999, p. 266.
[1003] WALDRON, 1999, p. 259.
[1004] RIBEIRO, 2017, p. 143.
[1005] RIBEIRO, 2017, p. 154.

promover a sua garantia não tem qualquer relação com a definição do seu conteúdo, tudo pode ser *fundamentalmente* garantido. Por isso, o mecanismo da autovinculação fiduciária é a regra em matéria de restrições constitucionais,[1006] pois, além de reafirmar uma forma democrática de autovinculação constitucional, os processos ordinários de revisão constitucional, por disporem de melhores informações sobre os dilemas políticos fundamentais de cada época, são capazes de captar os meios e modos mais adequados à resolução conflitos intergeracionais. De todo modo, cumpre destacar que: "[a] função do poder de revisão não é fazer Constituições, mas o inverso: guardá-las e defendê-las, propiciando a sua acomodação a novas conjunturas".[1007] É a questão, portanto, é saber se esse poder de acomodação, por meio de emendas constitucionais decorrentes de prementes reformas previdenciárias, possibilitariam uma convergência interpretativa capaz de relativizar, em casos excepcionais, a teoria imunizadora dos direitos adquiridos, no que poderia conceber uma lógica determinativa de graus quanto aos limites materiais de revisão.[1008]

Nesse contexto, resta a constrangedora tarefa, porém de indiscutível força no campo das realizações políticas, de firmar os parâmetros objetivos da proteção jurídica, sabendo-se, desde logo, que pouco serve os limites revelados pelos tribunais constitucionais de outras nações, já que parte de condições socioeconômicas diversas e, claro, de aportes orgânico-funcionais também diversos. O uso de expressões genéricas ou meramente retóricas, por mais que represente uma estratégia jurídica recorrente, porque reafirma uma ideia de autonomia jurídica, pouco diz sobre os limites do comprometimento do Estado sobre as questões fiscais de grande relevo. Assim, o ideal seria criar uma fórmula de indexação nos valores dos benefícios, porém, qual via a seguir? E, mesmo que se siga determinado modelo, este teria efeitos prospectivos, não servindo, portanto, para corrigir as distorções nos valores dos benefícios já concedidos.

De todo modo, quanto aos mecanismos de estabilização atuarial, a Suécia parece revelar um modelo mais realístico, isto é, mais consonante com os limites financeiros do Estado, porquanto possibilita até mesmo a redução nos valores dos benefícios, sem que, para tanto,

---

[1006] WALDRON, 1999, p. 262.
[1007] MIRANDA, 2013, p. 239.
[1008] MIRANDA, 2013, p. 253.

seja necessário aventar eventual emergência financeira, tratando-se de mecanismo de ajustamento automático diante das convergências econômicas desfavoráveis.[1009] A lógica da capitalização virtual, chamada de nocional, tem a vantagem de traduzir os momentos históricos das adversidades econômicas; contudo, os dissabores são inevitáveis, pois a imediata resposta aos decréscimos econômicos, corporificada na redução nominal nos valores dos benefícios, cria uma forte sensação de instabilidade nos valores dos benefícios, mesmo que se observe rigorosamente prévia regulamentação sobre a matéria.[1010] Para a realidade brasileira, destacam-se, ainda, os já citados obstáculos normativos dos artigos 194, inciso IV, e 201, § 4º, todos da CRFB, cujos contornos de ponderação serão ainda ventilados neste livro.

Em outro norte, há o caso alemão, que, apesar de sedutor, também tem seus nítidos inconvenientes. Explica-se: a vedação de redução nominal no valor dos benefícios decorre de mecanismo que assegura a compensação entre fluxos econômicos negativos e positivos, preservando a manutenção de eventual acréscimo nominal nos valores dos benefícios em função de saldos positivos no tempo.[1011] É dizer que a manutenção dos valores depende da existência de maiores fluxos positivos que negativos, porém, quando isso não se revelar possível em determinados períodos? O regime de compensação, por certo, deve atender a prazo máximo de encontro de contas; então, o que fazer se ele continuar negativo? Mantém o valor nominal dos benefícios em detrimento da estabilidade atuarial que pretendeu proteger? Seria mesmo tal sistemática uma exigência da justiça intergeracional[1012] ou não passaria de mecanismo hábil para evitar que as gerações atuais não suportem os efetivos custos do seu sistema de previdência?

Desse modo, o modelo alemão só faz algum sentido diante de regime previdenciário que ostente considerável higidez financeira e atuarial, portanto, totalmente equilibrado, que não sofra consideráveis variações em por longos anos. Logo, serve para a Alemanha, quiçá para Portugal,[1013] porém não serviria para o Brasil, cujo maior desafio é tentar reduzir o crescimento excessivo dos custos do seu regime previdenciário, mesmo se tratando, paradoxalmente, de população ainda [relativamente] jovem. Assim, o modelo seria defensável quando,

---

[1009] LOUREIRO, 2016, p. 723.
[1010] LOUREIRO, 2016, p. 723.
[1011] LOUREIRO, 2016, p. 723.
[1012] LOUREIRO, 2016, p. 724.
[1013] LOUREIRO, 2016, p. 727.

à partida, o regime previdenciário se encontre equilibrado e, além disso, que a atividade financeira do Estado não sofra uma convergência econômica desfavorável por muitos anos.

Dito de outro modo, no que representa uma questão de fundo desta obra, em um sistema previdenciário deficitário, por mais que se diga o contrário, as cláusulas de proteção previdenciária em pirâmide, tendo em vista os efeitos dos direitos adquiridos, apenas acelera o prognóstico de colapso do sistema. Assim, todo sistema que compreenda *prestações garantidas* (PAYG) ou *taxa de contribuição fixa* (capitalização), tendo em vista as intercorrências do tempo, em maior ou menor medida, coleciona sérios conflitos intergeracionais,[1014] porquanto não é capaz de traduzir fórmulas que absorvam mudanças de ordem demográfica (envelhecimento) ou laboral (contributiva).[1015] Por isso, a projeção da capacidade funcional do sistema previdenciário, sobretudo em uma perspectiva intertemporal, deve ser uma exigência normativa.

Em outro giro, a normatividade não pode render-se à perspectiva meramente atuarial dos regimes previdenciários, haja vista a indiscutível relevância social da proteção previdenciária. Com efeito, a justiça intergeracional não é uma equação matemática e nem pode assumir ares de invariável cadência entre arrecadação e despesas, o que seria uma desatada utopia. O reflexo atuarial do problema pode até assumir uma importante dinâmica reflexiva, pois baseada na problemática traduzida na objetividade dos números, gráficos e prognósticos, mas o espelho das razões jurídicas não pode limitar-se a refletir sobre os limites objetivos da frieza dos cálculos.

Isto é, a imagem que o direito faz da adversidade do sistema previdenciário vai muito além dos dilemas da questão atuarial. A dificuldade, contudo, consiste justamente em extrair dessa imagem uma proposta factível na superação dos déficits previdenciários, mas sem abalar os nobres propósitos da proteção previdenciária. Vale pontuar que o romance com os princípios estritamente jurídicos não é capaz de partejar soluções para dilemas extrajurídicos. Por mais que o direito tenha que resistir racionalmente às investidas do fluxo econômico, que são claramente veiculadas pela emergência financeira dos Estados, não há como prosperar tese jurídica que tenha a pretensão de ser impermeável

---

[1014] Ressalvando-se que o regime de capitalização, a despeito dos inconvenientes com as dinâmicas laboral e demográfica, não compreende transferências entre gerações, pois o contribuidor inicial é necessariamente o beneficiário final.
[1015] GOSSERIES, 2015, p. 206.

aos conflitos de interesses que açoitam a sociedade hipermoderna, notadamente no campo das possibilidades materiais do Estado social.[1016]

Portanto, não há mais espaço para uma reflexão jurídica autista (*fiat iustitia, pereat mundus; summum ius, summa iniuria*), que, apartada das consequências decorrentes da razão estritamente jurídica, faz sucumbir justamente aquilo que se deseja preservar, fato que reafirma a necessidade de uma visão consequencialista do direito na hipermodernidade, que exige uma séria compreensão da escassez a partir da vertente jurídico-constitucional, reconhecendo o caráter estrutural e não meramente conjuntural da crise financeira dos regimes previdenciários.[1017] Assim, a reflexão sobre os sistemas previdenciários, não se limitando às projeções atuariais, deve ir além da mera reafirmação de juízos estritamente jurídicos, fazendo com que as proposições jurídicas encontrem espaço no intervalo entre as conquistas protetivas dos direitos sociais e o reconhecimento dos pressupostos operacionais de sua implementação, notadamente os de ordem econômica. Fugindo, assim, do *direito gerador de crise* diante do *direito de crise*, aliás, tão exigido pelos tribunais em uma época de *crise dogmática* do próprio direito constitucional.[1018]

É justamente nesse ponto em que consiste a importância do reconhecimento da *excessiva assimetria* dos encargos entre as gerações – inclusive de caráter moral entre *agentes* no presente e *pacientes* no futuro[1019] – diante da teoria imunizadora dos direitos adquiridos, que consagra uma desmedida proteção dos inativos, revelando-se constitucionalmente injustas as ordinárias pretensões de equilíbrio financeiro-atuarial das reformas previdenciárias,[1020] justamente porque afeta diretamente apenas as gerações mais jovens, exigindo, assim, uma útil instrumentalização dos princípios da sustentabilidade e solidariedade, mas sem prejuízo dos limites impostos pelos princípios da proteção da confiança e proporcionalidade, contanto que reste superada a imutabilidade dos valores dos benefícios.[1021]

Por isso, uma adequada reforma previdenciária, tendo em vista dilemas crônicos de sustentabilidade financeira, deve ser estrutural (aperfeiçoamento sistemático), global (todos os benefícios) e gradual (gradualidade temporal[1022]).

[1016] MONIZ, 2017, p. 171.
[1017] LOUREIRO, 2017, p. 85.
[1018] LOUREIRO, 2015, p. 71-73.
[1019] BIRNBACHER, 2006, p. 36.
[1020] LOUREIRO, 2016, p. 747.
[1021] LOUREIRO, 2016, p. 748.
[1022] LOUREIRO, 2016, p. 754.

3.1.2.2 Objeções: impulsos normativos e existenciais

> "[...] a justiça de um sistema de pensões não pode ser determinada sem uma avaliação do conjunto das circunstâncias próprias de cada geração e do conjunto das transferências efectuadas de uma geração para a outra."[1023]

É no terreno dos impulsos existenciais, reforçados pelas prescrições normativas, que o princípio da dignidade humana assume ares de verdadeira trincheira dos privilégios odiosos na sociedade brasileira. Grosso modo, em matéria de direitos sociais, quando a dignidade humana é agredida, sem maior demora, resulta fácil identificar sua agressão e, mais adiante, condená-la diante da própria experiência de eventos difíceis da condição humana, de maneira que a alegação de agressão à dignidade humana, a despeito de ser a "primeira referência simbólica de toda a ordem constitucional",[1024] pouca diferença fará na implementação dos direitos, pois a situação em si, para acima de qualquer dúvida razoável, já exige uma atuação do Poder Público, de maneira que o reforço teórico-discursivo da dignidade humana apenas cumpre uma pauta retórica que, de tão evidente, é até despicienda, afinal, todo homem tem dignidade e modo de protege-la, ainda que discutível em boa parte dos casos, nem sempre compreende largos esforços de análise.

Agora, na seara dos direitos sociais, quanto à discussão sobre a dignidade não resulta tão patente, ou, na pior hipótese, é contestada, há uma torrente de construções retóricas em sua defesa, quando, e isso precisa ficar claro, pretende-se apenas, por meio dela, manter o *status quo* de desigualdade de tratamento. No campo da proteção previdenciária, em reforço à teoria imunizadora dos direitos adquiridos, isso se revela patente, especialmente quando se discute a revisibilidade das aposentadorias e pensões que, nem de longe, afetaria o direito a um *mínimo para uma existência condigna*, pois a revisibilidade decorreria de critérios técnicos que observassem, entre outros, os princípios da proporcionalidade, proteção da confiança e igualdade. Ou seja, o

---

[1023] GOSSERIES, 2015, p. 203.
[1024] NOVAIS, 2016, p. 20.

proselitismo social assumindo ares de sofisticada normatividade constitucional (artigo 1º, inciso III, da CRFB) e, assim, devotando-se na força normativa da constituição, tentar assegurar a manutenção das regras injustas, quiçá intoleráveis, de proteção social. É a receita perfeita para o colapso do sistema previdenciário.

Cumpre mencionar que a rota pretensamente segura dos direitos fundamentais não pode perder de vista esta advertência: a implementação dos direitos sociais depende mais das condições materiais disponíveis na sociedade que das queixas sobre as necessidades existenciais dos seus cidadãos. As condições materiais não brotam de qualquer discurso jurídico, contudo, as necessidades existenciais ganham sempre arrimo nos arroubos normativos, daí o motivo de a defesa dos direitos nos estreitos limites das prescrições legais representar uma tarefa tão cômoda aos advogados. Afinal, defender *escolhas constituintes* não é, nem de longe, um desafio extenuante, quando muito, um jogar de lanças do alto das muralhas normativas sobre as ameaças incansáveis da realidade. Não se trata, aqui, de desprezar a rica herança constitucional na gestão dos dilemas concretos da sociedade,[1025] mas de encontrar meios para preservá-la sem cair na erronia de persistir na defesa de modelos que sacrificam a racionalidade das escolhas públicas.

Assim, direito é, antes de tudo, um conjunto de condições fático-jurídicas e não meras projeções normativas a partir de compreensões idealísticas sobre [como deveria ser] os direitos em uma sociedade hipermoderna e, sobretudo, o efetivo gozo deles. Entre o desempenho da abstração e a rudeza da materialização, prefere-se sempre a substância conformadora das possibilidades de implementação dos direitos, pois a compreensão dos desafios é que faz superar a visão inebriante dos direitos fundamentais, isto é, a *visão fundamentalista* dos direitos fundamentais, como se eles fossem capazes de romper, por pura abstração jurídica, as convergências econômicas – e, mais adiante, fiscais – desfavoráveis. A realidade adversa das conquistas sociais desmonta, sem dificuldades, essa pretensão.

Aliás, com a profusão de direitos sociais e a evidente escassez de recursos, deixando muito claro os limites do constitucionalismo aspiracional,[1026] urge mencionar que a realidade constitucional, cedo ou tarde, se impõe, admitindo-se diferentes tempos, graus e modos de efetividade dos direitos positivos, porquanto o estabelecimento de

---

[1025] ACKERMAN, 2007, p. 1809.
[1026] BOTELHO, 2017, p. 64.

prioridades, longe de retratar uma opção política meramente excludente, compreende o único meio para assegurar que mais direitos sejam efetivamente prestados.[1027] É nesse contexto que surgem as incompreensões sobre o verdadeiro sentido das cláusulas pétreas, pois a segurança de sua utilidade é posta em xeque pelas evidências de seus infortúnios.

3.1.2.3 Tentações: impulsos político-econômicos

> "Fijaos bien: lo económico es siempre y exclusivamente un *medio*, para sustentar la vida por ejemplo, pero la vida no es y una cosa económica; en este caso el fin al que sirven de medios las cosas económicas."[1028]

Os limites da atividade econômica representam muito mais que uma mera preocupação com as *coisas do mercado*, pois também denunciam os meios econômicos que possibilitam a qualidade de vida das pessoas, mas, claro, não em todos os aspectos. Logo, o desafio econômico é a primeira trincheira a ser superada no árduo caminho da socialidade no Estado Constitucional, não é, no entanto, o sacrifício da vida em benefício do mercado, pois a *constituição econômica* também depende da *constituição social*, até porque são realidades normativas complementares, contudo, a blindagem da *constituição financeira* ainda representa a verdadeira agonia da constituição econômica, pois tem falhado como mecanismo de suporte para a implementação dos mandamentos constitucionais da ordem econômica.[1029]

Nesse contexto, admitindo-se o déficit previdenciário no RGPS e RPPSU ou, de modo mais abrangente, do orçamento da seguridade social, e sua dependência do orçamento fiscal, cumpre destacar 03 (três) graves consequências: (a) subtração de recursos da saúde e assistência social em benefício da previdência social, o que representa uma tensão orçamentária em detrimento de importantes áreas da socialidade; (b) o comprometimento do orçamento fiscal da União, acarretando forte

---

[1027] MIRANDA, 2012, p. 484.
[1028] ORTEGA Y GASSET, 1974, p. 31.
[1029] BERCOVICI, 2006, p. 66-67.

impacto na manutenção da estrutura orgânico-funcional do Estado destinada à prestação de serviço ou material; e (c) a redução da capacidade de investimento estatal, que, certamente, sacrifica toda a sociedade.

Desse modo, o expressivo custo de oportunidade verificado no sistema de previdência pública brasileiro, que corporifica uma engenhosa máquina promovedora de desigualdade de renda, faz com que exsurja a tentação dos impulsos político-econômicos, isto é, a sedutora imagem de que a ruptura com o modelo vigente deva ocorrer da forma mais linear possível, não permitindo, desse modo, demorados reclames sobre o descortinar de uma nova era de auspiciosa prosperidade.

Contudo, o mergulho nas soluções mais razoáveis, é preciso dizer, não prescinde dos *aflitivos* períodos de transição – tanto para os segurados quanto para a gestão previdenciária –, quase sempre representando, para além das imperiosas questões jurídicas, uma forma de tornar mais saudoso o caminho de partida e, assim, menos esperançoso o de chegada. A parcimônia exigida nos propósitos revisionais decorre da cautelosa salvaguarda jurídica sobre os direitos dos cidadãos, que deve ser o verdadeiro mecanismo de frenagem diante dos impulsos político-econômicos, que tanto podem ser servos do mercado quanto do estamento burocrático. A revisibilidade compreende uma lógica de necessidade e não de comodidade, mas isso não retira os necessários filtros da juridicidade sobre os prognósticos de qualquer proposta reformista, aliás, é o que se espera da reflexão jurídica. Daí a dificuldade em promover ou contornar os dilemas extrajurídicos e, concomitantemente, atender às exigências normativas.

Com efeito, as possibilidades de mudança não compreendem um plano de benefícios ou serviços que possam gerar maior comodidade ou utilidade aos segurados; logo, toda discussão tende a reafirmar a importância das garantias jurídicas imunizadoras dos efeitos concretos das reformas, acentuando o peso delas diante das gerações futuras. Com isso, a análise econômica das reformas que assegure os direitos adquiridos, portanto, em uma perspectiva prospectiva, que empreenda a supressão de benefícios e recrudesça a dinâmica dos deveres, é justamente a que confirma o peso da desigualdade de tratamento entre as gerações, pois, reconhecendo a insustentabilidade financeira e atuarial do modelo adotado, faz recair sobre os mais jovens os custos do sistema de previdência, sem que eles tenham qualquer influência no processo decisório da política fiscal.[1030]

[1030] TEIXEIRA, 2011, p. 555.

Diante de situações emergência financeira, como no caso português, foi possível até mesmo a redução nos valores dos benefícios em pagamento,[1031] mas como foi possível fazer isso diante de uma dogmática jurídica consistente e amplamente amparada pelas garantias constitucionais? Há algum limite jurídico nas convergências econômicas desfavoráveis e, sobretudo, nos meios adotados para evitar eventual quadro crônico de emergência financeira – cuja hipótese de sacrifício será sempre maior – sem superar a tese imunizadora dos direitos adquiridos? E o mais importante: em que sentido as imposições de caráter estrutural ou conjuntural seriam possíveis a partir dos imperativos da justiça intergeracional?

Tais desafios expõe um dilema concreto dos regimes de repartição com a teoria imunizadora dos direitos adquiridos: como evitar a *pirâmide financeira* entre as gerações, que exige progressivo ingresso de recursos no sistema, diante das dinâmicas laboral e demográfica da sociedade hipermoderna? Esse questionamento realça a importância de discutir o papel dos direitos adquiridos – seja por razões econômicas, seja por fundamentos jurídicos – em função da inevitável constatação de que os regimes de previdências são assentados em bases dinâmicas, não permitindo a petrificação dos seus benefícios em detrimento da própria capacidade funcional do regime. Por isso, mediante demorado escrutínio constitucional, há mesmo quem defenda a possibilidade de redução no valor de benefícios em pagamento, portanto, já concedidos, tendo em vista os princípios da sustentabilidade, justiça intergeracional, proibição do excesso e proteção da confiança.[1032]

Todavia, a questão vai mais além: a redução no valor dos benefícios não poderia decorrer de reflexões e compreensões sistêmicas sobre o próprio colapso do regime de previdência, isto é, como realidade (im)posta pela ciranda econômico-financeira, exigindo, inclusive, uma reflexão anterior: como evitar que a tese imunizadora do direito adquirido possa levar à própria ruína da capacidade funcional do regime de previdência, mirando-a como verdadeiro cavalo de troia nos sistemas de previdência em função do pacto intergeracional [implícito] do regime de repartição, mormente com a *ameaça* constante das dinâmicas laboral e demográfica.

[1031] LOUREIRO, 2016, p. 729.
[1032] LOUREIRO, 2016, p. 730.

Aliás, não teria a sustentabilidade do sistema previdenciário o *status* normativo, inclusive, por gozar de envergadura constitucional (artigos 40, *caput;* 201, *caput,* da CRFB), capaz de firmar um critério *autônomo* para revisão dos valores dos benefícios previdenciários?[1033] Tal critério, além de encontrar amparo na justiça intergeracional e dentro da especialidade de seu prognóstico normativo, não seria o principal objetivo do caráter contributivo e solidário do sistema público de previdência, portanto, um verdadeiro mecanismo operacional da solidariedade previdenciária?

Esses questionamentos não partem de uma lógica utilitarista, quiçá funcionalista, mas sim realista, porque o entrincheiramento normativo, melhor dizer, interpretativo, cedo ou tarde, cobrará seu preço diante de circunstâncias ainda piores que as suportadas atualmente. Por isso, vale sempre lembrar o *caráter intergeracional da sustentabilidade financeira,*[1034] de maneira que o gasto público não pode prescindir desta premissa: "[c]rédito público é imposto diferido. Renúncia fiscal equivale a despesa pública. Serão as futuras gerações que arcarão com os custos dos gastos realizados hoje com base em empréstimos que serão pagos no porvir".[1035]

Com efeito, se há uma insistência pelo regime de repartição, por acreditar que ele seja mais bem-intencionado em realizar a proteção previdenciária em uma sociedade hipermoderna; então, é preciso preservar a sua capacidade funcional para além do texto legal, ou seja, dotá-lo de adequado regime de financiamento, portanto, sustentável financeira e atuarialmente entre as gerações. A questão é que esse propósito exige uma nova dinâmica na compreensão dos benefícios e dos serviços da previdência social – senão o histórico de déficit será recorrente ou mesmo contínuo –, que garanta benefícios e serviços, mas que conceba flexibilidade nos seus valores.

[1033] LOUREIRO, 2016, p. 739.
[1034] SCAFF, 2014, p. 3.193.
[1035] SCAFF, 2014, p. 3.193.

3.1.2.4 Imposições: o vislumbre da igualdade e seus diversos matizes

> "A preocupação de base da *equidade* não pode ser [...] a de combater iniquidades existentes entre diferentes grupos etários num determinado momento histórico – elas são normais –, mas sim entre diferentes gerações, no sentido de impedir iniquidades entre diferentes condições de vida considerados os mesmos estágios desta (*lifetimes*)."[1036]

Aqui, mora a tormentosa questão da convergência dos regimes previdenciários. Aliás, nada pode soar mais estranho e desigual que o modelo de proteção social dispensado aos servidores públicos em comparação com o modelo destinado aos trabalhadores da iniciativa privada. A diferença de regime cria parâmetros absolutamente diversos de proteção social e, com isso, reafirma uma injusta forma de atenção estatal em função da origem do vínculo de trabalho em que se ampara o exercício profissional do cidadão. Essa divergência de tratamento corporifica uma clara matriz de desequilíbrio da proteção previdenciária no seio da sociedade brasileira, findando, por conseguinte, em uma inevitável fonte de transferência de renda dos mais pobres aos mais aquinhoados de recursos da República.

A convergência dos regimes de previdência se impõe, porém, é possível questionar se os parâmetros objetivos dessa *parcial* convergência, manejados pelas EC nº 20/1998, 41/2003 e 103/2019, quando aplicados apenas para o futuro, são suficientes para suplantar os desafios gerados pelos modelos pretéritos, quer dizer, (a) se eles são capazes de tornarem sustentáveis financeira e atuarialmente os regimes de transição, bem como (b) se estão aptos a consolidarem como [pretensamente] equivalentes em termos protetivos os regimes previdenciários. Com efeito, a persistir o fluxo deficitário dos regimes existentes, assoma em importância a necessidade de pensar o recálculo

---

[1036] SILVA, 2013, p. 9.

das aposentadorias e pensões já concedidas,[1037] sem jamais atingir o núcleo essencial dos direitos que sustenta tais benefícios,[1038] utilizando-se de critérios adequados em função da contributividade e temporalidade do segurados, e, portanto, de relativizar o efeito imunizador dos direitos adquiridos, cotejando algum *sacrifício no valor* dos benefícios concedidos e, sobretudo, um *sacrifício a ser feito* pelos demais beneficiários dos regimes de previdência. A ideia de injustiça na relativização dos direitos adquiridos não pode ser defendida sem considerar a projeção dos efeitos nos benefícios, pretensamente imunizados, no conjunto dos regimes previdenciários até então existentes, que, de um modo ou de outro, amparam-se, ainda que em parte, na mesma fonte de recursos financeiros (orçamento fiscal).

A defesa intransigente dos benefícios concedidos, ainda que com sério risco na manutenção da capacidade funcional do próprio regime de previdência, decorre da equivocada compreensão da ideia de previdência social (PAYG), no sentido de que seria apenas uma forma de contribuição antecipada para percepção de benefício definido no futuro.[1039] Nada pode ser mais desacertado, pois no regime de repartição, em rigor, ninguém contribui para sua aposentadoria, mas, tão somente, para manter um sistema de previdência que resguarde o direito dos segurados que, no momento do requerimento administrativo, atendam aos parâmetros concessivos dos benefícios previdenciários.[1040]

Assim, a pretensão de definir, de forma antecipada, parâmetros pecuniários dos benefícios, ainda que assentada com bons propósitos de segurança jurídica e proteção social, tem o inconveniente de gerar expectativas financeiras oponíveis ao Estado que são incompatíveis com a relação solidária entre contribuintes e beneficiários,[1041] porquanto potencializa uma dimensão individualista na relação jurídico-previdenciária, que seria apenas aceitável em um regime de capitalização, aliás, tão contestado no Brasil. Além disso, após a concessão do benefício, com a superação das expectativas financeiras e já sob a égide dos direitos adquiridos, impõe-se o direito de preservação e atualização dos proveitos econômicos dos benefícios conquistados independentemente da desventura financeira do próprio regime de previdência, traindo, portanto, qualquer lógica de participação solidária na previdência social.

[1037] LOUREIRO, 2013, p. 191.
[1038] ANDRADE, 2019, p. 187.
[1039] COIMBRA, 2018, p. 32.
[1040] COIMBRA, 2018, p. 32.
[1041] COIMBRA, 2018, p. 33.

Dessa forma, a ideia de igualdade é totalmente incompatível com a teoria imunizadora dos direitos adquiridos, pois a igualdade na garantia do direito adquirido é, tão somente, a certeza de desigualdade no gozo do próprio direito [a ser] adquirido em função do tempo, de maneira que o sistema de previdência não passa de mecanismo institucional de tratamento desigual de proteção social. Nesse sentido, a solidariedade assume caráter nitidamente individualista, porquanto não prestigia uma relação de esforço do indivíduo para o sistema, mas sim do sistema para o indivíduo.[1042] Claro que todo sistema de repartição, até mesmo pelo fundamento solidarista que o ampara, trabalha para assegurar benefícios que, na sua individualidade, a maioria dos cidadãos não conseguiria alcançar, porém, a discussão, aqui, é de outra ordem de análise: a intenção deliberada de levar proveito das falhas regulatórias do sistema público de previdência.

3.1.3 Levando a sério o princípio da contributividade previdenciária

> *"No queremos saber nada de la lógica profunda de los procesadores y los programas; preferimos permanecer en la amable superficie de la funcionalidad."*[1043]

Por mais que se possa dizer que a justiça de um sistema de proteção social não decorre da necessária contribuição dos seus destinatários, não é menos correto afirmar que não há qualquer razoabilidade – e, por conseguinte, justiça – a defesa de sistema de proteção social que não considere o esforço dos cidadãos, isto é, não leve a sério a via contributiva ou simplesmente a despreze, sobretudo, quando se cogita a possibilidade de fim do tradicional modelo nórdico, despontando, inclusive, uma tendência de sistema crescentemente multinível (*multi-tiered system*[1044]).

Nesse ponto, cumpre lembrar que a imagem do justo ou injusto, mormente na seara da proteção social, se não pode ser vista apenas

---

[1042] COIMBRA, 2018, p. 34.
[1043] INNERARITY, 2011, p. 22.
[1044] LOUREIRO, 2012, p. 964.

a partir da contribuição, de igual modo, não pode ser negada sua influência na composição dos resultados nos mecanismos de proteção social. Assim, não se pode negar que os empregados são contribuintes cativos do sistema de previdência e, claro, sem maior liberdade na dinâmica contributiva, o que é algo dispensado aos domínios laborais sem relação de emprego, isto é, aos trabalhadores independentes,[1045] de maneira que há grupos ou segmentos profissionais nos quais admitem a existência de benefícios mais atrativos, não em função de privilégios, mas sim como decorrência da impositividade contributiva (obrigatoriedade) ou de intencionalidade contributiva (facultatividade).

Em uma dimensão mais abrangente, as empresas também gozam de maior capacidade de intervenção nos domínios da contributividade, porquanto gozam de particular operatividade nos domínios da *política democrática* em detrimento da cidadania,[1046] porém, no caso brasileiro, isso se verifica mais claramente nos segmentos econômicos específicos voltados à exportação, como, por exemplo, no agronegócio, que tem exercido forte influência elisiva na legislação tributária. Aqui, vale pontuar o seguinte: apesar de a desoneração fiscal encontrar assento constitucional, *v. g.*, artigo 155, inciso II, § 2º, inciso X, alínea a, da CRFB, é preciso discutir os critérios adotados com a maior transparência possível e, sobretudo, perquirir sua justiça e eficiência diante dos objetivos da gestão fiscal,[1047] o que impõe uma revisão periódica das políticas de exoneração das exportações, justamente para aferir a racionalidade dos critérios adotados em função dos seus resultados.[1048]

De todo modo, quando o custo da proteção social recai sobre a empregabilidade, além dos ordinários desestímulos ao setor produtivo, faz recrudescer o imaginário de que a imposição tributária não alcança as atividades mais lucrativas, geralmente pertencentes às classes superiores do Estado,[1049] muito embora seja capaz de criar complexos mecanismos, razoavelmente efetivos, de controle fiscal sobre os trabalhadores.

Assim, a discussão sobre a forma de financiamento da previdência social, tanto na via contributiva quanto na via fiscal, deve ser paralela à reflexão sobre o modelo de proteção social, seja na seletividade dos benefícios, seja na expansão dos serviços, desvendando meios e modos

---

[1045] NABAIS, 2011, p. 37.
[1046] CROUCH, 2004, p. 84.
[1047] CAVALCANTE, 2020, p. 197.
[1048] CAVALCANTE; ZANOCCHI, 2020, p. 214.
[1049] NABAIS, 2011, p. 39.

de recompensar a dinâmica contributiva, mas sem que isso restrinja o universo de análise sobre os parâmetros concessivos que permeiam os benefícios e serviços do sistema público de previdência.

3.1.3.1 Esforço contributivo global: parcela fixa

> "A universalidade do custeio, com um modelo de seguro social, financiado por contribuições, é um claro anacronismo do Constituinte originário, reproduzindo a *metamorfose incompleta* da Constituição de 1988, que pretendeu criar uma proteção universal, mas fundamentada em um modelo de seguro social financiado por contribuições, na expectativa de preenchimento das lacunas protetivas pela tímida assistência social."[1050]

A assistência social deve assumir o papel de salvaguarda das vulnerabilidades, inclusive, atuando em demandas específicas e até mesmo individuais. Desse modo, objetivos mais abrangentes, ainda que relacionada à dinâmica não contributiva, tendo em vista sua pretensão de universalidade, deve seguir o fluxo operacional comum da assistência social, pelo menos como primeiro estágio de proteção social. Somente a partir disso, é possível cogitar o devido espaço para uma previdência efetivamente contributiva. "Se o sistema de repartição assenta em mecanismos de solidariedade intergeracional, é necessário que se paute por critérios de justiça."[1051] Nesse ponto, não há como negar a pertinência da atuação estatal na realização do homem, titular de direitos e deveres na ordem civil, na prossecução do florescimento humano, na proteção mesma de sua dignidade, porém toda ação pública é precedida de diversos fatores, em particular do suporte financeiro do Estado,[1052] que, pela sua importância, não pode

---

[1050] IBRAHIM, 2011, p. 265.
[1051] LOUREIRO, 2010, p. 279.
[1052] NABAIS, 2010, p. 122.

ser reduzido aos descaminhos da imposição tributária injusta, isto é, alheio aos verdadeiros objetivos prospectados pela gestão fiscal.

Por isso, o modelo de proteção social não pode desprezar a dinâmica contributiva, pois, a pretexto de proteger os cidadãos vulneráveis, o Estado não pode negar o esforço contributivo dos demais, isto é, dos que podem fazer parte do pacto intergeracional do sistema de previdência. Com efeito, ainda que não seja aconselhável, ou mesmo possível, um regime de equivalência econômica entre contribuição e benefícios,[1053] porquanto desnaturaria o caráter solidário do sistema de previdência, mantendo, contudo, o seu caráter contributivo, não há como desprezar a importância do esforço contributivo na composição do cálculo dos benefícios.

Em outro giro, mas seguindo a correlação entre assistência social e previdência social, o discurso sobre a renda básica (*basic income*) sempre vai girar em torno de duas vertentes: (a) projeção dos benefícios (seletividade); e (b) viabilidade prática (dinâmica de custos). De plano, há uma nítida constatação: quanto maior a viabilidade econômica para concessão de renda básica por uma sociedade, observando-se determinados parâmetros de elegibilidade, menor é a possibilidade de os cidadãos dela carecerem efetivamente, pois, sem a organização das bases econômicas da sociedade, resta pouco provável uma proposição dessa natureza e em uma sociedade com alta eficiência econômica, por certo, os dilemas da vulnerabilidade são reduzidos.

Por outro lado, soa estranho destacar a ideia de renda básica, a partir da *universalidade na necessidade* ou *na medida da necessidade*[1054] – por isso, ainda que se defenda o contrário,[1055] não há como admitir a existência de ajuda social sem a definição de critérios adequados e, portanto, eles devem ir além da mera comprovação de identificação cadastral e territorialidade – quando se discute a importância do esforço contributivo individual. Todavia, a conexão é direta entre as temáticas, por duas razões: (a) renda básica, por não ser contributiva e financiada pela via fiscal, representa o substrato econômico elementar de proteção social e, com isso, exsurge a discussão sobre o referencial pecuniário do piso da dinâmica contributiva baseada na solidariedade previdenciária (via contributiva); e (b) definidos os limites pecuniários (teto) da solidariedade social (via fiscal), que se sustenta a renda básica,

---

[1053] LOUREIRO, 2010, p. 247.
[1054] ANDRADE, 2004, p. 26.
[1055] PIERDONÁ; LEITÃO; FURTADO FILHO, 2019, p. 407.

exsurge, para além da discussão do piso e teto de contribuição do regime de partição simples, a questão de tornar imperiosa a repercussão financeira do esforço contributivo do segurado, isto é, ter em conta, e do modo mais efetivo possível, o histórico de contribuição do segurado, muito embora no sistema PAYG não haja uma correlação entre o valor do benefício e esforço contributivo do segurado.[1056]

Nesse ponto, cumpre dividir novas escolhas: (a) capitaneada em uma solidariedade de grupo, na lógica do pacto intergeracional, que bem caracteriza o regime de repartição; ou (b) focalizada em uma dinâmica contributiva a partir do regime de capitalização. Pois bem, cumpre propor algo a partir de parâmetro eminentemente factual. Como, em maio de 2020, 54,24% do número total de benefícios urbanos do RGPS tinham valores abaixo de dois SM – e, no caso de benefícios rurais, o percentual alcançou incríveis 99,75%[1057] –, bem revelando a dinâmica de valores do sistema de previdência, seria mais pertinente, do ponto de vista da sustentabilidade financeira, considerar o seguinte:

(a) *primeiro estágio* – financiado pela via fiscal, tendo por base nacional e a pressuposição de carência econômica,[1058] tem-se a *renda básica*, por idade, deficiência ou vulnerabilidade social, partindo de 50% do piso do RGPS, com escala variável em função do esforço contributivo do cidadão, até o limite de 100% (1SM). Repita-se: impõe-se a universalidade na necessidade, o que destoa totalmente do artigo 1º da Lei nº 10.835/2004, que instituiu a renda básica de cidadania, mas que ainda não foi implementada pelo Poder Executivo federal, mas que será, em função do MI nº 7.300/DF, em 2022. A razão é simples para esse entendimento: não há como colocar na mesma prateleira trabalhadores de baixa renda que empreenderam um longo curso de contribuições intercaladas, a duríssimas penas, mas que não permite a concessão de benefício previdenciário, com trabalhadores, também de baixa renda, que não desenvolveram uma dinâmica contributiva semelhante, mas que, ao fim e ao cabo, teriam que perceber benefícios com a mesma expressão econômica, isso, portanto, seria totalmente injusto e, o pior, um estímulo à

[1056] CABRAL, 2017, p. 383.
[1057] BRASIL, 2020, p. 17.
[1058] MURTEIRA, 2011, p. 14-15.

informalidade.[1059] Aqui, seria até mesmo conveniente – para não dizer impositivo – a fusão[1060] do BPC, prevista no artigo 20 da LOAS, com o PBF, pois compreenderia um programa comum de ataque à pobreza,[1061] denominando-o de renda básica, sem falar na indiscutível elevação da proteção social das crianças – que tem sido o grupo demográfico historicamente preterido no orçamento público[1062] –, pois o PBF tem um valor muito baixo e o PBC, por sua vez, é ineficiente mecanismo de redistribuição de renda.[1063] Aliás, um benefício substancial destinado às crianças é capital para qualquer programa de redução da desigualdade social.[1064] Pode-se questionar que o valor seria insuficiente para atender dignamente ao cidadão hipossuficiente; contudo, há que se impor o que a sociedade possa suportar financeiramente e não o que as reflexões abstratas ou existenciais possam demandar dela. Aqui, pouco vale dizer que o *mínimo para uma existência condigna* não possa ser relativizado em função da (in)disponibilidade financeira do Estado,[1065] ou mesmo que ele se arrima na dignidade humana,[1066] alegando que sempre seria possível afetar recursos de outras áreas,[1067] porque o tratamento *absoluto* desse direito à prestação depende sempre da capacidade material de cada Estado,[1068] portanto, com ampla margem de conformação legislativa,[1069] senão esse mínimo para uma existência condigna, como prestação social, teria o mesmo valor pecuniário em qualquer país, já que o fator nacionalidade não deveria interferir no seu caráter absoluto e, muito menos, na possibilidade de afetação de recursos de outras áreas, inclusive da socialidade. Assim, admitir a *prova concreta de escassez real de recursos*[1070] é aceitar, pelo menos em termos

---

[1059] GIAMBIAGI; TAFNER, 2010, p. 135.
[1060] LEAL; PORTELA, 2018, p. 177.
[1061] GIAMBIAGI; ZEIDAN, 2018, p. 102.
[1062] TAFNER; NERY, 2019, p. 48.
[1063] LEAL; PORTELA, 2018, p. 182.
[1064] ATKINSON, 2015, p. 212.
[1065] MARTINS, 2016, p. 368.
[1066] BOTELHO, 2017, p. 268.
[1067] MONIZ, 2017, p. 97.
[1068] CANOTILHO, 2007, p. 814.
[1069] CANAS, 2017, p. 244.
[1070] MARTINS, 2016, p. 377.

práticos, a relativização da prestação material do Estado. Ademais, diante das especificidades de cada sociedade, não há como solucionar problemas sociais abrangentes, que são necessariamente complexos, como é o caso da vulnerabilidade social, por meio de políticas públicas isoladas, de maneira que não há como tratar a seguridade social como resposta única para tudo, seja por meio da assistência social, seja por meio da previdência social.[1071] Por isso, há vexado equívoco em promover transplantes normativos,[1072] migrações de ideais constitucionais,[1073] *empréstimos* de ideias constitucionais[1074] ou soluções jurisprudenciais sem considerar, entre outros fatores, as diferenças de ordem econômica, política ou cultural entre os países, sem prejuízo do refinamento teórico dessas construções doutrinárias, pois o que importa é a identificação das possibilidades materiais que a sociedade pode suportar, nos limites da deliberação democrática e nos termos da normatividade constitucional,[1075] para fins de definição do parâmetro remuneratório não apenas da renda básica, mas também dos limites remuneratórios do segundo estágio;

(b) *segundo estágio* – financiado pela via contributiva, portanto, de base laboral,[1076] mas também pela via fiscal, pois, por ser um modelo de benefício de valor definido, é necessário assegurar que eventuais intercorrências de déficits não representem, necessariamente, uma redução no valor dos benefícios. O segundo estágio é dedicado ao RGPS e RPPSU, com piso no valor de 01 (um) SM até o limite de 05 (cinco) SMs, senão poderia inviabilizar o regime de capitalização, que não se vincula a qualquer parâmetro de solidariedade social ou grupal, dependendo, contudo, das condições mercadológicas ou do fluxo econômico geral da sociedade. A vantagem desse estágio é que teto é relativamente baixo e, desse modo, não haveria como comprometer o orçamento fiscal da União, sobretudo, porque os setores público e privado gozariam dos mesmos benefícios e serviços, algo que ainda não encontra

---

[1071] LEAL; PORTELA, 2018, p. 65.
[1072] LEGRAND, 1997, p. 116.
[1073] CHOUDHRY, 2006, p. 3.
[1074] TUSHNET, 2008, p. 15.
[1075] IBRAHIM, 2011, p. 127.
[1076] MURTEIRA, 2011, p. 14.

realidade na legislação brasileira, mesmo depois da EC nº 103/2019; e

(c) *terceiro estágio* – destinado à capitalização, que reforça a importância do bem-estar do cidadão a partir do esforço pessoal [exitoso], com o modelo de contribuição definida. Aqui, cumpre mencionar que a *capitalização nocional*, conforme o modelo sueco,[1077] seria substitutivo do segundo estágio, portanto, diverso da forma de capitalização defendida no terceiro estágio de proteção social, que prevê um a *capitalização pura*. A razão é simples: uma alteração legislativa no sistema público de previdência brasileiro, por razões históricas e, sobretudo, socioeconômicas, dificilmente se inclinaria pelo regime de *capitalização virtual ou nocional*, cuja atualização periódica resultaria de taxa definida pelo Estado, que levaria em consideração variáveis econômicas, financeiras e demográficas relevantes,[1078] mesmo que ainda garantisse um valor mínimo universal a todos os segurados, tal como proposto pela PEC nº 06/2019, tanto que restou afastado na EC nº 103/2019. O que se aproximaria do modelo chileno, pois também estabelece um valor mínimo de aposentadoria.[1079] O modelo chileno, contudo, ainda se encontra em fase de transição e, nessa qualidade, ainda não é possível levantar notas conclusivas sobre o seu sucesso ou malogro, muito embora seus resultados tenham sido satisfatórios,[1080] sobretudo na formação da poupança líquida e, claro, permitir maiores investimentos do Estado em bens sociais coletivos.

Dessa forma, o convívio entre os dois regimes (RGPS e RPPSU) exige, de modo inequívoco, o reconhecimento do segmento específico das remunerações mais vantajosas e, naturalmente, no qual o esforço contributivo não se espraia na ideia de solidariedade de grupo ou social. O motivo é evidente: não faz o menor sentido que o Estado mantenha, pela via fiscal, um seguro público para concessão de benefícios com valores expressivos, no caso, o RPPSU, pois tal conquista deve advir da projeção econômica do próprio cidadão por meio de regime de capitalização. Ademais, com variabilidade do regime de proteção

---

[1077] CABRAL, 2017, p. 371.
[1078] CABRAL, 2017, p. 371.
[1079] WEINTRAUB, 2007, p. 81.
[1080] TORTUERO PLAZA; AGUILA CAZORLA, 2004, p. 77.

social, pois os estágios são excludentes (primeiro com os demais) e eventualmente cumulativos (segundo com terceiro), torna-se possível promover adaptações nos parâmetros pecuniários em função das dinâmicas laboral e demográfica.[1081]

Em outro norte, se a parcela fixa de remuneração se insere no universo dos benefícios assistenciais e, portanto, independentemente de qualquer esforço contributivo do cidadão, com valor de ½ SM até 1 SM, seguindo a lógica da renda básica, arrimada no direito a um mínimo para uma existência condigna,[1082] o sistema de proteção social pode representar um forte mecanismo de distribuição de renda, com elevação do bem-estar social da população de baixa renda, aliás, como mecanismo adequado de combate à exclusão social e, consequentemente, de inclusão social, mas sem adentrar no equivocado juízo político-ideológico de medida destinada à redução das desigualdades.[1083] Contudo, podendo ocasionar sérios dilemas de ordem comportamental, mormente em países com alto índice de informalidade na economia, tendo em vista a indesejável, mas inevitável, figura do beneficiário carona (*free-rider problem*), mesmo que se defenda que o principal obstáculo à cooperação social esteja na falta de equidade institucional.[1084]

Assim, como a renda básica não seria substitutivo do trabalho, seguindo a premissa da universalidade na necessidade, portanto, com algumas condições de elegibilidade relacionados à vulnerabilidade, deficiência ou idade, portanto, de exclusão,[1085] não haveria substancial censura jurídica diante dos prognósticos da socialidade, mas exigiria um prudente equacionamento fiscal diante da realidade político-econômica, sem prejuízo de alguns reproches de ordem moral relativos à eventual dependência estatal precoce,[1086] mas nada que em ponha em xeque os benefícios da efetiva implementação de renda básica em uma sociedade, sobretudo, pela possibilidade de reintegrar o cidadão no mercado de trabalho,[1087] assumindo, desse modo, uma razão instrumental, sem prejuízo de mecanismos de solidariedade *forçada*, observados os limites mínimos da imposição tributária (artigo 145, § 1º, da CRFB), na tentativa

---

[1081] TINGA; VERBRAAK, 2000, p. 261.
[1082] ANDRADE, 2004, p. 29.
[1083] PIERDONÁ; LEITÃO; FURTADO FILHO, 2019, p. 399.
[1084] ELSTER, 1985, p. 248.
[1085] ATKINSON, 2015, p. 221.
[1086] LOUREIRO, 2010, p. 239.
[1087] TINGA; VERBRAAK, 2000, p. 263.

de desestimular o contingente de *free riders*,[1088] que são alcançados, de todo modo, pelos tributos indiretos.

Vale destacar que esses cuidados decorrem de uma razão bem simples: é dever moral de toda pessoa buscar os meios de seu próprio sustento, de sua própria condição de existência, de modo que nenhum benefício da sociedade deva arrefecer esse ímpeto – que, aliás, assume clara disposição moral diante dos desafios da própria condição humana –, isto é, esse propósito humano de buscar o *sentido existencial* de suas possibilidades de trabalho. Portanto, sem legítimo motivo, ninguém pode julgar-se no direito de exigir da sociedade o seu próprio sustento, isto é, ainda que se defenda de modo diverso,[1089] impõe-se sempre uma questão social relevante, mesmo para *hippies* ou surfistas, que seja justificadora da atenção especial o Estado, justamente por conta da especialidade da situação (im)posta aos cidadãos.

3.1.3.2 Esforço contributivo individual: parcela variável

> *"There is no reason why in a society that has reached the general level of wealth which ours has attained, the first kind of security should not be guaranteed to all without endangering general freedom."*[1090]

Diante das reflexões do tópico anterior, portanto, indo além da discussão sobre o primeiro estágio da solidariedade social (renda básica universal) e o segundo estágio da solidariedade *de grupo* (repartição simples) com financiamento parcial pela via fiscal, é possível sustentar o terceiro estágio amparado exclusivamente no esforço contributivo individual (regime de capitalização), que restou afastada da EC nº 103/2019. Aliás, nos Estados Unidos, é indiscutível o crescimento da regulação dos regimes tradicionais de pensão privada, destoando do desempenho dos tradicionais planos de benefício definido, porquanto cada vez mais esses planos são extintos ou congelados.[1091] Pode-se,

---

[1088] IBRAHIM, 2011, p. 25.
[1089] VAN PARIJS, 1991, p. 130.
[1090] HAYEK, 2001, p. 124.
[1091] ALTMAN, 2009, p. 1.392.

inclusive, apontar uma tendência da financeirização dos sistemas de previdência,[1092] cujas razões não são apenas mercadológicas, mas, sobretudo, estruturais, diante da complexidade da dinâmica demográfica, laboral e fiscal da hipermodernidade.

Aliás, a maior vantagem do regime de capitalização reside, por um lado, na exclusividade nos resultados decorrentes do esforço individual; por outro, a inexistência de responsabilidade do orçamento público pelo eventual pagamento de aposentadorias e pensões vultosas, fato que denuncia uma escandalosa forma de transferência de renda, no entanto, ainda verificada no Brasil, que desprestigia a focalização do gasto público na redução das desigualdades. Todavia, o regime de capitalização gera incerteza sobre o resultado econômico das contribuições, de modo que há quem o considere inconstitucional, caso seja adotado de forma exclusiva no Brasil.[1093] O terceiro estágio, tal como defendido neste livro, não padece desses inconvenientes, porquanto a salvaguarda previdenciária já resta garantida pelos estágios anteriores, evitando-se que o orçamento da União seja onerado excessivamente para manter o padrão remuneratório de servidores públicos.

Em 2017, para ter uma noção da regressividade da previdência pública brasileira, o gasto com o RGPS representou 8,49% do PIB, porém o RPPSU alcançou 1,83%,[1094] portanto, o gasto do RGPS é mais de 4,5 vezes maior que o do RPPSU. Todavia, em dezembro de 2017, o RGPS contemplava 34,5 milhões de benefícios emitidos para pagamento,[1095] enquanto o RPPSU não alcançava sequer 02 milhões de beneficiários. De modo mais claro, em 2017, o valor médio das aposentadorias do RGPS alcançou a inexpressiva importância de R$ 1.290,00, enquanto no RPPSU o valor médio é bem superior, conforme destacado abaixo:[1096]

[1092] COIMBRA, 2016, p. 219.
[1093] IBRAHIM, 2018, p. 41.
[1094] GIAMBIAGI; ZEIDAN, 2018, p. 112.
[1095] BRASIL, 2017, p. 3.
[1096] GIAMBIAGI; ZEIDAN, 2018, p. 110. Vale lembrar que a mesma disparidade também se aplica ao valor médio das pensões do RGPS e RPPSU.

TABELA 1
Valor médio das aposentadorias no RPPSU e Militares

Governo Federal	R$
Executivo (Administração Direta)	7.248,00
Militares	9.693,00
Ministério Público da União	19.128,00
Judiciário	22.336,00
Legislativo	28.882,00

Fonte: Elaborada pelo autor.

Os dados denunciam um indiscutível sistema de privilégios. "A Constituição foi um pacto por mudança, não por manutenção de privilégios: não pode ser usada como escudo para preservar este *status quo*".[1097] Em outro norte, no fluxo contributivo da capitalização, as preocupações são reduzidas em relação à dinâmica demográfica e, claro, sobre a noção de relação de dependência, já que o segurado é o único responsável pela sua *fortuna*. Todavia, a questão do esforço individual pode ser discutida a partir de dois cenários: (a) na definição de novo modelo, de modo alternativo ou não, no que recairia no regime de capitalização; e (b) na reestruturação de modelo vigente, centrada na pretensão de autossustentabilidade do sistema público de previdência, tendo em vista o fluxo contributivo do beneficiário no regime de repartição. A segunda hipótese tem denunciado grande desconfiança, não apenas pelo déficit constante, mas, sobretudo, porque vem mostrando-se incapaz de superar os desafios da dinâmica laboral e, sobretudo, da dinâmica demográfica. Por isso, a primeira hipótese ganhou maior fôlego nas últimas décadas, cuja importância ainda não foi precisamente assimilada pelo regime de proteção social brasileiro. Dessa forma, defende-se uma tripartição de estágios protetivos, nestes moldes:

[1097] TAFNER; NERY, 2019, p. 6.

QUADRO 3
Tripartição de estágios protetivos

Regime	Estágios	Valores	Modelo	Financiamento
Renda Básica	Assistencial/ Público	0,5 SM a 01 SM	Benefício Definido	Fiscal
RGPS/ RPPSU	Previdenciário/ Público	01 SM a 05 SM	Benefício Definido	Contributiva e Fiscal
Capitalização	Previdenciário/ Privado	Indefinidos	Contribuição Definida	Contributiva

Fonte: Elaborado pelo autor.

A toda evidência, tal proposição não contempla as Entidades Fechadas de Previdência Complementar (EFPC), porque seria outro estágio, necessariamente facultativo, paralelo ao sistema PAYG e a Capitalização, que guardaria uma aproximação com modelo PAYG, pois seria mantida a contribuição de patrocinadores, portanto, não dependeria apenas da contribuição de servidores ou empregados. Compreende-se que esse modelo, embora adotado no Brasil, não merece prosperar. Explica-se: a EFPC é, por definição, uma redundância, pois ainda mantém a canalização de recursos da via fiscal, que deveriam ser aplicados em outras áreas da socialidade, com o fundado propósito de manter o padrão remuneratório dos proventos de servidores que, não raramente, ganham mais de 10 (dez) vezes[1098] os valores de profissional equivalente da iniciativa privada. Como o aporte contributivo das entidades públicas (artigo 6º, § 1º, da Lei Complementar nº 108/2001), na condição de entidade patrocinadora, é suportado por toda a sociedade, não há dúvida de que a EFPC é uma forma regressiva de distribuição de renda.

Desse modo, revela-se mais adequado aumentar o valor do teto do regime de repartição (PAYG), mas antes, até porque tem amparo constitucional (artigo 202 da CRFB), é necessário repensar o papel da EFPC, pois traduz uma forma *anômala* de capitalização financiada parcialmente pela sociedade, mas que só contempla servidores e empregados públicos e, mesmo assim, apenas para os que ganham acima do teto do RGPS (artigo 1º, § 2º, da Lei nº 12.618/2012). Quando se defende uma equivalência protetiva entre o RGPS e o RPPSU, não há como admitir tamanha diferença de tratamento, especialmente

---

[1098] TAFNER; NERY, 2019, p. 185.

quando países da América Latina, o que também se aplica com relação ao resto do mundo, não contemplam, após a proteção previdenciária básica, o ingresso de recursos públicos para manutenção de sistema de previdência complementar.[1099]

Assim sendo, o questionamento sobre a extinção da Previdência Complementar, para além da complexidade na eventual instituição de regra de transição, e mesmo a disposição política de sua superação, denuncia, desde logo, que as opções tomadas pelo governo brasileiro não levaram em consideração o tratamento equitativo entre trabalhadores do setor público e privado, bem como a tendência mundial nos sistemas de previdência. Aliás, a anacrônica distinção entre os regimes, muito embora destituída de qualquer fundamento técnico,[1100] ainda se encontra presente, mesmo após a EC nº 103/2019, com a manutenção do sistema de previdência complementar. Tal fato comprova o poder das corporações públicas no rateio do orçamento do Estado e, para tanto, bastaram arvorar, e isso tem sido feito com regular presteza, a tese de que estão defendendo um direito social, porém esse direito, tenho em vista o modo do seu exercício, não parte de qualquer critério isonômico na aplicação de recursos públicos, mas, tão somente, na prevalência de interesses de grupos organizados em detrimento de toda a sociedade.

3.1.3.3 Esforço contributivo conjuntural ou esforço contributivo estrutural

> *"A sustentabilidade é um critério que pode levar, deixando intocado o mínimo para uma existência condigna e respeitado os princípios da proporcionalidade e da igualdade, a uma redução global das pensões na hipótese de, apenas desse modo, se assegurar a capacidade funcional do sistema de previdência."*[1101]

[1099] PULINO, 2013, p. 77.
[1100] IBRAHIM, 2011, p. 92.
[1101] LOUREIRO, 2010, p. 129-130.

Para além da perspectiva individual, que compreende apenas uma parcela da base de financiamento da seguridade social (artigo 195 da CRFB), cumpre, ainda, pontuar a importância do esforço contributivo em uma perspectiva estrutural, isto é, que contemple indistintamente todos os membros da comunidade política, no qual vai demandar uma forma de financiamento de caráter mais geral, portanto, algo próximo da figura dos impostos, que é típico de sistema de financiamento não contributivo, porém o sistema de financiamento brasileiro é tipicamente contributivo,[1102] pois os recursos orçamentários não têm a mesma importância que dispõem no sistema de financiamento não contributivo,[1103] muito embora essa assertiva deva ser contemporizada em função dos crescentes recursos do orçamento fiscal destinados ao orçamento da seguridade social.

Assim, se o déficit público compreende um desafio de ordem estrutural, então, nada mais lógico que a dinâmica de esforço para superá-lo também seja estruturalmente ordenada. Por isso, pensar uma política de financiamento da previdência social, em uma solidariedade nacional, compreende seus riscos, porquanto não pode ser desprezada a possibilidade de uma cultura de dependência e, consequentemente, de não responsabilização e manipulação, inclusive com possibilidade de manutenção e reprodução da pobreza.[1104] A questão é ainda mais preocupante quando boa parte da sociedade não se insere em outros moldes de proteção previdenciária, o que é o caso de considerável parcela da PIA brasileira, fazendo com que qualquer modelo estrutural de caráter não contributivo possa assumir ares meramente assistencialescos. Desse modo, qualquer proposta abrangente de *rendimento de cidadania*, diferentemente do que se possa imaginar,[1105] seria extremamente estigmatizante, porque, para além da superação dos dilemas relacionados aos parâmetros de controle, existiria a inevitável suspeita de grupos sociais entregues à dependência financeira do Estado e, consequentemente, das investidas eleitoreiras dos governantes. A sustentabilidade do *rendimento de cidadania*, por meio de impostos, não afastaria os questionamentos sobre os efeitos concretos da proteção social em face de outros modos de entrega de bens sociais coletivos, aliás, é essa desconfiança que revela a própria necessidade de resultados da ação pública.

[1102] CASTRO, 2001, p. 42.
[1103] CASTRO; LAZZARI, 2001, p. 42.
[1104] LOUREIRO, 2014, p. 87.
[1105] LOUREIRO, 2014, p. 116.

Em outro giro, o pensamento sobre o esforço contributivo em uma perspectiva conjuntural, portanto, contingencial, diante dos eventos cíclicos da economia global ou das convergências econômicas infelizes da realidade brasileira, pouco contribui para a racionalidade de qualquer regime de previdência – ainda que possa representar um socorro fiscal imediato e necessário diante de compromissos fiscais do Estado –, pois se limita à superação de crônico dilema fiscal do fenômeno e não propriamente à definição de modelo que seja sustentável, financeira e atuarialmente, diante dos inevitáveis conflitos intergeracionais. Daí a importância de trabalhar adequadamente a dinâmica demográfica, pois, com o aumento das despesas de saúde (longevidade sustentada), a perspectiva de baixo crescimento econômico e a mudança na composição da PIA,[1106] a questão previdenciária se insere no centro dos dilemas fiscais do Estado, seja pela via contributiva, seja pela via fiscal.

De qualquer maneira, uma coisa se revela inevitável, a saber, é preciso levar a sério o esforço contributivo individual, tornando, assim, o sistema de previdenciário efetivamente contributivo – inclusive, para fins de eventuais revisibilidade dos benefícios já concedidos –, contemplando-o com níveis diversos de contributividade, sem prejuízo de mecanismo de proteção social, por meio de renda mínima, sem viés contributivo. Contudo, a questão de fundo sobre a matéria gira em torno da possibilidade de alteração de cálculo de benefícios concedidos, justamente porque encerra uma temática de relevo constitucional, inclusive como expressão da segurança jurídica no seu aspecto objetivo, a saber, os direitos adquiridos. Logo, antes mesmo de qualquer questionamento sobre o recálculo dos benefícios concedidos diante de alterações legislativas pretensamente estruturais, impõe-se a revisão da perspectiva imunizadora dos direitos adquiridos, mormente quando reforçada pelo aspecto subjetivo da segurança jurídica, qual seja, o princípio da proteção da confiança.

Aqui, em perspectiva institucional diversa, porém mais sensível às adversidades fiscais, vale pontuar que o reforço normativo-principiológico da segurança jurídica tem afastado muitas pretensões de alteração no valor dos benefícios concedidos – como bem evidencia a dinâmica argumentativa ventilada no Acórdão nº 862/2013 do TCP,[1107] a despeito de clara deferência à situação de crise fiscal –, porém, tal entendimento deixa patente uma verdade inconveniente: *sacrifique os que virão em nome da justiça*. Assim sendo, impõe-se a seguinte objeção: se a

---

[1106] GIAMBIAGI, 2017, p. 13.
[1107] PORTUGAL, 2013.

regra concessiva do parâmetro de cálculo da aposentadoria ou pensão se revela inadequada, notadamente, por razões econômicas, financeiras, laborais ou demográficas, então, toda alteração posterior não pode atingir seus objetivos – independentemente do caráter estrutural da reforma legislativa – sem interferir diretamente na própria forma de composição dos benefícios, isto é, não há como corrigir as distorções sem alterar os parâmetros de cálculo, ainda que isso seja realizado por meio de reforma conjuntural. Ademais, o parâmetro de cálculo do benefício não se torna menos injusto diante de reforma conjuntural e, curiosamente, mais justo diante de reforma estrutural.

Desse modo, o que se deve discutir é a proporcionalidade ou razoabilidade dessa alteração, sem que, *a priori*, seja determinada sua viabilidade. Em resumo, em um regime de repartição, não há como alcançar a importância do esforço contributivo individual, em uma lógica conjuntural ou estrutural, sem possibilitar uma revisão dos parâmetros que reproduzem o desequilíbrio financeiro no sistema previdência entre as gerações. Por isso, revela-se tão importante a incorporação de mecanismos que melhor compartilhe os riscos entre as diversas gerações envolvidas, até porque a adesão à realidade não costuma chegar sem grande desassossego com relação ao próprio futuro do sistema de previdência.[1108]

3.1.3.4 A dinâmica judicial: a extensibilidade das prestações na seguridade social

> *"Naturalmente, a mutação de regras abstratas difere do aviltamento de benefícios já concedidos ou para direitos já agregados ao patrimônio jurídico da pessoa. Em tais situações, o direito adquirido deve ser, como regra, observado, mas não de forma insuperável. Em uma sociedade em que nem mesmo a vida é um valor absoluto, não faria sentido rotular os direitos sociais, seja qual for a origem ou finalidade, com tamanha importância."*[1109]

[1108] CABRAL, 2017, p. 385.
[1109] IBRAHIM, 2011, p. 159.

A proteção constitucional dos direitos sociais por meio de um *padrão jurídico de controle judicial de normas*,[1110] sobretudo, nos processos ordinários de intervenção legislativa, representa uma inegável conquista da sociedade, especialmente para os segmentos sociais que dispõem da jurisdição constitucional para resolução dos seus conflitos, pois, nos demais casos, os benefícios ou malefícios da atuação judicial são geralmente reflexos da contenda processual de terceiros.

Todavia, o papel da atuação do Poder Judiciário na promoção da proteção social também comporta os seus riscos, especialmente quando já existe um extenso rol de direitos sociais no próprio texto constitucional. Aliás, diante de tantas convenções sobre direitos humanos, e *tratados comunitários*, que é praticamente impossível que um país não tenha vinculado a uma *declaração* de direitos fundamentais. Logo, a construção jurisprudencial dos direitos, amparando-se em um *fator de interpretação normativa* que leve à solução mais favorável aos direitos fundamentais,[1111] exige redobrados cuidados, não apenas em função da racionalidade limitada dos julgados[1112] ou dos custos decorrentes dos propósitos protetivos da correção judicial, no que compreende uma legítima priorização dos valores defendidos em uma sociedade plural, uma vez que não há opções neutras, mesmo no reino das *virtudes passivas*, no deslinde dos conflitos sociais abrangentes,[1113] mas, principalmente, porque não há como limitar, por meio de mecanismos de contenção orçamentária, *v.g.*, artigo 195, § 5º, da CRFB, uma nova configuração dos direitos sociais à revelia do Parlamento.

Aliás, esse importante mecanismo de contenção dos gastos e, portanto, de equilíbrio no sistema de previdência, encontra sua matriz legislativa no artigo 157, § 2º, da Constituição de 1946,[1114] nestes termos: "[n]enhuma prestação de serviço de caráter assistencial ou de benefício compreendido na previdência social poderá ser criada, majorada ou estendida sem a correspondente fonte de custeio total".[1115] Tal regra, ao longo do tempo, tanto tem sido cada vez mais clara quanto desrespeitada pelo Congresso e, mais recentemente, pelo Poder Judiciário.

Nesse contexto, as projeções financeiras do sistema público de previdência são seriamente comprometidas diante da dinâmica

---

[1110] ANDRADE, 2015, p. 27.
[1111] ANDRADE, 2015, p. 27.
[1112] BENVINDO, 2010, p. 373.
[1113] BICKEL, 1986, p. 111 e seg.
[1114] IBRAHIM, 2011, p. 83.
[1115] BRASIL, 1946.

extensiva dos direitos legislados, portanto, judicialmente ampliados, porque faz exsurgir uma nova ordem de demandas que apenas aprofundam os prognósticos de crise financeira do RGPS ou RPPSU, inclusive mitigando a importância do princípio da seletividade nos serviços e benefícios do sistema de previdência.[1116]

Assim, a lógica expansionista dos custos não é difícil de entender: a progressão dos benefícios não decorre necessariamente da delimitação jurídica dos seus termos, pretensamente salvacionista da socialidade em uma sociedade hipermoderna, mas das possibilidades terapêutico-tecnológicas de seu gozo; logo, e apenas a título de exemplificação, os custos dos benefícios e serviços temporários, geralmente associados à incapacidade laboral, estão vinculados à dinâmica evolutiva do *estado da arte* sobre o tratamento adequado dos dilemas existenciais dos segurados, gerando, assim, indeferimentos administrativos e, mais adiante, inevitáveis discussões em sede judicial. No campo da saúde, a questão é simplesmente exasperadora, pois a judicialização da saúde atingiu níveis de verdadeira *esclerose institucional*.[1117]

Na assistência social, a questão pode traduzir uma incoerente superposição decisória do próprio STF. É o que se observa no critério adotado para concessão de BPC, que é previsto no artigo 20, § 3º, da LOAS, que reconhece a hipossuficiência econômica da pessoa com deficiência ou do grupo familiar quando a renda *per capita* seja inferior a ¼ do SM. Em 1998, o exigente critério legal foi escrutinado na ADI nº 1.232/DF,[1118] porém a ação foi julgada improcedente, pois, nos termos do artigo 203, inciso V, da CRFB, cabia ao Parlamento, por meio lei, estabelecer o critério adequado para aferição de miserabilidade diante das possibilidades político-financeiras do Estado.

Porém, na Reclamação nº 4.374/PE,[1119] o STF declarou a inconstitucionalidade parcial, sem pronúncia de nulidade, do artigo 20, § 3º, da LOAS, reconhecendo a existência de notórias mudanças fáticas, a saber, políticas, econômicas, sociais e jurídicas, a saber, novos programas assistenciais com parâmetros mais elásticos, que permitem a relativização do critério da renda *per capita*. No horizonte da política judiciária, o julgado não poderia ter sido mais danoso, porque estimula uma desmedida litigância judicial, que teria a obrigação de reduzir, em função

---

[1116] LEAL; PORTELA, 2018, p. 46.
[1117] BARROSO, 2007, p. 52.
[1118] BRASIL, 1998.
[1119] BRASIL, 2013.

dos aspectos imperiosamente objetivos da decisão administrativa, até porque o artigo 20, § 3º, da LOAS, continua em vigor, fazendo com que o parâmetro decisório do INSS sempre seja alvo de desconfiança ou mesmo arbitrariedade, a despeito de apenas aplicar um critério legal.

De qualquer sorte, o que a *evolução* interpretativa não esclarece é a utilidade de determinado critério que pode ser superado, caso a caso, em função de parâmetro comparativo com programas assistenciais com destinatário, propósito e extensão totalmente diferentes dos cotejados pela LOAS. Ademais, com o julgamento do RE nº 587.970/SP,[1120] no qual o princípio da dignidade humana campeou efusivamente na senda argumentativa dos julgadores, além de brasileiros natos e naturalizados, o BPC também beneficia os estrangeiros residentes, o que pode aumentar sensivelmente os custos com a assistência social, especialmente diante de flagelos migratórios decorrentes de projetos políticos autoritários e fracassados de países vizinhos, no que se notabiliza a atual ditadura venezuelana. Dessa forma, o princípio da reserva do [financeiramente] possível ganha capital importância, pois a exigibilidade dos direitos não pode ir além daquilo que possa ser razoavelmente exigido da sociedade. "Em suma, *só é obrigatório o que seja possível, mas o que é possível torna-se obrigatório*".[1121] Portanto, trata-se de necessário equacionamento dos condicionamentos político-econômicos da sociedade diante das legítimas reivindicações dos cidadãos, convocando, assim, as bases decisórias decorrentes do princípio democrático.

Portanto, deve-se advertir que a lógica da viabilidade fático-normativa, em qualquer caso, se *rende* – ou melhor, reconhece, diante de demorados juízos de ponderação – às possibilidades financeiras de cada país ou, de modo mais claro, de cada sociedade,[1122] que não entregou na atuação judicial – a pretexto de resguardar pessoas vulneráveis ou racionalizar o sistema de proteção social – o poder de mensurar, em termos financeiros, os custos de implementação dos direitos positivos, pois tal tarefa é do legislador[1123] – sobretudo, do executivo –, cujos resultados dos juízos analíticos da atividade legislativa, a despeito de serem escrutinados pelo Poder Judiciário, não podem ser preteridos ou desprezados pela atuação judicial.

[1120] BRASIL, 2017.
[1121] MIRANDA, 2012, p. 495.
[1122] MIRANDA, 2012, p. 499.
[1123] PIERDONÁ, 2019, p. 178.

3.2 Conclusões preliminares

> *"[...] se a construção do sistema de previdência social obedece a uma lógica seguradora, e não a uma lógica de investimento financeiro ou de poupança individual, é difícil de entender a legitimação de um sentimento de propriedade do beneficiário sobre determinado montante de benefício."*[1124]

A dinâmica discursiva entre direitos adquiridos e sustentabilidade previdenciária é de nítido enfrentamento teórico-normativo em que o antagonismo das posições pode esconder consequências graves para o sistema público de previdência. Não se discute a legitimidade dos defensores da teoria imunizadora,[1125] nem mesmo as razões egoísticas em que se assentam os propósitos da petrificação das relações jurídico-previdenciárias, a questão adentra outro universo discursivo: não se afigura coerente reconhecer uma injusta distribuição de riscos compartilhados entre as gerações, mas defender ardorosamente os direitos adquiridos, porquanto seria o mesmo que emprestar uma superposição jurídico-normativa da teoria imunizadora (artigo 5º, inciso XXVI, da CRFB), como que exigindo uma retórica conformista na defesa da justiça intergeracional, mesmo que isso implique o aprofundamento da crise financeira do sistema público de previdência e, com isso, a redução ou mesmo perda da capacidade funcional do RGPS ou RPPS (artigos 40 e 201 da CRFB).

Aqui, entra em cena o enfrentamento da questão: (a) em um cenário de emergência financeira; ou (b) em uma ambiência reflexiva dos seus efeitos à luz da justiça intergeracional. Esta hipótese, que é a defendida nesta obra, não parte de juízos analíticos abstratos, mas de dados concretos arrimados na dinâmica demográfico-laboral e nos processos econômicos. Tal perspectiva não encabeça a lógica do *isolacionismo geracional*,[1126] que é evidente a partir da teoria imunizadora, pois reconhece o inevitável *interacionismo geracional* e, desse modo,

---

[1124] COIMBRA, 2018, p. 32.
[1125] MELLO, 2006, p. 16.
[1126] CABRAL, 2017, p. 394.

não busca qualquer expansão da dinâmica contributiva das gerações atuais, mas, tão somente, evitar, do modo mais prudente possível, e partir de evidências financeiras e atuariais, que as gerações futuras, cujo parâmetro contributivo nada faz sugerir que será menor que das gerações passadas, não possam dispor de adequado nível de proteção social. Dito de outro modo, a pretensão de equilíbrio possível entre as gerações não convoca qualquer necessidade ou possibilidade de sobrecarregar a dinâmica contributiva das gerações passadas ou mesmo atuais. Aliás, isso resulta bem evidente em um cenário de emergência financeira, que é objeto de discussão no julgado analisado a seguir.

3.2.1 Jurisprudência selecionada

> *"The idea of a society binding itself against certain legislative acts in the future is problematic in cases where members disagree with one another about the need for such bonds, or if they agree abstractly about the need but disagree about their content or character. It is particularly problematic where such disagreements can be expected to persist and to develop and change in unpredictable ways. And it becomes ludicrously problematic in cases where the form of precommitment is to assign the decision, procedurally to another body, whose members are just as torn and just as conflicted about issues as the members of the first body were."*[1127]

Toda construção jurisprudencial relevante exige o reconhecimento dos limites objetivos da disciplina jurídica no tempo, o que é algo bem diferente de desprezar um *compromisso constitucional*, mormente quando esse compromisso expressar uma cláusula pétrea, no que bem exemplifica a problemática dos direitos adquiridos. Aliás, não se discute que o núcleo essencial do texto constitucional deva ser mantido – o que

---

[1127] WALDRON, 1999, p 270.

é algo mais abrangente que a ideia de cláusulas pétreas –, sem que isso represente um obstáculo intransponível às eventuais obtemperações de ordem estrutural-organizativo da constituição; por isso, no âmbito das imperiosas adaptações jurídicas à vivência constitucional, as alterações formais ou as mutações constitucionais dão o tom da evolução parlamentar-doutrinária da problemática constitucional.[1128]

De todo modo, as *circunstâncias de políticas*,[1129] para o bem ou para o mal, são incompatíveis com regramentos definitivos e, portanto, com a hipótese de *arranjos constitucionais* não ponderáveis diante dos obstáculos fático-normativos no caso concreto. Afinal, os desacordos sinceros de gerações passadas pressagiam irrazoabilidade decisórias nas gerações futuras,[1130] porquanto a retidão dos prognósticos normativos afasta as melhores opções diante do fluxo argumentativo não estritamente jurídico, o que reforça a compreensão de que a teoria constitucional não pode conviver adequadamente por meio de compromissos definitivos sobre problemas políticos, nos quais há profundos e crescentes dissensos na sociedade.[1131]

Nesse sentido, tendo em vista a jurisprudência da crise em Portugal, ocorrida no período de 2011 a 2014, resulta importante destacar alguns pontos relevantes do Acórdão nº 862/2013 do TCP, pois, diante de comprovada emergência econômico-financeira, denuncia os limites da teoria imunizadora dos direitos adquiridos, mas, por outro lado, coloca o princípio da proteção da confiança no pedestal jurídico da proteção social, nestes termos:

(a) a jurisprudência de crise tem sido pródiga em acenar novos cenários da crise, mas franciscana na adoção de medidas na crise ou, de modo mais preciso, no reconhecimento de vias normativas compatíveis com os dilemas da emergência econômico-financeira. Aqui, não se trata propriamente de crítica à atuação da corte constitucional, pois é mais adequado que ela resista à tentação *voluntarista* sobre questões que vão muito além dos institutos jurídicos ventilados no catálogo processual;

(b) no acórdão, relatado pelo Conselheiro Lino Rodrigues Ribeiro, discutiu-se a constitucionalidade, a partir do contexto

---

[1128] BOTELHO, 2017, p. 190.
[1129] WALDRON, 1999, p. 270.
[1130] WALDRON, 1999, p. 274.
[1131] WALDRON, 1999, p. 281.

geral relacionado à convergência de regimes no sistema público de previdência português,[1132] do corte de 10% nas pensões de aposentação, reforma e invalidez, bem como das pensões de sobrevivência, todos da CGA, que é o regime dos servidores públicos. Tendo em vista a pretensão legislativa, foram ventilados os seguintes obstáculos: (1) os princípios da unidade do imposto sobre o rendimento, da capacidade contributiva, da progressividade e da universalidade (artigo 104, nº 1, da CRP); (2) princípio da igualdade (artigo 13, nº 2, da CRP); e (3) princípio da proteção da confiança em conexão com o princípio da proporcionalidade (artigo 2º da CRP). A análise que interessa à investigação se limita, basicamente, a dois pontos: (1) direitos adquiridos; e (2) proteção da confiança, porquanto a proporcionalidade, como parâmetro autônomo de análise, não representa um dos objetivos desta investigação, sem prejuízo, claro, de eventuais considerações;

(c) afastada a tese de que a redução teria o caráter de imposto (artigo 104 da CRP), o acordão destaca, por meio dos princípios da solidariedade e da justiça intergeracional, a relativização da teoria imunizadora dos direitos adquiridos nestes termos:

> [...] redução das pensões poderia ser configurada como uma *contribuição para a segurança social*, um esforço que os atuais pensionistas fariam para a autossustentabilidade do sistema. Apesar de aposentados, seria ainda a relação jurídica sinalagmática estabelecida entre a obrigação legal de contribuir e o direito à pensão que justificaria a possibilidade de redução da pensão, num contexto económico em que as contribuições dos atuais subscritores são insuficientes para autofinanciar o sistema previdencial. Se neste sistema as receitas devem provir, maioritariamente, dos beneficiários, então pode aceitar-se que, em caso de desequilíbrio entre contribuições e prestações, os atuais pensionistas também contribuam para garantir a sua solvabilidade, sob pena de se transformar em sistema não contributivo.
>
> [...]
>
> A desproporção que o sistema de repartição pode gerar entre contribuições e prestações poderia constituir fundamento para que os atuais pensionistas colaborassem, através da diminuição do montante das pensões, no reequilíbrio do sistema. Assim, poderia concluir-se que a redução de pensões assumia a natureza

---

[1132] Acórdão nº 862/2013, nº 07 a 10.

de contribuição para a segurança social, um tributo de natureza idêntica às quotizações que efetuam os atuais subscritores e futuros pensionistas.[1133]

(d) ainda que o acordão tenha concluído pela inconstitucionalidade da redução, é digna de nota a permissividade dos cortes, contanto que seja observado o caráter estrutural da proposta legislativa, bem como os princípios da igualdade, proporcionalidade e proteção da confiança. Vale lembrar que este livro não defende apenas a juridicidade de eventual redução (contribuição social) ou recálculo (adequação de valores) de aposentadorias e pensões, seja para superar eventual crise econômico-financeira quando o sistema de previdência é dependente do orçamento público, seja para manter a capacidade funcional do sistema de previdência, vai mais além, convenciona que a teoria imunizadora dos direitos adquiridos representa um verdadeiro catalisador de crises econômico-financeiras ou de insustentabilidade dos regimes de previdência e, portanto, revela-se imprestável à regular disciplina protetiva das relações jurídico-previdenciárias, mormente no caso brasileiro, pois a rigidez dos seus propósitos representa tanto uma injusta forma de transferência de encargos entre as gerações quanto um engessamento das possibilidades de investimento do Estado. A teoria imunizadora, portanto, não corporifica apenas um obstáculo às reformas previdenciárias, ela também é causa dos eventos que acarretam as pretensões de inovação legislativa. Por isso, se revela categórica a seguinte assertiva:

> Assim, o legislador não está proibido de alterar a forma como materializa o direito à pensão, podendo alterar ou até mesmo reduzir o seu montante, tendo em consideração a evolução das circunstâncias económicas ou sociais, estando embora proibido de eliminar o instituto "pensão de reforma, aposentação, invalidez e sobrevivência" ou, ainda, o seu conteúdo essencial.[1134]

[1133] Acórdão nº 862/2013, nº 16, itálico no original.
[1134] Acórdão nº 862/2013, nº 24.

(e) contudo, admitindo-se a relativização da teoria imunizadora dos direitos adquiridos, isto é, "o respeito pelo direito à pensão não significa necessariamente que o valor da pensão seja intangível, pois mesmo verificando-se os pressupostos exigíveis para a tutela da confiança, a relevância do *interesse público* pode justificar alterações legislativas",[1135] o TCP não afasta a possibilidade declaração de inconstitucionalidade de lei por violação do princípio da proteção da confiança.[1136] Esse sistema aberto de possibilidades decisórias pressupõe um sofisticado processo de ponderação em face de complexo mosaico de inferências fático-normativas, notadamente de cunho principiológico, para determinar a viabilidade constitucional de quaisquer alterações legislativas. A questão, portanto, ganha uma dinâmica decisória que não depende apenas da efetiva comprovação (1) de crise econômico-financeira ou (2) da ausência de sustentabilidade de regime previdência, pois o teor da proposição legislativa não se sustenta a partir da evidência dos limites fiscais do Estado, impõe-se mais: ela deve superar o escrutínio dos princípios da proteção da confiança, proporcionalidade e igualdade, cujos parâmetros discursivos são variáveis em função do texto (proposta legislativa) e do contexto (realidade fiscal);

(f) a proteção da confiança, que é objeto de maior discussão jurisprudencial no próximo capítulo, assumiu notas conclusivas no acórdão, nestes termos:

> Por tudo o exposto, é de concluir que a violação das expectativas em causa – especialmente relevantes, atento o facto de assentarem em pensões já em pagamento, e atento ainda o universo de pessoas abrangidas –, só se justificaria eventualmente no contexto de uma reforma estrutural que integrasse de forma abrangente a ponderação de vários fatores. Só semelhante reforma poderia, eventualmente, justificar uma alteração nos montantes das pensões a pagamento, por ser acompanhada por outras medidas que procedessem a reequilíbrios noutros domínios. Uma medida que pudesse intervir de forma a reduzir o montante de pensões a pagamento teria de ser uma medida tal que encontrasse um forte apoio numa solução sistémica, estrutural, destinada efetivamente

---

[1135] Acórdão nº 862/2013, nº 28, itálico no original.
[1136] Acórdão nº 862/2013, nº 26.

a atingir os três desideratos acima explanados: sustentabilidade do sistema público de pensões, igualdade proporcional, e solidariedade entre gerações.[1137]

(g) a transcrição apresenta uma expressão curiosa: *acompanhada por outras medidas que procedessem a reequilíbrios em outros domínios*. Aqui, é necessária uma objeção: se a proteção da confiança exige a *intervenção equilibrante* em outros domínios da socialidade para, só assim, consentir com eventual alteração legislativa, então, o TCP, a depender dos parâmetros de reequilíbrio protetivo, criou uma *nova teoria imunizadora*, inclusive com efeitos ainda mais abrangentes que os decorrentes dos direitos adquiridos, pois não se prende aos termos da relação jurídica concreta, espraiando-se, assim, por todos os domínios da socialidade;

(h) nesse ponto, a questão da *reforma estrutural* em contraposição à mera *alteração conjuntural* vai muito além da capacidade de as autoridades político-administrativas pautarem propostas legislativas pretensamente abrangentes e justas, porque: de um lado, reformas estruturais não trazem resultados imediatos e, em alguns casos, até podem aprofundar a crise fiscal do Estado; por outro, alterações conjunturais são inevitáveis quando os níveis de endividamento público acenam para o colapso fiscal do Estado, de maneira que uma realidade não é independente da outra. Em termos previdenciários, a insuficiência financeira do Estado comporta dois momentos bem definidos: (1) *a contenção imediata de dívida*, geralmente decorrente de encargos constantes e crescentes ou simplesmente inesperados, exigindo *alterações conjunturais e lineares*, portanto, sem maiores aprofundamentos em função dos seus prementes objetivos, que é o caso típico de redução de valores nominais de aposentadorias ou pensões, ainda que isso não signifique que ela seja indiferente à justiça fiscal ou contributiva; (2) *a contenção mediata de dívida*, na qual a ordenação das despesas do Estado compreende um contínuo fluxo de recursos, cuja projeção advém da adoção de modelos adequados de controle de receita e despesa a partir de *reformas estruturais e angulares*, equilibrando todo o espaço da ação

---

[1137] Acórdão nº 862/2013, nº 45.

pública em função de prioridades da execução orçamentária, de maneira que os arranjos normativos decorrem de demoradas reflexões quem ensejam uma intervenção legislativa abrangente, que comporte soluções em longo prazo e, sobretudo, prestigiando a justiça fiscal e contributiva em uma perspectiva intertemporal, o que pode desaguar na proposição de novos parâmetros de cálculo (recálculo) das aposentadorias e pensões, inclusive em função do histórico de contribuição do beneficiário. Desse modo, a *contenção imediata de dívida* não dispõe de tempo para aguardar o resultado virtuoso de eventual estabilidade financeira do Estado; já a *contenção mediata de dívida*, por sua própria natureza, consegue promover um fluxo de contenção de despesas longo e progressivo;

(i) por isso, apesar de o acordão destacar a importância de *norma de transição*,[1138] o fato é que seus termos e a sua extensão vão depender mais da premente necessidade fiscal do Estado que propriamente de juízos analíticos sobre a sua correção material, daí a compreensão de que a mera alteração conjuntural não expressa propriamente qualquer arbítrio do Poder Público, mas limites impostos pela força implacável dos fatos, justamente para evitar eventos mais desastrosos, tais como a moratória de dívidas e o atraso no pagamento de aposentados, pensionistas, servidores e fornecedores; e

(j) por fim, ao ponderar sobre a *solidariedade sistêmica*,[1139] o acórdão parece desconsiderar que o acréscimo de novos encargos para determinados beneficiários de regime de previdência não representa uma quebra na dinâmica unificadora dos encargos nos regimes de previdência, mas o reconhecimento de que as distorções remuneratórias podem justificar maiores sacrifícios de beneficiários com maior padrão pecuniário nos proventos, notadamente quando essas contribuições se destinarem à manutenção do próprio sistema de previdência. Assim, na declaração de voto, em conjunto, das Conselheiras Maria de Fátima Mata-Mouros e Maria José Rangel de Mesquita, cumpre destacar esta importante advertência:

[1138] Acórdão nº 862/2013, nº 44.
[1139] Acórdão nº 862/2013, nº 42.

A lógica ou a racionalidade sistémica é, portanto, de repartição e não de capitalização. Ora, o critério de repartição assenta num princípio de solidariedade, que convoca a responsabilidade coletiva na realização das finalidades do sistema. A contribuição do conjunto de pensionistas da CGA abrangidos pelas medidas para assegurar a sustentabilidade do sistema de pensões ainda encontra, pois, justificação no princípio da solidariedade intra e intergeracional que também deve ser tido em conta neste âmbito. O sistema público de pensões assenta numa ideia de solidariedade e igualdade social. E esta solidariedade conforma a afetação dos recursos.[1140]

Desse modo, tal como ventilado pelas Conselheiras acima mencionadas, o resultado do acórdão teria sido [mais] aceitável diante de [eventual] violação do princípio da proporcionalidade, porquanto, a partir dos parâmetros estabelecidos nas normas consideradas inconstitucionais, a redução dos valores dos benefícios poderia ultrapassar o limite aceitável, portanto, corporificando um encargo excessivo, de sacrifício imposto aos cidadãos mais desfavorecidos.[1141]

Como as diferenças remuneratórias são inevitáveis, e mesmo aconselháveis em função da complexidade das atividades exercidas e sua correspondente dinâmica de responsabilidade funcional, senão se imporia uma igualdade por baixo, sempre existirá um grupo de pessoas, seja na previdência pública (RPPS), seja na sociedade em geral (RGPS), que pode ser alvo de maior sanha arrecadatória do Estado. É nesse contexto que assoma em importância a discussão sobre o fluxo contributivo dos trabalhadores para seus respectivos regimes previdenciários e, claro, os limites da atuação estatal na imposição das alíquotas. O que resta muito claro é que uma pressão fiscal grave, gerada por convergências econômicas desfavoráveis, mormente quando são demoradas no círculo das relações globais ou regionais, abala o sistema de direitos dos regimes previdenciários, vulnerando, assim, a garantia constitucional ou legal da estabilidade das relações jurídicas, por força de julgado constitucional com efeitos jurídicos abrangentes, como bem denunciou o caso português, a despeito da transitoriedade das medidas adotadas.

[1140] Acórdão nº 862/2013, nº 5.5.
[1141] Acórdão nº 862/2013, nº 1.1.

3.2.2 Proposições

> *"Os direitos adquiridos se põem como muralha defensiva de certos interesses adquiridos e protegidos por um complexo de normas que, sem chegar a violar diretamente a Constituição, com ela não se compagina por permitir a construção de guetos de privilégios ou por ampliar as distâncias das fortunas. A Constituição como 'reserva de justiça' e como guia de construção de uma sociedade livre, justa e solidária não daria a essa legalidade de fachada."*[1142]

A crítica contra a teoria imunizadora dos direitos adquiridos, sobretudo, no que concerne à defesa do seu caráter absoluto e atemporal, não representa a superação de mecanismos legais de proteção social, o que seria um vexado absurdo. Defende-se, tão somente, a providencial inserção no círculo das ponderações jurídicas a relativização dos direitos adquiridos – relativo, mas, ainda assim, segurança jurídica –, tendo em vista as reais possibilidades financeiras do Estado – que, por definição, é precedida de dinâmica atuação de agentes sociais que se encontram fora dos domínios da ação pública –, de maneira que o resguardo protetivo dos princípios jurídicos se encontre devidamente assegurado, mormente dos princípios da proteção da confiança, proporcionalidade e igualdade, que tem particular importância em função de eventual recálculo redutor no valor dos benefícios, com particular destaque ao esforço contributivo dos segurados.[1143]

Aliás, o tratamento absoluto dos direitos adquiridos em matéria previdenciária, portanto, imunizador de qualquer juízo ponderativo sobre as reais possibilidades de sua manutenção, reafirmando a lógica de que os fatos de ordem econômico-financeira estão sempre *disponíveis* à lei parlamentar, mas que, paradoxalmente, ela só poderá gerar efeitos *ex nunc*,[1144] tem castigado a racionalidade dos sistemas de previdência. Desse modo, resulta pertinente apresentar as seguintes preposições:

[1142] SAMPAIO, 2005, p. 124.
[1143] LOUREIRO, 2013, p. 630.
[1144] SAMPAIO, 2005, p. 175.

(a) *da força normativa dos fatos* – a tentativa de promover a superposição da normatividade sobre a facticidade é ingloriosa, porque tende a fragilizar a própria normatividade. O reconhecimento das garantias jurídicas, quando destituídas de sólidas bases materiais para sua consecução, tende a exigir reforços de natureza judicial que promove, quase que invariavelmente, a exasperação das possibilidades jurídicas com uma retórica autista da impositividade da lei, que apenas antecipa o esgotamento das vias ordinárias de sua consecução até que sobrevenha o impacto inexorável dos fatos até então negligenciados. A jurisprudência acima analisada bem denuncia esse estado de coisas; logo, a discussão sobre o tratamento *absoluto* das garantias jurídicas, de envergadura constitucional ou não, deve ser precedida dos impactos da exigibilidade da lei em detrimento da própria normatividade, reconhecendo que os limites do direito é uma forma de defesa do próprio direito, até mesmo para evitar a constrangedora promoção de reviravoltas interpretativas que evidenciem (1) uma inexcusável incapacidade de antecipação dos efeitos da atuação judicial; ou (2) uma quixotesca defesa de caprichosa fantasia jurídica;

(b) *do duplo efeito negativo da teoria imunizadora dos direitos adquiridos* – a teoria é injusta, por um lado, quando assegura critérios diversos de percepção de benefícios sem qualquer correlação com a anterior dinâmica contributiva do beneficiário; todavia, acarretando maior compromisso contributivo dos demais segurados, justamente para manter a percepção de benefício mais vantajoso dos titulares de direitos adquiridos; por outro, dificulta a realização de transição adequada nas reformas legislativas, porque a posição excludente entre direito adquirido e expectativa de direito,[1145] sobretudo, quando os segurados estão próximos de obter todos os requisitos para obtenção do benefício, negligencia um sem-número de situações fáticas merecedoras de melhor tutela jurídica, mas que restam desprotegidas para compensar a expressiva perda financeira na proteção dos direitos adquiridos. Uma transição abrupta é inadequada, mas não é ilícita diante dos desafios da previdência pública; pois é a que exige a pressão

---

[1145] SAMPAIO, 2005, p. 182.

financeira do déficit previdenciário, mormente diante das dinâmicas laboral e demográfica. A transição suave com a observância do direito adquirido, olvidando-se que isso pode acarretar uma reforma mais grave no futuro,[1146] por mais que se baseie no princípio da proporcionalidade[1147] – ainda que de forma canhestra, porque se prende a uma única direção protetiva: a das gerações vivas, não se discutindo a proporção dos encargos transferidos às gerações vindouras –, tendo em vista as parcas possibilidades, em curto ou médio prazo, de realização de prementes correções de distorções paramétricas dos benefícios com grande impacto financeiro, revela-se o caminho mais curto para o colapso do sistema de previdência. Como evitar isso? Admitindo-se a relativização da teoria imunizadora dos direitos adquiridos, fazendo com que a manutenção do benefício não seja condicionada à irredutibilidade do seu valor, pois, assim, as reformas previdenciárias, além de politicamente mais viáveis, seriam intergeracionalmente mais justas, porque elas poderiam: (1) considerar a *dinâmica contributiva* de cada beneficiário e, com isso, reduzir ou aumentar o impacto financeiro dos novos parâmetros; (2) estabelecer *parâmetros de regressividade em função do tempo*, de maneira que benefícios mais antigos seriam menos atingidos pelos efeitos das novas regras previdenciárias; e (3) agregar novos parâmetros, eventualmente mais favoráveis, aos benefícios concedidos, fazendo com que a revisibilidade dos benefícios não compreenda apenas a ideia de ônus, mas também de bônus. A lógica do tudo ou nada, tal como consagrada há décadas pelo STF,[1148] que imuniza os benefícios já concedidos, seja para reduzir seu valor, seja para aumentá-lo, não contempla a natureza contributiva e solidarista de um sistema público de previdenciária (PAYG). Pode-se questionar se perspectiva proposta não tornaria a manutenção dos benefícios muito complexa, haja vista a possível revisibilidade dos valores a cada reforma legislativa. Todavia, diante dessa objeção, defende-se que a alteração meramente quantitativa, isto é, nos valores de benefícios já

[1146] LEAL; PORTELA, 2018, p. 96.
[1147] GIAMBIAGI; TAFNER, 2010, p. 178 e 191.
[1148] BRASIL, 1973.

concedidos, não tem qualquer dificuldade operacional diante do estabelecimento de critérios objetivos de revisão, cuja parametricidade pode ser facilmente definida pelos avanços tecnológicos no tratamento de informações e, sobretudo, na programação dos seus dados;

(c) *da cláusula rebus sic stantibus* – a teoria imunizadora dos direitos adquiridos despreza a ocorrência de fatores extrajurídicos que interferem diretamente na capacidade funcional do sistema de previdência, tais como (1) a dinâmica demográfica, e sua transição, para a contributividade; (2) a dinâmica laboral, mormente a emergência da robótica e da inteligência artificial, para a empregabilidade; e (3) a longevidade da população, cada vez maior, diante dos avanços biogerontológicos. Desse modo, a estabilidade da relação jurídico-previdenciária, que é resultado de dinâmica protetiva de outra época, é incompatível com a solidariedade intergeracional, não fazendo o menor sentido de que gerações futuras tenham que manter benefícios ou serviços, que jamais gozarão, em função de uma regra imunizadora das gerações passadas. Defende-se que a há uma *cláusula implícita (re)ordenadora da capacidade funcional do sistema de previdência*, que legitimaria reformas que pautadas na revisibilidade das aposentadorias e pensões,[1149] até porque matrizes normativas de mesma envergadura constitucional, quando investidas de propósitos potencialmente conflitivos, conforme a crueza dos dilemas concretos da sociedade, submetem-se ao juízo de ponderativo das exigências político-previdenciárias de cada época;

(d) *da razão suficiente em outras matérias* – prescindindo-se da apresentação de uma tipologia dos direitos adquiridos, notadamente no direito civil, administrativo, urbanístico[1150] ou previdenciário, observa-se que, em diversas áreas, a imunizadora dos direitos adquiridos foi afastada ou relati-

---

[1149] LOUREIRO, 2010, p. 174.

[1150] Aqui, cumpre pontuar que o princípio da garantia do existente, arrimado na proteção da confiança e no próprio direito adquirido, como exceção à regra do *tempus regit actum* (OLIVEIRA, 2003, p. 945-946), afigura-se mais compatível com a incolumidade das relações jurídicas – em função de expressivos componentes fáticos – que a pretensão de imunidade absoluta nos valores dos benefícios.

vizada pelo STF,[1151] tais como (1) normas relativas ao estado de pessoa; (2) para vínculos tributários e previdenciários;[1152] (3) para afastar direito a regime jurídico no FGTS;[1153] (4) para definição de padrão monetário;[1154] (5) para definição tempo de serviço para servidores públicos;[1155] (6) para aplicar o Código Civil de 1916, já revogado, às enfiteuses anteriormente constituídas.[1156] Ademais, no âmbito das frustrações de expectativas, no Acórdão nº 287/1990,[1157] o TCP também se pronunciou pela possibilidade de alteração de regime de casamento, de arrendamento, de funcionalismo público e mesmo das pensões. No que a relação jurídica subjetiva, típica da concessão de benefícios previdenciários, difere da relação jurídica objetiva dos estatutos e institutos? Dito de outro modo, o que justifica, por um lado, a alterabilidade dos estatutos e institutos, na qual a teoria imunizadora não tem guarida, mas, por outro, a imodificabilidade da relação jurídica subjetiva advinda deles, na qual impera o direito adquirido? A lógica abstrata dos institutos e estatutos, seja pela necessidade de aperfeiçoamento, seja pela contingência de relevante demanda social, absorve a ideia de mudança com maior naturalidade, senão haveria uma própria fossilização do direito, enquanto a relação jurídica subjetiva, por compreender uma base concreta de obrigações com sérios reflexos de ordem existencial, acena com a ideia de maior estabilidade. Em matéria previdenciária, especialmente com a crise dos sistemas de previdência em todo o mundo, o que essa forma de enxergar a questão não esclarece é que a alterabilidade do estatuto decorre justamente da pretensão de estabilidade da relação jurídico-previdenciária, de maneira que admitir a revisibilidade dos benefícios já concedidos faria com que o número de alterações legislativas fosse consideravelmente menor. Pensar o contrário, é aceitar o regime de repartição como uma forma de pirâmide financeira, cujo benefício perde

---

[1151] SAMPAIO, 2005, p. 215-216.
[1152] BRASIL, 1973.
[1153] BRASIL, 2000.
[1154] BRASIL, 1985.
[1155] BRASIL, 1976.
[1156] BRASIL, 1962.
[1157] PORTUGAL, 1990.

importância protetiva em função do tempo (cronologia dos anos) de sua concessão. Dessa forma, a revisibilidade da própria relação jurídico-previdenciária, particularmente no aspecto objetivo, a prestação, e mais precisamente no seu valor, fazendo com que o direito adquirido assuma um novo *status*, não se discutindo o direito a determinado benefício, mas reconhecendo a modificação do seu *quantum*,[1158] seria uma maneira adequada de prestigiar a solidariedade previdenciária e, claro, promover a justiça intergeracional, uma vez que traria uma distribuição mais equânime dos encargos da socialidade. Nesse ponto, parece destituída de sentido a tese de que o direito adquirido se tornaria um direito em constante formação,[1159] pois a variabilidade do resultado útil do parâmetro de cálculo, isto é, o valor final de cada prestação pecuniária, nada interfere na própria definição e estabilidade do direito ao benefício previdenciário, aliás, já conquistado, sem falar que essa flexibilidade reduz a necessidade de reformas previdenciárias constantes,[1160] poupando demorados – e, por vezes, desleais – embates políticos no seio da sociedade. "É, assim, de concluir que o reconhecimento do direito à pensão e a tutela específica de que ele goza não afastam, à partida, a possibilidade de redução do montante concreto da pensão."[1161] Portanto, a perspectiva imunizadora dos direitos sociais não traduz a forma mais adequada de promover a proteção social previdenciária, uma vez que "[o] que está constitucionalmente garantido é o direito à pensão, não o direito a um certo montante, a título de pensão. Este resulta da aplicação de critérios legalmente estabelecidos, mas de valor infraconstitucional".[1162] Portanto, uma realidade normativa que assegura o direito ao benefício ao seu montante, conforme dispõe a legislação, porém sem direito à irredutibilidade desse montante em função de alteração legislativa.[1163] Evidentemente, o TCP traduz possibilidades, *a priori*,

---

[1158] CABRAL, 2017, p. 364.
[1159] CABRAL, 2017, p. 364.
[1160] CABRAL, 2017, p. 387.
[1161] PORTUGAL, 2013.
[1162] Acórdão nº 187/2013, nº 59.
[1163] CANAS, 2017, p. 244.

não evidenciadas no ordenamento jurídico brasileiro,[1164] haja vista o disposto no artigo 5º, inciso XXXVI, da CRFB, e no artigo 2º, inciso V, da LBPS, e a interpretação desses dispositivos pelo STF, porém denuncia com singular clareza o seguinte dilema: a proteção social decorrente de tratamento absoluto da relação jurídico-previdenciária é incompatível com a dinâmica dos fatores econômico-financeiros;

(e) *do núcleo essencial dos direitos adquiridos* – a questão do núcleo essencial dos direitos fundamentais, que, aliás, tem previsão expressa no artigo 19, nº 2, LFA, no artigo 18, nº 3, da CRP e no artigo 53, nº 1, da Constituição espanhola, comportaria uma demorada exposição sobre os limites imanentes[1165] e, claro, entre as teorias absoluta e relativa,[1166] assim, livrando-se de maiores digressões: para a teoria absoluta o conteúdo essencial pressupõe um núcleo determinável em abstrato para cada direito,[1167] portanto, esse núcleo não pode ser afetado, ainda que se admita restrição fora desse núcleo; para a teoria relativa, por sua vez, o núcleo do direito fundamental deve ser definido no caso concreto, portanto, mediante mecanismos de ponderação em função dos bens jurídicos em conflito e, portanto, restringíveis, utilizando-se, sobretudo, os princípios da exigibilidade e da proporcionalidade.[1168] Desse modo, as reflexões apresentadas na alínea anterior apenas reforçam o entendimento de que o núcleo essencial dos direitos adquiridos é definido no caso concreto, portanto, não é determinável abstratamente a partir do artigo 5º, inciso XXXVI, c/c artigo 60, § 4º, da CRFB, de maneira que a revisibilidade no valor dos benefícios concedidos não expressa uma proposição jurídica destituída de amparo jurídico-dogmático, sobretudo, se considerar que o conteúdo essencial de um direito fundamental não pode ser deduzido isoladamente em torno do seu eixo, isto é, sem convocar o

---

[1164] Afinal, em Portugal, a teoria imunizadora dos direitos adquiridos decorre de dispositivo infraconstitucional, precisamente no artigo 66, nº 2, alínea a, da Lei nº 4/2007, nestes termos: "[d]ireitos adquiridos, os que já se encontram reconhecidos ou possam sê-lo por se encontrarem reunidos todos os requisitos legais necessários ao seu reconhecimento".

[1165] ANDRADE, 2019, p. 267-269.
[1166] ANDRADE, 2019, p. 274-294.
[1167] ANDRADE, 2019, p. 280.
[1168] ANDRADE, 2019, p. 280.

conjunto axiológico-normativo de toda a constituição.[1169] Aliás, o STF, por meio do voto do relator em MC no MS nº 23.047/DF, seguiu o mesmo entendimento, nestes termos:

> [...] as limitações materiais ao poder constituinte de reforma, que o art. 60, § 4º, da Lei Fundamental enumera, não significam a intangibilidade literal da respectiva disciplina na Constituição originária, mas apenas a proteção do núcleo essencial dos princípios e institutos cuja preservação nelas se protege.
>
> Convém não olvidar que, no ponto, uma interpretação radical e expansiva das normas de intangibilidade da Constituição, antes de assegurar a estabilidade institucional, é a que arrisca legitimar rupturas revolucionárias ou dar pretexto fácil à tentação dos golpes de Estado.[1170]

Nesse ponto, cumpre destacar que o direito adquirido permanece uma questão em aberto, pois o conceito artigo 6º, § 2º, da LINDB, "[...] se revela tautológica, redundante e imprecisa, podendo-se extrair do conceito legal que o direito adquirido corresponde aquele direito que o seu titular possa exercer".[1171] Disso resulta que a compreensão linear dos direitos adquiridos, corporificada na teoria imunizadora, é passível de superação jurisprudencial, permitindo-se, assim, a intangibilidade apenas dos benefícios concedidos, mas sem prejuízo da revisibilidade dos seu montante, observados os princípios da proteção da confiança, proporcionalidade, igualdade e dignidade humana, pois as contingencialidades e complexidades da hipermodernidade, traduzida nas infindáveis questões mutáveis nas circunstâncias da vida, exige adequações na forma de entender os institutos jurídicos.[1172] Por isso, é preciso firmar uma noção de direito adquirido que consagre benefícios para toda a sociedade, libertando-se das compreensões estritamente egoísticas ou individualizantes que acarretem prejuízos à coletividade,[1173] tal como se observa na constituição de verdadeira *pirâmide financeira* a partir da teoria imunizadora dos direitos adquiridos, transferindo, assim, desmedidos encargos às gerações mais jovens em função, tão somente, da ordem cronológica das contribuições e dos benefícios do sistema público de previdência; e

---

[1169] ALMEIDA, 2012, p. 116.
[1170] BRASIL, 1998, p. 2.556.
[1171] ALMEIDA, 2012, p. 193.
[1172] ALMEIDA, 2012, p. 195.
[1173] ALMEIDA, 2012, p. 203.

(f) *da relativização da irredutibilidade no valor dos benefícios* – considerando o conjunto normativo dos artigos 194, inciso IV; 201, § 4º, todos da CRFB, bem como o disposto nos artigos 2º, inciso V, 41-A, todos da LBPS, e, ainda, o determinado no artigo 15 da Lei nº 10.887/2004, como seria possível defender a possibilidade de revisibilidade no valor dos benefícios? O primeiro ponto é colocar em ordem a dinâmica dos fatores normativos, até mesmo para destacar a existência de substratos normativos que rivalizam com essas imperiosas determinações constitucionais. Nesse sentido, destaca-se o artigo 40, *caput*, da CRFB, no qual pontua a necessidade de preservar o equilíbrio financeiro e atuarial do RPPSU, inclusive, por meio do seu caráter contributivo e solidário. De igual modo, o artigo 201, *caput*, da CRFB, exige a preservação do equilíbrio financeiro e atuarial do RGPS. A revisibilidade, portanto, não seria uma questão de capricho hedonístico, mas uma consequência para manter a capacidade funcional do próprio RPPSU, de maneira que o curso do tempo dará concretude a essa questão. Para além disso, o artigo 40, § 22, incisos IV, VI e X, da CRFB, também convoca a promulgação de Lei Complementar que, entre outras matérias, discipline os parâmetros de equilíbrio financeiro e atuarial do RPPSU, logo, nada impede que a definição de tal equilíbrio contemple prognósticos de revisibilidade dos benefícios em situações excepcionais, sobretudo, diante do dever de criar mecanismos de equacionamento do déficit atuarial ou parâmetros para definição de alíquotas de contribuições extraordinárias. Vê-se, assim, que a revisibilidade também tem suficiente amparo normativo, o que se discute, por necessária ascensão justificadora, é o conteúdo da revisão em função dos prognósticos de equilíbrio financeiro e atuarial. Essa dinâmica compreensiva é reforçada pelo artigo 149, §§ 1º-A, 1º-B e 1º-C, da CRFB, que corrobora os cuidados com a questão do déficit atuarial do RPPSU (contribuições extraordinárias). Segundo ponto é que o caráter da irredutibilidade no valor dos benefícios não pode ser um direito absoluto, portanto, incólume a qualquer juízo ponderativo, seja pelo legislador, via futura Lei Complementar referenciada acima, seja pelo próprio Poder Judiciário diante de situações insustentáveis de prolongada crise econômico-financeira. Essa é uma lógica que pode ser antecipada com responsabilidade política ou simplesmente anunciada em contexto extremamente adverso, mas, em qualquer caso, digna de atenção pelos poderes constituídos. Ademais, é preciso ter em conta que essa relativização decorrerá de [longo] processo de maturação institucional sobre os efeitos danosos dos direitos adquiridos e das dinâmicas demográfica ou laboral, aliás, já evidenciada em diversos julgados, mormente pelo TCP, que puseram em xeque a teoria imunizadora dos direitos adquiridos. Não se trata propriamente de uma questão *de lege ferenda*, mas sim de responsabilidade político-institucional.[1174] Aliás, considerando-se os limites fiscais do Estado, o STF já se pronunciou, tendo em vista o artigo 37, inciso XV, da CRFB, que trata da irredutibilidade de vencimentos dos detentores de cargos e empregos públicos, no sentido de que não há obrigação de reposição de valor real decorrente de perdas inflacionárias[1175] e, mais recentemente, reconheceu que a CRFB não criou uma obrigação específica de que a remuneração dos servidores seja objeto de aumentos anuais, exigindo-se, contudo, a demonstração técnica da impossibilidade financeira da recomposição salarial,[1176] não devendo, ainda, o Poder Judiciário suprir eventuais omissões do Poder Executivo sobre a temática.[1177] Aqui, nada impede que, a seu tempo e diante dos dilemas financeiros dos regimes previdenciários, entendimento mais gravoso seja adotado. Daí a importância de tentar evitar que isso aconteça, no que

---

[1174] Nesse ponto, transcreve-se uma advertência categórica: "[e]m uma democracia, o incentivo principal dos políticos é o desejo de serem reeleitos. Portanto, seu horizonte não costuma ir além das próximas eleições. Além disso, os políticos eleitos democraticamente, trabalham com recursos que não são deles e que estão apenas temporariamente à sua disposição. Eles gastam o dinheiro dos outros. Isso significa que eles não têm que ter cuidado com o que fazem e nem pensar no futuro. Por essas razões, políticas de curto prazo prevalecem em uma democracia" (KARSTEN; BECKMAN, 2013, p. 76). Desse modo, não há dúvida de que o desejo de preservar direitos, ainda que insustentáveis, goza de grande apelo político-eleitoral.

[1175] BRASIL, 2001.

[1176] BRASIL, 2019. Na oportunidade, restou firmada a seguinte tese de repercussão geral: "[o] não encaminhamento de projeto de lei de revisão anual dos vencimentos dos servidores públicos, previsto no inciso X do art. 37 da CF/88, não gera direito subjetivo a indenização. Deve o Poder Executivo, no entanto, pronunciar-se de forma fundamentada acerca das razões pelas quais não propôs a revisão".

[1177] BRASIL, 2020. Na ocasião, foi firmada a seguinte tese de repercussão geral: "[o] Poder Judiciário não possui competência para determinar ao Poder Executivo a apresentação de projeto de lei que vise a promover a revisão geral anual da remuneração dos servidores públicos, tampouco para fixar o respectivo índice de correção".

a relativização da teoria imunizadora dos direitos adquiridos representa o caminho mais prudente. Por fim, urge destacar que, no plano das alterações constitucionais, sobretudo, nas constituições que consagram textos excessivamente rígidos quanto aos requisitos formais (procedimentais) e materiais (conteudísticos), observam-se duas evidências empíricas: (a) mudanças informais, a despeito dessas limitações, são empreendidas através da revisão judicial; e, em situações extremas, (b) cláusulas obsoletas, apesar de sua pretensa *eternidade*, são simplesmente removidas por alterações formais da constituição,[1178] denunciando que o tempo sempre apresenta alguma resposta para inquietações jurídicas.

[1178] GAROUPA; BOTELHO, 2021, p. 235.

CAPÍTULO 4

DIREITOS ADQUIRIDOS E DINÂMICA DEMOGRÁFICA

> *"O fato é que estamos há anos driblando a necessidade de reformas profundas na matéria e colocando obstáculos à necessária mudança da Constituição. O problema é que a demografia é transgressora e ignora olimpicamente o que está lá. Se há um divórcio entre ambas, marcharemos rumo a um desastre. Como não há hipótese de a demografia se adequar à Constituição, a única maneira de conciliação terá que ser a oposta: a Constituição terá que se adaptar à demografia."*[1179]

A desventura dos direitos adquiridos exige que a Constituição não ceda à pressão demográfica, aliás, a qualquer forma de pressão extrajurídica; logo, a única saída é refletir sobre as formas de *adaptação compreensiva* diante dos limites da normatividade constitucional. A dinâmica demográfica tem uma relação direta com o dilema da velhice laboral e da juventude previdenciária na sociedade brasileira. Aliás, é fora de dúvida de que a dinâmica demográfica representa um problema verdadeiramente global, até porque o envelhecimento populacional é um fenômeno mundial decorrente da queda da fecundidade e do

---

[1179] GIAMBIAGI; ZEIDAN, 2018, p. 129.

aumento da expectativa de vida,[1180] de maneira que, até 2050, a estimativa de composição da população mundial terá a mesma porcentagem entre velhos e crianças, a saber, um quinto.[1181]

Ademais, a feminização da velhice, sobretudo, entre os mais velhos da população de velhos, também é um evento mundial,[1182] exigindo-se particular atenção das reformas previdenciárias. Desse modo, longe de uma profecia demográfica catastrófica,[1183] os países com a população mais velha têm dispensado redobrado cuidado à temática, o que já evidencia uma legítima preocupação, tendo em vista a clara advertência de outros países, para que nações mais *jovens*, ou menos *velhas*, tomem as devidas providências, seja para antecipar cenários de riscos, seja para conter os já existentes.

No Brasil, que pode tornar-se o *Japão tropical*, mas sem a sua tecnologia,[1184] o *bônus demográfico*, no qual a taxa de crescimento da PIA é maior que a taxa de crescimento da população como um todo,[1185] encontra-se praticamente no fim, porque a taxa de crescimento da PIA é cada vez menor,[1186] sem que os seus proveitos econômicos tenham sido adequadamente apropriados no universo da proteção previdenciária, fazendo com que, em um futuro próximo, exsurja o *ônus demográfico*, isto é, a taxa de crescimento da PIA será menor que a taxa de crescimento da população como um todo.[1187]

Por isso, o que caracteriza o bônus demográfico é a possibilidade de manutenção de boa relação de dependência e, portanto, de inclusão previdenciária, pois uma boa relação de dependência entre ativos e inativos pressupõe uma expansão da dinâmica contributiva no sistema de previdência. Considerando as projeções populacionais do IBGE/2013, a relação entre a PIA e a população idosa cairá de 7,4, em 2020, para 2,3 no ano de 2060.[1188] Além disso, a projeção atual da evolução dos grupos etários, no período de 2010 a 2060, demonstra que: (a) os idosos (65 anos ou mais) saíram de 7,32% da população em 2010 e alcançarão 25,49% em 2060, representando um crescimento na

---

[1180] ANSILIERO; COSTANZI, 2017, p. 25.
[1181] CRUZ-SACO; ZELENEV, 2010, p. 219.
[1182] CRUZ-SACO; ZELENEV, 2010, p. 223.
[1183] MODESTO, 2017, p. 52.
[1184] GIAMBIAGI; ZEIDAN, 2018, p. 86.
[1185] GIAMBIAGI; ZEIDAN, 2018, p. 86.
[1186] GIAMBIAGI; ZEIDAN, 2018, p. 88.
[1187] GIAMBIAGI; ZEIDAN, 2018, p. 88.
[1188] ANSILIERO; COSTANZI, 2017, p. 34.

ordem de 348,2% no período; (b) a PIA (15-64 anos) saiu de 67,99% em 2010 e reduziu para 59,80% em 2060, denunciando uma redução na ordem de 12,04% no período; e (c) os jovens (até 14 anos) saíram de 24,69% em 2010 e diminuíram para 14,72% em 2060, revelando uma decréscimo na ordem de 40,38%.[1189] Vale lembrar que essa [intensa] dinâmica demográfica afeta toda a seguridade social; logo, seus efeitos vão muito além da proteção previdenciária, atingindo, aliás, todos os meios de ação da proteção social.

Desse modo, o que se pode questionar é forma de organização de cada sociedade diante de tal fato e não há qualquer dúvida sobre a sua ocorrência. Isto é, ainda que não se deseje ventilar uma perspectiva alarmista, os números denunciam um rápido processo de envelhecimento da população. Aliás, de modo geral, observa-se um coquetel amargo de fatores extrajurídicos, que torna a questão da sustentabilidade previdenciária um assunto repleto de incertezas quanto à capacidade funcional do modelo adotado, tais como: (a) redução acentuada na taxa de natalidade, influenciada, certamente, pela capacitação profissional e expansão do trabalho da mulher no mercado; (b) avanços significativos na expectativa de vida, denunciando um *risco de longevidade* ou um *matusalém* de encargos financeiros; (c) a maturação do sistema de previdência, cuja consequência lógica é o recrudescimento dos custos financeiros, bem como agravamento da relação de dependência entre ativos (contribuintes) e inativos (beneficiários); e (d) equívocos nos parâmetros concessivos dos benefícios previdenciários, concorrendo para situações de crise e, consequentemente, promovendo um necessário endividamento público.[1190]

Dessa forma, a mudança na estrutura populacional torna ainda mais evidente a ausência de legitimidade para que homens comuns e anônimos guiem, como que *déspotas esclarecidos* do passado,[1191] pretensamente respaldados em uma atemporal visão omnicompreensiva dos dilemas políticos da sociedade, os rumos da ação pública, sobretudo, diante de contextos econômicos, políticos e culturais tão diferentes e plúrimos. A questão demográfica não traduz todos os pormenores de crise dos regimes de previdência, mas deixa bem evidente que seus fundamentos restam profundamente alterados, seja porque a economia não é mais mesma, não apenas em função do seu baixo

---

[1189] BRASIL, 2022.
[1190] LOUREIRO, 2014, p. 623-624.
[1191] RIBEIRO, 2017, p. 153.

crescimento ou mesmo recessão, mas, sobretudo, diante de sua forma de funcionamento, isto é, cada vez mais instável, seja porque a tônica da empregabilidade não se rende às exigências profissionais de outras épocas, cuja capacitação profissional, ainda que básica, não tolhia as vagas de empregos. Vale dizer que as engenhosas formas de prestação de serviços ou de fornecimento de produtos, tendo em vista as *novas necessidades* da sociedade hipermoderna, interferem tanto nas cômodas possibilidades de consumo quanto nas inexoráveis aflições da relação capital-trabalho, de maneira que acompanhar o fluxo das mudanças é, antes mesmo de uma questão previdenciária, uma questão de sobrevivência no mercado de trabalho.

4.1 O peso da imunização jurídica e a questão demográfica

> "Como as despesas com saúde, educação, Bolsa-Família, seguro-desemprego *etc.* não podem ser descontinuadas, historicamente o que aconteceu foi o corte de investimento público, que em geral funcionou como a variável de ajuste do processo. [...]. O pagamento das despesas previdenciárias e assistenciais está causando verdadeira asfixia fiscal das demais despesas."[1192]

O regime de repartição, tendo em vista a consolidação do declínio demográfico, viola nitidamente o princípio da justiça intergeracional,[1193] pois, diante do estrangulamento das possibilidades financeiras do Estado e do acentuado crescimento da dívida pública – que assume ares de pecado mortal diante do endividamento sistemático do Estado[1194] –, o declínio demográfico produz uma verdadeira espiral de crises no sistema previdenciário, haja vista a contínua diminuição do fluxo contributivo da PIA.

[1192] GIAMBIAGI; TAFNER, 2010, p. 63.
[1193] GOSSERIES, 2009, p. 140.
[1194] CANOTILHO, 2017, p. 44.

Como o desejado equilíbrio demográfico demanda uma distribuição etária sustentável; então, malogrado o processo natural e restando insuficiente a política migratória,[1195] não há como repassar indefinidamente, no campo da proteção previdenciária, o peso das gerações mais antigas nos ombros das gerações vindouras. Defende-se a *justiça material no tempo* (correção) e não a *justiça atemporal da matéria* (imunização). A lógica que anima os direitos adquiridos resulta da proteção jurídica das leis vigentes à época dos fatos, no que admitiria a injustiça da sobreposição de leis no tempo, porquanto elas seriam observadas sem qualquer pertinência quanto ao seu conteúdo e, muito menos, seus efeitos.

Em uma análise mais ampla, seria o mesmo que considerar a manutenção dos arranjos político-jurídicos como expressão de racionalidade ou sabedoria no tratamento das relevantes questões sociais, tal como se observa no sistema público de previdência, não perquirindo sobre a possibilidade de consagração de privilégios odiosos, a partir da lei, no curso histórico das relações sociais.

O maior dilema da teoria imunizadora dos direitos adquiridos é desconsiderar os efeitos fático-jurídicos dos fatores dinâmicos das relações sociais, no que a demografia seria um inevitável exemplo, cujos efeitos são devastadores na manutenção da capacidade funcional de qualquer regime de repartição, de maneira que não seria destituído de sentido defender o entendimento de que a conjunção dos princípios da justiça intergeracional, da proteção da confiança e da sustentabilidade legitimariam, da forma limitada, a redução do valor dos benefícios previdenciários,[1196] mas sem perder a essência protetiva das relações jurídico-previdenciárias.

Nesse contexto, é fato que o aumento da expectativa de vida (no nascimento) e o crescimento da expectativa de sobrevida (na aposentadoria), entre outros fatores, tornaram insustentável o modelo de financiamento do sistema de previdência (PAYG), ainda que firmando uma tendência de aumento na idade de aposentadoria[1197] e ampliando o período de contribuição, que restringe ainda mais a inclusão previdenciária dos trabalhadores mais pobres.[1198] Além disso, cumpre lembrar que, mesmo diante de baixa de natalidade, o prolongamento da idade

---

[1195] MATIAS, 2017, p. 416.
[1196] LOUREIRO, 2018, p. 678.
[1197] RAMALHO, 2013, p. 115.
[1198] TAFNER; NERY, 2019, p. 80.

de aposentadoria gerou desemprego, sobretudo, entre os mais jovens, afetando, novamente, a sustentabilidade do sistema de previdência.[1199] Ademais, a problemática se agiganta no futuro, pois a redução da PIA interfere diretamente no prognóstico de sustentabilidade de qualquer regime previdenciário, afinal, como suplantar a ausência de contribuições de milhões de trabalhadores para a manutenção de aposentadorias e pensões? Nesse contexto, resulta muito claro o conflito intergeracional: os mais velhos representam a expressão do bônus previdenciário e os mais jovens suportam o ônus previdenciário, daí a inevitável questão da periódica revisibilidade dos regimes previdenciários.

4.1.1 A gerontocracia como apelo do presente

> *"Que vamos fazer com os velhos, se já não está aí a morte para lhes cortar o excesso de veleidades macróbias."*[1200]

No Brasil, uma entre dez pessoas é idosa – só que agora nos termos do artigo 1º do Estatuto do Idoso, isto é, com 60 anos ou mais –, porém, em 2060, estima-se que será uma a cada três pessoas, o que equivale a dizer que a população idosa vai sair de 11,3%, em 2014, para atingir 33,7% em 2060;[1201] logo, é necessário enfrentar os reflexos socioeconômicos dessa *destemida* composição populacional. Com efeito, a questão social é dinâmica no tempo: no fim do século XIX, a luta de classes dominava a reflexão teórica sobre os conflitos sociais; no início do século XXI, o conflito intergeracional assume destacada relevância teórica diante da proteção social dos mais velhos e dos investimentos nos jovens, contanto que seja financeiramente sustentável e socialmente justo, enfim, observa-se uma reflexão sobre a manutenção do contrato geracional.[1202]

Daí o porquê dessa nova questão social exigir tanto da sociedade: como atender adequadamente às demandas dos mais velhos sem

---

[1199] SILVA, 2012, p. 57.
[1200] SARAMAGO, 2005, p. 29.
[1201] ANSILIERO; COSTANZI, 2017, p. 33.
[1202] KOHLI, 2010, p. 169-170.

sacrificar os mais jovens? A *glorificação do presente*[1203] representa uma tentativa de solucionar os dilemas atuais, notadamente os relacionados à velhice, sem ponderar adequadamente os deveres intergeracionais, porque prestigia a miragem da estabilidade dos parâmetros contributivos e protetivos nos regimes de previdência, mesmo diante das dinâmicas demográfica e laboral. De plano, evidencia-se a clássica disputa sobre os recursos escassos, na qual tem revelado que os mais velhos são os principais clientes da redistribuição de recursos no Estado social, por meio de aposentadorias e serviços médicos,[1204] ocasionando diferenças de proteção social entre as gerações.[1205] "Não é, pois, o que está por vir, o futuro, que condiciona, performa e dá valor e significado às nossas ações: estas é que criam o futuro."[1206] Daí a importância de promover – para equilibrar esse horizonte de análise – a defesa dos valores intergeracionais.

Nesse ponto, não rara é a interpelação dos mais velhos sobre os valores da experiência, afinal, ela não se improvisa. Todavia, no campo da proteção social previdenciária, o apelo à razão baseado na sabedoria do *governo dos mais velhos* tem sérios inconvenientes, porque não é propriamente a razão que se põe em análise, mas sim a salvaguarda dos interesses dos mais velhos em detrimento da justiça intergeracional. A questão é particularmente difícil com as elites geracionais, que se sucedem no tempo, assegurando um tratamento diferenciado entre as gerações.[1207] O foco é, portanto, diverso: na velhice, o custo de novos sacrifícios, o que não se observa na juventude, é sempre contestado diante da força argumentativa do tempo trabalhado, contribuído ou mesmo sofrido, de maneira que eventual alegação de injustiça intergeracional é repudiada ou compensada pelo *peso emotivo-argumentativo* do tempo, ainda que isso possa resultar em uma situação desfavorável aos interesses dos mais jovens. Dessa forma, a disputa entre grupos encerra mais uma questão corporativa que propriamente solidária, não se limitando à competição ou discriminação entre os mais jovens (16-25 anos) e os mais velhos (55-65 anos), pois ela também envolve as pessoas da meia idade (25-49 anos[1208]). Por isso, as políticas públicas destinadas a

---

[1203] SILVA, 2017, p. 96.
[1204] KOHLI, 2010, p. 170.
[1205] KOHLI, 2010, p. 171.
[1206] TORRES, 2016, p. 60.
[1207] KOHLI, 2010, p. 177.
[1208] LABORDE, 2013, p. 102.

determinado grupo refletem no nível de empregabilidade dos demais, fazendo com que ocorra uma inevitável tensão entre os segmentos.

Assim, o reconhecimento da dinâmica de sacrifício da população mais velha, somada a uma posição de representação política hegemônica, tende a ocupar melhor espaço no processo regulatório das medidas de proteção social, notadamente na seara trabalhista e previdenciária. Só que isso tem um custo alto para a socialidade, porquanto determina maior custo na promoção da empregabilidade e maior onerosidade na concessão dos benefícios. Não se questiona os bons propósitos desse custo, mas sim os seus reflexos na composição dos encargos da socialidade.

Afinal, o direito ao trabalho em qualquer idade não significa uma obrigação de trabalhar em qualquer idade e nem um forte incentivo para trabalhar em qualquer idade, mas uma advertência quanto à impropriedade de deixar cedo demais o mercado de trabalho.[1209] Por isso, toda proposta que amplie as possibilidades de empregabilidade dos trabalhadores mais velhos, ainda que respaldando um tratamento diferenciado considerado justo,[1210] para além dos reflexos negativos na empregabilidade dos trabalhadores mais jovens, pois são desproporcionalmente atingidos pelos recorrentes desequilíbrios no mercado de trabalho, seja pela desemprego, seja pelo subemprego,[1211] também representa uma expansão dos custos no sistema de proteção social em dois sentidos: (a) se o trabalhador já estiver aposentado, gera maior dependência previdenciária para os demais trabalhadores com baixo nível de empregabilidade e, portanto, com baixa possibilidade de inclusão previdenciária, com considerável possibilidade de findar, no futuro não muito distante, nos braços da ajuda social; e (b) se não estiver aposentado, contanto que não seja um profissional com baixo nível de empregabilidade, aumenta o parâmetro de cálculo da futura aposentadoria, pois terá maior disponibilidade contributiva que os trabalhadores mais jovens e, também, sobre os mais velhos sem diferencial de qualificação.

Em quaisquer dos casos, observa-se a censurável perspectiva individualista dos direitos no enfrentamento da justiça intergeracional. Ademais, a dinâmica competitiva por vaga de trabalho, entre grupos etários, também compreende o reconhecimento ou a criação de

---

[1209] LABORDE, 2013, p. 108.
[1210] RAMALHO, 2013, p. 112.
[1211] CARVALHO, 2017, p. 437.

mecanismos para manutenção no trabalho e, aqui, mais uma vez, os mais jovens tendem a levar desvantagem, seja por razões de experiência ou eficiência, seja pela disciplina jurídica de proteção do emprego. Aqui, tem-se o emblemático caso do FGTS, pois a multa de 40%, que se impõe no caso de despedida sem justa causa, beneficia empregados mais velhos em detrimento dos trabalhadores mais jovens, empregados ou não, como que punindo as gerações mais novas para favorecer as mais antigas, por meio de *barreira demissional* decorrente de excessivos encargos trabalhistas.[1212] O FGTS é um caso típico de estímulos com má focalização dos encargos.

Em outro giro, com particular destaque da *gerontocracia*, tendo em vista a participação política, vislumbra-se três tipos de gerações: (a) *geração participativa*, na qual exerce o direito político positivo (votar) e o direito político negativo (ser votado); (b) *geração quasi-participativa*, que, apesar de nascida, ainda não tem direito político; e (c) *geração não participativa*, representando toda geração não nascida.[1213] De modo mais analítico, é possível destacar três classes de participantes: (a) *demos*-destinatários-de-decisões, constituindo-se de todos os membros da comunidade política que são obrigados às decisões das entidades decisórias; (b) *demos*-com-direito-de-participação, representando todos os membros da comunidade política detentores da possibilidade de participação ativa em qualquer estágio no processo de composição ou decisão das entidades decisórias; (c) *demos*-participante, congregando todos os membros da comunidade política que exercem efetivamente a sua possibilidade de participação política[1214]. Assim, a participação cumulativa nas três classes corporifica o sentido efetivo de participação política em uma democracia liberal,[1215] denunciando também que "[a] diferença entre as classes de participação é também uma diferença entre as gerações",[1216] até mesmo pela inevitável dinâmica etária ou quantitativa entre as gerações em determinado momento histórico.

Desse modo, no processo decisório das questões abrangentes da socialidade, os mais jovens, notadamente crianças e adolescentes, enfrentam uma nítida desvantagem com relação aos mais velhos, porquanto a expansão da *mobilização geracional* por direitos é inversamente proporcional à redução da idade, exceto quanto aos movimentos

---

[1212] GIAMBIAGI; ZEIDAN, 2018, p. 230.
[1213] BOTELHO, 2017, p. 209.
[1214] CAMPOS, 2015, p. 137.
[1215] CAMPOS, 2015, p. 137.
[1216] CAMPOS, 2015, p. 138.

revolucionários, notadamente os de caráter totalitário, que foram – e ainda são – encampados pela juventude, tais como a Revolução Francesa, a Revolução Bolchevique na Rússia, a Revolução Fascista na Itália e a Revolução Nacional Socialista na Alemanha.[1217] Dito de outro modo, os mais velhos têm um crescente peso no processo político não apenas em função do seu crescimento demográfico, mas, sobretudo, porque eles têm mais elevada participação nas eleições que os mais jovens, a começar pela formação e representação nos partidos.[1218]

Assim sendo, a gerontocracia encontra arrimo nos seguintes fatores: (a) alta densidade eleitoral do grupo etário, pois há mais eleitores adultos, com 45 anos ou mais, que eleitores jovens ou adultos jovens; (b) estes, de modo geral, não se dedicam a discutir questões relacionadas a um futuro distante, prendendo-se mais às problemáticas que encerram seus interesses imediatas; e, no que se revela muito importante, (c) os aposentados e pensionistas são bem mais organizados institucionalmente que os jovens.[1219] Por isso, é totalmente compreensível que existam centenas de entidades representativas na defesa dos interesses dos idosos em matéria previdenciária, o que não pode ser dito com relação aos jovens, aliás, sequer é possível cogitar a existência de alguma entidade com esse propósito, sem falar que praticamente todos os grandes sindicatos e centrais sindicais gozam de diretoria, ou unidade equivalente, destinada ao tratamento de questões previdenciárias.[1220]

Portanto, a representatividade política não expressa a melhor saída para os conflitos intergeracionais, pois a exigência de maior interação entre os grupos etários, sobretudo, na superação dos dilemas de ordem previdenciária, não decorre do processo político em si, mas resulta do compartilhamento de valores intergeracionais, até porque os mais jovens *costumam* ficar mais velhos não apenas cronologicamente, mas também axiologicamente, demandando novas formas de pensar sua posição na sociedade – inclusive, com a possibilidade de defender posições que congregam seus interesses [mais] imediatos –, o que pode permitir uma análise mais sistêmica sobre os rumos da ação pública no perspectiva intertemporal. Os valores intergeracionais devem ser compartilhados por todas as gerações vivas, pois, só assim, serão capazes de reduzir a superposição de interesses políticos em função da idade

---

[1217] KOHLI, 2010, p. 177.
[1218] KOHLI, 2010, p. 178.
[1219] GIAMBIAGI; TAFNER, 2010, p. 152.
[1220] GIAMBIAGI; TAFNER, 2010, p. 153.

das pessoas, porquanto prestigia um contínuo axiológico-normativo no processo deliberativo das instituições, notadamente as políticas, econômicas ou científicas.

Desse modo, a defesa dos valores intergeracionais, tais como o controle da dívida pública, a disponibilidade de recursos naturais ou a proteção ambiental, representa uma conquista da reflexão jurídica sobre as questões intertemporais, que não pode mais ser objeto de análise estanque de qualquer disciplina jurídica, mas resultado de uma compreensão mais ampla do papel das instituições na sociedade: a defesa da justiça intergeracional, que deve guiar cada empreendimento social, destacando seus riscos tanto para as gerações presentes quanto para as futuras.

4.1.1.1 O efeito impermeabilizador: política antirreformista

> "Umas das maiores dificuldades para reformar a Previdência está associada ao fato de que trocamos o presente pelo futuro. Como a noção e a percepção de futuro são muito diferenciadas para cada indivíduo, variando segundo idade, gênero, atividade econômica *etc.*, não há convergência do que se está trocando. A perda do presente, porém, é percebida e quantificada por todos."[1221]

Hoje, a histeria decorrente do proselitismo social é, de longe, o mais evidente instrumento da política antirreformista brasileira, pois, a partir da guerra de publicidade, os arautos da socialidade são capazes de velar as inconsistências ou injustiças do atual modelo de proteção social, penalizando os mais pobres que julgam defender. Os mais recentes exemplos dessa realidade foram verificados nas pirotécnicas manifestações político-partidárias contrárias às Propostas de Emenda Constitucional (PEC) nº 287/2016 e nº 06/2019, esta resultou na EC nº 103/2019, mesmo que elas não veiculassem qualquer atentado à teoria

---

[1221] GIAMBIAGI; TAFNER, 2010, p. 190.

imunizadora dos direitos adquiridos e, desse modo, ainda preservando, por longos períodos, a existência de parâmetros concessivos de benefícios que aprofundam a desigualdade social no Brasil. O impermeabilizante culto à proteção social, por meio da inalterabilidade da disciplina jurídica dos direitos, apenas acelera o processo altamente regressivo de distribuição de renda da previdenciária social brasileira.

A política antirreformista defende a impermeabilidade do sistema de proteção social, diante dos novos desafios da hipermodernidade, como é caso das dinâmicas demográfica e laboral, sem considerar que tal fato apenas aprofunda o efeito daquilo que se deseja evitar: maior exposição dos segurados aos riscos decorrentes dos eventos conflitivos da sociedade. A visão míope da proteção social, nos estritos limites da questão previdenciária ou assistencial, faz com que a imunização da legislação crie sérios obstáculos para avanços em outras áreas da socialidade, sem que isso represente concretamente qualquer avanço no desenvolvimento social do país. Com efeito, o volume de recursos distribuídos pelo RGPS ou RPPSU não pode traduzir uma elevação do nível socioeconômico de toda a sociedade, haja vista a baixa inclusão previdenciária no Brasil.

Desse modo, a perspectiva antirreformista torna o orçamento primário do Estado em uma gigantesca folha de pagamento,[1222] que, entre outros inconvenientes de oportunidade, inviabiliza os necessários investimentos em bens sociais coletivos, sobretudo, na área de saúde, educação, ciência e tecnologia, saneamento, infraestrutura ou segurança pública. Portanto, a política antirreformista não protege a socialidade, uma vez que apenas faz acelerar o colapso dos regimes previdenciários ainda em vigor, sem falar no seu impacto no baixo investimento governamental em outras áreas responsáveis pelo desenvolvimento socioeconômico do país. Enfim, para manutenção deles é preciso empreender mudanças no modelo adotado ou, diante de iminente colapso, exige-se novo arranjo modelar entre os regimes, no que a convergência deles seria apenas a medida inicial.

Para exemplificar, vale pontuar que, em abril de 2018, das despesas primárias da União, portanto, sem considerar os serviços da dívida (amortização, juros etc.), a previdência social ficou com 58%, a folha de pessoal com 13%, a saúde com 9%, a educação com 8% e o PBF com 2% e todas as demais despesas com 10%.[1223] Por certo, esses

---

[1222] TAFNER; NERY, 2019, p. 14.
[1223] TAFNER; NERY, 2019, p. 14.

percentuais variam durante o ano, todavia, não representa qualquer exagero afirmar que o orçamento da união se tornou uma gigantesca folha de pagamento.[1224] De qualquer sorte, em todo o ano de 2020, de 46% do orçamento executado da União (áreas finalísticas), a seguridade social sozinha ficou com 79,61% desse percentual, assim distribuídos: (a) previdência social com 44,30%; (b) saúde com 9,48%; e (c) assistência social com 25,83%.[1225] Os outros 54% do orçamento executado foram destinados aos encargos especiais e à reserva de contingência.

Logo, a preocupação com a focalização do gasto público é totalmente compreensível, de maneira que tal propósito não pode ser levado a cabo com a realização de demoradas reformas constitucionais a cada 15 ou 20 anos, por isso a EC nº 103/2019 *desconstitucionalizou* – melhor dizer, promoveu uma *infraconstitucionalização* – vários pontos relativos ao sistema público de previdência.

Aliás, trata-se de vexado equívoco prospectar reformas com efeito útil de longo curso, pois a manutenção da capacidade funcional do sistema de previdência exige uma constante correção de rota, já que suas bases são dinâmicas, tais como economia, demografia, trabalho ou dívida pública.

4.1.1.2 O efeito imobilizador: política conservacionista

> *"De diversas maneras hipotecamos socialmente el tiempo futuro y ejercemos sobre las generaciones venideras una verdadera expropiación temporal."*[1226]

A política conservacionista, por defender a manutenção do *status quo* da despesa pública, inclusive, independentemente de sua racionalidade ou qualidade e, menos ainda, de seus resultados, representa uma das diversas formas de hipotecar o futuro, aliás, a mais utilizada pelos estamentos burocráticos do Estado. A conservação do modelo decorre da manutenção de privilégios e não justiça material das relações jurídicas. Vale lembrar que a distribuição dos fundos públicos

---

[1224] TAFNER; NERY, 2019, p. 14.
[1225] BRASIL, 2020. Em 2020, por certo, os gastos com saúde e assistência social foram majorados em função da Covid-19.
[1226] INNERARITY, 2009, p. 12.

sempre vai beneficiar os segmentos sociais mais organizados política e economicamente, porquanto dispõe de meios para obter vantagens diante das debilidades regulatórias do sistema, notadamente na seara previdenciária, até porque dispõem dos melhores meios de defesa dos seus direitos, sobretudo, na seara judicial.[1227]

Aqui, há um dado curioso: o segmento social que congrega os servidores públicos, que goza do melhor regime de previdência, e que se diz sempre muito *sensível* às questões sociais, passando invariavelmente a imagem de arauto defensor das profundas reformas sociais e de ser historicamente vinculado às bandeiras políticas socializantes, assume uma atitude conservacionista – que não se confunde com o pensamento político conservador – diante das tentativas de mudanças que beneficiam toda a sociedade.

Assim, para manter o *status quo*, esse segmento defende que o *suposto* déficit previdenciário decorre de dívidas das empresas, gestão inadequada do Poder Público, inclusive, com desvio de valores do orçamento da seguridade social.[1228] Cogita-se, ainda, que tudo não passa de mera estratégia de financeirização do sistema público de previdência, portanto, o déficit previdenciário representa uma falácia.[1229]

Nesse ponto, sem adentrar nos pormenores que denunciam a existência do déficit previdenciário – que não pode ser pensado a partir do regime de caixa mensal ou anual, mas, sobretudo, pela disponibilidade financeira no futuro –, cumpre apenas destacar que eventual reconhecimento de dívida decorrente de desvios ou má gestão por parte do Estado implica, mais adiante, uma cobrança, via imposição tributária ou título executivo extrajudicial, ainda que realizada com critérios razoáveis, que será realizada em desfavor da própria sociedade. Com relação às dívidas das empresas, para além da questão processual da ação executiva fiscal, é necessária a disponibilidade econômica dos devedores, fato, portanto, alheio à atuação estatal. Dito de outro modo, não adiante levantar papéis de que corporificam créditos, é preciso mais: empresas viáveis economicamente e, portanto, capazes de honrarem com suas dívidas.

Enfim, para o segmento burocrático, a culpa é sempre dos outros, geralmente do mercado ou governo, e, dessa forma, tudo deve ficar como se encontra, até que, mais cedo ou mais tarde, o regime

---

[1227] NOVAIS, 2010, p. 27.
[1228] LOURENÇO, 2017, p. 480.
[1229] JESUS, 2018, p. 169.

caia em colapso, o que, evidentemente, tal fato já tem seus culpados: o mercado ou o Estado. Portanto, a partir dessa perspectiva há uma verdadeira paralisia na capacidade de aperfeiçoamento da legislação previdenciária, mesmo quando as mudanças apenas pretendam atingir situações irregulares ou fraudes.

Nesse ponto, como tentativa de legitimação na manutenção do *status quo*, por alegar a defesa dos mais desfavorecidos, o exemplo mais evidente é a defesa intransigente do atual modelo de aposentadoria rural, muito embora haja mais aposentados rurais que idosos morando na zona rural, aliás, trata-se de diferença de quase 1 milhão de pessoas,[1230] contudo, as propostas apresentadas para reduzir as fraudes têm sido afastadas, tal como se deu na EC nº 103/2019, a partir do discurso vitimista da vulnerabilidade social dos trabalhadores rurais, como se a proposta acarretasse algum prejuízo concreto aos verdadeiros segurados especiais (artigo 11, inciso VII, da LBPS). A proposta previa uma contribuição mínima anual para todo o grupo familiar – pouco importando o número de membros – na importância de R$ 600,00 e, assim mesmo, apenas na hipótese de a contribuição da arrecadação não atingir esse valor. Portanto, havia o propósito de controlar as fraudes, não tinha, portanto, caráter arrecadatório.

Além disso, em outro norte, para boa parte dos servidores públicos, a lógica é simples: todo sacrifício é possível para deixar tudo como se encontra, ainda que, para isso, a tentativa de orçamento primário do Estado se transforme, tão somente, em uma incomensurável folha de pagamento. Ou seja, a ideia de que todo sacrifício é legítimo para manter o *status quo* das corporações públicas, independentemente de suas consequências à própria sociedade, assume ares de verdadeira defesa do Estado social, o que ainda é fruto da Constituição *chapa-branca* de 1988.[1231] Portanto, bem-estar para os servidores e carência de serviços públicos para a sociedade.

O efeito imobilizador também é veiculado pela manutenção do modelo de previdência pública, isto é, por mais que se façam ligeiros reparos, ainda permanece a rota do colapso financeiro, já denunciado por longos anos de déficit previdenciário, porque é totalmente improvável que as realidades econômica, demográfica e laboral assumam uma convergência positiva em longo fluxo; logo, a cada ano, mesmo com eventuais e periódicos arranjos de ordem contributiva ou etária,

---

[1230] TAFNER; NERY, 2019, p. 128.
[1231] CARVALHO, 2017, p. 280, conforme denunciou Carlos Ary Sundfeld.

renovam-se os riscos da sustentabilidade financeira e atuarial, justamente porque o dilema se encontra no modelo adotado, que agasalha a teoria imunizadora dos direitos adquiridos, cujos benefícios do pacto intergeracional se volta ao passado, mas cobra do futuro.

4.1.1.3 O efeito arrebatador: política populista

> "[...] é preciso repensar a categoria dos direitos adquiridos. Não se trata de uma qualquer sedução ou mesmo fatalismos econômicos, mas antes o reconhecimento de exigências de justiça intergeracional e de sustentabilidade que têm de ultrapassar o Adamastor dos privilégios em que se transformaram muitas sociedades, em nome de uma inadequada defesa do Estado Social."[1232]

O *oportunismo político populista* é tanto maior quanto seja a impopularidade de qualquer bandeira política, independentemente dos seus bons propósitos. E poucas temáticas são tão impopulares como as reformas previdenciárias, porque, perpassando importantes questões da seara jurídica, como constitucionais, tributárias, financeiras, laborais ou administrativas, revelam-se capazes de afetar um amplíssimo leque de relações jurídicas e, por conta disso, promovem sempre grandes inquietações. Nesse cenário, a irresponsabilidade política é *confundida* com a defesa intransigente da socialidade. Quer dizer, o proselitismo social assume arroubos de singular presteza da atividade política: proteger o povo.

Assim, a arrebatadora simpatia com que os políticos do proselitismo social são acolhidos pelo povo, e por grande parte da academia, faz com que as manifestações contrárias às reformas rendam pomposos dividendos eleitorais aos parlamentares populistas. Assim, a contrarreforma previdenciária se revela um ambiente de oportunidades políticas, justamente porque os custos do malogro da reforma não são suportados pelos políticos, mas sim pelo povo, que é pretensamente

---

[1232] LOUREIRO, 2010, p. 15.

defendido pelos parlamentares. Não é necessário sequer adentrar na ordinária dificuldade relacionada à complexa dinâmica compreensiva de qualquer reforma previdenciária, esta, por si só, já é motivo de *naturais* dificuldades de reflexão diante do efeito arrebatador da desinformação política, que ludibria as classes sociais mais pobres, denunciando uma perspectiva alarmista dos prejuízos causados pelo movimento reformista.

A tentativa de mudança de rota diante do colapso financeiro iminente é sempre vista como a mais perversa forma de proteção social, pelo menos até que advenha qualquer remédio mais amargo, tais como a ausência de reajustes, cortes nos valores dos benefícios, atrasos no pagamento ou não pagamento. Todavia, ao fim e ao cabo, mesmo nessas circunstâncias, a culpa pelo flagelo financeiro não é tributada à ausência de reformas, mas justamente a não observância das regras petrificadas pelo sistema de previdência, geralmente associada à ineficiência de cobrança de dívidas, má gestão financeira dos recursos arrecadados ou crise econômica fabricada, entre outras sandices. Quando a lógica dos números é negada pela emotividade política, e isso teima em acontecer toda vez que se evidencia a insustentabilidade do sistema de previdência, apenas o populismo político ganha ares de estupenda *cientificidade*. Romper com esse estado de coisas exige o reconhecimento de que não é a crueza dos números que faz vítimas, estas advêm justamente da negligência dela diante dos desafios econômico-financeiros do Estado. Nesse ponto, vale afirmar: "[a] coisa econômica é conquistada pela aventura da intuição criadora, mas conservada e multiplicada pelo cálculo frio e metódico do puritanismo pragmático".[1233] O código do direito, evidentemente, não pode ser esse, mas nada aconselha que ele despreze essa evidente característica dos meios econômicos.

4.1.2 A discutível parametricidade dos direitos adquiridos

> "[...] a questão será então a de saber o que poderá justificar a prioridade de um dos princípios da justiça comutativa (*pacta sunt servanda*) em relação às exigências da justiça distributiva (aqui,

---

[1233] PENNA, 2017, p. 260.

na sua dimensão intergeracional). Por outras palavras, será que podemos ser prisioneiros de uma promessa cujo objeto é contrário à justiça distributiva?"[1234]

Como já afirmado anteriormente, os direitos adquiridos não prestigiam a correção material das relações jurídicas, mas, no que também é digno de atenção, a estabilidade delas e, sobretudo, a possibilidade de resguardar o fim útil dos seus efeitos. A sua lógica, que não se limita à mera proteção de desejos egoísticos, cumpre o papel de projetar segurança nos domínios normativos e, assim, desempenhar importante papel de pacificação social, pois, em tese, diminui a dinâmica conflitiva dos direitos diante da sucessão de leis no tempo.

Uma indagação, desde logo, é necessária: se as gerações futuras não podem interferir no conteúdo das relações jurídicas imunizadas pelos direitos adquiridos, qual *sentido* de justiça ou *interesse* de justiça pode ser exigido das gerações vivas para evitar uma atuação egoística na promoção ou expansão do seu bem-estar social?[1235] Por evidente, os direitos adquiridos são, por definição, um exasperante estímulo ao sacrifício das relações jurídicas futuras, por mais que eles sejam considerados uma ferramenta de justiça social.

Então, indaga-se: esse feliz imaginário se observa no sistema público de previdência brasileiro? A resposta só pode ser negativa: os direitos adquiridos representam um fator de disfuncionalidade em qualquer sistema PAYG, pois, amparando-se na solidariedade intergeracional, exige o reconhecimento de que os pressupostos de sua própria existência, parâmetro contributivo e nível protetivo adequados, depende de fatores dinâmicos, notadamente econômico-financeiros; mas, paradoxalmente, conveniona a estabilidade da relação jurídica, que se sujeita a elementos dinâmicos tanto para sua constituição quanto para sua manutenção, tais como políticos, econômicos, financeiros, demográficos ou laborais, transformando o regime de repartição uma forma anômala de *pirâmide financeira*, aliás, ela se mantém por força de norma de envergadura constitucional (artigo 5º, inciso XXXVI, da CRFB).

Assim sendo, a tentativa de superação desse estado de coisas (déficit estrutural) traz uma inexorável consequência: o aumento de

---

[1234] GOSSERIES, 2015, p. 208-209.
[1235] RIBEIRO, 2017, p. 150.

recursos da via fiscal destinados à proteção previdenciária e a asfixia financeira nos demais setores da socialidade, de maneira que novos investimentos demanda uma contínua expansão do gasto público, à custa de danosas operações de crédito, sem que isso assegure qualquer retomada de crescimento econômico.[1236] Afinal, déficit fiscal não estabiliza economia – sem falar que é um péssimo sinalizador para investimento interno ou externo – e, claro, o consumo não representa a mesma coisa que investimento, este pode ser variável, mas exige equilíbrio no orçamento.[1237]

4.1.2.1 A dinâmica contributiva e os modelos normativos generosos: equívocos no passado, perplexidade no presente e sacrifícios no futuro

> *"Com uma estrutura temporal de média e longa duração, a própria formação do direito e, depois de adquirido, a questão da sua atualização (problema de indexação) levantam importantes problemas constitucionais."*[1238]

Durante muito tempo, sobretudo, no século passado, até mesmo em função dos evidentes benefícios do bônus demográfico, a previdência social não teve maiores preocupações com o seu caráter contributivo, não sendo raros os casos de tempo de contribuição meramente fictício. Por outro lado, quando o caráter contributivo dos regimes previdenciários resultou induvidoso em termos normativos e, sobretudo, operacionais, mesmo assim, o esforço contributivo dos segurados ainda não tem merecido a devida importância no direito previdenciário brasileiro, a despeito das alterações legislativas, inclusive de envergadura constitucional (EC nº 20/1998, 41/2003 e 103/2019), porquanto a base constitutiva dos valores dos benefícios previdenciários, em grande medida, despreza o histórico de contribuições realizado pelo segurado,

---

[1236] AFONSO, 2012, 43.
[1237] AFONSO, 2012, p. 87.
[1238] LOUREIRO, 2010, p. 116.

pois despreza do Período Básico de Cálculo (PBC) as contribuições dos segurados que foram realizadas antes de julho de 1994.[1239]

Em uma visão abrangente sobre a temática, a consequência lógica disso é a impossibilidade de fazer alterações abrangentes na legislação previdenciária sem malferir legítimos interesses dos segurados que têm maior esforço contributivo. A raiz desse problema se encontra na teoria imunizadora dos direitos adquiridos, pois, de um lado, ela faz com que eventuais corrigendas demorem bastante para gerar efeitos financeiros concretos; mas, por outro lado, ela mantém, por longos períodos, os custos financeiros dos benefícios já concedidos, independentemente da memória contributiva do beneficiário e, claro, das regras concessivas adotadas. No que concerne à sustentabilidade financeira, trata-se de lógica perversa com o sistema de previdência e, mais que isso, condena-o a uma trajetória de crises constantes, já que não é possível correção de rota em curto ou médio prazo, haja vista a desejada longevidade dos aposentados e pensionistas.

Por isso, o reconhecimento de erros nos parâmetros concessivos, sobretudo, de leis já revogadas, mas dotadas de ultratividade no tempo, por mais que motive uma nova disciplina concessiva dos benefícios, não tem o condão de imprimir uma corrigenda abrangente da matéria, pois a medida legislativa costuma contemplar apenas: (a) a definição de novos parâmetros de cálculos, como no caso do artigo 40, § 3º, da CRFB, com a redação dada pelo artigo 1º da EC nº 1013/2019 ou novos parâmetros de idade e contribuição, como nos artigos 10 e 11 da EC nº 103/2019; (b) a possibilidade de reajustes automáticos nos valores dos benefícios, tendo em vista fatores demográficos, por meio de coeficiente de sustentabilidade ou fatores de sustentabilidade;[1240] aliás, sem previsão na EC nº 103/2019, pois as *inovadoras* possibilidades do artigo 149, §§ 1º-A a 1º C, da CRFB, que foram decorrentes da EC nº 103/2019, não passam de faculdade de instituição de contribuição extraordinária; (c) mas não contempla o recálculo de benefícios concedidos em função de esforço contributivo do segurado, consolidando uma injustiça nos

---

[1239] Nesse ponto, cumpre destacar a pertinência da repercussão geral reconhecida na famigerada *revisão da vida toda*, cujo mérito ainda se encontra pendente de julgamento. Nesse ponto, *vide*: BRASIL, 2020. Aliás, o Tema (de Repercussão Geral) nº 1.102 possui a seguinte redação: "Possibilidade de revisão de benefício previdenciário mediante a aplicação da regra definitiva do artigo 29, incisos I e II, da Lei nº 8.213/91, quando mais favorável do que a regra de transição contida no artigo 3º da Lei nº 9.876/99, aos segurados que ingressaram no Regime Geral de Previdência Social antes da publicação da referida Lei nº 9.876/99, ocorrida em 26/11/99".

[1240] ANSILIERO; COSTANZI, 2017, p. 29.

parâmetros remuneratórios a título de proteção social dos aposentados e pensionistas.

Tudo isso causa certa perplexidade por dois motivos: (a) toda reforma é duplamente parcial, porque só atinge os novos benefícios e, mesmo assim, boa fração deles só é atingida parcialmente em função de regras de transição, que são totalmente justificáveis em função da proximidade temporal de eventuais segurados no atendimento dos requisitos concessórios dos benefícios; e (b) as maiores distorções nos parâmetros concessivos são definitivamente mantidas com arrimo na *justiça material* da segurança jurídica. Tal fato implica uma *tempestade perfeita* para os futuros segurados, cujos esforços contributivos não se traduzem, na mesma proporção dispensada aos segurados mais antigos, em benesses concretas do sistema de previdência, pois eventual fôlego financeiro gerado pela maior contributividade não é repartido de forma equânime entre as gerações.

4.1.2.2 Dinâmica protetiva dos direitos e justiça intergeracional: uma tensão essencial

> "[...] que direito temos de entulhar o planeta com a nossa presença permanente, sem deixar lugar para a próxima geração? Se é nessa direção que a medicina está seguindo, temos a obrigação moral de dar um basta nisso."[1241]

Considerando-se que a tensão entre gerações é inevitável, como ventilado diversas vezes nesta obra, cumpre identificar os parâmetros que evidenciam a iniquidade no nível de proteção social entre as gerações. Impondo-se, desde logo, uma indagação: o que a faz a dinâmica protetiva dos direitos desaguar em uma irrefreável – e, por vezes, extremamente injusta – tensão entre as gerações? E, mais que isso, o que faz desequilibrar a proteção social no tempo? Para além da incerteza que comporta todo engenho humano, é preciso reconhecer que própria lógica de sucesso também evidência o lado perverso do malogro, isto é, ainda que os resultados práticos sejam alcançados, sem

---

[1241] SCRUTON, 2017, p. 207.

demora, é fácil reconhecer nos meios de atuação do Poder Público os pontos frágeis de qualquer mecanismo adotado. Nesse sentido, com relação ao direito adquirido, nada pode ser tão claro: por mais que se defenda a sua utilidade, destacando os grandes méritos da estabilidade jurídica, não faltam exemplos de intoleráveis posições jurídicas decorrentes da própria imunização normativa de específicas relações sociais, sobretudo, quando em benefício dos mais prestigiados pela dinâmica remuneratória do Estado.

Com efeito, os esforços biogerontológicos, sem adentrar nos aspectos bioéticos individuais, institucionais e sociais da questão,[1242] têm gerado uma expectativa de sobrevida que vai muito além das possibilidades práticas (dimensão material) impostas pelas garantias jurídicas (dimensão normativa). De todo modo, não se deve desconsiderar os efeitos que a convivência comunitária exerce sobre a saúde das pessoas, porquanto a cultura compartilhada, a família, os amigos e a cidade – enfim, a dinâmica de valores que encerra o mundo habitado – repercutem no fluxo diário da existência humana e, portanto, na longevidade dos cidadãos.[1243]

Assim, o cenário gerado pela longevidade aumentada exige um novo norte reflexivo sobre as garantias jurídicas, pois o baixo percentual de trabalhadores jovens não suportará os inevitáveis custos na manutenção do sistema de previdência, haja vista o percentual crescente de velhos na população, sem falar, é claro, na expansão dos custos com serviços médicos, o que só comprova que eles consumem mais recursos do que produzem.[1244] Que os mais velhos gastam mais recursos do que produzem, por certo, isso não representa qualquer novidade, a questão é de outra ordem: com o cenário de longevidade ampliada ou extremada, a projeção dos recursos a eles destinados se torna claramente insuficiente diante das demandas crescentes decorrentes dos avanços biogerontológicos.

Desse modo, com o avanço das biotecnologias, as gerações não podem gozar do mesmo nível de proteção social por uma razão bem simples: não se trata de discutir, tão somente, a difícil questão da manutenção dos encargos públicos, mas, sobretudo, a própria exigibilidade dos benefícios gerados pelos avanços tecnológicos,[1245] sem falar, ainda,

---

[1242] FEESER-LICHTERFELD, 2008, p. 129.
[1243] GLADWELL, 2008, p. 10-11.
[1244] FEESER-LICHTERFELD, 2008, p. 130-131.
[1245] FEESER-LICHTERFELD, 2008, p. 131.

nos riscos vinculados ao desenvolvimento de qualquer comodidade, o que representa o *lado b* das conquistas sociais, aliás, o único para boa parte da população mundial.

Por isso, a desejosa estabilidade das relações jurídicas, diante de fatores absolutamente dinâmicos, consagra mais que uma tensão essencial entre as gerações – porque necessária à própria compreensão da utilidade do modelo de proteção social adotado –, adentrando no universo das odiosas formas de tratamento jurídico, justamente porque agrava as relações desiguais entre as pessoas em função do tempo. Assim, a dinâmica protetiva dos direitos, por definição, deve ser mutável, senão a cadência dos eventos sociais, nos quais se inserem os desafios da proteção social, vão prolongar, ainda mais, a longa marcha da escassez de recursos dos sistemas de previdência.

Aliás, não refletir seriamente sobre isso labora contra a própria condição dos mais velhos, pois os excessivos encargos gerados pela longevidade extremada, que aprofunda o endividamento do sistema público de previdência, inclusive decorrentes dos movimentos antienvelhecimentos, podem fomentar a discriminação contra os mais velhos e, claro, intensificar ainda mais os conflitos intergeracionais.[1246] Afinal, é uma questão que não pode ser negligenciada pelo direito: "[e]s que me estoy volviendo viejo, le dije. Ya lo estamos, suspiró ella. Lo que pasa es que uno no lo siente por dentro, pero desde fuera todo el mundo lo ve".[1247] Como claro diagnóstico desse estado de coisas, resulta o aumento expressivo de bens e serviços destinados às pessoas idosas, criando uma espiral crescente de prestações do Poder Público.

A expansão da expectativa de sobrevida, que é um fato digno de comemoração, compreende um novo desafio à previdência social, que, sem o devido equacionamento nos seus encargos, pode comprometer a justiça intergeracional, inclusive, de forma mais imediata, entre as gerações vivas, porquanto o investimento social do Estado tende a promover um claro desequilíbrio: a superposição financeira dos mais velhos em detrimento dos mais novos, notadamente dos menores de 18 anos. Cumpre destacar alguns dados relevantes: em 1980, no total de 1.000 pessoas que atingiam 60 anos, 344 delas atingiriam 80 anos, só que, em 2019, esse número subiu para 604; todavia, quando se considera apenas o grupo das mulheres, em 1980, era 398 e passou

---

[1246] FEESER-LICHTERFELD, 2008, p. 132-133.
[1247] GARCÍA MÁRQUEZ, 2004, p. 55.

para 668 em 2019,[1248] o que reforça a forte expansão da longevidade das idosas no Brasil.

Portanto, a dinâmica protetiva dos direitos, em uma perspectiva intergeracional, é incompatível com a liturgia dos direitos adquiridos, porque ela nega a justiça das relações em uma dimensão intertemporal, como se o fluxo do tempo fosse capaz de preservar os fundamentos que concebiam a artificiosa convenção da estabilidade jurídica, que castiga a dinâmica da composição populacional, mormente quanto ao crescimento dos seus encargos.

4.1.2.3 A *grande muralha* da dogmática imunizante dos direitos: da garantia constitucional à sustentabilidade financeira e atuarial

> *"A state without the means of some change is without the means of its conservation. Without such means it might even risk the loss of that part of the constitution which it wished the most religiously to preserve."*[1249]

Atualmente, a sustentabilidade alcançou ares de verdadeiro paradigma secular da ação pública, tal como foi o humanismo no século XVIII, a questão social no século XIX ou a democracia social no século XX,[1250] de maneira que suas implicações no terreno das relações político-jurídicas são indiscutíveis, daí o motivo de um demorado rol de adjetivações relacionadas ao termo, tais como: social, política, econômica, ecológica, previdenciária, financeira e atuarial.

A defesa de valores intergeracionais exige uma compreensão sobre os domínios da sustentabilidade financeira, pois a injustiça intergeracional costuma ser denunciada pelo desequilíbrio financeiro das estruturas que amparam os projetos sociais abrangentes – como bem exemplifica a questão previdenciária –, de maneira que o uso

---

[1248] BRASIL, 2020, p. 17.
[1249] BURKE, 2003, p. 19.
[1250] CANOTILHO, 2010, p. 8. É preciso dizer que o autor não defende abertamente esse entendimento, contudo, não nega o caráter estruturante do princípio da sustentabilidade no Direito Constitucional.

sistemático de operações de crédito, cedo ou tarde, cobra um alto preço das gerações futuras, geralmente por meio da criação de tributos ou majoração dos já disponíveis, conforme a lógica de que *os empréstimos de hoje são os tributos de amanhã*.[1251] Desse modo, tendo em vista os largos esteios[1252] de um princípio transversal, multidimensional e multipilar,[1253] a sustentabilidade guarda uma concepção evolutivo-estrutural da conformação político-jurídica do Estado Constitucional, no que faz exsurgir ideia de um *conceito federador*,[1254] haja vista sua imperiosa capacidade de ir modelando e condicionando os pressupostos jurídicos necessários à evolução sustentável do Estado,[1255] com os seus complexos desdobramentos orgânico-funcionais, e, também, da própria sociedade.

De modo mais abrangente em termos jurídico-constitucionais, a sustentabilidade comporta 03 (três) dimensões básicas: (1) interestatal (*inter-nacional*), como que *impondo* uma equidade entre os países ricos e pobres; (2) geracional (*intrageracional*), ventilando a equidade entre grupos etários diversos das gerações vivas; (3) intergeracional, despontando a equidade entre gerações vivas e gerações vindouras.[1256] De modo mais concreto, mas ainda em uma perspectiva ampla, porém já no terreno conflitivo da gestão pública, é possível destacar 03 (três) pilares da sustentabilidade: (1) a sustentabilidade ecológica; (2) a sustentabilidade social; e (3) a sustentabilidade econômica.[1257] Nesta se insere a questão consequente da atividade financeira do Estado, pois ela não passa de umas das faces da sustentabilidade econômica.

Aqui, destaca-se a questão da sustentabilidade financeira e atuarial dos regimes previdenciários, sem prejuízo da proteção de direitos sociais efetivados, portanto, não concebendo, quanto à existência, a linear supressão de direito sem a edição de direito equivalente, bem como, quanto à extensão, não permite que eventual

---

[1251] CANOTILHO, 2017, p. 45.

[1252] Há quem atribua praticamente o *status* de panaceia dos dilemas públicos, nestes termos: "*[...] trata-se do princípio constitucional que determina, com eficácia direta e imediata, a responsabilidade do Estado e da sociedade pela concretização solidária do desenvolvimento material e imaterial, socialmente inclusivo, durável e equânime, ambientalmente limpo, inovador, ético e eficiente, no intuito de assegurar, preferencialmente de modo preventivo e precavido, no presente e no futuro, o direito ao bem-estar*" (FREITAS, 2012, p. 41).

[1253] LOUREIRO, 2010, p. 39.

[1254] Melhor seria *conceito modelador* das estruturas constitutivo-operacionais do Estado Constitucional.

[1255] CANOTILHO, 2010, p. 9.

[1256] CANOTILHO, 2012, p. 6.

[1257] CANOTILHO, 2012, p. 6.

redução de direito ocorra de modo arbitrário.[1258] A questão, contudo, permanece em aberto, porquanto a ideia de justiça das alterações legislativas sempre terá em conta não apenas os direitos superados, mas, sobretudo, os objetivos perseguidos, que, como se sabe, estão relacionados ao necessário equacionamento dos fatores que interferem na capacidade funcional do sistema previdenciário, notadamente, as dinâmicas laboral e demográfica, bem como a escassez de recursos. Assim, o caráter instrumental da sustentabilidade não pode desconsiderar os condicionantes da ação pública, não apenas os que impulsionam os fins (disponibilidade financeira), mas, sobretudo, os que limitam à consecução de determinados fins (direitos adquiridos).

Nesse contexto, a reflexão jurídico-constitucional não pode ficar alheia às profundas mudanças na sociedade hipermoderna, notadamente sua acentuada dinâmica de riscos e, com isso, a impossibilidade prática de a realidade constitucional encampar os processos decisórios, em quaisquer casos, mediante os mesmos parâmetros jurídicos de outrora, justamente porque os desafios são outros, notadamente de ordem tecnológica,[1259] exigindo imperiosos direcionamentos ético-jurídicos em função do princípio da solidariedade intergeracional.[1260] A reflexão constitucional sobre os direitos adquiridos é um bom exemplo disso: de garantia jurídica de indiscutível importância prática, porque resguarda a estabilidade das relações jurídicas, vem assumindo uma perspectiva patológica, perturbadora mesmo, nos sistemas públicos de previdência, haja vista sua indisfarçável *propriedade* de assegurar tratamento desigual no universo da proteção previdenciária, sem falar na desmedida transferência de encargos entre as gerações. É a garantia de que não ocorrerá a transição das perdas em função de novas regras,[1261] fazendo com que o segurado compreenda o sistema público de previdência como mera técnica de investimento, porém, e isso precisa ficar claro, sem os inconvenientes da dinâmica de riscos dos regimes de capitalização.

Portanto, o melhor dos mundos, porém em detrimento da solidariedade que anima a própria existência dos regimes de repartição. Uma visão entrincheirada dos direitos adquiridos, por impermeabilizar posições jurídicas na esfera pessoal,[1262] reafirma o *status quo* em detrimento do aperfeiçoamento dos direitos e das instituições, no qual

---

[1258] LOUREIRO, 2013, p. 123.
[1259] LOUREIRO, 2001, p. 818.
[1260] AGIUS, 2006, p. 317.
[1261] GOSSERIES; HUNGERBÜHLER, 2006, p. 110.
[1262] LOUREIRO, 2014, p. 238.

permite uma efetiva expansão do nível de proteção social de toda a sociedade. "O Estado endividado, de longa duração, questiona muita da dogmática tradicional."[1263] Desse modo, é preciso compatibilizar a garantia constitucional dos direitos (artigo 5º, inciso XXXVI, da CRFB) com a sustentabilidade financeira e atuarial dos regimes de previdência (artigo 40, *caput;* c/c artigo 201, *caput,* todos da CRFB), relativizando a teoria imunizadora dos direitos, mediante critérios razoáveis, diante do desafio da manutenção da capacidade funcional do RGPS e RPPSU.

4.1.3 Proteção da confiança legítima no campo de batalha

> "[...] a confiança enquanto dimensão axiológica da ordem jurídica é protegida de diferentes modos, sendo a atuação autónoma do princípio da proteção da confiança apenas um deles."[1264]

A segurança jurídica compreende uma das mais profundas aspirações do homem, pois a estabilidade gera comodidade na prossecução dos planos de vida, daí sua inarredável ligação com a dignidade humana, portanto, a concretização de projetos pessoais e profissionais *exige* a estabilidade das relações jurídicas.[1265] "As pessoas tendem a mais contratar, a arriscar, a empreender em cenários de estabilidade institucional e jurídica – que se não forem sinônimas são irmãs univitelinas."[1266] Entre as diversas formas de sua expressão da segurança jurídica, notadamente no seu aspecto subjetivo, cumpre pontuar a proteção da confiança legítima, que tem singular importância da dinâmica da atividade legislativa nos períodos de crise econômico-financeira. Desse modo, como não é possível projetar qualquer confiança relacionada aos eventos da natureza, e isso também se aplica à ação dos animais, pois ela é uma relação entre homens, entre instituições ou entre homens e instituições, logo, importa discuti-la apenas a partir da intervenção humana. A lógica da confiança é elementar: ampara-se na adequada

---

[1263] LOUREIRO, 2014, p. 1.870.
[1264] LOUREIRO, 2014, p. 645.
[1265] SARLET, 2009, p. 95.
[1266] SAMPAIO, 2009, p. 289.

dinâmica comportamental de pessoas ou instituições em função de prévios compromissos decorrentes das relações, não necessariamente jurídicas, que movem a vida em sociedade, mas, ainda que não se deseje, toda confiança pode ser quebrada inesperadamente.

Por isso, como pretensão de estabilidade nas relações político-jurídicas, a constituição prevê quatro tipos de segurança jurídica: (a) a *segurança como garantia*, que se vincula à *inviolabilidade do direito*, como domicílio, comunicações pessoais ou em matéria tributária; (b) *a segurança como proteção de direitos subjetivos*, que se refere à *segurança do direito*, isto é, o efetivo conhecimento do direito, determinação dos fatos e sua efetiva aplicabilidade, trabalhando, portanto, limites temporais, direito adquirido, ato jurídico perfeito e coisa julgada; (c) a *segurança como direito social*, que compreende a segurança como *espécie de direito social* e, desse modo, prestigiando os propósitos protetivos da seguridade social; e (d) a *segurança por meio do direito*, que destaca a defesa do Estado, mediante o estado de defesa e o estado de sítio – acrescente-se, ainda, a intervenção federal –, pontuando um verdadeiro *sistema constitucional das crises*, e a segurança das pessoas, capitaneada pela *segurança pessoal* da população através da segurança pública e das garantias penais.[1267]

Em reforço a essas premissas, destaca-se a questão da proteção da confiança. Em termos jurídicos, a tutela da confiança legítima se impõe quando o Estado aja de forma arbitrária, ou excessivamente onerosa, diante de posições jurídicas que gozem de expectativas de continuidade, afetando, desse modo, os planos de vida dos cidadãos em função de determinada inovação legislativa.[1268] Dito de outro modo, eventual violação do princípio da proteção da confiança compreende a aferição de dois relevantes testes: (a) o reconhecimento de situação digna de confiança; e (b) a análise da razoabilidade da medida adotada em função de juízos ponderativos entre o interesse público (justificadores da medida) e o interesse privado (suportarão a medida).[1269]

De modo mais analítico, e a partir de critério baseado em quatro requisitos de verificação sucessiva e acumulativa, para que a proteção da confiança prevaleça sobre eventual alteração legislativa é necessário que: (a) o Estado tenha atuado, em particular o legislador, de modo a gerar pelo particular uma expectativa de continuidade no

---

[1267] SILVA, 2009, p. 17-29.
[1268] QUEIROZ, 2014, p. 29.
[1269] MONIZ, 2015, p. 89.

seu comportamento (*existência de expectativa*); (b) a expectativa seja legítima, justificada ou amparada em boas razões (*legitimidade das expectativas*); (c) o particular tenha realizado plano de vida em função do comportamento estatal (*causalidade das expectativas*); e (d) inexista razão de interesse público, mediante ponderação, que respalde a não manutenção de comportamento gerou a expectativa do particular (*maior peso das expectativas*).[1270] E, diante de proposições reformistas ou de superação de crise econômico-financeira, ainda é possível cotejar, para firmar a proteção da confiança, a inexistência de regra de transição ou outras formas de graduação no tempo da alteração na legislação.[1271]

Diante de emergência econômico-financeira, e tendo em vista a manutenção de *certos níveis de realização dos direitos sociais* da democracia econômica, social e cultural,[1272] o que parece certo é que a proteção da confiança apresenta uma compreensão invariavelmente casuística, a despeito de evolutivos parâmetros teóricos-jurisprudenciais,[1273] afinal, ela não pode ficar acima do limite da razão, como bem comprova os Acórdãos do TCP a partir de 2011.[1274] Na seara previdenciária, não parece razoável admitir que uma relação de longo curso não mereça proteção da confiança, porém a questão não pode partir apenas dessa ordem de ideia. Explica-se: se a proteção prestigia a estabilidade da relação jurídica, ela não pode exigir isso com o sacrifício quase absoluto de outras relações. Assim, pode-se questionar: e se uma instituição não puder agir de forma diversa sem graves danos para si ou para terceiros? Em uma sociedade complexa, cujas relações compartilham vínculos locais, regionais, nacionais, internacionais, supranacionais ou transnacionais, seria uma escusável alterar, diante do frenético dinamismo das relações econômicas, políticas e culturais da hipermodernidade, os parâmetros de determinadas regras de proteção social?

A questão envolve o conflito entre o mesmo princípio em uma perspectiva intertemporal, pois a sustentabilidade do sistema de previdência, que tem a pretensão de impulsionar as alterações legislativas, representa uma expressão do princípio da proteção da confiança, corporificada na manutenção da capacidade funcional do sistema de previdência (direito em formação), da mesma forma que ele também se destina à manutenção à proteção dos benefícios já concedidos

---

[1270] CANAS, 2017, p. 1.127.
[1271] CANAS, 2017, p. 1.133 e 1.134.
[1272] CANOTILHO, 2007, p. 211.
[1273] CANAS, 2017, p. 1.124-1.134.
[1274] MARTINS, 2016, p. 262-263.

(direito adquirido), sobretudo, quanto à manutenção do parâmetro remuneratório.[1275]

Desse modo, a tradicional compreensão da imodificabilidade dos benefícios previdenciários a partir do direito adquirido, ainda que retrate uma indiscutível garantia jurídica, cujos efeitos práticos não são absolutos, cede espaço para uma *teoria da diferenciação da intensidade de proteção*, que toma lugar da *teoria imunizadora dos direitos adquiridos*, justamente por melhor atende aos propósitos da justiça intergeracional.[1276] Um dos grandes dilemas da segurança jurídica é a eventual incoerência dos seus prognósticos diante da realidade que procura proteger, isto é, de um lado, assegura a estabilidade das relações jurídicas; de outro, pode afirmar *estupendas* injustiças. E o mais curioso disso tudo é que geralmente o rol de propugnadores da segurança jurídica, na defesa dos seus interesses ou simplesmente por *desinteressada* convicção acadêmica, como que seguindo uma máxima religiosa, não tardam em admitir a racionalidade na aplicação de princípios, de expressiva carga axiológica, que tendem a causar uma *fragmentariedade decisória*, isto é, decisões ao sabor dos circunstancialismos judiciais, causando, por conseguinte, uma intensa e insuperável instabilidade nas relações jurídicas.

Dito de outro modo, a segurança jurídica é o que se exige dos demais concidadãos, na justificável lógica de que o ônus deve ser suportado pelos outros, ainda que, na análise crua dos resultados, tudo não passe, em alguns casos, de flagrante injustiça a eles dispensada. Daí que a exigência de justiça, em uma linha racional de interpretação, tende a fragilizar a segurança jurídica, pois a correção material, quando admitida com caráter meramente prospectivo, tal como faz qualquer poder constituinte, jamais será capaz de reparar os prejuízos efetivamente sofridos pelos cidadãos, de maneira que a justiça não pode ser plena, ou mesmo aceitável, diante de feudos pretensamente absolutos de segurança jurídica, tal como prescreve o artigo 5º, inciso XXXVI, da CRFB. Nesse ponto, mais adequada a legislação portuguesa, que prevê o direito adquirido em norma infraconstitucional, precisamente nos artigos 66 e 100 da Lei de Bases da Segurança Social.

Desse modo, quais cidadãos costumam ser *penalizados*? Independentemente das gerações, porquanto em um sistema previdenciário de graves crises estruturais, cujo colapso, a toda evidência, cumpre o ritual dramático de uma morte anunciada, é defensável afirmar que o

---

[1275] LOUREIRO, 2010, p. 127.
[1276] LOUREIRO, 2010, p. 127.

sacrifício dos segurados tem sido sempre maior em função do tempo e, o que é pior: esses esforços não se destinam à manutenção de suas benesses previdenciárias, mas sim à preservação dos erros do passado, enfim, na contenção do crescente desequilíbrio gerado pelo abismo financeiro entre os que contribuíram minimamente, ou simplesmente não contribuíram – e que, mesmo assim, ainda percebem as prestações mais pomposas –, e os que efetivamente contribuíram mais ou que os contribuem mais ainda, só que sem qualquer possibilidade de recebimento de prestações com o nível de proteção social equivalente. A teoria imunizadora dos direitos adquiridos bem traduz a ideia de absolutização presente em função da problematização do futuro.[1277]

Com efeito, o imaginário de que o texto constitucional, notadamente os mais analíticos ou prolixos, possua resposta para todos os dilemas da nação, independentemente do curso histórico percorrido pela sociedade, compreende um misto de cegueira ideológica e fantasia dogmática, pois, mesmo quando se considera os limites da normatividade, despontando a importância dos esforços políticos ou econômicos, persiste uma compreensão inquietante de que os parâmetros normativos pairam legitimamente acima da realidade e, assim, sempre cotejando os seus fundamentos para evitar qualquer alteração de rota nos prognósticos constitucionais. Defender a constituição não pode ser o mesmo que petrificar todas as suas projeções – portanto, sob a égide do horizonte pretérito –, ainda mais com flagrante custo de oportunidade, inclusive, em detrimento da própria ideia de igualdade que ela mesma julga defender (preâmbulo, artigos 3º, inciso III; 5º, *caput*; 165, § 7º e 170, inciso VII, da CRFB), pois seria o mesmo que admitir uma atemporal dimensão omnicompreensiva dos textos constitucionais e isso, a toda evidência, não se coaduna com a característica falibilidade humana.[1278]

Ademais, tudo isso se revela incompatível com o dever de solidariedade no regular exercício dos direitos fundamentais sociais, porquanto elimina a importância dos esforços intergeracionais em função do apelo normativista na fruição imediata dos direitos positivos. Por outro lado, não há como negar a ideia de uma *consciência jurídica comunitária*,[1279] até porque a responsabilidade encontra seu fundamento último na *irredutibilidade existencial, empírica e ontológica da*

[1277] INNERARITY, 2009, p. 22.
[1278] MACHADO SEGUNDO, 2014, p. 224.
[1279] ANDRADE, 2006, p. 1.060.

condição comunitária,[1280] que robusteça uma compreensão estabilizadora dos direitos sociais consagrados pela legislação ordinária, porém, tal constatação, nem de longe, representa um substrato material amplo capaz de emperrar a revisibilidade de toda uma categoria de direitos.

Em outro giro, a ideia de proteção da confiança não pode ser um juízo entregue aos estritos termos dos dilemas imediatos da socialidade, que, no mais das vezes, não tem tido preocupação com o progresso social, mas sim com o progresso individual.[1281] A dinâmica protetiva desse princípio não se restringe aos conflitos e interesses das gerações vivas e, muito menos, apenas em benefício dos aposentados e pensionistas. Explica-se: a manutenção da capacidade funcional do sistema de previdência compreende a salvaguarda de direitos, corporificada na concessão de serviços e benefícios, em uma perspectiva intergeracional, de maneira que a proteção da confiança tem uma dinâmica ponderativa bilateral, isto é, alcançando contribuintes e beneficiários.[1282]

Revela-se, portanto, pouco sensato enxergar a proteção da confiança de maneira excludente, no sentido de que uma geração de segurados exclua os direitos da outra. Desse modo, admitindo-se a natureza conflitiva entre as gerações, impõe-se uma releitura na amplitude interpretativa desse princípio, senão a proteção da confiança se aplicaria justamente com o fundado propósito de suprimir a confiança das gerações mais jovens e, sobretudo, das gerações ainda não nascidas. Dito de outro modo, a proteção da confiança, por assumir uma clara *perspectiva diacrônica*, pois compreende uma tensão entre a situação jurídica definida por regramento anterior e os efeitos nela gerados pela necessidade de novo regramento,[1283] não pode ser uma *Alea* e, portanto, dependendo estritamente da posição temporal dos segurados diante do regime de previdência, fazendo com que, de modo paradoxal, ela não se submeta ao conjunto de esforços, intergeracionalmente considerados, para a manutenção do sistema de previdência.

[1280] NEVES, 2012, p. 66.
[1281] COIMBRA, 2018, p. 35.
[1282] LOUREIRO, 2016, p. 742.
[1283] BOTELHO, 2015, p. 458.

4.1.3.1 Modelos normativos e experimentalismo jurídico: entre mudanças e incompreensões

> "A diversidade legislativa não impede a descoberta de princípios comuns aos diferentes sistemas jurídicos nacionais. Com efeito, e numa dimensão constitucional, os direitos fundamentais não são criações jurídicas concebidas *ex novo* por cada Estado, mas sim derivam de princípios jurídicos fundamentais e uma herança histórica comuns."[1284]

Admitindo-se a existência de âmbitos irredutíveis de ignorância, sobretudo, na resolução dos problemas sociais abrangentes e nos círculos decisórios da gestão pública,[1285] torna-se bem compreensível a inevitabilidade do experimentalismo, que, no universo jurídico, toma ares de verdadeiro martírio. Por isso, o custo da experiência da *revisão judicial moderada* sobre o significado da constituição,[1286] que pode ser traduzido na interação dialógica entre cortes e legisladores,[1287] representa um importante mecanismo para aperfeiçoamento e estabilização das políticas públicas, afinal, o acúmulo de experiências transmite alguma necessidade de decisões perenes sobre determinadas matérias.[1288] Portanto, a pretensão de estabilidade dos modelos jurídicos deve decorrer do seu sucesso, de sua capacidade funcional; enfim, da possibilidade de entregar melhores condições sobre o que se propõe a fazer. Desse modo, a estabilidade dos modelos jurídicos não pode tonar-se inquebrantável em função de uma variável jurídica (direitos adquiridos), como se fosse possível estabelecer uma regra infalível e atemporal de justiça diante das vicissitudes da vida social, portanto, algo que vai muito além dos horizontes alcançados pela abstrata racionalidade legislativa prospectada a partir do passado e, também,

---

[1284] BOTELHO, 2011, p. 85.
[1285] INNERARITY, 2011, p. 69.
[1286] TUSHNET, 2008, p. 66.
[1287] TUSHNET, 2008, p. 263.
[1288] TUSHNET, 2008, p. 263-264.

do presente. Impõe-se mais: a resultante da legalidade com a realidade, poupando, dessa forma, a sociedade de soluções desejosamente estáveis, mas simplesmente intoleráveis.

Dessa forma, a escassez de recursos, convocando o princípio da solidariedade, e para além da mera assertiva sobre a força normativa dos fatos, legitimaria uma nova fórmula jurídica para enfrentar os complexos sistemas de previdência, concebendo um novo arranjo de valores normativos norteadores da relação jurídico-previdenciária, no qual a sustentabilidade possua a capacidade de repercutir não apenas nos direitos em formação, mas, também, nos direitos adquiridos.[1289] Além disso, a persistência na teoria imunizadora dos direitos adquiridos vai acarretar a expansão dos fundos de pensão, não apenas em função da dinâmica demográfica, da dinâmica laboral ou da própria crise de sustentabilidade financeira,[1290] mas, sobretudo, da necessidade de encontrar alternativas para grupos sociais que não mais enxergam no sistema público de previdência o melhor mecanismo de proteção social. É a lógica do experimentalismo jurídico na sua vertente menos preocupante, porque já denuncia uma ideia de investimento das pretensões contributivas, portanto, sem assumir os benefícios e riscos da solidariedade previdenciária.

Em outro norte, isto é, do experimentalismo que é realmente preocupante, observam-se mudanças e incompreensões sobre os rumos das reformas legislativas, pois, mesmo que elas manifestem um propósito a seguir, a tarefa de redesenhar aspectos pontuais em uma legislação complexa pode revelar mais embaraços que soluções. Explica-se: ainda que reversibilidade seja um apanágio das alterações legislativas incrementalistas,[1291] o fato é que sem os devidos arranjos no núcleo básico do modelo de previdência, ou seja, nos seus aspectos estruturantes, podem ser incorporadas propostas pontuais relacionadas a modelos diversos, de maneira que a sua funcionalidade possa ser afetada e, com isso, não ocorra qualquer funcionalidade com as reformas implementadas, até porque não há um roteiro completo delas.

Não é que uma decisão parcial, corporificada em determinada reforma legislativa, restando equivocada, não possa ser retificada,[1292] o problema é outra ordem: se o dilema é financeiro, toda alteração

---

[1289] LOUREIRO, 2013, p. 124.
[1290] COIMBRA, 2016, p. 259.
[1291] INNERARITY, 2009, p. 104.
[1292] INNERARITY, 2009, p. 104.

para conter o déficit é, por definição, sobretudo em uma perspectiva individual, uma redução da matriz protetiva inicial do sistema de previdência, tais como: (a) nos parâmetros concessivos (forma de cálculo); (b) no requisito etário (aumento da idade); (c) no esforço contributivo (aumento das alíquotas); e (d) no universo de segurados (redução no número de beneficiários). Não é por outro motivo que, e isso decorre da própria limitação do sistema PAYG em face da dinâmica econômica, demográfica ou laboral, toda reforma é compreendida a partir de da ideia de *retrocessos* e não como meio para manter a capacidade funcional do modelo de proteção social adotado. Daí o entendimento de que o incrementalismo assume um sentido conservador,[1293] no qual o experimentalismo jurídico, com fundado propósito de acomodar as relações de força nos diversos segmentos da sociedade, pouco pode ajudar para solucionar adequadamente os desafios da sustentabilidade financeira, por expressar uma atitude bastante pretensiosa, se amparada na ideia de que seja capaz de definir todos os rumos da ação pública.

4.1.3.2 Velhos direitos, novas conquistas: da imunização à afetação jurídica

> *"De lo único que podemos estar seguros es de que la humanidad habrá desperdiciado no pocas cosas realmente nuevas, mientras celebra como tales lo que no son sino cómodas continuidades."*[1294]

Como o experimentalismo jurídico comporta seus riscos, sem que isso decorra de meros caprichos legislativos, pois resulta de inquietantes necessidades de mudanças no modelo adotado, seja pela ausência de resultados em função de desafios já esperados ou conhecidos, seja pela impossibilidade de contornar novos dilemas, certamente, mais desafiadores, é totalmente compreensível que eventuais propostas acabem em erros de rota. A tarefa se torna ainda mais gloriosa pela necessidade de garantir determinados regramentos, nos quais são, muitas vezes, a própria razão fundante da alteração legislativa. Dessa forma, a busca

---

[1293] INNERARITY, 2009, p. 105.
[1294] INNERARITY, 2011, p. 190.

por novas conquistas de direitos exige a compreensão dos limites financeiros na implementação dos velhos direitos, quer dizer, não há como empreender soluções para novos problemas sem considerar os custos das soluções (im)postas aos problemas anteriores.

Nesse ponto, adentra a questão da relativização da imunização jurídica e, mais adiante, a importância da afetação jurídica. Explica-se: a imunização das relações jurídico-previdenciárias comporta dois grandes desafios: (a) *custo de transição*, ou seja, a parcela de dispêndios previdenciários não financiada pelas contribuições depois da realização de reforma previdenciária,[1295] que existirá tanto na alteração de regras no modelo adotado (primeiro momento) quanto na tentativa de alteração do próprio modelo (segundo momento), aliás, nesse último caso, observa-se uma pretensão substancialmente mais onerosa para a agenda fiscal do Estado, haja vista a progressiva queda no volume das contribuições com a adoção progressiva [ou exclusiva] do terceiro estágio protetivo[1296] (regime de capitalização), porém com uma proposta concreta de viabilidade institucional; (b) *custo de implementação* de novos direitos, pois os recursos serão prioritariamente destinados ao desafio anterior (estoque de benefícios concedidos), porquanto a solução de novos problemas, que exigem novas disciplinas jurídicas, encontra-se seriamente vinculada à dinâmica protetiva do passado, pelo menos quanto às condições de possibilidade de sua execução.

Todavia, na afetação jurídica a temática é discutida a partir de outra ordem de valor: que a responsabilidade pela dinâmica protetiva não esteja voltada ao passado, isto é, que não seja meramente retrospectiva, algo típico da teoria imunizadora dos direitos adquiridos. Vale, nesse ponto, uma defesa da responsabilidade prospectiva, que seja capaz de antecipar meios ou formas de prestigiar as demandas vindouras, seja antecipando riscos, seja cotejando melhores formas de proteção social.[1297] É nesse contexto que se defende a ideia da superação dos *direitos adquiridos* pelos *direitos inquiridos*, isto é, que advêm do juízo analítico do conjunto de fatores que interfere na dinâmica fiscal do Estado, mas resguardando os parâmetros protetivos dos direitos positivos.

Tal propósito só se revela possível quando a garantia da proteção social não traduza qualquer natureza absoluta aos valores das prestações pecuniárias, muito embora assegure a manutenção de benefício

---

[1295] ZYLBERSTAJN, 2006, p. 67.
[1296] *Vide* item 3.1.3.1 *infra* (Capítulo 3).
[1297] INNERARITY, 2009, p. 126.

previdenciário efetivamente protetivo, cujos parâmetros remuneratórios, superando a anacrônica perspectiva dos direitos adquiridos, se submetam a critérios objetivos de sustentabilidade financeira do sistema de previdência, sem prejuízo de que, em uma ideia de reforço da proteção social, qualquer alteração no seu valor, ainda que previamente definida por fórmulas decorrentes de lei parlamentar, deva ser objeto de escrutínio pelos princípios da dignidade humana, proporcionalidade, razoabilidade, igualdade e proteção da confiança. A relativização, portanto, não representa indiferença às garantias constitucionais, mas apenas permite a superação de obstáculos normativos incompatíveis com as exigências financeiras, e mesmo atuariais, do sistema de previdência[1298] em uma sociedade hipermoderna. Ou seja, ela é consequência do não reconhecimento das dificuldades jurídicas para contornar os seus desafios extrajurídicos.

Não se trata, aqui, de mera suposição teórica sobre a necessidade de relativização da teoria imunizadora dos direitos adquiridos, pois a manutenção dos *velhos direitos*, reconhecidamente mais onerosos, vai pressionar ainda mais o sistema público de previdência, inclusive, por longas décadas, sem que a exasperação das fontes de financiamento sejam capazes, a não ser com o contínuo sacrifício das demais áreas da seguridade social, de sustentar a dinâmica de custos decorrente: (a) do período de transição dedicado à convergência entre os regimes RPPSU e RGPS, que, aliás, ainda não é completa; e (b) da incorporação de *novos direitos*, ou nova forma de prestação de conquistas antigas no universo da proteção previdenciária, em função de avanços biogerontológicos, cujos custos são proporcionais às comodidades geradas aos beneficiários das prestações públicas.

[1298] Aliás, a defesa inconsequente dos parâmetros vigentes, com absoluto desprezo aos comezinhos fundamentos econômicos, gera considerações desta natureza: "[e]m regra, o aposentado pelo Regime Geral da Previdência Social – e que será o mais impactado pela reforma –, utiliza a integralidade (ou grande parte) do seu benefício previdenciário para o pagamento de suas despesas rotineiras, o que significa que praticamente todo o valor dos benefícios previdenciários pagos será utilizado para consumo. Essa movimentação imediata dos benefícios previdenciários pagos gera um ciclo virtuoso econômico, que permite a circulação de recursos e a transferência de riquezas do Estado para os indivíduos e deles de volta para o Estado. A injeção no mercado dos valores pagos a título de benefícios previdenciários produz novas arrecadações, incrementando as receitas públicas" (PALUDO, 2017, p. 174). Um mundo mágico e, portanto, sem intercorrências ou fluxos adversos sobre a dinâmica arrecadatória do Estado, sem falar que os valores pagos estoicamente, pelo menos boa parte deles, advêm de operações de crédito com juros nada amigáveis.

4.1.3.3 A segurança jurídica não é plana, nem plena: o duro prognóstico das garantias jurídicas

> *"Os direitos adquiridos, enquadrados em termos de intangibilidade das prestações, converteram-se na armadura de imunização de privilégios que violam vários princípios, tais como a igualdade, a justiça intergeracional e a sustentabilidade. Assim, a 'sabedoria dos princípios', portadores de uma inelutável nota axiológica, tem sido subvertida pela indiferença, em termos de valores, de grupos de interesse."*[1299]

No século XXI, mesmo que isso fosse previsível em outras épocas, resta mais evidente a necessidade de uma nova compreensão sobre a ideia de segurança jurídica, que deve ser partejada com olhos na multiplicidade de formas das relações jurídicas e, sobretudo, nos imprevisíveis desafios gerados pela sociedade de risco,[1300] a despeito do seu tratamento estatístico, no que confere calculabilidade e, com isso, a possibilidade de estabelecer regras de prevenção e compensação em uma perspectiva coletiva.[1301]

Desse modo, não se trata apenas de ventilar uma compreensão mais ampla e renovadora do conceito de segurança coletiva, inserindo-se, entre outras, a problemática da pobreza, doença, degradação ambiental, difusão de armas, criminalidade organizada ou do terrorismo,[1302] a temática vai mais além, adentrando na providencial questão da forma jurídica e o seu regular tratamento diante do turbilhão de mudanças da hipermodernidade, que não se compatibiliza com os cálculos de riscos do passado, notadamente do patológico[1303] Estado-providência.[1304]

[1299] LOUREIRO, 2010, p. 118.
[1300] BECK, 2011, p. 33.
[1301] BECK, 2016, p. 27.
[1302] LOUREIRO, 2006, p. 192.
[1303] LOUREIRO, 2015, p. 711.
[1304] BECK, 2016, p. 209.

Nesse cenário, é pouco crível que a disciplina normativa seja capaz, ainda que tenha a pretensão, de gerar uma inevitável estabilidade às relações jurídicas. Como *deveres sem direitos*, de caráter objetivo e instrumental,[1305] as garantias institucionais não conferem a chave de compreensão daquilo que visam proteger, muito embora possuam o fundado propósito de promover sua realização. Diante disso, é a dinâmica subjetiva das relações jurídicas que, em grande medida, esclarece como o setor da realidade econômica, social ou administrativa[1306] deva ser protegida pelas garantias institucionais, até porque tais garantias não têm uma conexão direta com a realidade social, prendendo-se, na sua essência, ao complexo jurídico-normativo[1307] que, associada à dimensão organizativa e procedimental da ação pública,[1308] é destinado à implementação dos direitos positivos.

Desse modo, o sistema de previdência que petrifica encargos e benefícios não passa de ruidosa forma de assegurar desigualdades e, eventualmente, privilégios odiosos, sobretudo, quando desconsidera a dinâmica contributiva de seus beneficiários. Dessa forma, se o modelo tradicional de gestão dos seguros privados não mais resiste aos riscos,[1309] o que faz pensar que os seguros públicos estejam imunes a eles, de sorte a petrificar indefinidamente as relações jurídico-previdenciárias e a exigir o largo emprego das garantias jurídicas? O sistema de previdência não pode consentir com a *lógica* do imponderável ou do insuportável no (ir)regular fluxo de suas despesas, não por desprezo às garantias constitucionais dos cidadãos, mas pelas difíceis circunstâncias que podem encerrar a gestão fiscal do Estado. Os erros das gerações anteriores, notadamente de caráter político-econômico, não devem ser suportados apenas pelas gerações futuras.

Diante disso, o Direito tem a importante tarefa de canalizar os meios que assegurem a segurança coletiva – capacidade funcional do sistema de previdência –, mas sem descuidar dos necessários rearranjos impostos à segurança jurídica, pois ela já é duramente desafiada pela dinâmica dos efeitos econômicos ou políticos dos direitos adquiridos. A incerteza sobre o resultado útil dos modelos jurídicos, sempre cercados de variáveis incontroláveis pelos agentes sociais, não pode consagrar teses imunizadoras da disciplina normativa. A desejável estabilidade

---

[1305] ANDRADE, 2019, p. 131.
[1306] ANDRADE, 2019, p. 131.
[1307] ANDRADE, 2019, p. 133.
[1308] ANDRADE, 2019, p. 140.
[1309] BECK, 2016, p. 249.

das relações jurídicas, como justificável propósito de todo projeto de longo curso, mantém-se como objetivo, mas não como solução jurídica para todos os dilemas gerados por vínculos estatutários (previdência pública) ou contratuais (previdência privada). O objetivo da proteção social não pode ser amparado em uma transferência infindável [ou insuportável] de encargos intergeracionais.

Dessa forma, a pretensão de estabilidade, em um mundo em permanente transformação, confere às garantias jurídicas uma lógica plana, linear e implacável. O modelo jurídico que julga adequado assegurar a plena garantia de seus resultados, seguindo o prognóstico negocial da teoria contratual oitocentista, não se revela compatível com o regime de repartição, porquanto não há balizas legais capazes de superar dilemas econômico-financeiros da sociedade e, por conseguinte, do Estado. Enfim, não há forma de seguro público ou privado que assegure a seguridade social, no sentido de torná-la imune às adversidades do tempo.

Dito de outro modo, a segurança jurídica não pode ter apenas uma *dimensão retrospectiva*, como que criando um feudo de estabilidade jurídico-financeira na dinâmica dos esforços alheios, pois a ideia de mudança pode restar assentada justamente no fundado propósito de tentar assegurar a mínima segurança jurídica em uma *dimensão prospectiva*, evitando-se, com isso, sucessivas e inesperadas reformas previdenciárias decorrentes da teoria imunizadora dos direitos.

Assim, a garantia jurídica não pode ficar imune às consequências fáticas das crises econômico-financeiras, o que seria a submissão delas a uma verdadeira *teoria da irrelevância*.[1310] A problemática da segurança jurídica não pode ficar restrita ao trabalho hermenêutico-normativo dos modelos jurídicos,[1311] uma vez que fatores externos à linearidade dos projetos legais interferem diretamente na própria capacidade funcional daquilo que a segurança jurídica deveria preservar: a confiabilidade no regime e não na proteção de alguns beneficiários.

Nesse contexto, a compreensão jurídica da escassez, como que descortinando uma camada operacional do direito a partir das emergências econômico-financeiras experienciadas nas últimas décadas, afasta o imaginário do direito como um instrumento de indiscutível realização, aproximando-o do duro cenário das possibilidades fiscais do Estado, que não pode ser apenas das gerações mais antigas, ou das

---

[1310] LOUREIRO, 2013, p. 124.
[1311] LOUREIRO, 2013, p. 124.

mais jovens, mas sim de todas as gerações. Por isso, o direito adquirido é a forma mais *perversa* de empreender a ideia de proteção social previdenciária, porquanto não permite ponderações sobre os interesses das gerações futuras, que são igualmente beneficiárias do sistema público de previdência, mas sem que elas possam dispor dos mesmos parâmetros protetivos de outras épocas, tornando o *tempo de aquisição de direito* o senhor das garantias e não todo o *tempo de esforço pessoal* dos segurados.

Portanto, "[...] não é a segurança jurídica o fim último do direito, que tem na justiça o seu valor fundante, pois o fim supremo do direito consiste na realização do valor do justo".[1312] Nesse sentido, não se sustenta a tese de que um sistema de previdência, no qual assegura um intolerável tratamento diferenciado entre segurados, independentemente do esforço pessoal deles, corporifique algum *valor do justo*, isto é, possua alguma forma de justiça intergeracional. Não se questiona a existência, validade e importância de direito social imposto pela ordem constitucional (artigo 6º da CRFB), até porque ele se impõe impendentemente da concordância de governo ou do entendimento da maioria no poder,[1313] o que persiste, de fato, é o problema da determinabilidade dos direitos sociais e, a partir dela, a dificuldade de contemplá-los nos limites da relatividade dos direitos fundamentais.

Explica-se: uma relação previdenciária que resultou na concessão de benefício previdenciário é, sem dúvida alguma, algo determinado, porém, a extensão dessa determinabilidade tem alcançado ares absolutos com a teoria imunizadora dos direitos adquiridos, o que tem impossibilitado reformas abrangentes no sistema de previdência, notoriamente no recálculo no valor dos benefícios, o que tem sido um expediente cada vez mais comum no mundo, haja vista a extrema dificuldade de petrificar o valor real dos benefícios previdenciários. Por isso, a intangibilidade dos valores dos benefícios mais antigos representa uma verdadeira pirâmide financeira, pois os benefícios mais recentes, que antecedidos de reformas previdenciárias, pagam o *pedágio* dos benefícios antigos.

[1312] SILVA, 2009, p. 15.
[1313] NOVAIS, 2010, p. 327.

4.2 Conclusões preliminares

> *"A defesa do Estado social, sem perder de vista a necessidade de não se trilhar o caminho do arbítrio, não poderá deixar de proceder a uma análise cuidadosa desses direitos adquiridos que, não raro, se traduzem numa escandalosa proteção de pessoas ou grupos que revelaram mais poder, ou acabaram por beneficiar de mecanismos que, na sua génese, visavam responder a necessidades específicas."*[1314]

A identificação de fatores extrajurídicos que interferem diretamente nas relações jurídicas, e mesmo condicionam os termos de seus possíveis efeitos na vida dos cidadãos, é uma realidade tão evidente que apenas as sombras de uma retórica fantasiosa poderiam tentar ocultar ou evitar. A demografia é um desses fatores. Aqui, não importa se a questão encerra (a) o fim do bônus demográfico, (b) a travessia do ônus demográfico ou (c) o reconhecimento do oneroso processo de transição demográfica, em qualquer caso, uma torrente de implicações laborais e previdenciárias se descortinam diante de modelos jurídicos pretensamente atemporais.

O reconhecimento jurisprudencial desse fato não representa um esmorecimento das garantias jurídicas no Estado Constitucional, mas sim uma clara demonstração que elas devem conceber formas concretas de adequação à realidade e, porque o direito sempre comporta uma diretriz compreensiva de mudança, de estabelecer novos parâmetros jurídicos que reestabeleçam a lógica protetiva perdida pelos modelos jurídicos até então existentes. Admitindo-se que os meios de proteção social são plúrimos, porque a pluralidade dos dilemas sociais representa um fato fora de discussão, não há como ventilar maiores dificuldades em aceitar a constituição de novas formas de superação dos problemas concretos de cada período histórico, ainda que isso denuncie a necessidade de alteração ou remoção de mecanismos jurídicos que tenham alcançado grande simpatia, mas pouca capacidade de sucesso à luz da justiça intergeracional, seja porque encerra formas de exclusão da

---

[1314] LOUREIRO, 2010, p. 119.

partilha de riscos, seja porque impossibilita o gozo igual de benefícios em função de esforços comuns. Enfim, sem o reconhecimento de que o sistema público de previdência carece de adequado regime de partilha de riscos entre as gerações,[1315] os estrangulamentos financeiros serão inevitáveis, porquanto a teoria imunizadora dos direitos adquiridos tem efeito catalizador do déficit fiscal e isso não pode ser omitido, seja pela evidência dos fatos, seja pela necessidade de aperfeiçoamento do sistema de previdência.

4.2.1 Jurisprudência selecionada

> *"Pode a retroatividade se legitimar na urgência e necessidade públicas, quando não em ambas reunidas, mas pode bem assumir um viés ainda mais utilitarista: se as leis retroagem em benefício do bem comum, mesmo que importem prejuízo para poucos, não podem ser vistas como em si injustas."*[1316]

Os limites materiais de revisão constitucional são sempre merecedores de detida reflexão pela jurisprudência constitucional, afinal, eles corporificam um sistema de imunização da própria constituição e, claro, de proteção dos direitos fundamentais, portanto, compreendendo a própria razão de ser de um Tribunal Constitucional ou órgão equivalente. Não por outro motivo que as cláusulas pétreas são cercadas de uma áurea de suprema importância no complexo feixe axiológico da normatividade constitucional. É nesse contexto que se questiona a teoria imunizadora dos direitos adquiridos e em que medida seria possível cotejar sua relativização, não propriamente diante de recorrente emergência econômico-financeira do sistema de previdência, mas como ordinário mecanismo de sustentabilidade da própria ideia de proteção social a partir do sistema público de previdência social.

Por isso, resulta importante destacar relevantes aspectos de alguns acórdãos da *jurisprudência da crise*, nos quais a releitura da segurança jurídica, por meio dos direitos adquiridos e da proteção da

---

[1315] CABRAL, 2017, p. 370, 389.
[1316] SAMPAIO, 2009, p. 295.

confiança, descortinou novas possibilidades no enfrentamento de situações ou posições jurídicas injustas ou insustentáveis em uma perspectiva intertemporal. Desse modo, cumpre ventilar as seguintes reflexões:
(a) com relação ao Acórdão nº 296/2011 do TCP,[1317] que apresenta a ponta do novelo da jurisprudência da crise, a partir de vasto rol de redução remuneratória, que exigiu importantes reflexões sobre o princípio da igualdade perante os encargos públicos, sem que tenha sido capaz de afastar as prementes implicações do déficit orçamentário, cuja nota de complexidade pode ser condensada nesta transcrição:

> Ainda que um acréscimo de receitas fiscais possa conduzir, no estrito plano contabilístico-financeiro, a ganhos pecuniários equivalentes aos resultantes de um corte de despesas, do ponto de vista dos concomitantes efeitos colaterais e das repercussões globais no sistema económico-social, está longe de ser indiferente seguir uma ou outra via. Não há, nesta matéria, variáveis neutras e rigorosamente intermutáveis, pelo que as políticas a implementar pressupõem uma ponderação complexa, em que se busca um máximo de eficácia, quanto ao objectivo a atingir, e um mínimo de lesão, para outros interesses relevantes.[1318]

A assertiva não poderia ter sido mais feliz, pois a maior dificuldade não é saber se esta ou aquela medida não contempla às performáticas exigências teórico-normativas do princípio da proporcionalidade, mas sim em promover a escolha do meio mais suave diante dos evidentes limites que sociedade do conhecimento impõe a toda decisão política abrangente. Diante da necessidade de redução de déficit orçamentário de 7,3% do PIB, previsto em 2010, para 4,6% em 2011, haja vista imposições comunitárias, não havia dúvida de que a emergência financeira exigia respostas imediatas e eficazes, o que seria até mesmo possível defender o seguinte: a relação contratual, que decorre do Regime de Contrato de Trabalho das Funções Públicas, nada se assemelha às imposições tributárias de caráter geral, pois a questão se insere nos limites suportáveis da disponibilidade financeira de todo empregador – logo, passível de redução remuneratória –, porém com uma importante diferença: sua fonte substancial de recursos não advém da atividade decorrente dos contratos de trabalho das funções públicas, mas sim

---

[1317] PORTUGAL, 2011.
[1318] Acórdão nº 396/2011, nº 9.

da riqueza gerada e tributada da atividade exercida pelos *poupados* da redução remuneratória, a saber, os empregados do setor privado da economia;

    (b) com relação ao Acórdão nº 353/2012 do TCP,[1319] cumpre ventilar a engenhosa análise sobre a *igualdade qualificada*, isto é, a *igualdade proporcional*, que é da própria essência da igualdade jurídica, sobretudo, na justificação da desigualdade de tratamento, um juízo de proporcionalidade.[1320] O que se pode questionar é se essa igualdade proporcional tem uma relação biunívoca e, a partir disso, considerar em que termos ela foi violada. "Aliás, quanto maior é o grau de sacrifício imposto aos cidadãos para satisfação de interesses públicos, maiores são as exigências de equidade e justiça na repartição desses sacrifícios."[1321] Dessa forma, a despeito de vozes dissonantes,[1322] não basta considerar a posição dos empregados ou servidores públicos diante das alterações legislativas, mas também a posição dos empregados privados com a crise econômico-financeira e seus reflexos mais evidentes: achatamento salarial e volatilidade nos empregos. Então, é necessário perquirir se a crise econômico-financeira cobrou mais de empregados e servidores públicos que empregados privados, pois tal fato não pode ser presumido em qualquer análise desinteressada da questão.

    Todavia, o acórdão parece desconsiderar esse fato e, mesmo quando aventa os expressivos custos pessoais relacionados à instabilidade no emprego e à dinâmica remuneratória dos empregados privados, afasta qualquer possibilidade de justificação das medidas adotadas (suspensão de subsídio de férias e de Natal) – tendo em vista os nefastos efeitos do desemprego estrutural na oferta e manutenção de emprego formal, notadamente em um mercado recessivo – para superar os efeitos da crise econômico-financeira.[1323] Não se considerou, portanto, que o sacrifício dos empregados e servidores públicos não é exclusivo e, muito menos, maior que dos empregados privados, sem falar que alternativas destinadas à redução das despesas, não abrangendo cortes nos ativos e inativos, não representavam soluções expeditas diante os

---

[1319] PORTUGAL, 2012.
[1320] Acórdão nº 353/2012, nº 5.
[1321] Acórdão nº 353/2012, nº 05.
[1322] NOVAIS, 2014, p. 69.
[1323] Acórdão nº 353/2012, nº 05.

compromissos do Estado português, como esclarece o Conselheiro Vítor Gomes, na sua declaração de voto:

> A redução da despesa por via de uma diminuição de outras despesas que não com remunerações e pensões de reforma e aposentação é possível, a prazo, mas dependerá de medidas estruturais de efeito não imediato ou de medidas de execução orçamental de efeito não totalmente garantido.[1324]

Ademais, para além das inevitáveis dificuldades na adoção de medidas menos lesivas, a falta de evidência de maior sacrifício dos empregados e servidores públicos em relação aos empregados privados, tendo em vista a conjuntura econômica da época, foi expressamente destacada, na sua declaração de voto, pela Conselheira Maria Lúcia Amaral,[1325] que ainda destacou a importância da justiça intergeracional no enfrentamento dos conflitos de interesses relacionados ao endividamento público.[1326] De todo modo, em 2012, tendo em vista a modulação dos efeitos da declaração de inconstitucionalidade (artigo 282, nº 4, da CRP), a suspensão de subsídio de férias e de Natal alcançou, do ponto de vista prático, o efeito desejado: redução de despesa, o que acabou por confirmar a preocupação do Conselheiro Rui Moura Ramos, na sua declaração de voto,[1327] sobre a situação-limite de emergência financeira e suas indesejáveis consequências. A igualdade proporcional, com o colorido aqui destacado, sobretudo na legislação brasileira, tem pouca importância como óbice à pretensão de redução ou recálculo de benefício previdenciário, pois não há como sustentar a universalidade dos encargos para garantir a imunidade remuneratória de segmentos específicos da sociedade. Em outro giro, defende-se que a igualdade proporcional não tem o condão de eximir beneficiários de sistema de previdência de eventuais encargos decorrentes da solidariedade previdenciária ou da justiça intergeracional, sobretudo, quando a manutenção da capacidade funcional do regime de previdência depende de expressivos recursos do orçamento público, no que vai reduzindo a capacidade de investimento do Estado em outras áreas da socialidade;

[1324] Acórdão nº 353/2012, nº 01.
[1325] Acórdão nº 353/2012, nº 04.
[1326] Acórdão nº 353/2012, nº 03.
[1327] Acórdão nº 353/2012, nº 02.

(c) com relação ao Acórdão nº 187/2013 do TCP, diante do avanço das medidas supressivas de despesas, a despeito de alteração nos limites quantitativos dos déficits orçamentários previstos no PAEF,[1328] ocorre o recrudescimento das trincheiras jurídicas relacionadas à proteção social, com particular destaque aos princípios da proteção da confiança e da igualdade proporcional, porém com reconhecimento da singular situação financeira do país, como bem denuncia a transcrição abaixo:

> Como não pode deixar de reconhecer-se a relativização das expectativas que podem legitimamente criar-se em torno da irredutibilidade das remunerações a pagar por verbas públicas, é agora, por força da manutenção da situação de excecionalidade financeira, mais acentuada e evidente.[1329]

Nesse contexto, para além das reflexões relacionadas às expectativas legítimas dos afetados, o norte discursivo do acórdão, tendo em vista a repartição dos encargos públicos, pode ser destacado na transcrição abaixo:

> [...] a igualdade proporcional implica a consideração do grau de diferenciação imposto, quer na sua relação com as finalidades prosseguidas – o que pressupõe que as medidas diferenciadoras sejam impostas em grau necessário, adequado e não excessivo do ponto de vista do interesse que se pretende acautelar (cfr. acórdãos nº 634/93 e 187/2001) –, quer no âmbito da comparação a estabelecer entre os sujeitos afetados pela medida e os sujeitos que o não são e, do ponto de vista daquela finalidade, entre uns e outros e o Estado.[1330]

Assim, saber se a posição dos trabalhadores da Administração Pública, que se encontram em uma situação continuada de sacrifícios, diante da redução unilateral de salários, para cumprimento de metas de redução de déficit orçamentário, viola ou não o princípio da igualdade proporcional, exige, antes de tudo, a identificação de meios menos lesivos, mas igualmente eficazes, para atender à demanda fiscal do Estado, porém essa não pode ser a tarefa de um tribunal

---

[1328] Acórdão nº 187/2013, nº 01.
[1329] Acórdão nº 187/2013, nº 26.
[1330] Acórdão nº 187/2013, nº 37.

constitucional,[1331] de maneira que sem a parametrização desses meios e, portanto, de alternativas, toda a compreensão sobre a juridicidade da medida se torna imprecisa e, portanto, fadada a erros grosseiros de análise, pois não há como ter certeza de que os encargos suportados são, de fato, excessivos. Nada faz acreditar que os empregados do setor privado, com a expansão da imposição tributária sobre o rendimento pessoal, tenham uma posição desproporcionalmente melhor que os do setor público.

De todo modo, no que importa ao objetivo desta investigação, vale destacar o seguinte ponto no acórdão: "[o] que está constitucionalmente garantido é o direito à pensão, não o direito a um certo montante, a título de pensão. Este resulta da aplicação de critérios legalmente estabelecidos, mas de valor infraconstitucional".[1332] Percebe-se que a jurisprudência constitucional portuguesa concebe a possibilidade de relativização da teoria imunizadora dos direitos adquiridos, ganhando, contudo, maior destaque o princípio da proteção da confiança legítima, seguido do princípio da proporcionalidade, mormente na sua vertente de proibição do excesso,[1333] nestes termos:

> Sendo certo que se verificam, de forma clara e em grau elevado, todos os pressupostos exigíveis do lado da tutela da confiança, a dúvida só pode residir na relevância do interesse público que determinou a alteração legislativa, questão que remete para um controlo de *proporcionalidade em sentido estrito*, e para uma ponderação entre a frustração da confiança, com a extensão de que esta se revestiu, e a intensidade das razões de interesse público que justificaram a alteração legislativa.[1334]

Entre os diversos cortes analisados no acórdão, observa-se que o reconhecimento da constitucionalidade da CES, por incidir sobre rendimentos especialmente elevados e tendo em vista seu caráter transitório e excepcional, inclusive afastando qualquer efeito confiscatório,[1335] expõe aspectos teórico-práticos de temática pouco discutida na realidade brasileira, a saber, a brutal diferença no valor dos benefícios do RPPSU em relação aos benefícios do RGPS, tornando o processo de convergência

---

[1331] Acórdão nº 187/2013, conforme a declaração de voto da Conselheira Maria Lúcia Amaral.
[1332] Acórdão nº 187/2013, nº 59.
[1333] Acórdão nº 187/2013, nº 62.
[1334] Acórdão nº 187/2013, nº 65.
[1335] Acórdão nº 187/2013, nº 83.

entre os regimes, mediante longo período de transição, uma rota extremamente onerosa à sociedade, não propriamente pela redução da arrecadação *no regime em conversão*, mas, sobretudo, pela manutenção de parâmetros remuneratórios incompatíveis com a realidade fiscal do Estado, o que poderia ensejar, diante de situações emergenciais, novos fluxos contributivos dos inativos, tendo em vista a expressividade dos proventos percebidos, mas sempre com o devido cuidado de considerar o histórico de contribuição, pois o tratamento linear não representa a forma mais adequada de exigir sacrifícios adicionais dos cidadãos.

Outro ponto digno de nota é a ideia que se faz da proibição do excesso em matéria previdenciária, isto é, proibição do excesso diante de quem? Dos antigos segurados, hoje beneficiários, dos segurados presentes ou dos segurados futuros? Se a análise da alteração legislativa não adentrar na compreensão da juridicidade a partir da perspectiva intertemporal, mesmo diante de dilema emergencial com eventual tratamento conjuntural, o resultado da análise do sacrifício suportado será basicamente o mesmo: o excesso não será considerado diante dos futuros beneficiários, e nem mesmo é possível o reconhecimento da proibição de proteção deficiente, pois vai prevalecer a evidência dos dilemas concretos das gerações vivas.

Esses julgados, tendo em vista a cautelosa deferência do TCP à emergência econômico-financeira do Estado português,[1336] denunciam que não é o direito adquirido, como garantia jurídica, que assegura a proteção social, pois são os condicionantes econômico-financeiros que permitem os propósitos protetivos da Ciência Jurídica, aliás, o direito adquirido é um dado consequente do fluxo econômico de qualquer Estado e não uma realidade autônoma advinda do Direito, porém ele é capaz de gerar dilemas na própria dinâmica implementadora dos direitos sociais, porquanto pode exasperar, em dado momento, as possibilidade materiais da ação pública.

[1336] NOVAIS, 2014, p. 74.

4.2.2 Proposições

> *"As ideias de segurança, ordem e certeza formam os valores do direito positivo. Mas é o valor do justo que deve merecer a primazia, porque o direito, especialmente o direito constitucional, há de ser o meio de sua realização. A segurança, a ordem e a certeza hão de ser sempre valores instrumentais da efetivação da justiça na sua feição social. Sem essa ideia de justiça a segurança, a ordem e a certeza podem derivar para o arbítrio."*[1337]

Do ponto de vista previdenciário, o desafio com a dinâmica demográfica brasileira é nitidamente inglorioso, por um motivo bem simples: a população ainda é tão *jovem* quanto à população da Bolívia, China, Equador, México ou Peru, mas já tem gastos previdenciários compatíveis com países de população bem mais velha, tais como a Holanda, Hungria, Espanha ou o Reino Unido.[1338] Dito de outro modo, a tentativa de correção do desequilíbrio estrutural[1339] (financeiro e atuarial) do sistema de repartição, tendo em vista a expansão dos gastos previdenciários, deve partir da compreensão de que o rápido envelhecimento da população – e, portanto, a alteração da composição populacional e da relação de dependência –, não permite, na mesma proporção, uma expansão do custeio da previdência, que, aliás, já se encontra perto de 12% do PIB.[1340] Nesse cenário, ventilam-se as seguintes proposições:

(a) *reformas periódicas ou flexibilização permanente* – o custo político das reformas previdenciárias é enorme, haja vista o demorado processo de consolidação de *dissensos consentidos*,[1341] isto é, a formação de maioria deliberativa, de maneira que a contraposição de interesses políticos, em uma ambiência de apelos ao eleitorado, vai minando o apoio popular, que, cedo

---

[1337] SILVA, 2009, p. 29-30.
[1338] LEAL; PORTELA, 2018, p. 105.
[1339] LEAL; PORTELA, 2018, p. 106.
[1340] LEAL; PORTELA, 2018, p. 105.
[1341] NEVES, 2008, p. 147.

ou tarde, revela-se descrente sobre a necessidade de reformas legislativas ou, pelo menos, alguns aspectos relevantes delas. Nesse cenário, tendo em vista o propósito de manter a capacidade funcional do sistema de previdência, é defensável que a institucionalização de fórmulas de flexibilização, com aplicação automática, das regras previdenciárias seja mais operacional ou factível que a realização de reformas periódicas. A ideia de *flexibilização permanente* mais assusta em função da linguagem, que propriamente do seu conteúdo, pois flexibilização deve recair somente em dois pontos: (a) idade; e (b) forma de cálculo. O parâmetro contributivo, a despeito de sua indiscutível importância, não exige constantes alterações nas alíquotas, aliás, é até aconselhável que elas não mudem com frequência, justamente para tentar manter o tratamento igualitário entre as gerações de segurados, sem prejuízo, por certo, de eventuais adequações nos parâmetros existentes, geralmente relacionadas à expansão da idade mínima para aposentadoria. A forma de cálculo, por sua vez, já compreende uma questão mais complexa, porquanto pressupõe demoradas análises sobre pontos sensíveis às questões previdenciárias, tais como idade, contribuição, empregabilidade, expectativa de sobrevida, relação de dependência ou dívida pública, fazendo com que sua parametrização seja objeto de intensa discussão, mas que, com certeza, o resultado será mais justo e útil que o atual fator previdenciário previsto no artigo 29, § 7º, da LBPS,[1342] que exige a compreensão de toda a complexidade do problema apenas no momento da concessão do benefício, uma vez que a flexibilização permanente permitirá a realização de redutores ou repositores no montante dos benefícios que destinam à parametrização;

(b) *a demografia é duplamente dinâmica* – a demografia não se *move* apenas no universo populacional, este é apenas o *aspecto econômico-quantitativo* do problema; ela também se *movimenta* no trato das relações sociais, implicando maiores encargos pessoais, familiares ou institucionais em função da reorganização da estrutura social, despontando o *aspecto*

[1342] O Fator Previdenciário (FP) possui a seguinte fórmula: FP = (Tc x A/Es) x [1 + (Id + Tc x A)/100], onde: (a) Es = expectativa de sobrevida quando da aposentadoria; (b) Tc = tempo de contribuição até o momento da aposentadoria; (c) Id = idade no momento da aposentadoria; (d) A = alíquota de contribuição correspondente a 0,31.

econômico-qualitativo do seu enfrentamento. Como ideia de proteção previdenciária tem relação direta com a composição populacional do país, não é possível defender um modelo de proteção previdenciária sem levar em consideração a alteração dos grupos etários em função do tempo. Por isso, defende-se que a composição do cálculo dos benefícios previdenciários não pode restar imunes aos dados ou indicadores demográficos. Nesse ponto, pode-se questionar se os avanços da robótica e da inteligência artificial serão capazes de compensar os efeitos negativos na PIA, no sentido de que novos espaços ou ambientes de trabalhos surgirão com os benefícios gerados pela intensificação das máquinas no processo de produção. Aqui, o dilema não se revela propriamente no surgimento ou não de novas frentes de trabalho, possivelmente mais intimistas e entregues à dinâmica cultural e familiar, mas na diversidade que encerra qualquer processo tecnológico em uma perspectiva global, de maneira que avanços em determinadas nações não representam necessariamente soluções internas homogêneas, o que dizer fora dos seus limites territoriais, de maneira que a robótica e a inteligência artificial acarretarão novas formas de pressão sobre as nações menos evoluídas, sobretudo, em matéria ambiental e laboral. Aliás, já pressionadas pelas mutações tecnológicas, pelas inovações corporativas e pela implacável concorrência no mercado nacional ou internacional, tornando nitidamente obsoleto as ordinárias bases produtivas em que foi erguida a legislação trabalhista.[1343] Tudo isso reforça a necessidade de repensar o modelo de (re)financiamento do sistema de previdência pública;

(c) *o desafio laboral vai muito além da velhice* – para além da ordinária dinâmica econômica denunciadora da *incompletude* contratual, notadamente (1) pela complexidade e multidimensionalidade do processo produtivo, (2) pelo advento de muitas decisões eficientes que dependem da verificação de circunstâncias externas ou dificilmente aferíveis e (3) pela vantagem gerada pela possibilidade de negociação em função da alteração das circunstâncias e mesmo pelo progresso do conhecimento recíproco entre as partes,[1344] também se observa,

---

[1343] CARVALHO, 2017, p. 430.
[1344] ARAÚJO, 2016, p. 190.

e já nos pressupostos de eventual intermediação laboral, que a capacitação é o meio convencional para alcançar a empregabilidade, sobretudo, entre os jovens, muito embora ela não seja mais decisiva, nem mesmo entre os mais estudiosos, para manter-se no mercado. Todavia, a capacitação é necessária, mas, em grande medida, insuficiente, pois, além de a excessiva capacitação ter caráter excludente, nada garante que a robótica e a inteligência artificial não reduzirão, cada vez mais, os postos de trabalho, inclusive os mais complexos e delicados. A velhice, portanto, já não é mais o principal *limite* ao trabalho, pois os avanços biogerontológicos, associados à menor dependência física no exercício profissional, tendem a prolongar a *vida útil* dos cidadãos, porém isso não representa empregabilidade, mas a sua possibilidade, de maneira que a longevidade profissional, por mais que denuncie um dado positivo, não implica necessariamente contribuição previdenciária. Assim, reconhecendo o desafio da capacitação profissional, da empregabilidade e da contributividade em função do avanço da idade, entre outros fatores, não é possível tratar autonomamente a elevação da idade de aposentadoria sem considerar os efeitos das dinâmicas laboral e demográfica pressionam o sistema de previdência. É dizer que a necessidade de elevação da idade não representa concretamente a elevação do parâmetro contributivo, de maneira que esse hiato representa mais um fator de pressão no sistema de previdência e, no que se revela mais importante, na própria definição da aposentadoria do segurado. Desse modo, a elevação do requisito etário, de notória racionalidade, além de reforçar uma tentativa de controle nos gastos previdenciários, pressiona a teoria imunizadora dos direitos adquiridos, pois, exigindo bem mais, em termos etários e contributivos, das gerações com direito em formação, acaba por dispensar tratamento proporcionalmente desigual aos cidadãos submetidos ao mesmo sistema de previdência. Logo, admitindo-se a diversidade de regramento jurídico entre os detentores de direitos adquiridos e os que estão com direito em formação, no que pode representar uma diferença considerável em termos remuneratórios, isso não pode representar uma regularidade da relação jurídica imunizada que castiga a utilidade prática dos benefícios dos futuros aposentados; e

(d) *a teoria imunizadora dos direitos adquiridos é fábrica de crises* – seja pela questão laboral, seja pela questão demográfica, o fato é que a exigência de equilíbrio financeiro e atuarial do sistema público de previdência, a despeito dos esforços empreendidos a partir da solidariedade previdenciária, torna totalmente questionável a teoria imunizadora dos direitos adquiridos, porque ela funciona: ou como um *cavalo de troia* no sistema de previdência; ou como *mecanismo catalisador* de crises. Explica-se: representa um cavalo de troia quando trava reformas abrangentes do sistema de previdência, aliás, os direitos adquiridos estabilizam formas compreensivas de benefícios e serviços previdenciários incompatíveis com a sistema de controle e equilíbrio financeiro e atuarial. Essa estabilidade faz uma pressão financeira crescente sobre o sistema de previdência, que deverá amargar longos períodos de maturação e superação de parâmetros normativos totalmente anacrônicos, mas que persistem indefinidamente em função das regras de transição, que, tem particular relevância nas reformas, mas também encapsula os propósitos da teoria imunizadora. Representa um mecanismo catalisador de crises, porque, diante de emergência financeira, promove, invariavelmente, o crescimento do gasto previdenciário, dificultando a utilidade práticas das reformas, que tendem a ser brandas, justamente para evitar maior desequilíbrio entre regras anteriores (direito adquirido) e as atuais (direito em formação). Quando as reformas são *agressivas*, o direito adquirido, por meio das regras de transição, tende a transferir a maior parte dos encargos do sistema de previdência às gerações futuras, fazendo com que o custo da transição seja imensamente majorado. Por isso, há quem sustente, com acerto, que o artigo 5º, inciso XXXVI, da CRFB, tendo em vista a lógica da imunização no valor dos benefícios previdenciários, consagra uma forma *perfeitamente ilegítima e até inconstitucional* de entrincheiramento dogmático e, portanto, violador do princípio da justiça intergeracional.[1345] Nesse ponto, cumpre destacar o seguinte:

[1345] LOUREIRO, 2018, p. 1.032.

Compreende-se a importância de tomar a sério a escassez e o risco de leituras desadequadas dos direitos sociais, nomeadamente convocando um princípio da proibição do retrocesso social ou agarrando-se a um discurso centrado nos chamados direitos adquiridos, cego à alteração dos pressupostos e à justiça e responsabilidade intergeracionais.[1346]

É possível dizer que esse entendimento fragiliza o texto constitucional, inclusive, tratando-se de valor crucial para o desenvolvimento de toda nação: segurança jurídica. Contudo, a sua defesa não pode representar um salto no escuro, isto é, ser incapaz de reconhecer os perigos que estão à espreita, cujos sinais desastrosos da *pirâmide financeira* são mais claros a cada dia. Desse modo, impõe-se a flexibilização da teoria imunizadora, observados os princípios da proporcionalidade, da proteção da confiança, da igualdade e, com as devidas reservas, da dignidade humana, porquanto a dinâmica operativa dessa flexibilização, a toda evidência, deve ser escrutinada, caso a caso, com a necessária parcimônia e, diante desse propósito, defende-se uma abertura política e econômica nos julgados constitucionais, tal como proposto a seguir.

[1346] LOUREIRO, 2019, p. 1.568.

PARTE III
ABERTURA POLÍTICA E ECONÔMICA NOS JULGADOS CONSTITUCIONAIS

A abertura política e econômica dos julgados constitucionais decorre da necessária reflexão sobre os limites da normatividade, isso porque a multifuncionalidade do direito depende dos substratos políticos e econômicos, mas, desde já, deve-se considerar uma inarredável premissa teórica: não é mais possível refugiar os imperativos da ação pública no automatismo pretensamente autossuficiente do mercado ou na força isolada, e desejosamente heroica, do direito.[1347] Dito de outro modo, o dilema da constitucionalização da ordem política e econômica – e, portanto, servindo-se dos imperativos teórico-discursivos do Direito, sobretudo na sociedade hipermoderna – continua residindo na evidente assimetria, mesmo diante da globalização e quiçá por conta dela, entre a responsabilidade imposta ao Estado Democrático de Direito, sobretudo no plano político, econômico e social, e a sua efetiva possibilidade de atuação, especialmente em uma conjuntura global de expressiva remodelação jurídico-política no campo da liberdade e, claro, do próprio direito.[1348]

Soma-se, ainda, o caráter *antidemocrático* do direito da globalização, pois a *superação* da soberania dos Estados, pelo menos, nos termos em que ela foi concebida na modernidade,[1349] logo, é melhor dizer, *transformação*,[1350] representa indiscutível retrocesso democrático, justamente porque é no âmbito estatal em que se opera a democracia, não apenas por conta de sua tradicional compreensão, mas sim no que verdadeiramente importa: a autonomia do povo para definir suas leis.[1351] A democracia não pode limitar-se a um exercício meramente retórico da representatividade supranacional. Por outro lado, admitindo-se uma perspectiva funcional-evolutiva do constitucionalismo, não se pode negar que questão constitucional vai além dos ordinários domínios do direito nacional, sem que, para isso, pressuponha uma atuação do povo para legitimar esse novo espaço de domínio político.[1352]

Por isso, a lógica da abertura política e econômica dos julgados constitucionais não pode ser um movimento de infusão de parâmetros globalizantes no processo decisório da justiça constitucional, exigindo uma parcimoniosa concertação de parâmetros no universo compreensivo dos problemas constitucionais em escala global. De todo modo,

---

[1347] ROSANVALLON, 2010, p. 99-100.
[1348] CANOTILHO, 2008, p. 22.
[1349] PALOMBELLA, 1997, p. 93 e seg.
[1350] Nesse ponto, sirvo-me da advertência do Prof. Dr. João Carlos Loureiro.
[1351] ATIENZA, 2010, p. 273.
[1352] THORNHILL, 2018, p. 11.

constata-se "[...] um multiverso constitucional: a constituição mundial é uma constituição de constituições parciais, além disso, é uma constituição pluritextual, esboçando-se uma autêntica rede constitucional".[1353] Assim, para além do reconhecimento da abertura lógico-discursiva relacionada à pluridimensionalidade dos fatores econômico-financeiros nos julgados constitucionais, exige-se também uma abertura lógico-discursiva referente à multidimensionalidade normativa no constitucionalismo global.

No centro dessa reflexão, encontra-se o desafio de integrar a premente situação econômico-financeira do Estado no universo científico-operacional do direito constitucional, sem que, para tanto, tenha que absorver quaisquer desventuras econômicas no cenário mundial, senão poria em sério risco os princípios constitucionais, notadamente os que salvaguardam a dinâmica protetiva social.[1354] É dizer que os modelos globalizantes não fornecem efeitos uniformes, seja como premissa operacional, seja como realidade constitutiva das relações, logo, o processo de implementação de novos regramentos não pode ir além das medidas que o Estado possa suportar, senão com sérias restrições nos prognósticos constitucionais da socialidade, isso talvez seja o verdadeiro motivo de tamanha adversidade aos *acordos* destinado à realização da estabilidade fiscal, seja no cenário comunitário, seja no âmbito interno.

[1353] LOUREIRO, 2016, p. 182.
[1354] LOUREIRO, 2013, p. 119.

CAPÍTULO 5

DIREITOS POSITIVOS COMO REALIDADE POLÍTICA E ECONÔMICA

"Pouco importa venha a velhice, que é a velhice?
Teus ombros suportam o mundo
e ele não pesa mais que a mão de uma
criança."[1355]

Diante das inquietações da sociedade hipermoderna, como seria interessante cogitar uma ideia transformadora a partir do Direito, autônoma e infalível, capaz de compaginar cada pequeno segredo dos seus propósitos no universo conflitivo da socialidade, porém somente um otimista inescrupuloso poderia defender tamanha infantilidade. "A realidade demonstra de forma inequívoca e, para muitos, trágica, aquilo que a ciência política formula: o Estado social só é viável com base no crescimento econômico."[1356] A questão, por isso, deve assumir outros ares, pois a certeza da impossibilidade também pode ser uma possibilidade de ação, que, quando bem aproveitada pelos arranjos político-institucionais, pode render bons frutos para determinados grupos sociais ou para toda a sociedade. A antecipação de resultados ou vantagens econômicas em função do tempo é uma dessas possibilidades, aliás, habilmente utilizadas para prevenir alterações no fluxo econômico de pequeno número de pessoas, ainda que em

---

[1355] Excerto do poema *Os ombros suportam o mundo*, de Carlos Drummond de Andrade, publicado no livro *Sentimento do Mundo*, de 1940.
[1356] ANDRADE, 2015, p. 30.

evidente prejuízo à maioria da população, mormente da parcela mais jovem. Tal lógica põe em xeque a ideia de igualdade ou universalidade nos planos da ação pública, porque não prestigia a superação da *carência de direitos*, pelo menos a garantia do direito a um *mínimo para uma existência condigna*,[1357] e nem mesmo meios adequados de proteção da vulnerabilidade,[1358] mas sim uma trajetória de privilégios a partir da estabilização das relações jurídicas.

Nesse sentido, o regime de repartição é pródigo em desnudar as adversidades da proteção previdenciária – seja pela dinâmica laboral, seja pela dinâmica demográfica – a partir dos encargos da teoria imunizadora dos direitos adquiridos. Então, em um cenário de incertezas, no qual as concessões dos regimes normativos já se encontram exasperadas, apontar os direitos adquiridos como a matriz decisória fundamental em sobreposição aos limites fiscais do Estado, por mais que respaldada pela ordem constitucional, é atentar contra a própria disciplina do Estado de Direito, pelo menos na ideia de tratamento isonômico (artigo 5º, *caput*, da CRFB), pois alguns cidadãos seriam contemplados pela fantasiosa infalibilidade do Direito, outros, aliás, a grande maioria, inevitavelmente arruinados, justamente pela sua falibilidade na ciranda do tempo.

5.1 Crises e diálogos institucionais: uma nova política

> *"É verdade que geraram culturas de irresponsabilidade e de denegação da realidade que tornaram difícil, especialmente em certas sociedades, a resposta atempada a um conjunto de mudanças."*[1359]

Diferentemente dos resultados prospectados pela estabilidade das relações jurídicas, que decorrem de elementares parâmetros de análises ou de linear observação sobre determinado fenômeno jurídico, antecipar acontecimentos não é uma boa, e nem sempre tentadora, habilidade dos homens, mormente quando se vislumbra, tal como a *Cassandra* dos horrendos presságios troianos, um cenário bem

---

[1357] ANDRADE, 2015, p. 32.
[1358] ANDRADE, 2015, p. 33.
[1359] LOUREIRO, 2014, p. 621-622.

tormentoso para os prognósticos da ação pública, fazendo com que as projeções mais realistas ganhem ares de desmedido alarme apocalítico e, portanto, não merecedoras de apreço. Pois bem. Alheia à realidade dos obstáculos materiais atuais e futuros de cada sociedade, como que sobrevoando incólume às evidentes e atuais dificuldades do pensamento jurídico, boa parte da doutrina encampa a reinvenção do *novo* a partir da manutenção dos velhos institutos do passado, sobretudo, para manter os privilégios das corporações públicas como lídimos direitos dos cidadãos,[1360] seja para dizer que nada mudou, seja para afirmar que os rodeios dos últimos séculos foram desnecessários e, desse modo, o jurisprudencialismo – positivista, naturalista ou principialista – vem ganhando redobrado fôlego na hipermodernidade, negando, inclusive, não raras vezes, a particular importância da política e economia nos necessários desdobramentos institucionais na realização dos direitos positivos. Aliás, tudo é encampado com a *insuspeita* alegação de proteger os direitos fundamentais. Em uma conjuntura de crise, essa forma de dizer o direito é a antítese do diálogo institucional.

Assim, convictos da correção dos seus comandos, demoradamente assentados em sofisticados estudos filosófico-hermenêuticos, muitas decisões judiciais não têm dado ressonância ao largo e conflituoso substrato dos dilemas político-econômicos. E o que é mais grave: a sindicabilidade jurídica da política, sem maior demora, pode gerar instabilidades nos processos decisórios abrangentes do Estado e, assim, representar verdadeiro problema na legitimação dos poderes políticos.[1361] O discurso jurídico, centrado na sua lógica interna, não mais convence por diversas razões, notadamente de ordem prática, e a tendência é não mais arvorar a autossuficiência fundamentadora das declarações de direitos, conforme os desejáveis prognósticos da proteção social, mas sim perseguir a sustentabilidade da ação pública por meio de uma relação interativa entre os poderes da República, porquanto nenhuma teoria dos direitos fundamentais pode prescindir de uma teoria da autoridade e, com isso, do desenvolvimento dos procedimentos da ação pública.[1362] Seria o fim da importância do Direito? Longe disso, seria simplesmente o Direito reconhecendo os limites dos direitos em uma ambiência de escassez. Afinal, mencionar que os direitos são invioláveis, por mais que diga o contrário, não passa de mero

---

[1360] Por todos, *vide*: DANTAS, 2004, p. 113-132.
[1361] CANOTILHO, 1986, p. 279.
[1362] PINTORE, 2000, p. 4.

floreio retórico, pois tudo que custa dinheiro não pode ser absoluto, isto é, nenhum direito é imune à escassez.[1363]

Assim, é preciso reconhecer a importância desse *novo* enfoque na teia discursiva do Direito, pois, "[c]omo experiência concreta, a história social e a história intelectual são inseparáveis; o *mundo da política* não passa de um segmento do *mundo do político*, que opera pela mobilização dos mecanismos simbólicos de representação".[1364] Na seara constitucional, a revisão judicial, que tem inegável matiz político, não pode prescindir do contágio dialógico das demais esferas de poder político, notadamente quanto ao emprego de racionalização estratégica da ação pública. Isso tudo denuncia que o direito atravessa uma profunda transformação, despontando uma nova dimensão jurídica, que considere outros domínios, particularmente vizinhos ou comunicantes, tais como a economia e política, na tentativa de atender aos desafios da hipermodernidade.[1365] Acredita-se que a Ciência Jurídica não falhou, ela só não pode assumir os mesmos contornos de outrora, fincando-se nas premissas da autossuficiência dos prognósticos normativos.

Nesse contexto, indaga-se: até quando o discurso da inexistência de déficit na previdência social[1366] ou mesmo das inarredáveis consequências da dinâmica demográfica, na cômoda ignorância das benesses do presente, restarão misticamente defendidas na sociedade brasileira em função das premissas normativas do artigo 195 da Constituição Federal? No Brasil, a discórdia que encerra toda mudança toma ares de verdadeiro pavor apocalíptico e, nesse sentido, toda argumentação é benvinda para romper qualquer fluxo reformista, pois há uma quixotesca defesa de uma relação de identidade entre reforma e negativa de direitos. E, assim, tudo segue como antes: sem rumo. Não se pode negar que sempre pode existir algum projeto de reforma totalmente desproposital, cujos mecanismos possam ser extremamente gravosos aos cidadãos mais vulneráveis, porém isso não poderia servir de empecilho para enfrentar abertamente os dilemas da previdência social, até porque a velhice já chegou e há um mundo para ser suportado nos ombros dos brasileiros.

[1363] HOLMES; SUNSTEIN, 2000, p. 97.

[1364] ROSANVALLON, 2010, p. 35.

[1365] SILVA, 2016, p. 452.

[1366] Para uma análise demorada da questão, inclusive com exaustivas demonstrações contábeis dos débitos e eventuais, bem eventuais mesmo, superávits, vale destacar o Acordão nº 1.295/2017 do Tribunal de Contas da União (TCU)/Plenário, sessão de 21 jun. 2017. Disponível em: https://pesquisa.apps.tcu.gov.br/#/redireciona/acordao-completo/%22ACORDAO-COMPLETO-2269441%22. Acesso em: 16 ago. 2020.

Aliás, a própria dinâmica do controle judicial decorre da identificação de eventuais deficiências ou excessos na reforma, o que não se pode defender é uma *interpretação retrospectiva*,[1367] porque assentada em realidade normativa diversa e, por certo, diante de desafios socioeconômicos também diversos. A interpretação retrospectiva é incompatível com os regramentos destinados à superação da *emergência econômico-financeira*, mas ainda tem muita adesão nos tribunais, que persiste na aplicação de juízos ponderativos destinados à situação de *normalidade econômico-financeira*, porém diante de parâmetros fático-jurídicos totalmente diversos, esquecendo-se que as crises impõem a todos uma perspectiva *de lege ferenda*[1368] e, sobretudo, o manejo de métodos empíricos para conhecer, com maior rigor científico possível,[1369] os fatos sociais e, claro, enfrentar suas consequências. Daí a clara contraposição entre o legislador e o tribunal em um contexto de crise, pois: o primeiro tem uma atuação prospectiva diante dos desafios concretos da ciranda política; o segundo, uma atuação retrospectiva baseada nos fundamentos da própria dinâmica evolutiva do direito.[1370]

Em matéria previdenciária, a questão toma ares de verdadeira trincheira jurídica por conta da teoria imunizadora dos direitos adquiridos, porque, para além dos obstáculos de ordem interpretativa, verifica-se, ainda, a questão das cláusulas pétreas, cuja nota de absoluta juridicidade açoita, de forma atemporal, os desafios financeiros do sistema de previdência. Como o custo dos direitos não é linear, porquanto obedece a parâmetros técnico-operacionais totalmente diversos entre si, é compreensível que o controle da ação pública na implementação dos direitos sociais seja diverso dos direitos de liberdade, por dois motivos bem evidentes: (a) um direito social é, por definição, um direito à prestação em uma ambiência de escassez, logo, ele exige uma atenção individual, cujo impacto fiscal é sempre multiplicado pelo universo dos seus destinatários; e, como já demonstrado nesta obra (*vide* item 1.1.2.3 *infra* – Capítulo 1), (b) todo direito social representa, em maior ou menor medida, uma demanda em regime de rivalidade entre os destinatários da ação pública, fazendo com que a possibilidade de

---

[1367] Transcreve-se a antológica definição do autor: "[p]õe-se ênfase nas semelhanças, corre-se um véu sobre as diferenças e conclui-se que, à luz daquelas, e a despeito destas, a disciplina da matéria, afinal de contas, mudou pouco, se é que na verdade mudou. É um tipo de interpretação [...] em que o olhar do intérprete dirige-se antes ao passado que ao presente, e a imagem que ele capta é menos a representação da realidade que uma sombra fantasmagórica" (MOREIRA, 1988, p. 152).
[1368] DOMÉNECH PASCUAL, 2013, p. 390.
[1369] DOMÉNECH PASCUAL, 2013, p. 393.
[1370] TUSHNET, 2008, p. 91.

escolhas trágicas, por mais que seja um fato lamentável, tome ares mais concretos em função da exasperação das forças financeiras do Estado. Se isso é assim para a Educação ou Saúde, por que motivo não seria para a Previdência Social?[1371]

Dessa forma, é totalmente questionável a capacidade da teoria imunizadora dos direitos adquiridos em tornar absoluta qualquer prestação previdenciária, mesmo que em detrimento dos demais direitos da ordem jurídica, inclusive da própria seara da proteção social. A particularidade, portanto, não decorre da natureza positiva do direito, pois todo direito é de algum modo *positivo*,[1372] mas qual o custo em função de cada prestação individualmente considerada. Aqui, desponta a atuação política, precisamente do executivo e legislativo, na ponderação concreta sobre as possibilidades econômico-financeiros do Estado na definição das prestações sociais.[1373] Por isso, a reserva do financeiramente possível, por mais que se pense o contrário, se submete à ponderação política, e não propriamente jurídica, em função de eventuais constrangimentos financeiros do Estado e, claro, da própria sociedade, que não pode consentir com a natureza absoluta de qualquer direito, notadamente dos direitos sociais.[1374] Afinal, como juízo político, a reserva do possível encerra uma questão de razoabilidade do encargo suportado pela sociedade e não propriamente uma razão técnico-contábil da inexistência de recurso. Esta, com maior razão, representa evidente obstáculo à ingerência judicial: *não há como ponderar o não ter*.

5.1.1 Uma nova confluência de esforços institucionais

> *"[...] el problema ya no sea cómo compaginar un saber seguro con un poder soberano, sino cómo articularlos para compensar las debilidades de uno y de otro con el objeto de combatir juntos la creciente complejidad del mundo."*[1375]

[1371] Com relação à Assistência Social, e isso deve ficar bem claro, é até compreensível maior reserva quanto à inexistência de recursos, haja vista o seu objeto e as prioridades da ação pública, mas diante das demais áreas da socialidade não há como não admitir os limites impostos pela escassez.
[1372] HOLMES; SUNSTEIN, 2000, p. 44.
[1373] MARTINS, 2016, p. 332.
[1374] MARTINS, 2016, p. 333.
[1375] INNERARITY, 2011, p. 110.

Admitindo-se a complexidade que encerra a gestão política das sociedades hipermodernas, a força da convergência institucional na solução dos grandes dilemas sociais, para longe de uma quimera discursiva, baseia-se no entendimento de que as visões compartilhadas sobre a realidade dos direitos tendem a revelar o caminho que, embora não se revele ideal, seja capaz de romper a insuficiência decisória da ação pública. De outra forma, a dinâmica dos extremos vai desaguar na mera retórica da superposição institucional, sem que isso possa alcançar algum resultado satisfatório, em uma perspectiva abrangente, em face das conflitantes demandas sociais. A lógica dos diálogos institucionais consiste na ideia de que poderes exercidos são necessariamente poderes com ações compartilhadas. A ideia de superposição decisória é preterida pela cooperação decisória estratégica, sem prejuízo de eventuais posições de revisão judicial forte, que, mais adiante, também pode ser objeto de reflexão e superação diante de novos quadrantes compreensivos das demandas (im)postas pelos múltiplos desafios na implementação dos direitos positivos.

Em uma palavra: "[...] o recurso a técnicas jurisdicionais flexíveis e dialógicas constitui alternativa importante, preferível tanto à omissão judicial quanto a um ativismo de resultados duvidosos".[1376] Esse novo modelo de constitucionalismo, que não se identifica a com a necessária supremacia decisória da corte constitucional ou do legislativo, mas sim com o expressivo diálogo institucional ente eles, tem alcançado destacado reconhecimento no Reino Unido, Canadá, na Austrália e Nova Zelândia.[1377]

Aliás, o reconhecimento da revisão judicial moderada, como decorrência dos diálogos institucionais, de modo algum desprestigia a sindicabilidade da atuação estatal pelo Poder Judiciário, pelo contrário, apenas faz compreender uma lógica dual da própria atuação judicial, que, em uma perspectiva dialógica, discute a conveniência, tudo em função dos melhores resultados, de uma revisão judicial forte. Portanto, não há qualquer tolhimento de uma eventual revisão judicial forte, mas uma necessária discussão sobre a sua utilidade no conjunto dos esforços institucionais destinados à concretização dos direitos positivos, sobretudo, porque nada impede a convivência de cada tipo de revisão judicial (forte/exigente ou fraca/moderada) em função da matéria, ou melhor, das problemáticas enfrentadas pela sociedade e, claro, conforme o rumo definido pela experiência de cada sociedade.

[1376] SARMENTO, 2016, p. 239.
[1377] GARDBAUM, 2013, p. 7.

Além disso, o diálogo institucional absorve a providencial compreensão de que a atuação do Poder Judiciário não pode ficar imune às tentações cognitivas decorrentes de julgados de cortes constitucionais, ou instituições equivalentes, na arena global, porquanto a autoridade persuasiva dessas decisões vai imprimir, sem qualquer ranço de provincialidade, novos horizontes sobre os problemas materiais comuns relacionados à exigibilidade dos direitos positivos, pois, a despeito de as razões culturais locais revelarem os critérios predominantes na definição dos julgados, há sempre a possibilidade de identificar o acerto ou desacerto de determinadas medidas judiciais em face de experiências existenciais comuns, que, por se tratarem de dilemas humanos, independem do local de sua verificação,[1378] porém, com o fundado propósito de manter as raízes que identificam e sustentam as nações, deve-se evitar eventual pretensão de *cosmopolitismo homogeneizador*[1379] a partir da pomposa retórica do *globalismo* arrimada, nesse ponto, na terminologia cidadão do mundo.

Nesse ponto, a despeito dos benefícios advindos de juízos analíticos estrangeiros sobre os problemas materiais comuns, pois a questão não revela qualquer prejuízo pela divergência de forma entre as ordens jurídicas, a ideia de diálogo institucional, quando amparada em modelos decisórios alheios, exige cuidados mais práticos que propriamente jurídicos, pois, em qualquer caso, não há como olvidar as premissas normativas locais. Nem mesmo a qualidade ou correção da decisão estrangeira pode significar a melhor opção prático-normativa, pois a ideia de diálogo judicial não é indiferente aos condicionantes extrajurídicos locais, notadamente quanto à estrutura orgânico-funcional do Estado – e da sociedade civil – na implementação dos direitos positivos.

Dito de outro modo, não é a idealidade do processo decisório, com sua sofisticação argumentativa, e nem mesmo o seu caráter inovador, que vai apresentar as melhores pistas sobre as demandas que encerram o conflito local. Tratando-se de dilemas materiais comuns, e isso precisa ficar claro, torna-se corriqueira, entre tantos julgados, uma predileção pela opção mais exitosa, contudo, o seu grande mérito não decorre da correção material da decisão, mas das possibilidades prático-normativas que circundam a realidade constitucional de determinado tribunal. Por isso, a dinâmica protetiva da dignidade humana jamais terá o mesmo substrato material entre os países com substratos econômico-sociais

---

[1378] BARROSO, 2013, p. 35.
[1379] LOUREIRO, 2016, p. 192.

diversos, porque a fonte protetiva não decorre da normatividade constitucional em si, muito menos da singular capacidade decisória dos tribunais, mas sim do conjunto de fatores extrajurídicos que possibilitam a melhor ordenação prático-material do direito positivo implementado.

Então, qual seria o sentido de intercâmbio de informações? Se a correção material dos parâmetros analisados não consagra soluções prontas, é fora de dúvida de que ela é capaz de pavimentar reflexões que levarão os julgadores locais a posições mais abrangentes sobre os dilemas enfrentados. Aliás, tal benefício pode ser alcançado, ainda que com outros prognósticos, com a realização de audiências públicas, sobretudo em matéria de direitos sociais, porquanto, entre outros aspectos, representa uma clara oportunidade para mapeamento dos dissensos haja vista a complexidade que envolve o processo decisório sobre questões sociais abrangentes.[1380]

5.1.1.1 A instrumentalidade dos diálogos institucionais: da opacidade à transparência

> "They [jurists] are good and useful in the
> composition; they must be mischievous if they
> preponderate so as virtually to become the whole.
> Their very excellence in their peculiar functions
> may be far from a qualification for others. It cannot
> escape observation, that when men are too much
> confined to professional and faculty habits, and as it
> were inveterate in the recurrent employment of that
> narrow circle, they are rather disabled than qualified
> for whatever depends on the knowledge of mankind,
> on experience in mixed affairs, on a comprehensive,
> connected view of the various, complicated, external
> and internal interests, which go to the formation of
> that multifarious thing called a state."[1381]

[1380] VALLE, 2012, p. 116-119.
[1381] BURKE, 2003, p. 38.

Primeiramente, é preciso destacar que diálogo institucional é um fenômeno mais amplo que a revisão judicial moderada; a primeira compreende uma perspectiva dialógica no fluxo decisório entre os poderes; a segunda, um modelo do processo decisório das cortes constitucionais ou tribunais equivalentes.

Vale destacar que a ideia de diálogo institucional *interno* ocorre em dois importantes momentos: antes e depois da decisão do tribunal constitucional: no primeiro caso, a perspectiva dialógica recai precipuamente sobre o tribunal constitucional e, claro, conforme a ritualística processual do controle de constitucionalidade das leis, com eventuais fluxos informativos da sociedade civil; no segundo, a perspectiva dialógica compreende uma detida atuação reflexiva da atividade político--legislativa, de modo que o Poder Executivo e o Parlamento, diante das convergências decisórias sobre os limites impostos pela jurisdição constitucional – que, no caso brasileiro, segue o modelo americano, no qual todos os juízes podem analisar a constitucionalidade das leis[1382] – e, seguindo o rito imposto pelo processo legislativo, declinam ponderadamente os rumos da ação pública.

Não faz sentido, portanto, cogitar o diálogo institucional somente depois da decisão do tribunal constitucional ou instituição equivalente, porquanto a atuação interativa entre os poderes deve ser constante e, assim, por um lado, pode até *constranger* o processo decisório do Poder Judiciário, mas, por outro, pode firmar compreensões mais analíticas da atividade legislativa em função do diálogo construtivo na equalização das demandas da sociedade, notadamente as relativas aos direitos fundamentais,[1383] de maneira que o tratamento das questões constitucionais sejam mais transparentes, abertas e reflexivas, o que pode reforçar, inclusive, o próprio processo democrático do sistema constitucional[1384]. De qualquer sorte, e tendo em vista o diálogo institucional *externo*, isto é, entre os tribunais constitucionais, a evolução dos diálogos institucionais, a despeito de problemas materiais comuns no universo reflexivo do direito constitucional comparado, se encontra profundamente vinculada aos contextos institucionais, doutrinários, sociais e culturais de cada nação[1385] e, por isso, assumindo aspectos bem particulares em função do direito constitucional positivo.

[1382] CANOTILHO, 2003, p. 896.
[1383] VICTOR, 2015, p. 198.
[1384] VICTOR, 2015, p. 194.
[1385] TUSHNET, 2008, p. 10.

Além disso, o diálogo institucional ocorre tanto na revisão judicial forte/rigorosa (*strong-form judicial review*) quanto na revisão judicial moderada (*weak-form judicial review*), o que diferencia é apenas a sua intensidade, pois a questão do caráter definitivo de eventual decisão judicial não retira a possibilidade de novas reflexões e proposições sobre a matéria. Por esse motivo, a revisão judicial moderada se torna uma via tão atrativa para reconciliar a autogovernança democrática com o constitucionalismo:[1386] *o forte se relativiza e o relativizado se fortifica*. Contudo, há uma circularidade que pode estabilizar decisões ou fomentar novas decisões por contraposição ou aperfeiçoamento, o fato é que sempre será possível o diálogo, o que se discute, quando ocorre, é a sua intensidade e temporalidade.

De todo modo, o que parece evidente é a adequação da revisão judicial moderada na implementação dos direitos sociais,[1387] não apenas pela dinâmica que encerra a sua prestação, mas, sobretudo, pelos juízos abrangentes, portanto, não predominantemente jurídicos, demandados pela sua atividade decisória, por tudo, incompatíveis com perspectivas decisórias binárias, excludentes ou definitivas. Nesse ponto, cumpre advertir que a garantia da inafastabilidade da jurisdição (artigo 5º, inciso XXXV; artigo 60, § 4º, da CRFB) não representa qualquer óbice ao diálogo institucional, porque uma coisa é o acesso à jurisdição em função de lesão ou ameaça a direito; outra, é o resultado do processo decisório judicial e, sobretudo, suas implicações no conjunto das forças político-administrativas do Estado.

Ademais, como a revisão judicial forte é baseada na superposição decisória do Poder Judiciário, inclusive com ares de definitividade, isto é, não revisáveis,[1388] o Parlamento tende a evitar as implicações políticas negativas de sua atuação – a despeito de eventual *reação política* diante de pronunciamento da corte (efeito *backlash*),[1389] inclusive, pela deferência ou não à discussão popular ao diálogo institucional[1390] –, de modo que a ideia de diálogo institucional já tem um ambiente adequado à proteção dos direitos fundamentais, sem prejuízo de eventual adoção, via emenda constitucional, de fórmulas de revisão judicial moderada em matérias específicas de atuação.[1391]

[1386] TUSHNET, 2008, p. xi.
[1387] TUSHNET, 2013, p. 2.259.
[1388] TUSHNET, 2008, p. 21.
[1389] GREENHOUS; SIEGEL, 2011, p. 2.033-2034.
[1390] MARINONI, 2021, p. 171.
[1391] TUSHNET, 2013, p. 2.262.

Nesse caso, tal proposição não representaria qualquer ruptura com a ordem constitucional e, não seria necessária qualquer refundação dos nortes compreensivos sobre a atuação do Poder Judiciário, sobretudo, porque a revisão judicial forte ainda permaneceria sobre as demais matérias, mas com a possibilidade de reconhecimento de que, em determinadas matérias, possa ocorrer diversas camadas decisórias dos poderes constituídos sem perder o substrato do princípio democrático, o que é algo bem diverso da *"anacrônica e obsessiva visão de omnipotência legislativa*[1392]*"* que vigorava no constitucionalismo francês. Dito de outro modo, uma coisa é considerar a dificuldade de manifestação da *weak-form judicial review* em determinadas temáticas, notadamente quando o Poder Judiciário assume o *status* da mais alta instância moral da sociedade e que, nessa qualidade, escapa de qualquer mecanismo de controle social que deve incidir sobre as instituições estatais em uma organização política democrática;[1393] outra, aliás, bem diversa, é negar a viabilidade – e mesmo importância – do diálogo interinstitucional que corporifique uma *sociedade aberta dos intérpretes da constituição*,[1394] na qual desponte um pluralismo de intérpretes, [pretensamente] racional e crítico, no cenário atual da interconstitucionalidade.[1395]

Contudo, posições pretensamente irredutíveis, típicas da revisão judicial forte, geram tensões entre a exigibilidade judicial das limitações constitucionais e a autogovernança democrática;[1396] logo, impõe-se um ligeiro desvio nos fundamentos do constitucionalismo moderno: a emergência da revisão judicial moderada como expressão de governança democrática,[1397] porquanto as decisões seriam revisadas em curto espaço de tempo,[1398] inclusive pela constante conversação entre povo, legislador, executivo e corte, sem prejuízo das evidências normativas decorrentes das decisões do tribunal constitucional ou instituição equivalente.[1399] Isso, evidentemente, não retira os obstáculos relativos à implementação dos direitos sociais,[1400] mas permite que os prognósticos legislativos não exitosos – ou juridicamente contestados –

[1392] BOTELHO, 2012, p. 493.
[1393] MAUS, 2000, p. 187.
[1394] HÄBERLE, 1997, p. 15.
[1395] MONIZ, 2020, p. 65-66.
[1396] TUSHNET, 2008, p. 22.
[1397] TUSHNET, 2008, p. 18.
[1398] TUSHNET, 2008, p. 24.
[1399] TUSHNET, 2008, p. 34.
[1400] TUSHNET, 2008, p. 254.

sejam rapidamente submetidos à interação dialógica entre legisladores e cortes,[1401] evitando-se a mera tomada de posição do legislador como antessala da decisão judicial.[1402]

Daí resulta uma constatação simples, mas bem importante: a relação de superposição decisória entre poderes, com particular destaque à última palavra do Poder Judiciário, gera opacidade, pois o fluxo informativo de um não interfere necessariamente no processo decisório de outro, de maneira que a ausência de interação dialógica tende a confirmar os claros e escuros de cada sede decisória, independentemente da regularidade dos procedimentos impostos pela legislação, pois a opacidade, aqui, não se refere à discussão ou publicação das decisões, conforme os implacáveis ritos e trâmites da jurisdição constitucional, mas ao que deveria ter sido discutido ou considerado, mas não o foi pela ausência de interação dialógica entre legislador e corte.

De todo modo, independentemente da inexistência de instrumentos já clássicos de revisão judicial moderada na legislação brasileira,[1403] tais como *The interpretative mandate (The New Zealand Bill of Rights Act 1990)*,[1404] *The augmented interpretative mandate (The British Human Rights Act 1998)*,[1405] *A dialogic model of review (The Canadian Charter of Rights 1982)*,[1406] o fato é que ela expõe uma fissura na forma binária de compreender a constitucionalidade das leis,[1407] mormente quanto à implementação dos direitos positivos a partir do seu processo

---

[1401] TUSHNET, 2008, p. 263.
[1402] TUSHNET, 2008, p. 82.
[1403] Aqui, como bem recorda Diogo P. de Oliveira (2016, p. 36), excepciona-se apenas o artigo o artigo 96, § único, da Constituição de 1937, nestes termos (BRASIL, 1937):
"Art. 96. Só por maioria absoluta de votos da totalidade dos seus Juízes poderão os Tribunais declarar a inconstitucionalidade de lei ou de ato do Presidente da República.
Parágrafo único. No caso de ser declarada a inconstitucionalidade de uma lei que, a juízo do Presidente da República, seja necessária ao bem-estar do povo, à promoção ou defesa de interesse nacional de alta monta, poderá o Presidente da República submetê-la novamente ao exame do Parlamento: se este a confirmar por dois terços de votos em cada uma das Câmaras, ficará sem efeito a decisão do Tribunal".
Lembrando-se que, posteriormente, § único foi revogado pela Lei Constitucional nº 18/1945, portanto, um pouco antes da Constituição de 1946. De certo modo, causa surpresa que o mecanismo de revisão judicial moderada tenha decorrido de constituição outorgada, pois o exercício autocrático do poder prescindiria até mesmo do Parlamento, porém, o artigo perdurou por quase toda a ditadura Vargas, mas praticamente sem utilidade prática, haja vista o regime fascista imposto pelo então *Presidente* Getúlio Vargas.
[1404] TUSHNET, 2008, p. 25-27.
[1405] TUSHNET, 2008, p. 27-31.
[1406] TUSHNET, 2008, p. 31-33.
[1407] TUSHNET, 2008, p. 39.

decisório,¹⁴⁰⁸ e, por isso, com o tempo, assumirá seu devido lugar no constitucionalismo moderno, pois: tanto a revisão judicial moderada quanto a revisão judicial forte, a partir de suas soluções, têm vantagens e desvantagens, a primeira, por diversas razões, pode ser ineficaz em curto prazo, porém é improvável que gere forte oposição política; a segunda, pode ser eficaz em curto prazo, mas, também por diversas razões, pode tornar-se intensamente controvertida.¹⁴⁰⁹

Em outro giro, a despeito de não representar um diagnóstico solipsista do problema, porque os tribunais costumam ser conscientes da multidisciplinariedade dos grandes julgados constitucionais, o fato é que, todavia, ainda persiste muita opacidade na metódica adotada nos processos decisórios judiciais. O que é um vexado contrassenso, pois a instância destinada a retirar o véu dos demais poderes também tem seus mistérios. Como decidem os que devem decidir sobre o que deva ser decidido? A transparência nos procedimentos e fundamentos da decisão pública é tão importante quanto a sua própria correção. Não se trata de inobservância de ritos ou técnicas processuais, mas de dilemas relacionados à *ascensão justificadora*, porquanto, não raras vezes, as decisões externam compreensões fático-jurídicas que não são passíveis de demonstração e, com isso, impera o puro decisionismo, ainda que ornada de demorada verborragia teórico-discursiva.

Nesse contexto, a *racionalidade estratégica* do legislador, que deveria ser objeto de mero ceticismo de ordem cognitiva, acaba sendo desrespeitada pela atuação interventiva do processo decisório judicial,¹⁴¹⁰ não em função da necessidade de suprimir a *cultura dos resultados*, que se arrima na questionável racionalidade estratégica pura,¹⁴¹¹ mas por julgar capaz de ventilar novos rumos à ação pública, interferindo, portanto, indevidamente em considerações de natureza estratégica.¹⁴¹²

Nesse sentido, mais diálogo gera mais transparência na análise dos propósitos que encerram a inovação normativa e, mesmo que não atenue as controvérsias e divergências, que são inevitáveis nos relevantes conflitos de interesses em uma sociedade plural, sobretudo, diante de valores substantivos da sociedade,¹⁴¹³ deixa para mais longe a opacidade sobre os assuntos fundamentais do Estado. O unilateralismo

---

¹⁴⁰⁸ TUSHNET, 2008, p. 249.
¹⁴⁰⁹ TUSHNET, 2008, p. 250.
¹⁴¹⁰ MONIZ, 2015, p. 104.
¹⁴¹¹ MONIZ, 2017, p. 61.
¹⁴¹² MONIZ, 2017, p. 139.
¹⁴¹³ ELY, 1980, p. 92.

das posições não se revela apenas no conhecimento parcial de determinado dilema, mas, sobretudo, na forte convicção de que a formação da racionalidade sistêmica sobre esse dilema comporta uma visão privilegiada de determinada parte, a saber, daquela que decide por último ou, como se queira, que erra por último.

Desse modo, a dinâmica processual assume particular importância na evolução da matéria, não por conta do seu caráter participativo, mas porque os movimentos informativos até a decisão final serão sempre acompanhados de novas informações sobre a realidade discutida, mesmo que não sejam prontamente carreadas aos autos. Quando não se discute uma questão fechada, isto é, nos estritos limites subjetivos das demandas convencionais, a denúncia de novos elementos de informação sempre contribui para novas reflexões e, com isso, nova tomada de posição diante da resposta jurídica então prevalecente, de maneira que todas as luzes possíveis incidam sobre as sombras do processo decisório. O diálogo institucional abre uma nova compreensão sobre o papel da técnica processual, porquanto ela não se limitará à disciplina jurídica do catálogo processual, pois assumirá a posição de verdadeiro vertedouro das inquietações político-administrativas, mediante adequada formatação processual, que afligem não apenas os destinatários imediatos da decisão judicial, mas, sobretudo, os responsáveis pelos meios de atuação do Estado destinados à materialização dos direitos positivos.

5.1.1.2 A permeabilidade dos diálogos institucionais: da mera informação à definição dos resultados

> *"Saber que para los problemas propiamente políticos no existe una 'solución' en sentido estricto no quiere decir que todas las opiniones sean iguales o que no valga la pena luchar por aquellas que consideramos mejores, pero impide que nos deslicemos hacia la descalificación moral del discrepante."*[1414]

Os diálogos institucionais têm uma perspectiva nitidamente instrumental: apresentar soluções adequadas às demandas que

---
[1414] INNERARITY, 2009, p. 175.

desaguam na jurisdição constitucional, mediante extenuantes juízos ponderativos sobre os conflitos de interesses envolvidos à luz da normatividade constitucional. Não há qualquer exigência de consenso, mas o reconhecimento de que a superposição decisória de quaisquer dos Poderes da República não define a medida mais adequada no caso concreto. Aqui, vale pontuar que o fluxo informativo entre os poderes constituídos sempre foi cercado de inegável mística, desde a ideia de *recados institucionais* pela via da atuação informal do Poder Público, que nada diz, mas revela o que tem de ser feito, até o impulso de tratativas ou memorandos, que tudo diz, de modo pouco reflexivo, menos o que deve ser feito.

Enfim, a mística do *compromisso descompromissado* entre as instituições ainda rende um grande imaginário de suposições decisórias na contemporaneidade, porém, a lógica dos esforços institucionais prestigia a permeabilidade das informações entre os poderes com o fundado propósito de apresentar respostas aos conflitos sociais, portanto, resultados concretos, mas cumpre afirmar, desde logo, sem perder a transparência nas tratativas, isto é, as evidências do curso interacional entre as instituições não comportam desvios no fluxo informativo, exceto em casos excepcionais, quando devidamente autorizados por lei.

Aliás, mais que isso: compreende uma nova dinâmica relacional *interpoderes* e, sobretudo, *extrapoderes* no tratamento dos direitos econômicos, sociais e culturais,[1415] na qual a revisão judicial assume uma função catalítica na implementação dos direitos, portanto, nem *ativista* ou definitiva, nem de autocontenção.[1416] Afinal, a problemática da revisão judicial não se assenta na discussão sobre a pertinência ou não da ingerência dos tribunais na implementação dos direitos positivos, uma vez que ela é amparada pelo texto constitucional, mas sim na reflexão sobre o grau dessa intervenção,[1417] portanto, uma questão de intensidade, no que pode exigir, em função das circunstâncias do caso concreto, uma atuação leve, moderada ou séria no exercício de competência constitucionalmente determinada.[1418]

De qualquer sorte, é a qualidade do decisor legislativo, executivo ou judicial, por meio da cultura jurídico-institucional do Estado, que vai balancear o exercício dessa competência, quer dizer, a efetiva intensidade da revisão judicial. E, aqui, reside o ponto mais importante

---

[1415] YOUNG, 2010, p. 410.
[1416] YOUNG, 2010, p. 419.
[1417] KLATT, 2015, p. 364.
[1418] KLATT, 2015, p. 380.

do diálogo institucional o controle da intervenção judicial: o grau de intervenção não depende de controles expressos no texto constitucional ou infraconstitucional. *"Quem nos guarda dos cães que ladram mas não mordem"*?[1419] A feliz provação do Prof. José Casalta Nabais pode assumir o seguinte colorido: como controlar a intervenção judicial que, adentrando cada vez mais no campo decisório de natureza política, apenas aprofunda os dilemas relacionados à implementação dos direitos? Isto é, *quem nos guarda dos cães que ladram sem proteger, mas que mordem apenas os que deveriam proteger*? A solução seria a procura de novo cão de guarda ou fazer com que o atual se limite à atuação a ele reservada pela constituição?

Diante dos questionamentos apresentados, duas premissas são defendidas: (a) a exigência de novo cão de guarda revela um elo sem fim na cadeia de controle, pois o *último* cão jamais pode ostentar essa qualidade, porque ele também precisa ser controlado, por isso é melhor tem menos cães de guarda, pois não é razoável defender uma falsa ideia de controle pelo excesso. Aliás, o CNJ (artigo 103-B da CRFB) e o Conselho Nacional do Ministério Público (artigo 130-A da CRFB) bem explicam esse estado de coisas, a saber, não passam de onerosas fantasias corporativas no seio da Administração da Justiça brasileira; (b) o cão deve ladrar para o que importa e, a partir disso, ter grande chance de êxito na sua *mordida*.

Aliás, um dos maiores dilemas da ausência de diálogo institucional intenso entre os poderes, porque desconhece a importâncias de filtros recíprocos, é a multiplicação de encargos decisórios na atuação judicial e, com isso, limitando a capacidade de respostas nas demandas que realmente é necessária à sua intervenção.[1420] Nesse contexto, o *controle legislativo* da atuação judicial vai depender da intensidade do seu descontrole e, no mais das vezes, da força política da contraposição legislativa. O diálogo institucional evita o embate desnecessário, isto é, cujo resultado útil da demanda independe de pontos de tensão entre os poderes constituídos, mas não representa qualquer óbice às eventuais inflexões decisórias em uma sociedade plural e democrática, sem prejuízo de o próprio Parlamento revogar as normas que reconhecer como inconstitucionais, isto é, prestigiando formas de *weak-form constitutional review*.[1421]

[1419] NABAIS, 2016, p. 51.
[1420] NABAIS, 2016, p. 53.
[1421] MONIZ, 2016, p. 67.

Em outro norte, sem determinados condicionantes que possibilitem a efetividade do Estado social, tais como gestão fiscal eficiente, despesa pública destinada às prestações sociais, orçamento público equilibrado e crescimento econômico,[1422] não há como não defender que a intervenção judicial, para além de função mediadora entre os poderes, deva servir de ponte para tentar alcançar uma gestão eficiente da atividade financeira do Estado, o que impossibilita, como já destacado nesta investigação, a criação judicial de direitos baseada nas desejosas abstrações da socialidade, cuja excessiva onerosidade no plano político-institucional, por se revelar incompatível com a dinâmica de deveres ou encargos razoavelmente impostos à própria sociedade a partir da dignidade do orçamento público,[1423] tende a denunciar a fragilidade da ideia de justiça social sem sustentabilidade orçamentária, esta, aliás, representa o dilema central da própria ideia de solidariedade intergeracional,[1424] inclusive, o núcleo prático-jurídico da solidariedade é nitidamente financeiro, como bem foi destacado na Sentencia nº 135/1992 do TCE.[1425]

Tudo isso aconselha que, em tempo de crise, o diálogo institucional seja o norte da atuação judicial, senão o ímpeto da superposição decisória pode simplesmente parar o Estado, o que reforça o entendimento de que a revisão judicial moderada represente a forma mais adequada, porque dialógica, para implementar os direitos sociais, haja vista a inquietação gerada pela discutível capacidade institucional de o Poder Judiciário lidar com questões técnicas e fáticas complexas, sem falar na impossibilidade de prever os efeitos sistêmicos de suas decisões,[1426] portanto, um empreendimento arriscado demais diante de complexos arranjos teóricos-normativos sobre os processos decisórios,[1427] denunciando, assim, limitações já observadas, porém com universo mais amplo, ainda que em menor intensidade, em outros poderes, de maneira que a superposição decisória não seja o meio mais adequado para implementação dos direitos positivos.

[1422] CANOTILHO, 2007, p. 81-82.
[1423] AMARAL; MELO, 2008, p. 104.
[1424] MARTINS, 2016, p. 172.
[1425] MARTINS, 2016, p. 310, nota de rodapé nº 1.437.
[1426] SOUZA, 2010, p. 11-56, p. 47.
[1427] KING, 2012, p. 7-8

5.1.2 Crise econômico-financeira como realidade jurídica e política

> "El neoliberalismo ha salido, lógicamente, peor parado de la crisis, pero eso no da motivo para celebraciones especiales entre quienes auguran un retorno del Estado y no están en condiciones de aclarar qué puede significar dicho retorno. Lo que hay que explicar – ya a lo que debe hacerse frente – es que el Estado que emerge tras la crisis es un Estado menos poderoso, debido a la naturaleza global de la crisis y a la limitada eficacia de los instrumentos tradicionales de la política económica."[1428]

Por certo, tão importante quanto refletir sobre os meios destinados à superação das crises econômico-financeiras, inclusive por ser uma questão antecedente, é discutir sobre as causas delas, porém, por razões óbvias, esse propósito tão abrangente não é o objetivo desta investigação, que, nesse ponto, destina-se à análise das possíveis medidas diante da necessidade de ajuste fiscal e, mesmo assim, nos *estreitos* limites da ordenação normativa da previdência social. O fato é que, em tese, as crises do capitalismo não interessam economicamente a ninguém, nem mesmo às nações não democráticas, pois seus efeitos são duramente suportados pelos menos afortunados,[1429] pressionando, assim, o sistema de proteção social. Contudo, isso não quer dizer que as crises não gerem algumas oportunidades no mercado e recursos financeiros para determinados segmentos da atividade econômica, mas apenas que o curso histórico dos seus efeitos não costuma ser positivo ao mundo.[1430]

Nesse contexto, é aconselhável que os governos reconheçam os níveis de comprometimento das atividades econômicas nos mercados nacionais e internacionais como limites concretos – e, muitas vezes, recorrentes, inclusive com pequenos espaços temporais – da capacidade

---

[1428] INNERARITY, 2011, p. 136.
[1429] PRZEWORSKI, 1986, p. 43.
[1430] A crise gerada pela Covid-19 é apenas mais um exemplo dessa realidade e, claro, com suas especificidades.

de arrecadação do Estado. De qualquer sorte, a crise econômico-financeira não é uma problemática típica da hipermodernidade, mas nela a adversidade dos prognósticos sociais assume ares de impraticável sustentabilidade. Afinal, há três evidentes razões para isso: (a) redução na taxa de crescimento econômico, a despeito de oscilações conjunturais; (b) a inversão da pirâmide demográfica; e (c) o aumento estrutural nos níveis desemprego,[1431] de modo que, excetuando-se um ou outro país, o ocidente tem mergulhado, com maior ou menor intensidade, no mesmo diagnóstico de crise. É nessa conjuntura que a dimensão política da despesa pública ganha importância no processo decisório jurídico-constitucional.[1432]

Todavia, a emergência da dimensão política não se destina a promover uma expansão do gasto público a partir da liberdade política, mas para reafirmar que decisão orçamentária assuma uma posição mais técnica e menos política,[1433] isto é, no sentido de que não se renda ao avanço do populismo e nem às desejosas abstrações da socialidade por meio da jurisdição constitucional. Portanto, enxergar a decisão orçamentária como decisão política é, antes, uma forma de prevenir que o decisor judicial substitua o legislador na escolha do gasto público e, portanto, assuma inadvertidamente a posição de decisor orçamentário,[1434] que propriamente um mecanismo de imunização da escolha política, pois, como fruto de uma opção política, ela não pode representar, tão somente, o resultado simples ou analítico de meros cálculos contábeis ou aritméticos.[1435]

Por isso, o Estado social, tão pretendido quanto sofrido pelo redemoinho das transformações tecnológicas, demográficas e econômicas, carece de forte transformação, tanto na via do financiamento quanto na via das prestações. Deseja-se um Estado social, e isso parece ser algo induvidoso, mas qual modelo é possível manter, quiçá expandir, diante das incertezas da hipermodernidade? Vale lembrar que o pano de fundo da escassez, que congrega evidentes preocupações nos sistemas previdenciários, também exige redobrados cuidados nos custos da saúde[1436] – como bem denuncia o problemático caso norte-americano[1437] e a

---

[1431] SILVA, 2017, p. 101.
[1432] MARTINS, 2016, p. 264.
[1433] MARTINS, 2016, p. 286.
[1434] MARTINS, 2016, p. 318.
[1435] DUARTE, 2007, p. 22.
[1436] LOUREIRO, 2018, p. 680.
[1437] ALTMAN, 2009, p. 1.401.

fragilidade histórica no esquema de financiamento da saúde no Brasil[1438], que restou apenas mais evidente com a pandemia de covid-19 –, e da assistência social, de maneira que qualquer *refundação* do sistema de previdência social passa necessariamente por uma demorada análise sobre as políticas públicas de saúde e assistência social, pois há, pela via fiscal, algumas fontes comuns de financiamento, sem falar nas implicações sistêmicas das prestações da seguridade social no universo da dinâmica laboral e seus reflexos nas áreas da saúde e assistência social.

De todo modo, não parece razoável que o Estado e, portanto, a própria sociedade, deva assumir onerosos projetos políticos, sobretudo, diante de discutíveis privilégios na ambiência pública, quando os pressupostos para sua assunção não se inserem no largo universo das opções políticas do próprio Estado.[1439] Nessa encruzilhada de inevitáveis sacrifícios sociais, em que resulta manifesto o desequilíbrio fiscal do Estado, sobretudo, com a questionável rendição dos governos às onerosas operações de crédito (empréstimo), um ponto parece ser fora de dúvida: a redução estrutural do déficit público passa necessariamente pela reforma dos velhos regimes de previdência, no que abriria a possibilidade de firmar um modelo mais afeto à cultura de poupança [pessoal] de longo prazo, fazendo com que ocorra o desenvolvimento do mercado financeiro e, com isso, a expansão ou criação de investimentos,[1440] nos quais despontem a importância da proteção dos interesses dos beneficiários e, sobretudo, uma cultura de prudência e diligência na gestão dos recursos, justamente porque as decisões devem ser gestadas a partir do conhecimento e da *expertise* dos agentes envolvidos.[1441]

Portanto, não se trata de vender a inevitável imagem de cenário promissor, porém, na pior hipótese, o ajuste das contas públicas permitirá que o Poder Público volte a ser um indutor econômico a partir da expansão dos investimentos estatais, e não mero gestor de uma gigantesca folha de pagamento. Aliás, nada pode ser pior para o mercado que ter o Estado como tomador de recursos privados, não apenas pela possibilidade de elevação dos juros em si, mas, sobretudo, por inviabilizar a expansão dos negócios e, consequentemente, retardar a redução da empregabilidade, já que o Poder Público representa a fonte mais segura de retorno financeiro, além disso, um dos segmentos que apresentam a melhor remuneração pela disponibilidade de capital.

[1438] MENDES, 2012, p. 49.
[1439] NABAIS, 2011, p. 33.
[1440] CRUZ-SACO, 2010, p. 16.
[1441] SANDBERG, 2016, p. 388.

Curiosa, portanto, é a posição de crítico do capitalismo financeiro, mas, paradoxalmente, ser um defensor ferrenho do endividamento público para fins de investimento de curto prazo, notadamente no atendimento das demandas sociais, só que isso, por evidente, só fortalece uma relação de dependência estatal diante das instituições financeiras nacionais ou internacionais. Aliás, o contínuo círculo de endividamento dos países latino-americanos faz prova disso, com particular destaque à Argentina, porquanto o projeto de desenvolvimento nacional passa pela expansão dos investimentos que são intermediados por recursos nacionais e, sobretudo, estrangeiros, cuja dinâmica risco acarreta uma exasperação da taxa de juros e, dessa forma, vai acelerando o processo de endividamento público.

5.1.2.1 Ajuste fiscal: entre a disciplina normativa e a indisciplina econômica

> *"O direito da segurança social é, no essencial, um direito de respostas a défices, quer de rendimentos quer de cuidados."*[1442]

Diante das crises recorrentes na atividade financeira do Estado, que tem acarretado o acentuado endividamento público e, desse modo, promovendo uma verdadeira passagem do *welfare* ao *debtfare*,[1443] inclusive, sob a égide de uma sociedade de débito generalizado,[1444] o controle da execução orçamentária, para além dos imperiosos limites constitucionais à atuação do Poder Legislativo – notadamente o artigo 167, inciso III, da CRFB, que prestigia a *regra de ouro* das finanças públicas –, bem como os expansivos poderes de fiscalização dos órgãos de controle da República, compreende uma contínua atividade legislativa na disciplina normativa do gasto público, que remonta à LRF, passando pelo NRF, mas que ainda não alterou a cultura da gestão orçamentária, financeira e patrimonial, pois o adequado sistema de custos da gestão pública ainda representa mera disposição legal.[1445]

[1442] LOUREIRO, 2015, p. 688.
[1443] ESPOSITO, 2013, p. 226.
[1444] ESPOSITO, 2013, p. 226.
[1445] MOTTA, 2010, p. 69.

Soma-se, ainda, o fato de que a LRF se destina ao estabelecimento de mecanismos para equilíbrio das contas públicas, logo, as restrições dirigidas aos gestores públicos não têm uma relação direta com o combate à imoralidade da gestão pública,[1446] cujas implicações administrativas, eleitorais e penais são, na maioria das vezes, demoradas e, além disso, não efetivas. Ademais, o expressivo *crescimento vegetativo* do orçamento público, consequência de política desastrosa de cargos e empregos públicos, mormente em matéria remuneratória, bem como demorado rol de receitas vinculadas, faz com que o NRF, corporificando a ideia de teto nos gastos públicos, padeça de obstáculos expressivos, mormente os relacionados às despesas previdenciárias e aos gastos de pessoal,[1447] estes, inclusive, não foram adequadamente disciplinados na LRF, pois ela ainda insistia na técnica de limites de gastos por poder, isto é, sem adentrar nas suas subestruturas, gerando uma indesejável concorrência interna entre as instituições, o que foi corrigido pelo tratamento individualizado do NRF (artigo 107 da ADCT).[1448]

De modo geral, toda medida legislativa para conter os gastos públicos, como foi o caso do NRF, é alardeada como mecanismo de boicote ao Estado social[1449] e não como forma de assegurar a redução dos encargos da dívida pública e, consequentemente, prestigiar uma gestão mais eficiente do gasto público, notadamente maior atenção quanto à sua qualidade.[1450] Propugnar tese diversa é assumir a posição típica do *humanismo inconsequente*, que, desprezando as razões econômicas das crises financeiras, aposta na expansão do gasto público, com a realização de novos empréstimos ainda mais onerosos, aliás, sem qualquer suporte fiscal de amortização de dívidas ou mesmo de pagamento dos seus juros, tornando o país [ainda mais] refém do capitalismo financeiro, portanto, entregando-se à *servidão financeira*,[1451] e, desse modo, para além de seguir um medida que prestigia credores em detrimento de prestações sociais sustentáveis, vai inviabilizando a realização de investimento de longo prazo, haja vista o custo excessivo de sua implementação a partir da ação estatal. Assim, não representa qualquer surpresa que o período mais intenso de servidão financeira

---

[1446] AGUIAR, 2011, p. 21.
[1447] LIMA, 2017, p. 184.
[1448] VALLE, 2017, p. 235.
[1449] Nesse sentido, por todos, *vide*: MARIANO, 2017, p. 267-277.
[1450] MACHADO SEGUNDO, 2017, p. 37.
[1451] PAULANI, 2008, p. 103.

nas últimas décadas (2003 a 2016), cuja taxa de juros Selic[1452] atingiu o inacreditável índice de 26,5% ao ano,[1453] tenha ocorrido justamente na gestão de governos considerados propugnadores da *causa social*, mas entregues à *hiperortodoxia da política monetária*,[1454] porém, bem em parte, pois tornar o país em um *paraíso dos rentistas* também contemplava uma demanda político-eleitoreira.

Vale lembrar que o dilema do equilíbrio fiscal é uma realidade mundial, sobretudo, nos países com alto índice de investimento na área social, como bem comprova os países da Zona do Euro, mormente despois de da crise financeira de 2008, representando uma verdadeira corrida de reformas constitucionais de controle das contas públicas, inclusive pelo impulso da reforma constitucional alemã de 2009,[1455] a partir da lógica do *déficit estrutural sustentável*[1456] do Pacto Fiscal Europeu (Tratado de Estabilidade, Coordenação e Governança na União Econômica e Monetária), tais como: (a) a reforma constitucional de estabilidade orçamentária na Alemanha de 2009, que foi antecedida pela reforma constitucional do federalismo alemão de 2006, promoveu a modificação dos artigos 91c, 91d, 104b.1, 109.3, 109a e 115, bem como introduziu *ex novo*, como disposições transitórias, o artigo 143d. Aliás, cumpre lembrar que a Alemanha já protagonizou [reiterado] descumprimento do Pacto de Estabilidade e Crescimento da União Europeia, o que chocava frontalmente com a ortodoxia econômico-financeira do governo alemão;[1457] (b) a reforma do artigo 135 da Constituição espanhola em 2011 e, em seguida, reforçando a legislação anterior, a expedição da Lei Orgânica 2/2012 (Lei de Estabilidade Orçamentária e Sustentabilidade Financeira);[1458] (c) a reforma constitucional italiana, que alterou os artigos 81, 97, 117 e 119, através da Lei Constitucional nº 01/2012, prestigiando definitivamente o equilíbrio orçamentário na Constituição italiana,[1459] inclusive, seguida pela Lei nº 243/2012, que disciplina regras sobre a contabilidade pública a partir do princípio do equilíbrio orçamentário;[1460] e (d) a reforma constitucional francesa

---

[1452] Trata-se de taxa de juros equivalente à taxa referencial do Sistema Especial de Liquidação e Custódia dos títulos federais.
[1453] PAULANI, 2008, p. 36.
[1454] PAULANI, 2008, p. 143.
[1455] ARROYO GIL, 2013, p. 151.
[1456] GALERA VICTORIA, 2013, p. 264.
[1457] ARROYO GIL; GIMÉNEZ SÁNCHEZ, 2013, p. 155.
[1458] GALERA VICTORIA, 2013, p. 261.
[1459] ARROYO GIL; GIMÉNEZ SÁNCHEZ, 2013, p. 170.
[1460] ARROYO GIL; GIMÉNEZ SÁNCHEZ, 2013, p. 172.

de 2008 incluiu, no artigo 34, o objetivo de equilíbrio das contas das Administrações Públicas,[1461] pois a temática possuía assento infraconstitucional, a saber, na Lei Orgânica nº 692/2001, que é relativa às leis de finanças, com a arrimo no artigo 55 da Constituição Francesa.[1462] Todavia, apenas com a Lei Orgânica de 17 de dezembro de 2012, que é relativa à programação e à governança das finanças públicas, restou consolidado o processo de incorporação de estabilidade orçamentária da União Europeia.[1463] Ademais, cumpre lembrar que a França também já descumpriu o Pacto de Estabilidade e Crescimento da União Europeia, o que, inclusive, ensejou a realização de procedimento de advertência, porém não resultou em aplicação de sanção.[1464]

Aqui, o cenário poderá ficar totalmente incerto com as implicações fiscais da EC nº 106/2020 (Regime Extraordinário Fiscal, Financeiro e de Contratações – REFFC), porquanto o enfrentamento da Covid-19, além de arrefecer os mecanismos de controle do gasto público, também pode exigir a superação de longos períodos de recuperação econômica ou, na pior hipótese, de total recessão econômica. De certo modo, o REFFC representou o sonho mórbido de determinados segmentos políticos, já sem o respaldo das diretrizes keynesianas, para promover uma gestão nada ortodoxa de combate à Covid-19, cuja consequência vai muito além de eventual responsabilidade política dos mandatários dos entes federativos. Nessa conjuntura, um ponto, desde logo, é preciso destacar quanto à sustentabilidade financeira do RGPS e RPPSU: se no regime de repartição a despesa é financiada pela receita gerada em cada momento,[1465] inclusive com encontro de contas de periodicidade mensal, como aceitar estoicamente a regularidade dos parâmetros de *despesa obrigatória* crescente, independentemente da receita corrente gerada mensalmente? Qual razão de Estado prestigiaria a petrificação da despesa previdenciária, sobretudo, em detrimento dos meios ou mecanismos da ação pública para geração de receita corrente? Por mais que se defenda a *gestão axiológica* dos encargos decisórios na ambiência pública,[1466] o fato é que essa metodologia apenas ajuda na identificação do menor sacrifício existencial nas escolhas públicas, porém não faz surgir, como que milagrosamente, recursos no reino da gestão fiscal do Estado.

[1461] ARROYO GIL; GIMÉNEZ SÁNCHEZ, 2013, p. 178.
[1462] ARROYO GIL; GIMÉNEZ SÁNCHEZ, 2013, p. 176.
[1463] ARROYO GIL; GIMÉNEZ SÁNCHEZ, 2013, p. 179.
[1464] ARROYO GIL; GIMÉNEZ SÁNCHEZ, 2013, p. 175.
[1465] CABRAL, 2017, p. 370.
[1466] MONIZ, 2017, p. 52.

Ademais, as ordinárias formas de organização coletiva do trabalho não mais atendem às demandas crescentes de bem-estar social,[1467] pressionando, assim, a organização política destinada à garantia dos direitos sociais, que, por sua vez, não pode encontrar soluções sem revisitar os modelos jurídicos atuais, fato que compreende a relativização de institutos e, claro, a emergência de ressentimentos políticos. Desse modo, a satisfatória implementação dos direitos positivos (disciplina normativa) depende da força propulsora das convergências mercadológicas (indisciplina econômica), que raramente se amolda aos lineares propósitos do Estado social, que transita entre o *humanismo perdulário* e o *otimismo da falsa esperança*. Dito de outro modo, na ausência de crescimento econômico ou mesmo baixo crescimento, sem falar nos períodos de recessão econômica, não há como prospectar que exista recursos no futuro para atender à crescente demanda constitutiva e aquisitiva de direitos, bem como promover uma progressiva proteção da confiança arrimada na atuação estatal decorrente da prosperidade de outras épocas.[1468]

Por um lado, observa-se uma linear compreensão de que direitos declarados são facilmente exigíveis; porém, por outro, não há como circunscrever a atividade econômica aos círculos normativos. Dessa forma, a dinâmica compreensiva do ajuste fiscal deve repelir a premissa mais fácil, a saber, exigir ilusoriamente o direito, mas sim tentar imprimir a consequência mais difícil, qual seja, gerar parâmetros normativos que eleve o processo econômico da sociedade, que, há muito tempo – e talvez não mais se repetirá –, não tem o forte crescimento econômico da segunda metade do século XX e, por isso, não mais é possível promover o endividamento contínuo do Estado na esperança de alcançar, agora no início do século XXI, os benefícios de outrora, impondo-se, portanto, um alinhamento da socialidade à atual capacidade financeira do Estado.[1469]

Aliás, com a matriz fiscal do financiamento do bem-estar social a partir da tributação do rendimento e do consumo, os Estados ficaram sujeitos a um sistema irracional de gestão política da socialidade, porquanto eles foram *forçados* a promover o crescimento econômico a qualquer custo, portanto, caindo na armadilha de fomentar a atividade econômica sem maiores preocupações com a sua sustentabilidade,

---

[1467] SILVA, 2017, p. 174.
[1468] NABAIS, 2015, p. 115.
[1469] NABAIS, 2015, p. 127.

e mesmo em ser guiada por valores ou pela justiça social.[1470] Isso, ao que parece, representa uma aporia da política econômica na hipermodernidade.

Diante desse fato, a defesa do endividamento público, que não passa de ordinária forma de antecipação de tributos, bem como o meio mais fácil de hipotecar o futuro, não corrige as deficiências das bases econômicas do Estado. Pelo contrário, a aventura financeira é, antes de tudo, o mecanismo mais cômodo de gozar ligeiras ilusões, negando a importância das reformas estruturais da sociedade, mas com enorme dissabor às gerações futuras.[1471] No Brasil, o exemplo mais recente dessa desventura foi observado no segundo mandato da Senhora Dilma Rousseff e, mesmo antes, no seu primeiro mandato,[1472] ocasionando as famigeradas *pedaladas fiscais*, no que, mais adiante, viabilizou seu processo de *impeachment*.[1473] Cumpre lembrar que a *contabilidade criativa*, que desconsidera a fundamentação lógica, o embasamento teórico ou a experiência internacional, não tem sido nada incomum à gestão fiscal brasileira,[1474] especialmente para afastar, ainda que se defenda o contrário,[1475] o déficit previdenciário; contudo, o reconhecimento de que práticas não ortodoxas podem criar embaraços ao mandato presidencial, sem sombra de dúvida, abre um novo capítulo no universo da atividade fiscal do Estado, que tenta inibir a *engenharia fiscal* em função dos seus possíveis efeitos políticos.

Ademais, a lógica do ajuste fiscal, no que denuncia a dificuldade da atividade financeira do Estado, tem uma relação direta com as bases econômicas da sociedade, haja vista que o suporte financeiro da ação pública decorre da pujança econômica tributável, de maneira que a sustentabilidade financeira é, antes de tudo, uma variável da sustentabilidade econômica, exigindo-se, portanto, a compreensão de que os limites na imposição tributária, muito mais que fôlego à livre iniciativa,

---

[1470] SILVA, 2014, p. 12.

[1471] NABAIS, 2010, p. 139-140.

[1472] O primeiro mandato foi de 1º de janeiro de 2011 a 31 de dezembro de 2014 e, mesmo diante de agonizante crise fiscal, foi mantida a expansão dos gastos públicos ou, na melhor hipótese, por maiores que fossem as advertências dos analistas financeiros, ela não foi contida. No segundo mandato, que foi interrompido pelo *impeachment*, de 1º de janeiro de 2015 a 31 de agosto de 2016, muito embora ela tenha sido afastada do cargo em 12 de maio de 2016, a situação fiscal do país se agravou imensamente.

[1473] Para uma análise interessante do *impeachment* da Senhora Dilma Rousseff, a despeito de algumas divergências quanto às notas conclusivas, *vide*: SALES, 2017, sobretudo, p. 64 e seg.

[1474] AFONSO, 2017, p. 310.

[1475] IBRAHIM, 2011, p. 169.

também representa uma ferramenta para a própria viabilidade fiscal do Estado.[1476]

5.1.2.2 Ajuste fiscal e ciranda política: mudanças e resultados

> *"It is worth bringing jurisprudence a little bit closer than it is usually brought to the variety of ways in which people have theorized about politics: for law must be seen eventually as the offshoot of politics whatever the jurisprudes say."*[1477]

Uma das mais surpreendentes questões do processo eleitoral, inclusive ganhando assombrosos ares de perfeita normalidade, é a facilidade com que os governos roubam as gerações vindouras para comprar os votos da geração presente.[1478] Essa questão é facilmente observada em qualquer tentativa de reforma previdenciária, sendo, inclusive, uma pauta evitada pelos candidatos durante o período de campanha, no qual uma posição favorável à sua realização acarreta, imediatamente, uma profunda exploração política pelos demais candidatos. A aprovação da EC nº 103/2019, curiosamente, representou uma raríssima exceção à regra, pois o atual presidente, Senhor Jair Messias Bolsonaro, à época da campanha eleitoral, defendia abertamente a necessidade de reforma previdenciária.

Dito de outro modo, no círculo da atuação política dedicada à proteção social, os desafios da proteção previdenciária tem sido um expediente indispensável às vitórias eleitorais, pois, negando a importância das boas práticas previdenciárias,[1479] que avulta o proselitismo social falacioso, é possível alcançar o voto [fiel] dos eleitores socialmente vulneráveis. Portanto, a transferência de encargos entre as gerações é, ainda, a forma mais convencional e exitosa de alavancar dividendos eleitorais e, claro, de aprofundar a crise fiscal do Estado. Nesse contexto, a ideia de ajuste fiscal assume ares de crime

---

[1476] NABAIS, 2011, p. 25.
[1477] WALDRON, 1999, p. 166.
[1478] SCRUTON, 2015, p. 33.
[1479] LOUREIRO, 2014, p. 656.

lesa-pátria, olvidando-se que o desequilíbrio fiscal não atinge apenas os direitos sociais, mas também os clássicos direitos de liberdade e, nesse sentido, aos limites da ação pública, amparados no princípio da reserva do possível, se estendem indistintamente a todos os direitos,[1480] logo, o que pode ser questionada, em específicos contextos, é a eventual preferência da gestão pública na alocação dos recursos em detrimento dos direitos sociais,[1481] o que, no caso brasileiro, é de fácil constatação diante do oásis orçamentário-financeiro do aparelho político, eleitoral, judicial e, em muitos casos, administrativo dos entes políticos.

Além disso, entre os modos de transferência de encargos ou, de modo mais neutro, de acumulação do débito público, o uso do orçamento anticíclico para combater recessões,[1482] por pretensamente ostentar o verniz técnico-científico keynesiano, que apenas poderia ser cogitado diante de ruptura de ordem ou quebra as convenções econômicas,[1483] tem representado uma cláusula geral de irresponsabilidade política na gestão fiscal do Estado, pois é adotado sem quaisquer condicionantes doutrinários relativos à quebra das convenções econômicas, como se toda realidade econômica, social ou política encontrasse respaldo nas mesmas medidas adotadas na crise de 1929. Isto é, se os déficits não se revelarem simétricos aos excedentes orçamentários, por certo, graves consequências serão inevitáveis à economia, pois déficits constantes não são compensados por raros superávits.[1484] De todo modo, a tese de que o aumento temporário do débito público estimula uma demanda agregada não é clara empírica ou teoricamente.[1485] Ademais, nem a lógica da dívida pública como forma de amenizar a imposição tributária e nem o endividamento governamental como mecanismo de promover a justiça intergeracional, a despeito de seus nobres propósitos, são argumentos suficientes para defender a expansão do débito público.[1486] Portanto, a política keynesiana despreza os pavorosos efeitos intergeracionais da dívida pública crescente, fazendo com que a ideia de crescimento econômico e pleno emprego não passe de uma ilusão macroeconômica.[1487]

[1480] NOVAIS, 2010, p. 93.
[1481] ANDRADE, 2007, p. 37.
[1482] SÜSSSMUTH; WEIZSÄCKER. 2006, p. 171.
[1483] AFONSO, 2012, p. 26.
[1484] MARTINS, 2016, p. 71.
[1485] SÜSSSMUTH; WEIZSÄCKER, 2006, p. 172.
[1486] SÜSSSMUTH; WEIZSÄCKER, 2006, p. 173.
[1487] MARTINS, 2016, p. 219.

Do ponto de vista fiscal, cumpre mencionar que os juros nominais pagos pelo setor público atingiram a importância de R$ 359,8 bilhões (5,00% do PIB), no acumulado de 12 (doze) meses até junho de 2020,[1488] denunciando, da forma mais objetiva possível, o impacto da transferência de encargos entre as gerações, pois essa estrondosa quantia representa quase 04 (quatro) vezes o valor executado, em 2019, pelo Governo Federal na área de educação, que foi de R$ 94,47 bilhões.[1489] A Dívida Líquida do Setor Público, por sua vez, atingiu 58,1% do PIB em junho de 2020, já a Dívida Bruta do Governo Geral, que compreende o Governo Federal, o INSS e os governos estaduais e municipais, alcançou 85,5% do PIB,[1490] demonstrando que a situação fiscal brasileira exige cuidados e, sobretudo, sinceridade orçamentária dos gestores públicos.

Evidentemente, os encargos transferidos não assumem apenas uma perspectiva financeira, pois projetos políticos malogrados não podem ser financeiramente mensurados, já que seus efeitos são de diversas ordens, notadamente de cunho cultural. Como boa parte dos custos da expansão dos gastos públicos são suportados pelos futuros contribuintes, inclusive por gerações ainda não nascidas, a realização de empréstimos, possivelmente para projetos eleitoreiros, não entra no cálculo político do governo corrente, fazendo com que a amortização dos valores recaia, em grande medida, sobre os cidadãos que não participaram do processo decisório da despesa pública.[1491]

Portanto, trata-se de fato da política que ofende a lógica protetiva intergeracional. Por isso, a exigência de ajuste fiscal exige mudança na forma de conduzir o processo decisório sobre a dívida pública, senão não há como colher resultados na atividade financeira do Estado. Naturalmente, com a diversidade de pensamento político, é compreensível que determinados partidos políticos, por definição, compreendam o fenômeno da atuação estatal da forma mais expansiva possível, contudo, isso não exime qualquer gestor dos limites fiscais do Estado. A aventura financeira traduz uma atuação política desrespeitosa com todas as gerações. A situação é particularmente difícil nos governos de coalização, pois as dificuldades da gestão política provocam o déficit orçamentário e o crescimento da dívida pública,[1492] porquanto as

---

[1488] BRASIL, 2020.
[1489] BRASIL, 2019.
[1490] BRASIL, 2020.
[1491] SÜSSSMUTH; WEIZSÄCKER, 2006, p. 174.
[1492] SÜSSSMUTH; WEIZSÄCKER, 2006, p. 176.

disputas políticas pelas frações do orçamento público, mormente quando amparadas pelos críticos da austeridade,[1493] são incompatíveis com a promoção de mecanismos de controle ou ajuste fiscal. Disso resulta uma relevante constatação, a despeito evidentes riscos da generalização: quanto maior se revelar a dispersão de poder na formulação do orçamento, maior a probabilidade de uma política orçamentária ineficiente intertemporalmente.[1494]

Nesse sentido, a EC nº 100/2019, que instituiu o orçamento impositivo para as emendas de bancada, representou flagrante retrocesso na política orçamentária brasileira, seja pela possível reserva de votos com a destinação de recursos às bases eleitorais dos parlamentares, seja pela intensificação do engessamento do orçamento público. A mesma crítica também se observa na EC nº 105/2019, pois, para além da imposição do orçamento, franqueou uma fórmula anômala, mas constitucionalizada, de transferência de recursos da União a Estados, ao Distrito Federal e a Municípios. Além da pulverização do orçamento público, essa forma de transferência de recursos dificulta a fiscalização dos recursos empregados, seja pelos órgãos de controle, sobretudo, da União (artigo 166-A, § 2º, inciso II, da CRFB), seja pelo controle social, colocando em xeque as ordinárias restrições constitucionais à execução orçamentária, bem como impossibilitando a realização de boas práticas da política fiscal em uma democracia.[1495]

Diante desses evidentes desvios na programação orçamentária, que sacrifica a racionalidade do gasto público e a própria liberdade de atuação do Poder Executivo, cumpre destacar que a atividade legislativa deveria seguir outro propósito: agir axiologicamente comprometida com a tutela da dignidade humana, inclusive em uma perspectiva intergeracional, mas sem prejuízo dos condicionantes socioeconômicos da sociedade,[1496] pautando a priorização dos recursos públicos na implementação de bens sociais coletivos e não na promoção de fins meramente político-eleitorais.

[1493] STIGLITZ, 2016, p. 315.
[1494] SÜSSSMUTH; WEIZSÄCKER, 2006, p. 177.
[1495] SÜSSSMUTH; WEIZSÄCKER, 2006, p. 179.
[1496] MONIZ, 2017, p. 117.

5.1.2.3 Ajuste fiscal e convergência econômica: a imagem do desassossego

> *"To mortgage the public revenue implies the sovereign dominion, in the fullest sense, over the public purse. It goes far beyond the trust even of a temporary and occasional taxation. The acts however of that dangerous power (the distinctive mark of a boundless despotism) have been alone held sacred."*[1497]

Hodiernamente, diante da miríade de prestações materiais, o maior problema reside no equacionamento da sustentabilidade do Estado social.[1498] Nesse sentido, toda medida de austeridade fiscal acarreta sérias consequências político-sociais, pois, como todo remédio amargo, a *promessa* de dias melhores, por si só, não afasta as duras críticas dos descontentes, muitas vezes merecidas, sobre os resultados medidas econômicas encampadas pela gestão política do Estado. A razão é simples: em uma sociedade dinâmica, complexa e desigual, nenhuma pretensão de austeridade atinge todos com a mesma intensidade. A imagem do desassossego decorre da inevitável tensão entre os sacrifícios suportados e os eventuais benefícios gerados, nos quais tendem a refirmar o *status* anterior de superposição de renda, portanto, sem êxito na corrigenda nas matrizes constitutivas das rendas sociais e das despesas do Estado. Dito de outro modo: a pretensão de ganhos é proporcional às rendas anteriores aos esforços de austeridade, mas eventuais perdas seguem uma lógica diversa: perde mais proporcionalmente quem já tinha menos. Por isso, a austeridade é sempre cercada de reservas. E haveria como ser diferente? Que tipo de austeridade é necessária?

Diante desses questionamentos e considerando os limites do suporte financeiro do Estado fiscal, conforme a força propulsora dos impostos ou, de modo mais geral, dos tributos,[1499] exsurge o seguinte ponto de discórdia: se o ajuste fiscal não revisitar os termos da *contratualidade*, nos quais asseguram um pacto de privilégios no mercado e no

---
[1497] BURKE, 2003, p. 92.
[1498] MONIZ, 2017, p. 121.
[1499] NABAIS, 2014, p. 19-59, p. 21.

seio da Administração Pública, por certo, ele apenas confirma os meios materiais para preservá-los. E, na seara previdenciária, revisitar a dimensão legal dos benefícios, medida que costuma ser bastante impopular, é, pois, aceitar a lógica de que a sustentabilidade do Estado fiscal não tem alternativa que não seja a da efetiva redução das despesas públicas[1500] e, com isso, discutir os parâmetros da legislação, não em função de pretenso *estado de necessidade financeira* – que, aliás, não existe como instituto jurídico previsto na Constituição brasileira ou portuguesa –, mas decorrente da própria dinâmica contributiva exigida da sociedade para suplantar os encargos públicos, representando, assim, uma justificativa válida, porque legítima e constitucionalmente fundamentada, para promover restrição a direitos ou liberdades,[1501] mas sem desprezar a prevalência da liberdade sobre a igualdade, pois essa prevalência representa um limite imanente da própria igualdade,[1502] contudo, isso não quer dizer que os direitos sociais não possuam a capacidade de impor restrições legítimas à liberdade,[1503] mas que a liberdade não pode ser suprimida pela ideia de igualdade. O que não é possível é condenar a austeridade fiscal e, concomitantemente, consentir a manutenção de distorções remuneratórias, ou de proventos, decorrentes de privilégios odiosos, cujos titulares dão o colorido da gestão pública.

O fato é que a defesa dos direitos de liberdade, em tese, exige menos sacrifício das forças legislativas, especialmente em países com forte apelo liberal, o mesmo não se pode afirmar quanto aos direitos sociais, cuja dinâmica legislativa é indiscutível em função dos condicionantes socioeconômicos, logo, o próprio processo legislativo consagra a prevalência dos direitos de liberdade sobre a igualdade, senão os direitos sociais não partiriam dos condicionantes socioeconômicos que são umbilicalmente vinculados à liberdade, notadamente livre concorrência e livre iniciativa (artigos 1º, inciso IV; 170, *caput*, inciso IV, § único, da CRFB). De todo modo, *o princípio da igualdade na contribuição para os encargos públicos*,[1504] para além da própria ideia de universalidade, que justifica a adoção de medidas que capitaneie encargos e benefícios gerais aos segmentos afetados, deve respaldar medidas de correção material em função da particular posição socioeconômica de seus destinatários.

[1500] NABAIS, 2011, p. 55.
[1501] SILVA, 2012, p. 34-35.
[1502] ANDRADE, 2019, p. 255-256.
[1503] ANDRADE, 2019, p. 369.
[1504] ANDRADE, 2012, p. 70.

Por isso, toda austeridade deve ser, sempre que possível, seletiva na definição dos parâmetros de encargos e na projeção dos benefícios.

Assim, considerando que a emergência econômico-financeira exsurge da força inexorável dos fatos, notadamente de convergências econômicas desfavoráveis, de danos imprevistos da natureza ou de gestão política desastrosa, defende-se que a proposição legislativa, pretensamente reguladora de um estado de emergência econômico-financeira, com a consequente necessidade de ajuste fiscal, revela-se até mesmo desnecessária, porquanto a razão política que antecede a qualquer levante legislativo é, por tudo, a própria denúncia da relevância jurídica de determinada problemática; logo, não se revela necessário o reconhecimento de que algo é digno de preocupação jurídica – a dita emergência econômico-financeira –, exigindo-se, no caso, apenas o tratamento adequado das exigências legais do ajuste fiscal, pois as notas identificadoras da emergência econômico-financeira decorrem do próprio planejamento da atividade financeira do Estado, isto é, por meio do orçamento anual.

Assim, a emergência econômico-financeira compreende um *princípio geral de direito* antecedente às formulações legislativas.[1505] Por isso, a disciplina da matéria ainda que cogitasse algum benefício, tais como maior margem de atuação legislativa em uma situação de crise, inclusive decorrente de melhor definição constitucional dos seus traços fundamentais, sem prejuízo de delegação de aspectos mais técnicos à legislação ordinária,[1506] também traria enormes dificuldades, sobretudo as seguintes: (a) a indiscutível dificuldade de traduzir normativamente os pressupostos do estado de emergência econômico-financeira; (b) delimitar, diante de uma miríade de possibilidades em função do tempo, quais os mecanismos adequados para combater a crise; e, claro, (c) a própria possibilidade de banalização do instituto.[1507]

Nesse cenário, uma atitude autista no tratamento da crise econômico-financeira, isto é, fingindo um quadro de normalidade jurídica,[1508] vai agravar ainda mais o sistema de proteção social, pois, na ausência ou não reconhecimento de critérios técnicos da decisão orçamentária no enfrentamento da emergência econômico-financeira, o legislador pode prestigiar medidas normativamente inadequadas, que

---

[1505] SILVA, 2012, p. 41.
[1506] BOTELHO, 2015, p. 405.
[1507] BOTELHO, 2015, p. 405.
[1508] SILVA, 2012, p. 43.

não contemplem formas concretas de aperfeiçoamento das políticas econômicas e, portanto, despreze a situação agonizante da atividade financeira do Estado ou, conforme o caso, promova uma austeridade excessiva, ou simplesmente não seletiva, nos rumos da ação pública.

De todo modo, não é uma tarefa fácil reduzir a despesa pública sem grandes sacrifícios, pois (a) a dívida pública deve ser controlada, aliás, há inumeráveis razões macroeconômicas para uma racional *rolagem da dívida*, notadamente a redução dos juros; (b) os investimentos devem ser mantidos, ainda que com menor fôlego; (c) o sistema de proteção social, notadamente a seguridade social, não pode sofrer grandes perdas, porque afetaria justamente os maiores beneficiários da estabilidade fiscal do Estado; assim (d) o *custeio da máquina* tem de a representar o maior alvo dos cortes e, com isso, os servidores públicos são sempre afetados. A política econômica de renúncia fiscal, por sua vez, compreende um importante mecanismo para manutenção do fluxo econômico e, com isso, da própria dinâmica de empregabilidade e arrecadação indireta. Nessa conjuntura, o maior problema não se encontra propriamente na arrecadação, mas na programação da execução orçamentária, isto é, na definição de limites no gasto público, de maneira que tornar o exercício da atividade econômica mais onerosa, por mais que se pense o contrário, não representa a medida adequada à superação da emergência econômico-financeira.

Nesse ponto, vale lembrar que a tentativa de manutenção do Estado social tem uma projeção de gasto nitidamente ascendente, mesmo que a dinâmica protetiva tenha perdido fôlego nas últimas décadas; logo, esse descompasso entre gastos crescentes e benefícios decrescentes angustia as escolhas públicas: de um lado, a necessidade assegurar parâmetros adequados de proteção social, o que implica investimentos na área social; de outro, a impossibilidade de promover uma igualdade intergeracional diante das necessidades crescentes da gerações vivas e, com isso, ocorrer uma quebra de equidade na transferência de recursos e, sobretudo, na sua disponibilidade entre as gerações.[1509]

Daí a relevância de discutir a justiça da intervenção estatal no Estado social,[1510] pois a importância que encerra a sua manutenção não legitima, por si só, a persistência de parâmetros concessivos de direitos sociais totalmente incompatíveis com as possibilidades financeiras do Estado, gerando não apenas flagrante injustiça intergeracional, que é

[1509] BOTELHO, 2015, p. 410.
[1510] ANDRADE, 2007, p. 37.

o caso do direito adquirido como *preferência temporal* entre as pessoas e não apenas entre as gerações, mas até mesmo inviabilizando correções na alocação de recursos em uma perspectiva intrageracional.

5.1.2.4 Ajuste fiscal e atuação judicial: dos males, sempre o menor

> *"O jogo de texto e contexto, de constituição e realidade constitucional, não deve ser ignorado no processo interpretativo."*[1511]

Não há ajuste fiscal sem lei parlamentar, em particular a LOA, pois nela se espera o desenlace de muitas soluções, ou o surgimento de novos problemas, no enfrentamento das demandas da sociedade. Daí que o refúgio das inquietações jurídicas, que é algo próprio das vozes dissonantes, costuma encontrar amparo no questionamento judicial da ação pública, revelando-se até mesmo natural a ingerência judicial nos processos políticos de rearranjo institucional dos meios de atuação do Estado e, nesse sentido, a questão previdenciária assume destacada posição conflitiva, pois ela se estende por todo o tecido social. Como a viabilidade jurídica de projetos abrangentes, diante da reconhecida falibilidade dos engendros humanos, costuma passar pelo filtro da discussão jurisprudencial, é muito pouco provável que alterações mais verticais na legislação não sejam podadas pela ciranda jurídica, porque em situações de emergência econômico-financeira a atuação judicial tende a considerar os regramentos jurídicos aplicáveis às situações de normalidade, quando, apartando-se do autismo interpretativo, deveria promover um consistente escrutínio das medidas adotadas a partir dos critérios da proporcionalidade, justiça e equidade.[1512]

Por isso, a reunião de textos e contextos, normatividade e realidade, direitos e deveres, entre outros dualismos potencialmente conflitivos, no universo da atividade interpretativa, mais que uma premente advertência, alcança um relevante norte reflexivo do problema: não é na indômita agitação do mar que se estendem as velas. A parcimônia,

---

[1511] LOUREIRO, 2014, p. 237.
[1512] SILVA, 2012, p. 45.

contudo, não é uma qualidade que flerta com a inércia, mas com a sobriedade que a ocasião exige. No momento de crise, a cômoda assertiva de que há ainda maior razão para impor o *rigor* da normatividade constitucional,[1513] notadamente em defesa das instituições,[1514] por mais que seja sedutora e tecnicamente defensável, não compreende o dilema fundamental da controvérsia: a fiel observância dos parâmetros *atuais* não apresenta solução para situações *excepcionais* da vida política de qualquer Estado, tanto que, diante dos flagrantes sinais da ciranda econômica, a observância de irrestrita de critérios que inviabilizam a correção de rotas, sempre por meio de onerosos arranjos fiscais, não costuma afastar o alargamento da situação de crise, que se aprofunda, e a todos agoniza, justamente por ainda adotar a terapia da normalidade jurídica. Por evidente, esse entendimento, por se dedicar às situações excepcionais, não se aplica às situações passageiras e de fácil trato fiscal, até porque não se trataria de diagnóstico de efetivo estado de emergência econômico-financeira.

Diante disso, é possível indagar o seguinte: como concluir que ligeiros aperfeiçoamentos nos modelos normativos não projetariam uma remodelagem das possibilidades políticas na superação da crise fiscal? E, para além da legitimidade da inovação legislativa, como confiar que a dimensão jurídica ou política seria capaz de aplacar os ânimos, ou ângulos, dos segmentos que propugnam a manutenção dos antigos privilégios? Qualquer resposta que possa ser apresentada as essas indagações, uma variável parece constante: a manutenção da disciplina jurídica, por si só, não traz solução. Além disso, qualquer que seja a medida adotada, ela deve ser *universal*, já que todos devem suportar os encargos públicos para superação do estado de emergência econômico-financeira, porém, no que compreende uma desafiante proposição, impõe-se a observância da igualdade material, isto é, a medida deve ser *justa*, considerando os aspectos substantivos da posição ou situação jurídica dos afetados.[1515] Se as mudanças forem pontuais, seguindo uma lógica incrementalista de longo prazo, não terão fôlego para contornar o premente desafio econômico-financeiro, justamente porque não há como esperar por transformações estruturais de longo curso; porém, se alterações forem substantivas, com parâmetros nitidamente disruptivos, os movimentos destinados à manutenção

---
[1513] NOVAIS, 2014, p. 53.
[1514] QUEIROZ, 2014, p. 47.
[1515] SILVA, 2012, p. 52.

do *status quo* ocasionarão forte oposição política à gestão, pois os privilégios potencializam os meios e modos de organização política dos segmentos sociais favorecidos, a saber, os abonados por regramentos, constitucionais ou infraconstitucionais incompatíveis com valores republicanos. A lógica, portanto, é tentar evitar o estado de emergência econômico-financeira, porque sua superação não ocorre sem a quebra dos parâmetros jurídicos que levaram uma sociedade a esse estado de coisas, o que se discute é apenas o meio menos gravoso, porque todas as hipóteses serão onerosas.

Daí a importância da atuação judicial: ponderar sobre os males, isto é, entre as opções gravosas, e decidir pelo menor deles, porque não há como fugir das opções trágicas em uma ambiência de escassez. Desse modo, a insistência nos parâmetros de antanho não passa de mais uma forma de hipotecar o futuro, que, aliás, se encontra cada vez mais próximo e menos promissor.

Ademais, a teoria imunizadora dos direitos adquiridos não pode representar uma barreira definitiva diante das vicissitudes político-jurídicas da sociedade. Discutir a pertinência dos parâmetros normativos dos direitos adquiridos não revela qualquer atuação coletiva irracional sobre os direitos e as garantias fundamentais, como poderia supor da literalidade do artigo 60, § 4º, inciso IV, da CRFB, pois representa uma elementar decorrência do pluralismo razoável, em uma sociedade aberta, sobre as questões políticas fundamentais de toda sociedade.[1516] As cláusulas pétreas, para além do seu *automatismo semântico*, como que anestesiante da capacidade discursiva dos seus efeitos na sociedade, também deixam em evidência que o propósito constituinte, de indiscutível utilidade prático-normativa, não teria como evitar, por mais que desejasse de modo definitivo, uma séria reflexão sobre as questões que não se encontravam no universo discursivo da Assembleia Constituinte.

Em outros termos, o propósito de reduzir, ou mesmo extinguir, qualquer nova discussão racional sobre os direitos e garantias individuais, ainda que no plano estritamente interpretativo, não é uma opção arbitrária ou tirana dos constituintes, mas até digna de elogios, inclusive como técnica legislativa, porém, mesmo assumindo ares de legítima pretensão, isso não teria como encerrar atemporalmente um assunto que suscita opiniões racionais divergentes: *adormecer* o conflito não o afasta do processo político-democrático de enfrentamento dos dilemas da

---

[1516] RIBEIRO, 2017, p. 147.

sociedade, mas apenas o coloca em outro âmbito de análise, conforme o *progresso das aporias decisórias*, de maneira que revisitar os pontos da discórdia é uma tarefa inexorável de todos os povos.

No que concerne ao objeto de reflexão da obra, a teoria imunizadora dos direitos adquiridos se revela como um catalisador dos dilemas financeiro-atuariais dos sistemas de previdência de repartição simples (PAYG), cujos efeitos negativos se espraiam por toda a sociedade, pois compromete a dinâmica de investimentos do Poder Público, interferindo, inclusive, no processo econômico, seja pela ausência de poupança interna, seja pela manutenção ou expansão dos custos do processo produtivo. A pressão financeira do RGPS e RPPSU causa descontrole no orçamento fiscal da União e, com isso, uma contínua expansão do gasto público, independentemente dos fluxos econômicos favoráveis, logo, isso não pode representar uma forma adequada de investimento ou um seguro mecanismo de política fiscal.[1517]

Desse modo, a tentativa de evitar, a qualquer custo, eventuais proposições normativas que destinam novos parâmetros à atividade financeira do Estado, utilizando-se de falsa cautela de controle jurídico, representa o verdadeiro dilema para superação do estado de emergência econômico-financeira, pois, sem novas proposições, o leque de possibilidades regulatórias não acompanha os novos desafios fiscais. Por isso, o problema não se observa no controle das proposições legislativas pelo Poder Judiciário, porque, na pior hipótese, apenas fará com que as novas proposições sejam apresentadas pelo Parlamento, portanto, uma mera sequência legislativa,[1518] seja pela necessidade de adequações às determinações da jurisdição constitucional, seja pela inevitável força normativa dos fatos, que, não raras vezes, costuma apresentar uma pedagogia normativa bem linear e, sobretudo, pouco entregue ao diálogo.

[1517] AFONSO, 2012, p. 111.
[1518] HOGG; BUSHELL, 1997, p. 98.

5.2 Conclusões preliminares

> "[...] our modern expedient, which has become very general, is to mortgage the public revenues, and to trust that posterity will pay off the incumbrances contracted by their ancestors: And they, having before their eyes, so good an example of their wise fathers, have the same prudent reliance on *their* posterity; who, at last, from necessity more than choice, are obliged to place the same confidence in a new posterity."[1519]

Desde logo, cumpre destacar: "[o] 'freio' ao endividamento coloca algumas das mais tormentosas questões do direito constitucional da nossa contemporaneidade".[1520] Desse modo, a compreensão de que dívida pública *não se paga, mas se rola*, por certo, nada esclarece sobre os custos relacionados à manutenção da confiança dos credores, notadamente quanto ao pagamento dos juros e eventuais amortizações, fazendo com que a realização de novos empréstimos seja absorvida pela ideia de que o endividamento público, além de necessário, também representa o meio mais adequado para atender às prementes demandas das gerações vivas, isto é, um compromisso com as *circunstâncias*.

Não por outro motivo a lógica do ajuste fiscal é sempre recebida com muitas reservas, pois há sempre *boas* razões para contrair novos empréstimos. "Vale dizer que um empréstimo é bom ou mau para a sociedade conforme seu produto seja utilizado convenientemente ou desperdiçado em aplicações impróprias."[1521] Todavia, essa afirmação nada traduz sobre eventuais parâmetros de responsabilidades sobre as forças políticas, notadamente populistas, que impulsionam o endividamento público. Desse modo, a luta contra o endividamento público passa pela garantia jurídico-jurisprudencial da austeridade fiscal, senão o nobre propósito de controle da atividade fiscal do Estado, por ser impopular, é facilmente demovido pelas tentadoras benesses *dos tributos*

[1519] HUME, 1994, p. 167.
[1520] CANOTILHO, 2017, p. 52.
[1521] SANTOS, 2017, p. 234.

que não ousam dizer o seu nome.[1522] Sem falar que o keynesianismo *vulgar* reforça o expediente do endividamento público para atendimento das demandas sociais, aliás, sempre crescentes em uma sociedade hipermoderna. Por isso, a ideia de controle fiscal como tarefa precípua do Poder Executivo, mais pelas necessidades temporárias da gestão, que propriamente pelo projeto de Estado, merece compreensão e reforço da atuação judicial, mormente na jurisdição constitucional, porque não há direito, ou esforço interpretativo baseadas nas mais sofisticadas teorias hermenêuticas, que resista à efetiva comprovação de inexistência de recursos.[1523]

Para além dessas considerações, é preciso ter em conta que não existe um modelo abstrato de previdência decorrente do substrato político-jurídico do Estado social brasileiro, justamente porque a sua revisibilidade se insere nos ordinários prognósticos da capacidade econômico-financeira da sociedade em promover seus meios ou mecanismos de proteção social.[1524] Então, resulta inaceitável qualquer forma de petrificação de determinado modelo e também, mas com maior cautela, de suas relações jurídico-previdenciárias.

Aliás, sem essa premissa, porque decorre da própria dinâmica do sistema de previdência, os obstáculos normativos tendem a ser axiologicamente superdimensionados, exigindo rupturas bem mais gravosas, porque serão catapultadas em momentos de emergência econômico-financeira, que a adoção de legislação mais flexível e, por conseguinte, possivelmente capaz de superar os desafios demográficos ou laborais. Desse modo, o reconhecimento judicial da escassez opera uma ótica compreensiva da abertura econômica e política dos julgados constitucionais, tal como se pode perceber na discussão crítica da jurisprudência a seguir, justamente porque, como dilema que envolve uma construção política, a medida adotada não pode partir de juízos analíticos abstratos, idealista ou simplesmente utópicos,[1525] enfim, ela "não pode estar a mais de um passo da realidade".[1526]

[1522] SANTOS, 2017, p. 239.
[1523] MARTINS, 2017, p. 270.
[1524] IBRAHIM, 2011, p. 148.
[1525] ANDRADE, 2007, p. 36.
[1526] ANDRADE, 2007, p. 36.

5.2.1 Jurisprudência selecionada

> *"A escassez real de recursos não deriva de uma valoração política, como a ponderação feita ao abrigo da reserva do financeiramente possível. Ela deriva, sim, de uma impossibilidade técnica que é passível de ser demonstrada. Esta escassez distingue-se da escassez moderada de recursos, que está ligada com a invocação normal da reserva do possível."*[1527]

A abertura político-econômica dos julgados constitucionais não acena para a judicialização da política pura,[1528] o contágio com a política é de outro matiz: o reconhecimento dos limites da ação política diante dos desafios dos dilemas econômicos e, com isso, a reformulação da dinâmica de encargos da ação pública, de maneira que a interação entre economia e política, descortinando-se para além dos limites impostos pela ordem constitucional, atrai a intervenção judicial, que, sem apresentar respostas às demandas da gestão pública, pode evitar algumas delas. É nesse sentido que se discute a importância do diálogo institucional no RE nº 581.488/RS,[1529] que discutiu a possibilidade de internação de paciente no SUS, com melhoria do tipo de acomodação e acompanhamento de atendimento por médico de confiança, mediante o pagamento da diferença entre os valores correspondentes, nestes termos:

    (a) um acórdão em que todos os votos são convergentes, por certo, não haveria o que ser questionado e, menos ainda, refletido em uma tese. Todavia: "[t]oda unanimidade é burra. Quem pensa com a unanimidade não precisa pensar".[1530] A advertência é oportuna por diversos motivos, contudo, o mais elementar deles é que o direito à saúde, custeado pelo orçamento da seguridade social, apesar de

---

[1527] MARTINS, 2017, p. 270.
[1528] HIRSCHL, 2006, p. 728.
[1529] BRASIL, 2015.
[1530] Frase reconhecidamente atribuída a Nelson Rodrigues (1912-1980), escritor, jornalista, romancista, teatrólogo e cronista, que se notabilizou como um dos mais mordazes críticos dos costumes da sociedade brasileira.

universal, é muito precário no Brasil. Discute-se, aqui, o *lado b* da judicialização da saúde, isto é, do financiamento, que, inclusive, é negligenciado pela doutrina e, portanto, pouco discutido do ponto de vista da sustentabilidade do SUS, certamente uma das áreas mais afetadas pelo efeito colateral déficit previdenciário;

(b) o acórdão faz uso de uma expressão repleta de *automatismo semântico*, a saber, procedimento da *diferença de classe*, isto é, carrega um conjunto de (des)valores independentemente do real significado da pretensão ventilada na controvérsia abarcada nos autos, o que é algo típico das construções teóricas marcadas pela ideologia igualitarista, na qual a compreensão de mundo, com os seus dilemas, sempre parte do conflito de classes. A expressão correta seria *diferença de acomodação com custo* ou, no máximo, a *possibilidade de coparticipação*. No caso, o CREMERS alega que não haveria tratamento desigual entre pessoas que se encontrassem em uma mesma situação, pois o Estado não teria qualquer ônus e, além disso, os valores alcançados seriam destinados aos hospitais, pois boa parte deles se encontram em estado falimentar, e à complementação honorária de médico de confiança do usuário, de forma que, além da ampliação do número de leitos dos hospitais, evitaria o afastamento dos profissionais do sistema.[1531] Em uma frase bem simples: sem a carreira de médico do SUS, nem remuneração atraente, bem como a falta de recursos nos hospitais, a medida seria uma forma de manter os profissionais no sistema e, claro, contribuir com os custos de hospitais contratados ou conveniados pelo SUS – tal como dispõe o artigo 199, § 1º, da CRFB, e o artigo 24 da LOS –, que são, na sua maioria, pessoas jurídicas de direito privado sem fins lucrativos, aliás, em 2019, já são 10.907 OSC destinadas à prestação de serviços de saúde.[1532] Por outro lado, a AGU alega que: (1) a pretensão do CREMERS viola o princípio da isonomia; (2) prestigia o interesse econômico dos médicos e das instituições de saúde; (3) cria um tratamento diferenciado pelo sistema universal; e (4) as instituições de

---

[1531] RE nº 581.488/RS, p. 4-5.
[1532] BRASIL. Ipea. *Mapa das Organizações da Sociedade Civil*. Disponível em: https://mapaosc.ipea.gov.br/dados-indicadores.html. Acesso em: 17 maio 2020.

saúde pretende apenas que o SUS compartilhe os custos de tratamentos particulares e, diante de *eventual* escassez de vagas no SUS, optar pelos usuários que, sujeitos a iminente internação, se dispusessem a pagar a complementação por acomodação e atendimentos superiores.[1533] A AGU ainda pontua os seguintes temores: (1) uma vez liberada a *diferença de classe*, esta passe a ser incentivada pelas instituições de saúde; (2) ocorra um superdimensionamento nos preços das acomodações superiores, de modo que o usuário pagaria sozinho pelo tratamento diferenciado; e (3) nos hospitais que não alcançassem a taxa de ocupação plena do SUS, o procedimento da diferença de classe passe a ser adotado por usuários que, de dato, pagariam por seu próprio tratamento, *onerando*, assim, os cofres públicos.[1534] Em outro rumo, o opinativo do MPF pugnou pelo conhecimento e provimento do recurso do CREMERS;[1535]

(c) como evidente manifestação de diálogo institucional, sobretudo, no amplo universo das entidades representativas de classes profissionais, econômicas e acadêmicas, foi realizada audiência pública com explanações de especialistas na área da saúde e, claro, de juristas. Depois da audiência, o MPF, por meio do Procurador-Geral da República, modificou entendimento anterior e pugnou pelo não provimento do recurso do CREMERS;

(d) se os *serviços privados de assistência à saúde*, nos termos artigos 7º, 20 e 21 da LOS, fazem parte do SUS, então, a ideia de pagamento não é estranha ao sistema (artigo 43 da LOS), o que se questiona é se os serviços públicos de assistência à saúde podem ser financiados, ainda que de forma parcial, diretamente pelos usuários e em que circunstâncias, sobretudo, porque: "[o] dever do Estado não exclui o das pessoas, da família, das empresas e da sociedade" (artigo 2º, § 1º, da LOS), de modo que a autossuficiência financeira de qualquer usuário não poderia ser considerada um fator de instabilidade no SUS;

[1533] RE nº 581.488/RS, p. 5.
[1534] RE nº 581.488/RS, p. 5.
[1535] RE nº 581.488/RS, p. 6.

(e) antes de examinar o voto do relator, Ministro Dias Toffoli, cumpre destacar que não há uma carreira de médico do SUS, de modo que os hospitais mantidos pelo Poder Público pertencem a cada entidade federativa integrante do sistema, que tem seu próprio quadro de profissionais, mas isso não garante que o médico possua vínculo estatutário ou celetário com o ente político, uma vez que, em boa parte dos casos, mormente nos Municípios pequenos, os médicos são detentores de contratos temporários, inclusive, e modo nada raro, sem a realização sequer de processo seletivo simplificado;

(f) de plano, é preciso dizer que nenhuma pretensão do CREMERS se aplica aos hospitais públicos da União, dos Estados-membros, do Distrito Federal e dos Municípios. No caso de hospital privado, não há qualquer possibilidade de concurso, pois o Poder Público não pode exercer qualquer ingerência na forma de ingresso dos profissionais de saúde. Vale lembrar que nenhum contrato ou convênio com o Poder Público, que decorra da disponibilização de leitos, torna hospital privado em hospital do SUS, este apenas estabelece os critérios ou parâmetros da prestação de serviço. Portanto, "[a] ação complementar não implica que o privado se torne público ou que o público se torne privado",[1536] mas para o STF ela inviabiliza soluções híbridas que congreguem interesses de usuários e agentes privados;

(g) a quebra no *acesso universal e igualitário* das ações e serviços de saúde (artigo 196 da CRFB), diante da possibilidade de mudança de acomodação, que só pode ocorrer em hospital privado com ou sem fins lucrativos, foi presumida pelo relator em qualquer circunstância,[1537] afastando, portanto, a viabilidade de coparticipação por usuário do SUS, destacando-se a seguinte passagem: "[...] admitir que um paciente internado pelo SUS tenha acesso a melhores condições de internação ou a médico de sua confiança mediante pagamento subverte totalmente a lógica do sistema, ao mesmo tempo que significa ignorar totalmente suas premissas".[1538] Nesse cenário, o relator parece admitir que há dois tipos de acomodações fornecidas pelos SUS: (1) as ordinárias, totalmente gratuitas;

[1536] RE nº 581.488/RS, p. 34.
[1537] RE nº 581.488/RS, p. 17 e 24.
[1538] RE nº 581.488/RS, p. 21.

e (2) as extraordinárias, que exigem a coparticipação do usuário. Contudo, o SUS só oferece um tipo de acomodação, a saber, o decorrente de contrato ou convênio com o hospital privado, logo, o que se questiona é se o usuário tem autonomia, tendo em vista o acesso igualitário, para pagar pela mudança de acomodação, seja por necessidade do tratamento, seja por mera conveniência. Sabe-se que o hospital privado pode oferecer uma acomodação diferenciada, todavia, o que o STF negou foi a possibilidade de o cidadão, já acomodado no SUS e no exercício de sua autonomia pessoal, dispor de custeio parcial do SUS, que já suportava de qualquer forma, para mudar o tipo de acomodação no hospital privado. Desse modo, a questão não se limita apenas ao direito à saúde, pois também compreende uma importante discussão sobre a autonomia pessoal do usuário de serviço público gratuito, muito embora desprezada pelo tribunal. Assim, seguindo a lógica do STF, tem-se o tudo ou nada: aceitar a acomodação paga pelo SUS no hospital privado; ou pagar integralmente a acomodação diferenciada ofertada pelo mesmo hospital. Portanto, percebe-se uma curiosa forma de acesso universal e igualitário: a obrigatoriedade de nivelamento por baixo na oferta de serviço público, olvidando-se que a diferença de suporte econômico entre os usuários é anterior a qualquer pretensão de alteração no tipo de acomodação, este não é a causa da desigualdade, mas, quando muito, o resultado de fatores socioeconômicos anteriores e não de tratamento diferenciado dispensado pelo Poder Público;

(h) ademais, o relator defende que a pretensão do CREMERS viola o princípio da dignidade humana, nestes termos: "[...] a igualdade, inclusive no atendimento público de saúde, é algo compreendido no próprio conceito de dignidade da pessoa humana, constituindo, portanto, um fundamento da República [...]",[1539] algo que só reforça o uso retórico do princípio no Brasil, porque a pretensa diferença de tratamento, ou no que nela consiste, não decorre da atuação do Estado, mas das forças econômicas do próprio usuário do SUS. A questão fica particularmente embaraçosa quando se considera que qualquer cidadão, contanto que ele seja contribuinte do IRPF,

---

[1539] RE nº 581.488/RS, p. 22.

possa deduzir da declaração anual as despesas médicas e hospitalares (artigo 8º, inciso I, da Lei nº 8.134/1990), bem como pagamentos feitos a planos de saúde ou empresas que prestam serviços de hospitalização e cuidados médicos ou dentários (artigo 8º, § 1º, alínea a, da Lei nº 8.134/1990), lembrando-se que essa dedução também se estende aos dependentes do contribuinte (artigo 8º, § 1º, alínea b, da Lei nº 8.134/1990). Aliás, essa forma de dedução financia indiretamente parcela significativa dos custos dos planos privados de assistência à saúde. Ou seja, convenciona-se que a redução implacável da receita, via IRPF, é menos lesiva à atividade financeira do Estado que eventual custo decorrente da autonomia pessoal do usuário do SUS, pois, de modo geral, ele não dispõe de plano privado de assistência à saúde, mas poderia, em determinadas circunstâncias, pagar por acomodação mais adequada. Nem mesmo a tese de que o usuário tem direito ao serviço de saúde e não direito ao crédito,[1540] ainda que possua alguma razão do ponto de vista contábil, não pode prosperar do ponto de vista jurídico, porque não há em qualquer caso a disponibilidade de crédito, pois o usuário já se encontra em atendimento e assim continuará, opte ou não pela alteração no tipo de acomodação;

(i) o relator parte de *juízos abstratos* – o que, hoje, destoaria do artigo 20 da LINDB – de que a possibilidade alteração do tipo de acomodação, no que traria benefícios financeiros aos hospitais privados, seria um estímulo para constranger os usuários a procurarem acomodações *mais dignas*.[1541] A tese é praticamente uma presunção de confissão de deficiência na regulação e na fiscalização dos serviços prestados pelo contratado ou conveniado, portanto, não poderia servir de obstáculo à legítima pretensão do usuário, sem falar na clara perspectiva paternalista na objeção apresentada, pois exclui a autonomia do cidadão de fazer as decisões de sua vida;

(j) o relator, de modo acertado, destaca que a possibilidade de alteração no tipo de acomodação não gera maior disponibilidade de vagas nas enfermarias,[1542] ainda que isso possa

---

[1540] RE nº 581.488/RS, p. 63.
[1541] RE nº 581.488/RS, p. 25.
[1542] RE nº 581.488/RS, p. 25.

torná-las mais amplas ou menos lotadas, pois o aumento depende da ampliação, via contrato ou convênio, do número de vagas definidas pelo SUS. Porém, a questão vai muito além da ampliação no número de vagas, uma vez que a maior disponibilidade de recursos repercute na qualidade do serviço prestado em todos os segmentos do hospital, justamente porque há maior possibilidade de contratação de profissionais de saúde, bem como dos profissionais relacionados à atividade meio, pois só há um hospital e, por certo, todos os setores se beneficiam das demandas comuns (lavanderia, restaurante, farmácia *etc*.);

(k) o relator acentua que, na rede pública, o usuário deve ser atendido por profissional do SUS,[1543] contudo, é preciso diferenciar entre hospital público e hospital privado, neste, conforme o número de vagas disponíveis via em contrato ou convênio, a prestação de serviço é levada a cabo por profissionais que não têm qualquer vínculo com o Poder Público, logo, é o hospital privado que estabelece o seu corpo de profissionais e, claro, a forma de interação entre paciente e médico, observadas as exigências mínimas do SUS, o que pode permitir, inclusive, que terceiros também contribuam, com ou sem remuneração, com o tratamento dispensado pelo hospital. Por isso, soa estranho o relator mencionar que: "[n]ão deixa de ser uma forma de burlar os requisitos para ingresso no serviço estatal, possibilitando que aqueles que fornecem seus préstimos por vias oblíquas e não legalmente previstas aufiram grandes benefícios, sobretudo, econômicos [...]".[1544] A temática jamais poderia ser apresentada nestes termos, pois não há fraude à regra do concurso público na iniciativa privada, exceto quando exercida por empresas públicas ou sociedade de economia mista, o que não é o caso. A questão só pode ganhar alguma relevância quando, no convênio ou contrato, existir uma regra estabelecendo que apenas profissionais da entidade federativa possam atuar na enfermaria, o que seria algo sem sentido, porque um dos maiores dilemas do SUS, ainda outros também sejam notórios, é a disponibilidade de profissionais e não propriamente a existência de leitos;

[1543] RE nº 581.488/RS, p. 28-29.
[1544] RE nº 581.488/RS, p. 29.

(l) com relação à triagem prévia dos usuários, não há dúvida sobre a sua necessidade,[1545] pois isso evitaria a superposição econômica entre os demandantes do serviço de saúde, de modo que as vagas seriam estabelecidas em função da cronologia das demandas ou sua gravidade, entre outras exigências de ordem terapêutico-operacional. Por isso, mesmo que se defenda a faculdade de alteração no tipo de acomodação, ela somente deveria ser admitida quando o usuário já se encontrasse em atendimento, isto é, impedindo a cooptação das vagas a partir do suporte econômico dos usuários. Esse entendimento poria em xeque a tese do Ministro Edson Fachin de que a alteração no tipo de acomodação teria como efeito a precarização do ambiente hospitalar e a redução de vagas disponíveis aos mais vulneráveis economicamente.[1546] O fato é que há vários precedentes[1547] do STF permitindo a alteração no tipo de acomodação, não apenas por *necessidade do tratamento* que, inclusive, podia ocorrer com custeio total do SUS, mas também admitia por *conveniência do tratamento*, nesse caso, sem custeio do Poder Público, pois não é aceitável afirmar que uma acomodação melhor não seja conveniente a qualquer tratamento. Assim, a virada jurisprudencial, além de negar a autonomia pessoal do usuário do SUS, cria novos embaraços às OSC que atuam na área da saúde, cujo efeito prático é o recrudescimento da agonia financeira dessas entidades e, consequentemente, maior pauperização do serviço de saúde no Brasil;

(m) o acórdão denuncia claramente uma compreensão fantasiosa do texto constitucional, no sentido de que seus termos

---

[1545] RE nº 581.488/RS, p. 30.
[1546] RE nº 581.488/RS, p. 45.
[1547] Cumpre destacar os seguintes: (a) BRASIL. STF. RE nº 226.835/RS. Órgão Julgador: Primeira Turma. Ministro Relator: Ilmar Galvão. Brasília/DF, julgamento em 14 dez. 1999. Disponível em: http://redir.stf.jus.br/paginadorpub/paginador.jsp?docTP=AC&docID=251894. Acesso em: 18 maio 2020; (b) BRASIL. STF. RE nº 255.086/RS. Órgão Julgador: Primeira Turma. Ministra Relatora: Ellen Gracie. Brasília/DF, julgamento em 11 set. 2001. Disponível em: http://redir.stf.jus.br/paginadorpub/paginador.jsp?docTP=AC&docID=258433. Acesso em: 18 maio 2020; (c) BRASIL. STF. RE nº 261.268/RS. Órgão Julgador: Primeira Turma. Ministro Relator: Moreira Alves. Brasília/DF, julgamento em 28 ago. 2001. Disponível em: http://redir.stf.jus.br/paginadorpub/paginador.jsp?docTP=AC&docID=258835. Acesso em: 18 maio 2020; e (d) BRASIL. STF. RE nº 516.671/RS. Órgão Julgador: Primeira Turma. Ministro Relator: Ricardo Lewandowski. Brasília/DF, julgamento em 01 jun. 2010. Disponível em: http://redir.stf.jus.br/paginadorpub/paginador.jsp?docTP=AC&docID=613075. Acesso em: 18 maio 2020.

permitirão que a nação alcance a famigerada *justiça social*, tudo a partir do orçamento do Estado e que qualquer intervenção da sociedade civil é uma forma de violação dos pretensiosos desígnios da normatividade constitucional, é o que se observa neste excerto de voto do Ministro Edson Fachin:

> A realidade o SUS não é, ainda, aquela idealizada pelo Constituinte. As imagens de pessoas pelos corredores dos hospitais, à espera de atendimento, a luta por uma vaga nos leitos, por um atendimento digno e de qualidade, é diária e esta decisão não pretende mascarar esses fatos. O atual estado dos hospitais que prestam esse serviço público é por vezes chocante, e a calamidade financeira que acomete essas instituições não é desconhecida de ninguém.
>
> O diagnóstico o problema está correto, no entanto a solução apontada pelo Recorrente não tem o condão de resolver, ou sequer minimizar a situação referida, porque somente se presta a aprofundar a desigualdade entre usuários do sistema, sem nenhuma perspectiva de que os pacientes mais carentes seriam minimamente beneficiados pela institucionalização da diferença de classes dentro o Sistema Único de Saúde.[1548]

(n) a transcrição, além de denunciar que o colapso no atendimento é o estado *natural* do SUS e não um realidade excepcional em tempo de pandemia, não resiste às seguintes constatações: (1) o recorrente não propôs uma solução para o SUS, apenas destacou que alteração no tipo de acomodação não representa ônus ao Erário e tem efeitos positivos para hospitais, médicos e usuários; (2) a desigualdade não é aprofundada com a alteração no tipo da acomodação, porque ela é uma questão antecedente a tudo isso, inclusive por escolhas infelizes do Constituinte brasileiro; e (3) a alteração no tipo de acomodação expressa um direito de liberdade, que todo cidadão deve ser o senhor de suas escolhas e não poderia o Estado privá-lo de serviço de saúde, que deve ser universal e igualitário por força de recursos públicos e não por meios de recursos privados. Enfim, o dilema central se encontra na negativa de liberdade para que o usuário do SUS contemple suas demandas no largo universo de possibilidades

---

[1548] RE nº 581.488/RS, p. 49.

franqueadas pelos hospitais privados. Não há atribuição de preferências entre usuários, como assinalou o Ministro Teori Zavascki,[1549] mas o reconhecimento de que a condição de usuário, já em atendimento, portanto, precedido de triagem por unidade competente do SUS, teria o direito de escolher, e conforme suas poses, uma acomodação mais adequada ao seu tratamento. O Ministro Luiz Fux, por sua vez, defendeu que a alteração no tipo de acomodação faria com que os cidadãos mais abonados de recursos iriam ocupar as vagas disponíveis no SUS, chegando até mesmo cogitar que eles deixariam seus planos de saúde.[1550] Nada mais sem sentido, os brasileiros que dispõem de planos de saúde, seja por recursos próprios, seja por meio de seus empregadores, notadamente os públicos – como bem exemplifica a situação dos próprios ministros do STF, que gozam dos melhores médicos e hospitais do país às custas dos contribuintes brasileiros – não teriam o menor interesse em assumir o ônus da incerteza, que decorreria da prévia e necessária triagem dos usuários, em função de mera faculdade de alteração no tipo de acomodação;

(o) sem alternativas de financiamento para os hospitais sem fins lucrativos, de fato, há *diferença de classe* no sistema público de saúde: (1) a dos servidores públicos, mediante auxílio suplementar de saúde ou verbas equivalentes, com planos privados de saúde, com ou sem fins lucrativos; e (2) os celetários, que raramente têm disponibilidade financeira para pagar um plano privado ou conseguir esse benefício do seu empregador. Assim, o STF, no tema 579 da repercussão geral, fixou a seguinte tese:

> É constitucional a regra que veda, no âmbito do Sistema Único de Saúde, a internação em acomodações superiores, bem como o atendimento diferenciado por médico do próprio Sistema Único de Saúde, ou por médico conveniado, mediante o pagamento da diferença dos valores correspondentes.[1551]

[1549] RE nº 581.488/RS, p. 59.
[1550] RE nº 581.488/RS, p. 63.
[1551] RE nº 581.488/RS, p. 81.

(p) pela tese firmada, grosso modo, toda demanda individual relacionada ao direito à saúde seria inconstitucional, porquanto violadora do tratamento universal e igualitário às ações e serviços de saúde (artigo 196 da CRFB), pois tanto desrespeita a ordem cronológica das demandas quanto gera custo desproporcional ao Erário. No STF, a despeito dos precedentes, a temática assumiu um colorido *igualitarista inconsequente*, não por capitanear a inconstitucionalidade em si, já que seria possível em alguns aspectos, mas por não enxergar qualquer hipótese de alteração no tipo de acomodação hospitalar sem violação do acesso universal e igualitário do direito à saúde, nivelando, por baixo, tanto as possibilidades financeiras dos hospitais privados sem fins lucrativos quanto a autonomia pessoal do usuário do SUS. Ademais, curiosa é a conclusão do ministro Marco Aurélio: "[n]ão trouxe voto escrito, Presidente, porque entendi até mesmo simples a matéria, para chegar-se a essa conclusão".[1552] De fato, *quem pensa com a unanimidade não precisa mesmo pensar*. Com a expansão nos custos na Previdência Social, que *sacrifica* a maior parte dos recursos do orçamento da seguridade social, em claro prejuízo ao custeio da Saúde e Assistência Social, observa-se um cenário cada vez mais difícil para o SUS, pois, diferentemente das prestações previdenciárias e assistenciais, cujo prognóstico de desembolso de recursos é mensal e previamente ajustado, os recursos destinados à Saúde são, em certa medida, incertos e, por isso, podem ser flagrantemente negligenciados na distribuição dos recursos da seguridade social. Por outro lado, sem eficiência na gestão do SUS, o setor produtivo perde imensamente em produtividade, pois a PIA demanda mais tempo para voltar ao trabalho, interferindo diretamente na dinâmica de custos dos empregadores e, com isso, negativamente no fluxo econômico das empresas, no que acarreta redução na arrecadação, pressionando ainda mais o orçamento do Estado e, assim, no próprio orçamento da seguridade social. Não apresentando espaço para alteração no tipo de acomodação e, com isso, em outras formas integradas na prestação de serviço nos hospitais privados, o STF denuncia uma relação de superposição decisória, típica da

---

[1552] RE nº 581.488/RS, p. 79.

revisão judicial forte, que vai exigir, mais adiante, propostas legislativas arrojadas para equacionar, ainda que parcialmente, a principal problemática das OSC destinadas à área da saúde: a manutenção dos serviços médicos e hospitalares.

Por fim, o julgado faz prova de que a ideia de diálogo institucional não é uma realidade operativa a partir de institutos, *v.g.* audiências públicas, mas sim da predisposição de o tribunal refletir sobre a problemática a partir da visão compartilhada dos atores envolvidos, descortinando, assim, cenários de compatibilidade constitucional, fato que não foi capaz de desencadear com a realização de audiência pública relativa à alteração de tipo de acomodação nos hospitais contratados ou conveniados com o SUS.

5.2.2 Proposições

> *"A discussão previdenciária raramente é desenvolvida em ambiente adequado, pois as paixões e interesses, quase sempre, permeiam as propostas e, em geral, impedem um contexto minimamente apropriado de diálogo. Sem embargo, ainda que as pessoas discordem e não aceitem os acordos, os problemas persistem, e tendem a agravar-se no futuro".*[1553]

A previdência social representa uma preocupação de todas as épocas, por isso, é sempre um dilema maior ou menor no futuro, a depender do juízo analítico que se faz do sistema de previdência no presente. A própria ideia de conformação jurídico-constitucional da previdência social, que parte de tronco comum em que se espraia toda a socialidade, potencializa a sindicabilidade do processo decisório político-previdenciário, que é partejado no contexto das potencialidades e deficiências de toda a seguridade social, fazendo com que a previdência social seja o motor das transformações ou inquietações normativas das reformas constitucionais de contenção de gastos e, consequentemente, de aperfeiçoamento dos mecanismos de proteção social.

[1553] IBRAHIM, 2011.

Tratar essa questão para além da frieza dos números é um desafio que congrega esforços de todos os poderes, mas, em todo caso, o resultado útil desses esforços vai sempre render contestações de segmentos sociais, justamente porque o *denominador comum*, quando alcançado, não se revela no consenso da medida adotada, mas na medida possível diante da problemática denunciada pelas evidentes demandas pessoais ou institucionais. Nesse contexto, sem os caprichos da autonomia moral do Poder Judiciário por meio da normatividade heroica ou pós-heroica do *neoconstitucionalismo*,[1554] defende-se a ideia de que o diálogo institucional progressivo compreende a melhor forma de assegurar dos direitos sociais, contanto que sejam observados os seguintes pontos:

(a) *do ajuste fiscal como um* continuum *entre as gerações* – assim como a questão ambiental, cujos efeitos atravessa diversas gerações, como que um *fio condutor* das necessidades humanas e suas respectivas responsabilidades em função do tempo,[1555] a questão fiscal também alcança a mesma característica. Nesse sentido, pouco importa se o sacrifício fiscal suportado pela sociedade advém de medida conjuntural ou estrutural, a questão fiscal gera efeitos futuros independentemente da extensão dos seus propósitos. Explica-se: o argumento de que uma proposição conjuntural, como a CES em Portugal, não tem efeito intergeracional parte da equivocada ideia de que os custos são mensuráveis em função de uma única geração e, desse modo, absorvidos sem qualquer transferência de encargos à geração posterior. Nada mais sem sentido, se determinado encargo é criado e absorvido em determinada geração, mesmo que isso seja objetivamente impossível, por certo, reflete desfavoravelmente na transferência positiva de recursos entre as gerações. Em sentido inverso, se ele não é absorvido, transferirá maiores encargos às gerações futuras. Então, para além da discussão sobre o encargo gerado por medida estrutural ou conjuntural, o que se deve questionar é a qualidade e regularidade do gasto público;

(b) *da emergência econômico-financeira como princípio geral de direito* – como destacado linhas atrás,[1556] não convence o

---

[1554] CARBONELL, p. 11-27, p. 21.
[1555] BOTELHO, 2015, p. 384.
[1556] SILVA, 2012, p. 41.

entendimento de que a emergência econômico-financeira deveria ter específico tratamento normativo, pois, só assim, seria possível gerar efeitos na ordem jurídica, de maneira que, como novo instituto jurídico, nortearia os rumos da ação pública. Aqui, seria um dispendioso *fetiche legalista*. A emergência econômico-financeira, como princípio geral do direito, não decorre de premissas de ordem normativa, pois sua incontestável juridicidade decorre da própria natureza da gestão da ordem econômico-financeira do Estado (artigos 170 a 192 da CRFB), afinal, como equacionar o econômico e o financeiro, inclusive, como condição de possibilidade da socialidade, sem a necessidade de conter as crises? A objeção arrimada na desconfiança sobre a *fabricação* da emergência econômico-financeira não há como prosperar: (a) primeiro, porque os dados prementes da situação fiscal é passível de objetiva e analítica decantação contábil pelo executivo e, assim, capaz de demonstrar aos técnicos do Parlamento ou Tribunal Constitucional a necessidade da proposta; (b) segundo, porque a identificação de expediente de *contabilidade criativa* não envolve maiores complexidades diante dos compromissos assumidos pelo Estado, isto é, pode ser facilmente demonstrada, seja pela via normativa, seja pela via política. Portanto, a emergência econômico-financeira é uma realidade que independe de formulação teórico-normativa, impõe-se como fato, e coloca em rota de colisão o ajuste fiscal imposto pelo orçamento anual e as posições jurídicas dos afetados pela medida e, nessa qualidade, o seu reconhecimento, com as consequentes implicações financeiras, submete-se ao longo fluxo de juízos analítico-ponderativos a partir dos princípios da razoabilidade, proporcionalidade, proteção da confiança, igualdade e dignidade humana;

(c) *recálculo de aposentadorias e pensões como ajuste fiscal* – assim como o artigo 63, nº 2, da CRP, o artigo 195 da CRFB não estabeleceu qualquer parâmetro sobre as transferências de recursos do orçamento fiscal para o orçamento da seguridade social, limitando-se a mencionar as fontes de financiamento; logo, a definição da proporção de financiamento se insere na *liberdade de conformação política e legislativa*,[1557] isto

---

[1557] CANOTILHO, 2007, p. 817.

é, a definição das transferências de recursos do orçamento fiscal para o orçamento da seguridade social. Nesse ponto, cumpre lembrar que o artigo 1º da EC nº 103/2019 alterou o artigo 194, inciso VI, da CRFB, de modo que, pelo menos em relação à diversidade da base de financiamento, impõe-se a identificação das "[...] rubricas contábeis específicas para cada área, as receitas e as despesas vinculadas a ações de saúde, previdência e assistência social, preservado o caráter contributivo da previdência social". Por isso, a debilidade no autofinanciamento da seguridade social, em particular da previdência social, interfere diretamente na gestão fiscal do Estado. Dessa forma, a obrigatoriedade de transferir recursos jamais pode ser encarada como dever de assumir desproporcionalmente os encargos da seguridade social. Daí a imperiosa indagação: o Poder Público pode destinar qual proporção do orçamento fiscal ao orçamento da seguridade social? A questão, portanto, vai muito além da existência ou não de recursos no orçamento fiscal, adentra no complexo universo das possibilidades concretas de atuação do Estado em áreas igualmente relevantes, tais como educação, cultura, segurança, infraestrutura, pesquisa e desenvolvimento, saneamento básico ou meio ambiente. Assim, a discussão sobre a capacidade de autofinanciamento do RGPS ou RPPSU se revela cada dia mais importante, seja pelo compromisso de manter a capacidade de investimento do Estado, seja pela necessidade de manter o equilíbrio financeiro e atuarial desses regimes. Cumpre advertir, aqui, o seguinte: por mais que se defenda que o déficit do RPPSU será superado em longo prazo,[1558] o fato é que a redução de sua receita é muito mais acelerada que a redução de sua despesa, gerando um *expressivo hiato fiscal* a ser suportado pela sociedade, isto é, pelo orçamento fiscal, demovendo, portanto, a afirmação simplória de que a EC nº 41/2003 trouxe uma solução definitiva à temática. Além disso, a evolução dos déficits na seguridade social, mesmo depois da EC nº 103/2019, tendo em vista as dinâmicas demográfica e laboral, pode exigir novos arranjos nos parâmetros de cálculos dos benefícios previdenciários, partindo, inicialmente, da divisão em dois

---

[1558] FAGNANI, 2019, p. 40-41.

grupos: (1) *benefícios recalculáveis em função do valor;* e (2) *benefícios não recalculáveis em função do valor.* A proposição legislativa deve criar parâmetros adequados de recálculos nos benefícios e o mais elementar deles é o estabelecimento de piso remuneratório para fins de incidência de recálculo, o que não é uma tarefa fácil, pois, qualquer que seja o parâmetro utilizado, não será imune de intensa discussão judicial, sobretudo, pela teoria imunizadora dos direitos adquiridos e pelos princípios da proteção da confiança, igualdade e proporcionalidade. Se o primeiro obstáculo restar superado, a emergência financeira costuma ser um elemento decisivo nessa questão, entre os benefícios recalculáveis, impõe-se outra divisão: (1) *benefícios com histórico de contribuição;* e (2) *benefícios sem histórico de contribuição.* Quando da definição dos parâmetros de recálculo, não faz o menor sentido dispensar o mesmo tratamento para benefícios antecedidos de históricos contributivos totalmente diversos. Não se discute aqui a regularidade na concessão do benefício, porque resta presumida sua adequação à legislação de época, até porque não é objeto de discussão administrativa ou judicial, mas *a justiça material no tempo* e não *uma justiça atemporal da matéria,* tendo em vista imperiosos critérios para superação de premente crise financeira ou para manter a capacidade funcional do regime de previdência. Por isso, há uma clara contraposição entre *correção* e *imunização* em uma perspectiva intertemporal. Admitindo-se a necessidade de correção dos parâmetros concessórios, deve-se considerar, entre os beneficiários que contribuíram, os que mereçam menor sacrifício diante de maior esforço pessoal anterior. Entre os que jamais contribuíram, seja porque a legislação não exigia, seja porque a legislação admitia presunções reconhecidas administrativa ou judicialmente, deve-se estabelecer um limite máximo de sacrifício, de modo a evitar a natureza confiscatória do recálculo. Além disso, o parâmetro de recálculo ainda se divide em duas vertentes: (1) a *progressividade das alíquotas* para corte de valores, levando-se sempre em consideração a maior disponibilidade de recursos do beneficiário, de maneira que benefícios menos expressivos sofram a incidência de menores alíquotas; e (2) a *programaticidade das alíquotas,* de modo a permitir o aumento ou redução delas em função de percentual de déficit orçamentário ou do crescimento econômico no ano anterior, fazendo com que a medida de sacrifício seja reduzida ou aumentada, dentro de limites pré-estabelecidos, diante do êxito ou malogro da sistemática de contenção de despesa adotada. Essas medidas, evidentemente, não tornariam a legislação previdenciária *um direito sem normatividade vinculante*,[1559] mas apenas denunciariam uma nova forma de vinculação jurídica, que já não poderia ser alheia aos condicionantes econômico-financeiros da sociedade;

(d) *a reflexão jurídica da escassez como categoria constitucional* – a inevitável *dogmática da escassez,* não há o que inventar, só pode expressar a reflexão técnico-operacional relacionada à ordenação constitucional ou legal das receitas e despesas públicas (sistema financeiro-orçamentário), sobretudo, na compreensão da multidimensionalidade dos fatores econômicos e financeiros que implicam no seu aumento ou na sua redução, não sendo propriamente uma dinâmica reflexiva sobre os efeitos dela na sociedade, porque adentra nos juízos analíticos eminentemente extrajurídicos. Daí que não há motivos para renegar o devido enquadramento constitucional do direito financeiro, do orçamento e, claro, do sistema fiscal,[1560] isto é, destacá-los para fora das fronteiras jurídicas de auspiciosa normatividade constitucional e, dessa forma, retirá-los da sua necessária envergadura no universo discursivo sobre a implementação dos direitos fundamentais.

[1559] NEVES, 2008, p. 41.
[1560] CANOTILHO, 2017, p. 40.

CAPÍTULO 6

OS LIMITES DO DIREITO NA ATIVIDADE FINANCEIR1A DO ESTADO

> "The activity of governing may always be made more economical in its use of power and resources; and there will always be room for the sort of improvement which makes the order less onerous without making it less effective. It will be clear gain if a smaller amount of human activity is diverted into the unprofitable occupation of circumventing some excess of order or of seeking out some cranny in which to escape the frustration imposed by a too insistent orderliness."[1561]

Reconhecida a importância da estabilidade fiscal na superação dos desafios socioeconômicos na implementação dos direitos positivos, é curioso o descompasso na análise que encerra a normatividade na atividade financeira do Estado, pois há uma irresistível tentação de descolocar a discussão sobre os *substratos teóricos de controle jurídico da execução orçamentária* para a problemática relativa aos *substratos materiais das bases financeiras do Estado*. Estes, porém, a despeito de inumeráveis regramentos jurídicos, não se rendem aos prognósticos legais, que, muito menos, condicionam os percursos econômicos da sociedade hipermoderna.

[1561] OAKESHOTT, 1996, p. 35.

Dito de outro modo, despreza-se o controle jurídico adequado dos recursos disponíveis, muito embora ocorra uma desmedida intensificação normativa dos meios e dos modos da imposição tributária – aliás, pouco racional – e sua respectiva arrecadação, olvidando-se que o problema na ponta do gasto público é maior do que na ponta da receita pública; afinal, o Brasil se encontra entre as maiores economias do mundo. A racionalização do gasto público representa uma agenda providencial da governança pública diante dos limites financeiros do Estado, até porque há uma clara tensão político-financeira no deslinde dessa problemática: por um lado, os cidadãos esperam mais prestações estatais, porém, com menos imposição tributária (tributos); por outro, a ampliação dessas prestações tem gerado um progressivo endividamento público, sem falar na progressiva dependência dos mercados financeiros.[1562]

Não obstante essas preocupações, tendo em vista uma inadvertida preocupação na aplicação dos recursos públicos, isto é, sem focalização do gasto, exige-se juridicamente demais das possibilidades financeiras do Estado. Este já se encontra no limite de sua capacidade institucional, demandando sempre novos rearranjos orgânico-funcionais – seja por conta da ineficiência do gasto público, seja mesmo pela inegável insuficiência financeira decorrente das prestações sociais crescentes – que legitimam inovações legislativas restritivas de direitos, contanto que seja observado o núcleo essencial do direito atingido e a garantia do direito a um mínimo para uma existência condigna.[1563]

Nesse contexto, a lógica deveria ser diversa: o maior problema não se encontra na tributação e na arrecadação, ainda que ela mereça aperfeiçoamentos, notadamente na simplificação da legislação tributária, mas sim na qualidade do gasto público, o que denuncia falhas na priorização das despesas públicas, sobretudo, na liberdade de escolha do gasto público,[1564] que é um dilema gerado pelo engessamento normativo do orçamento do Estado.

Desse modo, cumpre indagar: como as variáveis econômicas e sociais não são *estabilizadas* pelo direito, aliás, por nenhuma área da ciência, por que motivo a ciranda jurídica *dominaria* a atividade fiscal do Estado, de modo a determinar seus objetivos e suas conquistas? Por isso, impõe-se a *ética das consequências* no tratamento da atividade

---

[1562] CANOTILHO, 2017, p. 53.
[1563] SAMPAIO, 2009, p. 307.
[1564] MARTINS, 2016, p. 237.

financeira do Estado, sobretudo, no campo da proteção previdenciária, de maneira que o Poder Judiciário, cotejando uma nova justiça socioeconômica a partir da normatividade constitucional, tendo em vista os imperativos da sustentabilidade financeira e da justiça intergeracional, deva considerar os efeitos de suas decisões, inclusive, para além dos dilemas concretos e imediatos advindas das prestações sociais,[1565] em um cenário de incertezas sobre fatores ou dados extrajurídicos.

6.1 Controle da gestão fiscal e da democracia do (des) conhecimento: para que serve a justiça

> "La producción y la disposición del conocimiento es un problema central en la nueva cultura política. Nuevas tareas de la política como la prevención de riesgos, la regulación del mercado financiero, la biopolítica o el medio ambiente son desafíos a la capacidad de gobierno que exigen, de entrada, la generación y la disposición de un saber específico."[1566]

Os objetivos da declaração dos direitos não são apartados das possibilidades financeiras de qualquer Estado, de maneira que os imperiosos anseios constitucionais não vão além dos limites fiscais determinados pela própria constituição. Tanto o lado da despesa quanto o lado da receita se encontram circunscritos aos regramentos do Estado Constitucional, porém, há uma diferença fundamental entre esses lados: os dividendos políticos são invariavelmente relacionados à realização de gasto público, ainda que, por vezes não possua qualquer relação direta com a distribuição de renda. Como o Estado de Direito é uma realidade em construção, cujo respeito compreende um complexo sistema de garantia manejado pela atuação judicial,[1567] não faltam razões de ordem constitucional para a expansão do gasto público – porque a socialidade compreende um amplo leque de possibilidades normativas – a partir

---

[1565] SILVA, 2013, p. 651-652.
[1566] INNERARITY, 2011, p. 100.
[1567] BOTELHO, 2015, p. 56.

dos conflitos jurídicos entre despesa e receita no duro prognóstico da ação pública. Afinal, o fundo político do texto constitucional, que é uma realidade normativa para múltiplos sentidos e propósitos,[1568] tem interferência direta nos meios e fins da atuação estatal. Por isso, *toda* constituição social é *uma* constituição financeira em sacrifício.

Todavia, o voo de Ícaro dos direitos não tarda em despencar no mar dos flagelos econômicos-sociais, justamente por desconsiderar os limites fiscais da sociedade, isto é, as asas que propiciam transformações sociais consistentes em função do tempo. Na democracia do (des)conhecimento, é pouco provável que a justiça, como parâmetros de providencial atuação institucional, seja capaz de apresentar o melhor caminho a seguir. Saberes específicos, a despeito de necessários, não são saberes omnicompreensivos. Quanto mais se sabe sobre os meios da atuação judicial, menos se verifica a possibilidade de o Poder Judiciário ventilar soluções para dilemas que vão atravessar searas pouco afeitas às retóricas e premissas jurídicas. Nesse contexto, a jurisprudência constitucional em tempo de crise, sobretudo, diante do emblemático caso português, tem acentuado o caráter relativo dos direitos fundamentais,[1569] só que, para além da coerência doutrinária, tal constatação assume as cores vivas de concretos dilemas existenciais dos cidadãos, algo que seria impensável, há pouco tempo, em áreas sensíveis da proteção social: trabalho e previdência.

Diante desse fato, em que o prognóstico constitucional se torna mais distante da realidade econômico-financeira do país, qual o papel da justiça, para que serve a justiça? Apenas mitigar os flagelos, diante da comprovada necessidade de redução do déficit público?[1570] Ou, e isso não pode ficar fora de análise, assumir inesperadamente um catalisador da crise que se deseja evitar ou atenuar? Deve-se admitir, por acaso, que a gestão dos conflitos econômico-financeiros deverá ser confiada à ciranda política, isto é, ao bom senso dos atores políticos?[1571] Uma coisa parece fora de dúvida: os titubeios jurisprudenciais, mormente quanto aos efeitos vinculantes dos direitos sociais,[1572] é a mais clara denúncia dos limites do direito diante dos complexos engendros econômico-financeiros da hipermodernidade. Isto é, a afirmação mansa e pacífica da justiciabilidade dos direitos sociais, e sua correspondente exigibilidade,

---

[1568] BOTELHO, 2015, p. 64.
[1569] GONÇALVES, 2018, p. 92.
[1570] GONÇALVES, 2018, p. 99.
[1571] SILVA, 2012, p. 60.
[1572] GONÇALVES, 2018, p. 100.

chega ao capítulo mais rigoroso no plano da atuação material do Estado: o convencimento pela normatividade não vai – ou não pode ir – além dos imperativos da fiscalidade. Todavia, isso não se trata de subordinação do direito à economia, conforme o clássico esquema marxista, mas sim o reconhecimento de que sua capacidade de atuação se insere em uma unidade complexa de saberes multidisciplinares, cuja interação, além de constante, compreende a existência de condicionamentos, notadamente de ordem socioeconômica, na proposição dos valores jurídicos.[1573]

A importância da atuação judicial, e menos ainda do próprio direito, não é reduzida pela relativa equivalência de fatores que interferem nos rumos da ação pública. A questão é que há um limite de compreensão e, portanto, de ação, entre o que diz o texto constitucional e a realidade sobre a qual ele tem a pretensão de se impor. E mais: esse limite não é de ordem semântica, como bem denuncia a geniosa criação doutrinário-jurisprudencial nas cortes constitucionais, mas de ordem prática: a correção normativa, por mais que se empenhe, não alcança os horizontes de fatores extrajurídicos.

6.1.1 Gestão fiscal e mecanismos de controle

> "Hay decisiones que tienen una configuración puntual y hay otras que tienen un valor de configuración. Una decisión configuradora determina el espacio de juego de otras acciones y decisiones; establece sus premisas estructurantes en el futuro; en decisiones de este tipo queda decidido lo que podrá decidirse o no en el futuro. Configuración significa aquí que a toda decisión, pero especialmente a algunas, le corresponden unos efectos que van más allá de la situación puntual."[1574]

O tratamento jurisprudencial das crises financeiras tem uma importância ímpar no prognóstico da ação pública destinada à disciplina fiscal do Estado, pois os precedentes, ainda que passíveis de

---

[1573] ATIENZA, 2010, p. 277.
[1574] INNERARITY, 2009, p. 92.

superação por lei parlamentar, costumam ser observados pela atividade legislativa, não apenas pela ideia de respeito às decisões do Poder Judiciário, mas, sobretudo, pela possibilidade de encampar alternativas que, abonando os precedentes, possuam maior êxito de gerar efeitos imediatos e pretensamente conclusivos sobre a matéria. Naturalmente, esse entendimento pressupõe uma clara convergência decisória entre os poderes ou, na pior hipótese, uma razão de fato capaz de aplacar as vozes dissonantes, inclusive em sede judicial. Todavia, desde logo, cumpre gizar o seguinte: como a justiça intergeracional tem inevitável conexão com o modo de gestão fiscal realizado pelas gerações vivas, haja vista a necessidade de não prejudicar as gerações não nascidas, impõe-se uma cultura de ceticismo na dinâmica dos projetos políticos – até porque uma sociedade do (des)conhecimento é mais consciente de sua ignorância, aliás, manifestada na insegurança, incerteza e risco na gestão dos meios da ação pública e, portanto, sobre o desconhecido[1575] – prestigiando uma salutar desconfiança sobre as escolhas públicas, o que faz exsurgir uma política de aperfeiçoamento nos mecanismos de controle da gestão fiscal, aprendendo, assim, a gestar o desconhecido.[1576]

Assim, a democracia do conhecimento deve ser pautada pelo controle do exercício do poder político e, consequentemente, no aperfeiçoamento de sua qualidade, mirando, sobretudo, nas suas formas concretas de atuação, isso porque os mecanismos ordinários de contenção do poder político falharam, haja vista a incapacidade de atingir os núcleos básicos da ação pública, como bem exemplifica a questão fiscal e a correspondente execução orçamentária, resultando na compreensão de que a sustentabilidade na democracia do conhecimento, para além das renhidas disputas políticas e das reflexões estruturantes no campo ecológico, também dever ser (re)pensada em termos econômico-financeiros.[1577] Aliás, nada parece laborar mais contra a ideia de sustentabilidade, como realidade procedimental[1578] ou instrumental, que uma política fiscal sem controle social, sem mecanismos de *accountability*; enfim, sem a ideia básica de sua contenção pelos imperativos da razão. Qual razão?

Não se trata da razão política em si, que jamais pode ser desprezada, mas a que decorre dos aspectos prático-objetivos do endividamento

---

[1575] INNERARITY, 2009, p. 43.
[1576] INNERARITY, 2009, p. 44.
[1577] LOUREIRO, 2013, p. 116.
[1578] BOTELHO, 2015, p. 395.

público excessivo e suas implicações na implementação dos direitos positivos. Contudo, a confiança nos números não afasta a desconfiança daqueles que enxergam neles uma nova forma de cegueira no tratamento das questões sociais, enfim, daqueles que confiam naquilo que são menos confiáveis, justamente por negar a razão, não pelo reconhecimento da falibilidade das análises ou realizações humanas, mas sim pela impossibilidade de reconhecer que sem a razão, com todos os seus limites, não seria possível chegar ao atual nível de desenvolvimento na sociedade hipermoderna. Nesse sentido, é menos confiável seguir um prognóstico de sustentabilidade que, respaldando-se em demoradas análises econométricas, desprestigie a necessidade de rediscutir o modelo econômico adotado, não para negá-lo, mas para aperfeiçoá-lo. Como também é menos confiável seguir os critérios lineares do endividamento público, baseada na ideia de que a austeridade mata,[1579] mas que se mostra indiferente aos privilégios das corporações públicas.

Nesse sentido, curiosa é a constatação de que qualquer engendro jurídico, ainda que meramente retórico, é motivo mais que suficiente para justificar a superação de demorados e analíticos relatórios de órgãos técnicos do Estado, mesmo quando decantados ou partejados com a participação de diversos setores da sociedade civil. Dito de outro modo, a arena pública parece reconhecer apenas a importância dos rótulos políticos das demandas, com suas consequentes implicações na agenda de governo, mas demora em reconhecer os imperativos técnicos subjacentes a essa agenda, mesmo que discutíveis a despeito de sua objetividade, no enfrentamento da crise fiscal do Estado. Com efeito, os alarmantes dados da gestão fiscal do Estado parecem assumir outros matizes diante da sutileza dos prognósticos interpretativos dos direitos sociais, o que é algo bem diverso, quando possível, de salvar as circunstâncias e, portanto, as pessoas.[1580]

Quer dizer, não se trata da falsa disputa entre a constituição econômico-financeira e a constituição social, como se fosse possível algum antagonismo estrutural entre economia e direito social, a questão é de outra ordem: a dinâmica interativa das exigências econômico-financeiras com as demandas sociais tende a revelar o desconforto das questões fiscais e a imperiosa tentação política das questões sociais. Então, todo mecanismo de controle é alvo de renhidas discussões, independentemente de sua utilidade ou necessidade, porquanto seus

---

[1579] STUCKLER; BASU, 2013.
[1580] MONIZ, 2017, p. 253.

objetivos tendem a infirmar as críticas oportunistas do proselitismo social na defesa da expansão do gasto público. É nesse contexto que se insere a atuação judicial na proteção dos direitos fundamentais, notadamente dos direitos sociais: separar o viável do inviável e, sobretudo, do incondicional.

6.1.1.1 A justiciabilidade dos direitos positivos: termômetro da gestão fiscal

> *"Five votes defeat four on the Supreme Court of the United States. The difference, when an issue is shifted from legislature to courtroom, is a difference of constituency, not a difference of decision method. So, if voting yields arbitrary outcomes under the principle of majority-decision, then much of American constitutional law is arbitrary."*[1581]

A expansão da litigiosidade tem uma relação direta com o recrudescimento de reformas restritivas de direitos e, mais ainda, quando elas se revelarem supressivas de direitos, denotando uma clara consequência de efetiva crise financeira do Estado. Com isso, exsurge uma segunda ordem de preocupações: com uma litigiosidade excessiva, cujos custos institucionais são inegáveis, rompe-se uma leva de proposições legislativas, seja para conter o furor na criação jurisprudencial de direitos, seja para cumprir os limites impostos pela atuação judicial. Por mais que se diga o contrário,[1582] cumpre lembrar que a necessidade de uma *reforma adequada*, especialmente em matéria previdenciária, não afasta a possibilidade de redução ou mesmo supressão de alguns mecanismos de proteção social, senão as iniquidades ou os excessos deveriam ser sempre abonados por novas benesses normativas constitucionais ou infraconstitucionais, como que corporificando um contínuo processo aquisitivo-acumulativo de direitos, porém, esse entendimento

---

[1581] WALDRON, 1999, p. 128-129.
[1582] TEIXEIRA, 2011, p. 540.

circunstancia um evidente equívoco, mesmo que se pense o contrário,[1583] porque ainda se prende às superadas perspectivas dirigentes do texto constitucional. A despeito disso, em outro norte da problemática, a legislação que aprofunda desigualdades, portanto, que acentua privilégios no sistema jurídico, ou simplesmente não seja conveniente diante dos desafios financeiros da gestão pública, raramente é alterada nos períodos de estabilidade fiscal.

Em uma palavra: em matéria de privilégios, é na adversidade que se *enxerga* a disparidade de benefícios da ação pública. E, claro, os mais abonados pela ação pública são justamente os que têm maior interferência política na gestão dos poderes do Estado, de modo que: (a) são lembrados com maior parcimônia pelas reformas; (b) porque são detentores de maiores garantias jurídicas. Não por outro motivo que as reformas estruturais, para além das batalhas legislativas, têm que enfrentar o entrincheiramento jurídico nos tribunais, no qual, não raras vezes, promove severas *perdas* no núcleo das reformas. Se a normatividade constitucional foi pensada para a preservação de privilégios, por evidente, a judicialização das reformas é o caminho mais fácil para mantê-los.

Nesse cenário, o papel da jurisdição constitucional é observar a *racionalidade constitucional* da reforma promovida, no que dá azo ao escrutínio da medida adotada pelo Poder Público diante dos princípios e das regras constitucionais, porém ela não deve perquirir a razão operacionalizadora da reforma à luz do texto constitucional, porquanto, não se observando uma violação da constituição, tal atitude seria como definir os fundamentos, meios ou critérios da ação pública, como se a constituição fosse um infalível – e mesmo evidente – programa econômico-social, no qual a atividade de legislar não pudesse contemplar qualquer autonomia interpretativa da constituição para definir os meios de ação para o atendimento das demandas da sociedade, mormente quanto aos seus aspectos técnico-operacionais, mas, tão somente, seguir os planos da fiscalização abstrata concebida pela jurisdição constitucional, que, ao fim e ao cabo, também definiria todos os meios de implementação constitucional das políticas públicas.[1584]

No âmbito da proteção social previdenciária, quase tudo se encontra no texto constitucional, resulta bem clara a dificuldade de uma reforma constitucional em matéria previdenciária: para além

---

[1583] CARVALHO NETTO, 2004, p. 349.
[1584] SILVA, 2013, p. 14.

de estruturantes obstáculos normativos impostos a qualquer proposta legislativa, haveria ainda de contemplar os mecanismos técnico-operacionais *previstos* na constituição, portanto, adentrando no aspecto operacional do próprio modelo proposto. É simplesmente uma lógica supressiva da liberdade de legislar, porquanto sai dos planos abstratos de adequação ao texto constitucional para adentrar na ossatura dos mecanismos de atuação do Poder Público, de maneira que a atuação judicial acaba por revelar o dom e o tom de toda a ação pública.

Logo, isso representa uma forte projeção de impacto sobre as contas públicas: primeiro, porque os arranjos propostos decorrem de análises abrangentes sobre as concessões e supressões do modelo adotado, de modo que qualquer alteração, substancial ou não, quebra a lógica estrutural de benefícios e contribuições; segundo, porque, no caso de alterações substanciais, para além das adaptações em curso, exsurge a necessidade de novas propostas, quiçá mais gravosas em função das força normativa dos fatos.

Essa particularidade da legislação brasileira, que cria desmedidos limites à atuação legislativa, de modo que a constituição se torna o lugar comum de todas as vias prático-operativas da ação pública, reforça a compreensão de que, em boa parte dos casos, não sobressai apenas o reconhecimento de que o legislativo tenha cometido ou possa cometer erros, mas que tais *erros* não decorrem propriamente da incapacidade de interpretar razoavelmente o texto constitucional, pois ele pode fazer esse trabalho,[1585] mas, tão somente, que o legislador discorda do tribunal sobre o significado da constituição,[1586] de maneira que o fundo dessa discordância nasce não apenas da técnica jurídica, mas da forma como se enxerga a função das normas no plano prático-procedimental da ação pública.

Por isso, essa *sutileza* convoca a ideia de que, não existindo erro fundamental sobre o significado do texto constitucional, mas fruto de divergência legitimada pela autonomia de cada sede decisória, o fluxo de expansão e contenção dos direitos é inevitável, seja em função dos limites impostos pela dinâmica fiscal (contenção legislativa), seja por conta da autonomia compreensiva sobre o significado da constituição (expansão judicial). Por isso, não é difícil de entender o porquê de tantas teses sobre a inconstitucionalidade das reformas previdenciárias,

---

[1585] TUSHNET, 2008, p. 103.
[1586] TUSHNET, 2008, p. 96.

fazendo do artigo 60, § 4º, inciso IV, CRFB, o escudo[1587] contra qualquer tentativa de equacionar os dilemas da proteção social brasileira, notadamente na superação dos privilégios das corporações públicas, por meio de reformas abrangentes no sistema público de previdência.

6.1.1.2 A inocuidade das meras projeções da normatividade: *as ideias estão no chão, você tropeça e acha a solução*[1588]

> *"En la medida en que el futuro tiene siempre una dimensión de riesgo, terminamos siempre topándonos con una aporía: hay que calcular lo incalculable. Si no fuera así, el futuro sería otra cosa distinta, a saber, destino o mero azar."*[1589]

De modo mais claro que nos direitos de liberdade, observa-se que a exaustiva fundamentação de um direito social, por mais convincente que seja ou ainda que consiga alguma relação de preferência sobre outros direitos, é sempre uma tarefa incompleta, porque a justiciabilidade é apenas uma denúncia de que esse direito precisa ser assegurado e não uma evidência de que ele será efetivamente assegurado. Em termos práticos, a fundamentação da exigibilidade de um direito social, no que convoca outro nível de análise sobre a fundamentação do próprio direito, não pode fazer com que a correção normativa do processo decisório seja acompanhada dos meios materiais para seu efetivo gozo, pois compreende um complicado arranjo de possibilidades extrajurídicas relacionado ao complexo orgânico-funcional do Estado. Tratando-se de direito a prestações materiais, mesmo que exista a disponibilidade de recursos, há sempre um sem-número de questionamentos sobre modos de realizar a prestação jurisdicional, que será sempre mais complexa diante das maiores funcionalidades geradas pelo avanço tecnológico em várias áreas da socialidade.

[1587] Nesse sentido, *vide*: MANNRICH, 2011, p. 1.114.
[1588] Trecho da música *A melhor forma*, lançado no álbum *Acústico MTV*, em 1996, pela banda Titãs.
[1589] INNERARITY, 2009, p. 82.

Assim, impactada pelos crescentes desafios financeiros, funcionais e institucionais decorrentes do vasto domínio da socialidade, a gestão pública mira o futuro sem compreender adequadamente o presente,[1590] aliás, a deficiência de análise sobre o futuro denuncia a pobreza de conhecimento sobre tropeço da ação pública no presente, portanto, não é apenas uma crise de prognóstico, mas também de diagnóstico. Como consequência lógica do tópico anterior, resulta confirmada a tese de que a normatividade não apenas tem limites como também acarreta custos de oportunidade, que, se não forem considerados, acorrentam gerações inteiras, no universo das prestações sociais, ao flagelo dos bons propósitos, porém, com resultados desastrosos. A angústia para assegurar desejáveis níveis de proteção social das gerações vivas, notadamente as amparadas pela teoria imunizadora dos direitos adquiridos, faz com que resulte ainda mais difícil o estabelecimento de providenciais metas de longo curso, nos quais contemplem as gerações futuras, sobretudo, os mais vulneráveis delas.[1591]

Nesse cenário, é pouco provável que a solução advenha do encantamento da nobreza dos objetivos da legislação, mas sim dos efetivos resultados dela decorrentes, cujas avaliações não teimam em afirmar a necessidade de mudanças, que somente ocorrerão se a dimensão político-jurídica admitir o fracasso de sua generosa pretensão. A dificuldade em equacionar o financiamento do sistema público de previdência, e não apenas no Brasil, bem denuncia isso. As ideias, portanto, surgirão da certeza da inviabilidade de continuar com os modelos adotados. Dito de outro modo, elas não vão surgir do céu das promessas humanistas, mas sim da crueza das necessidades humanas e, sobretudo, dos limites da atividade financeira do Estado.

Assim, a necessidade de promover a proteção social não será factível apenas com a insistência quixotesca de reafirmar premissas teóricas que não dão conta do atual estágio de dificuldades no processo de implementação dos direitos positivos, tais como a força normativa da constituição,[1592] a exigibilidade dos direitos sociais,[1593] o princípio implícito da proibição de retrocesso social[1594] ou a jurisdição de supervisão,[1595] porque o cerne discursivo não se encontra na correção normativa do

---

[1590] INNERARITY, 2009, p. 75.
[1591] SANDBERG, 2016, p. 395.
[1592] HESSE, 1991, p. 20-23.
[1593] ABRAMOVICH, 2004, p. 37-38.
[1594] SARLET, 2009, p. 445-448; PINTO E NETTO, 2010, p. 167-168.
[1595] GARAVITO; KAUFFMAN, 2014, p. 44.

direito positivo, ainda que isso possa causar algumas relevantes divergências no plano doutrinário, mas na capacidade institucional de equacionar os limites financeiros do Estado com a imperiosa proteção dos direitos fundamentais a partir do Poder Judiciário ou, melhor, da estrutura orgânico-funcional do Estado, de maneira que sem esse justo equilíbrio abre espaço para duas situações insustentáveis: (a) *autismo judicial* e recrudescimento da crise fiscal; e (b) a estabilidade fiscal a qualquer custo e violação dos direitos fundamentais.

De todo modo, observar o equilíbrio proposto não representa a condenável função de justificar as relações de poder dominantes,[1596] o que bem representa o pensamento do *proselitismo social inconsequente* das corporações públicas, mas reconhecimento de que a implementação dos direitos sociais exige o concurso de fatores que não se rende aos prognósticos normativos. Diante da crise, exsurgem as ideais, pois elas estão no chão duro dos problemas concretos dos cidadãos e não no céu encantado das promessas constitucionais.

6.1.1.3 Controles político e jurídico: a irritante insuficiência do excesso

> "O problema é, afinal, neste contexto o de saber se os juízes têm instrumentos metódicos e metodológicos para concretizarem a *direção* constitucional de direitos sociais."[1597]

A multiplicação[1598] dos meios de controle judicial da ação pública causa duas evidentes perplexidades: (a) por um lado, a sensação de que os instrumentos processuais, apesar de diversos – sobretudo, com o sincretismo da jurisdição constitucional brasileira[1599] –, são inócuos para controlar o poder político-administrativo; mas, por

---

[1596] HESSE, 1991, p. 11.
[1597] CANOTILHO, 2007, p. 93.
[1598] Além dos inumeráveis meios processuais destinados ao controle difuso – incluindo-se os de natureza autônoma –, que pode ser exercido por qualquer juízo, sem falar no controle concentrado dos tribunais de justiça estaduais, o controle concentrado exercido pelo STF ainda compreende as seguintes demandas: (a) ADI; (b) ADO; (c) ADC; e (d) ADPF.
[1599] AGRA, 2010, p. 117 e seg.

outro lado, (b) a intensificação dos mecanismos de controle, para além do seu enorme custo, impulsiona uma atuação excessivamente política da atuação judicial, porque é instada a decidir sobre temáticas ordinariamente entregues à dinâmica política, tornando a via judicial o *terceiro turno* da derrota eleitoral, mas camuflada na pretensa análise da constitucionalidade das opções políticas legítimas do gestor eleito. Assim, por mais que se diga o contrário,[1600] o *domínio* do texto constitucional pela interpretação do tribunal não necessariamente afasta a política democrática e partidária da constituição, ao revés, ela pode afirmar simplesmente o lado mais ignominioso das volições partidárias em uma democracia, a depender da forma de provimento dos cargos de ministro do STF.

Disso resulta uma transposição da ideia de controle jurídico sobre o poder político para uma canhestra, e nada performática, forma de controle político da decisão jurídica. Daí a importante advertência no sentido de que a atuação judicial não disponha de ferramental metodológico adequado[1601] para tratar do difícil prognóstico político-econômico na implementação dos direitos sociais, criando um descompasso entre o código da atuação judicial, de caráter preponderamente normativo, com o código da atuação política, que exige o contágio com diferentes perspectivas de análise. Assim, o réquiem da constituição dirigente encontra arrimo em uma particular forma de compreensão da justiciabilidade dos direitos sociais, isto é, a que insiste em um plano abrangente de transformação da sociedade por meio do Estado social, olvidando-se, portanto, de imperiosas alterações de rotas em uma sociedade hipermoderna. É dizer que pouco adianta alterar o texto constitucional se o processo de sua implementação – via domínios políticos destinados à manutenção de privilégios – ainda se vincula às ideias políticas do passado, de um Estado heroico e invencível por meio da correção judicial da ação pública.

Quando as razões econômicas da atuação estatal são cercadas pelo desmedido controle político-jurídico, mais que a denúncia de questões *exorbitantes* do imperialismo do mercado, cujos danos à constituição a todos atingem,[1602] não tarda em ser notada a insuficiência do excesso interventivo dos cuidados normativos (interpretativos) e das reservas políticas (eleitoreiras). Se, por um lado, a margem de discussão

---

[1600] BERCOVICI, 2013, p. 326.
[1601] CANOTILHO, 2007, p. 93.
[1602] LOUREIRO, 2014, p. 1.867.

sobre as possibilidades de atuação da gestão político-administrativa do Estado exige limites, daí a importância do controle jurídico-político no Estado Constitucional; por outro, não menos apreensiva é a limitada capacidade da atividade processual para contornar os desafios que se vinculam aos parâmetros econômicos.

Há, portanto, um claro hiato entre a dinâmica decisória judicial e a dinâmica decisória política, de maneira que, ainda que elas partam do mesmo objeto de análise em determinado conflito de interesse, os processos analíticos são naturalmente diversos, porque não compartilham das mesmas premissas teórico-práticas e, com isso, a natural desconfiança nos resultados é amplificada pela lógica corretiva da atuação judicial sobre os rumos da ação pública. Nesse contexto, a despeito do diálogo institucional, a disparidade de análise desnuda um núcleo imponderável de perspectivas dissonantes que, embora contornáveis pela realidade constitucional, faz gerar divergências que inviabilizam quaisquer notas integrativas entre o jurídico e o político.

Por mais que se critique o *controle de evidência*,[1603] como se a própria semântica da evidência não fosse capaz de enxergar uma lesão a direito fundamental, a atuação judicial que não parta da evidência de inconstitucionalidade,[1604] isto é, quando não há manifesta desconfiança sobre os termos da inovação legislativa, tende a reafirmar as meras divergências de cunho político-ideológico, onde reinam as simpatias e não as razões nucleares da normatividade constitucional. É que a ideia de controle vigoroso, exigente ou extenuante,[1605] por mais que se pense o contrário, representa o rio caudaloso das idiossincrasias interpretativas, inclusive por força nuances de filiações doutrinárias ou de escolas de formação acadêmica, possivelmente intensificada pela subjetividade do intérprete. Tanto que, em grande medida, o *sistemático* recurso aos princípios constitucionais tem servido de subterfúgio jurídico para as tentações políticas dos magistrados.[1606]

Pode-se questionar que o texto constitucional, como todo texto legal, também decorre de algum vislumbre ideológico, porém não se pode negar que a legitimidade do poder constituinte originário, e mesmo o derivado, para estabelecer os rumos da ação pública, por ser manifesta, não pode sucumbir diante das idiossincrasias interpretativas

---

[1603] NOVAIS, 2014, p. 137.
[1604] ANDRADE, 2019, p. 208 e 365.
[1605] NOVAIS, 2014, p. 143.
[1606] NOVAIS, 2014, p. 80.

de magistrados, como que seguindo uma espécie de *princípio da legalidade constitucional conveniente*, que expressa uma forma pomposa e engenhosa de alardear divergências interpretativas como verdadeiros ataques ao Estado Democrático de Direito, porém flagrantes violações do texto constitucional[1607] são vergonhosamente consentidas, desde que alinhadas aos propósitos políticos do intérprete ou capazes de gerar benesses pessoais ou institucionais, não necessariamente em pecúnia. Por evidente, esse recorte faz referência direta à jurisdição constitucional brasileira, denunciando um misto de circunstancialismo decisional com duvidosa, para dizer o mínimo, imparcialidade no tratamento de questões da mais alta envergadura político-jurídica.

Ademais, também não convence o entendimento de que o *critério da evidência* se encontra superado,[1608] pois o legislador somente poderia fazer uso de meios idôneos e suficientes, o que afastaria o critério da evidência como meio de controle.[1609] Todavia, como determinar, aprioristicamente, que determinados meios são idôneos e suficientes sem o benefício do tempo, no qual permitiria o fluxo operacional das medidas? O critério da evidência representa uma justa compreensão de que tanto o legislador quanto o tribunal não têm, desde logo, uma solução idônea e suficiente para implementação dos direitos sociais, permitindo, tão somente, o expungir das escolhas que se mostre prontamente incompatíveis com o direito, de maneira que a intensidade de controle pode simplesmente aplacar as legítimas escolhas da gestão política do Estado, afetando frontalmente o regime democrático.

Portanto, ainda que se repute como verdadeiro declínio de exercício de competência jurisdicional,[1610] presumindo uma atitude *evasiva* dos julgadores, o critério da evidência admite uma forma de harmonização entre a *dimensão teórico-normativo* da medida defendida pelo Parlamento

---

[1607] Como bem comprova, e vale lembrar que não são poucas, a mais vergonhosa decisão da história do STF, a saber, a do julgamento da ADPF nº 572, na qual questionava a legalidade do Inquérito nº 4.781, que [ainda] possui a pretensão de investigar as famigeradas (*fake news*). Apesar da violação de inúmeros dispositivos constitucionais, legais e infralegais (artigo 5º, incisos XXXVII e LIII, da CRFB; artigo 46 da Lei Complementar nº 75/1993; artigos 42 e 224 do Regimento Interno do STF; Súmula Vinculante nº 14 do STF), o STF, por 10 votos a favor e 01 contra, declarou a constitucionalidade e legalidade do *monstro jurídico*. Para uma compreensão enviesada do julgado, cujos recortes omitem as graves violações apresentadas, *vide*: *Notícias STF*, de quinta-feira, 18 de junho de 2020. Disponível em: https://portal.stf.jus.br/noticias/verNoticiaDetalhe.asp?idConteudo=445860&ori=1. Acesso em: 21 jul. 2020). Sobre a temática, por todos, *vide*: GRILLO, 2020, p. 43-68.

[1608] QUEIROZ, 2014, p. 36.

[1609] QUEIROZ, 2014, p. 36.

[1610] QUEIROZ, 2014, p. 37.

com a *dimensão técnico-operacional* reconhecida pelo Executivo, haja vista as exigências materiais na implementação dos direitos sociais. O critério da evidência não representa uma fuga ao controle da atuação pública, mas o reconhecimento de que a legitimidade e a juridicidade dos meios defendidos pelos mandatários do povo não podem sucumbir em função de idiossincrasias interpretativas de alguns magistrados.

6.1.2 A democracia do conhecimento

> *"Una sociedad del conocimiento se caracteriza por el hecho de que el conocimiento necesario para sus operaciones ya no está basado principalmente en la experiencia, sino que es generado a través de procesos activos de aprendizaje."*[1611]

No turbilhão de transformações que envolve as relações sociais, resta ainda mais evidente que o presente é o tempo das dores e das incertezas. "Como sempre, é no presente que se tem de triar, na herança do passado, aquilo que ainda é necessário para que o futuro tenha sentido."[1612] E isso é particularmente perturbador, pois, na hipermodernidade, a ignorância é cada vez mais revelada pela má gestão da complexidade que encerra os dilemas sociais abrangentes[1613] e, paradoxalmente, ela avança na mesma medida em que aumenta a capacidade humana de gerar conhecimento, de maneira que a democracia do conhecimento convive com a inconveniente, mas também real, democracia do desconhecimento. Descortina-se, portanto, o paradoxo de que a sociedade do conhecimento fulminou com a autoridade do próprio conhecimento,[1614] de maneira que o conhecimento científico, quando muito e felizmente, tem gerado a *ignorância certificada*.[1615]

Desse modo, se a ignorância é um fato, então, o dilema da gestão política virtuosa resulta, em parte, da confusão sobre a complexidade

---

[1611] INNERARITY, 2011, p. 58.
[1612] OST, 2001, p. 283.
[1613] INNERARITY, 2011, p. 20.
[1614] INNERARITY, 2011, p. 68.
[1615] INNERARITY, 2011, p. 82.

que encerra o fluxo de informações na sociedade, sem falar no próprio desconhecimento delas. Por isso, os movimentos da ação pública, inserindo-se em uma cadeia de informações altamente complexa, não podem apresentar soluções seguras para as dificuldades geradas pelo próprio fluxo informativo de toda a sociedade. Não se trata de mera objeção sobre a assimetria de informações no processo decisório da gestão pública em uma sociedade policêntrica, a questão vai mais longe, trata-se de impossibilidade política de gestar a complexidade do fluxo informativo em escala local, regional ou nacional, sem falar no inevitável contágio de informações em escala global. Por isso, o tempo da política é particularmente contraditório: ou é cedo demais para a tomada de decisão (baixo nível de conhecimento); ou, tarde demais para promovê-la (conhecimento satisfatório), pois quanto maior se revele o conhecimento sobre o quadro decisório, o que denuncia *letargia decisional*, menor é a possibilidade de a decisão ser satisfatória ou exitosa.

Em outras palavras, a ciência e a técnica multiplicam as possibilidades de atuação dos agentes sociais, ruindo qualquer lógica comportamental uniformizadora na sociedade, bem como potencializam os obstáculos criados pela própria expansão dessas possibilidades, fazendo com que o conhecimento gere ainda mais desconhecimento ou, de modo mais sincero, mais descontentamento.[1616] Nesse cenário, confiar na racionalidade sistêmica do poder constituinte e, portanto, da constituição, para obter soluções concretas aos desafios da sociedade, mormente diante dos intensos conflitos gerados pela escassez, é aceitar a esperança ou fantasia como estratégia. O texto constitucional tem respostas para muitas coisas, mas para algumas ela simplesmente se silencia, de modo que a superação desse silêncio demanda julgamento político.[1617]

Todavia, isso não quer dizer que a *legalidade constitucional* possua diminuta importância na implementação dos direitos sociais, mas, tão somente, que o Poder Judiciário, reconhecendo eventuais limites gráfico-semânticos intencionais da constituição – para dizer o mínimo, pois vai muito além disso –, não poderia reputar-se legitimado à implementação do texto constitucional mediante a insuspeita alegação de que estaria exercendo a competência de guardião da constituição. "A determinação ou determinabilidade significam apenas uma *densidade essencial autónoma ao nível constitucional*, que exclui a liberdade de *conformação política* pelo legislador do conteúdo *principal* dos direitos, liberdades

---

[1616] INNERARITY, 2011, p. 79.
[1617] LOUGHLIN, 2018, p. 929.

e garantias."¹⁶¹⁸ Assim, quanto menor a densidade normativa do texto constitucional, maior é a liberdade de o Parlamento encampar as reais possibilidades de implementação dos direitos positivos, porquanto a tessitura aberta da constituição não é um convite ao empreendedorismo judicial, pois essa tarefa é precipuamente destinada ao Parlamento, que tem "[...] maior *proximidade valorativa* ao núcleo essencial da pessoa dignidade humana",¹⁶¹⁹ e, claro, à dinâmica prestacional do executivo.

Desse modo, a atuação judicial deve seguir o fluxo da experiência, que pode ignorar ou proteger determinadas formas de implementação dos direitos positivos. Por isso, o diálogo institucional não retrata uma faculdade no processo decisório da jurisdição constitucional, nem a *sintonia de ideia constitucional* expressa uma simpatia entre os povos, tudo isso decorre da circulação mundial de problemas constitucionais comuns e, também em escala planetária, as [pretensas] soluções, resultando em uma propensão supranacional, ou mesmo universal, da justiça constitucional.¹⁶²⁰ Enfim, vive-se o desafio da necessária funcionalidade do processo decisório sobre as questões abrangentes da sociedade – no que bem exemplifica a questão previdenciária –, e com reflexo não apenas na jurisdição constitucional, mas em toda esfera decisória do Estado.

6.1.2.1 A instabilidade da técnica e os direitos positivos: os limites da processualidade

> *"O hiato entre a força da previsão e o poder do agir produz um novo problema ético. Reconhecer a ignorância torna-se, então, o outro lado da obrigação do saber, e com isso torna-se uma parte da ética que deve instruir o autocontrole, cada vez mais necessário, sobre o nosso excessivo poder."*¹⁶²¹

A reflexão sobre os meios da ação pública, para além de outras inevitáveis exigências político-sociais, carece de meios eficazes na

---

[1618] ANDRADE, 2019, p. 172.
[1619] ANDRADE, 2019, p. 185, nota de rodapé nº 420, itálico no original.
[1620] CARBONELL, 2010, p. 12.
[1621] JONAS, 2006, p. 41.

implementação dos direitos positivos, justamente porque a técnica político-administrativa ainda é insuficiente para superar o ritmo crescente das demandas sociais. Em contraponto, vale lembrar que essa constatação decorre de dois evidentes motivos: (a) a técnica não tem precisão sobre as variáveis socioeconômicas; e (b) não dispõe de sensibilidade para considerar novos elementos constitutivos das equações que envolvem sérios problemas sociais, nos quais a atividade processual é apenas um deles. A primeira objeção, a toda evidência, vai confirmar apenas a necessidade da técnica, ainda que deficiente, pois, como resultante de requintada criação do gênio humano, não haveria como substituí-la sem ficar à mercê de maiores incertezas geradas pelas reflexões mais rasas de experiências ou emoções, de maneira que a limitação da técnica reforça o seu uso, sem prejuízo dos contínuos aperfeiçoamentos. A segunda, não é possível vencê-la, aliás, boa parte dos dilemas fiscais decorre justamente dela, assim, impõe-se apenas não a esquecer, pois não há razão que supere a cegueira das paixões, sobretudo, no campo político-administrativo, diante da exasperação dos modelos já adotados, que, além de não garantir os melhores resultados, ainda costumam ser mais onerosos que novas vias na implementação dos direitos positivos. Esse é o caso típico das políticas públicas como uma questão de fé e não como uma questão de resultados em termos de bem-estar social, que, sem dúvida, compreende uma séria discussão sobre os planos organizacional, funcional e de controle da ação pública.[1622]

Aqui, entra em cena os limites jurídicos da técnica processual: se a atividade executiva, que não se submete aos imperiosos regramentos e princípios da técnica processual, não consegue acompanhar, mesmo com a *liberdade* habitual de atuação, portanto, exercendo juízos estritamente discricionários, as exigências decisórias das demandas da sociedade, nas quais a existência de recurso é uma delas, então, resta dúvida fundada, no sentido de *negação hipotética*,[1623] de que *o sujeito, o verbo, o objeto, o adjetivo* e *o advérbio* de uma decisão judicial estão ainda mais a reboque dessa premente tarefa: implementar os direitos positivos. Vale lembrar que não é um problema típico da cognição judicial, porque a inteligibilidade jamais é plena em qualquer seara do saber humano, mas nela ganha ares particularmente conflitivos pelos seguintes motivos:

[1622] SILVA, 2010, p. 521.
[1623] CARVALHO, 2013, p. 35.

(a) *o sujeito* – questões sociais abrangentes não têm sujeitos, mas causas relevantes que seguem uma dinâmica coletiva em sentido amplo. Qual a implicação prática disso? A falta de atenção pessoal diante das demandas existenciais e, portanto, geralmente singulares, tendo em vista o tratamento uniformizado em função do objeto discutido processualmente, fato que tem sérias implicações na definição da prestação material, seja por razões de economicidade, seja por aspectos meramente operacionais;

(b) *o verbo* – o comando de uma decisão judicial jamais é exauriente, porque existe um sem-número de coisas que vão além das *prescrições* jurídicas, intervindo diretamente, e por diversos modos, nos mais recônditos planos das relações sociais, até a efetiva concretização da prestação jurisdicional; aliás, até uma decisão meramente declaratória depende de posteriores atos formais e procedimentais para reconhecimento prático de determinado direito;

(c) *o objeto* – no plano processual, as prestações não traduzem, ainda que adequadamente definidas em termos jurídicos, uma precisa adequação funcional delas, criando sempre um hiato, maior ou menor, entre a ideia que a normatividade poderia ensejar em termos abstratos, mesmo depois da decisão judicial, e o que foi materialmente realizado pelo Poder Público;

(d) *o adjetivo* – em grande medida, a qualificação da prestação jurisdicional, por exemplo, se ela é útil ou inútil não decorre da realidade jurídica em si, pois se encontra vinculada à dinâmica prestacional do Estado, cuja eficiência, inclusive, independe da melhor ou pior técnica processual, exigindo, não raras vezes, até mesmo a expedição de regulamento pelo Chefe do Poder Executivo (artigo 84, inciso IV, da CRFB), isto é, quando a intervenção legislativa delega ao Executivo a disciplina de aspectos prático-operacionais relativos à implementação dos direitos positivos; e

(e) *o advérbio* – a celeridade representa uma das mais importantes qualidades da prestação jurisdicional, porém, tal qualidade não é uma deferência que possa ser creditada à atuação judicial, mas à capacidade institucional de atendimento imediato da prestação jurisdicional através da estrutura orgânico-administrativa do Estado ou, conforme o caso, dos delegatários, permissionários ou autorizatários. A correção da decisão judicial, sem dúvida, facilita os procedimentos ou processos administrativos, mas não interfere diretamente na intensidade, no modo ou no tempo da prestação material.

Dito de outro modo, se o critério da delimitação da juridicidade se define pelo *problema* e não pelo *sistema*,[1624] e tendo em vista a multidisciplinariedade das políticas públicas sociais, nas quais impera um universo cercado de complexidades, diversidades e contingências, não há como fugir das *opções autônomas e específicas*[1625] da estrutura orgânico-funcional do Estado, que dispõe de capacidade técnica para levar a cabo a implementação dos direitos sociais, bem como a legitimidade necessária para promovê-la, sem prejuízo de eventuais responsabilizações decorrentes de suas ações.[1626] Desse modo, nas indefinidas projeções dos dilemas sociais abrangentes a partir do direito, "uma *exigência de fundamentação normativo-dogmática* e uma *exigência de adequação problemático-concreta*"[1627] – cuja importância se revela patente – são apenas os pressupostos do complexo processo de implementação dos direitos, mas não a implementação dos direitos em si.

6.1.2.2 A eficiência na transição: reformas e fórmulas dos direitos positivos

> "[...] a reforma nunca é uma mudança nem por ruptura, nem por saturação. Isto é, não é uma revolução para criar *ex nihilo*, nem uma mudança trazida pelo aborrecimento ou pelo enfado com a forma existente."[1628]

Diante das dificuldades do *direito transitório*, toda transição comporta redobrados cuidados, mais ainda quando se refere à transição da transição, tal como ocorre nas reformas previdenciárias

---

[1624] NEVES, 2013, p. 229.
[1625] ANDRADE, 2019, p. 176.
[1626] ANDRADE, 2019, p. 176.
[1627] NEVES, 2013, p. 235.
[1628] MORGADO, 2017, p. 86.

periódicas,¹⁶²⁹ porém, como a eficiência, melhor dizer, a economicidade, não pode ser a base da despesa pública,¹⁶³⁰ a lógica que anima todo direito transicional é tentar assegurar aos cidadãos a estabilidade das expectativas normativas, mas sem inviabilizar os benefícios das mudanças propostas. Contudo, "[a]s teorias do 'direito transitório' são, à toda prova, um novelo sem ponta de começo ou fim. Ou de inúmeros fins e começos. Seu signo é o mesmo do enrolar-se, pouco importando se na direção da largada ou do final".¹⁶³¹

Aqui, ainda que com certo exagero, tal fato denuncia a ausência de *critério definitivo* para disciplinar a sucessão de normas no tempo,¹⁶³² gerando incerteza sobre a correção de seus efeitos, notadamente a partir da justiça intergeracional, sem falar que, por definição, as disposições transitórias não guardam nota de *fundamentalidade ou essencialidade*,¹⁶³³ senão estariam no texto definitivo da constituição, de modo que sua importância decorre justamente do regular cumprimento de *pautas específicas* no tempo, que devem ser superadas sem traumas político-jurídicos,¹⁶³⁴ mas que podem apresentar, a despeito de sua regularidade, consequências graves de longo prazo, mesmo quando não estejam mais em vigor, porquanto o custo suportado pelos seus termos pode sacrificar a dinâmica protetiva de [algumas] gerações subsequentes. Se, por um lado, a eficiência na transição não se relaciona propriamente com o seu custo, a despeito de sua inegável importância, mas com a racionalidade dos seus propósitos, pois um sistema de direito, que tem alguma pretensão de autonomia, não pode render-se à eficiência ou aos resultados;¹⁶³⁵ então, por outro, torna-se inviável qualquer defesa de sistema de direito alheio a eles, isto é, uma transição não será racional se não considerar sua eficiência e seus resultados para as gerações presentes e futuras.

Desse modo, a questão se torna particularmente tormentosa na tentativa de convergência entre o RPPSU (convergindo) e o RGPS (convergente), pois, diante da expressiva diferença entre os regimes em relação aos valores das aposentadorias e pensões, o fluxo de recursos da arrecadação destinado à manutenção dos benefícios do RPPSU cai

---

¹⁶²⁹ ROCHA, 2003, p. 399 e 401.
¹⁶³⁰ MARTINS, 2016, p. 338.
¹⁶³¹ SAMPAIO, 2009, p. 335.
¹⁶³² SAMPAIO, 2009, p. 340.
¹⁶³³ ROCHA, 2003, p. 394.
¹⁶³⁴ ROCHA, 2003, p. 393.
¹⁶³⁵ MONIZ, 2017, p. 15.

consideravelmente, haja vista a redução da base tributável dos novos servidores e, claro, dos que aderirem ao regramento de convergência, porém permanece o expressivo valor das aposentadorias e pensões dos segurados das gerações anteriores,[1636] tudo por conta da teoria imunizadora dos direitos adquiridos. Vale lembrar que, mesmo depois de 03 (três) importantes reformas constitucionais (EC nº 20/1998, EC nº 41/2003 e EC nº 103/2019), o RGPS e o RPPSU ainda não são equivalentes em termos de proteção social, pois a igualdade no teto das aposentadorias e pensões representa um aspecto importante da convergência, porém, ainda restam vários outros, em particular, os relacionados à diferença de tratamento na prestação de serviços de proteção social.

Entretanto, ainda que o parágrafo anterior exija indiscutível cuidado da gestão pública, cumpre pontuar que o custo da transição possivelmente não seja tão expressivo como se imagina e razão é simples desse entendimento: no ano de 2016, a contribuição dos servidores representou apenas 17% dos gastos do RPPSU.[1637] Além disso, a contribuição da União representou 25% e o déficit alcançou 58%, portanto, mais da metade do valor do RPPSU já vem do orçamento fiscal da União.[1638] Assim, a queda da arrecadação é uma realidade, mas nada que impeça o movimento de convergência entre os regimes.

Nesse ponto, vale gizar que a teoria imunizadora dos direitos adquiridos tem destacada influência no custo da transição, portanto assegura parâmetros remuneratórios incompatíveis com a justiça intergeracional. Ainda que se diga o contrário, já que o regime de capitalização também pode ser regressivo,[1639] sobretudo, diante de eventuais subsídios estatais,[1640] defende-se que todo regime de repartição assume inevitável papel de distribuidor regressivo de renda, uma vez que recursos da via fiscal, que poderiam aportar bens sociais coletivos relacionados a outras áreas da socialidade, se destinam a assegurar o pagamento de benefício, pouco importando o valor ou o retorno das contribuições. Aliás, isso fica mais evidente no RPPSU que no RGPS, pois as contribuições dos segurados, como já mencionado, respondem por menos 20% do custeio do RPPSU.[1641] É preciso lembrar

---

[1636] MODESTO, 2017, p. 35.
[1637] TAFNER; NERY, 2019, p. 188.
[1638] TAFNER; NERY, 2019, p. 188.
[1639] FIGUEIREDO, 2002, p. 24.
[1640] SANDBERG, 2016, p. 388.
[1641] TAFNER; NERY, 2019, p. 188.

que, além das ordinárias contribuições devidas pela União ao RPPSU, os recursos destinados a cobrir o déficit previdenciário (RPPSU/RGPS) também partem do orçamento fiscal.

Por isso, mesmo quando o regime de repartição não seja deficitário, a regressividade na distribuição de renda não cessa, pois o RGPS e o RPPSU reduzem pouco a pobreza, até porque eles não foram pensados com esse propósito.[1642] De todo modo, a pobreza no Brasil é concentrada nas crianças, que são beneficiárias do PBF, e não nos beneficiários do BPC, portanto, não se prende propriamente aos beneficiários do RGPS.[1643] Vale pontuar que é da própria natureza do modelo PAYG a existência de um pacto intergeracional e, nessa qualidade, diante de aposentadorias ou pensões mais rentáveis, e mesmo que se observem parâmetros cronológicos uniformes na concessão dos benefícios, a transferência de renda ainda assim é inevitável, porquanto os detentores de benefícios com valores mais expressivos, de modo geral, vivem mais, aliás, independentemente do gênero, seja pela qualidade de vida, seja pela maior disponibilidade de serviços essenciais, fazendo com que ocorra uma espécie de *solidariedade invertida*.[1644]

Também não convence a tese de que a convergência de regimes previdenciários, com seu inegável custo de transição, sacrifica interesses de servidores a eles vinculados sem qualquer nexo com o risco demográfico.[1645] Explica-se: a própria ideia de isonomia no sistema de previdência, que é corporificada na convergência dos regimes, para além de representar claro mecanismo de justiça intergeracional, também reflete na redução do ônus das gerações vindouras diante das possibilidades econômicas da sociedade, que, como se sabe, têm uma indisfarçável relação com a demografia. Ademais, os servidores mais antigos, em grande medida, quando de sua aposentadoria, já seriam custeados pela via fiscal, seja pelo crescimento do déficit previdenciário, seja pela mudança do parâmetro de tributação das empresas, prestigiando a base econômica da imposição tributária no faturamento e não na folha de salários (empregabilidade).

Aliás, como complicador da base de financiamento, vale dizer que os Estados se inserem no quadro da concorrência econômica internacional, de maneira que as dificuldades na definição da imposição

---

[1642] GIAMBIAGI; TAFNER, 2010, 147.
[1643] TAFNER; NERY, 2019, p. 157.
[1644] LOUREIRO, 2014, p. 254.
[1645] MODESTO, 2017, p. 36.

tributária vão muito além dos limites jurídico-econômicos da realidade nacional, pois a liberdade de tributar não pode desconsiderar as próprias condições de possibilidades do fluxo econômico das empresas no cenário internacional,[1646] denunciando, assim, limites da soberania territorial em matéria tributária, nos quais, não podendo beneficiar a todos os contribuintes, sobrecarregam as empresas que não gozam das benesses tributárias da globalização.[1647]

Soma-se, ainda, que os servidores mais novos terão outro padrão remuneratório não em função da transição, mas sim do reconhecimento da necessidade de convergência entre os regimes, inclusive, por força da *igualdade diacrônica*,[1648] na qual, convocando os princípios da proporcionalidade e da proteção da confiança, prestigia a redução da desigualdade de tratamento normativo entre estatutários e celetários.[1649] Portanto, o maior ônus das gerações vindouras decorreu do melhor bônus das gerações passadas, nas quais possuíam uma disciplina jurídica incompatível com dinâmica demográfica, e não das mudanças estruturais realizadas, ou a realizar, para manter a capacidade funcional dos regimes de previdência.

Diante dessas considerações, nas quais denunciam os limites na formulação de transições suaves nas reformas previdenciárias, impõe-se a indagação: seria sempre possível promover transições demoradas? A pergunta exige melhor refinamento: as convergências externas à dinâmica jurídica permitiriam sempre tal pretensão? A resposta só pode ser negativa. A transição apenas reduz o ruído das queixas existenciais, pois, por mais que se pense o contrário,[1650] ela não pode pautar a *máxima estabilidade possível* sem reduzir os benefícios úteis ou imediatos das reformas, sobretudo, as de natureza previdenciária. As transições que não *agridem* o modelo anterior apenas prolongam a agonia da disfuncionalidade do sistema de previdência. A defesa da proporcionalidade, da razoabilidade, da igualdade ou da proteção da confiança, que tem o fundado papel de pavimentar a manutenção do caráter protetivo do sistema de previdência, não poderá ser utilizada para retardar o fim útil das reformas ou atenuar, de modo mais prolongado possível, os aspectos práticos da alteração legislativa, sobretudo, quanto objetiva reduzir o efeito regressivo do sistema de previdência.

[1646] NABAIS, 2014, p. 35.
[1647] NABAIS, 2014, p. 36.
[1648] MONIZ, 2015, p. 96.
[1649] MONIZ, 2015, p. 96.
[1650] MODESTO, 2017, p. 52.

Dessa forma, ainda que os tribunais possuam o importantíssimo papel de criar condições de *confiança* e *certeza*, firmando uma clara ideia de que há valores constitucionais que não possam ser ultrapassados,[1651] tal finalidade não autoriza infirmar a racionalidade estratégica do legislador no atendimento da proteção social previdenciária, conforme os rumos da política pura, desde que observados os parâmetros constitucionais, não adentrando na análise da bondade ou generosidade das propostas. "O juiz constitucional só tem que verificar se a lei violou normas, regras ou princípios constitucionais."[1652] O fato é que essa análise dificilmente é destituída de parâmetros de correção material a partir de pressupostos político-ideológicos sobre o sentido e o alcance das *normas, das regras ou dos princípios constitucionais*.

Além disso, mesmo que afastada no espinhoso processo legislativo de aprovação da EC nº 103/2019, também não convence a tese de que o custo de transição tornaria inviável um regime de capitalização, com a alegação de que os custos administrativos são maiores que no sistema PAYG ou que os riscos de sua gestão são também majorados,[1653] por dois motivos bem simples: (a) a redução da arrecadação é recompensada, em longo prazo, pela redução do número de aposentadorias e pensões do regime anterior, sem falar que isso se tornará mais factível com a expansão dos efeitos previdenciários da previdência complementar, o que pressupõe o teto RGPS nas futuras aposentadorias e pensões; e (b) o esforço financeiro inicial para honrar as aposentadorias e pensões, que representa, de fato, um desafio de grande monta, não é maior, em termos absolutos, que os recursos coligidos do orçamento fiscal para suportar os déficits anuais do RGPS ou RPPSU. A questão, portanto, compreende mais um dilema de ruptura com o sistema de repartição, a despeito de seu voo cego e dispendioso, que propriamente uma inviabilidade técnico-financeira do regime de capitalização, sobretudo, quando se tratar do terceiro estágio de proteção social, tal como defendido nesta obra.

[1651] QUEIROZ, 2014, p. 103.
[1652] NOVAIS, 2014, p. 93.
[1653] IBRAHIM, 2011, p. 176.

6.1.2.3 *Accountability* e *expertise*: um *ensaio sobre a lucidez*

> *"A cegueira ideológica leva muitos a considerar que as propostas de mudanças de regras de aposentadoria são 'coisas de tecnocrata', 'manifestações da direita' ou 'imposição do consenso de Washington'. A realidade é muito mais singela. Não se trata de aprovar uma 'tese neoliberal'. Trata-se de encarar um problema prático."*[1654]

É natural que a dinâmica responsabilizadora dos agentes públicos esteja diretamente relacionada à capacidade de controle ou prevenção dos danos [eventualmente] causados pela ação pública. Essa afirmação simples, de notável caráter civilizatório, não se confirma plenamente diante dos dilemas políticos da hipermodernidade. É dizer que a relação entre *accountability* e *expertise* não é linear, há clara distância entre os fundados propósitos que encerra a *accountability* política e a limitada *expertise* da ação pública diante dos desafios da sociedade hipermoderna, causando inegáveis implicações na dinâmica de responsabilidades dos gestores. O hiato entre a *accountability* e a *expertise* representa uma área de difícil sindicabilidade, lembrando-se que o especificamente político surge depois das análises objetivas sobre a realidade, cuja técnica não tem o caminho certo a seguir nem os valores determina o que deva ser feito.[1655] É nessa divisa que mora a importância da precaução sobre o controle em si. Como já reportado, trata-se do grande desafio da sociedade do conhecimento: muito desconhecimento sobre o que afeta toda a sociedade.

No cenário político, os ensaios sobre as relações responsabilizatórias não são capazes de pavimentar soluções concretas para prevenir danos ou criar uma *política virtuosa*, porquanto tais pretensões dependem mais que a mera possibilidade de responsabilização pessoal do gestor, quer dizer, exigem a confluência de fatores que não se rendem aos prognósticos de controle jurídico sobre a atividade política. Ordinariamente, a responsabilidade compreende premissas teóricas

---

[1654] GIAMBIAGI; TAFNER, 2010, p. 30.
[1655] INNERARITY, 2017, p. 79.

baseadas na conduta do gestor, porém isso não se revela determinante para a responsabilidade política, pois gestores podem ser politicamente responsabilizados por aquilo que simplesmente desconheciam ou que não poderiam conhecer. Essa é a lógica da responsabilidade política a partir dos prognósticos eleitorais, mas não pode ser no universo das questões civis, administrativas ou penais. Ademais, a responsabilidade política por crimes político-administrativos compreende uma dinâmica responsabilizadora exercida nos estreitos limites do devido processo legal (artigo 5º, inciso LIV, da CRFB), o que afastaria, em uma perspectiva substantiva, uma ideia de responsabilidade sem culpa. Desse modo, a exigência da precaução prevalece sobre a responsabilidade sem culpa.

Contudo, o que importa aqui é a pertinência da responsabilidade durante o processo de execução orçamentária, tendo em vista a procedimentalidade do gasto público e, sobretudo, os critérios que definem as prioridades da gestão pública e, a partir disso, entender o porquê de determinadas decisões. Daí a preocupação em estabelecer parâmetros de controle, nos quais exerçam alguma forma de escrutínio da intensidade de cautela exigida dos gestores diante dos riscos gerados pela atividade política.[1656] Por isso, a dificuldade: como *antecipar fatos* que não possam ser objetivamente determinados, mas apenas evidenciados, depois de muito tempo, durante a dinâmica executiva das políticas públicas?

Em primeiro lugar, isso parece uma pretensão destituída de lógica, pois não há como assegurar que fatos *antecipados* serão efetivamente realizados ou alcançarão o resultado danoso esperado. A questão, todavia, segue outra ordem de ideia: não se trata de antecipar materialmente o fato, mas sim, a partir da *expertise* disponível, prevenir gastos públicos que não contemplem evidências de racionalidade decisória do gestor. Isto é, exige-se uma desconfiança constante das possibilidades de conhecimento do gestor – portanto, de fundado ceticismo, mas sem o risco da moderação perniciosa[1657] – a partir das próprias evidências dos limites conhecimento, que pode ser facilmente denunciada pela oposição política. "Aquilo que sabemos vem sempre acompanhado de uma enorme ignorância e, por isso, não podemos renunciar às vantagens epistemológicas da institucionalização da discordância."[1658] Aqui, não se trata de fiscalizar condutas reconhecidas aprioristicamente como

---

[1656] VERMEULE, 2014, p. 13.
[1657] OAKESHOTT, 1996, p. 109.
[1658] INNERARITY, 2017, p. 82.

irregulares e, portanto, se encontram claramente definidas pela técnica, tais como infrações administrativas ou crimes, porque isso já decorre da própria lógica preventiva da legislação. O ponto de referência é a escolha *regular* do gestor, portanto, dentro da legalidade e legitimidade, mas que não seja compatível com os parâmetros objetivos da *expertise* disponível sobre determinada matéria. É a precaução no seu mais evidente sentido político.

    Em segundo lugar, o controle judicial baseado em princípios, mormente o da proporcionalidade, não traduz qualquer segurança na identificação dos rumos da ação pública que violem o dever de precaução no exercício do poder político, porque a análise desenvolvida na aplicação desse princípio, a despeito de indiscutível amparo fático (adequação e necessidade), tem ainda substância jurídica, que, nessa qualidade, não representa um fator determinante para descortinar os riscos da ação pública. Nesse sentido, basta lembrar dos planos econômicos malogrados, e demais projetos políticos fracassados, que foram respaldados juridicamente, isto é, *proporcionalmente conformados*, mas com desastrosos impactos econômicos e sociais. Por isso, vive-se um verdadeiro *ensaio [infeliz] sobre a lucidez*. Nesse ponto, indaga-se: se não é possível contemplar adequadamente as ordinárias cautelas impostas pela legislação que disciplina as condutas irregulares, então, qual o sentido de se aventurar nas condutas regulares, mas desastrosas, nas quais a ideia de controle é até mais difícil? Em uma sociedade hipermoderna, o maior desafio da gestão pública não é mais seguir os regulares prognósticos da legislação, portanto, a ordinária contenção de irregularidades ou crimes – mesmo que eles persistam em qualquer sociedade –, mas a capacidade de evitar riscos, como bem denuncia o *fracasso* da racionalidade científico-tecnológica,[1659] que não possam ser suportados pelas gerações futuras. Aliás, esse ponto é particularmente importante na questão da dívida pública, que tem conexão direta com a processo decisório que encerra as escolhas orçamentárias do Estado.

    Em outro giro, não é possível perder de vista que a *accountability* é uma realidade prático-procedimental bem complexa, porque retrata um processo, envolvendo aspectos funcionais, institucionais e temporais, que pode ser razoavelmente conduzido sem que isso permita uma precisa radiografia da atuação do gestor público e, mesmo que seja bem analítico e demonstrativo dela, nada garante que eventual

---

[1659] BECK, 2011, p. 71.

dinâmica responsabilizatória seja eficaz. A razão é simples para esse entendimento: a *accountability* foi pensada para prevenir irregularidades e crimes, aperfeiçoando a gestão pelas implicações práticas do autocontrole político-administrativo, porém, para dilemas que vão além desse círculo de análise, ela não se revela adequada, seja pela inexistência de parâmetro de autocontrole, seja pela impossibilidade mesmo desse controle pelo próprio gestor.

6.2 Conclusões preliminares

> "Por trás das palavras, há ações de pessoas, há redes de compromissos e cadeias de dominação que podem ser reforçados ou até certo ponto abalados pelo verbo judicial, não sendo possível ignorá-los. Se a sociedade e suas malhas se encontram em nível satisfatório de trocas, a inércia é o *locus* da voz judicial; mas se há desequilíbrio sistêmico tanto agudos quanto crônicos, a visão deve antes estar na mudança do que na estabilidade. Não a mudança preconizada aos ventos pela *mens legislatoris,* mas a que demanda a realidade."[1660]

O reconhecimento dos limites do direito na atividade financeira do Estado não é, nem de longe, a superação do direito diante dos desafios da hipermodernidade, mas a inevitável consequência da complexidade cada vez maior da disciplina jurídica relativa às demandas da sociedade hipermoderna, não tendo, pois, como insistir na lógica iluminista de que fundados propósitos, amparados nos mais nobres parâmetros de justiça social e assentados em consistente formulação teórico-normativa, são capazes de trazer soluções aos desafios político-econômicos de envergadura global, tais como dívida pública, previdência, demografia ou desemprego.

[1660] SAMPAIO, 2005, p. 237.

Nesse sentido, a jurisprudência tem denunciado tais limites no tratamento da gestão fiscal do Estado, seja pontuando a importância da normatividade, a despeito de eventual incapacidade dos seus meios de atuação, seja prestigiando a pertinência de soluções menos ortodoxas, nas quais *relativizam* caras premissas teóricas do Estado Democrático de Direito, que é a da fórmula política da República Federativa do Brasil. Dito de outro modo: a correção material da norma não assegura mais a melhor medida a ser adotada pelo Estado, porque a dúvida não tem mais recaído na dificuldade das reflexões hermenêuticas, mas na demonstração da capacidade funcional em promover o resultado útil da interpretação. Enfim, *fiat justitia, pereat mundus*, apesar do seu cômodo fascínio, não [mais] representa a senda decisória judicial, mormente diante de crises financeiras, para solucionar dilemas jurídicos sobre questões sociais abrangentes. Afinal, "[o] Direito é sempre um produto de adaptação entre a consciência jurídica e as exigências da vida",[1661] o que não é possível diante da afirmação constante de *definitiva forma de adaptação institucional* em função das adversidades políticas, econômicas ou sociais.

A defesa não *casuística*[1662] dos parâmetros normativos, que representa uma bandeira de indiscutível importância histórico-jurídica, inclusive como mecanismo para assegurar a indenidade das estruturas básicas do Estado Democrático de Direito, não pode mais significar uma posição autista ou inconsequente do processo decisório judicial. Cônscio do lugar da normatividade no difícil curso dos dilemas sociais abrangentes, o decisor judicial não pode assumir o *status* de verdadeiro oráculo dos conflitos sociais, cuja extraordinária capacidade de *definir* projetos da ação pública, nos estritos termos da semântica jurídica, esteja além dos ordinários horizontes dos demais poderes e, claro, da própria sociedade civil.

[1661] VERDÚ, 2006, p. 37.

[1662] Aqui, não no sentido único e particular de cada julgado, mas pontuando a relativização [inconsequente] das inferências teórico-normativas.

6.2.1 Jurisprudência selecionada

> *"Acresce que, quer em termos epocais, quer pessoais, o jogo de luzes e sombras interpretativas varia: num tempo, as luzes da leitura provocam diferentes brilhos e sombras; além disso, muitas vezes, os juízes, sentados à mesma mesa, estão em fusos diferentes e onde uns veem no texto constitucional uma solução ditada pelo esplendor do meio-dia, outros experimentam o lusco-fusco interpretativo do crepúsculo ou mesmo a escuridão fria de uma noite marcada pela deserção da lua."*[1663]

A fragilidade dos diálogos institucionais não denuncia propriamente uma debilidade política, tendo em vista a reunião de esforços dos poderes constituídos, na definição de proposições para superar dilemas comuns, mas sim o reconhecimento da autonomia político-compreensiva das autoridades públicas para iniciar novos processos decisórios, seja porque os anteriores não são mais possíveis ou adequados, seja em decorrência da própria natureza da demanda existente. A predisposição ao diálogo exige o reconhecimento de que a tensão é constante, notadamente em uma ordem conflitiva de valores jurídico--constitucionais, porque não há qualquer supressão na cadeia decisória inerente a cada estrutura de cada poder, que, ao fim e ao cabo, acena com notas reflexivas que vão partejar o resultado da ação pública, ainda que ele seja manifestado *definitivamente* por um único poder. A função do diálogo institucional consiste em construir decisões, não em promover a ordenação dos detentores delas no processo decisório entre os poderes.

Como os diálogos institucionais não são apenas sucessivos, mas também circulares (retroalimentados), a questão da decisão *definitiva* do STF, apesar de não perder sua importância prática, sofre uma releitura do ponto de vista teórico, não por abalar qualquer aspecto processual da decisão, mas porque ela exige um *consenso ordenador* não uma *ordem de*

[1663] LOUREIRO, 2010, p. 144.

consenso. Desse modo, tendo em vista os limites do direito na atividade financeira do Estado, resulta pertinente discutir o equacionamento jurisprudencial de demandas com alto impacto financeiro.

Nesse contexto, despontam as batalhas judiciais decorrentes da EC nº 103/2019, destacando-se, entre outras, as ADIs nº 6.254/DF, 6.255/DF, 6.258/DF e 6.271/DF, nas quais questionam principalmente a constitucionalidade da progressividade das alíquotas da contribuição previdenciária dos servidores públicos. Trata-se de demandas que podem interferir diretamente nos prognósticos de sustentabilidade financeira do RPPSU e, portanto, são merecedoras de análise, nos seguintes termos:

(a) as ações foram interpostas por algumas associações das carreiras mais bem remuneradas do Estado, mormente entre as Carreiras Jurídicas de Estado, até porque são as mais afetadas pela progressividade das alíquotas, alegando, basicamente, o tratamento tributário desigual para pessoas em situações iguais e o efeito confiscatório do artigo 1º da EC º 103/2019, precisamente no que altera o artigo 149, § 1º, da CRFB, bem como do artigo 11, *caput*, § 1º, incisos IV a VIII, § 2º e § 4º. Vale pontuar que, nos termos dos dispositivos mencionados, as alíquotas variam de 7,5% até 22%, de maneira que o primeiro percentual incide sobre a remuneração de até 01 SM e o segundo percentual, sobre a remuneração superior a R$ 39.000,00. Como a contribuição previdenciária não faz parte da base de cálculo do IRPF, a alíquota efetiva acaba sendo um pouco menor, mas bem maior que a alíquota anterior, que era única de 11% sobre a remuneração do servidor. Diante de pedido de liminar nas ADIs, o ministro Roberto Barroso, em uma análise perfuntória da matéria, o que é próprio das medidas cautelares, promoveu o indeferimento dos pedidos, alegando que não vislumbra, *prima facie*, qualquer inconstitucionalidade nos dispositivos atacados, pontuando que:

> [...] a presunção de legitimidade dos atos normativos emanados do Estado se reforça quando se trata de veiculação por emenda à Constituição, cuja sindicabilidade somente é possível quando há afronta a cláusula pétrea. Assim, em juízo cognitivo sumário, próprio das medidas cautelares, não vislumbro ser este o caso relativamente a esse ponto.[1664]

[1664] BRASIL, 2020, p. 3-4.

(b) o relator ainda justificou a liminar por conta do "[...] risco de soluções judiciais discrepantes e anti-isonômicas, uma vez que algumas categorias de servidores vêm sendo beneficiadas pelas decisões proferidas em instâncias inferiores, e outras não";[1665] logo, os dispositivos atacados, até posterior manifestação nos autos, "são considerados constitucionais e, portanto, válidos, vigentes e eficazes". Diante do indeferimento das liminares, muitas decisões nas instâncias inferiores, via recurso, poderão ser reformadas e, em tese, o propósito da reforma previdenciária pode seguir seu curso; e

(c) vale destacar que o mérito da matéria ainda não foi julgado pelo STF,[1666] porém, com o julgamento definitivo dessa ADI e das outras mencionadas acima, é possível identificar o poder persuasivo-normativo do princípio da solidariedade previdenciária e, sobretudo, a capacidade de reflexão jurisprudencial sobre os dilemas da atividade financeira do Estado em uma perspectiva intergeracional. Trata-se, portanto, de julgamento com alto impacto financeiro, não apenas em função da discussão sobre a progressividade das alíquotas, mas por pavimentar o caminho que pode garantir a racionalidade ou economicidade da reforma previdenciária ou, simplesmente, abrir caminho para alterações mais profundas na compreensão normativa do seu texto. Em qualquer caso, o STF terá uma ótima oportunidade para assegurar, em termos práticos, o caminho da convergência entre os regimes ou seguir o fluxo de desigualdade, ainda que reduzida, entre eles.

Em outro norte, como clara demonstração da importância das proposições deste capítulo, que discute os limites do direito a partir dos julgados constitucionais, cumpre destacar o julgamento da ADI nº 6.341/DF, porquanto destaca sérios reflexos da sociedade do (des)conhecimento na atuação judicial, não apenas nos períodos de crises financeiras, mas, também, diante das crises relacionadas ao papel das autoridades constituídas em face dos desafios das instituições públicas, nestes termos:

(a) a ADI foi ajuizada pelo PDT contra os termos da MP nº 926/2020, que alterou o artigo 3º *caput*, incisos I, II e VI, e

---

[1665] ADI nº 6.254 MC/DF, p. 4.
[1666] Conforme a última consulta realizada nos autos (consulta pública). Disponível em: http://portal.stf.jus.br/processos/detalhe.asp?incidente=5814691. Acesso em: 26 ago. 2021.

§§ 8º, 9º, 10 e 11, da Lei nº 13.979/2020, dispondo *sobre as medidas para enfrentamento da emergência de saúde pública de importância internacional decorrente do coronavírus responsável pelo surto de 2019*. De modo concreto, tendo em vista que a temática da vigilância sanitária e epidemiológica se insere no rol de competências do SUS (artigo 6º, inciso I, alínea b, da LOS), a despeito dos prognósticos do federalismo cooperativo de traços centralizadores,[1667] o partido alega a inconstitucionalidade formal da MP, pois a situação exigiria Lei Complementar, pois o tema saúde é de competência comum (artigo 23, inciso II, da CRFB) e que a normatização de cooperação entre os entes federados exigiria a expedição de Lei Complementar, haja vista o disposto nos artigos 23, § único, c/c 62, § 1º, inciso III, da CRFB, requerendo, ainda, por arrastamento, a invalidade do Decreto nº 10.282/2020, que regulamenta a Lei nº 13.979/2020 e, nessa qualidade, define os serviços públicos e atividades essenciais. Além disso, no plano material, defende que a competência administrativa comum (artigo 23, inciso II, da CRFB) autorizaria a todos os entes federados o uso de medidas de combate à Covid-19 (artigo 3º da Lei nº 13.979/2020), tais como adoção de medidas de isolamento, quarentena, restrição de locomoção por rodovias, portos e aeroportos, bem como interdição de atividades e serviços essenciais. Portanto, não poderia ser uma competência privativa da União, haja vista o disposto nos artigos 23, inciso II (competência administrativa comum), 198, inciso I (descentralização nas ações e serviços de saúde), e 200, inciso II (ações de vigilância sanitária e epidemiológica), da CRFB;

(b) na decisão de MC na ADI nº 6.341/DF,[1668] com liminar parcialmente deferida *ad referendum*, o ministro Marco Aurélio afasta a inconstitucionalidade formal da MP, pois a temática não exigiria veículo normativo de tamanha envergadura, pois se trata de *lei geral*, bem como reconhece a competência da União para definir os serviços públicos e as atividades essenciais (artigo 3º do Decreto nº 10.282/2020), porém, destaca que:[1669]

[1667] RANIERI, 2011, p. 171.
[1668] BRASIL, 2020.
[1669] ADI nº 6.341 MC/DF, p. 5.

O artigo 3º, cabeça, remete às atribuições, das autoridades, quanto às medidas a serem implementadas. Não se pode ver transgressão a preceito da Constituição Federal. As providências não afastam atos a serem praticados por Estado, o Distrito Federal e Município considerada a competência concorrente na forma do artigo 23, inciso II, da Lei Maior.

[...]

Presentes urgência e necessidade de ter-se disciplina geral de abrangência nacional, há de concluir-se que, a tempo e modo, atuou o Presidente da República – Jair Bolsonaro – ao editar a Medida Provisória. O que nela se contém – repita-se à exaustão – não afasta a competência concorrente, em termos de saúde, dos Estados e Municípios.

[...]

(c) como a CRFB "distribuiu diferentemente a competência legislativa e a competência político-administrativa",[1670] a decisão causa perplexidade por uma razão bem simples: as competências administrativas (político-administrativas) são comuns (artigo 23, inciso II, da CRFB), e isso não se discute, contudo, a competência concorrente para legislar sobre a defesa da saúde (artigo 24, inciso XII, da CRFB) compreende uma inevitável sobreposição das normas gerais da União[1671] sobre os Estados-membros e o Distrito Federal (artigo 24, § 1º, da CRFB), inclusive já destacado pelo STF na ADI nº 3.668/DF,[1672] conforme a precisa "disciplina normativa de correlação entre normas gerais e normas suplementares".[1673] Aliás, os Municípios sequer têm competência concorrente para legislar sobre a defesa da saúde. Desse modo, qual o poder de coordenação da União no combate à Covid-19, se todos os entes federados (artigo 18 da CRFB), portanto, mais de 5.590 centros decisórios, podem determinar, a seu tempo e modo, quaisquer medidas administrativas de duvidosa, para dizer o mínimo, constitucionalidade? Nesse cenário, resta patente que a balbúrdia administrativa na *gestão* da pandemia tem sua *matriz normativa* no próprio STF. A situação era manifesta de bloqueio de competência dos Estados-membros

---

[1670] BARROSO, 2002, p. 259.
[1671] MORAES, 2009, p. 337; BRANCO, 2009, p. 871; HORTA, 2011, p. 240.
[1672] BRASIL, 2007.
[1673] SILVA, 2014, p. 284.

e do Distrito Federal,[1674] pois de pouco adianta uma diretriz geral de atuação da União se os demais entes federados podem não apenas a desprezar, e isso tem sido feito sem quaisquer embaraços por governadores e prefeitos, como também determinar o que bem julgar pertinente. Dito outro modo, uma coisa é admitir o uso de medidas contempladas pela União; outra, é a ausência de coordenação e controle sobre elas. Com isso, "o que poderia ser uma descentralização benéfica, com ações feitas sob medida para as necessidades locais, se transformou em uma epopeia de autoritarismosególatras associados a doses mínimas de bom senso",[1675] cujos efeitos foram simplesmente desastrosos à saúde e economia;

(d) cumpre destacar que, bem antes desta questão jurídica, tendo em vista a *Declaração de Emergência em Saúde Pública de Importância Internacional pela Organização Mundial de Saúde*, ocorrida em 30 de janeiro de 2020, o Governo Federal, por meio da Portaria do Ministério da Saúde nº 188,[1676] de dia 03 de fevereiro de 2020, declara a *Emergência em Saúde Pública de importância Nacional (ESPIN)*, criando, no seu artigo 2º, o *Centro de Operações de Emergências em Saúde Pública (COE-nCoV)*, bem como determinando, no seu artigo 3º, inciso I, a competência para "planejar, organizar, coordenar e controlar as medidas a serem empregadas durante a ESPIN, nos termos das diretrizes fixadas pelo ministro de Estado da Saúde", assim como, determinado, nos termos do artigo 3º, inciso V, alíneas *b* e *c*, "propor, de forma justificada, ao ministro de Estado da Saúde", entre outros assuntos, "a aquisição de bens e a contratação de serviços necessários para a atuação na ESPIN" e "a requisição de bens e serviços, tanto de pessoas naturais como de jurídicas, nos termos do inciso XIII do caput do art. 15 da Lei nº 8.080, de 19 de setembro de 1990". Todavia, esse poder de planejamento, organização, coordenação e controle do Ministério da Saúde restou seriamente prejudicado com a liminar parcialmente deferida pelo STF;

(e) desse modo, o julgamento definitivo da MC representava uma oportunidade para alterar esse estado de coisas. Nesse ponto, cumpre destacar que a manifestação da Procuradoria-Geral

---

[1674] BRANCO, 2009, p. 871.
[1675] LOIOLA, 2021, p. 37.
[1676] BRASIL, 2020.

da República foi totalmente desfavorável ao deferimento da MC, aduzindo que:

> Imposição de parâmetros normativos voltados a assegurar o funcionamento de setores como o de produção e abastecimento de insumos básicos, de distribuição e fornecimento de material médico hospitalar, de transporte público coletivo, de telecomunicações, de serviços bancários, entre outros, em situação de emergência epidemiológica nacional, é tema que interessa indistintamente a todas as unidades da Federação, não se justificando a sua disciplina por norma isolada editada no âmbito de cada ente federado.[1677]
> [...]
> Todavia, o **tratamento normativo** do resguardo de serviços e atividades de caráter essencial, no contexto de implementação de medidas voltadas à mitigação das consequências da pandemia do coronavírus, há de se dar de forma linear e coordenada em todo o território nacional, sendo, portanto, questão inerente a norma geral sobre proteção da saúde.
> Tal conclusão não implica o esvaziamento do papel dos Estados e Municípios, nem o seu alijamento da participação na execução de ações e serviços de vigilância epidemiológica e controle do surto de Covid-19, no desempenho da competência material comum delineada pelo art. 23, II, da Constituição e pormenorizada pelos arts. 17 e 18 da Lei 8.080/1990.[1678]

(f) a despeito dessas evidentes considerações, cujas preocupações já eram observadas antes mesmo da decisão definitiva da MC, tendo em vista ações de prefeitos e governadores que prejudicavam ou inviabilizavam até mesmo o fornecimento de insumos no combate à Covid-19, no dia 14 de abril de 2020, o STF, por maioria, referendou a MC parcialmente deferida pelo ministro Marco Aurélio.[1679] Com isso, diante da preocupação em não esvaziar as competências dos Estados-membros, Municípios e do Distrito Federal, o STF acabou por esvaziar a competência da União, que se limitou, basicamente, a fazer a gestão dos seus hospitais (universitários e militares), bem como a enviar recursos expressivos, equipamentos e insumos médico-hospitalares aos demais

---

[1677] BRASIL, 2020, p. 25.
[1678] BRASIL, 2020, p. 27.
[1679] BRASIL, 2020.

entes federados, não podendo impor qualquer protocolo de tratamento ou medida de abertura ou fechamento de atividades que, por sua natureza, possua interesse nacional e não regional ou local, algo que não encontra amparo no artigo 16, incisos III, alínea c, VI, XV e XX, e § 1º, da LOS, pois, simplesmente, inviabilizou a definição e coordenação do sistema de vigilância epidemiológica e sanitária pela União. Para além disso, o esvaziamento da competência da União acaba também por esvaziar a noção multissecular de prestação de contas do Poder Executivo perante o parlamento – e, consequentemente, perante o próprio povo –, pois, bem observadas as coisas, se qualquer medida do Executivo é alterada pelo Poder Judiciário – leia-se, STF – aliás, como pretensão de correção material à luz do texto constitucional, resulta mais difícil atribuir ao Poder Executivo os possíveis resultados das medidas *corrigidas,* pois elas não mais revelam as opções políticas do gestor.[1680] Aqui, vale destacar ligeiros excertos dos votos dos ministros Alexandre de Moraes, Edson Fachin e Gilmar Mendes, respectivamente, nos quais denunciam uma desmedida preocupação com atuação da União no enfrentamento da pandemia, nestes termos:

> [...]
> **Se há excessos nas regulamentações estaduais e municipais**, isso deve ser analisado. Mas a verdade é que, **se isso ocorreu,** foi porque não houve, até agora, uma regulamentação geral da União **sobre a questão de isolamento**, sobre o necessário tratamento técnico-científico dessa pandemia gravíssima, que vem aumentando o número de mortos a cada dia.[1681]
> [...]
> O presente caso revela muito bem a necessidade de definir urgentemente os contornos das competências dos entes da federação no âmbito do federalismo cooperativo da Constituição Federal. É **intuitivo que medidas como o isolamento e a quarentena, que são recomendadas pela Organização Mundial da Saúde, possam ser tomadas por todas as pessoas que tenham competência material para cuidar da saúde**, nos termos do art. 23, II, da CRFB e, mais especificamente ainda, do art. 198, I, da CRFB.[1682]

[1680] URBANO, 2016, p. 364, nota de rodapé n. 2.
[1681] ADI nº 6.341 MC-Ref/DF, p. 25.
[1682] ADI nº 6.341 MC-Ref/DF, p. 45.

[...]
Já até disse, esses dias, comentando todo esse desarranjo no âmbito da Administração, que o Presidente da República dispõe de poderes, inclusive, para exonerar o ministro da Saúde, **mas não dispõe de poder para exercer política pública de caráter genocida**. É claro que o texto constitucional lhe isso veda de maneira cabal. Por isso, se algum decreto viesse, por acaso, **a flexibilizar**, de modo a colocar em risco a saúde pública, **certamente precisaria ser contestado**.[1683]
[...]

(g) não era do desconhecimento de ninguém que a União não desejava promover o *lockdown* horizontal, mas apenas o *lockdown* vertical, priorizando o exercício da atividade econômica pelos mais jovens, considerados mais saudáveis, bem como viabilizando as condições materiais para o fortalecimento do SUS, notadamente nos Estados-membros, Municípios e Distrito Federal. Sem adentrar no erro ou acerto dessa medida – até porque, em diversos países, o êxito ou o malogro na redução do número de mortes ocorria com ou sem a adoção do lockdown horizontal[1684] –, não se discute que ela era constitucionalmente legítima, porém o que causou estranheza foi o destaque dado pelos ministros à política adotada pela União, chegando até mesmo a denominá-la com uma terminologia midiática ou político-partidária: genocida. Dessa forma, havia uma nítida preocupação em reduzir, para dizer o mínimo, o poder de definição e coordenação da União no enfrentamento da pandemia, o que pode ser facilmente deduzido no seguinte excerto do voto do ministro Alexandre de Moraes:

[...]
Parece-me que, com a decisão, o decreto presidencial é válido, porém os decretos estaduais e municipais que forem mais restritivos, no âmbito das respectivas competências, serão também válidos. Foi precisamente o que decidimos na ADPF, exatamente **para evitar que [o] decreto federal entenda que tudo é essencial e acabe liberando o isolamento**.[1685]

[1683] ADI nº 6.341 MC-Ref/DF, p. 59.
[1684] LOIOLA, 2021, p. 41-42.
[1685] ADI nº 6.341 MC-Ref/DF, p. 146.

(h) dessa forma, operou-se a ausência de uma coordenação nacional na aquisição de bens ou na contratação de serviços, o que traria mais economicidade e controle nas medidas de enfrentamento da Covid-19. Destacando-se, nesse ponto, a mera transferência de recursos da União para os Estados-membros, Municípios e ao Distrito Federal, aliás, cumpre destacar que mais de 5.600 gestores públicos passaram a contratar sem licitação (contratação direta), nos termos dos artigos 4º e 4º-A a 4º-I, da Lei nº 13.979/2020. Portanto, a mudança de entendimento do STF trouxe enorme prejuízo ao país e, notadamente, à liberdade dos cidadãos, porquanto, a pretexto de combate à Covid-19, alguns prefeitos e governadores tomaram medidas totalmente incompatíveis com a Lei nº 13.979/2020 e, sobretudo, com a CRFB, tais como prisões arbitrárias, invasões de domicílio ou fechamento de atividades essenciais devidamente respaldadas por decreto federal, evidenciando-se a naturalização de medidas que sequer seriam contempladas na hipótese de Estado de Defesa ou Estado de Sítio;

(i) aliás, diante do confinamento ou cerceamento da liberdade de pessoas, o TCP no Acordão nº 424/2020[1686] julgou inconstitucionais normas que impuseram o confinamento obrigatório, aliás, por 14 dias, de passageiros que desembarcassem na Região Autônoma dos Açores. Todavia, no Brasil, as meras declarações de emergência em saúde e de calamidade pública,[1687] conforme entendimento de muitos governadores e prefeitos autorizariam, por meio da Portaria Interministerial dos Ministérios da Justiça e Segurança Pública e da Saúde nº 05/2020[1688] – posteriormente, essa portaria foi revogada pela Portaria Interministerial dos Ministérios da Justiça e Segurança Pública e da Saúde nº 09/2020,[1689] mas sem que alterasse o estado de coisas, isto é, prefeitos e governadores mantiveram seus impulsos despóticos sobre as liberdades públicas –, medidas restritivas de liberdades,[1690]

[1686] PORTUGAL, 2020.
[1687] BRASIL, 2020.
[1688] BRASIL, 2020.
[1689] BRASIL, 2020.
[1690] Cumpre lembrar que o governo federal questionou essas medidas, todavia, não obteve êxito. Nesse sentido, vide: BRASIL, 2021.

algo, totalmente incompatível com a ordem constitucional, salvo em situações excepcionais (artigo 139, inciso II, da CRFB). Nesse ponto, vale destacar o seguinte: ainda que não se considere adequado o tratamento constitucional dispensado às situações excepcionais de legalidade extraordinária (Estado de Sítio[1691]), não há como consentir que o artigo 3º da Lei nº 13.979/2020 tenha autorizado a prisão dos cidadãos como medida de combate à Covid-19, de maneira que o arbítrio de autoridades públicas foi lastreada com evidente indeterminabilidade normativa, pois, a despeito de a matéria exigir – precisamente no combate à pandemia – *forte dimensão peritocrática*[1692] e, portanto, sem expressa disposição legal, não haveria – e nem há – como arrimar uma compreensão que levasse ao entendimento de que haveria regularidade jurídica de eventual cerceamento da liberdade dos cidadãos, isto é, prisões de pessoas localizadas em praças, calçadas, parques, praias, lojas *etc*. Por isso, cumpre destacar esta importante advertência: "[é] necessário que se respeite o princípio da precisão e determinabilidade das leis, ou seja, há obrigações de densificação normativa que são vistas como requisitos da constitucionalidade das normas enquanto estabelecem critérios de conduta e consequentes medidas de controle".[1693] A ausência de parâmetro normativo adequado gera margem para medidas arbitrárias e, mais que isso, compromete qualquer linha de atuação pautada na racionalização das medidas administrativas; e

(j) a ADI nº 6.341/DF comprova que na sociedade do (des)conhecimento a atuação judicial requer cuidado para não exercer alguma forma de protagonismo autista, sobretudo, quando se revelar incompatível com a natureza do dilema social abrangente enfrentado pela gestão pública, justamente porque, na ausência de parâmetros seguros sobre os rumos da ação pública, tal como se observou com a Covid-19, não se revela aconselhável qualquer defesa da superposição decisória do Poder Judiciário que vá além dos limites da própria normatividade, isto é, que prestigie uma decisão

---

[1691] SILVA, 2014, p. 635.
[1692] LOUREIRO, 2020, p. 431.
[1693] LOUREIRO, 2020, p. 796.

judicial de caráter eminentemente político para o desenlace de problemática de cunho político-administrativo.[1694] Vê-se que atuação judicial pode ter contribuído – quiçá decisivamente – para a ausência de racionalidade nos procedimentos ou tratamentos destinados ao combate à covid-19, gerando ainda mais conflitos político-administrativos no cenário nacional, inclusive com efeitos desastrosos à saúde, economia e gestão fiscal do Estado.

Em nova frente decisória, aliás, de extrema importância para a proteção social brasileira, o STF, por meio do MI nº 7.300/DF, patrocinada pela DPU, abriu mais uma fissura na estrutura que sustenta o princípio da separação dos poderes no Brasil, porquanto determinou a instituição de renda básica, de caráter não universal, cujos parâmetros concessivos não foram escrutinados pelo Legislativo e, muito menos, decantados pelo Poder Executivo, notadamente em função dos limites financeiros do Estado. A temática, induvidosamente, exige adequado tratamento jurídico, haja vista seus relevantes propósitos, contudo, o STF avançou os limites da atuação judicial. Nesse ponto, cumpre transcrever a decisão de julgamento, nestes termos:[1695]

> Decisão: O Tribunal, por maioria, concedeu parcialmente a ordem injuncional, para: i) determinar ao Presidente da República que, nos termos do art. 8º, I, da Lei nº 13.300/2016, implemente, "no exercício fiscal seguinte ao da conclusão do julgamento do mérito (2022)", a fixação do valor disposto no art. 2º da Lei nº 10.835/2004 para o estrato

---

[1694] O que não é difícil de ser verificado, pois, negando a possibilidade de superposição decisória da União sobre as medidas de enfrentamento da Covid-19, haja vista a técnica da prevalência de interesses regionais ou locais, o STF tem defendido, por meio de filigranas processuais, a superposição decisória dos Estados-membros sobre os Municípios, justamente o que foi vedado à União, sobre determinadas matérias, em relação aos Estados-membros, Municípios e Distrito Federal. Portanto, na batalha dos decretos, os governadores prevalecem sobre os prefeitos. Nesse sentido, entre outros, *vide*: (a) BRASIL. STF. Reclamação nº 40.426/SP. Decisão Monocrática. Ministra Relatora: Cármen Lúcia. Brasília/DF, julgamento em 7 maio 2020. Disponível em: http://portal.stf.jus.br/processos/downloadPeca.asp?id=15343060920&ext=.pdf. Acesso em: 31 ago. 2021; (b) BRASIL. STF. Reclamação nº 40.130/PI. Decisão Monocrática. Ministra Relatora: Rosa Weber. Brasília/DF, julgamento em 8 maio 2020. Disponível em: http://portal.stf.jus.br/processos/downloadPeca.asp?id=15343052049&ext=.pdf. Acesso em: 31 ago. 2021; e (c) BRASIL. STF. Reclamação nº 40.366/SP. Decisão Monocrática. Ministra Relatora: Rosa Weber. Brasília/DF, julgamento em 8 maio 2020. Disponível em: http://portal.stf.jus.br/processos/downloadPeca.asp?id=15343052048&ext=.pdf. Acesso em: 31 ago. 2021.

[1695] BRASIL. STF. MI nº 7.300/DF. Órgão Julgador: Plenário. Ministro Relator: Marco Aurélio. Relator para o Acórdão: Gilmar Mendes. Brasília/DF, julgamento em 27 abr. 2021. Disponível em: http://portal.stf.jus.br/processos/detalhe.asp?incidente=5886456. Acesso em: 2 jul. 2021.

da população brasileira em situação de vulnerabilidade socioeconômica (extrema pobreza e pobreza - renda *per capita* inferior a R$ 89,00 e R$ 178,00, respectivamente - Decreto nº 5.209/2004), devendo adotar todas as medidas legais cabíveis, inclusive alterando o PPA, além de previsão na LDO e na LOA de 2022; e ii) realizar apelo aos Poderes Legislativo e Executivo para que adotem as medidas administrativas e/ou legislativas necessárias à atualização dos valores dos benefícios básico e variáveis do programa Bolsa Família (Lei nº 10.836/2004), isolada ou conjuntamente, e, ainda, para que aprimorem os programas sociais de transferência de renda atualmente em vigor, mormente a Lei nº 10.835/2004, unificando-os, se possível. Tudo nos termos do voto do ministro Gilmar Mendes, Redator para o acórdão, vencidos os ministros Marco Aurélio (Relator), Edson Fachin, Rosa Weber e Ricardo Lewandowski. Plenário, Sessão Virtual de 16.4.2021 a 26.4.2021.

Aqui, o que se contesta não é o propósito do julgado constitucional e muito menos o reconhecimento da demora na implementação da lei, sem falar que a ideia de renda básica, de caráter não universal, é expressamente defendida nesta obra, mas sim a ingerência judicial sobre questões que vão muito além do mero prognóstico dos julgadores sobre a viabilidade financeira de determinados encargos da sociedade. Aliás, nem mesmo a própria legitimidade democrática da determinação judicial é questionada, o ponto de discórdia é aceitação da *expertocracia judicial* – uma relação perigosa entre pretenso *saber* e o destemido exercício do *poder* – como fundamento para a resolução de dilemas sociais abrangentes.

No caso, muito embora tenha sido voto vencido, o ministro Marco Aurélio estabelecia até mesmo valor da renda básica, a saber, 01 SM, até que o Poder Executivo disciplinasse a matéria, ou seja, a atuação judicial consagraria um parâmetro pecuniário sem adentrar no juízo analítico das forças econômicas do Estado. Aqui, cumpre advertir: o fato de todos os direitos serem positivos não autoriza a interpretação de que todos eles estejam igualmente convocados à implementação pela ação pública, muito menos, pela via da determinação judicial, a despeito da fantasiosa compreensão que se tem da justiciabilidade dos direitos: *um mundo feito por sentenças*. Dito de outro modo, dizer que os direitos civis e políticos também são onerosos – o que costuma não ser observado em função de sua *naturalidade*[1696] e sem falar que "o complexo conceito de 'direitos sociais' é polissêmico, indeterminado e,

---

[1696] BOTELHO, 2015, p. 270.

sem dúvida, impreciso[1697]" –, não quer dizer que qualquer direito social estaria plenamente justificado a partir da afirmação genérica sobre os custos dos direitos.

Por isso, em qualquer caso, impõe-se o escrutínio dos poderes constituídos, notadamente do Poder Executivo, que deverá equacionar as possibilidades financeiras na implementação dos direitos positivos. Aliás, é possível afirmar que o relativo sucesso do PBF na redução da pobreza[1698] e o orçamento extremamente engessado foram, em grande medida, os motivos da demora na implementação da Lei nº 10.835/2004, mesmo diante de governos com viés populista, notadamente à esquerda do espectro político.[1699] Não há dúvida de que o país deve enfrentar efetivamente a questão da pobreza – aliás, a problemática decisiva da socialidade –, porém ela não pode advir de [exclusivos] juízos analítico-compreensivos de decisores judiciais. Por isso, soa como mera retórica constitucional e, portanto, uma forma de proselitismo político, o seguinte excerto do voto do ministro Marco Aurélio, nestes termos:[1700] "[a] reserva do possível não pode limitar direitos básicos, entre os quais os aqui versados, nem privar o indivíduo de dignidade considerado o mínimo existencial, sob pena de esvaziar a própria força normativa da Constituição Federal".[1701] Explica-se: uma decisão judicial geralmente acarreta aumento de despesa, notadamente no caso do MI nº 7.300/DF, logo, a gestão fiscal do Estado deverá eleger prioridades em um orçamento já extremamente engessado. Portanto, se a riqueza não aumenta, tão somente, em função dessa decisão, não há dúvida de que outros pontos sensíveis da socialidade poderão ser afetados com o seu cumprimento. Desse modo, resulta fácil perceber que o atendimento do *mínimo existencial,* o que inclui as dificuldades na delimitação do seu sentido e alcance,[1702] como qualquer outro direito, resulta das

---

[1697] BOTELHO, 2015, p. 271.
[1698] RAVALLION, 2016, p. 471.
[1699] Vale lembrar que ausência de implementação da lei atravessou os governos dos ex-presidentes Luís Inácio Lula da Silva (dois mandatos, de 1º de janeiro de 2003 até 1º de janeiro de 2011), Dilma Rousseff (dois mandatos – porém com impeachment no segundo mandato –, de 1º de janeiro de 2011 até 31 de agosto de 2016) e Michel Temer (por conta do impeachment, de 31 de agosto de 2016 a 1º de janeiro de 2019), alcançando, inclusive, o mandato do presidente Jair Messias Bolsonaro, que se iniciou em de 1º de janeiro de 2019.
[1700] BRASIL. STF. MI nº 7.300/DF. Órgão Julgador: Plenário. Ministro Relator: Marco Aurélio. Relator para o Acórdão: Gilmar Mendes. Brasília/DF, julgamento em 27 abr. 2021. Disponível em: http://portal.stf.jus.br/processos/downloadPeca.asp?id=15347414189&ext=.pdf. Acesso em: 02 set. 2021.
[1701] MI nº 7.300/DF, p. 11.
[1702] TORRES, 2008, p. 85.

possibilidades financeiras do Estado, senão todo país cumpriria essa demanda sem qualquer embaraço, portanto, independentemente de sua situação econômica. Contudo, isso não quer dizer que a renda mínima não possa ser implementada, mas não sem alterações no quadro dos gastos sociais, inclusive com evidentes reflexos orçamentários, acarretando uma ainda maior *batalha dos orçamentos*.

Felizmente, o entendimento do ministro Marco Aurélio restou superado, amenizando, em parte, os impactos da adoção da *teoria concretista* do MI na jurisprudência do STF.[1703] Assim, destaca-se ligeiro excerto de voto do ministro Gilmar Mendes, nestes termos:

> [...] pontue-se que o Estado não pode ser segurador universal e distribuir renda para todos os brasileiros, independentemente da condição socioeconômica do beneficiário da política social (art. 3º, III, 6º e 23, VI, da CF).
>
> Com todas as vênias, a apontada omissão inconstitucional deve ser suplantada de acordo com o art. 3º, II, c/c art. 6º da Constituição Federal, de sorte a instituir benefício assistencial de renda mínima a quem, efetivamente, depende de auxílio estatal, o que não pode significar a concessão de renda universal para toda a população brasileira.[1704]

[1703] Para uma evolução cronológica quanto ao alcance do MI, ou seja, da superação da *teoria não concretista* para a adoção da *teoria concretista* pelo STF, vide: (a) BRASIL. STF. MI nº 107- QO/DF. Órgão Julgador: Plenário. Ministro Relator: Moreira Alves. Brasília/DF, julgamento em 23 nov. 1989. Disponível em: https://redir.stf.jus.br/paginadorpub/paginador.jsp?docTP=AC&docID=81908. Acesso em: 9 set. 2021; (b) BRASIL. STF. MI nº 283/DF. Órgão Julgador: Plenário. Ministro Relator: Sepúlveda Pertence. Brasília/DF, julgamento em 20 mar. 1991. Disponível em: https://redir.stf.jus.br/paginadorpub/paginador.jsp?docTP=AC&docID=81766. Acesso em: 9 set. 2021; (c) BRASIL. STF. MI nº 232/DF. Órgão Julgador: Plenário. Ministro Relator: Moreira Alves. Brasília/DF, julgamento em 2 ago. 1991. Disponível em: https://redir.stf.jus.br/paginadorpub/paginador.jsp?docTP=AC&docID=81759. Acesso em: 9 set. 2021; (d) BRASIL. STF. MI nº 284/DF. Órgão Julgador: Plenário. Ministro Relator: Marco Aurélio. Relator para o Acórdão: Celso de Mello. Brasília/DF, julgamento em 22 nov. 1991. Disponível em: https://redir.stf.jus.br/paginadorpub/paginador.jsp?docTP=AC&docID=81767. Acesso em: 9 set. 2021; (e) BRASIL. STF. MI nº 670/DF. Órgão Julgador: Plenário. Ministro Relator: Maurício Corrêa. Relator para o Acórdão: Gilmar Mendes. Brasília/DF, julgamento em 25 out. 2007. Disponível em: https://redir.stf.jus.br/paginadorpub/paginador.jsp?docTP=AC&docID=558549. Acesso em: 09 set. 2021; (f) BRASIL. STF. MI nº 708/DF. Órgão Julgador: Plenário. Ministro Relator: Gilmar Mendes. Brasília/DF, julgamento em 25 out. 2007. Disponível em: https://redir.stf.jus.br/paginadorpub/paginador.jsp?docTP=AC&docID=558551. Acesso em: 09 set. 2021; e (g) BRASIL. STF. MI nº 758/DF. Órgão Julgador: Plenário. Ministro Relator: Marco Aurélio. Brasília/DF, julgamento em 1 jul. 2008. Disponível em: https://redir.stf.jus.br/paginadorpub/paginador.jsp?docTP=AC&docID=550429. Acesso em: 9 set. 2021.

[1704] MI nº 7.300/DF, p. 53.

De todo modo, trata-se de precedente perigoso, pois a *expansão normativa* dos direitos sociais nos textos constitucionais e infraconstitucionais, conforme os prognósticos da intervenção judicial, fará com que a sociedade civil exerça, cada vez mais, uma pressão sobre os processos decisórios do STF, que não terá dificuldades para justificar sua intervenção nas atividades típicas do Poder Executivo, independentemente dos juízos analíticos das possibilidades fiscais do Estado, por meio de decisões manipulativas, até mesmo de caráter substitutivo, o que interfere diretamente na escolha discricionária do Parlamento[1705] – e, mais adiante, do próprio Poder Executivo –, ainda que se arvore a exceção da redução da discricionariedade judicial a zero,[1706] conforme a lógica da solução constitucional obrigatória (*a rime obligate*), pois o juízo analítico sobre o reconhecimento dela não é indene de subjetivismos do julgador e, portanto, de alguma forma de discrição. Aliás, a pressão da sociedade civil é fácil de ser constatada, pois, em 2007, à época da efetiva consolidação da teoria concretista, o STF possuía um número inexpressivo de MI, porém, em 2021, a demanda se encontra na ordem dos milhares, como bem denuncia o MI nº 7.300/DF, sem falar, como prova disso, no próprio advento da Lei nº 13.300/2016, que disciplina o processo e o julgamento dos mandados de injunção individual e coletivo. Nesse contexto, que consagra a justiciabilidade dos direitos sociais como uma forma de panaceia para os dilemas da socialidade, a pretensão de correção material de uma controvérsia jurídica tende a resultar totalmente indiferente às possibilidades econômico-financeiras da sociedade.

Diante dessas considerações, resulta importante destacar que a atuação do Poder Judiciário pode representar um sério instrumento de instabilidade institucional, criando embaraços insolúveis no plano da ação administrativa. Além disso, o fato de o direito não ter respostas concretas para questões extrajurídicas, longe de denunciar qualquer vulnerabilidade jurídico-dogmática, apenas reafirma a importância de sopesar bastante qualquer mudança de rota sobre o que compete ao direito responder.

[1705] FERNANDES, 2018, p. 60.
[1706] FERNANDES, 2018, p. 231.

6.2.2 Proposições

> "A dor e o sofrimento humanos provocados pela miséria e pela privação não se resolvem com uma deserção do Estado, embora também não se solucionem pondo no Estado todo o enlevo e toda a esperança."[1707]

Antes de apostar desmedidamente nas soluções advindas das fórmulas jurídicas, seria mais conveniente enxergar a partir delas as condições de possibilidades das respostas extrajurídicas que possam atender às demandas da socialidade. Desse modo, supera-se o lamentável inconveniente de vislumbrar no reino das garantias jurídicas, geralmente estéreis, o caminho pretensamente seguro para viabilizar a estabilidade fiscal e, com ela, a própria proteção social, com particular destaque à proteção previdenciária em uma sociedade hipermoderna. Tendo em vista essa relevante premissa, cumpre ventilar o seguinte:

(a) *na sociedade do conhecimento toda expertise é duplamente limitada* – o desconhecimento compreende um componente importante na compreensão das medidas adotadas pela gestão pública, de maneira que a segurança dos parâmetros jurídicos, tão evidenciada pela verborragia discursiva da normatividade constitucional, pouco pode fazer para suprimir a incerteza que rodeia o processo político-administrativo de implementação dos direitos positivos. Por isso, em caso de dúvida sobre os prognósticos da ação pública, as controvérsias não devem ser solucionadas em detrimento da posição do Parlamento.[1708] A falta de cognição sobre os resultados da ação pública é primeira a grande barreira do desconhecimento. Não se trata de dilema relacionado à transparência administrativa, porque isso pode ser contornado pelas instituições públicas e privadas, mas à ausência de conhecimento sobre o êxito da ação pública, pois as tarefas da gestão pública, tendo em vista objetivos abrangentes em diversas áreas da socialidade, não se submetem ao fantasioso prognóstico do *humanista*

[1707] LOUREIRO, 2010, p. 11.
[1708] MONIZ, 2020, p. 54.

inconsequente, isto é, não se trata de defender uma atuação *caridosa*, mas onerosa, com desastrosos efeitos em curto ou médio prazo. A problemática se refere à própria impossibilidade de tratar de temáticas que não têm uma conexão direta com a ortodoxia legal da ação pública, tais como crises econômicas, desastres naturais, crises sanitárias ou colapso demográfico. Outro ponto, é a *procedimentalidade dos meios* e a *superficialidade da solução jurídica*. O direito alcança apenas as soluções mapeadas pela processualidade, que externaliza os comandos compatíveis com os institutos conhecidos pela técnica jurídica para, mais adiante, atingir outras searas da ação pública, aliás, decisiva, destinadas à implementação dos direitos positivos. A linguagem jurídica é limitada para *materializar* o gozo de direitos, mas razoavelmente exitosa para *expedir* comandos sobre o gozo deles, porém, tal fato não expressa qualquer novidade e nem mesmo uma debilidade performática do direito, a questão é de outra ordem: admitindo-se os limites da razão jurídica no universo dos desafios impostos pela normatividade constitucional, então, por que motivo ela teria o condão de aplacar as demais compreensões sobre o mesmo fenômeno? Ademais, a solução jurídica é superficial por dois aspectos: (1) uma solução *top-down*; (2) uma estrutura *bottom-up*. No primeiro caso, o processo decisório judicial não tem meios para abarcar o extenso universo das dificuldades técnico-operacionais de suas determinações e isso pode ser facilmente constatado caso a caso, como bem exemplifica a ADPF nº 347[1709] e o malogrado instituto do ECI para solucionar os dilemas do sistema penitenciário;[1710] no segundo, não há como a ciranda jurídica capitanear os meios disponíveis a partir da lógica interna do próprio direito, pois as condições de possibilidades que materializam o direito têm sua base constitutiva em outras áreas do saber, notadamente, economia e política. Diante dessas constatações, defende-se uma Ciência Jurídica mais humilde, que reconheça, a despeito da posição ímpar entre as ciências sociais, que os planos abrangentes da ação pública, ainda que os imperativos da normatividade constitucional possam presumir ou desejar,

---

[1709] BRASIL, 2015.
[1710] MAGALHÃES, 2019, p. 31.

não são capitaneados nos estritos limites do direito, porquanto seria reduzir o amplo universo da existência humana em uma discussão jurídica, pretensamente categorizada pelos seus nobres propósitos de justiça;
(b) *nem o direito é o código da sociedade, nem o tribunal é o seu oráculo* – a problemática que envolve a juridicidade, precisamente no plano externo ao direito (contextual), na qual discute "as condições histórico-culturais codeterminantes do sentido do direito, do seu sentido e mesmo da sua possibilidade",[1711] não é dirimida pelo plano interno do direito (diretamente jurídico), a despeito da complexidade teórica da Ciência Jurídica, porquanto as imbricações entre os planos convergentes comportam espaços complexos de autonomia compreensiva e, sobretudo, operativa em uma sociedade hipermoderna. Desse modo, o conhecimento descortinado pela interação entre esses planos, nos quais são verificados os fatores codeterminantes das condições de possibilidade do próprio direito, revelam importantes notas conflitivas de assincronia cognitiva, que denunciam o vasto universo desconhecido entre eles, expondo, assim, a quão pretensiosa é a defesa de uma relação de sobreposição do plano interno sobre o plano externo e vice-versa. A convergência entre os planos, que decorre de uma *razão operacional,* não corporifica um fundamento teórico-prático de qualquer dirigismo pretensamente iluminista da razão jurídica, aliás, não raramente empreendido por magistrados, o que, aliás, é nitidamente combatido pela perspectiva doutrinária de Castanheira Neves. Como os dilemas sociais abrangentes são multidisciplinares, e extremamente contingenciais e complexos, há sempre uma dimensão compreensiva ou operativa do direito incapaz de acompanhar o progresso de outras searas do saber humano. É nesse contexto que exsurge, inclusive com maior impulso semântico, a ideia de que a sociedade do conhecimento flerta mais com o desconhecimento que propriamente com a sua capacidade de conhecer, até porque o desconhecimento é permanente e, ao revés, o conhecimento é transitório. Diante desse quadro, o papel do direito não é dos mais cômodos, porque, por um lado, a sua autonomia exige a realização de

---

[1711] NEVES, 2008, p. 12.

processos decisórios integrativos – mesmo que sua intencionalidade prático-normativa não se renda às teleologias externas, tais como políticas, sociais ou econômicas[1712] –, aliás, decorrentes de interesses imensamente conflitivos, mas, por outro lado, a imagem que o direito revela – conforme os regulares processos decisórios judiciais – pode não traduzir a segurança jurídica que o sistema requer, ainda que possa traduzir uma resposta aceitável ou mesmo elogiável em face do ordenamento jurídico. Explica-se: dizer a última palavra, que também pode ser provisória, nada esclarece sobre a utilidade prática da decisão diante de searas do saber humano que não compreendem ou não se rendem aos prognósticos da juridicidade, não porque elas estejam à margem do direito, mas porque a dinâmica operativa delas, inclusive por razões totalmente funcionais, é incompatível com a imperatividade dos comandos, por mais nobres que eles sejam, de maneira que, nos casos-limite, tais como emergência financeira, recessão econômica ou graves crises sanitárias, nada pode fazer a gestão para cumprir comandos que, a despeito de sua justiça material e da pretendida autonomia do direito, sobretudo, diante do funcionalismo jurídico,[1713] não são factíveis, ou simplesmente contraproducentes, diante dos objetivos pretendidos. Defende-se que aceitar o limite do direito não é negá-lo, muito menos a sua autonomia (autossubsistência de sentido[1714]), mas destacar que a sua humildade – pelo menos no seu campo prático-normativo – costuma gerar maiores benefícios à sociedade, pois não se trata de uma crítica ao Direito em si e ao *jurisprudencialismo* em particular, mas, simplesmente, a necessidade de colocá-los no plano inarredável da sociedade do (des)conhecimento. Afinal, o Direito, na sua normatividade específica – e, portanto, no campo definido de sua juridicidade –, se delimita na sua intencionalidade, tendo em vista as suas possibilidades no universo da realidade humana[1715] e, por certo, é nesse sentido que se observa o limite do direito quando da abertura política

---

[1712] NEVES, 2012, p. 50.
[1713] NEVES, 2012, p. 24.
[1714] NEVES, 2012, p. 21.
[1715] NEVES, 2012, p. 76.

e econômica nos julgados constitucionais. O dilema, contudo, reside na definição da autonomia do direito – conforme os prognósticos de "índole axiológico-normativa especificamente jurídica[1716] – nos dilemas concretos da socialidade, haja vista a limitada capacidade de controle, por meio da reflexão teórica, sobre o conteúdo dos processos decisórios da jurisdição constitucional, especialmente quando a construção teórica não desenvolve, a despeito de sua coerência interna, qualquer juízo analítico sobre casos concretos. Nesse ponto, deve-se indagar: seria uma forma de funcionalismo jurídico (instrumentalização política[1717] ou econômica), com a consequente supressão da autonomia material e intencional do direito[1718] – ou mera *prática racional*, portanto, sem considerar o que deve ser feito, mas apenas o que pode ser feito e o que terá de ser feito para chegar a determinados fins[1719] – admitir os limites do direito diante da comprovada escassez da ação pública? A negativa se impõe, senão seria a defesa de mero *autismo judicial* e não propriamente uma deferência "às referências culturais, aos fundamentos de validade e aos critérios normativos".[1720] Dito outro modo: o direito como reduto intocável ou inabalável[1721] na sua "específica intencionalidade"[1722] pode ser uma miragem em diversos aspectos prático-funcionais relacionados aos componentes multidisciplinares dos dilemas sociais abrangentes, o que pode levar, em caso-limite, a uma compreensão teórica simplesmente autista, sem falar que a *racionalidade política*, que é muito discutida nos dilemas relacionados à escassez, não se confunde com a *racionalidade jurídica*.[1723] Assim, ainda que se possa questionar, argutamente, a emergência de um

---

[1716] NEVES, 2012, p. 24.
[1717] NEVES, 1998, p. 26.
[1718] NEVES, 1998, p. 17.
[1719] NEVES, 2012, p. 40.
[1720] NEVES, 2012, p. 41.
[1721] Isto é, "[...] que a ordem do direito, como *ordem de validade*, não será simplesmente uma ordem social de institucionalização e organização de poderes ou critério apenas de uma estratégia de objectivos sociais e de conflitos de interesses, e que na sua intencionalidade e estrutura manifesta uma normatividade que assimila regulativa e constitutivamente valores e princípios e não simplesmente fins, e em que o *a priori* do fundamento não cede ao *posteriorius* dos efeitos" (NEVES, 2013, p. 57).
[1722] NEVES, 2012, p. 65.
[1723] URBANO, 2016, p. 368.

direito como "resultado normativo de uma *voluntas* política orientada por um finalismo de oportunidade e sob soberanos compromissos estratégico-sociais",[1724] o fato é que os dilemas concretos da socialidade, cujas respostas devam ser imediatas diante de uma ambiência de notória intranquilidade político-administrativa, dificilmente se prendem aos prognósticos abstratos de específico fundamento de validade, especialmente quando esses prognósticos não encontram amparo material na dura realidade de escassez dos Estados hipermodernos, mesmo que eles estejam arrimados em uma intencionalidade normativa que afirme a autonomia do direito. Por isso, o processo decisório (decisão judicativa) "haverá de ser tanto normativo-juridicamente fundado (em referência aos sistema) como problemático-concretamente adequado (em referência ao caso decidendo)",[1725] contudo, isso não garante o melhor juízo de adequação entre a solução do dilema jurídico diante das possibilidades concretas do dilema social abrangente, isto é, compreende uma pretensão de correção material a partir da lógica interna do direito, mas não das condições gerais da sociedade, nas quais se inserem os limites financeiros do Estado, notadamente diante do limiar da exasperação das forças normativas legítimas destinadas à promoção da imposição tributária (artigo 150, inciso IV, da CRFB). E, nesse cenário, restam muito claros os limites do direito, logo, por mais que se defenda "que o direito não será política, mas validade; não será estratégia, mas normatividade; não actuará por decisão de alternativas, mas por juízo de fundamentante validade normativa",[1726] é possível questionar, diante dessa "concreta e material realização do direito",[1727] o seguinte: se o resultado dessas premissas – que são de indiscutível refinamento teórico – se revelar desastroso em termos práticos? Por certo, não será o direito a resolução do dilema, daí a clara compreensão de que o direito, como oráculo da sociedade, eleva em demasia a correção material dos julgados constitucionais em detrimento

---

[1724] NEVES, 2012, p. 69.
[1725] NEVES, 2012, p. 71.
[1726] NEVES, 2012, p. 75.
[1727] NEVES, 1998, p. 9.

das objetivas limitações da realidade diante dos dilemas sociais abrangentes, cujos efeitos não podem ser desprezados, ainda que realidade possa ser negada em função da estrita normatividade;

(c) *a responsabilidade política como gestão do (des)conhecimento* – a responsabilidade política não é apenas precaução – muito embora ela possa evitar alguns dilemas –, mas sim virtude, não por outro motivo que a política virtuosa é a chave de compreensão do progresso das nações, mas ela exige a gestão do conhecimento e, por isso, reconhece o desafio do desconhecido a partir do conhecido. Todavia, em outros tempos, essa assertiva jamais seria destinada a juízes ou tribunais, cujo complexo de competências apenas tangenciava o núcleo duro das relações políticas (*pure politics*[1728]), justamente porque a gestão da política, com ou sem êxito, era encarregada a outros planos da organização estatal. Contudo, a tentativa de solução jurídica para problemas políticos, arrimada no voluntarismo judicial por meio da normatividade constitucional, aliás, típico do neoconstitucionalismo,[1729] seguindo o *sonho feliz da tinta e do papel*, ganhou um assombroso espaço nas relações entre os poderes da República, que, ao fim e ao cabo, não resolveu o problema político, mas debilitou profundamente a realidade jurídica, pois se observa uma dualidade particularmente preocupante diante da constituição: (1) ou avança na dimensão política, já que o direito constitucional é um direito político (inclusive como grave ambiguidade do paradigma da legalidade[1730]) – muito embora não deva perder-se na *contingência do político*[1731] –, mas assumindo os riscos inerentes à legitimidade provisória dos mandatários do povo; e (2) ou se *conforma* à dimensão jurídica, na sua normatividade específica, no que reporta corretamente à sua *autonomia axiológico-normativa e na sua normatividade específica*,[1732] mas, indevidamente, com séria desconfiança de que poderia fazer mais por aquilo que entende ser o lugar da atuação judicial em uma sociedade hipermoderna. Para fugir dessa

---

[1728] HIRSCHL, 2007, p. 15.
[1729] CARBONELL, 2010, p. 156.
[1730] NEVES, 2012, p. 17.
[1731] NEVES, 2008, p. 53.
[1732] NEVES, 2008, p. 56.

dualidade, que assume ares de opções excludentes, impõe-se cada vez mais necessário o diálogo institucional, pois, a partir dele, será possível descortinar os perímetros voláteis dos poderes da República. Nesse ponto, cumpre arvorar o seguinte entendimento: os riscos da atividade política que dialoga com o desconhecido são tarefa do Poder Legislativo e do Poder Executivo, porquanto a atuação judicial não deve imiscuir-se no encargo de estabelecer pontes entre a ação pública e a solução *definitiva* para dilemas sociais abrangentes, pois a atuação [pretensamente] corretiva é diferente de atuação propositiva. A atuação de controle destinada a antecipar cenários inviáveis ou improváveis de prossecução do interesse público, mas extremamente gravosos à sociedade, ainda se encontra fincada no conhecido para evitar o desconhecido, o que é algo muito diverso de fazer proposições em que apenas os agentes da *política pura* têm o dever e o poder de propô-las, pois a legitimidade deles para o acerto, ou o erro, é periodicamente renovada e, portanto, consentida ou dissentida em função de resultados, pelo menos é o que se espera;

(d) *nem o direito é absoluto, nem a emergência financeira é soberana* – se a sociedade do conhecimento é, em grande medida, uma peleja contra o desconhecido (econômico, ambiental, cultural *etc.*); então para além da discussão teórica relativa à *reserva geral imanente de ponderação*[1733] incidente sobre os direitos fundamentais, o que já fragilizaria uma compreensão normativa inabalável da teoria imunizadora dos direitos adquiridos, urge uma releitura sobre o papel do direito diante da frenética dinâmica das relações jurígenas na sociedade. Não se trata, como bem advertido por Castanheira Neves, diante da *radical positivação do direito*, de qualquer defesa da *desmaterialização do direito*, ou da *radical anormatividade do direito*[1734] a partir de inferências funcionalizadoras da economia, mas uma nova forma de *substancialização de suas premissas teóricas*, de modo que a segurança jurídica de sua aplicação não decorreria de fundamentos legais definitivamente constituídos, mas da efetiva viabilidade de realidade normativa reconstituída diante dos dilemas *concretos da sociedade*, pois apenas a partir

---

[1733] NOVAIS, 2010, p. 103.
[1734] NEVES, 2008, p. 39.

dos dilemas *concretos do homem* – no sentido de *prática humana concreta*,[1735] na qual se impõe "a axiológica normatividade, a validade, que vai intencional e essencialmente no sentido do direito",[1736] – resulta possível firmar uma solução compatível com as realidades abrangentes, contingenciais e complexas da socialidade. Evitando-se, assim, que a ideia de anormalidade, excepcionalidade e extraordinariedade, cuja pavorosa semântica castiga a legitimidade dos atos públicos, assuma a compreensão pretensamente ordenadora da disciplina jurídica das questões que já não pertençam ao campo de batalha considerado excepcional pelo direito, isto é, a realidade normativa considerada extraordinária pode ser vista como o lugar comum de várias questões que não mais são resolvidas pelas diretrizes *dogmáticas* do passado. Essa perspectiva pode ser contestada nestes termos: "[...] o direito não é política, mas validade; não é estratégia e programa, mas normatividade; não é decisão de alternativas consequenciais, mas juízo de fundamentante validade normativa".[1737] A advertência é imperiosa, contudo, a defesa da autonomia do direito, na sua "intencionalmente específica problematicidade no universo prático",[1738] aliás, tão desejada, não pode transformá-lo em um *empreendimento autista* diante do fluxo intenso e conflitivo dos problemas sociais abrangentes, sobretudo, em uma ambiência de escassez.[1739] Normatividade sem realidade, mesmo quando decorrente de sofisticada e valiosa construção teórica, pode ser apenas uma via jurídica sem maior utilidade ou operacionalidade no campo das realizações concretas da ação pública, sobretudo, quando o direito é instrumentalizado pela política e, com isso, a

---

[1735] NEVES, 2012, p. 63.
[1736] NEVES, 2008, p. 59.
[1737] NEVES, 2008, p. 68.
[1738] NEVES, 2013, p. 41.
[1739] Nesse ponto, transcreve-se uma esclarecedora passagem: "[...] ao falar de 'autonomia' (autonomia do direito) pretendo naturalmente referir-me a uma sua autossubsistência de sentido e não menos à sua autoafirmada especificidade já intencional nos fundamentos, já teleológica nos critérios, já de material determinação nos conteúdos – sem excluir decerto a possível, a necessária integração no global universo prático-humano: se o direito for aí autónomo, no seu sentido e na sua manifestação, nem por isso deixará de ser obviamente elemento desse universo" (NEVES, 2012, p. 21). Desse modo, o dilema não se encontra nos engendros teórico-normativos do autor, mas, e isso se aplica a qualquer teoria, no que seja levado a fazer a partir deles.

orientação intencional de *politicização* da juridicidade.¹⁷⁴⁰ Por certo, as diretrizes dogmáticas da autonomia do direito não foram abaladas pela hipermodernidade – pois não se trata de "uma autonomia normativística, é antes uma autonomia axiológico-normativa que de dinamiza reflexivamente num contínuo dialógico problemático-judicativo com a prática histórica dos casos decidendos"¹⁷⁴¹ –, mas como considerar os dilemas financeiros das nações como algo fora do prontuário de crise ou de gestão de riscos de todos os gestores, sem que isso não possua qualquer reflexo na construção dogmática do direito? Daí a importância da prática histórica subjacente a esses dilemas. Se o dilema é recorrente, ou mesmo persistente, sobretudo, diante das demandas tecnológicas crescentes no vasto universo da socialidade, qual seria a razão para defender a petrificação das bases teóricas desses dilemas, notadamente no espaço reservado aos direitos à prestação, a partir da fantasiosa estabilidade do *law in books* de outras épocas? Como os direitos não são absolutos, e nem as crises financeiras são soberanas; então, não há como consentir com a indiscutível manutenção de premissas teóricas do passado relacionadas à segurança jurídica, pois a real autonomia do direito – como solução possível diante dos dilemas concretos da socialidade – exige a superação do seu autismo teórico-científico de outras épocas;

(e) *a autocontenção não é a solução, mas a via de ação* – em uma democracia representativa, "a censura ao mérito político do exercício da função legislativa não cabe aos tribunais",¹⁷⁴² contudo, se o legislador não cumpre o seu papel constitucional, ou mesmo o faça de modo inadequado, há quem defenda a partir dos sedutores poderes do *neoconstitucionalismo*,¹⁷⁴³ por meio da dinâmica ponderativa dos princípios,¹⁷⁴⁴ fruto de "[...] uma visão obesa e colonizadora da ordem jurídica pelo direito constitucional e tendo os juízes como

---

¹⁷⁴⁰ NEVES, 2012, p. 41.
¹⁷⁴¹ NEVES, 2012, p. 61.
¹⁷⁴² MONIZ, 2020, p. 62.
¹⁷⁴³ Nesse ponto, vale esta breve advertência: "[a] diversidade de autores, concepções, elementos e perspectivas é tanta, que torna inviável esboçar uma teoria única do 'neoconstitucionalismo'" (ÁVILA, 2009, p. 187).
¹⁷⁴⁴ BARROSO, 2016, p. 93-94.

os seus profetas [...]",[1745] a intervenção judicial instituidora ou reguladora de direitos, portanto, direitos sem política, quando, ao revés, a implementação de tais direitos exigiria, em qualquer caso, o domínio político dos Poderes Legislativo e Executivo. Nesse contexto, não se observaria um direito *"axiológico-normativo* nos fundamentos, *prático-normativa* na intencionalidade e *judicativa* no modus metodológico".[1746] Então, nessa hipótese – a do neoconstitucionalismo, qual seria o grande feito do Poder Judiciário? O realce da simbologia do direito, apenas? Se o substrato material do direito, ou sua condição de possibilidade, é uma questão antecedente ao direito, daí a importância do suporte financeiro necessário à implementação dos direitos positivos, não há como consentir que o direito seja a alavanca de si mesmo, ainda que por meio do *diálogo problemático* entre a norma e as exigências normativas específicas do caso decidindo.[1747] Nesse ponto, curiosa é a posição dos princípios na realidade constitucional brasileira: antes, no positivismo, representava o oxigênio da Constituição, vivificando a morbidez normativa dos códigos;[1748] agora, no *neoconstitucionalismo*, assume ares totalmente alucinógenos, pois a *positividade* do direito não encontra mais limite no próprio direito, senão no psicologismo dos intérpretes, mormente, com a íntima conexão entre a profusão de direitos sociais e o ativismo judicial.[1749] Algo, aliás, que se revela patente na atuação judicial brasileira, a despeito do dever de coerência e constância no exercício da jurisdição, inclusive, como obrigação socialmente determinada em função da atividade exercida.[1750] O fato é que o ativismo judicial tem uma raiz centenária no ocidente, conforme a lógica de uma constituição viva submetida à interpretação judicial,[1751] na qual prestigie uma mudança na justiça, a saber, da *justiça legal* para uma *justiça social*,[1752] muito

---

[1745] LOUREIRO, 2013, p. 372.
[1746] NEVES, 1998, p. 32, grifo do autor.
[1747] NEVES, 1998, p. 39.
[1748] BONAVIDES, 2013, p. 298.
[1749] BOTELHO, 2017, p. 86.
[1750] TROPER, 2008, p. 140.
[1751] POUND, 1908, p. 615.
[1752] BRANDEIS, 1916, p. 461.

embora não se saiba propriamente o que seja isso diante dos limites do Direito. Todavia, a inflação da argumentação princiapialista, não reconhecendo a importância das regras ou mesmo desprezando o efeito prático da inexistência delas, assume ares de verdadeira manipulação retórica para afastar os condicionantes normativos previstos expressamente no ordenamento jurídico, acabando por reduzir a própria importância dos princípios constitucionais na resolução de casos.[1753] A *razão fundamentalista* da intervenção judicial, como via protetiva *única* e última da sociedade, é que criou esse estado de coisas. Desse modo, diante das incertezas que encerram a vida na sociedade do (des)conhecimento, a bússola da socialidade a partir do direito não passa de uma visão estreita da realidade, mas, na sua estreiteza, é detentor de singular autoridade nos rumos da ação pública, a saber, a pretensão de controle, mas não de definir o seu caminho. Por isso, o *critério da evidência* é tão importante no reconhecimento da ofensa aos princípios constitucionais, notadamente o da proporcionalidade.[1754] Então, para que serve a justiça? É uma questão difícil de responder, porque ela serve para muitas coisas, mas não para fazê-la de meio primeiro ou fim último da árdua tarefa de implementação dos direitos sociais. Aqui, impõe-se uma advertência: embora ciência possua meios para evoluir *linearmente*, tal compreensão não se observa na ideia de justiça, pois os mesmos *insights* e equívocos estão sempre à espreita no tempo;[1755] e

(f) *dos direitos adquiridos aos direitos inquiridos* – a era dos direitos adquiridos representou – e ainda representa – uma ideia conformadora de outros quadros da normatividade, nos quais as aspirações constitucionais expressavam conquistas contínuas a partir de prognósticos irreais de prosperidade ou igualdade, de maneira que os direitos adquiridos permaneceram, mas as bases materiais de sua exigibilidade estão, a cada dia, se esgotando. Com a relativização da teoria imunizadora dos direitos adquiridos, impõe-se a emergência dos *direitos inquiridos*, porque partejados pelos tribunais constitucionais –

[1753] NEVES, 2013, p. 135.
[1754] MONIZ, 2020, p. 59.
[1755] EPSTEIN, 2006, p. viii.

ou órgãos equivalentes –, a partir de condicionantes político-econômicos – com a observância dos necessários *tapumes normativos* de proteção dos direitos sociais, notadamente com a dinâmica compreensiva do núcleo essencial desses direitos, que não têm qualquer associação com a ludibriosa ideia de *direitos socialistas*, porquanto o Estado social não deve vincular-se a qualquer bandeira política e, assim, assumir o *status* de *patrimônio ideológico-cultural* de qualquer partido[1756] –, não representa uma rendição do jurídico ao político ou econômico, mas o reconhecimento dos limites do direito diante da escassez, assumindo, por meio dos diálogos institucionais, o fio condutor de uma nova dinâmica constitutiva ou implementadora dos direitos positivos, mais dialogal e, sobretudo, mais factual e, por isso, mais responsivo. Sabe-se que "[o] homem e a sua dignidade é o pressuposto decisivo, o valor fundamental e o fim último que preenche a inteligibilidade do mundo humano do nosso tempo",[1757] por isso, a ideia de direitos inquiridos não nega isso, pelo contrário, apenas reconhece que essa premissa não pode ser consagrada a uns em detrimento de outros.

[1756] BOTELHO, 2016, p. 200.
[1757] NEVES, 2012, p. 69.

CONSIDERAÇÕES FINAIS

*"La solidarité, en imposant l'idée de dette sociale,
enserre l'homme dans tout un réseau d'obligations."*[1758]

O desafio teórico-normativo da justiça intergeracional é, sem dúvida, uma questão constitucional da hipermodernidade, afinal, como "[r]eceptáculo de todas as promessas que o corpo social fez a si mesmo, a Constituição é, por excelência, o instrumento jurídico de ligação do futuro".[1759] No deslinde desse desafio, a imagem que persiste neste livro é que a teoria imunizadora corporifica uma verdadeira antítese da ideia de solidariedade.

Assim, a despeito da conexão com a dignidade humana, sobretudo, com o seu reconhecimento como fonte de direitos humanos,[1760] tendo em vista a longa caminhada de avanços e retrocessos da socialidade, a solidariedade costuma ser açoitada por duras restrições nos seus nobres propósitos em função da instrumentalização de direitos ou de institutos a partir da própria dignidade humana, justamente por reforçar parâmetros normativos egoísticos totalmente incompatíveis com a ideia de solidariedade previdenciária.

Com efeito, a teoria imunizadora dos direitos adquiridos pressupõe o dever de solidariedade, porque sem ele não haveria como viabilizar o gozo de benefícios egoísticos decorrentes da compreensão individualista da proteção social, porém, sem demora, os direitos adquiridos castigam os prognósticos da solidariedade previdenciária.

Desse modo, convocar a sustentabilidade previdenciária, diante dos desafios inter-relacionados das dinâmicas demográfica e laboral, representa uma legítima preocupação com a justiça intergeracional, cujo propósito não consagra uma ideia abstrata de correção material do

---

[1758] BLAIS2007, p. 267.
[1759] OST, 2001, p. 265.
[1760] SCHACHTER, 1983, p. 853.

sistema de proteção social, mas sim exige os devidos esforços pessoais ou institucionais para manter a capacidade funcional do sistema de previdência para todas as gerações, fato que impõe uma relativização da teoria imunizadora dos direitos adquiridos, sem prejuízo da necessária proteção social dos cidadãos.

Nesse contexto, uma atuação judicial sensível aos parâmetros decisórios de ordem econômica e política é extremamente importante, por duas claras razões: (a) a decisão judicial, como limite à ação pública, pouco pode dizer – sem cair em desatado voluntarismo – sobre o mosaico de possibilidades dos meios de atuação dos demais poderes; e (b) a discutível parametricidade de eventual limite à ação pública, o que é algo muito diferente de sua inviabilidade fático-normativa, não fará com que outra proposição represente uma medida mais fácil, ou simplesmente mais tolerável, porque o dilema não se encontra em admitir o limite imposto pelo controle judicial, mas administrá-lo diante das complexidades e contingências da gestão pública, mas sem incorrer no risco de atingir excessivamente os direitos individuais dos cidadãos.[1761]

Quando a atuação judicial desconhece essas premissas e, portanto, não se encontra predisposta ao diálogo institucional, exsurge um pavoroso impasse: (a) o cumprimento da decisão judicial se revela como uma verdadeira aporia no conflitivo círculo decisório dos demais poderes, de maneira que a gradação dos limites tende a inviabilizar as vias ordinárias de prossecução do interesse público; e (b) o descumprimento da decisão judicial abre uma fissura no modelo das competências decisórias respaldadas pelo texto constitucional, gerando, por evidente, verdadeiras crises institucionais. "Nesse horizonte, exige-se, pois, um equilíbrio entre uma tentação dirigista do juiz constitucional e uma demasiado extensa deferência ao poder legislativo."[1762] Um tom discursivo nesse intervalo se afigura mais profícuo que a unilateralidade das posições decisórias.

Por isso, o reconhecimento do dever de solidariedade em matéria previdenciária vai muito além da discussão sobre a sustentabilidade de determinados modelos de regimes previdenciários, porquanto encerra um juízo analítico sobre o próprio prognóstico legislativo, administrativo ou judicial sobre a viabilidade dos encargos individuais, grupais e institucionais no enfrentamento da proteção social, representando, assim, uma junção de desafios econômico-financeiros, laborais ou de-

---

[1761] SANDEL, 2009, p. 50.
[1762] MONIZ, 2015, p. 68-69.

mográficos com repercussão em toda a sociedade. Eis, portanto, o dever de solidariedade previdenciária na sociedade hipermoderna, que não se prende à noção de piedade ou amor, mas à corporificação de ideias que salvaguardem a dignidade dos homens.[1763]

Partindo-se da compreensão de que a solidariedade representa o desdobramento moral e prático mais intenso da socialidade,[1764] assumindo, inclusive, indiscutível relevância na ordem dos princípios constitucionais destinados à implementação dos direitos sociais,[1765] questiona-se: diante da enorme tarefa que encerra os direitos positivos na sociedade hipermoderna, a solidariedade pode salvar a dignidade de qualquer sistema público de previdência, prestigiando sua capacidade funcional, com o adequado nível de proteção social? Hoje, o cenário da socialidade compreende o despontar desta providencial advertência: "[o] futuro da hipermodernidade depende de sua capacidade de fazer a ética da responsabilidade triunfar sobre os comportamentos irresponsáveis".[1766] Tal compreensão é particularmente importante às instituições públicas, pois elas têm a obrigação de interpretar as grandes transformações políticas, econômicas e sociais por meio de escolhas do presente que, mesmo impopulares, afirmem o compromisso com a solidariedade no futuro, até porque o presente nunca é apenas o presente, porquanto expressa um momento de preocupação em função de cálculos para curtos e, sobretudo, longos prazos.[1767]

Nesse sentido, a justiça intergeracional, por contemplar a proeminência da solidariedade no universo da ação pública, convoca a hora e a vez dos deveres fundamentais, inclusive, de entidades públicas,[1768] não apenas pela via da imposição tributária, mas também por meio do compromisso cívico de colaborar com as políticas públicas sociais, refletindo suas possibilidades em uma perspectiva intertemporal e, nesse sentido, discutir a legislação previdenciária com o objetivo de torná-la a mais equânime possível entre as gerações. Que a solidariedade possa possibilitar meios para que se opere funcionalmente um sistema público de previdência, parece não existir dúvida disso, até porque é da sua própria natureza consolidar uma dinâmica operativa

---

[1763] ARENDT, 1990, p. 88-89.
[1764] MORGADO, 2015, p. 58.
[1765] RODOTÀ, 2014, p. 39.
[1766] CHARLES, 2004, p. 45.
[1767] HECLO, 2006, p. 737.
[1768] NABAIS, 2012, p. 110.

a partir da atuação solidária – e não coletivista[1769] – de pessoas, grupos e instituições, o que se defende é que tal propósito se torna inviável, com sérias consequências para outras áreas da socialidade, com a manutenção da teoria imunizadora dos direitos adquiridos.

Apresentadas as reflexões que permearam o curso desta obra, revela-se pertinente, desde logo, condensar o trabalho, em uma breve síntese compreensiva, precisamente nesta assertiva: a teoria imunizadora dos direitos adquiridos, nos regimes de repartição (PAYG), tendo em vista as dinâmicas demográfica e laboral de qualquer sociedade, representa o encapsulamento (cavalo de troia) de mecanismo normativo causador de instabilidade financeira e atuarial nos sistemas previdenciários, de maneira que todo instrumento (reforma) destinado à estabilização de regime de repartição, na vã tentativa de romper o seu colapso (redução da dinâmica protetiva), não passa de expediente legal que agride a justiça intergeracional, haja vista o reconhecimento do caráter meramente prospectivo da solidariedade previdenciária, transferindo, desse modo, os encargos dos direitos adquiridos às gerações futuras. A tese, portanto, é que a teoria imunizadora dos direitos adquiridos é uma catalizadora de crises financeiras e atuariais nos regimes de repartição, que exige cuidados sobre os efeitos futuros da justiciabilidade dos direitos sociais a partir da revisão judicial forte.[1770]

A partir dessa constatação, o novelo dos flagelos previdenciários é desatado por meio de angustiantes reformas e persistentes crises financeiras dos entes políticos, que, na ausência de suporte político para a tomada de soluções adequadas, oscilam entre o aumento da tributação e a supressão dos direitos das gerações futuras. Desse modo, eventuais ou circunstanciais rupturas com a teoria imunizadora dos direitos adquiridos, como bem exemplifica o caso português, apenas confirmam a lógica que encerra a advertência desta obra: os direitos adquiridos são incompatíveis com as dinâmicas demográfica e laboral da sociedade hipermoderna. Assim sendo, os fundamentos teóricos do dever de solidariedade não podem apenas realçar o seu caráter prospectivo, porém sua vertente retrospectiva, nos estritos termos dos sistemas previdenciários, exige uma releitura do instituto dos direitos adquiridos com cometimento e, sobretudo, racionalidade sistêmica sobre os dilemas da socialidade, senão o remédio pode sair pior que a doença.

[1769] BOTELHO, 2016, p. 202.
[1770] TUSHNET, 2008, p. 230-231.

A obra, portanto, é baseada na compreensão de que a *velhice laboral* em contraposição à *juventude previdenciária* representa um fator de instabilidade no regime das aposentadorias, firmando uma forte pressão sobre as contas do RGPS/RPPSU e, sobretudo, sobrecarregando as gerações futuras. A justiça intergeracional – diante do conflito constitucional entre *manter* (artigo 5º, inciso XXXVI, da CRFB) e *promover* (artigos 40 e 194 da CRFB) a proteção previdenciária –, a solidariedade e a sustentabilidade previdenciárias representam os meios discursivos capazes de lançar as bases reflexivas sobre a relativização dos efeitos da teoria imunizadora dos direitos adquiridos, que atua como (a) cavalo de troia no sistema de previdência ou (b) catalisador de suas crises financeiras, tendo em vista os grandiosos desafios econômicos, laborais ou demográficos que se avizinham – ou mesmo já se encontram – na sociedade brasileira. Diante desses esclarecimentos, cumpre destacar, de modo breve e conclusivo, o percurso da investigação, nestes termos:

(a) primeiramente, contesta-se a visão *fundamentalista* da dignidade humana, isto é, como valor universal – evidentemente, no que concerne às suas manifestações prático-procedimentais entre os povos – e absoluto, porque realidades locais definem o seu sentido e o seu alcance na jurisdição constitucional. Além disso, o uso abusivo da dignidade humana pela jurisprudência brasileira é igualmente contestado, porquanto empresta ao princípio da dignidade humana uma normatividade praticamente sem limites, inclusive, superando regras constitucionais e infraconstitucionais sobre os direitos sociais. A crítica dispensada ao uso abusivo da dignidade humana não objetiva desprezar sua particular importância na ordem constitucional, mas, sobretudo, pontuar que o dilema dos direitos sociais se encontra na reunião das condições materiais necessárias à realização das prestações sociais, pois a falta de recursos é um fato econômico-financeiro, e não uma questão de dignidade;

(b) em seguida, defende-se que a perspectiva intergeracional dos direitos fundamentais convoca o reconhecimento de que a proteção dos direitos fundamentais não pode apartar-se de sua dimensão intergeracional, exigindo uma compreensão de que a importância dos direitos fundamentais se encontra na essencialidade dos seus propósitos em uma perspectiva intertemporal, portanto, independentemente das complexidades e das contingencialidades de cada momento histórico, sem prejuízo de algumas alterações na sua forma de proteção e, sobretudo, de implementação;

(c) diante das premissas teóricas da justiça intergeracional, discute-se a justiça entre as gerações como uma inevitável fonte de conflito jurídico, porquanto o fluxo unidirecional do tempo revela uma disputa implacável no tratamento dos *legados e dos encargos transferidos entre as gerações*, daí o surgimento de conflitos intergeracionais, intrageracionais e transgeracionais, nos quais os prognósticos da ação pública devem considerar as particularidades que encerrem a própria ideia-força da justiça intergeracional: o equilíbrio entre as gerações, apesar das transgressões locais, regionais, nacionais ou internacionais, pois nenhuma visão política de mundo justifica a imposição de deveres ou encargos que sacrifiquem desmedidamente as gerações atuais diante das *conquistas* herdadas das gerações pretéritas;

(d) dando continuidade à reflexão sobre os dilemas intertemporais no quadro evolutivo da proteção social, discorre-se sobre a relação entre rigidez constitucional e justiça intergeracional, denunciando que ela representa uma inevitável fonte de discórdias e incompreensões entre as gerações, pois, para além dos dilemas relacionados ao exercício da democracia e à exigibilidade de novos direitos, observa-se um crescente processo de intensificação da contingencialidade e da complexidade nas relações sociais, o que exige maior flexibilização das regras, ainda que isso ocorra no plano meramente interpretativo;

(e) em seguida, diante dos desafios gerados pelos conflitos intergeracionais, os deveres de solidariedade política, econômica e social demonstram que a atuação dos cidadãos em uma sociedade hipermoderna, conforme a dinâmica interativa no meio social, não prescinde do enfrentamento dos desafios concretos na comunidade política, na economia de mercado e na vida social, seja superando os desafios da participação política, seja compartilhando os benefícios da regulação do mercado, seja, ainda, empreendendo os deveres comunitários inerentes à convivência social;

(f) mais adiante, adentrando no universo discursivo dos direitos positivos, discute-se as *imposturas* financeiras da legislação infraconstitucional, que, por meio do modelo de previdência, estabelece uma forma preocupante de vínculo entre as gerações, isto é, uma espécie de pacto, compromisso ou *contratualidade*, transferindo encargos ou benefícios diante dos resultados da gestão previdenciária. Todavia, os meios de ação dos prognósticos dessa *contratualidade* operam com uma pretensão de estabilidade extremamente gravosa às gerações mais jovens, haja vista o crescente déficit previdenciário, acarretando a necessidade de enfrentar a difícil questão da revisibilidade das aposentadorias e das pensões, sobretudo, da determinação dos parâmetros adequados de contribuição e, sobretudo, na superação da teoria imunizadora dos direitos adquiridos. Desse modo, diante dos desafios da sustentabilidade previdenciária, impõe-se uma remodelagem do sistema público de previdência, destacando efetivos níveis de proteção social, mas com o menor comprometimento possível do orçamento fiscal, justamente para que haja recursos para investimentos em outras áreas da socialidade;

(g) após ventilar as preocupações relativas à revisibilidade das aposentadorias e das pensões, discorre-se sobre o peso da imunização jurídica nos benefícios previdenciários, que, aliás, se torna particularmente comprometedor com a dinâmica demográfica, que, por sua vez, tem relação direta com a dinâmica laboral. A composição da estrutura populacional interfere diretamente na sustentabilidade financeira dos regimes previdenciários, bem como na intensificação da discórdia entre os grupos etários, sendo possível até mesmo falar em uma gerontocracia nos rumos da ação pública destinada à proteção social. Essa constatação faz da parametricidade dos direitos adquiridos uma verdadeira pirâmide financeira, cujos benefícios do sistema de previdência decorrem da evolução meramente cronológica dos beneficiários, e não do esforço contributivo dos segurados, de maneira que a proteção da confiança, a despeito de sua inegável importância como mecanismo de proteção das relações jurídicas, pode representar uma forma de imunização jurídica até mais abrangente que a dos direitos adquiridos;

(h) em seguida, com a evidenciação dos dilemas do sistema público de previdência, tendo em vista a teoria imunizadora dos direitos adquiridos e as dinâmicas demográfica e laboral, entre outros fatores, a investigação discute especificamente o papel da atuação judicial diante das recorrentes crises financeiras, demonstrando que a abertura política e econômica nos julgados constitucionais não representa uma ruptura com os cânones jurídico-dogmáticos de proteção social, mas uma decorrência dos diálogos institucionais no enfrentamento das demandas sociais abrangentes da hipermodernidade, consolidando o entendimento de que os direitos positivos compreendem uma realidade política e econômica, cujos arranjos denunciam, por um lado, a necessidade de ajustes fiscais e, por outro, a alteração de modelos normativos no sistema de proteção social, especialmente nos regimes previdenciários. Esse cenário, apesar de perturbador, denuncia com mais clareza as distorções da legislação previdenciária e, claro, contribui para a adequação dos custos dos regimes previdenciários; e

(i) ademais, como a obra não se prende às causas das crises financeiras, até porque não se trata de problemática propriamente jurídica, as discussões recaem sobre os efeitos dessas crises no universo reflexivo da proteção previdenciária a partir da justiça intergeracional, daí a importância da reflexão sobre o limite do direito na atividade financeira do Estado, descortinando o controle da gestão fiscal na democracia do (des)conhecimento, sobretudo, a atuação do Poder Judiciário, destacando não apenas os limites da processualidade, mas, também, a dificuldade dos controles político e jurídico diante das contingencialidades e das complexidades da gestão pública. Nesse cenário, há uma clara contraposição entre as possibilidades decisórias do gestor público e o nível de conhecimento sobre as demandas enfrentadas, repercutindo, assim, na própria dinâmica de responsabilidade da gestão pública.

Em termos propositivos, tendo em vista a divisão teórico-programática da investigação, notadamente quanto à evolução dos pontos abordados, sumariam-se as seguintes proposições:

Primeira parte: (1) a reflexão jurídica da dignidade humana não representa a via adequada para a implementação dos direitos sociais, pois faz recrudescer perspectivas decisórias não sistêmicas, baseadas na teoria do dilema único (afetação prioritária) na condução dos problemas sociais abrangentes, tais como previdência, saúde ou assistência; (2) a solidariedade intergeracional, que prestigia o dever de solidariedade previdenciária, goza de parâmetros normativo, interpretativo, contributivo (prospectivo-retrospectivo), distributivo, histórico-econômico, equilíbrio orçamentário-financeiro e judicativo-decisório para a definição das políticas de proteção social previdenciária;

Segunda parte: (1) tendo em vista a força normativa dos fatos, mormente, o duplo efeito negativo da teoria imunizadora dos direitos adquiridos, defende-se a existência de cláusula implícita reordenadora da capacidade funcional do sistema de previdência (*rebus sic stantibus*), aliás, já evidenciadas em outras searas do direito público (razão suficiente), no que permitiria a revisibilidade do núcleo essencial dos direitos adquiridos em função das contingências socioeconômicas do sistema público de previdência; (2) como a demografia é duplamente dinâmica (aspectos econômico-quantitativo e econômico-qualitativo), o sistema de previdência deve prestigiar reformas periódicas ou flexibilização permanente da legislação, inclusive para superar o desafio laboral, que decorre da velhice ou da especialização profissional, e seus efeitos na promoção do fluxo contributivo do regime de previdência, inclusive, como forma de atenuar a fábrica de crises que se tornou a teoria imunizadora dos direitos adquiridos; e

Terceira parte: (1) defende-se o ajuste fiscal como um *continuum* entre as gerações – mas, claro, com extensão e graus diversos –, até porque a emergência econômico-financeira, gozando o *status* de princípio geral do direito, capitaneia a possibilidade de uma dinâmica de controle dos gastos públicos, notadamente na definição do recálculo no valor das aposentadorias e pensões; (2) deve-se considerar que na sociedade do conhecimento toda *expertise* é duplamente limitada, impondo-se uma Ciência Jurídica mais humilde, até porque nem o direito é o código da sociedade nem o tribunal é o seu oráculo, de maneira que os dilemas sociais abrangentes exigem uma responsabilidade política como gestão do (des)conhecimento, precisamente em uma realidade que nem o direito é absoluto nem a emergência financeira é soberana, de maneira que a atuação judicial deve prestigiar a autocontenção como via de ação; por fim, defende-se a emergência dos direitos inquiridos em função da relativização da teoria imunizadora dos direitos adquiridos.

Por fim, é importante lembrar que, em grande medida, os direitos positivos têm assumido – não apenas no Brasil – o itinerário dos pássaros migratórios que, com grande ímpeto e propósitos efusivos, a todos alegram em determinados momentos, contudo, cedo ou tarde, muitos são abatidos, durante os sobrevoos nos ambientes inóspitos, pelas contingências e pelas complexidades da hipermodernidade. Entre eles, o direito adquirido é um *pássaro* bem tinhoso, porque arrasa plantações que deveria proteger, mas garante uma boa colheita para poucos.

REFERÊNCIAS

Livros

ABRAMOVICH, Víctor; COURTIS, Christian. *Los derechos sociales como derechos exigibles*. 2. ed. Madrid: Editorial Trotta, 2004.

AFONSO, José Roberto Rodrigues. *Keynes, crise e política fiscal*. São Paulo: Saraiva, 2012.

AGAMBEN, Giorgio. *Estado de Exceção*. Tradução de Iraci D. Poleti. 2. ed. São Paulo: Boitempo, 2004.

AGUIAR, Afonso Gomes. *Tratado da gestão fiscal*. Belo Horizonte: Fórum, 2011.

ALEXY, Robert. *Teoria dos direitos fundamentais*. Tradução de Virgílio Afonso da Silva. São Paulo: Malheiros, 2008.

ALEXANDRINO, José Melo. *A estruturação do sistema de direitos, liberdades e garantias na Constituição Portuguesa*. Raízes e contexto. Vol. I. Coimbra: Almedina, 2006.

ALMEIDA, Lilian Barros de Oliveira. *Direito Adquirido*: uma questão em aberto. São Paulo: Saraiva, 2012.

ANDRADE, José Carlos Vieira de. *Os Direitos Fundamentais na Constituição Portuguesa de 1976*. 6. ed. Coimbra: Almedina, 2019.

ANSILIERO, Graziela; COSTANZI, Rogério Nagamine. *Impacto fiscal da demografia na previdência social*. Texto para discussão nº 2291. Rio de Janeiro: Ipea, 2017.

ARAÚJO, Fernando. *Teoria Económica do Contrato*. Coimbra: Almedina, 2007.

ARENDT, Hannah. *On Revolution*. London: Penguin Books, 1990.

ATKINSON, Anthony B. *Inequality:* what can be done? Cambridge: Harvard University Press, 2015.

BARCELLOS, Ana Paula de. *A eficácia jurídica dos princípios constitucionais:* o princípio da dignidade da pessoa humana. 2. ed. Rio de Janeiro: Renovar, 2002.

BARCELLOS, Ana Paula de. *Ponderação, racionalidade e atividade jurisdicional*. Rio de Janeiro: Renovar, 2005.

BARROSO, Luís Roberto. *A Dignidade da Pessoa Humana no Direito Constitucional Contemporâneo*: a construção de um conceito jurídico à luz da jurisprudência mundial. Tradução Humberto Laport de Mello. 2. reimpr. Belo Horizonte: Fórum, 2013.

BARRY, Brian. *The Liberal Theory of Justice:* A Critical Examination of the Principles Doctrines in *A Theory of Justice* by John Rawls. Oxford: Oxford University Press, 1973.

BARRY, Brian. *Theories of Justice*. Berkeley: University of California Press, 1989.

BECK, Ulrich. *Sociedade de risco mundial:* em busca da segurança perdida. Tradução de Marian Toldy e Teresa Toldy. Lisboa: Edições 70, 2016.

BECK, Ulrich. *Sociedade de risco:* rumo a uma outra modernidade. Tradução de Sebastião Nascimento. 2. ed. São Paulo: Editora 34, 2011.

BECKERMAN, Wilfred; PASEK, Joanna. *Justice, Posterity, and the Environment.* New York: Oxford University Press, 2001.

BENVINDO, Juliano Zaiden. *On the Limits of Constitutional Adjudication*: deconstructing balancing and judicial activism. Heidelberg: Springer, 2010.

BERCOVICI, Gilberto. *Soberania e constituição:* para uma crítica do constitucionalismo. 2. ed. São Paulo: Quartier Latin, 2013.

BHALLA, A. S.; LAPEYRE, Frederic. *Poverty and exclusion in a global world.* Second Edition. Basingstoke: Palgrave Macmillan, 2004.

BICKEL, Alexander M. *The Least Dangerous Branch:* Supreme Court in the Bar of Politics. With a new foreword by Harry H. Wellington. Second Edition. New Haven: Yale University Press, 1986.

BLAIS, Marie-Claude. *La solidarité:* histoire d'une idée. Paris: Gallimard, 2007.

BOBBIO, Norberto. *O futuro da democracia.* Tradução de Marco Aurélio Nogueira. 11. ed. Rio de Janeiro: Paz e Terra, 2009.

BONAVIDES, Paulo. *Curso de Direito Constitucional.* 28. ed. São Paulo: Malheiros, 2013.

BONAVIDES, Paulo. *Teoria constitucional da democracia participativa (Por um Direito Constitucional de luta e resistência.* Por uma Nova Hermenêutica. Por uma repolitização da legitimidade). 2. ed. São Paulo: Malheiros, 2003.

BONIN, Holger. *Generational Accounting*: Theory and Practice. New York: Springer, 2001.

BOTELHO, Catarina Santos. *Os direitos sociais em tempo de crise ou revisitar as normas programáticas.* Coimbra: Almedina, 2015.

BOTELHO, Luciano Henrique Fialho; COSTA, Thiago de Melo Teixeira da. Receitas 'perdidas' e seus efeitos sobre o resultado financeiro da seguridade social no Brasil, *RSP,* Brasília, v. 72, n. 02, p. 400-433, abr./jun. 2021.

BRITO, Raimundo de Farias. *Finalidade do Mundo*: estudos de filosofia e teologia naturalista. Tomo III. Brasília: Senado Federal, 2012.

BRITTO, Carlos Ayres. *O humanismo como categoria constitucional.* 2. reimpr. Belo Horizonte: Fórum, 2012.

BRUNI, Luigino. *Civil Happiness:* economics and human flourishing in historical perspective. New York: Routledge, 2006.

BURKE, Edmund. *Reflections on the Revolution in France.* Edited by Frank M. Turner with essays by Darrin M. McMahon, Conor Cruise O'Brien, Jack N. Rakove and Alan Wolfe. New Haven: Yale University Press, 2003.

CABRAL, Nazaré da Costa. *A Teoria do Federalismo Financeiro.* 3. ed. Coimbra: Almedina, 2018.

CALABRESI, Guido; BOBBITT, Philip. *Tragic Choices.* New York: W. W. Norton & Company, 1978. p. 18-19.

CAMPOS, Roberto. *A Constituição contra o Brasil*: ensaios de Roberto Campos sobre a Constituinte e a Constituição de 1988. Organização, prefácio e estudo preliminar de Paulo Roberto de Almeida. São Paulo: LVM Editora, 2018.

CANAS, Vitalino. *O princípio da proibição do excesso na conformação e no controlo de atos legislativos*. Coimbra: Almedina, 2017.

CANOTILHO, José Joaquim Gomes. *Canotilho e a Constituição Dirigente*. Organizador Jacinto Nelson de Miranda Coutinho; participantes Agostinho Ramalho Marques Neto et al. 2. ed. Rio de Janeiro: Renovar, 2005.

CANOTILHO, José Joaquim Gomes; MOREIRA, Vital. *Constituição da República Portuguesa Anotada*. Vol. I. Artigos 1º a 107. 1. ed. brasileira. São Paulo: Revista dos Tribunais, 2007.

CANOTILHO, José Joaquim Gomes. *Direito Constitucional e Teoria da Constituição*. 7. ed. Coimbra: Almedina, 2003.

CARDUCCI, Michele. *Por um Direito Constitucional Altruísta*. Tradução de Sandra Regina Martini Vial, Patrick Lucca da Ros e Cristina Lazzarotto Fortes. Porto Alegre: Livraria do Advogado, 2003.

CARRAZZA, Roque Antônio. *Curso de Direito Constitucional Tributário*. 25. ed. São Paulo: Malheiros, 2009.

CARVALHO, Luiz Maklouf. *1988*: os segredos da constituinte. Os vinte meses que agitaram e mudaram o Brasil. Rio de Janeiro: Record, 2017.

CARVALHO, Olavo de. *A nova era e a revolução cultural*: Fritjof Capra & Antonio Gramsci. 4. ed. Campinas: Vide Editorial, 2014.

CARVALHO, Olavo de. *Imbecil coletivo*: atualidades inculturais brasileiras. 3. ed. Rio de Janeiro: Record, 2018.

CARVALHO, Olavo de. *O jardim das aflições*. De Epicuro à ressurreição de César: ensaio sobre o Materialismo e a Religião Civil. 3. ed. Campinas: Vide Editorial, 2015.

CARVALHO, Olavo de. *Visões de Descartes*: entre o Gênio Mau e o Espírito da Verdade. Campinas: Vide Editorial, 2013.

CASTRO, Carlos Alberto Pereira de; LAZZARI, João Batista. *Manual de Direito Previdenciário*. 2. ed. São Paulo: LTr, 2001.

CHESTERTON, Gilbert Keith. *Orthodoxy*. London: The Bodley Head, 1909.

COLLINGS, Justin. *Democracy's Guardians*: a history of the German Federal Constitutional Court, 1951-2001. Oxford: Oxford University Press, 2015.

CROUCH, Colin. *Post-Democracy*. Cambridge: Polity Press, 2004.

COMPARATO, Fábio Konder. *A afirmação histórica dos direitos humanos*. 7. ed. São Paulo: Saraiva, 2010.

CORTINA, Adela. *Alianza y Contrato*. Política, Ética y Religión. 2. ed. Madrid: Trotta, 2005.

CORTINA, Adela. *Cidadãos do mundo: para uma teoria da cidadania*. Tradução Silvana Cobucci Leite. São Paulo: Edições Loyola, 2005.

CORTINA, Adela. Ética sin Moral. Séptima Edición. Madrid: Editorial Tecnos, 2007. p. 239-253.

CORTINA, Adela. *Razón comunicativa y responsabilidad solidaria*. 2. ed. Salamanca: Sígueme, 1988.

DANTAS, Ivo. *Direito adquirido, emendas constitucionais e controle de constitucionalidade*. 3. ed. Rio de Janeiro: Renovar, 2004.

DIAS, Eduardo Rocha; MACÊDO, José Leandro Monteiro de. *Curso de Direito Previdenciário*. 3. ed. São Paulo: Método, 2012.

DIMOULIS, Dimitri; MARTINS, Leonardo. *Teoria geral dos direitos fundamentais*. 2. ed. São Paulo: Revista dos Tribunais, 2009.

DOMÉNECH PASCUAL, Gabriel. *Derechos Fundamentales y Riesgos Tecnológicos*: el derecho del ciudadano a ser protegido por los poderes públicos. Madrid: Centro de Estudios Políticos y Constitucionales, 2006.

DOUZINAS, Costas. *Human Rights and Empire:* The Political Philosophy of Cosmopolitanism. Abingdon: Routledge-Cavendish, 2007.

DUARTE, Tiago. *A lei por detrás do orçamento*: a questão constitucional da lei do orçamento. Coimbra: Almedina, 2007.

DURKHEIM, Emile. *Da divisão do trabalho social*. Tradução de Eduardo Brandão. 4. ed. São Paulo: Martins Fontes, 2010.

DWORKIN, Ronald. *Taking Rights Seriously*. Cambridge: Harvard University Press, 1977.

ELY, John Hart. *Democracy and Distrust*: a theory of judicial review. Cambridge: Harvard University Press, 1980.

EPSTEIN, Richard A. *How Progressives Rewrote the Constitution*. Washington-DC: Cato Institute, 2006.

ESPOSITO, Roberto. *Due*: la macchina della teologia politica e il posto del pensiero. Torino: Einaudi Editore, 2013.

FABRE, Cécile. *Social Rights under the Constitution*. Government and the Decent Life. Oxford: Clarendon Press, 2000.

FAGNANI, Eduardo. *Previdência*: o debate desonesto: subsídio para a ação social e parlamentar: pontos inaceitáveis da Reforma de Bolsonaro. São Paulo: Editora Contracorrente, 2019.

FAORO, Raymundo. *Os donos do poder*: formação do patronato político brasileiro. 3. ed. São Paulo: Globo, 2001.

FERNANDES, André Dias. *Modulação de efeitos e decisões manipulativas no controle de constitucionalidade brasileiro*: possibilidades, limites e parâmetros. Salvador: JusPodivm, 2018.

FERRERA, Maurizio. *The boundaries of welfare*: European integration and the New Spatial Politics of Social Protection. Oxford: Oxford University Press, 2005.

FIGUEIREDO, Carlos Maurício; MOTA, Leovegildo; NÓBREGA, Marcos; SOUZA, Ricardo. *Previdência Própria dos Municípios*: gestão, desafios e perspectiva. Recife: Os Autores, 2002.

FINNIS, John. *Natural Law & Natural Rights*. Second Edition. New York: Oxford University Press, 2011.

FRANK, Robert H. *Success and luck*: good fortune and the myth of meritocracy. Princeton: Princeton University Press, 2016.

FREITAS, Juarez. *Sustentabilidade*: direito ao futuro. 2. ed. Belo Horizonte: Fórum, 2012.

GABBA, Carlo Francesco. *Teoria della retroattività delle leggi*. Vol. I. Pisa: Tipografia Nistri, 1868.

GARAVITO, César Rodríguez; KAUFFMAN, Celeste. *Guía para implementar decisiones sobre derechos sociales*: estrategias para jueces, funcionarios y activistas. Bogotá: Dejusticia, 2014.

GARCÍA MÁRQUEZ, Gabriel. *Memoria de mis putas tristes*. Barcelona: Mondadori, 2004.

GARDBAUM, Stephen. *The new Commonwealth model of constitutionalism*: theory and practice. Cambridge: Cambridge University Press, 2013.

GIAMBIAGI, Fábio; ZEIDAN, Rodrigo. *Apelo à razão*: a reconciliação com a lógica econômica - por um Brasil que deixe de flertar com o populismo, com o atraso e com o absurdo. Rio de Janeiro: Record, 2018.

GIAMBIAGI, Fabio; TAFNER, Paulo. *Demografia*: a ameaça invisível: o dilema previdenciário que o Brasil se recusa a encarar. Rio de Janeiro: Elsevier, 2010.

GIACOMONI, James. *Orçamento público*. 18. ed. São Paulo: Atlas, 2021.

GOSSERIES, Axel. *Pensar a justiça entre as gerações*: do caso perruche à reforma das pensões. Tradução de Joana Cabral. Coimbra: Almedina, 2015.

HÄBERLE, Peter. *El Estado Constitucional*. Estudio introductorio de Diego Valdés. Traducción e índices de Héctor Fix-Fierro. 1. reimp. México-DF: Universidad Autónoma de México, 2003.

HÄBERLE, Peter. *Hermenêutica constitucional. A sociedade aberta dos intérpretes da constituição*: contribuição para a interpretação pluralista e e "procedimental" da constituição. Tradução de Gilmar Ferreira Mendes. Porto Alegre: Sergio Antonio Fabris Editor, 1997.

HÄBERLE, Peter. *Los derechos fundamentales en el Estado prestacional*. Traducción de Jorge Luis León Vásquez. Lima: Palestra Editores, 2019.

HARARI, Yuval Noah. *21 lições para o século 21*. Tradução de Paulo Geiger. São Paulo: Companhia das Letras, 2018.

HAYEK, Friedrich A. von. *The road to serfdom*. New York: Routledge Classics, 2001.

HESSE, Konrad. *A força normativa da Constituição*. Tradução de Gilmar Ferreira Mendes. Porto Alegre: Sergio Antonio Fabris Editor, 1991.

HESSE, Konrad. *Elementos de Direito Constitucional da República Federal da Alemanha*. Tradução de Luís Afonso Heck. Porto Alegre: Sergio Antonio Fabris Editor, 1998.

HIMMELFARB, Gertrude. *Os caminhos para a modernidade*: os iluminismos britânico, francês e americano. Tradução de Gabriel Ferreira da Silva. São Paulo: É Realizações, 2011.

HIRSCHL, Ran. *Towards Juristocracy*: the origins and consequences of the new constitutionalism. Cambridge: Harvard University Press, 2007.

HOLMES, Stephen; SUNSTEIN, Cass R. *The costs of rights*: why liberty depends on taxes. New York: W. W. Norton, 2000.

IBRAHIM, Fábio Zambitte. *A previdência social no Estado contemporâneo*: fundamentos, financiamento e regulação. Niterói: Impetus, 2011.

INNERARITY, Daniel. *A política em tempos de indignação*: a frustração popular e os riscos para a democracia. Tradução de João Pedro Jorge. Rio de Janeiro: LeYa, 2017.

INNERARITY, Daniel. *El futuro y sus enemigos:* una defesa de la esperanza política. Barcelona: Paidós, 2009.

INNERARITY, Daniel. *La democracia del conocimiento*: por una sociedad inteligente. Barcelona: Paidós, 2011.

JABOR, Arnaldo. *Pornopolítica*: paixões e taras na vida brasileira. Rio de Janeiro: 2006.

JONAS, Hans. *O princípio responsabilidade*: ensaio de uma ética para a civilização tecnológica. Tradução de Marijane Lisboa e Luiz Barros Montez. Rio de Janeiro: Contraponto, 2006.

JOUVENEL, Bertrand de. *A ética da redistribuição*. Tradução de Rosélis Pereira. 2. ed. São Paulo: Instituto Ludwig von Mises Brasil.

JOUVENEL, Bertrand de. *Du pouvoir*: historie naturelle de sa croissance. Paris: Hachette, 1972.

JUDT, Tony. *Um tratado sobre os nossos actuais descontentamentos*. Tradução de Marcelo Félix. Lisboa: Edições 70, 2012.

KARSTEN, Frank; BECKMAN, Karel. *Além da democracia*: porque a democracia não leva à solidariedade, prosperidade e liberdade, mas sim ao conflito social, a gastos descontrolados e a um governo tirânico. Tradução de Fernando Manaças Ferreira. São Paulo: Instituto Ludwig von Mises Brasil, 2013.

KANT, Immanuel. *A Metafísica dos Costumes*. Tradução de Edson Bini. Bauru: Edipro, 2003.

KANT, Immanuel. *Fundamentação da metafísica dos costumes*. Tradução de Paulo Quintela. Lisboa: Edições 70, 2007.

KEANE, John. *Democracia e morte da democracia*. Tradução de Nuno Castelo-Branco Bastos. Lisboa: Edições 70, 2009.

KEYNES, John Maynard. *A tract on monetary reform*. London: Macmillan, 1923.

KING, Jeff. *Judging Social Rights*. Cambridge: Cambridge University Press, 2012

LAPORTA, Francisco J. *El imperio de la ley*: una visión actual. Madrid: Editorial Trotta, 2007.

LASSALLE, Ferdinand. *Qu'est-ce qu'une Constitution?* Suivi de: La Constitution de la République française du 4 novembre 1848 par Karl Marx. Présentés par Louis Janover. Arles: Editions Sulliver, 1999.

LEAL, Bruno Bianco; PORTELA, Felipe Mêmolo. *Previdência em crise*: diagnóstico e análise econômica do direito previdenciário. São Paulo: Revista dos Tribunais, 2018.

LEAL, Bruno Bianco *et. al*. *Reforma Previdenciária*. São Paulo: Revista dos Tribunais, 2020.

LILLEY, Stephen. *Transhumanism and Society*: the social debate over human enhancement. New York: Springer, 2013.

LIPOVETSKY, Gilles. *A felicidade paradoxal*: ensaio sobre a sociedade de hiperconsumo. Tradução de Maria Lucia Machado. São Paulo: Companhia das Letras, 2007.

LIPOVETSKY, Gilles. *Os Tempos hipermodernos*. Tradução de Mário Vilela. São Paulo: Editora Barcarolla, 2004.

LOIOLA, Alessandro. *Fraudemia*: uma visão pela janela do maior embuste de todos os tempos. São Paulo: Fontenele Publicações, 2021.

LOUREIRO, João Carlos. *Adeus Estado Social?* A Segurança Social entre o Crocodilo da Economia e a Medusa da Ideologia dos "Direitos Adquiridos". Coimbra: Coimbra Editora, 2010.

LUCENA FILHO, Humberto Lima de. *A função concorrencial do direito do trabalho*. São Paulo: LTr, 2017.

MACHADO SEGUNDO, Hugo de Brito. *O direito e sua ciência*: uma introdução à epistemologia jurídica. São Paulo: Malheiros, 2016.

MACHADO SEGUNDO, Hugo de Brito. *Por que dogmática jurídica?* Rio de Janeiro: Forense, 2008.

MARANHÃO, Rebecca Lima Albuquerque; VIEIRA FILHO, José Eustáquio Ribeiro. *Previdência Rural no Brasil*. Texto para discussão nº 2404. Rio de Janeiro: Ipea, 2018.

MARINONI, Luiz Guilherme. *A coisa julgada sobre questão*. 3. ed. São Paulo: Revista dos Tribunais, 2022.

MARINONI, Luiz Guilherme. *A intangibilidade da coisa julgada diante da decisão de inconstitucionalidade*. 4. ed. São Paulo: Revista dos Tribunais, 2016.

MARINONI, Luiz Guilherme. *Processo constitucional e democracia*. São Paulo: Revista dos Tribunais, 2021.

MARQUES NETO, Agostinho Ramalho. *A ciência do direito*: conceito, objeto, método. 2. ed. Rio de Janeiro: Renovar, 2001.

MARTINS, Maria d'Oliveira. *A despesa pública justa*: uma análise jurídico-constitucional do tema da justiça na despesa pública. Coimbra: Almedina, 2016.

MAUS, Ingeborg. *O Direito e a Política*. Teoria da Democracia. Tradução de Elisete Antoniuk. Belo Horizonte: Del Rey, 2009. p. 30.

MAZZUOLI, Valério de Oliveira. *O Controle Jurisdicional da Convencionalidade das Leis*. Prefácio de Luiz Flávio Gomes. 2. ed. São Paulo: Revista dos Tribunais, 2011.

MCNAMEE, Stephen J.; MILLER JR, Robert K. *The meritocracy myth*. Third Edition. Lanham: Rowman & Littlefield Publishers, 2014.

MENDES, Marcos. *Por que o Brasil cresce pouco?* Desigualdade, democracia e baixo crescimento no país do futuro. Rio de Janeiro: Elsevier, 2014.

MERUSI, Fabio. *Il sogno di Diocleziano*: il diritto nelle crisi economiche. Torino: G. Giappichelli Editore, 2013.

MIRANDA, Jorge. *Manual de Direito Constitucional*. Constituição. Tomo II. 7. ed. Coimbra: Coimbra Editora, 2013.

MIRANDA, Jorge. *Manual de Direito Constitucional*. Direitos Fundamentais. Tomo IV. 5. ed. Coimbra: Coimbra Editora, 2012.

MONIZ, Ana Raquel Gonçalves. *Os direitos fundamentais e a sua circunstância*: crise e vinculação axiológica entre o Estado, a sociedade e a comunidade global. Coimbra: Imprensa da Universidade de Coimbra, 2017.

MORAES, Alexandre de. *Direito Constitucional*. 30. ed. São Paulo: Atlas, 2014.

MORENO, Natália de Almeida. *A face jurídico-constitucional da responsabilidade intergeracional*. Coimbra: Instituto Jurídico da Faculdade de Direito da Universidade de Coimbra, 2015.

MOUFFE, Chantal. *Sobre o político*. Tradução de Fernando Santos. São Paulo: Martins Fontes, 2015.

MULLAINATHAN, Sendhil; SHAFIR, Eldar. *Escassez*: uma nova forma de pensar a falta de recursos na vida das pessoas e nas organizações. Tradução de Bruno Casotti. Rio de Janeiro: Best Business, 2016.

MURTEIRA, Maria Clara. *A economia das pensões*. Coimbra: Angelus Novus, 2011.

NABAIS, José Casalta. *O Dever Fundamental de Pagar Imposto*. Contributo para a compreensão constitucional do estado fiscal contemporâneo. 3. reimpr. Coimbra: Almedina, 2012.

NABAIS, José Casalta. *Por um Estado Fiscal Suportável*. Estudos de Direito Fiscal. Vol. III. Coimbra: Almedina, 2010.

NASSAR, Elody Boulhosa. *Previdência social na era do envelhecimento*. São Paulo: Saraiva, 2014.

NERY JÚNIOR, Nelson; NERY, Rosa Maria de Andrade. *Constituição Federal Comentada e Legislação Federal*. 2. ed. São Paulo: Revista dos Tribunais, 2009.

NEVES, A. Castanheira. *O Direito Hoje e com que Sentido?* O Problema Atual da Autonomia do Direito. 3. ed. Lisboa: Instituto Piaget, 2012.

NEVES, A. Castanheira. *Metodologia Jurídica*: problemas fundamentais. Reimpr. Coimbra: Coimbra Editora, 2013.

NEVES, Marcelo. *A constitucionalização simbólica*. 2. ed. São Paulo: Martins Fontes, 2007.

NEVES, Marcelo. *Entre Hidra e Hércules*: princípios e regras constitucionais como diferença paradoxal do sistema jurídico. São Paulo: Martins Fontes, 2013.

NEVES, Marcelo. *Entre Têmis e Leviatã*: uma relação difícil. O Estado Democrático de Direito a partir e além de Luhmann e Habermas. São Paulo: Martins Fontes, 2008.

NEVES, Marcelo. *Transconstitucionalismo*. São Paulo: Martins Fontes, 2009.

NIETZSCHE, Friedrich. *Genealogia da Moral*: uma polêmica. Tradução Paulo César de Souza. São Paulo: Companhia das Letras, 2009.

NOVAIS, Jorge Reis. *A dignidade humana*: dignidade e direitos fundamentais. Vol. I. 1. reimpr. Coimbra: Almedina, 2016.

NOVAIS, Jorge Reis. *Direitos sociais*: teoria jurídica dos direitos sociais enquanto direitos fundamentais. Coimbra: Coimbra Editora, 2010.

NOVAIS, Jorge Reis. *Em defesa do Tribunal Constitucional*: resposta aos críticos. Coimbra: Almedina, 2014.

OAKESHOTT, Michael. *The Politics of Faith and the Politics of Scepticism*. Edited by Timothy Fuller. New Haven: Yale University Press, 1996.

ORTEGA Y GASSET, José. *Discursos políticos*. Nota preliminar de Paulino Garagorri. Madrid: Alianza Editorial, 1974.

ORTEGA Y GASSET, José. *La rebelión de las masas*. Madrid: El País, 2002.

OST, François. *O tempo do direito*. Tradução de Maria Fernanda Oliveira. Lisboa: Instituto Piaget, 2001.

OTERO, Paulo. *Direito Constitucional Português*: identidade constitucional. Vol. I. 3. reimpr. Coimbra: Almedina, 2017.

PALOMBELLA, Gianluigi. *Costituzione e sovranità*: il senso della democrazia costituzionale. Bari: Edizioni Dedalo, 1997.

PALOMBELLA, Gianluigi. "Reason for justice, rights and future generations". *European University Institute, Working Papers Law* nº 2007/07, San Domenico di Fiesole (FI), 2007, p. 1. Disponível em: https://cadmus.eui.eu//handle/1814/6746. Acesso em: 27 jul. 2021.

PAULANI, Leda. *Brasil* Delivery: servidão financeira e estado de emergência econômico. São Paulo: Boitempo, 2008.

PENNA, José Osvaldo de Meira. *Psicologia do subdesenvolvimento*. Prefácio de Roberto Campos. 2. ed. Campinas: Vide Editorial, 2017.

PESSOA, Fernando. *O banqueiro anarquista*. 9. ed. Lisboa: Antígona, 2018.

PICO DELLA MIRANDOLA, Giovanni. *Discurso sobre a dignidade do homem*. Tradução Maria de Lurdes Sirgado Ganho. Lisboa: Edições 70, 1989.

PIKETTY, Thomas. *A economia da desigualdade*. Tradução de André Telles. Rio de Janeiro: Intrínseca, 2015.

PINTO E NETTO, Luísa Cristina. *O princípio de proibição de retrocesso social*. Porto Alegre: Livraria do Advogado, 2010.

POPPER, Karl. *The logic of scientific discovery*. London: Routledge, 2002.

PRZEWORSKI, Adam. *Capitalism and social democracy*. Cambridge: Cambridge University Press, 1986.

QUEIROZ, Cristina. *O Tribunal Constitucional e os Direitos Sociais*. Coimbra: Coimbra Editora, 2014.

RAVALLION, Martin. *The economics of poverty*: history, measurement, and policy. New York: Oxford University Press, 2016.

RAWLS, John. *Justice as Fairness*: A Restatement. Cambridge: Harvard University Press, 2001.

RAWLS, John. *Political liberalism*. Expanded edition. New York: Columbia University Press, 2005.

RAWLS, John. *Theory of justice*. Revised edition. Cambridge: Harvard University Press, 1999.

RICCI, David M. *A political science manifesto for the age of populism*: challenging growth, markets, inequality, and resentment. Cambridge: Cambridge University Press, 2020.

RITTER, Gerhard A. *Storia dello Stato sociale*. Con un capitolo finale di Lorenzo Gaeta e Antonio Viscomi. Prefazione di Paolo Pombeni. Traduzione di Lorenzo Gaeta e Paola Carnevale. Bari: Editori Laterza, 2003.

RODRIGUEZ, José Rodrigo. *Como decidem as cortes?* Para uma crítica do direito (brasileiro). Rio de Janeiro: Editora FGV, 2013.

RODOTÀ, Stefano. *Solidarietà*: un'utopia necessaria. Bari: Editori Laterza, 2014.

RORTY, Richard. *Contingency, irony and solidarity*. Cambridge: Cambridge University Press, 1989.

ROSANVALLON, Pierre. *Por uma história do político*. Tradução de Christian Edward Cyril Lynch. São Paulo: Alameda, 2010.

ROSEN, Michael. *Dignity*: its history and meaning. Cambridge: Harvard University Press, 2012.

ROUSSEAU, Jean-Jacques. *Du contrat social, ou principes du droit politique*. Leipzig: Chez Gerard Fleischer, 1796.

SAMPAIO, José Adércio Leite. *Direito adquirido e expectativa de direito*. Belo Horizonte: Del Rey, 2005.

SANDEL, Michael J. *A tirania do mérito*: o que aconteceu com o bem comum? Tradução de Bhuvi Libanio. 2. ed. Rio de Janeiro: Civilização Brasileira, 2020.

SANDEL, Michael J. *Contra a perfeição*: ética na era da engenharia genética. Tradução de Ana Carolina Mesquita. 2. ed. Rio de Janeiro: Civilização Brasileira, 2015.

SANDEL, Michael J. *Justice*: what's the right thing to do? New York: Farrar, Straus and Giroux, 2009.

SANDEL, Michael J. *O que o dinheiro não compra*: os limites morais do mercado. Tradução de Clóvis Marques. 4. ed. Rio de Janeiro: Civilização Brasileira, 2013.

SANTOS, Boaventura de Sousa. *A cruel pedagogia do vírus*. Coimbra: Almedina, 2020.

SARAMAGO, José. *As intermitências da morte*. São Paulo: Companhia das Letras, 2005.

SARLET, Ingo Wolfgang. *A Eficácia dos Direitos Fundamentais*. Uma teoria geral dos direitos fundamentais na perspectiva constitucional. 10. ed. Porto Alegre: Livraria do Advogado, 2009.

SARLET, Ingo Wolfgang. *Dignidade (da Pessoa) Humana e Direitos Fundamentais na Constituição Federal de 1988*. 10. ed. Porto Alegre: Livraria do Advogado, 2019.

SARMENTO, Daniel. *Dignidade Humana*: conteúdo, trajetória e metodologias. 1. reimpr. Belo Horizonte: Fórum, 2016.

SAVARIS, José Antônio. *Uma teoria da decisão judicial da previdência social*: contributo para superação da prática utilitarista. Florianópolis: Conceito Editorial, 2011.

SCHWABE, Jürgen. *Cinquenta Anos de Jurisprudência do Tribunal Constitucional Federal Alemão*. Prefácio de Jan Woischnik. Organização e introdução de Leonardo Martins. Tradução de Beatriz *et. al*. Montevidéu: Konrad Adenauer-Stiftung, 2005.

SCHWARTZ, Barry. *Abraham Lincoln in the post-heroic era*: history and memory in late twentieth-century America. Chicago: The University of Chicago Press, 2008.

SCRUTON, Roger. *As vantagens do pessimismo*: e o perigo da falsa esperança. Tradução Fábio Faria. São Paulo: É Realizações, 2015.

SCRUTON, Roger. *Beauty*. Oxford: Oxford University Press, 2009.

SCRUTON, Roger. *The meaning of conservatism*. Third Edition. Basingstoke: Palgrave Macmillan, 2001.

SEN, Amartya. *Development as freedom*. Fourth Reprinted. New York: Alfred A. Knopf, 2000.

SEN, Amartya. *The Idea of Justice*. Cambridge: Harvard University Press, 2009.

SEVEGNANI, Joacir. *A Solidariedade Social no Estado Constitucional de Direito no Brasil*. Rio de Janeiro: Lumen Juris, 2014.

SILVA, José Afonso da. *Comentário Contextual à Constituição*. 9. ed. São Paulo: Malheiros, 2014.

SILVA, Suzana Tavares da. *Direitos fundamentais na arena global*. 2. ed. Coimbra: Imprensa da Universidade de Coimbra, 2014.

SOARES, Rogério Ehrhardt. *Direito público e sociedade técnica*. Prefácio José Joaquim Gomes Canotilho. Coimbra: Edições Tenacitas, 2008.

SOWELL, Thomas. *Ação afirmativa ao redor do mundo*: um estudo empírico sobre as cotas e grupos preferenciais. Tradução de Joubert de Oliveira Brízida. São Paulo: É Realizações, 2016.

SOWELL, Thomas. *Os intelectuais e a sociedade*. Tradução de Maurício G. Righi. São Paulo: É Realizações, 2011.

STIGLITZ, Joseph E. *O preço da desigualdade*. Tradução de Dinis Pires. Lisboa: Bertrand Editora, 2016.

STUCKLER, David; BASU, Sanjay. *The body economic*: why austerity kills. Recessions, budget battles, and politics of life and death. New York: Basic Books, 2013.

SUNSTEIN, Cass R. *Going to extremes*: how like minds unite and divide. New York: Oxford University Press, 2009.

SUPIOT, Alain. *Le travail n'est pas une marchandise*: contenu et sens du travail au XXIe siècle. Paris: Éditions du Collège de France, 2019.

SWIFT, Adam. *How not to be a hypocrite*: school choice for the morally perplexed parent. Ney York: Routledge, 2003.

TAFNER, Paulo. NERY, Pedro Fernando. *Reforma da Previdência*: por que o Brasil não pode esperar? Rio de Janeiro: Elsevier, 2019.

TOLENTINO, Bruno. *O mundo como Ideia*: 1959-1999. São Paulo: Globo, 2002.

TORRES, João Camilo de Oliveira. *O elogio ao conservadorismo e outros escritos*. Curitiba: Arcádia, 2016.

TROPER, Michel. *A filosofia do direito*. Tradução de Ana Deiró. São Paulo: Martins Fontes, 2008.

TUSHNET, Mark. *Why the constitution matters*. New Haven: Yale University Press, 2010.

TUSHNET, Mark. *Weak Courts, Strong Rights*: Judicial Review and Social Welfare Rights in Comparative Constitutional Law. Princeton: Princeton University Press, 2008.

WALDRON, Jeremy. *Law and Disagreement*. Oxford: Oxford University Press, 1999.

WALDRON, Jeremy. *The Dignity of Legislation*. New York: Cambridge University Press, 1999.

VALLE, Vanice Regina Lírio do et. al. *Audiências Públicas e ativismo*: diálogo social no STF. Belo Horizonte: Fórum, 2012.

VERDÚ, Pablo Lucas. *O sentimento constitucional*: aproximação ao estudo do sentir constitucional como modo de integração política. Tradução e prefácio de Agassiz Almeida Filho. Rio de Janeiro: Forense, 2006.

VERMEULE, Adrian. *The constitution of risk*. New York: Cambridge University Press, 2014.

VICTOR, Sérgio Antônio Ferreira. *Diálogo institucional e controle de constitucionalidade*: debate entre o STF e o Congresso Nacional. São Paulo: Saraiva, 2015.

WATSON, Katie. *Scarlet A*: the ethics, law, and politics of ordinary abortion. New York: Oxford University Press, 2018.

WEAVER, Richard M. *Ideas have consequences*. Chicago: The University of Chicago Press, 1984.

WEINTRAUB, Arthur B. de V. *Private Pension Law in Brazil and Private Pension Systems in South America*. São Paulo: Quartier Latin, 2007.

WOODS JR., Thomas E. *Como a Igreja Católica construiu a civilização ocidental*. Tradução de Élcio Carillo. 10. ed. São Paulo: Quadrante, 2019.

YARROW, Andrew L. *Forgive us our debts*: the intergenerational dangers of fiscal irresponsibility. New Haven: Yale University Press, 2008.

YOUNG, Michael. *The Rise of Meritocracy 1870-2033*: an essay of Education and equality. Bristol: Penguin Books, 1958.

ZIZEK, Slavoj. *Pandemia*: Covid-19 e a reinvenção do comunismo. Tradução de Artur Renzo. São Paulo: Boitempo, 2020.

Capítulos de livro

AGIUS, Emmanuel. Intergenerational Justice. *In*: TREMMEL, Joerg Chet (Ed.). *Handbook of Intergenerational Justice*. Cheltenham: Edward Elgar, 2006. p. 317-332.

AGRA, Walter de Moura. O sincretismo da jurisdição constitucional brasileira. *In*: NOVELINO, Marcelo (Org.). *Leituras complementares de direito constitucional*: controle de constitucionalidade. Salvador: Juspodivm, 2010. p. 103-126.

ALBUQUERQUE, Paulo Antônio de Menezes. O futuro das expectativas: a Teoria do Direito e as formas de constitucionalização da societalidade contemporânea. *In*: NUNES, António José Avelãs; COUTINHO, Jacinto Nelson de Miranda (Coord.). *O direito e o futuro*: o futuro do direito. Coimbra: Almedina, 2008, p. 213-222.

AMARAL, Gustavo; MELO, Danielle. Há direitos acima dos orçamentos? *In*: SARLET, Ingo Wolfgang; TIMM, Luciano Benetti (Org.). *Direitos fundamentais e "reserva do possível"*. Porto Alegre: Livraria do Advogado, 2008. p. 87-109.

AMARAL, Maria Lúcia. O princípio da igualdade na Constituição Portuguesa. *In*: AA.VV. *Estudos em homenagem ao Professor Doutor Armando M. Marques Guedes*. Coimbra: Coimbra Editora, 2004. p. 35-57.

ANDRADE, José Carlos Vieira de. A responsabilidade indenizatória dos poderes públicos em 3D: Estado de Direito, Estado Fiscal, Estado Social. *In*: CORREIA, Fernando Alves; MACHADO, Jónatas E. M.; LOUREIRO, João Carlos (Org.). *Estudos em Homenagem ao Prof. Doutor José Joaquim Gomes Canotilho*. Vol. I. Responsabilidade: entre Passado e Futuro. Coimbra: Coimbra Editora, 2012. p. 55-84.

ANDRADE, José Carlos Vieira de. Os direitos fundamentais no século XXI. *In*: CARRASCO DURÁN, Manuel; PÉREZ ROYO, Francisco Javier; URÍAS MARTÍNEZ, Joaquín; TEROL BECERRA, Manuel José (Coord.). *Derecho constitucional para el siglo XXI*: actas del VIII Congreso Iberoamericano de Derecho Constitucional. Vol. 1. Madrid: Editorial Aranzadi, 2006. p. 1.051-1.080.

ANDRADE, José Carlos Vieira de. O papel do Estado na sociedade e na socialidade. *In*: LOUREIRO, João Carlos; SILVA, Suzana Tavares da (Coord.). *A Economia Social e Civil – Estudos*. Coimbra: Instituto Jurídico da Faculdade de Direito da Universidade de Coimbra, 2015. p. 23-42.

ANSILIERO, Graziela; CONSTANZI, Rogério Nagamine. Inclusão previdenciária e mercado de trabalho. *In*: FONSECA, Ana; FAGNANI, Eduardo (Org.). *Políticas sociais, desenvolvimento e cidadania*: educação, seguridade social, pobreza, infraestrutura urbana e transição demográfica. Vol. 2. São Paulo: Fundação Perseu Abramo, 2013. p. 155-177.

ATIENZA, Manuel. Constitucionalismo, globalización y derecho. *In*: CARBONELL, Miguel; GARCÍA JARAMILLO, Leonardo (Ed.). *El canon neoconstitucional*. Madrid: Editorial Trotta, 2010. p. 264-281.

ÁVILA, Humberto. 'Neoconstitucionalismo': entre a 'Ciência do Direito' e o 'Direito da Ciência'". *In*: SOUZA NETO, Cláudio Pereira de; SARMENTO, Daniel; BINENBOJM, Gustavo (Coord.). *Vinte Anos da Constituição Federal de 1988*. Rio de Janeiro: Lumen Juris, 2009. p. 187-202.

BECKERMAN, Wilfred. Sustainable Development and our Obligations to Future Generations. *In*: DOBSON, Andrew (Ed.). *Fairness and Futurity*: essays on environmental sustainability and social justice. Oxford: Oxford University Press, 1999. p. 71-92.

BECKERMAN, Wilfred. The impossibility of a theory of generational justice. *In*: TREMMEL, Joerg Chet (Ed.). *Handbook of Intergenerational Justice*. Cheltenham: Edward Elgar, 2006. p. 53-71.

BENGTSON, Vern L.; OYAMA, Petrice S. Intergenerational justice and conflict: what does it mean and what are the big issues? *In*: CRUZ-SACO, María Amparo; ZELENEV, Sergei (Eds.). *Intergenerational Solidarity*: strengthening economic and social ties. New York: Palgrave Macmillan, 2010. p. 35-52.

BICKENBACH, Christian. Legislative margins of appreciation as the result of rational lawmaking. *In*: MEβERSCHMIDT, Klaus; OLIVER-LALANA, A. Daniel (Editors). *Rational Lawmaking under Review*: Legisprudence According to the German Federal Constitutional Court. Cham: Springer, 2016. p. 235-256.

BIRNBACHER, Dieter. Responsibility for future generations – scope and limits. *In*: TREMMEL, Joerg Chet (Ed.). *Handbook of Intergenerational Justice*. Cheltenham: Edward Elgar, 2006. p. 23-38.

BOTELHO, Catarina Santos. A revisão constitucional francesa de 2008 e a questão prioritária de constitucionalidade – uma revisão platônica ou um genuíno acréscimo na tutela dos direitos fundamentais. *In*: AA.VV. *Estudos de homenagem ao Prof. Doutor Jorge Miranda*. Vol. I – Direito constitucional e justiça constitucional. Lisboa: Faculdade de Direito da Universidade de Lisboa, 2012. p. 469-493.

BOTELHO, Catarina Santos. A tutela constitucional das gerações futuras: profilaxia jurídica ou saudades do futuro? *In*: SILVA, Jorge Pereira da; RIBEIRO, Gonçalo de Almeida (Coord.). *Justiça entre as Gerações: perspetivas interdisciplinares*. Lisboa: Universidade Católica Editora, 2017. p. 187-217.

BOTELHO, Catarina Santos. Lost in Translations – a crescente importância do Direito Constitucional Comparado. *In:* CRISTAS, Assunção; ALMEIDA, Marta Tavares de; FREITAS, José Lebre de; DUARTE, Rui Pinto. *Estudos em homenagem ao Professor Doutor Carlos Ferreira de Almeida*. Vol. I. Coimbra: Almedina, 2011. p. 49-101.

BRANCO, Paulo Gustavo Gonet. Estado Federal. *In:* MENDES, Gilmar Ferreira; COELHO, Inocêncio Mártires; BRANCO, Paulo Gustavo Gonet. *Curso de Direito Constitucional*. 4. ed. São Paulo, Saraiva, 2009. p. 847-874.

BRAVO, Jorge Miguel. Contratos intergeracionais e consistência temporal na gestão a protecção social: implicações políticas e reforma do sistema de pensões. *In:* CABRAL, Manuel Villaverde; FERREIRA, Pedro Moura; MOREIRA, Amílcar (Org.). *Envelhecimento na sociedade portuguesa*: pensões, família e cuidados. Lisboa: Imprensa de Ciências Sociais, 2017. p. 61-96.

BRITO, Miguel Nogueira de. Democracia e revisão constitucional. *In:* SILVA, Jorge Pereira da; RIBEIRO, Gonçalo de Almeida (Coord.). *Justiça entre as Gerações: perspetivas interdisciplinares*. Lisboa: Universidade Católica Editora, 2017. p. 161-186.

BUTTS, Donna M. Key issues uniting generations. *In:* CRUZ-SACO, María Amparo; ZELENEV, Sergei (Eds.). *Intergenerational Solidarity:* strengthening economic and social ties. New York: Palgrave Macmillan, 2010. p. 83-97.

CABRAL, Nazaré da Costa. A sustentabilidade da segurança social. In: SILVA, Jorge Pereira da; RIBEIRO, Gonçalo de Almeida (Coord.). *Justiça entre as Gerações: perspetivas interdisciplinares*. Lisboa: Universidade Católica Editora, 2017. p. 352-396.

CAETANO, Marcelo Abi-Ramia. Reformas infraconstitucionais nas previdências privada e pública: possibilidades e limites. *In:* BACHA, Edmar Lisboa; SCHWARTZMAN, Simon (Org.). *Brasil: a nova agenda social*. Rio de Janeiro: LTC, 2011. p. 187-203.

CAMPOS, André Santos. Teorias da Justiça Intergeracional. *In:* SILVA, Jorge Pereira da; RIBEIRO, Gonçalo de Almeida (Coord.). *Justiça entre as Gerações*: perspetivas interdisciplinares. Lisboa: Universidade Católica Editora, 2017.

CANOTILHO, José Joaquim Gomes. A Constituição Europeia entre o programa e a norma. *In:* CANOTILHO, José Joaquim Gomes. *"Brancosos" e Interconstitucionalidade*: itinerários dos discursos sobre a historicidade constitucional. 2. ed. Coimbra: Almedina, 2008. p. 244-258.

CANOTILHO, José Joaquim Gomes. A teoria da constituição e as insinuações do hegelianismo democrático. *In:* CANOTILHO, José Joaquim Gomes. *"Brancosos" e Interconstitucionalidade*: itinerários dos discursos sobre a historicidade constitucional. 2. ed. Coimbra: Almedina, 2008. p. 163-181.

CANOTILHO, José Joaquim Gomes. "Bypass" social e o núcleo essencial de prestações sociais. *In:* CANOTILHO, José Joaquim Gomes. *Estudos sobre Direitos Fundamentais*. 3. tiragem. São Paulo: Revista dos Tribunais, 2008. p. 243-268.

CANOTILHO, José Joaquim Gomes. Constituição e défice procedimental. *In:* CANOTILHO, José Joaquim Gomes. *Estudos sobre Direitos Fundamentais*. 3. tiragem. São Paulo: Revista dos Tribunais, 2008. p. 69-84.

CANOTILHO, José Joaquim Gomes. Estado pós-moderno e Constituição sem sujeito. *In:* CANOTILHO, José Joaquim Gomes. *"Brancosos" e Interconstitucionalidade*: itinerários dos discursos sobre a historicidade constitucional. 2. ed. Coimbra: Almedina, 2008. p. 131-162.

CANOTILHO, José Joaquim Gomes. Introdução – A historicidade como "topos" categorial da teoria da constituição e do constitucionalismo. *In*: CANOTILHO, José Joaquim Gomes. *"Brancosos" e Interconstitucionalidade*: itinerários dos discursos sobre a historicidade constitucional. 2. ed. Coimbra: Almedina, 2008. p. 21-28.

CANOTILHO, José Joaquim Gomes. "Metodologia fuzzy" e "camaleões normativos" na problemática actual dos direitos econômicos, sociais e culturais". *In*: CANOTILHO, José Joaquim Gomes. *Estudos sobre Direitos Fundamentais*. 3. tiragem. São Paulo: Revista dos Tribunais, 2008. p. 97-113.

CANOTILHO, José Joaquim Gomes. O direito dos pobres no activismo judiciário. *In*: CANOTILHO, José Joaquim Gomes; CORREIA, Marcus Orione Gonçalves; CORREIA, Érica Paula Barcha (Org.). *Direitos fundamentais sociais*. São Paulo: Saraiva, 2010. p. 33-35.

CANOTILHO, José Joaquim Gomes. O Estado Garantidor. Claros – Escuros de um Conceito. *In*: NUNES, António José Avelãs; COUTINHO, Jacinto Nelson de Miranda (Coord.). *O direito e o futuro*: o futuro do direito. Coimbra: Almedina, 2008, p. 571-576.

CANOTILHO, José Joaquim Gomes. O tom e o dom na teoria constitucional dos direitos fundamentais. *In*: CANOTILHO, José Joaquim Gomes. *Estudos sobre Direitos Fundamentais*. 3. tiragem. São Paulo: Revista dos Tribunais, 2008. p. 115-136.

CANOTILHO, José Joaquim Gomes. Prefácio. *In*: SOARES, Rogério Ehrhardt. *Direito público e sociedade técnica*. Coimbra: Edições Tenacitas, 2008. p. 8-20.

CANOTILHO, José Joaquim Gomes. Rever ou romper com a Constituição Dirigente? Defesa de um constitucionalismo moralmente reflexivo. *In*: CANOTILHO, José Joaquim Gomes. *"Brancosos" e Interconstitucionalidade*: itinerários dos discursos sobre a historicidade constitucional. 2. ed. Coimbra: Almedina, 2008. p. 100-129.

CARBONELL, Miguel; JARAMILLO GÁRCIA, Leonardo. Desafíos y retos del canon neoconstitucional. *In*: CARBONELL, Miguel; JARAMILLO GÁRCIA, Leonardo (Ed.). *El canon neoconstitucional*. Madrid: Editorial Trotta, 2010. p. 11-27.

CARBONELL, Miguel. El neoconstitucionalismo: significado y niveles de análisis. *In*: CARBONELL, Miguel; GARCÍA JARAMILLO, Leonardo (Ed.). *El canon neoconstitucional*. Madrid: Editorial Trotta, 2010. p. 153-164.

CÁRCOVA, Carlos María. Una alternativa posible: tolerancia y solidaridades interculturales. *In*: NUNES, António José Avelãs; COUTINHO, Jacinto Nelson de Miranda (coord.). *O direito e o futuro*: o futuro do direito. Coimbra: Almedina, 2008. p. 83-89.

CAROZZA, Paolo G. Human dignity in constitutional adjudication. *In*: GINSBURG, Tom; DIXON, Rosalind. *Comparative Constitutional Law*. Cheltenham: Edward Elgar, 2011. p. 459-472.

CARVALHO, António Nunes de. Justiça intergeracional e mercado de trabalho: apontamentos para uma aproximação juslaboral. *In*: SILVA, Jorge Pereira da; RIBEIRO, Gonçalo de Almeida (Coord.). *Justiça entre as Gerações: perspetivas interdisciplinares*. Lisboa: Universidade Católica Editora, 2017. p. 420-465.

CHARLES, Sébastien. O individualismo paradoxal: introdução ao pensamento de Gilles Lipovetsky. *In*: LIVOVETSKY, Gilles. *Os Tempos hipermodernos*. Tradução de Mário Vilela. São Paulo: Editora Barcarolla, 2004. p. 11-48.

CHOUDHRY, Sujit. Migration as a new metaphor in comparative constitutional law. *In:* CHOUDHRY, Sujit (Ed.). *The Migration of Constitutional Idea*. Cambridge: Cambridge University Press, 2006. p. 1-35.

CRUZ-SACO, María Amparo; ZELENEV, Sergei. Conclusions. Putting it all together. *In*: CRUZ-SACO, María Amparo; ZELENEV, Sergei (Ed.). *Intergenerational Solidarity*: strengthening economic and social ties. New York: Palgrave Macmillan, 2010. p. 211-232.

CRUZ-SACO, María Amparo. Intergenerational Solidarity. *In*: CRUZ-SACO, María Amparo; ZELENEV, Sergei (Ed.). *Intergenerational Solidarity*: strengthening economic and social ties. New York: Palgrave Macmillan, 2010. p. 9-34.

DIERKSMEIER, Claus. John Rawls on the rights of future generations. *In*: TREMMEL, Joerg Chet (Ed.). *Handbook of Intergenerational Justice*. Cheltenham: Edward Elgar, 2006. p. 72-85.

DOMÉNECH PASCUAL, Gabriel. El impacto de la crisis económica sobre el método jurídico (administrativo). *In*: PIÑAR MAÑAS, José Luís (Coord.). *Crisis económica y crisis del estado de bienestar*. El papel del derecho administrativo. Actas del XIX Congreso Ítalo-Español de Profesores de Derecho Administrativo. Universidad San Pablo – CEU, Madrid, 18 a 20 de octubre 2012. Madrid: Editorial Reus, 2013. p. 389-396.

FEESER-LICHTERFELD, Ulrich. Intergenerational Justice in an Extreme Longevity Scenario. *In*: TREMMEL, Joerg Chet (Ed.). *Demographic Change and Intergenerational Justice*: the implementation of long-term thinking in the political decision making process. Heidelberg: Springer, 2008. p. 127-134.

FERNÁNDEZ SEGADO, Francisco. La dignidad de la persona como valor supremo del ordenamiento jurídico español y como fuente de todos los derechos. *In*: SARLET, Ingo Wolfgang (Org.). *Jurisdição e direitos fundamentais*: anuário 2004/2005. Vol. I, Tomo II. Porto Alegre: Livraria do Advogado; Ajuris, 2006. p. 99-128.

GARCIA, Maria. A reforma previdenciária e o princípio da dignidade da pessoa humana: os limites da atuação legislativa do Estado. *In*: BARROSO, Luís Roberto; CLÈVE, Clémerson Merlin (Org.). *Direito constitucional*: constituição financeira, econômica e social. Vol. VI. São Paulo: Revista dos Tribunais, 2011. p. 1.079-1.088.

GARCIA, Maria. Habeas Data. O Direito à informação. O direito fundamental à intimidade, à vida privada, à honra e à imagem das pessoas. Um perfil constitucional. *In*: CLÈVE, Clémerson Merlin (Org.). *Direito constitucional*: processo constitucional. Vol. X, tomo II. São Paulo: Revista dos Tribunais, 2015. p. 1.715-1.736.

GIAMBIAGI, Fabio. O pano de fundo: o contexto demográfico. *In*: GIAMBIAGI, Fabio; ALMEIDA JÚNIOR, Mansueto Facundo de (Org.). *A retomada do crescimento*: diagnóstico e propostas. Rio de Janeiro: Elsevier, 2017. p. 3-14.

GOMES, Carla Amado. *Precaução e proteção do meio ambiente: da incerteza à condicionalidade*. *In*: SILVA, Jorge Pereira da; RIBEIRO, Gonçalo de Almeida (Coord.). *Justiça entre as Gerações*: perspectivas interdisciplinares. Lisboa: Universidade Católica Editora, 2017. p. 323-351.

GONÇALVES, Maria Eduarda. Em tempos de crise e de austeridade, o que valem os direitos sociais? *In*: GONÇAVES, Maria Eduarda; GUIBENTIF, Pierre; REBELO, Glória (Coord.). *Constituição e mudança socioeconómica*: quatro décadas da Constituição da República Portuguesa. Cascais: Principia, 2018. p. 87-101.

GOSSERIES, Axel; HUNGERBÜHLER, Mathias. Rule change and Intergenerational justice. *In*: TREMMEL, Joerg Chet (Ed.). *Handbook of Intergenerational Justice*. Cheltenham: Edward Elgar, 2006. p. 106-128.

GOSSERIES, Axel. Three models of intergenerational reciprocity. *In*: GOSSERIES, Axel; MEYER, Lukas H. (Ed.) *Intergenerational Justice*. New York: Oxford University Press, 2009. p. 119-146.

GRILLO, Ludmila Lins. O inquérito do fim do mundo, a ruína das liberdades e a luta pelo direito. *In*: PIOVEZAN, Cláudia R. de Morais (Org.). *Inquérito do fim do mundo, o apagar das luzes do Direito Brasileiro.* Londrina: Editora E.D.A, 2020. p. 43-68.

HÄBERLE, Peter. A constitutional law for future generations – the 'other' form of the social contract: the generation contract. *In*: TREMMEL, Joerg Chet (Ed.). *Handbook of Intergenerational Justice.* Cheltenham: Edward Elgar, 2006. p. 215-229.

HÄBERLE, Peter. A dignidade humana como fundamento da comunidade estatal. Tradução Ingo Wolfgang Sarlet e Pedro Scherer de Mello Aleixo. *In*: SARLET, Ingo Wolfgang (Org.). *Dimensões da Dignidade:* ensaios de Filosofia do Direito e Direito Constitucional. 2. ed. Porto Alegre: Livraria do Advogado Editora, 2009. p. 45-103.

HAMILTON, Alexander. The utility of the Union in Respect to Revenue. *In*: HAMILTON, Alexander; JAY, John; MADISON, James. *The federalist papers.* Mineola: Dover Publications, 2020. p. 53-58.

HECLO, Hugh. *Thinking institutionally. In*: RHODES, R. A. W.; BINDER, Sarah A.; ROCKMAN, Bert A. *The Oxford Handbook of Political Institutions.* Oxford: Oxford University Press, 2006. p. 731-742.

HORTA, Raul Machado. Estrutura da federação. *In*: BARROSO, Luís Roberto; CLÈVE, Clémerson Merlin (Org.). *Direito constitucional:* teoria geral do Estado. Vol. II. São Paulo: Revista dos Tribunais, 2011. p. 691-696.

HORTA, Raul Machado. Tendências atuais da federação brasileira. *In*: BARROSO, Luís Roberto; CLÉVE, Clémerson Merlin (Org.). *Direito constitucional:* organização do Estado. Vol. III. São Paulo: Revista dos Tribunais, 2011. p. 231-248.

HORVATH JÚNIOR, Miguel. A reforma da previdência social (EC 103/19) no contexto da financeirização e da quebra do princípio da segurança jurídica e da confiança: as implicações da reforma na estrutura dos regimes próprios da previdência social. *In*: BERMAN, Vanessa Carla Vidutto; GUELLER, Marta Maria R. Penteado (Coord.). *O que muda com a reforma da previdência*: regime geral e regime próprio dos servidores. São Paulo: Revista dos Tribunais, 2020. p. 155-193.

HUME, David. Of public credit. In: HUME, David. *Political Essays.* Edited by Knud Haakonssen. Cambridge: Cambridge University Press, 1994. p. 166-178.

INNERARITY, Daniel. La sociedad del desconocimiento. *In:* BREY, Antoni; INNERARITY, Daniel; MAYOS, Gonçal. *La sociedad de la ignorancia y otros ensayos.* Barcelona: Infonomia, 2009. p. 43-49.

JOHNSON, William S.; MADISON, Wilson. Debate on federalism (June 21). *In*: AA.VV. *Anti-federalism papers and the constitutional convention debates.* Edited and with an introduction by Ralph Ketcham. New York, Signet Classics, 2003. p. 66-69.

KIRSTE, Stephan. A dignidade humana e o conceito de pessoa de direito. Tradução de Luís Marcos Sander. *In*: SARLET, Ingo Wolfgang (Org.). *Dimensões da Dignidade:* ensaios de Filosofia do Direito e Direito Constitucional. 2. ed. Porto Alegre: Livraria do Advogado Editora, 2009. p. 175-198.

KLOEPFER, Michael. Vida e dignidade da pessoa humana. Tradução de Rita Dostal Zanini. *In*: SARLET, Ingo Wolfgang (Org.). *Dimensões da Dignidade*: ensaios de Filosofia do Direito e Direito Constitucional. 2. ed. Porto Alegre: Livraria do Advogado Editora, 2009. p. 145-174.

KOHLI, Martin. Age Groups and Generations: lines of conflict and potentials for integration. *In:* TREMMEL, Joerg (Ed.). *A Young Generation Under Pressure?* The financial situation and the "rush hour" of the Cohorts 1970 – 1985 in a generational comparison. Heidelberg: Springer, 2010. p. 169-185.

LANGFORD, Malcolm. Rethinking the Metrics of Progress. The Case of Water and Sanitation. *In:* LANGFORD, Malcolm; SUMNER, Andy; YAMIN, Alicia Ely. *The millennium development goals and human rights*: past, present and future. New York: Cambridge University Press, 2013. p. 461-483.

LANGFORD, Malcolm. The Right to Social Security and Implications for Law, Policy and Practice. *In*: RIEDEL, Eibe (Hrsg.). *Social Security as a Human Right*: Drafting a General Comment on Article 9 ICESCR – Some Challenges. Heidelberg: Springer, 2007. p. 29-53.

LINHARES, José Manuel Aroso. A 'Abertura ao Futuro' como Dimensão do Problema do Direito. Um 'correlato' da pretensão de autonomia? *In:* NUNES, António José Avelãs; COUTINHO, Jacinto Nelson de Miranda (Coord.). *O direito e o futuro*: o futuro do direito. Coimbra: Almedina, 2008. p. 391-429.

LUMER, Christopher. Principles of generational justice. In: TREMMEL, Joerg Chet (Ed.). *Handbook of Intergenerational Justice*. Cheltenham: Edward Elgar, 2006. p. 39-52.

LOUREIRO, João Carlos. Crise(s) de uma nota só? Constitucionalismo(s), escassez e neojoaquimismo. *In*: OLIVEIRA, Paulo Augusto de; LEAL, Gabriel Prado (Org.). *Diálogos Jurídicos Luso-Brasileiros*. Perspectivas atuais de direito público: o direito em tempos de crise. Vol. I. Salvador: Faculdade Baiana de Direito, 2015. p. 69-110.

LOUREIRO, João Carlos. Da sociedade técnica de massas à sociedade de risco: prevenção, precaução e tecnociência. *In:* AA.VV. *Estudos em Homenagem ao Prof. Doutor Rogério Soares.* Coimbra: Coimbra Editora, 2001. p. 797-891.

LOUREIRO, João Carlos. Genética, moinhos e gigantes: Quixote revisitado: deveres fundamentais, 'sociedade de risco' e biomedicina. *In*: *Derecho y genética: un reto a la sociedad del siglo XXI*. Anuario de la Facultad de Derecho de UAM. Madrid: Boletín Oficial del Estado y Universidad Autónoma de Madrid, 2006. p. 29-48.

LOUREIRO, João Carlos. Magna(s) carta(s), constitucionalismo(s) e justiça(s): entre história(s) e prospetiva(s). *In:* AMARAL, Maria Lúcia (Org.). *Estudos em homenagem ao Conselheiro Presidente Rui Moura Ramos.* Vol. I. Coimbra: Almedina, 2016. p. 149-194.

LOUREIRO, João Carlos. "Pensar a justiça entre as gerações": brevíssimas notas para um debate (I). *In:* AA.VV. *Diálogos sobre "pensar a justiça entre as gerações" de Axel Gosseries.* Coimbra: Instituto Jurídico da Faculdade de Direito da Universidade de Coimbra, 2016. p. 4-9.

LOUREIRO, João Carlos. Pessoa, Democracia e Cristianismo: entre o real e o ideal? Subsídios de (para a) leitura(s) de Barbosa de Melo. *In*: ANDRADE, José Carlos Viera de *et al*. (Org.). *Estudos em Homenagem a António Barbosa de Melo*. Coimbra: Almedina, 2013. p. 361-404.

LOUREIRO, João Carlos. Responsabilidade(s), pobreza e mundo(s): para uma tópica (inter)constitucional da pobreza. *In*: CORREIA, Fernando Alves; MACHADO, Jónatas E. M.; LOUREIRO, João Carlos (Org.). *Estudos em Homenagem ao Prof. Doutor José Joaquim Gomes Canotilho*. Vol. III. Direitos e Interconstitucionalidade: entre Dignidade e Cosmopolitismo. Coimbra: Coimbra Editora, 2012. p. 395-424.

MAGALHÃES, Carla Sofia Dantas. "Pensar a justiça entre as gerações": uma perspectiva dogmática e jurisprudencial (II). *In*: AA.VV. *Diálogos sobre "pensar a justiça entre as gerações" de Axel Gosseries*. Coimbra: Instituto Jurídico da Faculdade de Direito da Universidade de Coimbra, 2016. p. 72-80.

MAHONEY, James; SCHENSUL, Daniel. Historical Context and Path Dependence. *In*: GOODIN, Robert E.; TILLY, Charles (Editor). *The Oxford Handbook of Contextual Political Analysis*. Oxford: Oxford University Press, 2006. p. 454-471.

MANNRICH, Nelson. Reflexões sobre a reforma da previdência (Emenda Constitucional 41, de 19.12.2003). *In*: BARROSO, Luís Roberto; CLÈVE, Clémerson Merlin (Org.). *Direito constitucional*: constituição financeira, econômica e social. Vol. VI. São Paulo: Revista dos Tribunais, 2011. p. 1.111-1.114.

MARTINS, Marcelo Guerra. As vinculações das receitas públicas no orçamento. A Desvinculação das Receitas da União (DRU). As contribuições e a referibilidade. *In*: CONTI, José Maurício; SCAFF, Fernando Facury (Coord.). *Orçamentos públicos e direito financeiro*. São Paulo: Revista dos Tribunais, 2011. p. 821-845.

MARTINS, Maria D'Oliveira. Ensaio sobre a solidariedade intergeracional e a sua incidência na despesa pública. *In*: SILVA, Jorge Pereira da; RIBEIRO, Gonçalo de Almeida (Coord.). *Justiça entre as Gerações*: perspetivas interdisciplinares. Lisboa: Universidade Católica Editora, 2017. p. 261-289.

MARRAFON, Marco Aurélio. A fraternidade como um valor universal: breve diálogo com Eligio Resta sobre futuro do direito. *In*: NUNES, António José Avelãs; COUTINHO, Jacinto Nelson de Miranda (Coord.). *O direito e o futuro*: o futuro do direito. Coimbra: Almedina, 2008. p. 431-444.

MATIAS, Gonçalo Saraiva. Demografia, migrações e sustentabilidade intergeracional. *In*: SILVA, Jorge Pereira da; RIBEIRO, Gonçalo de Almeida (Coord.). *Justiça entre as Gerações*: perspectivas interdisciplinares. Lisboa: Universidade Católica Editora, 2017. p. 397-419.

MAZZA, Jacqueline. Labor markets and social inclusion in Latin America and the Caribbean. *In*: CRUZ-SACO, María Amparo; ZELENEV, Sergei (Ed.). *Intergenerational Solidarity*: strengthening economic and social ties. New York: Palgrave Macmillan, 2010. p. 165-180.

MAURER, Béatrice. Notas sobre o respeito da dignidade da pessoa humana... ou pequena fuga incompleta em torno de um tema central. Tradução de Rita Dostal Zanini. *In*: SARLET, Ingo Wolfgang (Org.). *Dimensões da Dignidade*: ensaios de Filosofia do Direito e Direito Constitucional. 2. ed. Porto Alegre: Livraria do Advogado Editora, 2009. p. 119-143.

MCCRUDDEN, Christopher. In Pursuit of Human Dignity: An Introduction to Current Debates. *In*: MCCRUDDEN, Christopher (Ed.). *Understanding Human Dignity*. Oxford: Oxford University Press, 2014. p. 1-58.

MENDES, Evaristo. Governança societária e justiça intergeracional. *In*: SILVA, Jorge Pereira da; RIBEIRO, Gonçalo de Almeida (Coord.). *Justiça entre as Gerações*: perspetivas interdisciplinares. Lisboa: Universidade Católica Editora, 2017. p. 469-555.

MONIZ, Ana Raquel Gonçalves. Socialidade, Solidariedade e Sustentabilidade. *In*: LOUREIRO, João Carlos; SILVA, Suzana Tavares da (Coord.). *A Economia Social e Civil – Estudos*. Coimbra: Instituto Jurídico da Faculdade de Direito da Universidade de Coimbra, 2015. p. 61-104.

MONIZ, Ana Raquel Gonçalves. Weak Courts, Strong Rights (III). *In:* AA.VV. *Diálogos sobre "Weak Courts, Strong Rights" de Mark Tushnet*. Coimbra: Instituto Jurídico da Faculdade de Direito da Universidade de Coimbra, 2016. p. 66-67.

MORAES, Maria Celina Bodin de. O conceito de dignidade humana: substrato axiológico e conteúdo normativo. *In:* SARLET, Ingo Wolfgang (Org.). *Constituição, Direitos Fundamentais e Direito Privado*. Porto Alegre: Livraria do Advogado Editora, 2006. p. 107-149.

MORGADO, Miguel. A comunidade política e o futuro. *In:* SILVA, Jorge Pereira da; RIBEIRO, Gonçalo de Almeida (Coord.). *Justiça entre as Gerações*: perspetivas interdisciplinares. Lisboa: Universidade Católica Editora, 2017. p. 70-89.

MOTTA, Carlos Pinto Coelho. Dez anos da Lei de Responsabilidade Fiscal: repercussões nas licitações e contratos públicos. *In:* CASTRO, Rodrigo Pironti Aguirre de (Coord.). *Lei de Responsabilidade Fiscal*: ensaios em comemoração aos 10 anos da Lei Complementar nº 101/00. Belo Horizonte: Fórum, 2010. p. 37-70.

MUDACUMURA, Gedeon. Toward a General Theory of Sustainability. *In*: MUDACUMURA, Gedeon; MEBRATU, Desta; HAQUE, M. Shamsul. *Sustainable Development Policy and Administration*. Boca Raton: CRC Press, 2006. p. 135-166.

MÜLLER, Katharina. Social Security Reforms and the Right to Social Security: Latin America and Eastern Europe Compared. *In*: RIEDEL, Eibe (Hrsg.). *Social Security as a Human Right*: Drafting a General Comment on Article 9 ICESCR – Some Challenges. Heidelberg: Springer, 2007. p. 55-68.

NABAIS, José Casalta. A crise do estado fiscal. *In*: SILVA, Suzana Tavares da; RIBEIRO, Maria de Fátima (Coord.). *Trajetórias de sustentabilidade*: tributação e investimento. Coimbra: Instituto Jurídico da Faculdade de Direito da Universidade de Coimbra, 2014. p. 19-59.

NABAIS, José Casalta. Da sustentabilidade do Estado fiscal. *In*: NABAIS, José Casalta; SILVA, Suzana Tavares da (Coord.). *Sustentabilidade fiscal em tempos de crise*. Coimbra: Almedina, 2011. p. 11-59.

NABAIS, José Casalta. "Pensar a justiça entre as gerações": brevíssimas notas para um debate (I). *In:* AA.VV. *Diálogos sobre "pensar a justiça entre as gerações" de Axel Gosseries*. Coimbra: Instituto Jurídico da Faculdade de Direito da Universidade de Coimbra, 2016. p. 26-27.

NABAIS, José Casalta. Que futuro para a sustentabilidade fiscal do Estado? *In*: LOUREIRO, João Carlos; SILVA, Suzana Tavares da (Coord.). *A Economia Social e Civil – Estudos*. Coimbra: Instituto Jurídico da Faculdade de Direito da Universidade de Coimbra, 2015. p. 105-127.

NABAIS, José Casalta. Weak Courts, Strong Rights (II). *In:* AA.VV. *Diálogos sobre "Weak Courts, Strong Rights" de Mark Tushnet*. Coimbra: Instituto Jurídico da Faculdade de Direito da Universidade de Coimbra, 2016. p. 51-54.

NEUMANN, Ulfried. A dignidade humana como fardo humano: ou como utilizar um direito contra o respectivo titular. Tradução de Rita Dostal Zanini. *In:* SARLET, Ingo Wolfgang (Org.). *Dimensões da Dignidade:* ensaios de Filosofia do Direito e Direito Constitucional. 2. ed. Porto Alegre: Livraria do Advogado Editora, 2009. p. 225-240.

NEVES, A. Castanheira. O direito interrogado pelo tempo presente na perspectiva do futuro. *In:* NUNES, António José Avelãs; COUTINHO, Jacinto Nelson de Miranda (coord.). *O direito e o futuro – o futuro do direito*. Coimbra: Almedina, 2008. p. 9-82.

NEVES, A. Castanheira. O 'jurisprudencialismo' – proposta de uma reconstituição crítica do sentido do direito. *In:* COELHO, Nuno M. M. Santos; SILVA, António Sá da (Org.). *Teoria do Direito*. Direito interrogado hoje: o jurisprudencialismo: uma resposta possível? Estudos em homenagem ao Doutor António Castanheira Neves. Salvador: Faculdade Baiana de Direito, 2012.

NÓBREGA, Marcos. Orçamento, eficiência e performance budget. *In:* CONTI, José Maurício; SCAFF, Fernando Facury (Coord.). *Orçamentos públicos e direito financeiro*. São Paulo: Revista dos Tribunais, 2011. p. 693-728.

OAKESHOTT, Michael. As massas em uma democracia representativa. *In:* OAKESHOTT, Michael. *Conservadorismo*. Tradução de André Bezamat. Belo Horizonte: Editora Âyiné, 2016. p. 91-132.

OAKESHOTT, Michael. On being conservative. *In:* OAKESHOTT, Michael. *Rationalism in Politics and other essays*. London: Methuen & Co Ltd., 1962. p. 168-196.

OLIVEIRA, Diogo Pignataro de. Weak Courts, Strong Rights. *In:* AA.VV. *Diálogos sobre "Weak Courts, Strong Rights" de Mark Tushnet*. Coimbra: Instituto Jurídico da Faculdade de Direito da Universidade de Coimbra, 2016. p. 34-41.

OLIVEIRA NETO, Francisco de. O Direito e o Futuro. O Futuro do Direito: a concretização responsável e possível. *In:* NUNES, António José Avelãs; COUTINHO, Jacinto Nelson de Miranda (Coord.). *O direito e o futuro*: o futuro do direito. Coimbra: Almedina, 2008. p. 373-379.

ORTEGA Y GASSET, José. El hombre, individuo de la humanidad. *In:* ORTEGA Y GASSET, José. *Obras Completas*. Tomo I (1902-1916). Séptima Edición. Madrid: Revista de Occidente, 1966. p. 512-517.

PALUDO, Guilherme Celli; FONSECA, Maíra S. Marques da. A trágica farsa da reforma da previdência. *In:* RAMOS, Gustavo Teixeira *et. al.* (Coord.). *O golpe de 2016 e a reforma da previdência*: narrativas de resistência. Bauru: Canal 6, 2017. p. 172-175.

PERSSON, Ingmar. Person-affecting principles and beyond. *In:* FOTION, Nick; HELLER, Jan C. *Future persons on the ethics of deciding who will live, or not, in the future*. Dordrecht: Springer, 1997. p. 41-56.

PINTO, Bruno. Breves noções de sustentabilidade ecológica. *In:* SILVA, Jorge Pereira da; RIBEIRO, Gonçalo de Almeida (Coord.). *Justiça entre as Gerações*: perspectivas interdisciplinares. Lisboa: Universidade Católica Editora, 2017. p. 290-322.

RANIERI, Nina Beatriz Stocco. Sobre Federalismo e o Estado Federal. *In:* BARROSO, Luís Roberto; CLÉVE, Clémerson Merlin (Org.). *Direito constitucional*: organização do Estado. Vol. III. São Paulo: Revista dos Tribunais, 2011. p. 163-180.

RAMOS, Rui Manuel Moura. *A erosão do poder normativo do Estado em matéria laboral. In:* RAMOS, Rui Manoel Moura. *Estudos de Direito da União Europeia*. Coimbra: Coimbra Editora, 2013. p. 143-163.

RIBEIRO, Gonçalo de Almeida. O problema da tutela constitucional das gerações futuras. *In:* SILVA, Jorge Pereira da; RIBEIRO, Gonçalo de Almeida (Coord.). *Justiça entre as Gerações*: perspectivas interdisciplinares. Lisboa: Universidade Católica Editora, 2017. p. 138-160.

ROCHA, Cármen Lúcia Antunes. Natureza e eficácia das disposições constitucionais transitórias. *In:* GRAU, Eros Roberto; GUERRA FILHO, Willis Santiago (Org.). *Direito constitucional*. Estudos em homenagem a Paulo Bonavides. 2. tir. São Paulo: Malheiros, 2003. p. 377-408.

SAMPAIO, José Adércio Leite. Expectativa de direito e direito adquirido como franquias e bloqueios da transformação social. *In*: ROCHA, Cármen Lúcia Antunes (Org.). *Constituição e segurança jurídica*: direito adquirido, ato jurídico perfeito e coisa julgada. Estudos em homenagem a José Paulo Sepúlveda Pertence. 2. ed. Belo Horizonte: Fórum, 2009. p. 265-344.

SÁNCHEZ, Mariano; SÁEZ, Juan; PINAZO, Sacramento. Intergenerational justice: programs and policy development. *In*: CRUZ-SACO, María Amparo; ZELENEV, Sergei (Ed.). *Intergenerational Solidarity*: strengthening economic and social ties. New York: Palgrave Macmillan, 2010. p. 129-146.

SANDBERG, Joakim. Pension Funds, Future Generations, and Fiduciary Duty. In: GONZÁLEZ-RICOY, Iñigo; GOSSERIES, Axel (Ed.). *Institutions for Future Generation*. Oxford: Oxford University Press, 2016. p. 385-399.

SANTOS, J. Albano. A dívida pública como problema intergeracional. *In*: SILVA, Jorge Pereira da; RIBEIRO, Gonçalo de Almeida (Coord.). *Justiça entre as Gerações*: perspectivas interdisciplinares. Lisboa: Universidade Católica Editora, 2017. p. 221-260.

SARLET, Ingo Wolfgang. As dimensões da dignidade da pessoa humana: construindo uma compreensão jurídico-constitucional necessária e possível. *In*: SARLET, Ingo Wolfgang (Org.). *Dimensões da Dignidade*: ensaios de Filosofia do Direito e Direito Constitucional. 2. ed. Porto Alegre: Livraria do Advogado Editora, 2009. p. 15-43.

SARLET, Ingo Wolfgang. A eficácia do direito fundamental à segurança jurídica: dignidade da pessoa humana, direitos fundamentais e proibição de retrocesso social no direito constitucional brasileiro. *In*: ROCHA, Cármen Lúcia Antunes (Org.). *Constituição e segurança jurídica*: direito adquirido, ato jurídico perfeito e coisa julgada. Estudos em homenagem a José Paulo Sepúlveda Pertence. 2. ed. Belo Horizonte: Fórum, 2009. p. 85-129.

SCRUTON, Roger. Morrendo na hora certa. *In*: SCRUTON, Roger. *Confissões de um herético*: artigos selecionados. Tradução de André Bezamat. Belo Horizonte: Editora Âyiné, 2017. p. 204-230.

SEELMAN, Kurt. Pessoa e dignidade da pessoa humana na filosofia de Hegel. *In*: SARLET, Ingo Wolfgang (Org.). *Dimensões da Dignidade:* ensaios de Filosofia do Direito e Direito Constitucional. 2. ed. Porto Alegre: Livraria do Advogado Editora, 2009. p. 105-118.

SEQUEIRA, Elsa Vaz de. Direitos sem Sujeito? *In*: SILVA, Jorge Pereira da; RIBEIRO, Gonçalo de Almeida (Coord.). *Justiça entre as Gerações*: perspectivas interdisciplinares. Lisboa: Universidade Católica Editora, 2017. p. 19-40.

SILVA, Jorge Pereira da. Breve ensaio sobre a proteção constitucional dos direitos das gerações futuras. *In*: CAUPERS, João; GARCIA, Maria da Glória; ATHAYDE, Augusto de (Ed.). *Estudos em homenagem ao Professor Doutor Diogo Freitas do Amaral*. Coimbra: Almedina, 2010. p. 461-505.

SILVA, Jorge Pereira da. Justiça Intergeracional: entre a política e o direito constituciona". *In*: SILVA, Jorge Pereira da; RIBEIRO, Gonçalo de Almeida (Coord.). *Justiça entre as Gerações*: perspectivas interdisciplinares. Lisboa: Universidade Católica Editora, 2017. p. 93-137.

SILVA, José Afonso da. Constituição e segurança jurídica. *In*: ROCHA, Cármen Lúcia Antunes (Org.). *Constituição e segurança jurídica*: direito adquirido, ato jurídico perfeito e coisa julgada. Estudos em homenagem a José Paulo Sepúlveda Pertence. 2. ed. Belo Horizonte: Fórum, 2009. p. 15-30.

SILVA, Suzana Tavares da. Considerações introdutórias. *In*: SILVA, Suzana Tavares da; RIBEIRO, Maria de Fátima (Coord.). *Trajetórias de sustentabilidade*: tributação e investimento. Coimbra: Instituto Jurídico da Faculdade de Direito da Universidade de Coimbra, 2014. p. 9-16.

SILVA, Suzana Tavares da. Democracia transnacional. *In*: MARTINS, Ana Gouveia; LEÃO, Anabela; MAC CRORIE, Benedita; MARTINS, Patrícia Fragoso (Coord.). *X Encontro de Professores de Direito Público*. Lisboa: Instituto de Ciências Jurídico-Políticas da Faculdade de Direito de Lisboa, 2017. p. 160-185.

SILVA, Suzana Tavares da. *Ética e sustentabilidade financeira: a vinculação dos tribunais.* *In*: CORREIA, José Gomes (Org.). *10º Aniversário do Tribunal Central Administrativo Sul*. Lisboa: Ordem dos Contabilistas Certificados, 2016. p. 451-464.

SILVA, Suzana Tavares da. O princípio da razoabilidade. *In*: GOMES, Carla Amado; NEVES, Ana Fernanda; SERRÃO, Tiago. *Comentários ao novo Código de Procedimento Administrativo*. Lisboa: AAFDL, 2015. p. 207-234.

SILVA, Suzana Tavares da. *Sustentabilidade e solidariedade em estado de emergência económico-financeira. In*: AA.VV. *O memorando da "Troika"* e as empresas. Coimbra: Almedina, 2012. p. 31-60.

SILVA, Suzana Tavares da. Sustentabilidade e solidariedade no financiamento do bem-estar: o fim das 'boleias'? *In*: OTERO, Paulo; PINTO, Eduardo Vera-Cruz; QUADROS, Fausto de; SOUSA, Marcelo Rebelo de (Coord.). *Estudos em Homenagem ao Professor Doutor Jorge Miranda*. Vol. V. Coimbra: Coimbra Editora, 2012. p. 819-842.

SOUZA, Jorge Munhós de. Teoria do diálogo: o controle social fraco como forma dialógica de implementar direitos sociais e econômicos. *In*: NOVELINO, Marcelo (Org.). *Leituras Complementares de Direito Constitucional*. Controle de Constitucionalidade. 3. ed. Salvador: Editora Juspodivm, 2010. p. 11-56.

SÜSSSMUTH, Bernd; WEIZSÄCKER, Robert K von. Institutional determinants of public debt: a political economy perspective. *In*: TREMMEL, Joerg Chet (Ed.). *Handbook of Intergenerational Justice*. Cheltenham: Edward Elgar, 2006. p. 170-184.

STARCK, Christian. Dignidade humana como garantia constitucional: o exemplo da Lei Fundamental Alemã. Tradução Rita Dostal Zanini. *In*: SARLET, Ingo Wolfgang (Org.). *Dimensões da Dignidade*: ensaios de Filosofia do Direito e Direito Constitucional. 2. ed. Porto Alegre: Livraria do Advogado Editora, 2009. p. 199-224.

TELES, Miguel Galvão. Temporalidade Jurídica e Constituição. *In*: AA.VV. *20 Anos da Constituição de 1976*. Coimbra: Coimbra Editora, 2000. p. 25-53.

THORNHILL, Christopher. Desenvolvimentos no direito constitucional contemporâneo: a formação da norma entre o nacional e o global. *In*: GONÇAVES, Maria Eduarda; GUIBENTIF, Pierre; REBELO, Glória (Coord.). *Constituição e mudança socioeconómica*: quatro décadas da Constituição da República Portuguesa. Cascais: Principia, 2018. p. 9-29.

TINGA, Kees; VERBRAAK, Egon. Solidarity: an indispensable concept in social security. *In*: VUGT, Joos P. A. Van; PEET, Jan M. (Ed.). *Social Security and Solidarity in the European Union*. Heidelberg: Springer, 2000. p. 254-269.

TORRES, Ricardo Lobo. O mínimo existencial, os direitos sociais e os desafios de natureza orçamentária. *In*: SARLET, Ingo Wolfgang; TIMM, Luciano Benetti (Org.). *Direitos fundamentais*: orçamento e "reserva do possível". Porto Alegre: Livraria do Advogado, 2008. p. 69-86.

TREMMEL, Joerg Chet. Establishing intergenerational justice in national constitutions. *In*: TREMMEL, Joerg Chet (Ed.). *Handbook of Intergenerational Justice*. Cheltenham: Edward Elgar, 2006. p. 187-214.

TREMMEL, Joerg Chet. Introduction. *In*: TREMMEL, Joerg Chet (Ed.). *Handbook of Intergenerational Justice*. Cheltenham: Edward Elgar, 2006. p. 1-20.

URBANO, Maria Benedita. Algumas notas breves sobre a criação de direito pelos juízes constitucionais. *In*: AMARAL, Maria Lúcia (Org.). *Estudos em homenagem ao Conselheiro Presidente Rui Moura Ramos*. Vol. I. Coimbra: Almedina, 2016. p. 363-379.

VALE, André Rufino do. A deliberação no Supremo Tribunal Federal: ensaio sobre alguns problemas e perspectivas de análise teórica. In: FELLET, André; NOVELINO, Marcelo (Org.). *Constitucionalismo e Democracia*. Salvador: JusPodivm, 2013. p. 329-348.

WALDRON, Jeremy. John Rawls and the social minimum. *In*: WALDRON, Jeremy. *Liberal Rights*. Collected papers 1981-1991. Cambridge: Cambridge University Press, 1993. p. 250-270.

WALDRON, Jeremy. The dignity of groups. *In*: BARNARD-NAUDÉ, J. *et al.* (Ed.). *Acta Juridica 2008:* Dignity, Freedom and the Post-Apartheid Legal Order: the critical jurisprudence of Ackermann. Cape Town: Juta Law, 2008. p. 66-90.

WALLACK, Michael. Justice between generations: the limits of procedural justice. *In*: TREMMEL, Joerg Chet (Ed.). *Handbook of Intergenerational Justice*. Cheltenham: Edward Elgar, 2006. p. 86-105.

WOLF, Clark. Intergenerational Justice. *In*: FREY, R. G.; WELLMAN, Christopher Heath. *A Companion to Applied Ethics*. Malden: Blackwell Publishing, 2003. p. 279-294.

ZACHER, Hans F. Traditional solidarity and modern social security harmony or conflict? *In*: BENDA-BECKMANN, F. von *et al.* (Ed.). *Between kinship and the State:* social security and law in developing countries. Dordrecht: Foris Publications, 1988. p. 21-38.

Artigos

ACKERMAN, Bruce. The living constitution. *HLR*, Cambridge, v. 120, number 7, p. 1.737-1.812, May 2007.

AFONSO, José Roberto. Dívida pública no Brasil: diferentes medidas e significados. *EJJL*, Joaçaba, v. 18, n. 2, p. 309-319, maio/ago. 2017.

ALTMAN, Nancy J. Social Security and Intergenerational Justice. *GWLR*, Washington-DC, v. 77, n. 5-6, p. 1.383-1.401, Sept. 2009.

ANDRADE, José Carlos Vieira de. O 'Direito ao Mínimo de Existência Condigna' como Direito Fundamental a Prestações Estaduais Positivas – Uma Decisão Singular do Tribunal Constitucional. *JC*, Coimbra, n. 1, p. 4-29, jan./mar. 2004.

ANDRADE, José Carlos Vieira de. Repensar a relação entre o Estado e Sociedade. *NC*, Lisboa, n. 31, p. 36-38, jan./mar. 2007.

ARAÚJO, Fernando. A análise econômica do contrato de trabalho. *RDT*, São Paulo, v. 171, p. 163-238, set./out. 2016.

ARAÚJO, Fernando. Sorte moral, carácter e tragédia pessoal. *Nomos*, Fortaleza, v. 31, n. 1, p. 167-212, jan./jun. 2011.

ARROYO GIL, Antonio; GIMÉNEZ SÁNCHEZ, Isabel M. La incorporación constitucional de la cláusula de estabilidad presupuestaria en perspectiva comparada: Alemania, Italia y Francia. REDC, Madrid, n. 98, p. 149-188, mayo/agosto 2013.

BARROSO, Luís Roberto. Da falta de efetividade à judicialização excessiva: direito à saúde, fornecimento gratuito de medicamentos e parâmetros para a atuação judicial. *IP*, Belo Horizonte, ano 9, n. 46, p. 31-61, nov./dez. 2007.

BARROSO, Luís Roberto. O começo da história. A nova interpretação constitucional e o papel dos princípios no direito brasileiro. *RBDM*, Belo Horizonte, ano 17, n. 62, p. 83-125, out./dez. 2016.

BARROSO, Luís Roberto. Saneamento básico: competências constitucionais da União, Estados e Municípios. *RIL*, Brasília, ano 38, n. 153, p. 255-270, jan/mar. 2002.

BERCOVICI, Gilberto. A constituição dirigente invertida: a blindagem da constituição financeira e a agonia da constituição econômica. *BCEFD*, Coimbra, v. 49, p. 57-77, 2006.

BELLO, Enzo; BERCOVICI, Gilberto; LIMA, Martonio Mont'Alverne Barreto. *O fim das ilusões Constitucionais de 1988? RD&P*, Rio de Janeiro, v. 10, n. 3, p. 1.769-1.811, 2019.

BOBERTZ, Bradley C. Toward a better understanding of intergenerational justice. *BLR*, Buffalo, v. 36, p. 165-192, 1987.

BOTELHO, Catarina Santos. 40 anos de direitos sociais: uma reflexão sobre o papel dos direitos fundamentais sociais no século XXI. *Julgar*, Lisboa, n. 29, p. 197-216, 2016.

BOTELHO, Catarina Santos. Aspirational constitutionalism, social rights prolixity and judicial activism: trilogy or trinity? *CALQ*, Jodhpur, v. 3, n. 4, p. 62-87, Dec. 2017.

BOTELHO, Catarina Santos. Dignidade da pessoa humana – direito subjetivo ou princípio axial? *RJP*, Porto, n. 21, p. 256-282, 2017.

BOTELHO, Catarina Santos. Os direitos sociais num contexto de austeridade: um elogio fúnebre ao princípio da proibição do retrocesso social? *ROA*, Lisboa, ano 75, v. I/II, p. 259-293, jan./jun. 2015.

BOTELHO, Luciano Henrique Fialho; COSTA, Thiago de Melo Teixeira da. Receitas 'perdidas' e seus efeitos sobre o resultado financeiro da seguridade social no Brasil. *RSP*, Brasília, v. 72, n. 2, p. 400-433, abr./jun. 2021.

BRANDEIS, Louis D. The living law. *ILRe*, Champaign, v. 10, number 7, p. 461-471, Feb. 1916, p. 461.

CAMPOS, André Santos. *Justiça Intergeracional: a* temporalidade da política como resposta à pergunta 'quais são os nossos deveres em relação às gerações futuras? *RPF*, Braga, v. 71, n. 1, p. 119-145, 2015.

CANOTILHO, José Joaquim Gomes. A Constituição de 1976 dez anos depois: do grau zero de eficácia a longa marcha através das instituições. *RCCS*, Coimbra, n. 18/19/20, p. 269-279, fev. 1986.

CANOTILHO, José Joaquim Gomes. Incomensurabilidade dos discursos ou hierarquias entrelaçadas nos sistemas jurídicos multinível. *CLR*, Porto, v. I, n. 1, p. 35-54 jan. 2017.

CANOTILHO, José Joaquim Gomes. O direito constitucional como ciência de direção: o núcleo essencial de prestações sociais ou a localização incerta da socialidade (contributo para a reabilitação da força normativa da 'constituição social'). *RDTSS*, São Paulo, v. 2, n. 4, p. 73-95, jul./dez 2007.

CANOTILHO, José Joaquim Gomes. O Princípio da sustentabilidade como Princípio estruturante do Direito Constitucional. *Tékhne*, Barcelos, v. 8, n. 13, p. 7-18, 2010.

CANOTILHO, José Joaquim Gomes. Sustentabilidade – um romance de cultura e de ciência para reforçar a sustentabilidade democrática. *BFDUC*, Coimbra, v. 88, p. 1-11, 2012.

CARVALHO NETTO, Menelick. Reflexões sobre a relação entre constituição, povo e estado a partir da discussão de uma constituição para a Europa. *RIHJ*, Belo Horizonte, ano 1, n. 2, p. 339-351, jan./dez. 2004.

CAVALCANTE, Denise Lucena; ZANOCCHI, José Maria McCall. Reflexão necessária sobre os limites constitucionais das desonerações fiscais das exportações no Brasil. *RDA*, Rio de Janeiro, v. 279, n. 1, p. 193-219, jan./abr. 2020.

COIMBRA, Marta. Fundos de pensões: de um seguro previdencial a um novo produto de investimento. *BCEFD*, Coimbra, v. 59, p. 217-263, 2016.

COIMBRA, Marta. Pensões: restaurar o contrato social para reconciliar as gerações. *BCEFD*, Coimbra, v. 59, p. 465-469, 2016.

COIMBRA, Marta. Um olhar sobre a solidariedade na previdência brasileira. *RFDFE*, Belo Horizonte, ano 7, n. 12, p. 21-39, set./fev. 2018.

CORTINA, Adela. Concepto de derechos humanos y problemas actuales. *DyL*, Madrid, año 1, n. 1, p. 38-45, 1993.

CRIPPA, Davide. A solução cartesiana da quadratura do círculo. *SS*, São Paulo, v. 8, n. 4, p. 597-621, 2010.

DEWHURST, Elaine. The Development of EU Case-Law on Age Discrimination in Employment: 'Will You Still Need Me? Will You Still Feed Me? When I'm Sixty-Four'? *ELJ*, Oxford. v. 19, n. 4, p. 517-544, july 2013.

DONATI, Pierpaolo. Familias y generaciones. *Desacatos*, Ciudad de México, v. 2, p. 27-49, 1999.

DUSSEL, Enrique. De la Fraternidad a la Solidaridad (Hacia una Política de la Liberación). *Brocar*, La Rioja, n. 27, p. 193-222, 2003.

ELSTER, Jon. Weakness of will and the free-rider problem. *EP*, Cambridge, v. 1, Issue 2, p. 231-265, October 1985.

FRASER, Nancy; GORDON, Linda. *Contrato* versus *Caridade:* porque não existe cidadania social nos Estados Unidos? *RCCS*, Coimbra, n. 42, p. 27-52, maio 1995.

GABARDO, Emerson; VALIATI, Thiago Priess. A inconstitucionalidade da instituição de contribuição previdenciária para servidores inativos. *RDA*, Rio de Janeiro, v. 270, p. 243-282, set./dez. 2015.

GALERA VICTORIA, Adoración. La Ley Orgánica de Estabilidad Presupuestaria y Sostenibilidad Financiera. La Exigencia de Estabilidad Presupuestaria del Sector Público. *RDP*, Madrid, n. 86, p. 255-280, enero/abr. 2013.

GÁNDARA CARBALLIDO, Manuel E. Repensado los derechos humanos desde las luchas. *RCJ*, Niterói, v. 1, n. 2, p. 75-90.

GARCIA, Maria. Previdência Social e o Déficit Previdenciário: uma questão constitucional. *RDCI*, São Paulo, v. 41, p. 116-124, out./dez. 2002.

GAROUPA, Nuno; BOTELHO, Catarina Santos. Measuring Procedural and Substantial Amendment Rules: an empirical exploration. *GLJ*, Frankfurt am Main, v. 22, n. 2, p. 216-237, 2021.

GIUBBONI, Stefano. Solidarietà. *PD*, Torino, anno XLIII, n. 4, p. 525-553, dicembre 2012.

GOSSERIES, Axel. Constitutions and future generations. *GS*, Philadelphia, v. 17, n. 2, p. 32-37, 2008.

GOSSERIES, Axel. Les générations, le fleuve et l'océan. *RPh*, Québec, v. 42, n. 1, p. 153-176, Printemps 2015.

GOSSERIES, Axel. The Intergenerational Case for Constitutional Rigidity. *RJ*, Hoboken, v. 27, n. 4, p. 528-539, December 2014.

GREENHOUS, Linda; SIEGEL, Reva B. Before (and After) Roe v. Wade: New Questions About Backlash. *YLJ*, New Haven, v. 120, n. 8, p. 2.028-2.087, June 2011.

HIRSCHL, Ran. The new constitutionalism and the judicialization of pure politics worldwide. *FLR*, New York, V. 75, Issue 2, p. 721-753, 2006.

HOGG, Peter W.; BUSHELL, Allisson A. The Charter Dialogue between Courts and Legislatures (Or perhaps the Charter of Rights isn't such a bad thing after all). *OHLJ*, Toronto, v. 35, n. 1, p. 75-124, 1997.

JACKSON, Vicki C. Constitutional Dialogue and Human Dignity: States and Transnational Constitutional Discourse. *MLR*, Georgetown, n. 65, p. 15-40, 2004.

JESUS, Júlio César Lopes de. A expropriação da previdência como estratégia de financeirização do capital. *SS&S*, São Paulo, n. 131, p. 155-174, jan./abr. 2018.

KAPLOW, Louis. Discounting Dollars, Discounting Lives: intergenerational distributive justice and efficiency. *UCLR*, Chicago, v. 74, p. 79-118, 2007.

KLATT, Matthias. Positive Rights: Who decides? Judicial review in balance. *IJCL*, Oxford, v. 13, n. 2, p. 354-382, 2015.

LABORDE, Jean-Pierre. Young versus Old or Intergenerational Justice. *ELLJ*, New York, v. 4, n. 2, p. 101-108, 2013.

LEGRAND, Pierre. *The impossibility of 'Legal Transplants'*. *MJECL*, Maastricht, v. 4, p. 111-124, 1997.

LEITJEN, Ingrid. The German Right to an Existenzminimum, Human Dignity, and Possibility of Minimum Core Socioeconomic Rights Protection. *GLJ*, Frankfurt am Main, v. 16, n. 1, p. 23-48, 2015. p. 30.

LIMA, Diana Vaz de; MATIAS-PEREIRA, José. *A dinâmica demográfica e a sustentabilidade do regime geral de previdência social brasileiro*. *RAP*, Rio de Janeiro, v. 48, n. 4, p. 847-868, jul./ago. 2014.

LIMA, Diana Vaz de; WILBERT, Marcelo Driemeyer. O Impacto do Fator Previdenciário nos Grandes Números da Previdência Social. *RCF*, São Paulo, v. 23, n. 59, p. 128-141, maio/ago. 2012.

LIMA, Edilberto Carlos Pontes. Novo Regime Fiscal: implicações, dificuldades e o papel do TCU. *IP*, Belo Horizonte, ano 19, n. 103, p. 183-193, maio/jun. 2017.

LIMA, Martonio Mont'Alverne Barreto. Reforma da previdência o fim do constitucionalismo dirigente. *RFDFE*, Belo Horizonte, ano 7, n. 12, p. 9-19, set./fev. 2018.

LOUGHLIN, Martin. The silences of constitutions. *IJCL*, Oxford, v. 16, n. 3, p. 922-935, 2018.

LOUREIRO, João Carlos. Aborto: algumas questões jurídico-constitucionais (a propósito de uma reforma legislativa). *BFDUC*, Coimbra, v. 74, p. 327-403, 1998.

LOUREIRO, João Carlos. A 'porta da memória': (pós?)constitucionalismo, Estado (pós?)social, (pós?)democracia e (pós?)capitalismo. Contributos para uma 'dogmática da escassez'. *In*: AMARO, António Rafael; NUNES, João Paulo Avelãs (Org.). Estado-Providência, capitalismo e democracia. *Estudos do Século XX*, Coimbra, v. 13, p. 109-126, 2013.

LOUREIRO, João Carlos. A segurança social, o seguro social: novos perímetros e universalidade. *BFDUC*, Coimbra, v. 94, tomo I, p. 667-692, 2018.

LOUREIRO, João Carlos. Aprender com os outros: a questão do cânone e ensino do direito da segurança social na Europa e no Brasil. *BFDUC*, Coimbra, v. 88, tomo II, p. 939-990, 2012.

LOUREIRO, João Carlos. Autonomia do direito, futuro e responsabilidade intergeracional: para uma teoria do fernrecht e da fernverfassung em diálogo com Castanheira Neves. *BFDUC*, Coimbra, v. 86, p. 15-47, 2010.

LOUREIRO, João Carlos. Bens, males e (e)(E)stados (in)constitucionais: socialidade e liberdades(s): notas sobre uma pandemia. *REI*, Rio de Janeiro, v. 6, n. 3, p. 787-832, set./dez. 2020.

LOUREIRO, João Carlos. Cidadania, proteção social e pobreza humana. *BFDUC*, Coimbra, v. 90, tomo I, p. 71-137, 2014.

LOUREIRO, João Carlos. Contribuição de sustentabilidade & companhia: linhas para uma discussão constitucional ou a arte de morrer ingloriamente em sede de fiscalização abstrata. I – Pensões: entre a atualização e a redução. *BFDUC*, Coimbra, v. 92, tomo II, p. 717-755, 2016.

LOUREIRO, João Carlos. Contribuição de sustentabilidade & companhia: linhas para uma discussão constitucional ou a arte de morrer ingloriamente em sede de fiscalização abstrata. II – Sobre o(s) modo(s) de realização da redução retrospectiva dos montantes de pensões. *BFDUC*, Coimbra, v. 93, tomo I, p. 57-88, 2017.

LOUREIRO, João Carlos. Da legislação operária ao direito da segurança social (1914-2014). *BFDUC*, Coimbra, v. 91, p. 673-744, 2015.

LOUREIRO, João Carlos. Dignidad Humana, (Bio)medicina y Revolución GNR (Genética, Nanotecnología y Robótica): entre la Ciencia y el Derecho. *IetS*, v. 2, n. 1, p. 163-178, 2016. Disponível em: http://institucional.us.es/iusetscientia/index.php/ies/article/view/46/20. Acesso em: 3 nov. 2016.

LOUREIRO, João Carlos. É bom morar no azul: a constituição mundial revisita. *BFDUC*, Coimbra, v. 82, p. 181-212, 2006.

LOUREIRO, João Carlos. Fiat constitutivo, pereat mundus? Neojoaquimismo, Constitucionalismo e Escassez. *RPF*, Braga, v. 70, n. 2-3, p. 231-260, 2014.

LOUREIRO, João Carlos. (In)dignidade(s) (des)humana(s). Algumas questões em diálogo com Aharon Barak (Human Dignity: the constitutional value and the constitutional right). *BFDUC*, Coimbra, v. 95, tomo II, p. 1.551-1.569, 2019.

LOUREIRO, João Carlos. (In)sustentabilidade da segurança social/seguridade social: entre 'brumas da memória' e as 'brumas do futuro' em tempos de neoglobalização e neognosticismo(s). *BFDUC*, Coimbra, v. 94, tomo II, p. 1.031-1.052, 2018.

LOUREIRO, João Carlos. Liberdades e direitos em tempos de confinamento. *BFDUC*, Coimbra, v. 96, Tomo I, p. 421-443, 2020.

LOUREIRO, João Carlos. Os genes do nosso (des)contentamento (dignidade humana e genética: notas de um roteiro). *BFDUC*, Coimbra, v. 77, p. 163-210, 2001.

LOUREIRO, João Carlos. Pauperização e prestações sociais na 'idade da austeridade': a questão dos três d´s (dívida, desemprego, demografia) e algumas medidas em tempo de crise(s). *BFDUC*, Coimbra, v. 90, tomo II, p. 613-661, 2014.

LOUREIRO, João Carlos. República mental e solidariedade social. *BFDUC*, Coimbra, v. 87, p. 149-178, 2011.

LOUREIRO, João Carlos. Rostos e (des)gostos da(s) Europa(s): dom, fraternidade e pobreza(s). RUA-L. *Revista da Universidade de Aveiro*. Aveiro, n. 1, II série, p. 181-232, 2012.

LOUREIRO, João Carlos. Socialidade(s), Estado(s) e Economia(a): entre caridade(s) e crise(s). *BCEFD*, Coimbra, v. 57, tomo II, p. 1.833-1.886, 2014.

LOUREIRO, João Carlos. Sobre a chamada convergência das pensões: o caso das pensões de sobrevivência. *BFDUC*, v. 89, tomo II, p. 603-630, 2013.

LOUREIRO, João Carlos. Sobre a (in)constitucionalidade do regime proposto para a redução dos montantes de pensões de velhice da caixa geral de aposentações. *BFDUC*, Coimbra, v. 89, tomo I, p. 159-208, 2013.

LOURENÇO, Evânia Ângela de Souza; LACAZ, Francisco Antonio de Castro; GOULART, Patrícia Martins. Crise do capital e o desmonte da previdência social no Brasil. *SS&S*, São Paulo, n. 130, p. 467-486, set./dez. 2017, p. 480.

MACHADO SEGUNDO, Hugo de. Emenda Constitucional 95/2016 e o teto dos gastos públicos. *RC*, Fortaleza, v. 15, n. 2, p. 22-40, jul./dez. 2017.

MACHADO SEGUNDO, Hugo de Brito. Epistemologia falibilista e teoria do direito. *RIDB*, Lisboa, ano 3, n. 1, p. 198-260, 2014.

MACKLIN, Ruth. Dignity is a useless concept. *BMJ*, London, v. 327, p. 1.419-1.420, December 2003.

MAGALHÃES, Breno Baía. O Estado de Coisas Inconstitucional na ADPF 347 e a sedução do Direito: o impacto da medida cautelar e a resposta dos poderes políticos. *RDGV*, São Paulo, v. 15, n. 2, p. 1-37, 2019.

MARIANO, Cynara Monteiro. Emenda constitucional 95/2016 e o teto dos gastos públicos: Brasil de volta ao estado de exceção econômico e ao capitalismo do desastre. *RIC*, Curitiba, v. 4, n. 1, p. 259-281, jan./abr. 2017.

MAUS, Ingeborg. Judiciário como superego da sociedade o papel da actividade jurisprudencial na 'sociedade órfã'. Tradução de Martonio Lima e Paulo Albuquerque. *NE*, São Paulo, n. 58, p. 183-202, nov. 2000.

MCCRUDDEN, Christopher. Human Dignity and Judicial Interpretation of Human Rights. *EJIL*, Oxford, v. 19, n. 4, p. 655-724, 2008.

MELO, Marcus André. Mudança constitucional no Brasil, dos debates sobre as regras de emendamento na constituinte à 'megapolítica'. *NE*, São Paulo, n. 97, p. 187-206, nov. 2013.

MELLO, Celso Antônio Bandeira de. O direito adquirido e o direito administrativo. *IP*, Porto Alegre, ano 8, n. 38, p. 13-24, jul./ago. 2006.

MENDES, Áquilas; MARQUES, Rosa Maria. *O direito universal à saúde em risco: a fragilidade histórica do financiamento e as incertezas dos Governos Lula. Análise Econômica*, Porto Alegre, ano 30, número especial, p. 35-58, set. 2012.

MIRANDA, Jorge. Responsabilidade intergeracional. *IG*, Curitiba, v. 7, n. 1, p. 149-199, jan./jun. 2016.

MODESTO, Paulo. Disposições constitucionais transitórias na reforma da previdência: proteção da confiança e proporcionalidade. *RBDP*, Belo Horizonte, ano 15, n. 56, p. 9-54, jan./mar. 2017.

MONIZ, Ana Raquel Gonçalves. Juízo(s) de proporcionalidade e justiça constitucional. *Revista da Ordem dos Advogados*, Lisboa, ano 80, n. I/II, p. 41-71, jan./jun. 2020.

MOREIRA, José Carlos Barbosa. O Poder Judiciário e a efetividade da nova Constituição. *RF*, Rio de Janeiro, v. 84, n. 304, p. 151-154, out./dez. 1988.

MOREIRA NETO, Diogo de Figueiredo. Políticas governamentais versus políticas nacionais: um breve memorial sobre a lógica das emendas à Constituição de 1988: o caso da 'reforma da previdência'. *RBDP*, Belo Horizonte, ano 3, n. 8, p. 73-76, jan./mar. 2005.

MULGAN, Tim. Neutrality, Rebirth and Intergenerational Justice. *JAPh*, Malden, v. 19, n. 1, p. 3-15, 2002.

NABAIS, José Casalta. A face oculta dos direitos fundamentais: os deveres e os custos dos direitos. *RDPE*, Belo Horizonte, ano 5, n. 20, p. 153-181, out./dez. 2007.

NABAIS, José Casalta. Algumas considerações sobre a solidariedade e a cidadania. *BFDUC*, Coimbra, v. 75, p. 145-174, 1999.

NABAIS, José Casalta. Algumas reflexões críticas sobre os direitos fundamentais. *RDPE*, Belo Horizonte, ano 6, n. 22, p. 61-95, abr./jun. 2008.

NERY, Pedro Fernando. A Previdência tem Déficit ou Superávit? Considerações em tempo de 'CPMF da Previdência'. *BL*, Brasília, n. 37, p. 1-16, out. 2015. Disponível em: http://www12.senado.leg.br/publicacoes/estudos-legislativos/tipos-de-estudos/boletins-legislativos/bol37. Acesso em: 6 nov. 2016.

NEVES, A. Castanheira. Entre o 'legislador', a 'sociedade' e o 'juiz' ou entre 'sistema, 'função' e 'problema' – os modelos actualmente alternativos da realização jurisdicional do direito. *BFDUC*, Coimbra, v. 74, p. 1-44, 1998.

NEVES, A. Castanheira. O direito como validade: a validade como categoria jurisprudencialista. *RFDUFC*, Fortaleza, v. 34, n. 2, p. 39-76, jul./dez. 2013.

NOBRE JÚNIOR, Edilson Pereira. O direito brasileiro e o princípio da dignidade humana. *RDA*, Rio de Janeiro, v. 219, p. 237-251, jan./mar. 2000.

OLIVEIRA, Fábio de. A Constituição Dirigente: Morte e Vida no Pensamento do Doutor Gomes e Canotilho. *RBDC*, Rio de Janeiro, v. 28, p. 195-228, 2005.

OLIVEIRA, Fernanda Paula. Reflexões sobre algumas questões práticas no âmbito do direito do urbanismo. *BFDUC*, Coimbra, Vol. Comemorativo do 75º Tomo do Boletim da Faculdade de Direito, p. 935-976, 2003.

PIERDONÁ, Zelia Luiza. O ativismo judicial na seguridade social brasileira: a violação dos princípios constitucionais e a inobservância das escolhas feitas pelos Poderes Legislativo e Executivo. *CLR*, Porto, v. III, n. 1, p. 159-182, jan. 2019.

PIERDONÁ, Zelia Luiza; LEITÃO, André Studart; FURTADO FILHO, Emmanuel. Teófilo. Primeiro, o básico. Depois, o resto: o direito à renda básica. *ReJur*, Curitiba, v. 2, n. 55, p. 390-417, 2019.

PINTORE, Anna. Diritti insaziabili. *TP*, Firenze, v. XVI, n. 2, p. 3-20, 2000.

POUND, Roscoe. Mechanical jurisprudence. *CLRe*, New York, v. 8, issue 8, p. 605-623, 1908.

PULINO, Daniel. Previdência complementar do servidor público. *RBEFP*, Belo Horizonte, ano 2, n. 4, p. 9-68, jan./abr. 2013.

RAMALHO, Maria do Rosário Palma. Age discrimination, retirement conditions and specific labour arrangements: the main trends in the application of directive 2000/78/EC in the field of age discrimination. *ELLJ*, New York, v. 4, n. 2, p. 109-118, 2013.

RAO, Neomi. On the use and abuse of dignity in constitutional law. *CJEL*, New York, v. 14, Issue 2, p. 201-255, 2008.

RAO, Neomi. The trouble with dignity and rights of recognition. *VLR*, Charlottesville, v. 99, number 1, p. 29-38, August 2013.

REIS, João Carlos Simões. O direito laboral português na crise atual. *D&D*, João Pessoa, v. 7, n. 2, p. 9-42, 2016.

ROCHA, Cármen Lúcia Antunes. Constituição e mudança constitucional: limites ao exercício do poder de reforma constitucional. *RIL*, Brasília, ano 30, n. 120, p. 159-186, out./dez. 1993.

SANTOS, António Carlos dos. Vida, morte e ressurreição do Estado Social. *RFPDF*, Coimbra, ano 6, n. 1, p. 37-65, 2013.

FERNÁNDEZ SEGADO, Francisco. La solidaridad como principio constitucional. *TRC*, Madrid, n. 30, p. 139-181, 2012.

SALES, Tainah. Aspectos jurídicos do impeachment, dos crimes de responsabilidade e das 'pedaladas fiscais'. *RDB*, São Paulo, v. 16, n. 7, p. 57-78, jan./abr. 2017.

SCAFF, Fernando Facury. Equilíbrio orçamentário, sustentabilidade financeira e justiça intergeracional. *BCEFD*, Coimbra, v. 57, tomo III, p. 3.179-3.202, 2014.

SCHACHTER, Oscar. Human dignity as a normative concept. *AJIL*, Cambridge, v. 77, Issue 4, p. 848-854, Oct. 1983.

SEN, Amartya. Work and rights. *ILR*, Geneva, v. 139, issue 2, p. 119-128, 2000.

SILVA, Suzana Tavares da. O princípio (fundamental) da eficiência. *RFDUP*, Porto, v. 7, p. 519-544, 2010.

SILVA, Suzana Tavares da Silva. O problema da justiça intergeracional em jeito de comentário ao Acórdão do Tribunal Constitucional n. 187/2013. *CJT*, Braga, n. 0, p. 3-15, abr./jun. 2013.

SILVA, Suzana Tavares da. O tetralemma do controle judicial da proporcionalidade no contexto da universalização do princípio: adequação, necessidade, ponderação e razoabilidade. *BFDUC*, Coimbra, v. 88, p. 639-678, 2013.

SILVA, Suzana Tavares da. Regulação econômica e Estado fiscal: o estranho caso de uma relação difícil entre 'felicidade' e garantia de bem-estar. *SI*, Braga, tomo LXI, n. 328, p. 113-140, jan./abr. 2012.

STRAPAZZON, Carlos Luiz. Direitos constitucionais de seguridade social no Brasil: uma abordagem orientada por direitos humanos. *RDA&C*, Belo Horizonte, ano 17, n. 67, p. 185-215, jan./mar. 2017.

TEIXEIRA, Daniel Viana. A armadilha do trabalho: reflexões sobre tempo, dinheiro e previdência. *RDGV*, São Paulo, v. 7, n. 2, p. 539-567, jul./dez. 2011.

THOMSON, Koy. A Universal Social Minimum as a Foundation for Citizenship. *IDSB*. Brighton, v. 38, number 3, p. 56-60, May 2007.

TORTUERO PLAZA, José Luis; AGUILA CAZORLA, Olimpia del. Los sistemas de pensiones en Europa y Latinoamérica: realidades, expectativas e ideas para un debate. *RMTAS*, Madrid, v. 54, p. 53-79, nov. 2004.

TUSHNET, Mark. The relation between political constitutionalism and weak-form judicial review. *GLJ*, Frankfurt am Main, v. 14, n. 12, p. 2.249-2.263, 2013.

URBANO, Maria Benedita. Cidadania para uma democracia ética. *BFDUC*, Coimbra, v. 83, p. 515-539, 2007.

VALLE, Vanice Regina Lírio do. Novo Regime Fiscal, autonomia financeira e separação dos poderes: uma leitura em favor de sua constitucionalidade. *RIC*, Curitiba, v. 4, n. 1, p. 227-258, jan./abr. 2017.

VAN PARIJS, Philippe. Why Surfers Should be Fed: the liberal case for an unconditional basic income. *PhPA*, Hoboken, v. 20, n. 2, p. 101-131, Spring 1991.

WALDRON, Jeremy. The paradoxes of dignity. *EJS*, Cambridge, v. 54, Issue 3, p. 554-561, December 2013.

WELBURN, Dominic. Rawls, the Well-Ordered Society and Intergenerational Justice. *Politics*, London, v. 33, n. 1, p. 56-65, 2013.

WIDERQUIST, Karl. How the Sufficiency Minimum Becomes a Social Maximum. *Utilitas*, Cambridge, v. 22, n. 4, p. 474-480, December 2010.

YOUNG, Katharine G. A typology of economic and social rights adjudication: exploring the catalytic function of judicial review. *IJCL*, Oxford, v. 8, n. 3, p. 385-420, 2010.

YOUNG, Michael. Meritocracy Revisited. *Society*, Cambridge, v. 31, issue 6, p. 87-89, Sept./Oct. 1994.

ZYLBERSTAJN, Hélio; AFONSO, Luís Eduardo; SOUZA, André Portela. Reforma da previdência social e custo de transição simulando um sistema universal para o Brasil. *RCF*, São Paulo, v. 17, especial atuária, p. 56-74, dez. 2006.

Artigo de jornal

MENDES, Conrado Hübner. Onze ilhas. *Folha de São Paulo* [on line], São Paulo, p. 3, 1 fev. 2010. Disponível em: https://www1.folha.uol.com.br/fsp/opiniao/fz0102201008.htm. Acesso em: 14 maio 2020.

Sítios governamentais na internet

BRASIL. Banco Central do Brasil. *Estatísticas Fiscais.* Nota para a Imprensa, 31 jul. 2020. Disponível em: https://www.bcb.gov.br/estatisticas/estatisticasfiscais. Acesso em: 18 ago. 2020.

BRASIL. CNJ. *Justiça em números 2020:* ano-base 2019. Brasília/DF: CNJ, 2020. Disponível em: https://www.cnj.jus.br/wp-content/uploads/2020/08/WEB-V3-Justi%C3%A7a-em-N%C3%BAmeros-2020-atualizado-em-25-08-2020.pdf. Acesso em: 27 jul. 2021.

BRASIL. Controladoria-Geral da União. Portal da Transparência. *Despesa Pública 2019.* Disponível em: http://www.portaltransparencia.gov.br/despesas?ano=2019. Acesso em: 30 jun. 2021.

BRASIL. Controladoria-Geral da União. Portal da Transparência. *Despesa Pública 2020.* Disponível em: http://www.portaltransparencia.gov.br/despesas?ano=2020. Acesso em: 30 jun. 2021.

BRASIL. Controladoria-Geral da União. Portal da Transparência. *Educação 2019.* Disponível em: http://www.portaltransparencia.gov.br/funcoes/12-educacao?ano=2019. Acesso em: 30 jun. 2021.

BRASIL. IBGE. *População*: evolução dos grupos etários 2010-260. Disponível em: https://www.ibge.gov.br/apps/populacao/projecao/index.html. Acesso em: 30 jun. 2021.

BRASIL. IBGE. *Tábua Completa de Mortalidade para o Brasil – 2019.* Breve análise da evolução da mortalidade no Brasil. Rio de Janeiro: IBGE, 2020. Disponível em: https://biblioteca.ibge.gov.br/visualizacao/periodicos/3097/tcmb_2019.pdf. Acesso em: 1 jul. 2021.

BRASIL. Ipea. *Mapa das Organizações da Sociedade Civil.* Disponível em: https://mapaosc.ipea.gov.br/dados-indicadores.html. Acesso em: 17 maio 2020.

BRASIL. Secretaria de Políticas de Previdência e Trabalho. *BEPS,* Brasília, v. 22, n. 12, p. 1-64, dez. 2017. Disponível em: http://sa.previdencia.gov.br/site/2018/01/beps17.12.pdf. Acesso em: 4 mar. 2020.

BRASIL. Secretaria de Políticas de Previdência Social. *BEPS,* Brasília, v. 25, n. 5, p. 1-58, maio 2020. Disponível em: https://www.gov.br/previdencia/pt-br/acesso-a-informacao/dados-abertos/previdencia-social-regime-geral-inss/arquivos/beps052020_final.pdf. Acesso em: 13 ago. 2020.

BRASIL. Secretaria de Políticas de Previdência Social. *BEPS,* Brasília, v. 26, n. 4, p. 1-59, jun. 2021. Disponível em: https://www.gov.br/previdencia/pt-br/acesso-a-informacao/dados-abertos/previdencia-social-regime-geral-inss/arquivos/beps042021_final.pdf. Acesso em: 29 jun. 2021.

Esta obra foi composta em fonte Palatino Linotype, corpo 10,
e impressa em papel Chambril Avena 70g (miolo) e Supremo 250g (capa)
pela Gráfica Star7.